HISTOIRE DU CINÉMA FRANÇAIS

DES ORIGINES À NOS JOURS

Suivi éditorial :
Marie-Mélodie Delgado

Corrections :
Catherine Garnier

Mise en page :
Soft Office

© Nouveau Monde éditions, 2013
21, square Saint-Charles - 75012 Paris

ISBN : 978-2-36583-836-8
Dépôt légal : septembre 2013

Imprimé par Pulsio en Bulgarie

René PRÉDAL

HISTOIRE DU CINÉMA FRANÇAIS
DES ORIGINES À NOS JOURS

nouveau monde éditions

CINÉMA FRANÇAIS, MODE D'EMPLOI

En France, on aime le cinéma : depuis 2009, avec plus de 200 millions de spectateurs par an, les salles enregistrent les meilleurs chiffres de ces cinquante dernières années. Le cinéma français comptabilise à lui seul autour de 40% de ces entrées, tandis que sa reconnaissance internationale témoigne de sa qualité. En particulier, pour la première fois depuis la création des Oscars à Hollywood en 1927, un film non américain remporte en 2012 cinq statuettes dont les trois plus prestigieuses distinctions : meilleur film, meilleur réalisateur et meilleur acteur. Or il s'agit d'un film français : *The Artist* de Michel Hazanavicius avec Jean Dujardin, un fort bon film d'*entertainment*, d'où son titre et sa réussite dans le pays même dont il prend le cinéma pour sujet. Ce film de cinéphile n'est évidemment pas un hasard car le cinéma français a une histoire que ce livre se propose justement de raconter.

Les sociologues spécialistes de l'accélération (l'Allemand Hartmut Rosa) ou de la vitesse (le Français Paul Virilio) se rejoignent sur l'idée de mouvement qui détruit notre vie quotidienne (nervosité, stress, sentiment d'urgence, de manque permanent de temps), notre sens de l'espace comme de la durée, mais aussi nos valeurs : ce qui était dogme auparavant devient aujourd'hui obsolète, voire faux. Tout passe, tout est donc rapidement dépassé, oublié, l'actualité devient aussitôt hier. L'Histoire, la culture, la mémoire clignotent un court moment pour s'éteindre aussitôt. Tout s'expose, se consomme et se consume dans le crépitement du feu d'artifice d'un éternel présent désynchronisé. Après les temps modernes et postmodernes, nous sommes entrés dans un néomodernisme tardif complètement fou, décérébré. Tout casse, rien ne s'enchaîne ni ne se construit. On ne discerne plus ni filiation ni passage. On jette aussitôt ce qui ne s'autodétruit pas de lui-même.

Il est donc temps de réhabiliter le poids du passé car tout ceci est une impression, une compression ultrarapide, une suffocation qui ne peut rien capitaliser. On disperse au lieu d'accumuler, et qui ne s'enrichit pas s'appauvrit. L'histoire immédiate n'est qu'un oxymore, utile pour composer avec sérieux la chronique des jours d'aujourd'hui, mais qui ne peut, au mieux, que poser les prolégomènes à l'Histoire qui s'élaborera plus tard dans le recul de la réflexion. De même nature, l'histoire de l'art ne saurait déroger à cette règle. Elle non plus n'est pas une banque de données (style dictionnaire où l'on clique sur des mots) mais un récit. L'histoire du cinéma se raconte, se déploie dans le temps où elle prend sa véritable dimension. Elle est source, alimente le présent, transmet un héritage, construit un réservoir qui a sa logique, sa cohérence et son mouvement. L'état actuel résulte d'un long cheminement. Il a été façonné par un passé historique complexe. L'ignorer, c'est se condamner à ne pas avoir de futur, de profondeur, à consommer une actualité sans perspective. Pour pouvoir aimer, apprécier, il faut connaître et comprendre comment et pourquoi on en est arrivé là.

L'histoire de l'art peut s'attacher à ce qui demeure encore quand tout le reste a disparu (les monuments antiques); elle accompagne le pouvoir et les lumières dont les artistes ont dessiné le décor (les temps modernes). Celle du cinéma rassemble en guère plus d'un siècle les bouleversements de l'époque contemporaine dont elle offre le précipité de bruits et de fureur, mais pas seulement. Car le 7e art n'a pas que vocation à saisir le réel. En fait il en est autant le produit que le reflet et a acquis en quelques années à peine la maturité des six précédents, vieux de plusieurs millénaires. Ce n'est pourtant pas une raison pour se laisser submerger par une sorte de contemporanéité du cinéma, notamment de notre production nationale dont les trois quarts semblent paradoxalement issus de la télévision parce que la plupart des films sont effectivement produits par elle, conçus pour y être programmés. Heureusement l'art cinématographique perdure, représenté par près d'une vingtaine d'œuvres de grande valeur chaque année, ce qui n'est pas rien car cela fait 200 par décennie et par conséquent 2000 depuis les origines.

C'est l'histoire de ces deux milliers de films que nous avons voulu écrire et si notre ouvrage sacrifie néanmoins *in extremis* en annexe à la mode palmarès, hit-parade ou autres tableaux d'honneur et *Top Hundred*, ce n'est pas sans ironie – perverse et même masochiste – vis-à-vis des *listings* ou *abstracts* qui ne sont pas seulement des anglicismes mais hélas surtout des concepts altérant et réduisant ce qui au contraire a été créé pour diffuser, enrichir et approfondir. Une histoire du cinéma est faite pour être lue au rythme de chacun mais aussi, évidemment, consultée. Bien sûr une histoire des origines «à nos jours» ne peut avoir de conclusion... sinon «à suivre!».

La double division ternaire – trois parties, chacune de trois décennies, la quatrième demeurant inachevée – s'est imposée à nous, *a priori* en ce qui concerne la structure d'ensemble (l'art muet, le cinéma parlant, le cinéma moderne) et au cours de l'écriture au niveau des sous-ensembles, ce qui nous faisait retrouver naturellement la tradition de toute histoire chronologique de l'art envisagée comme succession de phases, d'étapes aux limites certes imprécises mais aux définitions évidentes (par exemple, les années 1960 sont celles de la Nouvelle Vague). Notre souci aura été, davantage que de mettre de l'ordre, de chercher plutôt la clarté dans un domaine – celui des formes et de la création – particulièrement rebelle à tout dogmatisme. Et c'est très bien ainsi, car même si personnellement cette histoire du cinéma français prend forcément des allures de «grand œuvre» après cinquante ans de fréquentation passionnée autant qu'assidue, nous avons choisi de lui donner des dimensions somme toute modestes, à dessein de référence pédagogique, de cadre commode pour l'amateur dont nous espérons aviver le plaisir cinéphilique en lui permettant de retrouver ses goûts et ses propres choix, mais éclairés, documentés : le cinéma a une histoire, et si l'on ne veut pas prendre de pâles contrefaçons pour de géniaux originaux, soyons curieux du passé autant que du présent, à la fois du patrimoine et de la création, bref du cinéma dans toutes ses dimensions.

Ce n'est qu'à partir de là que l'on pourra rêver d'autres conceptions savantes de l'Histoire. Mais il ne s'agirait que de prospectives imaginaires car rien de tel n'a jamais encore été tenté pour l'ensemble du cinéma français (ni même pour des périodes suffisamment représentatives). L'idée, cependant, commence à tarauder certains cinéphiles. Ainsi, en octobre 2012, en hommage aux onze avatars de Denis Lavant dans *Holy Motors* de Leos Carax, les *Cahiers du cinéma* esquissent-ils «onze stations pour une histoire poétique du cinéma français», cela sans *a priori* théorique car aucune tentative de définition de la nature exacte d'un cinéma poétique n'est amorcée. Il s'agit d'une approche ludique de onze collaborateurs qui ont proposé et analysé leur film poétique préféré, la liberté de leur choix aboutissant à des œuvres qui se trouvent échelonnées de 1929 à 1985, signées de Dimitri Kirsanoff, Jean Grémillon, Jean Genet, Jean Renoir, Jean Cocteau, Robert Bresson, Georges Franju, Marguerite Duras, Adolfo Arieta, Philippe Garrel et Raoul Ruiz. Le rédacteur en chef Stéphane Delorme explique dans sa courte introduction, par des raisons factuelles, l'absence de Jean Vigo, Jean Epstein et Jean Painlevé qui auraient dû avoir leur place (cela aurait fait alors sept Jean sur quatorze! À quand une histoire des prénoms dans le cinéma?). Il constate que les deux grands moments poétiques se situent dans les années 1920-1930 – c'est une évidence relevée par tous les historiens – et la décennie 1970 – ce qui est davantage inattendu. N'oublions pas en outre Leos Carax, prétexte de ce minidossier, pour représenter la poésie d'aujourd'hui. Sans référence au fameux «cinéma de poésie» prôné par Pier Paolo Pasolini (en réaction contre le cinéma majoritaire de prose narrative), essentiellement caractérisé par une recherche formelle et l'importance du «je» intime de l'auteur qui s'exprime (en style libre indirect), se dessine donc un chemin plus secret témoignant de tendances diffuses vers un univers onirique, fantastique, nocturne, pictural et musical, autour de notations antinaturalistes, de lieux (l'eau, la ville), d'émotions et de sensations, mais aussi de visages (de Nadia Sibirskaïa à Mireille Perrier), de narrations collages, de contacts et d'ouvertures vers d'autres arts et domaines culturels.

Avec des partis pris différents, certaines publications auraient pu approcher une histoire des réalismes du cinéma français depuis Lumière «contre» Méliès, passant par le réalisme poétique puis privilégiant le «cinéma vérité» aux dépens de la Nouvelle Vague et aujourd'hui Laurent Cantet plutôt qu'Arnaud Desplechin... Il est clair que de telles histoires esthétiques ne peuvent s'élaborer qu'à partir d'un art poétique, c'est-à-dire d'une théorie des formes cinématographiques. Nous nous contenterons ici d'une présentation chronologique, néanmoins assez conséquente et organisée pour constituer un savoir de base propre à la réflexion et non un simple résumé de bachotage. Une référence en somme, dont nous assumons la pertinence.

Il faut bien se dire enfin que, aussi instructifs que puissent être les points de vue sur notre cinéma national de cinéphiles italiens, anglais ou américains (si tant est que l'on puisse trouver aux États-Unis des cinéphiles au sens français du terme), la supériorité du critique français d'un certain âge qui se sent le goût de tenter d'écrire une histoire du cinéma de son pays est qu'il se trouve dans la situation optimale pour réaliser une synthèse crédible: il a pu suivre régulièrement les sorties hebdomadaires intéressantes et constamment rattraper ses manques comme raviver le passé par les films diffusé à la télévision. Dès lors, si l'on peut questionner ses préférences, on ne saurait contester ses compétences : il dispose des moyens de son ambition. Ce qui n'est pas le cas des observateurs lointains, car chacun a pu mesurer l'insuffisance chronique de la distribution du cinéma français à l'étranger et des compléments qui vont avec (DVD, TV). Si revues spécialisées, critiques ou chercheurs universitaires peuvent désormais traiter de sujets, périodes et auteurs particuliers avec toute l'acuité nécessaire (il est des analyses remarquables sur Godard, le réalisme poétique ou les films de femmes en France, conçues et menées à bien ailleurs que sur notre territoire), l'histoire générale du cinéma français réclame une immersion complète et ancienne que seuls pratiquent quelques très rares individualités aux possibilités et à la ténacité peu communes. Certes ils existent, de même que l'on connaît en France un spécialiste du cinéma italien ou des productions d'Amérique latine. Mais c'est au prix d'un bilinguisme et d'une double culture vivante assumée et toujours alimentée permettant de dialoguer d'égal à égal avec les critiques du pays. De tels interlocuteurs sont précieux à l'esthéticien comme à l'historien, mais ces qualités ne sont guère pérennes, d'où le nécessaire retour à des textes nationaux.

L'idée est de se situer dans une continuité, de poursuivre un travail en tenant compte de ceux qui ont déjà balisé un certain chemin. Surtout, ne pas repartir de rien. Certes il convient de réécrire ce qui a déjà été tracé, mais en connaissant ces travaux et non en envisageant le passé du seul point de vue d'un présent qui, de toute façon, sera dès demain lui aussi du passé. Bannir tout corpus, plaie universitaire qui ne sert qu'à conférer un habillage pseudoscientifique conventionnel. Car l'histoire du cinéma doit être une discipline ouverte, y compris à l'aléatoire, à l'inattendu, à l'exceptionnel d'une œuvre qui tout à coup semble devoir tout bousculer par son caractère inexplicable dans un flot inéluctable. Reste à observer les conséquences, s'il y en a. L'histoire demeure un feuilleton dont chaque épisode confirme certains éléments mais en infirme beaucoup d'autres. C'est un essai à suspense…

Cette histoire générale du cinéma français constitue une synthèse remise en perspective, s'appuyant sur des films, des cinéastes et des mouvements artistiques auxquels nous consacrons notre travail de recherche depuis plus de quarante ans. Que soient remerciés ici les rédacteurs en chefs de revues, éditeurs et directeurs de collections qui nous ont permis de publier pendant toutes ces années des articles, études et livres concernant le sujet dont nous avons nourri le présent ouvrage, retenant même à plusieurs reprises quelques passages – toujours très courts, selon le droit d'auto-citations – qu'il ne nous semblait pas nécessaire de devoir reformuler. Citons donc chronologiquement pour information nos précédentes publications (dont les trois quarts sont à ce jour épuisées) abordant certains aspects ou périodes du cinéma français… :

Alain Resnais (Minard, 1968), *La Société française à travers le cinéma* (A. Colin, 1972), *80 ans de cinéma, Nice et le 7ème art* (Serre, 1980), *Le Cinéma français contemporain* (Le Cerf, 1984), *Jean-Pierre Mocky* (Lherminier, 1988), *Louis Malle* (Edilig, 1989), *Le Cinéma français depuis 1945* (Nathan, 1991), *Robert Bresson, l'aventure intérieure* (L'Avant-scène, 1992), *Jean-Claude Carrière scénariste, l'art de raconter des histoires* (Le Cerf, 1994), *Alain Cavalier, filmer des visages* (L'Avant-scène, 1995), *L'Itinéraire d'Alain Resnais* (Minard, 1996), *Cinquante ans de cinéma français* (Ref. Nathan, 1996), *A nos amours, Maurice Pialat* (Nathan, 1999), *Le Jeune cinéma français* (Nathan, 2002), *Jacques Doillon, trafic et topologie des sentiments* (Le Cerf/Corlet, 2003), *Sans toit ni loi, Agnès Varda* (L'Atalante, 2003), *Le Cinéma à Nice, histoire de La Victorine en cinquante films* (Prod. de Monte-Carlo, 2006), *Le Cinéma français des années 90* (A. Colin, 2008), *Le Cinéma français depuis 2000* (A. Colin, 2008).

... auxquels il faudrait ajouter les ouvrages collectifs dont nous avons assuré la direction :

Les Jeux de l'argent et du pouvoir dans le cinéma français (CinémAction, 1980), *Jean Rouch, un griot gaulois* (CinémAction, 1982), *Le Cinéma de Costa-Gavras* (CinémAction, 1985), *Le Documentaire français* (CinémAction, 1986), *Dictionnaire des 900 cinéastes français d'aujourd'hui* (Télérama/Le Cerf, 1988), *Le Cinéma selon Godard* (CinémAction, 1989), *Scénaristes français* (CinémAction, 1991), *Atouts et faiblesses du cinéma français* (CinémAction, 1993), *Jean Rouch ou le ciné-plaisir* (CinémAction, 1996), *Les Producteurs français* (CinémAction, 1998), *Où en est le God-Art?* (CinémAction, 2003), *Roman Polanski* (Contre Bande, 2004), *Robbe-Grillet cinéaste* (P.U. Caen, 2005).

PREMIÈRE PARTIE
L'ART MUET

Brigitte Helm, dans *L'Argent* de Marcel L'Herbier, 1929.

CHAPITRE 1
LE CINÉMA PRIMITIF
(1895-1914)

Le Voyage dans la Lune de Georges Méliès, 1902.

L'invention du cinématographe : Louis Lumière

1895 est indiscutablement l'an I de l'histoire du cinéma français (et mondial comme cela sera assez vite reconnu). Mais l'invention de Louis Lumière (âgé de 31 ans) s'est étagée au cours de l'année, marquée par trois étapes décisives : le dépôt du brevet d'invention de l'appareil à Lyon (13 février) ; la projection du premier film, *Sortie des usines Lumière* (22 mars) à la Société d'encouragement à l'industrie nationale à Paris ; la première séance de cinéma, payante et ouverte au public, au Grand Café (28 décembre).

Sans remonter à ce que l'on appellera le pré-cinéma, et notamment aux deux inventions françaises (Praxinoscope du physicien Émile Reynaud, 1887-1889 et fusil photographique/Chronophotographe du physiologiste Étienne-Jules Marey, 1882-1888), rappelons néanmoins que dans les dix ans précédant l'invention de 1895, de nombreux travaux semblent près du but, y compris en France : ainsi Augustin Le Prince et sa caméra à 16 objectifs (1886) ou Léon Guillaume Bouly avec son « appareil réversible de photographie et d'optique pour l'analyse et la synthèse des mouvements » (1892). De même à l'étranger plusieurs chercheurs tournent autour de l'appareil que le premier, Louis Lumière, rendra parfaitement opérationnel en assurant la régularité du défilement de la pellicule qui peut seule fournir la perfection de la reproduction du mouvement. Pour ce faire, les frères Louis et Auguste Lumière parviendront à mettre au point les perforations de la pellicule puis la croix de Malte, pièce d'engrenage permettant, dans l'appareil de prise de vues comme dans le projecteur, l'entraînement par saccades de la pellicule, de manière qu'elle soit complètement arrêtée au moment où l'obturateur s'ouvre pour laisser passer la lumière et que le changement d'image s'opère brusquement pendant l'instant très court où les rayons lumineux ne pénètrent pas dans l'appareil. Dès lors étaient rendues possibles la prise et la projection de 16 photos fixes à la seconde. L'appareil a été fabriqué par les deux frères, mais la conception et la réalisation des vues incombent essentiellement à Louis. Certes c'est le Kinétoscope de l'américain Thomas Edison présenté au public en 1891 (en introduisant une pièce de monnaie et en regardant dans un oculaire, un spectateur unique voyait s'animer une petite image photographique pendant une quinzaine de secondes) qui se rapprocha le plus du cinéma, mais ces boîtes à images ne furent commercialisées qu'en 1894 et visibles en août dans une boutique du boulevard Poissonnière à Paris.

En fait les ultimes problèmes résolus dans les derniers mois par les frères Lumière furent celui de la fréquence (les 16 images par seconde correspondant à deux tours de manivelle est un compromis entre nécessité technique – il faut le plus possible d'images pour diminuer le scintillement – et calcul commercial – moins d'images diminue le prix de revient) – et du film pelliculaire (qui aura finalement 35 mm, comme celui d'Edison). Quant à l'origine du vocable cinématographe, il remontait à trois ans à peine. Le 12 février 1892, Léon Guillaume Bouly déposait en effet un brevet intitulé précisément « Cinématographe ». Son système ne s'imposera pas mais le nom inventé aura le succès que l'on sait. Le mot est formé du grec *Kinema* (mouvement) et *Graphein* (écrire). À cette date, Bouly met «Y» (cynématographe) qu'il change en «I» dans son nouveau brevet du 27 décembre 1893.

Le brevet d'Auguste et Louis Lumière est inscrit le 13 février 1895 et un certificat additif déposé le 30 mars le nomme «Cinématographe». Or, fin février, Acmé Le Roy et Eugène A. Lauste ont présenté pour la première fois en public aux États-Unis «the Marvelous Cinematograph». Il s'agit bien de la projection d'images photographiques animées, un mois avant la première vision privée de l'invention des frères Lumière *(Sortie d'usine)* et, quoique la séance américaine n'ait produit aucun écho, peut-être les Lumières en ont-ils retenu le nom. À moins que n'imitant ni Bouly ni Le Roy et Lauste qu'ils ne connaissaient pas forcément, ces fins hellénistes aient simplement réinventé le mot. Vite ressenti comme trop long, *Cinématographe* devient d'ailleurs bientôt *Cinéma*.

La *Sortie des usines Lumière* projetée fin mars à Paris avait été tournée quelques jours auparavant. Elle repasse en avril au congrès des Sociétés savantes dans l'amphithéâtre de la Sorbonne, mais c'est à Lyon au congrès des Sociétés françaises de photographie qu'a lieu la grande «première» du Cinématographe en juin avec sept vues inédites s'ajoutant à une seconde version de la *Sortie des usines Lumière* (où les employés ont des tenues plus estivales que dans les prises de vues montrées à Paris): *Place des cordeliers* (Lyon), *Leçon de voltige*, *Pompiers: attaque du feu*, *Forgerons*, *Pêche aux poissons rouges*, *Le Jardinier et le petit espiègle* et *Repas de bébé*. Deux jours après, nouvelle projection où les membres du congrès enregistrés la veille au cours d'une excursion peuvent se reconnaître: *Arrivée des congressistes à Neuville-sur-Saône* et *Discussion de M. Janssen et de M. Lagrange*. L'enthousiasme est alors à son comble car c'est la vie prise sur le vif! Certes une existence sans couleur, sans bruit ni parole, mais des photos animées grandeur nature, d'une précision et d'une richesse remarquables (les ouvriers et ouvrières sont nombreux, à pied ou à bicyclette, se dirigeant dans tous les sens: plus de 100 personnes en 50 secondes). L'impression de réalité est parfaite, réalisme et grouillement de la vie.

Le succès remporté auprès des premiers spectateurs, des professionnels de l'industrie photographique, n'est pas dû exclusivement à la prouesse technique, mais aussi à la nature de l'appareil et au talent de l'opérateur. Les frères Lumière sont des industriels qui fabriquent des appareils photo. Ils conçoivent donc un appareil de maniement simple et léger s'adressant à la même clientèle d'amateurs éclairés. Transportable, il peut être facilement utilisé en extérieur ou en famille. Le même sert donc à l'enregistrement (rôle de caméra) et à la vision (rôle de projecteur). Dès lors Louis Lumière fixe des sujets typiques de photographes amateurs (la sortie de ses propres usines, le repas de son bébé, la partie de cartes que joue son père Antoine avec ses amis ; puis ce seront des scènes de sa résidence secondaire : les bains de mer, les barques, le marché, la gare à la Ciotat…). Et il le fait avec sa virtuosité personnelle de photographe, c'est-à-dire son goût de la composition de l'image, du choix du bon axe, de la lumière, des contrastes…

Ces qualités assureront l'accueil extraordinaire réservé d'abord par les 35 spectateurs le 28 décembre à la première représentation de dix « vues animées » du Cinématographe Lumière dans le Salon indien au sous-sol du Grand Café à Paris. Cette date fournit à l'histoire un repère commode, celui de la science après la magie (la lanterne magique déjà présente depuis longtemps dans ce lieu même) et avant l'art (dès que le cinéma deviendra langage), car l'art et la magie sont difficiles à dater alors que l'invention technologique impose plus facilement sa loi chronologique. À ce moment-là en tout cas, le cinéma s'érige en spectacle (car le bouche-à-oreille attire les jours suivants un public de plus en plus nombreux), certainement davantage par la volonté du père Antoine Lumière que par celle du fils Louis. Il faut dire que, dès la projection expérimentale de mars, l'intérêt suscité avait provoqué de nombreuses demandes d'industriels ou simples curieux, désireux d'acheter cet appareil aux usines Lumière. Mais il n'existait encore qu'un seul prototype ! C'est grâce à la construction d'un second que put avoir lieu la séance inaugurale de décembre. Mais à ce moment, une autre utilisation commerciale se dessinait : non plus seulement vendre des appareils à des amateurs fortunés, mais organiser des séances de projection pour un public populaire, celui des théâtres et des music-halls. Or ce sera cela le cinéma ! Et le programme mélangeait avec bonheur les « genres » à venir : 1. *Sortie de l'usine Lumière à Lyon*. 2. *Voltige*. 3. *Pêche aux poissons rouges*. 4. *Le Débarquement du congrès de photographie à Lyon* (nouveau titre d'*Arrivée des congressistes à Neuville-sur-Saône*). 5. *Forgerons*. 6. *Le Jardinier et le petit espiègle* (dont circulera bientôt le remake : *L'Arroseur arrosé*). 7. *Le Repas de bébé*. 8. *Le Saut à la couverture*. 9. *Place des Cordeliers*. 10. *Baignade en mer*. Chaque sujet durait moins d'une minute et l'on rechargeait l'appareil entre chacun.

Dès le début de 1896, le Cinématographe Lumière est à Lyon, trois nouvelles salles ouvrent à Paris ; en février il est à Londres, puis à Vienne, Berlin, Genève, Saint-Pétersbourg, Madrid, Moscou, Belgrade, New York, Helsinki, Malmö, Bombay entre février et début juillet. Pour ce faire la maison Lumière s'appuie sur son réseau de correspondants établis dans le monde entier pour la vente de ses produits cinématographiques et sur une cinquantaine d'opérateurs formés à Lyon dès janvier 1996 pour enregistrer des films dans tous ces pays et effectuer les projections. En six mois l'inventeur et opérateur Louis Lumière est devenu producteur et distributeur, dirigeant la plus importante entreprise de spectacles et de photographies animées du monde. Dès mai 1996, le couronnement du tsar Nicolas est le premier grand reportage d'actualité réalisé par la maison Lumière. D'autres suivront car dès le début s'impose la nécessité de renouveler constamment le catalogue pour dépasser la curiosité du public et le faire revenir, le fidéliser. Les « chasseurs d'images » (on connaît Eugène Promio et Félix Mesguich qui publieront vingt et trente ans plus tard leurs souvenirs, mais aussi Charles Moisson ou Francis Doublier) sont de véritables aventuriers toujours prêts à enregistrer dans des conditions parfois inouïes, non seulement des événements spectaculaires, mais des vues des contrées les plus lointaines.

L'« école Lumière » s'inspire du sens de l'image de Louis et de son intérêt inventif pour la qualité. Ainsi, sur le Grand Canal de Venise, Promio invente le travelling qui se propage immédiatement sous le nom de « vues panoramiques » réalisées à partir de tous les moyens de transport. La profondeur de champ est travaillée pour en faire voir le plus possible, les « vues » Lumière répondant à une soif de connaissance du monde que l'expansion coloniale suscitait et que le triomphe de la bourgeoisie commerçante encourageait. Les sujets de fiction occupaient beaucoup moins de place au catalogue et il s'agissait essentiellement de comiques. Mais Lumière commanda aussi une reconstitution de *La Vie et la Passion de Jésus-Christ* (sans doute filmée fin 1897 par Georges Hatot, 250 mètres, 13 tableaux, sur fond de toile peinte avec des figurants mal déguisés). 1897 marque alors le sommet de la production Lumière en nombre de films réalisés et de séances organisées, puis elle se mettra à baisser régulièrement jusqu'à l'arrêt complet en 1905.

Certes, en France, la catastrophe du Bazar de la Charité (140 morts dans l'incendie provoqué par l'alimentation d'un projecteur Joly-Normandin, donc d'un procédé concurrent des appareils Lumière, le 4 mai 1897) donna pour un temps une image très négative des séances de cinéma. Mais la baisse de fréquentation des établissements Lumière s'explique plutôt par une série de causes plus complexes. D'abord l'impossibilité de s'installer durablement aux États-Unis. Mais aussi un épuisement des sujets documentaires (actualités et vues de voyage) face aux films de fiction mis en scène par Méliès, Pathé et Gaumont (que

Lumière essaie d'imiter, mais moins bien, avec sa série fantasmagorique et des scènes dites «piquantes»). Enfin des problèmes techniques (le système de perforation Edison s'impose comme format standard) et de politique commerciale (Lumière abandonne les concessions pour la vente directe des appareils et des films nécessitant un investissement élevé pour un métier de forains à l'avenir incertain). Dès 1905, les Films Lumière cessent toute activité de production. En 1908 la société Lumière vend sa dernière salle et Louis Lumière redevient un éternel inventeur : photographies en couleurs (plaques autochromes), procédé de relief par verre anaglyphe et, hors du domaine audiovisuel, lunettes de protection pour la soudure à l'arc, repérage acoustique des avions...

Georges Méliès : le film et le cinéma

Lorsqu'en décembre 1895 il découvre avec émerveillement le cinéma Lumière au Grand Café, Georges Méliès a 34 ans et dirige depuis 1888 l'illustre théâtre Robert-Houdin du boulevard des Italiens à Paris, où il met en scène et interprète des spectacles féeriques et de prestidigitation du grandiose Châtelet. Devant un public à la fois mondain et populaire, il y déroule un merveilleux de carton-pâte, scènes truquées mélangeant le music-hall et les tours de magie dans des fantasmagories qu'il pimente d'espiègleries» (selon les termes de l'époque), farces bouffonnes à base de gags, et aussi d'exhibitions de lanterne magique. Fils d'un riche industriel de la chaussure de luxe, il avait dès l'enfance manifesté un grand talent de dessinateur. Mais sa famille l'ayant détourné de la peinture, Méliès s'était pris de passion pour l'illusionnisme, commençant par montrer ses tours dans les salons puis montant bientôt sur les planches. En 1882 par exemple, il avait participé à l'inauguration du musée Grévin où il continua à donner, dans son «cabinet fantastique», des séances publiques. En 1888 il avait cédé ses parts de l'usine familiale pour acheter le théâtre Houdin qui s'était un peu assoupi depuis la mort de son célèbre créateur et en avait refait en quelques années une grande salle de Paris. Très inventif, soucieux d'un renouvellement constant de ses spectacles, il comprend aussitôt que le cinématographe pourrait agrémenter le programme de sa salle et veut acheter dès janvier 1896 un des appareils Lumière. S'étant heurté à un refus, il montrera le Kinétoscope Edison et demandera à son ingénieur de construire un appareil selon le principe Lumière. Il l'appelle le Kinétograph et dès la même année tourne ses propres films en créant sa firme, Star-Film, première maison de production cinématographique du monde !

Sans vergogne, il reprend le style et les sujets de Lumière, tournant *Une partie de cartes*, *L'Arrivée d'un train en gare de Vincennes*, *Place de l'opéra* et même *L'Arroseur*, s'essayant aussi aux « actualités » (*Cortège du Tsar allant à Versailles* en septembre 1896). Mais il filme en outre les meilleurs numéros de ses propres spectacles : *Escamotage d'une dame chez Robert Houdin* ou *Le Fakir, mystère indien*. Il transforme donc le théâtre Houdin en salle de cinéma. Fin 1896 il a déjà tourné près de 80 bandes dont une dizaine de 20 mètres : les bateaux-mouches sur la Seine, un camp de bohémiens, le port du Havre, la plage de Trouville, la mer par gros temps à Villers… Quand Lumière passe aux numéros comiques, Méliès fait de même. Mais très vite il comprend les limites des « vues » à la Lumière et veut faire du cinéma un spectacle aussi irréaliste et fantastique que le répertoire de Robert Houdin. Il s'en donne les moyens en construisant dans sa propriété de Montreuil-sous-Bois en 1897 le premier studio de prise de vues qui lui coûte la somme importante de 70 millions de francs. C'est au départ un atelier de 17x6 mètres au sol. La toiture s'élève à 6 mètres. Comme les quatre murs, elle est constituée de verre dépoli, sauf trois travées en avant de la scène/plateau de prise de vues équipées de verre transparent pour faire pénétrer le maximum de lumière ; le tout monté sur charpente métallique et couvert de volets mobiles faciles à manœuvrer pour tamiser le soleil si nécessaire. Il y a aussi une fosse large de 15 mètres et profonde de 3, des trappes de toutes sortes, des portants pour décor, des plaques montantes pour les apparitions… Le studio sera constamment agrandi et amélioré les années suivantes : surélévations, élargissements, annexes, ateliers de décors de toiles peintes et menuiseries – peintures, ponts métalliques au-dessus de la scène… Le studio ne sera détruit qu'après la Seconde Guerre mondiale. L'historien Jacques Deslandes a bien expliqué que cet outil avait été conçu par un amoureux des trucages de théâtre, mais Maurice Bessy démontre pour sa part que toute cette « trucographie » théâtrale et photographique a vite été adaptée aux possibilités spécifiquement cinématographiques. Méliès répartit ses trucs en cinq grandes catégories : trucs par arrêt, trucages photographiques, trucs de machinerie théâtrale, trucs de pyrotechnie et de chimie. Il a lui-même expliqué comment sa caméra s'étant bloquée quand il tournait place de l'opéra, puis s'étant remise en marche quelques secondes après alors que des piétons et calèches avaient bougé, il découvre la substitution d'images. Il perfectionne ainsi peu à peu les arrêts permettant de transformer les personnages, les fondus d'un décor à l'autre mais aussi les disparitions et apparitions, les caches de certaines parties d'images, les superpositions donnant des dédoublements d'individus ; il prend des vues sous-marines (en réalité à travers un aquarium), utilise le ralenti, les prises de vues image par image, se sert du feu, du vent, de l'eau, construit des maisons factices pour les détruire, utilise des mannequins pour les chutes. Son imagination débordante conçoit les scènes les plus folles et la technique suit pour les réaliser.

En outre Méliès tourne de véritables films, préparés par des scénarios accompagnés de dessins non seulement très précis mais aussi très beaux pour inspirer les maquettistes et peintres des toiles de fond. Il sera toujours attentif à l'interprétation, ce qui était difficile car les acteurs professionnels ne savaient que déclamer mais ni bouger ni exprimer avec leur visage tandis que les mimes caricaturaient trop. Il engage des danseuses du Châtelet, bientôt de l'Opéra et tient à interpréter lui-même le rôle principal. Il réalise aussi les premières publicités (celle sur la moutarde Bornibus et une lotion contre la calvitie demeureront célèbres). Dès 1897 il utilise la lampe à arc pour *Paulus chantant*, tourne des actualités reconstituées (guerre gréco-turque), des scènes égrillardes (*Le Bain de la Parisienne*) ou à transformation (*Faust et Marguerite*). En 1898, c'est le corbillard succédant à un autobus sur la place de l'Opéra et *Visite de l'épave du « Maine »* (à travers l'aquarium), les travellings du *Panorama pris d'un train en marche*, mais aussi *Guillaume Tell et le clown* avec un chou sur une armure, les premières surimpressions de spectres dans *La Caverne maudite* et la scène extraordinaire de *L'homme de tête* où le prestidigitateur prend sa propre tête et la met sur la table. En 1901, Méliès perfectionnera l'effet avec *L'Homme à la tête en caoutchouc*. C'est cette fois un chimiste dans son laboratoire qui place sa propre tête sur une table et fixe un tube de caoutchouc relié à un soufflet qu'il manœuvre pour la faire grossir jusqu'à l'explosion. Le truc était complexe, faisant intervenir superpositions, emplois de caches, velours noir sur fond noir, chariots à galets sur rail en pente montant vers l'appareil fixe pour obtenir le grossissement impeccable de la tête. La netteté était assurée par un deuxième opérateur modifiant la mise au point au fur et à mesure de l'avancée. Une grande partie de l'art de la mise en scène tenait à ce travail d'une précision méticuleuse.

À partir de 1889, Méliès commence à se spécialiser dans les films longs avec *L'Affaire Dreyfus* (11 épisodes de 20 mètres) qui, à l'époque, enflammait le pays ; Méliès en reste aux fait bruts (jusqu'à la dégradation et la prison). Dans le genre reconstitution, il faut noter que le *Couronnement du roi Édouard VII* fit scandale car il fut programmé au grand music-hall londonien l'Alhambra en juin 1902 alors que l'événement (qui avait été remis de trois mois à cause de la maladie du souverain) n'eut lieu qu'en août ! La même année, avec une maquette et de la farine, il réalise *Éruption volcanique à la Martinique,* catastrophe du mont Pelé qui détruit Saint-Pierre. C'est aussi l'année du *Voyage dans la Lune (*280 mètres ; 10 scènes « extraordinaires et fantastiques ») inspiré à la fois de Jules Verne et de Herbert George Wells, mais à sa manière illusionniste, satirique et féerique. La capsule en forme d'obus est envoyée dans l'espace par un canon et les cosmonautes débarquent bel et bien sur l'astre de la nuit. La poésie cosmique est rehaussée par le coloriage et les Sélénites rencontrés sont des hommes langoustes à tête d'épervier joués par des acrobates des Folies Bergère. Une chanteuse de music-hall interprète la lune assise dans un croissant, les étoiles sont des girls du Châtelet, les rôles de Terriens étant tenus par des comédiens du théâtre de Cluny. Le succès fut fabuleux et mondial, aussitôt copié par Edison. *Le Voyage à travers l'impossible* (370 mètres, 1904) sera un peu du même esprit, mais cette fois il s'agit d'atteindre le soleil avec une machinerie « scientifique » encore plus délirante. Quant à *Vingt mille lieues sous les mers* (265 mètres, 1907), il abandonne la science-fiction pour le rêve traité à la manière des féeries (style *Cendrillon,* 1899) et d'un opéra : dans des grottes fantastiques, antres d'hippocampes, pieuvres, coquillages et crabes géants, évoluent les déesses de la mythologie aquatique (sirènes, naïades). Autre grand succès, *Les Quat'cents farces du diable (*440 mètres, 1906) demeurent davantage fidèles aux fantaisies du début, mais en les articulant à la façon de Faust et du fantastique gothique de la littérature du xixe siècle. N'y manquera même pas la descente aux Enfers enflammés avec le passage du Styx, après des dizaines de tours infernaux, la traversée de lieux ensorcelés, les chevaux qui s'envolent, le Vésuve qui entre en éruption, les gens qui disparaissent, les accidents spectaculaires, drôles et acrobatiques.

Malheureusement la reconnaissance du génie de Méliès provoquera paradoxalement sa perte : il est concurrencé, plagié, aux États-Unis d'abord puis en France même où Gaumont et Pathé, meilleurs industriels, commerçants et financiers que lui, le marginalisent et finalement l'absorberont pour mieux l'étouffer : aux États-Unis la Star-Film est incorporée au trust Edison, en France Méliès cesse même dix-huit mois son activité (entre 1909 et 1911) puis Pathé se fait distributeur de ses films mais en gageant les installations de Montreuil. Or le public se lasse des fantasmagories de Méliès comme, précédemment, des vues documentaires de Lumière au profit de fictions plus élaborées. Sa poésie naïve passe de mode, il demeure fidèle à ses trucs mais ses effets paraissent désormais ringards ; dès 1909, il ne tourne plus qu'un ou deux films par an, catastrophiques sur le plan commercial. Aussi Ferdinand Zecca, son vieux concurrent devenu maintenant son supérieur chez Pathé, essaye par tous les moyens de lui nuire. En 1912 ses derniers films sont *À la conquête du pôle* et *Le Voyage de la famille Bourrichon,* pas indignes des précédents, mais c'est le cinéma qui a changé. À ce moment Charles Pathé lui réclame paiement de ses dettes et il doit vendre tous ses biens. La Grande Guerre achève de le ruiner totalement. Il abandonne donc le cinéma pour finir pauvrement son existence (jusqu'en 1938).

Le coq et la marguerite

La couleur constituant d'après les scientifiques un des éléments les moins prégnants de la perception, son absence n'avait guère gêné les spectateurs de 1895 d'ailleurs préparés à ce manque d'exigence par la photographie et peut-être aussi par leurs rêves, généralement en noir et blanc. Pourtant l'Exposition universelle de Paris constitue en 1900 la vitrine internationale de la nouvelle invention largement perfectionnée en cinq ans dans la voie de la reproduction parfaite du réel : d'abord, justement, la couleur, mais aussi la grandeur (projection géante du Cinématographe Lumière sur un écran de 21 mètres sur 16), le son (« phono-cinéma-théâtre » de Clément Maurice et Henri Lioret, « Phonorama » de Berthon, Dussaud et Jaubert audible grâce à des écouteurs individuels), la vision stéréoscopique et les pellicules larges (Cinéorama de Grimoin-Sanson : projection à 360 degrés avec dix appareils 70 mm synchrones, mais l'attraction est interdite après quatre séances par mesure de sécurité)…

Se trouvaient ainsi en germe toutes les inventions techniques qui allaient se faire au cours du siècle. Entre 1900 et 1910 les appareils sont améliorés, les brevets comme les présentations scientifiques se multiplient et on semble devoir atteindre très vite ce rêve du *cinéma total* de l'Exposition universelle. Pourtant ce n'est pas dans ce sens technologique que va aller le cinéma. Les progrès s'arrêtent, les nouvelles découvertes sont mises au placard pour prendre une autre route, celle de l'industrie et du spectacle.

Sans doute beaucoup de ces inventions n'étaient-elles pas vraiment opérationnelles immédiatement comme celle des Lumière. De plus, leur exploitation réclamait des investissements trop importants susceptibles de limiter fortement l'expansion du spectacle naissant. Mais ce qui a surtout freiné la prise en compte de ces améliorations techniques est le fait que le cinéma devient très vite un langage artistique susceptible de créer par l'esthétique ce supplément de son, de couleur, d'espace ou de volume que les réalisateurs allaient bientôt savoir tellement bien suggérer que leur matérialisation technique effective devenait inutile.

D'entrée, les enjeux sont internationaux. Pour les Français et les Américains, il ne s'agit pas seulement de conquérir les marchés intérieurs mais chacun voit aussitôt les profits colossaux qu'il peut tirer d'une exploitation hors de ses frontières : plus de 200 brevets sont enregistrés en France et aux États-Unis entre 1895 et 1900 pour des appareils dérivés du Kinétoscope ou du Cinématographe afin d'essayer d'obtenir un double monopole de fabrication et d'exploitation.

Pourtant, une fois passé le succès de curiosité de 1896, le cinéma connaît sa première crise de fréquentation accusée par deux faits et d'abord, le 4 mai 1897, le fameux incendie du Bazar de la Charité. Le cinéma est rendu responsable et apparaît donc un temps comme une distraction dangereuse. De plus, le catalogue des films ne se renouvelle pas. Aussi beaucoup de spectateurs ont vite l'impression d'avoir fait le tour de la nouveauté et n'en attendent bientôt plus rien. Le cinéma est donc chassé des villes et devient un spectacle forain. Mais il s'installe solidement, le temps, en somme, de trouver son second souffle.

C'est alors qu'un troisième larron s'impose en France à Lumière comme à Méliès : Pathé. Modeste apprenti, Charles Pathé se lance d'abord en forain dans l'exploitation des deux découvertes de cette fin du XIXe siècle : le phonographe et le cinéma. Avec ses frère Émile et Théophile, il constitue en 1896 la société Pathé Frères qui va peu à peu réunir toute la chaîne du film, depuis la fabrication de la pellicule jusqu'à l'exploitation en salles en passant par la production, activités toutes marquées du sigle bientôt célèbre du coq gaulois dressé sur ses ergots.

Pathé réalise alors dans ses studios de Vincennes toutes sortes de bandes (des actualités au mélodrame en passant par les comiques et les féeries). Son principal metteur en scène, Ferdinand Zecca, se partage entre « scènes comiques » et « grivoises à caractère piquant ». Puis il abandonne l'esthétique théâtrale pour aller vers le réalisme (*Les Victimes de l'alcoolisme*, 1902, adaptation en 7 minutes de *L'Assommoir* de Zola). Progressivement, il allonge aussi le métrage des films. De plus, la firme implante des filiales dans le monde entier et possède des circuits ruraux. De 1900 à 1910, la progression est gigantesque : chaque film réalisé à Vincennes est vendu à plusieurs centaines de milliers d'exemplaires à travers le monde, Pathé produisant journellement des dizaines de kilomètres de films. Les bénéfices de la firme sont énormes : 350 000 francs en 1900, 24 millions en 1907, soit plus de dix fois le capital. En 1908, Pathé vend aux États-Unis un métrage de films deux fois supérieur à l'ensemble de la production américaine.

Mais, très vite, Gaumont se pose en rival de Pathé. Ingénieur, Léon Gaumont s'intéresse surtout à la recherche technique en 1902-1903. Ainsi met-il au point avec son collaborateur Georges Demeny un système de synchronisme sonore : le Chronophone accompagnant les Phonoscènes. Il s'investit également dans les effets de couleur. Mais sa marguerite fleurit surtout sur son parc de salles qui se développent rapidement et sur les films qu'il réalise pour alimenter ce secteur d'exploitation. Secrétaire de Léon Gaumont, Alice Guy initie dès 1901 une production de films de fiction. À la direction artistique (« théâtre »), elle réalisera elle-même de nombreux films de plus en plus ambitieux : *La Esmeralda* (1905), *La Naissance, la vie et la mort du Christ* (1906). En 1907, elle part en Amérique. Mais la course-poursuite est depuis l'année précédente le genre comique favori chez Gaumont où s'illustre surtout André Deed.

Dès 1904, Méliès, Pathé et Gaumont visent le marché américain. Pour ce faire, Pathé réaménage cette année-là ses studios de Vincennes tout en installant de nouveaux plateaux à Montreuil (près des installations de Méliès). En 1905 Gaumont construit des studios encore plus grandioses à la Villette, proches du parc des Buttes-Chaumont. En 1907, Pathé décide de ne plus vendre ses films aux exploitants mais de les leur louer, ce qui va favoriser la multiplication des salles urbaines et tuer à jamais le cinéma forain. Imité par d'autres fabricants, cet exemple est généralisé en 1909, en même temps que le Congrès international des producteurs et distributeurs, présidé par Georges Méliès, adopte le système Edison du film 35 mm, mettant fin à l'anarchie antérieure de formats voisins mais incompatibles et réclamant chacun un appareil de projection différent. Désormais, les bases d'une industrie cinématographique mondiale sont en place. L'époque des pionniers est close, l'histoire du cinéma peut commencer.

À ce moment, les trois géants doivent compter déjà sur la concurrence d'autres firmes émergentes. Ainsi en 1907 Charles Jourjon et Marcel Vandal créent la société des films Éclair. Implanté à Épinay, Éclair produit autour de 200 films par an entre 1910 et 1914, notamment les Actualités Éclair-Journal (élaborées d'abord par sa filiale de Fort Lee près de New York puis réalisées dans plusieurs autres pays). Pour sa part, L'Éclipse, dirigée par Louis Mercanton, porte à l'écran plusieurs œuvres de Shakespeare mises en scène par Henri Desfontaines qui connaîtra son plus beau succès international avec *Elisabeth, reine d'Angleterre* (1913). Plus tard, Valetta Films s'attachera presque exclusivement à la production des nombreux films de Camille de Morlhon qui triomphera au début de 1914 avec *Une brute humaine* (près de 2000 mètres), mélodrame bourgeois vendu à plus de 200 copies dans le monde entier. Cette prolifération de nouvelles sociétés témoigne que l'industrie cinématographique française est particulièrement florissante dans les toutes dernières années d'avant guerre. Malheureusement, si le cinéma commence à pénétrer les pages «Spectacles» de la grande presse, il n'a pas encore de véritable statut juridique, ce qui expose certains films policiers aux foudres des censures de toutes natures, notamment lors de la sortie en 2012 des *Bandits en automobile* de Victorien Jasset, film consacré à la tristement célèbre «bande à Bonnot».

Le burlesque, «Onésime» et Max Linder

Le comique figure dès le 28 décembre 1895 dans le programme de la première séance du cinéma Lumière. Méliès lui fait une large part dans ses propres créations. Dès que l'industrie s'en mêle, une bonne part des productions Pathé et Gaumont est consacrée au burlesque.

La série «Onésime» occupe en particulier les écrans pendant trois ans (1912-1914), Ernest Bourbon étant le seul acteur français à avoir connu, avant la Grande Guerre, une popularité aussi grande que Max Linder. Voici comment l'historien Francis Lacassin décrivait le ton des 52 bandes animées par l'éblouissant acrobate incarnant le personnage d'Onésime : «en 8 ou 10 minutes, il dynamisait une profusion d'écroulements. Plafonds s'entrebâillant pour laisser tomber une noce, avec ses convives et des buffets remplis de vaisselles. Échafaudages s'effondrant comme des dominos sur une belle poursuite composée de fiancées répudiées, de belles-mères courroucées, d'académiciens et de mitrons bafoués tous revêtus de plâtre, farine ou peinture. L'ardeur des poursuivants étant stimulée parfois par la présence d'un ours mal léché ou de quelques lions grincheux. De ce chaos émergeait le responsable, un maladroit sympathique à l'élégance imperturbable (jaquette, guêtres blanches, melon gris clair) et orné du sourire navré d'un Pierrot fâché avec la lune». Impostures ou quiproquos structurent les scénarios (*Onésime est trop timide*), l'intrusion du fantastique porte l'absurde au paroxysme (*Onésime horloger*), les rêves transforment les humains en animaux (*Onésime aime trop sa belle-mère*). Le réalisateur Jean Durand sait faire tourner au délire le gag et le désordre. Dans *Onésime aime les bêtes*, le comique transforme l'appartement de ses parents en zoo, dans

Onésime et le nourrisson il veut se débarrasser d'un bébé tombé du haut d'un pont dans ses bras, dans *Onésime et l'étudiant*, poumons et viscères sont mal remontés par des chirurgiens maladroits…

Pour Francis Lacassin, Jean Durand et Ernest Bourbon/Onésime ont dépassé le maître de la destruction Roméo Bosetti et influencé Mack Sennett (qui reconnut avoir beaucoup apprécié les comiques Gaumont). Mais Onésime annonce aussi directement Max Linder. En effet, alors que la plupart des personnages de séries ont un statut social subalterne (mauvais garçons, domestiques, marginaux…), Lacassin souligne qu'Onésime «se présente comme un jeune homme de bonne famille»: stricte élégance, maquillage blanc, bon chic bon genre comme le sera Linder, chapeau à reflets et escarpins vernis. Mais il ne faudrait pas oublier la mise en scène extrêmement inventive de Durand qui signe par exemple une poursuite hilarante à partir d'un restaurant des Saintes-Maries-de-la-Mer où Onésime et sa fiancée sont entraînés dans une danse effrénée dès qu'un tzigane joue du violon. Ils s'enfuient mais le musicien les traque jusque dans la mer (*Onésime, cœur de tzigane*).

Avant d'accéder à la célébrité à 26 ans, Ernest Bourbon avait débuté aux Folies Bergère en 1906 dans la troupe de James Price. Parallèlement, il figure dans les poursuites des films comiques Pathé puis Gaumont sous les directions d'Alice Guy ou Roméo Bosetti, plus tard de Victorin Jasset chez Éclair. Bosetti avait été lui-même clown, acrobate et funambule au cirque Barnum. Aussi remarque-t-il Bourbon, mais il ne le sort pas de l'anonymat pour sa série «Calino» en 1909-1910. Par contre, quand Bosetti est propulsé à la tête de sa propre compagnie la Comica aux studios de Nice où il produira jusqu'à la guerre une quinzaine de séries («Little Moritz», «Bigorno», «Casimir», «Rosalie»…), il est remplacé au studio Gaumont de la rue de la Villette à Paris par Jean Durand qui reconstitue une troupe engagée à l'année pour poursuivre la série «Calino»: Bourbon fait partie de ces dynamiques cascadeurs surnommés les Pouittes qui jouent aussi bien dans des bandes comiques que dans les westerns français écrits par Joë Hamman et dirigés par Durand (avec des extérieurs en Camargue). Il figure aussi dans la série parodique «Zigoto» bâtie par Durand autour d'un détective loufoque incarné par Lucien Bataille.

Bourbon sera enfin la vedette de la série «Onésime» plébiscitée par le public dès sa première apparition en avril 1912 (*Onésime est trop timide*). Il obtient sa consécration au cours d'une cérémonie de gala le 25 décembre 1913 sur la scène et à l'écran du Gaumont Palace place Clichy: le public le voit d'abord au cinéma dans une course-poursuite qui le conduit sur les toits mêmes de l'établissement où il s'engouffre dans une lucarne suivi par les Pouittes. Le spectacle passe alors de l'écran à la scène au-dessus de laquelle ils apparaissent en chair et en os aux spectateurs, descendant du plafond à la corde sous les applaudissements de la salle ! Malheureusement en août 1914 la guerre éclate. Onésime part au front, les studios ferment.

En 1918 tout a changé : les films américains de Chaplin, Keaton, Fatty ou Ben Turpin ont envahi les écrans français et d'ailleurs Léon Gaumont ne croit plus aux courts films comiques, tablant désormais sur les films à épisodes. Pourtant, une société éphémère, la Cimiez Films, produit et réalise encore à Nice en moins d'un an (printemps 1918-janvier 1919) sept films avec Onésime au studio Gaumont de Carras et dans des extérieurs pittoresques des environs de la ville : *Onésime et le billet de 1000*, *Onésime est maître chez lui*, *La Maison des marraines* sont pourtant médiocrement accueillis. Le dernier surtout, réalisé par Georges Lacroix, mélange critique sociale et souvenirs de guerre aux dépens des gags. Ce n'est plus un burlesque mais une comédie qui demande aux acteurs d'autres qualités que les prouesses physiques du cascadeur Bourbon. L'année suivante, Onésime est cependant appelé par Léonce Perret qui lui propose un rôle dans un des films qu'il tourne en Amérique. Il ira mais, après ce contrat, rien d'autre ne se présente et il doit renouer avec le music-hall, mettant au point un numéro humoristique de main à main avec son fils, *Onésime and His Kid, Acrobatic Comedy Act*. De retour en France, il poursuit ce spectacle jusqu'au milieu des années 1920. À part pour quelques rares apparitions, le cinéma ne fera plus appel à lui.

La carrière d'Onésime est emblématique de celle de plusieurs dizaines de comédiens-personnages qui ont formé l'ensemble flou de l'école française du film comique du cinéma des premiers temps. La réalité est davantage économique qu'esthétique : de fait, entre 1908 et 1914, les séances comiques entrent pour moitié dans la composition des séances des salles et représentent 40 % de ce qui se tourne dans les studios Pathé et Gaumont. Mais il n'y a pas de modèle. Au contraire chaque firme ou troupe recherche l'originalité. D'une manière générale, on peut dire que ces quelques années marquent l'âge d'or du burlesque, depuis la course-poursuite (1906-1907) jusqu'à la comédie qui en prendra la place dès la reprise de 1918. Ce genre burlesque est néanmoins difficile à définir : il s'agit d'un comique extravagant et déroutant, bouffon, loufoque, absurde et ridicule, de farces grotesques. En outre le récit est rapide, l'enchaînement des gags (forcément visuels) apocalyptique et répétitif (poursuites, chutes, tartes à la crème). Autre caractère spécifique de l'époque, ces courtes bandes se présentent sous forme de séries axées sur des comédiens-personnages aux traits accusés chargés de fidéliser le public. Mais le fait que la plupart de ces héros à vocation récurrente n'ont jamais duré bien longtemps (souvent moins de deux ans chacun et moins d'une dizaine de films) et furent extrêmement nombreux en même temps pendant une brève période (les dernières recherches historiques en ont catalogué 80!) rend le recensement exhaustif assez vain et surtout le tableau forcément flou.

« Onésime » est une exception. Il y en a certes d'autres, chaque fois que trois facteurs se coordonnent avec bonheur : un comédien, un réalisateur et une maison de production (pour « Onésime », E. Bourbon/J. Durand/Gaumont). Citons « Babylas » interprété par Louis Boucot (ou Boucaud), mis en scène par Alfred Machin à la Comica/Pathé ; les enfants « Bébé » et « Bout-de-Zan » filmés par Louis Feuillade chez Gaumont ; « Little Moritz » (Maurice Schwartz mis en scène par Roméo Bosetti à la Comica)… Des réseaux et des structures se dégagent et, nous l'avons vu, côté réalisateurs Bosetti domine le lot mais son activité débordante de metteur en scène ne dépasse cependant pas cinq ans, alors qu'il a à peine une trentaine d'années quand il dirige une bonne douzaine de séries, à partir de Roméo (lui-même) puis Bigorno, Bobino, Caroline, Gaëtan, Leontine, Little Moritz, Purotin, Rosalie, Titi, Toto, Zigoto et Zoé… par ordre alphabétique ! En ce qui concerne les comédiens-personnages les plus populaires, notons encore Prince (Rigadin) et André Deed (Boireau) chez Pathé, Lucien Bataille (Casimir) ou Paul Bertho (Gavroche) chez Éclair, Léonce Perret (Léonce) chez Gaumont et Max (Max Linder) chez Pathé. Mais avec ces deux-là, on voit bien que la personnalisation du personnage inverse le processus : ce n'est plus le comédien qui se coule dans un personnage de fantaisie, mais l'acteur qui crée un personnage à son image. On est déjà du côté d'un cinéma comique d'auteur (comme Chaplin ou Keaton), à la différence des Bigorno, Calino, Gontran, Pataclet, Plouf, Pétronille, Séraphin, Zigouillard, Fouinard ou Zizi dont on n'a pas toujours retenu le nom de l'acteur et du metteur en scène. Quant à Moustache, c'est un chien (chez Bosetti bien sûr) !

De 1906 à 1917, date de son départ pour l'Amérique, Max Linder a tourné pour sa part à peu près 150 films. Ayant débuté sur les planches à Bordeaux, il « monte » à Paris en 1904 où il continue à jouer un peu tous les rôles et ne quittera définitivement le théâtre qu'en 1908. Mais dès 1905 il fait de la figuration au cinéma dans des films de Gasnier,

Zecca ou Capellani avec des cachets de 20 francs par jour, bien au-dessus des 150 mensuels qu'il touchait au théâtre. En novembre 1907, la nouvelle société Éclair s'installe au studio d'Épinay et sa direction décide de remplacer le comique de chez Pathé Gréhan, interprétant le personnage de Gontran, caricature des gandins de la haute société, par Max Linder que Gasnier essaye dans le rôle principal des *Débuts d'un patineur* : avec les mêmes habits de dandy distingué que Gréhan, il effectue donc quelques glissades hésitantes et à vrai dire peu convaincantes, si bien que Zecca n'osa pas en faire la vedette d'une nouvelle série. Max Linder continua donc à jouer les utilités pendant près de deux ans et il lui faut attendre fin 1909 pour s'imposer comme vedette de bandes entre 6 et 10 minutes tournées en un jour sous des silhouettes diverses et réalisées par Louis Gasnier et Georges Monca.

En 1910 enfin, c'est la première série des Max : les films sont écrits (ou coécrits) par Max Linder et dirigés par Lucien Nonguet. À partir de 1911, Max Linder assure aussi la mise en scène, assisté de René Leprince. Dès 1910, il est connu dans toute l'Europe car il représente, sur le mode burlesque, l'authentique « Gentleman of Paris ». En 1911 il est de très loin le comédien le mieux payé du monde (un million par an), c'est-à-dire non seulement le premier grand comique du cinéma, mais aussi la première star internationale. Il effectue en effet des tournées triomphales en Espagne, Allemagne, Russie, réalisant à chaque voyage des films dans chaque pays, avant de revenir à Paris où il fait une saison à l'Olympia en 1913 et de nombreux autres films. Il est au sommet de sa notoriété et de son art quand éclate la Grande Guerre, mais sa santé fragile l'éloigne du front. En 1916, la compagnie américaine Essanay lui propose la succession de Chaplin qui vient de quitter ce studio ; il part donc aux États-Unis. Mais sa santé est toujours mauvaise et le comique américain a changé avec Chaplin et Keaton. Alors que *Max et son taxi* commence juste à trouver son public en 1917, Max Linder ne sait pas s'adapter à une réalisation préparée, structurée, et à une narration construite avec une histoire et une dramaturgie. Ses improvisations ne suffisent plus : il faudrait des scénarios et des gags travaillés. Il revient donc, malade, en France puis repart aux États-Unis en 1920, y constitue sa propre firme en accord avec United Artists et donne alors trois longs-métrages très réussis : *Soyez ma femme*, *Sept ans de malheur* et *L'Étroit mousquetaire* (1921-1922). En France à nouveau, il ne parvient à rien concrétiser et tourne son dernier long-métrage à Vienne, *Le Roi du cirque* en 1924. Mais miné par la maladie, la neurasthénie, le sentiment d'être dépassé par l'évolution du comique et sa jalousie, il se suicide le 30 octobre avec son épouse dans un hôtel parisien.

En France, le grand rival de Max Linder à ses débuts, après Gontran et Boireau qui l'avaient précédé, fut Rigadin/Prince qui avait remplacé la tradition du cirque et du music-hall par celle du vaudeville aux situations éculées et au personnage grimacier. Max Linder impose un héros vraisemblable pris dans des anecdotes favorisant le comique psychologique. Mais il est trahi par un tournage minimaliste sans souci de mise en scène et de récit. Jusqu'à la guerre, Max Linder n'approfondit pas ses trouvailles pour en faire de véritables ressorts comiques à l'horlogerie méticuleuse comme les Américains le font déjà à la même époque et, quand il vient enfin aux États-Unis, il paraît imiter Hollywood et perd son originalité : ses films contiennent alors de véritables séquences d'anthologie mais avec une distance qui fige le rire. Revus en 1963 dans le film *En compagnie de Max Linder* réalisé par sa fille Maud, les extraits de *Sept ans de malheur* et *L'Étroit mousquetaire* résonnent pourtant de manière assez proche des films contemporains de Pierre Étaix, *Le Soupirant* (1963) ou *Yoyo* (1965). Mais *Max virtuose* (1913) est certainement plus caractéristique du style de Linder, sur un argument qui aurait pu être celui de bandes interprétées par ses concurrents (Max se fait passer pour un illustre pianiste russe en mimant les gestes alors qu'il est devant un piano mécanique, mais un malencontreux éternuement le trahit en le faisant lâcher le clavier qui poursuit tout seul). Les contorsions y sont, mais le milieu mondain, la distinction du personnage et ses motivations sont proches de la comédie sophistiquée.

Les débuts de l'animation : Émile Cohl

Né à Paris en 1857, Émile Courtet se révèle très jeune doué pour le dessin et plus particulièrement la caricature. À 20 ans à peine, il fonde plusieurs feuilles satiriques sans lendemains. En 1879, le journal *Les Hydropathes* commence à être diffusé dans certains centres d'avant-garde. Il prend alors le pseudonyme de Cohl et place de plus en plus de dessins dans la presse, illustre des livres, crée des cartes postales. Bientôt il dessine des costumes et écrit pour quelques petits théâtres. De 1884 à 1887, il ajoute à ses multiples activités un atelier de photographie. Mais dans les dix ans suivants, c'est le dessin qui le fait vivre ; il publie à Londres, joue au Grand Guignol, effectue un voyage en vélocipède Paris-Toulouse… Avant d'inventer à 50 ans en 1908 le dessin animé avec *Fantasmagorie*, Émile Cohl a donc vécu en bohème dans tout le bouillonnement artistique des Années folles à Paris. Il fait partie du mouvement des Incohérents gravitant autour des cabarets de Montmartre, les Quat'z Arts et surtout le Chat Noir dans l'univers des humoristes anticonformistes, s'en prenant à l'art officiel, sur les planches de petites salles aussi bien que dans les domaines littéraire et plastique. Il a dessiné et écrit des «histoires en images» ancêtres de la BD, s'est passionné pour la technique des trucs cinématographiques, mais aussi pour le théâtre, en touche-à-tout éclectique et dilettante, à l'occasion figure de la vie parisienne (autour de l'événement mondain et culturel du *Chantecler* d'Edmond Rostand), admirant Nadar et André Gill, créant dans la filiation de l'esprit d'Alphonse Allais, Alfred Jarry ou Charles Cros. Son œuvre ne sera donc pas celle d'un pionnier mais plutôt d'un artiste investissant dans le cinéma toute la richesse d'une des périodes les plus vives et les plus inventives d'une contre-culture iconoclaste.

C'est par hasard (s'apercevant que ses dessins avaient été plagiés, servant au scénario d'une bande comique réalisée chez Gaumont) qu'il se retrouve engagé à proposer des idées de films à la grande firme cinématographique. Aussitôt il imagine de remplacer la photographie par du dessin dans chaque image enregistrée dont la projection au rythme du cinéma donnerait la même impression de mouvement. Mais il fallait 52 croquis par mètre de film, soit à peu près 6000 dessins pour un film de 4 minutes. *Fantasmagorie*, le premier, durait 1 minute 30 secondes et le trait apparaissait en blanc sur noir, chaque copie étant un contretype du négatif. Le succès en août 1908 fut immédiat. Les mains du dessinateur cinéaste apparaissaient à l'écran au commencement (et à la fin), d'abord pour suspendre à une ligne blanche horizontale en haut du cadre une silhouette de clown comme s'il s'agissait d'une barre de trapéziste. Cette figure sera prise ensuite dans une succession de métamorphoses qui affectent toute la surface du cadre et les dispositifs de la représentation : une salle de cinéma se dessine avec des spectateurs, le clown apparaît sur l'écran mais se retrouve aussi dans un chapeau devenu sphère, à l'intérieur d'une boîte, il perd sa tête, se mue en fleur de lotus, il boit et se gonfle, s'envole, retombe sur le dos d'un cheval, sort enfin du film en saluant. Le délire de l'espace et des formes à transformations ouvre des perspectives infinies à ces figures sans densité ni existence réelle. Tout est mouvement. Émile Cohl aurait tourné près de 300 films chez Gaumont, Pathé, Éclair et aux États-Unis, touchant à tous les genres : le burlesque (série des «Jobard» et des «Fantoche»), le serial (série des «Flambeau»), le film scientifique, historique, soit en dessins animés, soit en prises de vues réelles ou animation d'objets, soit en combinant les deux (*Les Locataires d'à côté*, dès 1909), papiers découpés. À New York il réalise des petits sujets pour Éclair-Journal. Au retour en France en 1917-1918, ce sont les cinq épisodes des *Aventures des Pieds-Nickelés* d'après la BD de Louis Forton (dans le journal *L'Épatant* en 1908). Mais en 1920-1923, il ne tourne plus guère que des publicités pour la firme Publi-Ciné car l'artisanat français ne peut plus se mesurer à l'industrialisation du travail américain dans le domaine de l'animation.

Volontiers considérés comme les continuateurs d'Émile Cohl, Marius O'Galop et Robert Lortac exercent l'essentiel de leur activité dans l'immédiate après-guerre où ils travailleront d'ailleurs un temps dans le même studio d'animation publicitaire que leur aîné. Tous deux venaient également du dessin, hommes de culture pour lesquels le cinéma d'animation ne constituera qu'un aspect de leurs nombreuses productions dans les arts visuels, qu'il s'agisse d'images récréatives ou instructives, selon les termes de Valérie Vignaux historienne des débuts de l'animation française.

1908 : Le Film d'Art

En 1907, alors que Méliès poursuit ses films comiques à trucs et à transformations, que Pathé sort à la fois *Vie et Passion de Jésus-Christ* (Ferdinand Zecca), *Les Débuts d'un patineur* (Max Linder) et *Apprentissages de Boireau* (André Deed) et que Louis Feuillade et Alice Guy se partagent la production des « grands » films Gaumont, le Tout-Paris se presse le 16 juin au théâtre des Variétés à la présentation – justement par Gaumont qui le diffuse – de *L'Enfant prodigue*, produit par Edmond Benoît-Levy connu du petit monde du cinéma pour ses écrits dans la presse réclamant des films plus ambitieux, plus nobles, basés sur de grands sujets. Il s'agit de l'enregistrement d'une pantomime qui se joue à la scène depuis près de vingt ans sur une musique d'André Wormser, interprétée ce soir-là par un orchestre de 25 instrumentistes. Auteur du livret, Michel Carré a filmé lui-même le spectacle sans le moindre effet, ajoutant seulement entre les trois actes théâtraux des intermèdes de tableaux originaux. Le succès de cette œuvre, donnée comme une recherche expérimentale basée sur la gestuelle, est répercuté par les chroniques spécialisées comme l'exemple de ce que devrait être l'art cinématographique du futur. De fait, il matérialise ces aspirations l'année suivante par l'originalité de *Fantasmagorie*, le premier dessin animé français d'Émile Cohl et la création de la SCAGL (Société des auteurs et des gens de lettres), sérieuse assemblée de gens de lettres désireuse de tirer le cinéma vers le haut par la reconnaissance de la qualité scénaristique. Mais pragmatiquement, c'est Le Film d'Art qui ouvrira le chemin. En effet, la société de production Le Film d'Art est fondée en 1908 par Paul Laffitte, administrateur avec Henri Lavedan de l'Académie française, Charles Le Bargy, sociétaire de la Comédie-Française, Jean Camille Formigé et Léon Laffitte, tous les cinq actionnaires, Lavedan et Le Bargy étant les deux dirigeants artistiques. Six films sont tournés dans l'année au théâtre du Film d'Art à Neuilly : *L'Assassinat du duc de Guise* et *Le retour d'Ulysse* d'André Calmettes et Charles Le Bargy, *Un duel sous Richelieu* et *La Tosca* de Calmettes seul, *L'empreinte ou la main rouge* de Paul-Henri Burguet, *Le Baiser de Judas* d'Armand Bour. Mais c'est *L'Assassinat du duc de Guise* qui, le 17 novembre en première mondaine à la prestigieuse salle Charras de Paris avec un dispositif promotionnel important, est présenté comme la première œuvre d'art, entouré d'ailleurs d'un ballet filmé, d'un poème inédit d'Edmond Rostand et d'une série d'autochromes orientaux de Jules Gervais-Courtellemont. Cette séance, largement couverte par une presse bien orchestrée par les frères Laffitte, était destinée à exposer le prototype de ce que Le Film d'Art voulait faire : des sujets académiques (histoires ou adaptations littéraires), signature célèbre au générique (écrivain au scénario – Lavedan –, réalisateurs-acteurs du Français : André Calmettes et Le Bargy). Pour la première fois, un musicien de renom, Camille Saint-Saëns, compose une musique originale pour ce film de 15 minutes à la pellicule teintée, commenté en direct par un bonimenteur et sonorisé par un bruiteur. Certes *L'empreinte*, histoire policière médiocre sans la moindre légitimité culturelle destinée plutôt à une audience populaire qu'à attirer un nouveau public bourgeois, n'a rien à voir avec la noblesse d'un spectacle de qualité, mais l'attention des spectateurs avait été focalisée par la publicité sur *L'Assassinat du duc de Guise* qui produisit effectivement une forte impression si l'on en croit les comptes rendus.

L'assassinat lui-même dans un cabinet privé du château de Blois entre la salle du conseil des pairs et celle du trône, par les hommes de main d'Henri III, est encadré par un prologue dans lequel de Guise n'écoute pas les mises en garde de sa maîtresse la marquise de Noirmoutiers et un épilogue où celle-ci défaille en voyant brûler le cadavre de son amant dans la salle des gardes. Cette scénarisation de l'événement historique de 1588 fait échapper le film au statisme de la tradition des tableaux vivants de l'époque pour initier un véritable récit d'essence cinématographique qui n'échappe ni au grand cinéaste David Wark Griffith ni au metteur en scène André Antoine, à la fois fondateur du Théâtre Libre et réalisateur naturaliste adepte des décors naturels et des acteurs non professionnels. Tous deux voient dans *L'Assassinat du duc de Guise* un essai intéressant d'échapper à l'emprise théâtrale alors que très vite au contraire les premiers historiens du cinéma se déchaînèrent pour en faire le symbole d'une fidélité aux pires errements du mauvais théâtre. Le décor de toiles peintes tremblantes, sans relief ni perspective, les éclairages artificiels, les gesticulations d'acteurs habitués à rythmer les mouvements sur le phrasé des vers, complètement désorientés par l'interprétation en muet qui aurait dû emprunter au mime plutôt qu'au théâtre, furent considérés comme une rupture malheureuse avec la liberté d'inspiration d'un Méliès qui avait cherché à innover avec les moyens spécifiques offerts par la caméra et le montage. Maurice Bardèche et Robert Brasillach parlèrent à leur tour d'« un impérissable monument de grandiloquence et de sottise » dans leur *Histoire du cinéma* de 1935 et beaucoup leur emboîteront le pas. Pourtant, progressivement, les jugements perdirent de leur radicalité, et si la restauration de 1980 n'aboutit pas encore à une véritable réhabilitation esthétique, elle ouvre la porte à un réexamen historique positif dont témoigne en 2009 le bel ensemble consacré au Film d'Art par la revue *1895* (sous la direction d'A. Carou et B. de Pastre) qui prend en compte son influence et ses filiations dans toute l'Europe. Mais 1908 est aussi l'année de la série comique *Roméo* de Bosetti (Gaumont), de *L'Arlésienne* de Capellani (SCAGL Pathé) et surtout *Nick Carter* de Jasset (Éclair), premier film français à épisodes.

La chronologie du film d'art en France, par-delà la filmographie de la stricte société du Film d'Art productrice de plus de 50 titres avant sa reprise en 1911 par Charles Delac, se poursuit en fait pratiquement jusqu'à la fin du muet. Pour en rester aux premières années, signalons les nombreux films d'André Calmettes. Mais bien d'autres aussi mirent en scène les comédiens Charles Le Bargy, Firmin Gémier, Henri Houry, Georges Berr, Henri Bérény, Charles Decroix… dans des *Mireille*, *Grande Bretèche*, *Enfants d'Édouard*, *Joseph vendu par ses frères*, *Luthier de Crémone*, *Macbeth*, *Don Quichotte*, *Manon*, *Barbier de Séville*, *Oliver Twist*, *Carmen*, *Madame de Langeais*… Mais 1911, fin « officielle » du Film d'Art, est aussi l'année du manifeste de Canudo d'un art qu'il dénomme septième, et Pathé, Gaumont, Éclair, qui avaient initié eux aussi leur série d'art avec des réalisateurs comme Pouctal ou Capellani, n'allaient pas pour leur part abandonner leur production de films « nobles ». Un courant nouveau innervait le cinéma, on devait, pour un temps, compter avec lui. Pour plusieurs années en effet, la production française s'articule autour de trois dominantes :

– Films artistiques mis en scène principalement par Henri Andréani, Camille de Morlhon, Gaston Velle, Henri Pouctal, André Calmettes (chez Pathé) ; Louis Feuillade, Étienne Arnaud (chez Gaumont) ;
– Séries comiques : « Bébé » (L. Feuillade) ou « Calino » (R. Bosetti) ;
– Films à épisodes (V. Jasset) chez Éclair ou L'Éclipse.

Les derniers feux du cinéma primitif : Jasset, Machin, et le western

L'avant-guerre (1910-1914) marque l'épanouissement de tous les genres expérimentés par le cinéma des premiers temps avant le coup d'arrêt de 1914 qui modifiera profondément la donne. L'allongement de la durée des séances de cinéma puis des films eux-mêmes permis par un certain nombre d'évolutions techniques (fin du scintillement des débuts qui fatiguait l'œil au bout de 2 minutes et passage aux entractes courts tous les quarts d'heure – durée de projection d'une bobine – favorisant les films en plusieurs « époques », comme on appelait au début les films à épisodes) amènera progressivement à concevoir des films de longueur pratiquement égale à celle d'une pièce de théâtre.

Cette innovation touchait donc à la fois la production, la réalisation et la programmation des salles dont de nouvelles se créent, de plus en plus spacieuses et luxueuses. En 1912 se banalise le film de 600 mètres, soit une demi-heure. En outre, plusieurs dépassent trois quarts d'heure. 1913 marque la consécration du long-métrage, en Italie avec *Quo Vadis* d'Enrico Guazzoni, superproduction de la Cinès, 2250 mètres, et en France *Les Misérables* d'Albert Capellani, 3500 mètres ! Dans le même temps, les courtes bandes de poursuites passent de 100 à 200 mètres. Outre les longs-métrages, la durée moyenne des films varie selon les genres. À la veille de la guerre, les drames mesurent 650 mètres, la comédie 300, le burlesque 200 et le documentaire 100. En fait l'allongement de la durée du « grand » film provient également de l'ennoblissement du cinéma qui peut provenir du sujet historique (*L'Affaire du collier de la reine* ou *Britannicus* de Camille de Morlhon) ou de l'adaptation littéraire, roman comme théâtre (*La Dame aux camélias* d'André Calmettes), quand ce n'est pas les deux (*Les Mystères de Paris* d'Albert Capellani), sans oublier le courant réaliste (notamment la série Gaumont « La vie telle qu'elle est » : *Le Destin des mères* de Louis Feuillade), tous films de 1912.

Au sein de la maison Pathé, la SCAGL (Société cinématographique des auteurs et des gens de lettres) dirigée par Pierre Decourcelle, prolixe auteur de mélodrames, feuilletons et romans populaires, mène ainsi une politique de « grands » films souvent dirigés par Albert Capellani, depuis ses débuts (1905) réalisateur assez éclectique. Il commence à la SCAGL par un film mélodramatique mêlant apaches et gens du monde, *L'homme aux gants blancs*, qui fait autorité. Dès lors il se spécialise dans les adaptations du répertoire : Eugène Sue, Émile Zola, Victor Hugo, Jean Racine, Jules Sandeau, Honoré de Balzac, Pierre Decourcelle... entouré d'écrivains et de comédiens appréciés au théâtre. Après *L'Assommoir* en 1909, le plus grand succès de Capellani sera, en 1912, *Les Misérables*, 5 heures de projection scindées parfois en deux ou trois séances, mais pas toujours. En 1914, à nouveau d'après Victor Hugo, *Quatre-vingt-treize* demeure toujours fidèle à son style « tableaux vivants ». Aux côtés de Capellani, d'autres réalisateurs exploitaient le même filon chez Pathé : Georges Monca, René Leprince, et toujours Ferdinand Zecca qui était avec les frères Pathé à Vincennes depuis les débuts de la firme avant 1900. D'abord imitateur des féeries de Méliès, puis signant des farces frénétiques, il s'était mis au mélodrame (*Histoire d'un crime*, où il réalise le premier flash-back de l'histoire du cinéma, puis les *Victimes de l'alcoolisme*, 1901-1902) et aux actualités reconstituées (par exemple une *Mort du pape*), mais ce metteur en scène à tout faire se consacre ensuite exclusivement à la production et à l'administration. C'est alors que se dégagent de son équipe pour le remplacer à la réalisation Lucien Nonguet (spécialiste des adaptations historiques, responsable des 32 tableaux de *La Vie, la passion et la mort de notre seigneur Jésus-Christ* et de la première version du *Cuirassé Potemkine* en actualités reconstituées, les deux en 1905), Gaston Velle « directeur de la féerie » c'est-à-dire spécialiste des films à trucs, André Heuzé (passant à la mise en scène des courses-poursuites) et Louis Gasnier (avant son départ à Rome au « Film d'Art italien » puis aux États-Unis où il supervisera *Les Mystères de New York*). Mais dans l'immédiat avant-guerre, il ne dédaigne pas de revenir parfois sur les plateaux pour diriger (ou codiriger avec Camille de Morlhon). De toute manière, la spécification des tâches, et notamment entre production et réalisation, n'était pas toujours très claire. Par contre se révélaient des spécialistes, comme Andréani pour les films bibliques.

Chez Éclair, à Épinay-sur-Seine, émerge Victorin Jasset qui, né en 1862, toucha d'abord à divers métiers, dans l'illustration, l'affiche, surtout les décors et costumes de théâtre. Sa première réussite populaire est la réalisation du spectacle d'aventure de l'Hippodrome de la place Clichy à Paris à la veille de l'Exposition universelle de 1900, *Vercingétorix, la première épopée*, une grandiose pantomime. Sans doute a-t-il assuré ensuite d'autres directions de spectacles dans plusieurs établissements parisiens. Il semble avoir abordé le cinéma en 1905 en collaborant à la composition des tableaux vivants constituant la superproduction Gaumont, *La Vie du Christ* dont la direction était assurée par Alice Guy. L'année suivante, Jasset est à L'Éclipse, en 1907 à Éclair où il travaille en collaboration avec Georges Hatot. À ce moment, en mars 1907, paraît en France le premier fascicule (32 pages) des aventures du détective américain Nick Carter. Celles-ci étaient publiées depuis vingt ans aux États-Unis : chaque semaine un récit complet sous couverture illustrée, ce qui était différent des feuilletons filant la même histoire dans la presse quotidienne française. Le succès de ces fascicules fut en France également considérable et Éclair voulut en tirer des films. L'acteur Pierre Bressol fut engagé, petit, la trentaine, type méditerranéen très accusé. Les premiers films (autour de 200 mètres) réalisés par Jasset sortent en septembre 1908 : *Guet-apens*, *L'Affaire des bijoux*, *Les Faux-monnayeurs*. Le succès est total : intrigues romanesques propices aux exploits policiers, poursuites, crimes, enlèvements, malfaiteurs auteurs des pires forfaits, héros purs et valeureux. Dès lors la vague des séries est lancée et Jasset, parfois seul ou associé à d'autres scénaristes réalisateurs, changeant de firmes productrices comme de studio de prise de vues en devient pour quelques années le spécialiste incontesté.

Après l'ensemble des *Nick Carter, Le Roi des détectives* (1908), il y eut de *Nouveaux exploits de Nick Carter* (1909), mais aussi de *Riffle Bill, le roi de la prairie* et *Morgan le pirate* tournés les mêmes années, comme *Docteur Phantom* à la fois médecin, redresseur de torts et ramenant les pires criminels dans le droit chemin. Les scénarios sont généralement extravagants mais tournés avec une vigueur étonnante. À l'automne 1910 Jasset est nommé directeur artistique des studios Éclair et se lance alors dans le film à costumes aux ambitions artistiques affichées (*Hérodiade* d'après Flaubert et mis en musique par Massenet ; *La Fin de Don Juan*). Mais Jasset n'oublie pas l'univers feuilletonesque où il est très à l'aise et porte son choix sur les méfaits de Zigomar, publiés par le journal *Le Matin* sous la plume du romancier Léon Sazie. Le maître du crime sera interprété par Alexandre Arquillière venu du Théâtre Libre d'Antoine et Jasset prend beaucoup de libertés avec le texte du *Matin*, multipliant traquenards, fuites, vols, combats, incendies, explosions et catastrophes de toutes sortes. Les décors les plus grandioses (la mer de glace), les statues les plus baroques (ce sont généralement de vraies figurantes maquillées couleur bronze ou plâtre), les architectures de cryptes mystérieuses forment un écrin novateur à des dramaturgies très sûres, des éclairages sophistiqués (Jasset fut appelé le Rembrandt du cinématographe). Et, quand Jasset imagine *Zigomar contre Nick Carter* (grand roman cinématographique en quatre parties, plus de 100 mètres en tout, mars 1912), le duel au sommet du bien et du mal annonce l'esprit du Dr Mabuse avec ses pouvoirs maléfiques, et le recours aux sciences occultes d'un fantastique oppressant. *Au pays des ténèbres* (grand drame social chez les mineurs, 1912) et *Le Poison de l'humanité* (les ravages de l'alcoolisme, 1911-1913) sacrifièrent à la mode du populisme mais, dans le même temps, *Balaoo* d'après Gaston Leroux retrouvait une créature humaine fabriquée à partir d'un singe, semant la terreur dans un village avant de finir par une bonne action rachetant ses crimes. *Protea* (1500 mètres) termine en 1913 les séries de Jasset : Josette Andriot y incarne une aventureuse à collants noirs et grande cape, à la fois femme du monde et espionne protéiforme au service de la France dans les Balkans, avec une volonté de fer et une force physique s'imposant aux hommes comme aux animaux sauvages. Mais Jasset meurt sur une table d'opération à l'hôpital en juin avant même la fin du montage. Il avait à peine 51 ans. De nombreux historiens du cinéma des premiers temps utiliseront sa longue «Étude sur la mise en scène en cinématographie» qu'il avait publiée en 1911 dans *Ciné Journal* parce qu'il y décrivait avec lucidité la situation du cinéma français d'avant 1914. Mais c'était en outre un plaidoyer esthétique pour la mise en scène et pour le caractère artistique du 7e art, au même titre que le texte théorique de Canudo et *L'Assassinat du duc de Guise* que Jasset tenait en très grande estime. Mais ce dernier ne fut réalisateur que six ans à peine. Quatre autres *Protea* suivront néanmoins jusqu'en 1919, toujours avec Josette Andriot.

Autre pionnier pittoresque ayant touché un peu à tous les genres, Albert Machin est, entre 1900 et 1907 reporter photographe à *L'Illustration*. Puis il convainc Charles Pathé de l'envoyer en Afrique filmer des chasses au lion et à l'éléphant. Il est ainsi le premier opérateur à pénétrer au cœur du continent noir pour filmer *Les Chasses à l'hippopotame sur le Nil bleu* (1908), *La panthère* (1909), *La girafe dans l'Ouganda* (1911) ou au *Marabout en Abyssinie* (1911), mais aussi des séries «instructives» (*Voyage en…*), voire ethnographiques (*Mœurs et coutumes des…*) ou historiques (*Fachoda*, 1910). Dès 1911, rentré en France, il devient le cinéaste des grands événements spectaculaires pour le Pathé Journal (*Catastrophe ferroviaire de Saujon*, *Un vol en aéroplane*) pendant que sont montés et diffusés ses films africains. Puis avec sa panthère apprivoisée Mimir, il amorce la série burlesque des Babylas

(*Babylas a hérité d'une panthère*, *Babylas explorateur*…) qui se poursuivra en 1911-1912 à la Comica, filiale de production Pathé installée dans le quartier Est de Nice dès 1907-1908. Mimir joua aussi avec Little Moritz (*Little Moritz chasse les grands fauves*) et dans les premiers films dramatiques réalisés par Machin (*L'Effroyable châtiment de Yann le troubadour* et *La Fleur sanglante*).

Machin quitte alors Nice pour aller implanter des filiales Pathé en Hollande puis en Belgique où il tourne quelques films fondateurs des cinémas nationaux de ces deux pays : *La Fille de Delft* est ainsi une coproduction financée à la fois par Pathé Paris, Pathé Bruxelles et Pathé Amsterdam, filmée, selon les scènes, en Hollande ou en Belgique. Ainsi la scène du champ de tulipes a été tournée évidemment en Hollande pendant le printemps 1913 mais le reste est tourné en Belgique. En particulier, les séquences situées dans le square de Delft (ville hollandaise) ont en réalité été tournées sur la « Grand-Place » de Bruxelles ! La sortie du film se fit sous plusieurs titres : à Amsterdam (le 14 mars 1914), *Het meisje vit de bloemenvelden*, c'est-à-dire « La fille des champs de fleurs » ; à Bruxelles (avril 1914), *La Fille de Delft* ; à Londres (20 avril 1914), *A Tragedy in the Clouds* ; et à Paris (24 avril 1914), *La Fille de Delft*. La plupart de la douzaine de films mis en scène par Machin pour la Hollandsche Film sont d'une grande violence dramatique et exaltent le devoir, la passion et la conquête de soi. Le premier long-métrage belge est *L'Histoire de Minna Claessens*, une comédie dramatique, puis Machin tourne une vingtaine d'autres films dont *Un épisode de Waterloo* réalisé grâce à un grand renfort de figurants fournis par l'armée belge. Mimir est à nouveau présente dans *Le Diamant noir*, film de brousse supposé se dérouler au Congo, mais la plus grande mise en scène de Machin restera *Maudite soit la guerre* avec deux bataillons de fantassins, des canons, des avions et des ballons dirigeables embrasés dans un spectaculaire combat aérien. Pathé fut enthousiasmé par la réalisation mais hésita longtemps à diffuser le film car il était un splendide hymne pacifiste dans une Europe qui se préparait à la guerre. Tourné en 1912, terminé en 1913, il ne sortit qu'en juin 1914, moins de deux mois avant le déclenchement de la Grande Guerre ! La filmographie de Machin n'était pourtant pas terminée et reprendra après guerre dans un autre genre.

À cette époque où le cinéma était presque exclusivement populaire et massivement destiné aux enfants, la réussite souriait parfois aux audacieux expérimentant délibérément une voie originale aussi bien hors du film d'art aux sujets nobles que des genres plus ou moins jugés mineurs, comme burlesque, policier, mélodrame ou serial. Ainsi

Joë Hamman, parisien d'origine hollandaise, imagine d'introduire, au retour d'un séjour dans les ranchs du Montana, le film de cow-boys que les Américains eux-mêmes n'appelaient pas encore western. En 1906, il écrit donc, réalise et interprète en Camargue *Cow-boy* pour profiter de l'engouement que connaissaient les publications des fascicules des éditions Eichler *Sitting Bull* et *Buffalo Bill*. *Le Desperado* suit en 1907 et, jusqu'en 1911, il interprète ainsi de nombreux films d'aventures et d'action où la poésie du décor et l'habileté du récit mettent en valeur des galopades et des exploits physiques de toutes sortes. Certains sont mis en scène par Jean Durand (*Le Railway de la mort*, *La Prairie en feu*, *Cent dollars mort ou vif*). En 1909 il incarne cinq fois le rôle de Buffalo Bill (qu'il avait rencontré personnellement en Amérique) et aussi, d'ailleurs, celui de Nick Carter. En 1912 il crée pour L'Éclipse le personnage d'Arizona Bill dans une série de films distribués aux États-Unis. Joë Hamman est engagé, quelques jours avant la déclaration de guerre, pour tourner dans des westerns aux États-Unis… Mais l'histoire du monde en décide autrement. En 1921-1922 il produira et réalisera *Le Gardian* et *L'étrange aventure*, jouera dans *Le Stigmate* (1925), dernier film de Louis Feuillade, et d'autres ciné-romans mais reviendra ensuite à sa carrière de dessinateur de livres pour enfants.

Louis Feuillade, un auteur dans un cinéma de genre

Né en 1873 à Lunel (près de Montpellier), Feuillade est d'abord négociant en vins comme son père, puis, à la mort de ses parents, monte à Paris, où il s'essaye dans le journalisme en 1903. Il aborde le cinéma en écrivant des scènes à la Gaumont pour Alice Guy qui lui permet bientôt de les mettre lui-même en scène. Lorsque Alice Guy quitte Léon Gaumont, elle recommande Feuillade pour lui succéder, en avril 1907, comme chef du service artistique des théâtres et de la prise de vues, fonction qu'il cumule avec son activité d'auteur-metteur en scène et qui lui fait engager des scénaristes et des comédiens ainsi que des réalisateurs (notamment Fescourt, Le Somptier, Bosetti, Durand, Perret, Poirier…). Jusqu'à sa mort à 45 ans à peine (en 1925), Feuillade tournera plus de 800 films de 45 à 12 000 mètres. D'une créativité au moins égale à sa capacité de travail, il fut aussi (surtout?), comme le remarque Francis Lacassin, le plus fin exégète de son œuvre, un combattant aux services de l'hégémonie Gaumont: «il lança le "film esthétique" pour répliquer au "Film d'art" et à la Société cinématographique des auteurs et des gens de lettres, "La vie telle qu'elle est" en réponse aux "Scènes de la vie réelle" de la Vitagraph, la série *Fantomas* pour s'opposer au *Rocambole*

Affiche de *Fantômas*
de Louis Feuillade, 1913.

de Pathé et aux Nick Carter, Zigomar et Balaco réalisés chez Éclair par Jasset. Il fut le promoteur du film à épisodes en France pour contenir l'arrivée massive de la production américaine.» En fait, sa filmographie se compose pour l'essentiel de vastes séries (avant le début de la Grande Guerre) ou films à épisodes (à partir de 1916), fers de lance de la production, entre lesquels se trouve un certain nombre de bandes isolées.

De 1906 à 1909, Feuillade réalise en moyenne deux films par semaine, essentiellement de courtes fantaisies burlesques, comiques grotesques basés sur la poursuite. Quelques mélodrames ou récits poétiques viennent néanmoins s'intercaler entre ses farces grossières. Léon Gaumont, ayant effectué en 1908 un long voyage aux États-Unis pour étudier sur place le cinéma américain, suggère de diversifier la production : certes le comique composera encore la plus grande part des programmes, mais des histoires sentimentales doivent être envisagées. Surtout il faut soigner la qualité de la photographie, la lumière, les beaux décors et les sujets édifiants. Aussitôt Feuillade réalise plusieurs évocations bibliques filmées avec réalisme et non théâtralité (*Le Pater*, 1910 ; *La Nativité*, 1910 ; *La Vierge d'Argos*, 1911). Mais le succès vient de la série «Bébé» (74 films, décembre 1910-février 1913) initiée avec un enfant de 5 ans qui faisait toutes les bêtises imaginables, puis la série «Bout-de-zan» (53 films, novembre 1912-septembre 1916) reprenant les mêmes ingrédients. La série «La vie telle qu'elle est» (15 films, 1911-1915) fait de nécessités économiques vertu esthétique au nom d'une volonté de réalisme, tandis que, sous les traits de René Navarre, le détective Dervieux essaye de concurrencer les séries de Jasset. Mais le premier chef-d'œuvre de Feuillade est la série «Fantomas» (5 films indépendants de 1500 mètres, 1913-1914, adaptés du roman-fleuve de Pierre Souvestre et Marcel Allain avec René Navarre [Fantomas], Bréon [l'inspecteur Juve], Georges Melchior [le journaliste Fandor] et Renée Carl [Lady Beltham]). Le vol de l'Excelsior Palace ou la scène de la guillotine (1. *Fantomas*), la bataille parmi les tonneaux d'alcool enflammés, la catastrophe de l'Orient-Express ou la scène du python (2. *Juve contre Fantomas*), la peau des mains arrachée à un cadavre pour en faire des gants qui laisseront les empreintes digitales d'un mort au lieu de celles du démon du crime (3. *Le Mort qui tue*), le mur qui saigne et Fantomas infiltré dans Scotland Yard (4. *Fantomas contre Fantomas*), la pluie de sang et de bijoux s'abattant sur la place de l'église (5. *Le Faux magistrat*) ne sont que quelques-unes des séquences les plus spectaculaires de cet éternel duel repris en images modernes des exploits des bandits en auto issus des bas-fonds grouillants de vice. Le mélodrame s'enracine dans un naturalisme cruel et tragique, bafoue l'ordre établi et peint le triomphe du crime car Fantomas est un monstre sadique, effroyable, sacrifiant des victimes innocentes. La censure des maires ne s'y trompa guère et essaya d'interdire certaines projections car la justice et la police apparaissaient de façon négative pour un public populaire applaudissant aux ruses du bandit.

« Les vampires » (10 films de longueurs inégales projetés entre novembre 1915 et juin 1916) furent conçus et tournés dans l'urgence pour contrer l'annonce de la distribution par Pathé de 22 épisodes du serial américain « Les mystères de New York ». Effectivement la série Gaumont débute trois semaines avant, sans arriver ensuite à concurrencer vraiment la production d'outre-Atlantique. Le tournage des « Vampires » fut chaotique, perturbé par le manque de pellicule, coupures d'électricité et techniciens ou acteurs ne bénéficiant que de courtes permissions. Mais cette improvisation servait le propos : hécatombe de victimes, coups de théâtre, violence. Les surréalistes exprimèrent aussitôt leur enthousiasme devant cette angoisse issue de décors quotidiens, l'atmosphère onirique, les héroïnes épouvantées, la poésie funèbre, la poursuite dans les caniveaux, les citernes, les souterrains et la fascinante Irma Vep (anagramme et égérie de la troupe des vampires) sous les multiples déguisements de l'actrice Musidora. Les titres des épisodes mettent les crimes à l'affiche : 1. *La Tête coupée* (dans un placard en Sologne) ; 2. *La Bague qui tue* (la danseuse sur scène) ; 3. *Le Cryptogramme rouge* (et le stylo empoisonné) ; 4. *Le Spectre* ; 5. *L'Évasion du mort* ; 6. *Les Yeux qui fascinent* ; 7. *Satanas* ; 8. *Le Maître de la foudre* ; 9. *L'Homme des poisons* ; 10. *Les Noces sanglantes* (finissant entre spiritisme, orgie et défaite des bandits).

Dans les 12 épisodes de « Judex » et ceux de « La nouvelle mission de Judex », c'est le justicier (interprété par René Cresté) qui tient la vedette (sortie, tous deux en 1917). Puis, après le diptyque *Vendémiaire* (1918), qualifié de drame de guerre et peignant avec un beau réalisme lyrique le sort des réfugiés pendant les vendanges dans le bas Languedoc, Feuillade revient au serial centré sur le héros loyal avec deux autres séries toujours de 12 épisodes, « Tih Minh » (1918) et « Barrabas » (1919) cette fois tournés à Nice et dans son arrière-pays où les méfaits des bandes de brigands prennent un relief contrasté par rapport au paysage idyllique. Puis, pour renouveler le contenu du film à épisodes, Feuillade imagine des mélodrames édifiants. Dans les trois fois douze épisodes de chaque série, soit 36 films, *Les Deux Gamines* (1920), *L'Orpheline* (1921), et *Parisette* (1921) « Feuillade ne s'est pas borné à humaniser, il a voulu apitoyer, moraliser. Ainsi du criminel, l'intérêt est-il passé au justicier et du justicier aux victimes que le réalisateur accable d'une excessive infortune pour nous les rendre plus sympathiques et mieux décrire leur souffrance » (F. Lacassin). Ce courant mélodramatique s'ajoute à celui des films d'aventure et comiques pour couvrir l'ensemble de ce que l'auteur réalisateur considérait être la fonction de divertissement populaire du cinéma. Feuillade est chronologiquement le premier grand auteur du cinéma français. Qu'il ait pu créer une œuvre colossale au fil d'une obligation quotidienne et non d'une réflexion de théoricien est encore plus étonnant. Culture de masse, art pour la foule, il inventait un cinéma à la fois de genre et d'auteur avant la lettre.

Hugues Laurent : Décors et prises de vues du cinéma des premiers temps

Né en 1885, Hugues Laurent débute au studio Pathé comme décorateur en 1904. En 1977, nous l'avions rencontré et, à l'aide de quelques écrits qu'il avait publiés dans des revues professionnelles et surtout de ses souvenirs, il nous avait permis d'écrire une description de l'évolution du travail en studio (*L'Avant-scène cinéma* n° 192, septembre 1977) que nous reprenons largement dans les pages suivantes.

À l'orée du XXe siècle, le décor de théâtre s'engluait encore dans les règles de l'époque de Louis XIV : la perspective était toujours construite pour un seul spectateur assis au milieu du septième rang des fauteuils d'orchestre. Hors de cette place, la perspective était déformée. On renonçait donc peu à peu à composer ces difficiles perspectives, si bien que le travail manquait de plus en plus pour les décorateurs dans le monde du théâtre. Un des derniers à conserver cette conception du *décor en perspective* fut le Théâtre-Français. Il y avait alors trois sortes de décorateurs : les traceurs qui dessinaient les perspectives, les peintres et enfin ceux qui savaient indifféremment aider soit les uns soit les autres. À ses tout débuts, le cinéma s'adressa donc pour brosser les premiers décors aux élèves des artistes spécialistes sortis de l'atelier Cicéri, célèbre constructeur de décors de théâtre, qui appliquèrent les méthodes scénographiques. Ce fut d'abord Maurice Fabrège, artiste peintre décorateur de théâtre, de l'atelier Butel et Valton, qui travailla pour certains films chez Pathé, se faisant aider par Vasseur, Colas et Gaston Dumesnil, élèves du même atelier. Dès 1900, l'atelier Moisson, situé cité Bertrand à Paris (XIe), brossait de petits fonds de scène d'environ 4 mètres sur 3, peints en camaïeu ton sépia, qui représentaient en général une place publique, une serre, etc. Ils furent exécutés par Charmoy. Ces fonds étaient livrés et équipés au bout d'un petit jardin très bien entretenu, situé à Belleville, dans la ruelle des Sonneries, sous une sorte de véranda qui était adossée à un mur en briques dont les côtés étaient pleins jusqu'à hauteur d'appui ; au-dessus, vitrés en verre dépoli ainsi que la toiture ; au sol, un parquet en sapin monté à l'anglaise à joints perdus ; la face restait ouverte. Ce fut le premier « plateau » organisé de la maison Gaumont. Pendant les vacances scolaires, ainsi que certains après-midi que l'école Germain-Pilon accordait aux élèves décorateurs, Hugues Laurent allait livrer ces fonds avec un garçon d'atelier, les équiper et faire des retouches en cas de besoin.

À cette époque, au cinéma comme au théâtre, les décors étaient peints debout, la toile par terre. Ce travail occasionnait souvent de sérieux maux de reins malgré les gros pinceaux et les brosses à long manche qui étaient employés. Pour avoir une vue d'ensemble, il fallait monter sur une échelle. Des décorateurs comme Gaston Dumesnil ou Henri Ménessier avaient déjà un talent extraordinaire : si on leur demandait le port de Dunkerque ou de Marseille, une place d'Alger, ou la baie d'Along, ou l'entrée de New York, une fois le document en main, on leur plaçait au sol un fond de 3 sur 4 et, quatre heures après, le fond était en place sur le plateau. Il était alors impossible à la prise de vues de ne pas se croire à l'endroit désiré.

Lorsque Henri Ménessier fut appelé en novembre 1903 pour faire son service militaire, il désigna Hugues Laurent pour lui succéder chez Pathé. Aussi, dès que le travail fut mis en chantier pour l'année 1904, Gaston Dumesnil demanda donc à Laurent de venir travailler avec lui. Il quitta le théâtre de la Gaîté lyrique et se présenta à M. Broux, directeur de l'usine Pathé, située place du Polygone à Vincennes ; le caissier, M. Caussade, enregistra noms et adresses. Ils débutaient ainsi le 1er février 1904, au tarif de 90 francs la semaine ; celle-ci, à cette époque, était de 60 heures, réglée tous les samedis en or. Il y avait alors deux équipes de décorateurs : Colas et Vasseur qui travaillaient au théâtre de la rue du Bois à Vincennes, et Dumesnil, Rivière et Laurent, qui devaient travailler au théâtre provisoire de Montreuil, encore en construction. Ce théâtre n'étant pas achevé et celui de la rue du Bois, de dimensions réduites, ne pouvant accueillir tout le monde, la seconde équipe prit possession d'une boutique vide louée par Pathé à Vincennes.

Tous les décorateurs venaient alors du théâtre et devaient s'adapter au travail du cinéma. Même les machinistes ne pouvaient pas se comporter sur un plateau comme sur une scène : porter correctement un châssis, finalement, ça s'apprend. Il est d'ailleurs plus difficile d'être machiniste au théâtre qu'au cinéma. Au théâtre, quand il faut sortir un mât de dessous et l'attraper à la main pour l'emporter dans la coulisse, s'il n'a pas le coup, il part en arrière et assomme tout le monde parce que c'est très lourd. Le travail est tout à fait différent au cinéma. C'est pourquoi, lorsque les gens de cinéma voulurent prendre le langage du théâtre, ils ne purent pas l'appliquer : au théâtre, lorsqu'on a besoin d'un rideau, on dit « changez » ; pour l'enlever, on dit « appuyez » ; quelque chose qui vient du dessous est « envoyé » et « reçu » en haut... tout cela ne voulant rien dire au cinéma. Cependant, à l'époque, il y avait toujours au moins deux ou trois machinistes venus du théâtre car il y avait quand même encore des techniques communes. Ainsi les fonds étaient des rideaux sur des perches, au cinéma comme au théâtre et, en 1918-1919, il y avait encore au studio Saint-Maurice des rideaux de ciel ou de forêt tendus sur trois perches.

Le petit théâtre de la rue du Bois était un vaste rez-de-chaussée limité par quatre murs ; il présentait sur deux de ses côtés une série de bureaux, au-dessus desquels une galerie comportait des loges d'artistes et des figurants. D'ailleurs, lorsque des prises de vues nécessitaient 10 figurants, c'était exceptionnel. Deux rails placés au niveau du sol, dont un creux, traversaient le théâtre dans le sens longitudinal ; ils servaient aux déplacements d'une cabine montée sur roues, dans laquelle s'enfermait l'opérateur avec son appareil de prise de vues au moment des scènes truquées.

En février 1904, l'appareil de prise de vues était en effet un « Continsouza » dans lequel on introduisait un seul magasin de forme carrée, où étaient enroulés 40 à 42 mètres de pellicule négative vierge ; quand cette pellicule, après avoir passé devant l'objectif à la cadence de 14 images à la seconde, était impressionnée, elle tombait en vrac dans un sac en drap noir de forme tronconique dont les dimensions étaient environ 0,65 de haut, 0,10 de diamètre à la partie haute adhérente à l'appareil et 0,45 de diamètre à la partie basse ; pour retirer ce sac du dessous de l'appareil, on ouvrait d'abord celui-ci pour couper la pellicule si les 40 mètres n'avaient pas été utilisés ; puis le sac était étranglé au moyen d'un lacet et, par un mouvement de rotation de droite à gauche, on le libérait de l'appareil où il adhérait par un système à baïonnette ; le sac était alors transporté à l'usine où, pour être développée, la pellicule était tendue sur un cadre en bois dur.

Il n'y avait alors que deux objectifs utilisables : le « Voigtländer » qui correspondait à peu près au 30/35 d'aujourd'hui (ou peut-être un tout petit peu plus large pour les plans d'ensemble) et le « Planar » pour les gros plans (approximativement notre 40). Les deux étaient placés l'un sur l'autre et les décorateurs faisaient leur implantation en regardant à travers. Ils pouvaient ainsi se rendre compte de ce qu'allait donner leur décor filmé selon ces deux seules possibilités de cadrage. Un peu plus tard, on utilisa deux appareils différents mais qui étaient toujours fixes. Ce n'est qu'ensuite qu'on eut l'idée de déplacer les appareils. On les fit d'abord rouler tout simplement sur les parquets mais, comme les sols des studios étaient très abîmés par tout ce qui était posé dessus, on en vint enfin à poser des rails.

En 1904, un machiniste gagnait 50 centimes de l'heure, l'opérateur touchant près du double. Un salaire d'ouvrier – dans le cinéma comme dans les autres professions – tournait d'ailleurs aux alentours de 5 francs par jour (30 francs par semaine) mais les décorateurs gagnaient 90 francs par semaine, ce qui était donc beaucoup. Quant aux metteurs en scène, ils étaient surtout payés au film : ils avaient un fixe mensuel très bas auquel s'ajoutait un pourcentage sur les recettes de ce qu'ils avaient dirigé. Tout se tournait très vite et l'on travaillait également les dimanches et les jours fériés.

À l'intérieur du studio, le travail des décorateurs était collectif. Par exemple, l'un d'entre eux disait : « je me charge des décors de l'*Assassinat de Coligny* », mais s'il fallait lui donner un coup de main pour finir dans les temps, les autres venaient l'aider. Il n'y avait pas de chef décorateur et d'exécutants sous ses ordres. Tous avaient le même statut de décorateur, assurant toutes les étapes de la conception à la réalisation, y compris peinture et montage final.

Au tout début, les plateaux étaient pourvus de patins comme au théâtre pour faire glisser les décors. Chaque studio possédait en effet en stock toute une série de décors peints en trompe l'œil et l'on pouvait donc trouver dans la réserve le salon, la ferme, la prison, le cabaret, l'auberge, la cuisine bourgeoise et la cuisine pauvre déjà tous prêts ! Un tout petit peu plus tard, on ne disposait plus de ces réserves mais on avait alors un répertoire de châssis qui permettait cette fois d'adapter plus précisément le décor à la scène que l'on voulait tourner. Il s'agissait d'un grand nombre de châssis de toutes les dimensions. Pour chaque décor, selon la hauteur et la largeur dont on avait besoin, on choisissait le châssis de surface convenable sur lequel on composait les silhouettes avec du carton, par exemple celle d'un arbre qui était ensuite cloué sur le châssis, les raccords se cachant sous une bande de calicots collés. Les châssis étaient donc déjà entoilés et tout encollés. Souvent il y avait même déjà eu quelque chose de peint dessus que l'on avait effacé et que l'on remplaçait par le nouveau dessin.

Ainsi cette nécessité de construction de châssis en série est apparue à l'époque où un film s'exécutait en une semaine, et où il fallait construire cinq à six nouveaux décors par semaine ; il était donc nécessaire d'avoir un matériel interchangeable pour le montage de décors.

Au théâtre, pour obtenir les grandes superficies des toiles de fond, on assemblait par des coutures au surjet des lés de toile dans le sens horizontal ; au cinéma on opéra de même, mais dès les premières prises de vues on constata que cette méthode donnait de médiocres résultats ; en effet, les coutures n'étant jamais planes, l'éclairage du jour donnait une ligne visible tout au long de la couture, d'autant plus brillante qu'elle était accompagnée au-dessus d'une légère ligne de modelé. La toile prenait donc, en coupe, à cet endroit, la forme d'un accent circonflexe présenté verticalement. On essaya de faire les coutures verticales mais le même inconvénient fut constaté. À partir de ce moment, toutes les toiles de fond furent sans couture ; dès 1904, en effet, il n'existait presque plus de toiles de fond avec couture ; on ne les utilisait plus que pour les sols.

Parfois on adjoignait à la toile en trompe l'œil un ou deux éléments en volume réel. C'était en somme exactement comme au théâtre où on a toujours mélangé les deux techniques : par exemple en avant des piliers « réels » et derrière la toile, le construit et le peint. Au cinéma c'était pareil : Pauchon, directeur artistique chez Éclair vers 1912, demanda ainsi d'acheter des moulures vraies. Mais en fait, avec les éclairages énormes et écrasants de l'époque, ces moulures vraies ne se voyaient pas à l'image et il fallait y peindre dessus des ombres pour leur donner un certain modelé ! En effet, la lumière était tellement diffuse que les acteurs non plus n'avaient pas d'ombre (ce n'est pas comme avec les éclairages directionnels d'aujourd'hui qui ont un sens précis et donnent donc une ombre particulière), et les seules ombres étaient celles peintes sur les décors. Dès 1904-1905, on commença à mélanger accessoires vrais et accessoires peints en trompe l'œil sur la toile du décor. Mais le problème était alors d'aller chercher ces accessoires véritables. Chez Pathé existait pour cela un accessoiriste payé 5 francs par jour qui collectait les objets avec un simple triporteur. Aussi ne pouvait-on pas lui demander grand-chose : il ne pouvait pas, de Vincennes, aller chercher et rapporter dans son triporteur des fontaines en grès ou d'autres gros objets du même genre. Il n'apportait donc que des choses minimes. Les salaires d'un décorateur de théâtre et d'un décorateur de cinéma étaient équivalents, mais ce n'était évidemment pas le même genre de travail. Pourtant il s'agissait de décors de même facture, mais peu à peu la construction des portes recouvertes de toile fut remplacée par une construction en contreplaqué. Ces portes restaient légères et on pouvait y fixer de la moulure en bois ; la raison primordiale de cette transformation est que, sous l'action des différentes températures, la toile appliquée sur les châssis se tendait ou se détendait. Or, si la toile était détendue sur les portes, elle flottait à chaque mouvement de rotation d'ouverture ou de fermeture. Aussi, le comique Rigadin, dont de nombreuses scènes débutaient ou s'achevaient par la fermeture violente d'une porte, était-il particulièrement gêné par ce détail. Il exigea donc des portes en «dur» ! Les portes en contreplaqué donnant toute satisfaction, on ne prit plus de précautions pour les fermer ; mais il arriva alors que celles-ci en se fermant brusquement fassent trembler la toile des châssis qui les entouraient. On peut donc estimer que ce sont les portes qui amenèrent la construction des décors tout en contreplaqué.

Antoine avait donné au décor de théâtre une impulsion nouvelle en adoptant les méthodes du relief. Vers 1910-1911, le cinéma fit timidement de même : soubassements et panneaux se présentèrent en moulures achetées dans le commerce. Elles s'appliquaient sur la toile et, malgré leur volume, étaient peintes en trompe l'œil : fonds damassés et semis ne se peindront plus, on tendra des étoffes ou on collera du papier peint. Puis la vitre apparaîtra, remplaçant les vides, mais il faudra l'avis de l'opérateur avant son emploi, certains préférant le tulle de soie noire à mailles très serrées. Vers 1912-1913, on verra peu à peu les grosses saillies se construire en bois et c'est en juin 1914, avant le déclenchement de la Grande Guerre, qu'apparaissent les premiers décors entièrement construits en contreplaqué. Un des premiers construits avec ce matériau, des moulures en bois et des ornements en staff, fut un salon de style Empire exécuté pour le film *L'Aiglon*, réalisé par Chotard au studio Éclair, à Épinay-sur-Seine.

Après la guerre de 1914-1918, on commença à réaliser de vraies constructions mais la toile exista toujours et ne disparut que peu à peu. Cependant, chez Ermolieff à Montreuil, dans l'ancien théâtre Pathé, rue du Sergent-Bobillot, Meerson développa vers 1921-1922 une nouvelle méthode de construction, où le staff prit une place importante. Vers ce même moment, Marcel L'Herbier travailla aux prises de vues dans un décor tout entier en staff. En outre, pour donner la perspective aérienne, Marcel L'Herbier fit disposer derrière chaque poutre en staff un éclairage électrique.

Jusque vers 1920, les décors étaient peints en gris ou en sépia avec de la peinture à la colle, appelée aussi «peinture à la détrempe» à base de blanc de Meudon en vrac ou de blanc d'Espagne en pain ou en poudre.

On établissait une «gamme» de sept, huit ou neuf tons allant du blanc au noir ou du blanc à la terre d'ombre brûlée, cette gamme étant tenue normale, claire ou foncée suivant le décor à réaliser.

Puis, la couleur fit son apparition. On utilisait alors la peinture à l'huile (premier emploi vers 1914) qui fut de plus en plus appréciée dès l'usage du staff.

Dans la boutique 1 *bis* rue de Paris à Vincennes, à partir du 1er février 1904, puis ensuite au théâtre provisoire de Montreuil, les décorateurs brossaient plus particulièrement toiles de fond, châssis et accessoires en trompe l'œil pour réaliser les «actualités» et les premiers «romans-ciné». Les Actualités reproduisaient les «faits divers» les plus marquants de la semaine écoulée. Si on n'avait pas eu la chance d'avoir pu réaliser quelques vues sur place, celles réalisées sur le théâtre pouvaient s'intercaler au montage, mais cela était très rare.

En ce qui concerne la guerre russo-japonaise, on reconstituait les faits décrits par les envoyés spéciaux des grands quotidiens français. Il y eut ainsi des reconstitutions de combats sur le pont des bâtiments de guerre, avec la manœuvre des tourelles et des canons Hotchkiss dressés près des bastingages ; tous ces accessoires, introuvables et d'un poids respectable, étaient exécutés en carton découpé, placés sur tasseaux en bois et peints en trompe l'œil.

Les monticules de terrain à Montreuil, sous lesquels se trouvaient les carrières de sable, ont été foulés parfois par 100 à 150 figurants costumés et armés en soldats russes et japonais. Les costumes étaient d'ailleurs à peine vraisemblables. Les cheminées d'appel d'air des carrières dressaient leur forme pyramidale sur laquelle Laurent appliquait à leurs arêtes, suivant la position de l'appareil, des silhouettes découpées en carton armé de tasseaux de bois et peintes pour en faire des pagodes.

Naturellement existaient déjà tous les inconvénients des prises de vues en extérieur. Dès que le soleil se cachait dans les nuages, on attendait un peu nerveusement son retour, le guettant au travers de verres fumés ; les minutes s'écoulaient ; à la reprise, on s'apercevait que l'éclairage avait varié. On changeait alors l'appareil de place, mais, de ce fait, les silhouettes placées aux angles des soi-disant pagodes avaient, elles aussi, besoin de changer de côté !

Le vendredi 29 juillet 1904, eut lieu à Saint-Pétersbourg un attentat à la bombe contre le préfet de police Von Plèhve, par un étudiant. Cet attentat fut reconstitué sur le plateau de Montreuil dans les premiers jours d'août. Pour cela, Hugues Laurent demanda à Touchard – qui fut le premier ensemblier régisseur d'extérieur – de trouver chez un équarisseur deux chevaux, morts depuis peu de temps, semblables à ceux attelés à la calèche du préfet de police et, dans un dépôt de voitures, une vieille calèche de l'année 1900 ayant servi à promener à travers la capitale et l'Exposition les visiteurs étrangers. Laurent fit ensuite démonter la calèche. Certaines parties furent brisées et passées à la flamme puis, avec en main l'image du *Petit Journal illustré* en couleurs, il reconstitua la partie dite réelle du décor.

C'est également dans la boutique de la rue de Paris à Vincennes que furent exécutés les décors des premiers « Romans-ciné » : *Roman d'amour*, *Christophe Colomb* et *Joseph vendu par ses frères* furent ainsi réalisés sur ce théâtre provisoire par Lorant-Heilbronn, artiste peintre élève de Rochegrosse et cousin de Mme Pathé ; les synopsis tenaient à peine dans une page in-quarto et les scénarios ne remplissaient pas deux pages. C'était Lucien Nonguet, chef de figuration des théâtres du Châtelet, de l'Ambigu, de la Renaissance, etc., qui dirigeait les mouvements de foule et qui aidait à la mise en scène. Pour l'exécution des décors de films, Lorant-Heilbronn fournissait au décorateur de petites esquisses de 10 centimètres sur 15 qu'il exécutait au lavis afin de faire comprendre ce qu'il désirait. Si le metteur en scène ne savait pas dessiner, c'était alors le décorateur qui matérialisait par quelques dessins et plans schématiques comment il voyait les choses afin d'en discuter de manière convenable.

Hugues Laurent a décrit avec précision par écrit le décor de nuit du film le *Roman d'amour* (Ferdinand Zecca, 1904) représentant une partie du canal Saint-Martin, avec une porte d'écluse et sa passerelle. Mais à cette époque, les plateaux n'étaient pas équipés pour être alimentés en eau. On tourne donc la difficulté en utilisant une bâche d'environ 9 mètres sur 9, enduite de goudron de Norvège, que l'on monta sur un bâti en chevrons de 70 millimètres de section, à une hauteur d'environ 90 centimètres ; les bords de la bâche débordant le bâti permettaient à un septain d'être passé alternativement sur tout le périmètre, dans les œillets de la bâche et dans les forts pitons fixés au sol du plateau ; la bâche remplie d'eau jusqu'aux bords, sa couleur étant foncée, on ne pouvait juger de sa profondeur et le décor s'y reflétait facilement. La porte de l'écluse avec son chemin en planches traversait la bâche obliquement, les escaliers de la passerelle étaient praticables ; quand l'employé du gaz passait, avec sur l'épaule sa canne et son chalumeau à soufflerie pour éteindre le candélabre à réverbère peint en trompe l'œil, l'effet de changement de lumière était obtenu au tirage du positif, la scène étant ensuite virée au bleu.

Tous les lundis matin, M. Charles Pathé réunissait, dans la salle de projection, le directeur des deux théâtres, les metteurs en scène, les décorateurs et les opérateurs pour se faire présenter le travail de la semaine écoulée, discuter ce travail, y apporter des modifications si la question se posait et donner des directives pour le travail à réaliser. Pathé ne supportait aucune absence, félicitait l'un, renvoyait l'autre et régentait tout son monde. L'hiver 1904-1905 vit se terminer la construction du théâtre de la rue du Bois. À ce moment, la direction du théâtre passa aux mains de M. Dupuis, dont le fils dirigeait sur le plan technique le laboratoire de l'usine de la place du Polygone de Vincennes, M. Lépine devenant quant à lui metteur en scène.

Au rez-de-chaussée de ce grand bâtiment, il y avait l'atelier de menuiserie et des magasins ; au premier étage, le bureau de M. Charles Pathé et un grand bureau, tout en longueur, permettant de travailler à douze personnes : le bureau des metteurs en scène. En outre, se trouvait aussi une réserve de châssis et l'atelier de décoration. Tous les lundis matin, après avoir assisté à la projection, les metteurs en scène tenaient une réunion dans le bureau du directeur, pour établir le travail de la semaine ; un décorateur assistait à ces entretiens pour assurer la rotation des décors sur le théâtre. L'équipe des décorateurs était fixe. Celle des metteurs en scène, au contraire, était très variable : on a vu des carrières d'à peine quarante-huit heures ! Au deuxième étage du bâtiment se trouvait le théâtre ; deux côtés étaient en verre dépoli à partir de hauteur d'appui ; c'étaient les côtés donnant sur les rues des Minimes et du Bois ; on pouvait tamiser la lumière avec des vélums manœuvrés à la manivelle ; il en était de même pour la toiture ; les deux autres côtés étaient des murs pleins. Au milieu de celui opposé à la rue des Minimes se trouvait le monte-charge. Ce théâtre avait deux scènes : une grande, côté rue du Bois, aménagée avec un dessous et plusieurs tampons ; une autre, plus petite, avec un dessous sans aménagement spécial.

L'été 1906 devait voir la réalisation d'un grand film, *Jeanne d'Arc*. Aussi Hugues Laurent avait-il établi un devis pour la scène du « Sacre de Charles VII » ; ce décor représentait à lui seul, sans artiste ni figuration, sans meuble ni accessoire, une dépense de 1 000 francs ; quand M. Pathé examina ce devis à une réunion du lundi, il dit simplement « on ne tournera pas *Jeanne d'Arc* ».

Le tournage de *La Passion* ne dura qu'une semaine pour une longueur de 140 mètres correspondant à peu près à la durée normale de l'époque. Certes il y avait bien quelques films plus longs (notamment ceux de Méliès) mais c'était assez exceptionnel chez Pathé. Pour *La Poule aux œufs d'or*, réalisé par Velle, spécialiste des films à « trucs », il y eut par exemple six ou sept décors différents. Il en fut de même pour *La Saint-Barthélémy* dans lequel les bords de la Seine furent figurés par un bassin de 2 mètres sur 2 avec 20 centimètres d'épaisseur d'eau ! *L'Accident de chemin de fer* et *La Chasse à la baleine* furent présentés et réalisés conjointement car ils nécessitaient tous deux un bassin dont la construction devait pouvoir s'amortir sur les deux films. D'ailleurs, une fois construit, le bassin fut réemployé évidemment pour d'autres productions. Dans *La Chasse à la baleine*, il fallait montrer d'abord l'animal évoluant entre deux eaux puis rejetant en surface par ses évents la vapeur d'eau provenant de sa respiration. L'animal avait été fabriqué par Lépine lui-même et avait environ 15 à 20 centimètres de longueur.

En 1906, Dumesnil et Vasseur partirent à Rome pour participer à l'implantation des Studios Cinés. Hugues Laurent aurait été du voyage s'il n'avait pas dû quelques semaines plus tard faire son service militaire. Au retour, il retrouva tout de suite un emploi au théâtre mais en 1912 son ami Dumesnil – alors chez Éclair – lui demanda de revenir travailler avec lui. À ce moment Laurent était chef d'atelier chez Paquereau au salaire de 1,70 franc de l'heure, touchant en outre une bonification de 4 sous au mètre carré sur tous les rideaux que l'équipe fabriquait pour l'Opéra de Paris. Mais, malgré cette situation financière enviable, le décor de théâtre commençait à le lasser : ce n'était plus la belle époque de la scène et les derniers décors importants qu'il créa furent ceux que lui demanda Harry Baur lorsqu'il ouvrit le Casino de Cabourg.

En juin 1912, Laurent quitte donc définitivement le théâtre pour rentrer chez Éclair. C'était en 1906 que la société Éclair avait fait construire un plateau dans la propriété du comte de Lacépède à Épinay-sur-Seine. La décoration fut d'abord dirigée par Colas, puis ensuite par Personne ; la plupart des films étaient dirigés par Denizot, ancien artiste du théâtre de l'Ambigu qui avait interprété *Christophe Colomb* sur le théâtre provisoire de Montreuil deux ans auparavant.

La société Éclair connaissait alors en 1912 un grand développement ; elle était dirigée par MM. Vandamme et Jourjon et une maison de distribution était installée à New York. En 1911, Gaston Dumesnil prit la direction du service décoration. M. Méry dirigeait l'atelier de mécanique ; cet inventeur avait donné en 1905 à la maison Pathé les machines à colorier le film au pochoir et fut, par la suite, l'inventeur de l'appareil de prise de vues « Caméréclair » en 120 mètres et en 300 mètres. Le travail s'effectuait alors en équipe, comme chez Pathé en 1904, les décors étant toujours d'importance à peu près équivalente pour chaque film. Ce n'est en effet que plus tard, à cause de l'évolution de la technique de prise de vues, que certains décors purent être plus grandioses.

En 1912, le parc de Lacépède était rempli d'essences de toutes sortes ; il y avait sept petites îles où, très souvent, on montait des décors en se déplaçant en barque. Jasset était assez friand de bâtir des scénarios pour les y tourner. Il y avait encore le château, qui était en assez bon état.

Le passage du statut de décorateur employé à l'année par le studio à celui de chef décorateur indépendant choisi individuellement par le metteur en scène pour chaque film en particulier fut causé par la Première Guerre mondiale. Avant 1914 en effet, Gaumont, Pathé, Éclair, Excelsior et les autres avaient leur personnel à l'année (décorateurs, metteurs en scène, machinistes, accessoiristes…). Mais à la déclaration de guerre, tous les établissements fermèrent. Puis ensuite sont arrivés des cinéastes qui n'étaient pas partis à la guerre. Ceux-ci demandèrent alors de louer des plateaux : ainsi Éclair fut loué en 1914, 100 francs par jour ; il fallait donc trouver des techniciens au coup par coup, engagés seulement pour un film. Une fois la guerre terminée, tout ne redémarrera pas brutalement comme avant car la concurrence américaine devint terrible. Aussi était-ce la méthode employée pendant la guerre et non plus celle d'avant 14 qui prévalut : on trouvait deux ou trois personnes qui mettaient de l'argent dans un film. À ce moment-là, l'équipe se constituait autour de ce pôle financier et un studio était loué pour une période déterminée.

Albert Dieudonné dans *Napoléon* d'Abel Gance, 1927.

CHAPITRE II
L'ART MUET DES ANNÉES 1920

La sortie de guerre

Le 1er août 1914, la mobilisation générale avait stoppé net la production cinématographique et certains films en cours de tournage demeureront même à jamais inachevés. Toutes les salles ferment et ne recommenceront à rouvrir très progressivement qu'en novembre. Pourtant le cinéma français ne disparaît pas complètement pendant la Grande Guerre car, par le jeu des réformes pour raison de santé (A. Gance, L. Feuillade), des démobilisations pour blessures, des permissions temporaires…, des films se tournent, bien que peu nombreux et dans des conditions économiques difficiles. Le cinéma français va donc perdre très rapidement sa prédominance industrielle au profit de la production américaine qui installe sa suprématie mondiale.

Les deux premières années, il s'agit d'un cinéma de survie qui doit lutter contre la défiance d'une certaine partie de la presse d'opinion l'accusant d'une légèreté coupable, comme si les films avaient leur part de responsabilité dans les causes morales de l'impréparation du pays au conflit. Tout en conservant, avec les bandes comiques, sa fonction de divertissement (des combattants au front comme des civils de l'arrière), le cinéma s'oriente donc résolument vers des sujets patriotiques et nationalistes : *Alsace* (Henri Pouctal, 1915), *L'Union sacrée* (Louis Feuillade), *Les Poilus de la revanche* (Léonce Perret, 1916), *Mères françaises* (Louis Mercanton et René Hervil, 1916). Mais cette veine n'aura qu'un temps. Par contre le « boche » (c'est le nom employé, même dans certains drames très sérieux) est systématiquement dénigré à toute occasion dans de nombreux films. Par ailleurs, l'implication des grandes firmes dans la réalisation des actualités du front sera de plus en plus importante, commencée par quelques opérateurs de prises de vues autorisés, sous l'égide de la SPCA (Section photographique et cinématographique des armées) à filmer les soldats, sinon encore d'enregistrer directement les combats meurtriers.

Le grand événement de l'exploitation cinématographique de 1915 est la diffusion le 1er décembre en France par Pathé du premier épisode (*La Main qui étreint*) des 22 épisodes des «Mystères de New York», serial tourné par sa filiale américaine Pathé Exchange, contant les aventures d'Elaine Dodge (Pearl White), réalisé par Donald Mackenzie supervisé par Louis Gasnier et déjà sorti aux États-Unis. À raison d'un épisode tous les huit jours (précédé la semaine précédente par la publication du feuilleton dans *Le Matin*), la programmation se poursuivra jusqu'en mai 1916. Parallèlement, les premiers «Charlot» paraissent sur les écrans. À grande distance des tranchées, la production des États-Unis prospère (*Forfaiture* de Cecil B De Mille sera visible en 1916) tandis qu'en France elle se raréfie mais offre ses écrans aux films d'outre-Atlantique (plusieurs serials US en 1917). Chez Gaumont, Albert Capellani, qui avait tourné *Quatre-vingt treize* à la veille de la guerre, quitte la France pour poursuivre à 45 ans sa carrière en Amérique. Heureusement «Les vampires» puis les «Judex» de Louis Feuillade concurrencent vaillamment auprès du grand public les films à épisodes US, mais leur valeur artistique ne sera reconnue que beaucoup plus tard.

Dès 1916 une timide relève se fait également jour: la nouveauté d'André Antoine (*Les Frères corses*, *Les Travailleurs de la mer*, *Le Coupable*) transposant ses théories expérimentées au Théâtre Libre (décors naturels, acteurs non professionnels…), la finesse des premiers films de Jacques de Baroncelli, les essais de Germaine Dulac dont nous reparlerons. Dans cette situation, on aurait pu penser que les sociétés Pathé et Gaumont, qui avaient engrangé d'énormes bénéfices jusqu'en 1914, auraient pu rebondir dès 1918, mais c'est le contraire qui va se produire, si bien qu'en position hégémonique en 1914 où la France effectuait 80% du commerce extérieur mondial des films, le cinéma national va très mal en 1919. L'exploitation a été ravagée dans tout le nord et l'est du pays et les films français ne s'achètent plus à l'étranger. C'est dorénavant le film américain qui domine les marchés mondiaux (y compris français). De plus, les studios et les laboratoires sont touchés et, de toutes manières, ils sont devenus obsolètes. Tellement que l'on songe même un temps à redémarrer de Nice: Gaumont et Pathé y ont déjà des installations fixes, Louis Nalpas et Serge Sandberg y construisent la Victorine. Les grandes sociétés de production, fortement ébranlées, s'interrogent sur leur devenir: tandis que Léon Gaumont contrôle de moins en moins ses deux directeurs artistiques – Louis Feuillade à Nice et Léon Poirier à Paris –, la société Pathé implose dans les combats d'actionnaires, tandis que Charles Pathé lui-même se désengage progressivement de son entreprise, vendant ou donnant leur autonomie à ses diverses composantes françaises comme étrangères. De fait, les richissimes industriels, âgés respectivement de 55 et 56 ans, sont fatigués et ne se sentent pas de devoir tout recommencer après l'âge d'or triomphant puis l'effondrement tragique de 14-18 en déclarant la guerre aux puissants producteurs et distributeurs américains. Dès lors, si le cinéma demeure le premier divertissement populaire, son aspect esthétique va prendre de plus en plus d'importance au détriment de sa dimension économique. Dans les années 1920, le cinéma des producteurs va faire place aux films des artistes, bien que la réalisation nationale passe d'à peu près 150 films en 1919 à moins de 100 en 1928 : le spectacle continue !

La preuve en est que, dans ce climat alimenté par les lamentations d'une profession qui semble accablée par le succès des films américains à l'affiche, on remarque en 1919 la sortie d'œuvres de valeur qui témoignent d'une reprise assurée autant par les anciens (*Vendémiaire* et *Tih-Minh* de Louis Feuillade) que par des jeunes aux volontés expressives affirmées (*Âmes d'orient* de Léon Poirier, *Rose-France* de Marcel L'Herbier, *J'accuse* d'Abel Gance, *Le Petit café* de Raymond Bernard) et des aventuriers ambitieux (Louis Nalpas, producteur de *La Sultane de l'amour*) : un nouveau départ plus que prometteur sur le plan artistique.

Mais l'histoire de l'art muet restera toute la décennie écartelée entre, d'une part les ennuis réels de la profession (insuffisance du marché intérieur malgré la construction de nouvelles salles, lourde fiscalité, exportation très faible) provoquant une grande frilosité de la production et, d'autre part, la réalisation de films très divers s'étageant de l'œuvre maudite demeurée inédite – *L'Hirondelle et la Mésange*, André Antoine (1920) – aux grands films à succès – *Les Trois Mousquetaires*, Henri Diamant-Berger (production Pathé Consortium, 1921), puis *Vingt ans après* (1922). En fait sur les ruines des empires Gaumont et Pathé s'édifient de nouvelles sociétés de taille plus modeste mais un certain temps dynamiques – Les Films (Adolphe) Osso ou (Iossip) Ermolieff –, et quelques réussites grand public de qualité sont toujours possibles. Ainsi, en 1924 *Le Miracle des loups* de Raymond Bernard, avec un budget record de 8 millions de francs, constitue la plus importante production jamais entreprise en France à cette date, saluée par une première à l'Opéra en présence du président de la République (pour la première fois depuis *J'accuse* d'Abel Gance). C'est la réconciliation du cinéma populaire (la même année, *Violettes impériales* d'Henry Roussell) et du 7e art de création (*L'Inhumaine* de Marcel L'Herbier, également en 1924). En outre, pour lutter contre la pénétration de l'industrie américaine jusque dans la fabrication des films français sous la forme de coproductions (*Madame Sans-Gêne* de Léonce Perret avec Gloria Swanson et Charles de Rochefort, initié par la Paramount en 1925), Jean Sapène et Louis Aubert parviennent à bâtir des coproductions européennes comme *Salammbô* de Pierre Maradon ou *Napoléon* d'Abel Gance. Mais dans ce cas, les dérives pharaoniques de l'entreprise contraignent le cinéaste à réduire son projet initial de six films de 2000 mètres chacun à un seul n'envisageant que l'action du général Bonaparte. Commencé en 1925, le film ne sortira que deux ans plus tard.

Bref, l'histoire du cinéma français se poursuit mais les structures ont changé. L'art a-t-il, ou non, gagné à cette fragilité économique ? Difficile à dire, car si les contraintes commerciales pèsent moins sur la liberté de création des meilleurs, l'assise d'une industrie prospère leur fait désormais défaut. Les écarts se creusent et la production devint chaque jour davantage aléatoire. Le cinéma français sera de plus en plus représenté par de riches individualités, ainsi, dès la toute fin des années 1910, René Le Somptier, Henri Fescourt ou Henri Pouctal.

Le Somptier aura par exemple une très courte carrière, moins de dix ans (1918-1926), mais dense et brillante. Il avait déjà réalisé quelques courts sujets chez Cosmograph et Gaumont avec en vedette France Dhélia, quand éclate la guerre. Il y est blessé, réformé et reprend son travail de metteur en scène. En 1918, il devient le collaborateur de Louis Nalpas qui l'emmène à Nice où il tourne *La Sultane de l'amour*. Le film exploite la veine de l'orientalisme alors très à la mode dans le cinéma français en se présentant comme l'adaptation de contes inédits des *Mille et une nuits*. En fait il s'agit d'un scénario original où la sultane Daoulah est l'enjeu de la rivalité entre le beau et bon prince Mourad et le méchant Malik : amour, pouvoir, violence et passion avec un érotisme osé pour l'époque dû aux costumes somptueux dévoilant les chairs à l'occasion du moindre mouvement.

Les péripéties de l'action (style serials de l'époque) et des détails comiques (notamment Marcel Levesque dans le rôle de Nasir) pimentent l'« orientalisme » à la Flaubert : le monde musulman est à base de mystère (les femmes voilées), de complot se déroulant sur fond de mosaïques brillantes, de mers bleues et de soleil enchanteur avec beaucoup de staff pour recréer les conventions du style mauresque fort à la mode à l'époque.

La Sultane de l'amour est coréalisé par Charles Burguet, de douze ans l'aîné de Le Somptier. Leurs carrières s'individualiseront après, Burguet réalisant notamment *Les Mystères de Paris* en 1922. Pour sa part, Le

Somptier tourne en 1919 et 1920 *La Croisade* et *La Montée vers l'Acropole* très ancrés dans le courant de reconstruction nationale vivace dans cet immédiat après-guerre. Le premier film met en scène un ingénieur fortement éprouvé par la guerre mais se donnant corps et âme à l'usine un moment menacée par l'idéologie anarchiste. Le second s'attache au conflit des générations dans la succession au sommet de l'État. À côté de ces films réflexifs, empreints d'une véritable philosophie politique libérale mais n'ignorant pas les aspirations sociales du plus grand nombre, Le Somptier tourne aussi de beaux mélodrames : *La Dame de Monsoreau* (1922) d'après Alexandre Dumas du côté du film d'art et *La Porteuse de pain* (1923) d'après Xavier de Montépin du côté Cinéromans. Quant à *La Bête traquée* coréalisé avec Michel Carré (1922) d'après le roman d'Adrien Chabot *Marielle Thibaut*, c'est un mélodrame très noir situé chez des êtres entièrement dominés par leurs pulsions. La passion malheureuse de l'héroïne pour un braconnier fourbe et meurtrier causera la perte de ce cœur exalté. La violence de ses instincts et de ses sentiments frustes fait du film un objet plutôt dérangeant dans le cinéma de l'époque. On retrouve le goût de Le Somptier pour l'exotisme qui avait fait le succès de *La Sultane de l'amour* dans trois films « coloniaux », autre grande veine des années 1920 : *Les Terres d'or* (1924), au Maroc où le héros défiguré trouvera l'amour d'une belle indigène ; *Les Fils du soleil* (1925), encore au Maroc, ciné-roman en huit épisodes où l'histoire de trahison et d'amour sert surtout à glorifier l'action de la colonisation française ; *La Marche vers le soleil* (1925) réalisé alors que Le Somptier est déjà le très officiel chargé de mission en Afrique noire française. Ces films soignaient beaucoup la beauté visuelle et le côté documentaire, à la fois la splendeur des paysages et le pittoresque humain. C'est leur côté hagiographique ; mais Le Somptier est aussi un fort habile raconteur d'histoire, assez intelligent pour éviter les plus gros pièges de l'exaltation de la colonisation. En 1926, malgré ces réussites, Le Somptier abandonne le cinéma pour rejoindre l'action politique.

Henri Fescourt, avocat, journaliste et auteur dramatique, trentenaire désargenté, propose en 1912 des scénarios à Louis Feuillade chez Gaumont et se retrouve bientôt réalisateur (premier film : *La Méthode du professeur Neura*). Il s'intéresse alors sérieusement au cinéma et fréquente les milieux qui militent pour la défense du 7e art. Il rencontre ainsi Delluc, Canudo, Germaine Dulac, Musidora, mais sa carrière se développe surtout au départ dans les ciné-romans sous l'égide de Louis Nalpas. Or en 1919, Michel Verne fils de Jules Verne avait fondé à Toulon une société de production, les « Films Verne », afin de mettre en scène les œuvres de son père. Louis Nalpas est intéressé et, dès le mois de mai, un contrat est signé prévoyant l'adaptation de dix romans, un par an, Nalpas plaçant *Mathias Sandorf* en premier sur la liste parce qu'il y voit une sorte d'excellent remake du *Comte de Monte-Cristo* d'Alexandre Dumas. Aussitôt Nalpas envisage un gros budget de 300 000 francs, une distribution prestigieuse (Romuald Joubé, Yvette Andreyor, Jean Toulout, Paul Vermoyal) et un réalisateur de chez Gaumont – Henri Fescourt – pour un film de plus de 2000 mètres à exploiter en près de dix épisodes dès 1920.

Les choses n'iront pas aussi vite mais seront en effet menées à bien comme l'explique Fescourt dans ses souvenirs, *La Foi et les montagnes* (éditions Paul Montel, Paris, 1959). L'action de *Mathias Sandorf* se situait dans les régions orientales de l'Adriatique mais Fescourt tourna tous les extérieurs dans les Alpes-Maritimes à quelques kilomètres de Nice au prix de quelques trucages (pour la forteresse de Pisino surplombant un abîme) imaginés par Gaston Lavrillier qui permit aussi une superbe tempête avec éclairs en combinant le dessin, les prises de vues et même le grattage de la pellicule. Cinquante-quatre cinémas voulurent présenter *Mathias Sandorf* en première semaine. Le film fut acquis par l'Amérique et, divisé à l'origine en épisodes, fut remonté pour être projeté en une seule longue séance en exclusivité au Cinéma d'hiver de Paris où il tint l'affiche sept mois. Dès lors Fescourt, comme nous allons le voir ci-après, se spécialisera dans les superproductions à grand spectacle.

D'abord comédien de théâtre, Henri Pouctal réalise son premier film à plus de 50 ans en 1911 et travaille sans arrêt jusqu'à la guerre. Au retour à la paix, il finit sa carrière avec ses meilleures réalisations : *Monte-Cristo* (1918, un serial), *Travail* (1920) et *Le Crime du bouif* (1921). Divisé en sept chapitres : « L'effort humain », « L'apostolat », « La lutte », « L'hymne au travail », « Justice », « La montée du peuple », « Pax in labore », *Travail* est une vaste fresque tirée par Pouctal du livre de Zola, un film à grand spectacle tourné avec de grands moyens en temps et en argent (l'État prêta même ses usines, convaincu de l'intérêt national d'un tel film). Pour l'historien Marcel Oms, l'adaptation a été faite « dans une perspective de réconciliation nationale, d'association capital-travail et de justice sociale qui correspond en même temps à l'effort de réarmement moral de l'époque » qu'il dit retrouver également chez René Le Somptier dans *La Croisade* et *La Montée vers l'Acropole*. *Travail* magnifie à la fois le labeur des champs et celui en usine par des images lyriques dignes des films soviétiques qui vont venir. Esthétiquement,

Pouctal applique un réalisme méticuleux des lieux, aussi bien au niveau de leurs décors que de leur ambiance humaine : l'usine, les petites boutiques, le bistrot, les rues mais aussi le luxe des salons face aux enfants malheureux, la richesse des uns et la misère des autres, les grèves et la majesté des moissons. Réalisation de prestige conçue pour toucher un très large public, *Travail* prêche la réconciliation nationale sous l'égide du message humaniste et généreux de Zola dont la force d'espoir en un monde meilleur est fort bien incarnée par le personnage de l'ingénieur, Luc Froment, qui exige beaucoup des ouvriers mais les défend face aux excès du directeur d'usine Delaveau. Dès lors, si *Travail* oppose avec violence l'opulence insolente des propriétaires de la fonderie à la misère ouvrière, Pouctal souligne aussi les conséquences désastreuses de la grève, surtout subvertie par les tentations de soulèvement révolutionnaire. Ainsi se trouvent plutôt prônées la solidarité, l'entente et l'amour.

L'âge du ciné-roman et les adaptations littéraires

Pour Roger Icart, le terme de ciné-roman est « utilisé en France durant les années 1920 pour désigner des œuvres dramatiques plus ou moins historiques se présentant sous la forme de longs chapitres – huit à dix généralement – produites en réaction contre le genre un peu puéril du serial américain inspiré du roman d'aventure ». En fait, comme nous l'avons vu précédemment, l'origine cinématographique du film à épisodes est française et date d'avant la Première Guerre mondiale puisque Victorin Jasset adapte dès 1908 pour la firme Éclair les aventures policières d'origine américaine de *Nick Carter*. Dans le même temps Louis Feuillade adapte *Fantomas* (1913) d'après Pierre Souvestre et Marcel Allain publié à forts tirages en plusieurs volumes successifs dès 1911. Pour lutter contre ce succès français, le cinéma américain décide d'adapter la formule en imaginant de coupler la sortie des épisodes en salles avec la publication simultanée du récit dans la presse écrite. La première expérience commence en 1912. Plusieurs suivirent mais ce sont les 20 épisodes des *Périls of Pauline* publiés par le *Chicago Herald* en 1914 révélant à l'écran Pearl White qui allaient triompher dans tous les États-Unis. Trois suites furent réalisées aussitôt en 1914-1915 qui, condensées en 22 épisodes, connurent en France un succès foudroyant sous le titre *Les Mystères de New York*. Pendant ce temps l'essai spectaculaire du serial se poursuivait aux États-Unis (plus de 100 titres entre 1914 et 1920 !) Et plusieurs de ces films seront distribués en France pendant la guerre franco-allemande.

Un moment secouée par la violence des premiers combats, notre industrie cinématographique riposte, toujours avec Louis Feuillade : ce sont «Les vampires» interprété par la sulfureuse Musidora, puis «Judex» (d'après Arthur Bernède, 1917) et surtout «Barabas» (1919) où il adapte aux rebondissements du style français quelques effets dramatiques imités des serials d'outre-Atlantique. Mais Feuillade ne reste pas seul longtemps : en 1918 Henri Pouctal signe *Le Comte de Monte-Cristo* (8 épisodes) tandis que Germaine Dulac écrit, produit et met en scène *Âmes de fou* (6 épisodes).

Une autre réponse sérieuse au défi américain vient de Nice avec René Navarre. Interprète célèbre de dizaines de films dirigés par Feuillade, en particulier de la série «Fantomas», il essayait de monter sa propre maison de production, ce qu'il parvient à faire en 1916 grâce à Gaston Leroux, auteur du *Mystère de la chambre jaune*, du *Parfum de la dame en noir*, du *Fantôme de l'Opéra* et autres romans populaires. Tous deux s'associent pour créer «les films René Navarre» et l'acteur produit, interprète et réalise *L'Homme qui revient de loin* d'après le roman de Leroux *Je sais tout*. En 1918, dans des conditions financières acrobatiques amenant la troupe à tourner dans un studio précaire installé en plein air dans la cour du séminaire de Nice, Navarre produit encore et interprète les 16 épisodes de *La Nouvelle Aurore* réalisé par Édouard V. Violet d'après un autre scénario de Leroux. À la suite du succès public remporté, les films René Navarre s'agrandissent car les deux compères s'allient à Arthur Bernède, feuilletoniste au *Petit Parisien* pour fonder en 1919, toujours à Nice, la Société des Cinéromans. Navarre lui-même réalise alors et interprète les 12 épisodes de *Tue la mort*. Cette fois *Le Matin* en publie le feuilleton au «rez-de-chaussée» de ses pages dès le 8 octobre, le premier épisode cinématographique sortant en salles le 15. Il en sera ainsi pendant trois mois, l'œuvre étant ensuite reprise en 13 fascicules illustrés de photographies dans la collection hebdomadaire des «chefs-d'œuvre du cinéma» publiés chez Tallandier, du 17 février au 12 mai 1921. Avec les 12 épisodes du *Sept de trèfle* de Leroux, Navarre renonce à l'interprétation, et partage avec Manzoni la réalisation du dernier film de la collaboration Leroux-Navarre à Nice, *Il était deux petits enfants* en 1922. Parallèlement les Cinéromans avaient produit *Imperia* mis en scène par Jean Durand.

Si la qualité des films Navarre n'était pas toujours très bonne, leur prix de revient était par contre extrêmement bas. À ce titre, il avait su capter l'attention de Louis Nalpas. Nous avons déjà rencontré ce producteur aventureux et souvent mégalomane qui menait grande vie sur la Côte d'Azur car il avait fait fortune en produisant *La Sultane de l'amour* (René Le Somptier) et *J'Accuse* (Abel Gance). Il avait ensuite, toujours à Nice, lancé Gaby Morlay dans une série de comédies légères, produit *La Fête espagnole* (1920) de Germaine Dulac et *Mathias Sandorf* (1920) réalisé par Henri Fescourt. Or en 1922 Gaston Leroux réussit à intéresser au développement de la Société des Cinéromans un financier habile, Jean Sapène, alors administrateur du puissant quotidien *Le Matin*. Celui-ci prend aussitôt le contrôle de l'importante maison de production Pathé Consortium Cinéma : ainsi il a à la fois les salles pour l'exploitation cinématographique et la presse pour la publication des feuilletons. Il élimine donc logiquement René Navarre et Gaston Leroux aux méthodes trop artisanales mais conserve Arthur Bernède à la tête du département scénario. Surtout, Louis Nalpas devient l'ambitieux directeur artistique chargé de produire avec désormais des moyens accrus des films à épisodes qui seront réalisés par les plus grands cinéastes des années 1920.

Jusqu'en 1929 en effet, date à laquelle Nalpas quitte la Société des Cinéromans pour reprendre sa liberté de producteur indépendant dans une conjoncture – l'arrivée du parlant – désormais peu favorable à la poursuite des films à épisodes, le ciné-roman constitue la base de la production française. Longtemps dénigré par les chercheurs en cinéma privilégiant les œuvres de l'avant-garde impressionniste, ces films sont aujourd'hui en plein processus de réhabilitation car la restauration de certains d'entre eux par le Service des archives cinématographiques de Bois-d'Arcy montre qu'ils ont souvent une légèreté de touche, un rythme et une invention narrative bien supérieurs à de grands classiques retenus par les premiers historiens du 7e art. D'ailleurs, même certains des plus ardents défenseurs de l'ART cinématographique ne dédaignèrent pas de se commettre dans la réalisation de ce type de bandes populaires : Germaine Dulac signe *Gossette* de Charles Vayre (6 épisodes, 1923), Jean Epstein *Robert Macaire* (5 « aventures », 1925) et Marcel L'Herbier prépare un temps un *Notre-Dame de Paris* (10 épisodes d'après Victor Hugo) qui sera abandonné avant tournage. Pour sa part René Leprince ne tourne pratiquement que des serials et ciné-romans [*L'Empereur des pauvres* (1921), *Le Vert-galant* de Pierre Gilles (1924), *L'Enfant des Halles* de H. Magog (1924), *Mylord l'arsouille* de Paul Dambry (1925), *Fanfan la Tulipe* de Pierre Gilles (1925), *Titi premier roi des gosses* (1926), *La Princesse Masha* (1927)…], mais il faut retenir aussi Jean Kemm (*Vidocq* d'Arthur Bernède et *L'Enfant roi* de Pierre Gilles en 1923), Luitz-Morat (*Surcouf*, 1924 et *Jean Chouan* tous deux d'Arthur Bernède, 1926), Victor Tourjanski (*Michel Strogoff*, 1925), ou encore Henri Desfontaines (*Belphégor*, 1926).

Comme on le voit, l'adaptation de classiques de la littérature le dispute souvent aux feuilletons de la grande presse car, au moment où le serial américain commence à lasser le public français par le ressassement des mêmes recettes de récits et des personnages stéréotypés, l'ambition de la Société des Cinéromans et bientôt de ses concurrents (Pathé Consortium lui-même ou Albatros) est de donner au genre ses lettres de noblesse. Après des intrigues policières, Cinéromans ont donc produit quelques mélodrames (*L'Enfant des Halles*) avant de triompher dans les serials historiques (*Jean Chouan*) avec le plus souvent des héros légendaires (*Fanfan la Tulipe*) lancés dans des aventures fantaisistes du passé : en tout plus de 20 feuilletons entre 1922 et 1929.

Durant cette période, Henri Fescourt signe huit films, tous aux Cinéromans, jusqu'à *Monte-Cristo* (1929), toujours produit par Nalpas, mais cette fois hors de la Société. Les feuilletons laissent peu à peu la place à de très longs-métrages [*Rouletabille chez les bohémiens* (10 épisodes en 1922), *Mandrin* (8 en 1923), *Les Misérables* (4 en 1925), *Monte-Cristo* (2 en 1929)] et Gaston Leroux ou Arthur Bernède (*Rouletabille, Mandrin*) sont remplacés au scénario par Victor Hugo (*Les Misérables*) ou Alexandre Dumas (*Monte-Cristo*), tandis que les films d'un seul tenant sont adaptés du théâtre (Pierre Veber à la base de *Les Grands* en 1924 et *Un fils d'Amérique* l'année suivante). Ainsi la filmographie de Fescourt reflète-t-elle parfaitement l'évolution du cinéma des années 1920. Mais ce dont elle témoigne au plus haut point, c'est d'un art consommé du récit, porté par l'image (superbes extérieurs, intertitres rares), respectueux du mouvement romanesque et du caractère épique (*Les Misérables*) comme de la composition esthétique (*Monte-Cristo*) d'œuvres parmi les plus élaborées du muet.

Mais la littérature populaire feuilletonesque (6 versions des *Mystères de Paris* d'Eugène Sue) n'est pas la seule à inspirer les cinéastes qui, dès les premières années du siècle, cherchent dans les œuvres romanesques et théâtrales à ennoblir ce divertissement de foire en « empruntant » intrigues et personnages connus de l'histoire littéraire consacrée (Charles Perrault est adapté dès 1899 par Georges Méliès), « en pillant » devrait-on dire en fait car les affiches et génériques ne portant à cette époque aucune mention autre que le titre et la maison de production, c'est en tout anonymat que se produit ce détournement. C'est pourquoi des procès en plagiat se déroulent-ils dès 1907, certaines bandes étant attaquées par des auteurs considérant que tel ou tel film constitue une adaptation pure et simple de leur œuvre. La justice tranche alors au coup par coup par application de lois régissant les spectacles depuis la Révolution française ! Aussi les verdicts sont-ils d'abord contradictoires, mais très vite les hommes de lettres ont gain de cause car l'utilisation de leurs œuvres au cinéma et les projections de films inspirés de leurs textes sont considérées au même titre que des éditions illicites ou des représentations (assimilables à une mise en scène théâtrale). Ils obtiennent donc des dommages-intérêts.

Pour éliminer ces tracas judiciaires, les fabricants de films vont donc, dès 1908, accepter de rémunérer (généralement en proportion du métrage du film) les auteurs dont ils adaptent les œuvres, si bien qu'à cette époque le seul auteur crédité est celui du roman. Ainsi, pendant les années 1910, les noms d'Émile Zola ou de Victor Hugo figurent sur les affiches, mais pas ceux des cinéastes Albert Capellani, Léonce Perret ou Louis Feuillade. Du coup les gens de lettres profitent de ce laxisme pour interpréter la loi à leur avantage, faisant dire en quelque sorte au législateur plus qu'il n'était véritablement établi par cette jurisprudence en se déclarant volontiers auteurs du film lui-même ! Heureusement la SCAGL (Société cinématographique des auteurs et gens de lettres) se crée pour regrouper scénaristes et metteurs en scène qui vont réussir à remettre les choses au point face à la puissante Société des gens de lettres qui percevait déjà les droits d'adaptation pour ses membres. Aux lendemains de la Première Guerre mondiale le différend est réglé et les rapports entre littérature et cinéma vont pouvoir se développer sans entrave en sens unique (littérature-cinéma) mais au bénéfice des deux partis : en 1918, *L'Oiseau bleu* de Maurice Maeterlinck est adapté par Maurice Tourneur et les grands succès commerciaux de 1921 sont *L'Agonie des aigles* d'Esparbès (réalisation Dominique Bernard-Deschamps) et *Les Trois Mousquetaires* d'Henri Diamant-Berger d'après Alexandre Dumas, bientôt dépassés par le triomphe de *Koenigsmark* de Léonce Perret adaptant Pierre Benoit (1923). Il y en a désormais pour tous les goûts !

L'étroite imbrication cinéma-littérature se marque à ce moment avec évidence dans le travail d'André Antoine, le célèbre fondateur du Théâtre Libre qui, de 1914 à 1922, se voit confier justement par la SCAGL en partenariat avec Pathé la réalisation d'une dizaine de films. Or Antoine va systématiquement tourner des adaptations romanesques d'Alexandre Dumas (*Les Frères corses*, 1916), François Coppée (*Le Coupable*, 1917), Victor Hugo (*Quatre-vingt-treize*, 1914 ; *Les Travailleurs de la mer*, 1918), ou Émile Zola (*La Terre*, 1921) et théâtrales de Jules Sandeau (*Mademoiselle de La Seiglière*, 1920) ou d'Alphonse Daudet (*L'Arlésienne*, 1922). Pour ce faire, il rompt avec les studios et va tourner en Corse, en Provence, dans le Nord et dans les rues de Paris pour replacer le texte dans le réel où le mouvement, les cadrages et le montage remplacent les mots des impossibles dialogues. C'est donc du pur cinéma et pourtant les racines littéraires (personnages, situation, narration) restent fortes.

D'une manière générale, le cinéma des années 1920 apprécie d'ailleurs surtout le courant littéraire naturaliste. Ainsi *L'Arlésienne* de Daudet se verra, après Antoine, reprise par Jacques de Baroncelli puis Marc Allégret, et Jean Epstein adaptera pour sa part *La Belle Nivernaise* en 1923 et *Mauprat* trois ans plus tard. Les courtes nouvelles de Guy de Maupassant ont, avec les gros romans d'Émile Zola, la préférence des cinéastes, au moins quantitativement pour les premières (dès 1908 *Le Père Milon* de Firmin Gémier et Henri Houry). Citons ensuite : *Expiation* (Camille de Morlhon, 1918) d'après « Le champ des oliviers », *La Main* (court-métrage d'Édouard-Émile Violet, 1919), *L'Ordonnance* (adapté deux fois par Victor Tourjanski en 1921 et 1933), *L'Auberge* (E. B. Donatien et E. E. Violet, 1922), *Pierre et Jean* (E. B. Donatien, 1924), *Ce cochon de Morin* (en 1924 par Victor Tourjanski et en 1932 par Georges Lacombe), *Yvette* (Alberto Cavalcanti, 1927). Quant à Zola, contentons-nous de rappeler, avant Antoine, le travail d'Henri Pouctal (*Travail*, 1920), Jean Renoir (*Nana*, 1926), un premier *Thérèse Raquin* de Jacques Feyder et *L'Argent* de Marcel L'Herbier, tous deux en 1928 pour rester centré sur le muet. Les romans contemporains sont également visités (*L'Équipage* de Joseph Kessel filmé par Maurice Tourneur, 1928) et beaucoup d'écrivains ne dédaignent pas de travailler pour le cinéma : Blaise Cendrars est assistant d'Abel Gance pour *La Roue* (1921-1922), Pierre Mac Orlan écrit le scénario de *L'Inhumaine* (Marcel L'Herbier, 1924). Quoique beaucoup moins utilisée, la littérature étrangère est elle aussi parfois mise à contribution (*Feu Mathias Pascal* d'après Pirandello, Marcel L'herbier, 1925).

Si l'on considère les cinéastes au lieu des romanciers, on aboutit au même constat d'une dette indiscutable contractée par le cinéma auprès de la littérature. Certains réalisateurs du muet sont ainsi des spécialistes quasi exclusifs de l'adaptation littéraire. Toutes celles de Jean de Baroncelli ont été en particulier fort appréciées : *Champi-Tortu* (Chérau, 1919), *Ramuntcho* (Pierre Loti, 1919), *Le Père Goriot* (Honoré de Balzac, 1921), *Nêne* (Ernest Pérochon, 1923), *Pêcheurs d'Islande* (Pierre Loti, 1924), *La Femme et le pantin* (Pierre Louÿs, 1929)… Quoique plutôt resté dans l'histoire du cinéma pour ses documentaires *La Croisière noire* (1926) puis *La Croisière jaune* (1927), Léon Poirier, neveu de Berthe Morizot, aimait en fait trouver lui aussi ses sujets dans la littérature classique, *Narayana* d'après *La Peau de chagrin* de Balzac en 1920, *La Brière* d'après Alphonse de Châteaubriant en 1925 et surtout *Jocelyn* (1922) et *Geneviève* (1923) d'après Lamartine qui s'inscrivent dans la veine « paysagiste » qui consistait à trouver des sujets permettant de s'éloigner des studios pour, à l'image du cinéma suédois, tourner en extérieurs dans une nature qui intervienne comme un acteur à part entière. Poirier traite ces drames sur un mode pathétique. En fait, la morale qui se dégage – surtout de *Geneviève* – est une assez réactionnaire exaltation des vertus de résignation : aucun éclair de révolte contre cette fatalité s'abattant sur les classes paysannes, mais défiance envers les tentations de la ville ou les prétentions ouvrières et soumission aux lois ancestrales ou naturelles. L'historien Maurice Roelens souligne le parallèle entre les intentions de Lamartine et de Gaumont-Poirier à soixante-dix ans d'intervalle. Le poète voulait, avec *Jocelyn* et *Geneviève*, initier une littérature populaire à base de bons sentiments et de récits édifiants mettant en scène des gens du peuple dans des histoires simples, consensuelles, apaisantes. Au début des années 1920, et sous couvert d'hommage au patrimoine littéraire national, c'est plus ou moins inconsciemment une fonction que le Bloc National assignerait volontiers au cinéma pour désamorcer les revendications ouvrières reprises à son compte par le Cartel des Gauches. De fait *Geneviève* avait été minutieusement préparé pour être un grand succès. C'est le dernier film initié par Léon Gaumont qui allait se retirer de la profession. Il s'agit donc d'embrayer directement sur le succès inattendu de *Jocelyn* en reprenant le même romancier et le même type de récit, la réalisation étant à nouveau assurée par Léon Poirier, fidèle à ses recherches raffinées de poésie des images et d'émotions de bon aloi. Mais conçu pour reproduire les recettes éprouvées du prototype, le film éventait la saveur de nouveauté qui avait séduit la première fois et le public bouda *Geneviève*.

Gaston Ravel adapte pour sa part Molière (*Monsieur de Pourceaugnac*) et Alfred de Musset (*On ne badine pas avec l'amour*) tandis que Raymond Bernard, fils de Tristan Bernard qui écrira les scénarios de certains de ses premiers longs-métrages, s'impose en 1923-1924 par *Le Miracle des loups* contant sur un mode romanesque la lutte de pouvoir entre Louis XI et Charles le Téméraire. Le film est produit par la Société des Films historiques, responsable de plusieurs films de ce genre au cours des années 1920 et bénéficiant souvent des aides de l'État. Dans *Le Miracle des loups*, l'histoire est mise à contribution pour prêcher les bienfaits de la réconciliation devant les dangers extérieurs. Tandis que Gaston Modot campe un sire de Châteauneuf, inquiétant reître moyenâgeux aux passions brutales, Charles Dullin (qui avait été un très bon Père Joseph dans *Les Trois Mousquetaires* d'Henri Diamant-Berger en 1921) incarne Louis XI utilisant toutes les ruses possibles pour défendre les intérêts nationaux contre les vilenies et trahisons du parti favorable aux étrangers, en particulier aux Bourguignons. Le film est partiellement tourné à Carcassonne (comme *Le Tournoi* de Jean Renoir en 1929). Souvent ces films historiques bénéficient à l'époque de collaborations prestigieuses de costumiers et décorateurs ayant acquis leur célébrité hors des plateaux de cinéma. Ainsi, les costumes somptueux du film de R. Bernard sont signés Job, illustrateur – entre autres – des *Gourmandises de Charlotte* (1894). Ce *Miracle des loups*, avec son côté grandiose, n'est pas sans évoquer d'autre part Cécil B De Mille, au moins autant que les œuvres d'Abel Gance. L'ascendance littéraire n'est pas non plus absente. Ainsi, l'épisode de Jeanne Hachette réfugiée dans une tour à laquelle les Bourguignons mettent le feu pendant le siège de Beauvais a une ampleur et des accents hugoliens.

Même les maîtres de l'impressionnisme puisent dans la littérature, y compris le premier théoricien et praticien du « cinéma d'auteur » Louis Delluc qui adapta Mark Twain (*Le Tonnerre*, 1921) et une nouvelle d'André Corthis (*L'Inondation*, 1924) bien qu'il écrivît seul le scénario original de ses cinq autres films. Partisan d'un cinéma poétique exigeant, Jean Epstein donna une dizaine d'adaptations qui demeurent des modèles du genre : montage parallèle entre deux actions dans *L'Auberge rouge* (Honoré de Balzac, 1923), la Seine prise comme ligne esthétique du mouvement cinématographique de *La Belle Nivernaise* (Alphonse Daudet, 1923), rebondissements rocambolesques et rythme enlevé des *Aventures de Robert Macaire* (feuilleton d'après « L'Auberge des Adrets » de B. Antier, Saint-Amand et Polyanthe), simplicité de *Mauprat* (George Sand, 1926), complexité, au contraire, de l'amalgame de trois moments de la vie amoureuse du personnage restitué dans une action unique dans *La Glace à trois faces* (Paul Morand, 1927) ou encore le récit mené entre la vie et la mort dans *La Chute de la maison Usher* (Edgar Poe, 1928). Sans marquer avec autant d'assurance sa place de créateur, Jacques Feyder, d'origine belge, trois ans acteur puis réalisateur chez Gaumont dès 1915, connaît un très grand succès avec *L'Atlantide* (Pierre Benoit, 1921) qui combine habilement le fantastique du roman à des aspects « modern style » et une fascination documentaire pour les extérieurs sahariens. *Crainquebille* (Anatole France, 1923) et *Visages d'enfants* (Alphonse Daudet, 1923-1925) établissent – grâce à L.H. Burel à la caméra – un réalisme très vivifiant (liberté des tournages en extérieurs au milieu des foules) associé à une grande vérité psychologique, le tout saisi avec une belle élégance de mise en scène. Entre les deux, *L'Image* (1923-1925) est un scénario original de Jules Romain, puis *Gribiche* (1926) marque le retour à Daudet. Si *Carmen* (Prosper Mérimée, 1926) est davantage décoratif, *Thérèse Raquin* (Émile Zola, 1928), réalisé à Berlin, infléchit l'esthétique de Feyder vers un naturalisme puissant qui impressionne beaucoup le jeune Marcel Carné. Nous reparlerons d'Epstein et de Feyder qui sont des maîtres des années 1920.

À l'exemple de ces metteurs en scène qui représentent dans le monde entier l'art cinématographique français, les jeunes s'engouffrent également dans le créneau de l'adaptation. Citons un seul exemple pour ces années 1920, Julien Duvivier avec *Les Roquevillard* (roman d'Henri Bordeaux, 1922), *L'Abbé Constantin* (pièce de Pierre Decourcelle, 1925), *Poil de carotte* (roman de Jules Renard deux fois tourné, en 1926 puis en 1932), *Le Tourbillon de Paris* (d'après « La Sarrasine », roman de Germaine Acremant, 1928) et *Au bonheur des dames* (roman d'Émile Zola, 1929).

Abel Gance, un tigre de pellicule dans la jungle des studios

Né à Paris en 1889, Abel Gance est très jeune attiré par l'écriture et l'interprétation. Il compose des vers dès 15 ans, échoue au concours du Conservatoire mais décroche de petits rôles au théâtre dès sa 20ᵉ année. Au cinéma il interprète Molière jeune dans un film de Léonce Perret et se met à écrire des scénarios qui plaisent aux maisons Gaumont et Pathé. Certains seront tournés par les grands réalisateurs de l'époque – Albert Capellani, Camille de Morlhon, Louis Feuillade – et il est bientôt invité à réaliser lui-même. Metteur en scène à 22 ans (*La Digue*, 1911), il fréquente alors les salons littéraires et artistiques de la capitale. Il assiste notamment à la célèbre séance du mois de mars 1911 à l'École des hautes études où, après avoir présenté Romuald Joubé de l'Odéon et Marie Marcelly du Vaudeville déclamant *La Divine comédie*, Ricciotto Canudo parla du cinéma comme d'un 7ᵉ art. La formule enthousiasma Abel Gance qui commença à la répéter dans tout Paris mais Canudo publie la même année son *Manifeste des sept arts*. Qu'importe, Gance sera donc le pionnier de l'art nouveau et il entre rapidement au Film d'Art appelé par Louis Nalpas. À ce moment, il renonce définitivement au rêve de monter sur scène *La Victoire de Samothrace*, tragédie écrite à 20 ans qu'il avait portée, sans succès, à Sarah Bernhardt ! Sa santé fragile l'amène à ne pas être mobilisé en 1914. Il tourne alors une douzaine de films en 1915-1917, essentiellement photographiés par Léonce-Henri Burel, dans lesquels il expérimente toutes les techniques, mais aussi des modes de récit inédits et le travail au niveau des échelles de plan en même temps qu'il participe à l'effort de guerre par des films de propagande (*Les Gaz mortels*, 1916). Avec *La Folie du docteur Tube* (1915), Gance applique les théories de son ami Canudo sur les « rythmes de lumière », adaptant la technique des plans subjectifs, très utilisée par les réalisateurs depuis le début du siècle. Il se sert de la caméra comme d'un œil humain et obtient également des effets inédits : grâce à des miroirs déformants, « les acteurs, les objets et les lignes deviennent d'étranges anamorphoses animées. Ce film "fantasmagorique" ne sera jamais exploité, mais il annonce, par sa subjectivité et son audace technique et visuelle, toute l'école impressionniste » (selon Laurent Mannoni).

Après *Barberousse* (film à épisodes qui connut un vrai succès public) et *La Zone de la mort* salué par Louis Delluc comme « un événement dans les annales du cinéma français » en 1917, *La Dixième symphonie* et *J'accuse* en 1918-1919 vont valoir à Gance une image d'esthète dispendieux et ambitieux déployant avec fougue les fulgurances des chercheurs de génie dans un domaine encore vierge de contrainte. Pour *La Dixième symphonie* où la musique devait constituer le moteur de l'action puisque le personnage principal est un grand musicien, Gance avait demandé au jeune compositeur Michel-Maurice Lévy d'écrire une partition originale qui fut exécutée dans les meilleures salles d'exclusivité.

Louis Delluc voit là une œuvre révolutionnaire synthétisant tous les mouvements qui se dessinaient dans le cinéma du temps. Gance déploie dans la scène culminante de l'exécution par un musicien douloureux de sa symphonie nouvelle, la palette complète de son goût de l'excès. Car « Gance n'est pas simple. Il est tout prêt à l'emphase non par trop de mots mais de pensée : il habille de choses riches les pensées les plus nues » (Louis Delluc). Ainsi alors que Séverin-Mars est au piano, « les mains du compositeur, la partition, les invités qui écoutent, les femmes rêvant et les hommes pensant » sont admirables et suscitent une émotion intense, face à Emmy Lynn qui écoute d'abord dans une immobilité intérieure impressionnante. Or brusquement, « le démon de la plastique ayant soufflé sur elle ou, n'est-ce-pas ? sur Gance, elle ouvre ses ailes : des effets de bras, de voiles, le grand oiseau blanc, le péplos dans le vent… ». Tout ce fatras de symbolisme, d'images grandiloquentes d'un lyrisme naïf, cette poésie factice soulignée par de longs intertitres citant Edmond Rostand ou Charles Guérin font aussi partie de son inspiration et de la posture d'artiste qu'en toute circonstance Gance croyait devoir adopter. Pourtant Delluc pense que son apport à l'évolution du cinéma, non seulement à son langage mais aussi à sa valeur de moyen d'expression personnelle, est immense car « *La Dixième symphonie* est une œuvre. Elle a un caractère, une idée, une existence. Voilà un film de quelqu'un et qui n'aurait pu être exécuté par un autre puisque son auteur s'y manifeste en tout et pour tout » (L. Delluc).

J'accuse souligne un autre aspect de son talent, à savoir son extraordinaire propension à faire œuvre de tout, à transformer tous les obstacles en défi à relever, rebondissant face aux pires coups du sort qui fouettent son imagination et sa créativité. Projet patriotique longtemps caressé par le cinéaste, *J'accuse* ne lui est enfin commandé par Charles Pathé qu'en 1918. Avec audace, Gance tourne donc sans relâche sur les champs de bataille de l'Est mais l'armistice du 11 novembre le surprend alors que le film n'est pas terminé. Qu'à cela ne tienne, Gance imagine la fameuse scène finale où tous les morts se lèvent en accusateurs, la tourne dans le lit du Var sur la Côte d'Azur puisque les combats ont cessé et, à l'aide de quelques habiles intertitres introduits au montage, transforme le film au départ chargé de galvaniser les énergies guerrières en un superbe hymne à la paix !

L'histoire du tournage de *La Roue* répond à des motivations un peu similaires. C'est en effet parce que sa maîtresse avait échappé de justesse à l'épidémie de grippe asiatique qui ravageait la capitale en 1919-1920 que le cinéaste l'amena à Nice où elle sembla en effet se rétablir. Gance décida d'y rester et chercha un sujet susceptible de conduire à une œuvre grandiose qui l'occuperait longtemps sur la Côte. Il imagina donc une histoire de trains, de luthier au milieu des locomotives et d'amours contrariées. De fait cet hymne (mélodramatique) à la mécanique très hugolien d'inspiration demanda des mois de travail. Hélas sa maîtresse rechuta et le désespoir du cinéaste se traduisit par davantage d'exigences, d'acrobaties des opérateurs sur les trains lancés à grande vitesse, de séquences additionnelles demandant des constructions de plus en plus compliquées. Mais l'été s'approchant et les médecins prédisant que la chaleur humide de Nice serait fatale à la jeune femme, Gance décida de mettre brutalement fin à sa Symphonie noire pour partir à la montagne : il inventa donc un accident rendant le héros aveugle ! Mis à la retraite, il devient garde du funiculaire du Mont-Blanc et toute l'équipe se déplace à la neige pour tourner la Symphonie blanche. Le métrage impressionné devient énorme et le montage sera interminable, d'autant plus qu'aux effets de fumées et de lumières comme aux cadrages insolites s'ajoute la minutie d'un montage sec chargé de traduire la puissance à la fois exaltante et maléfique de la machine comme des éléments naturels déchaînés. Finalement le film atteindra quatre heures au terme de trois ans d'efforts au cours desquels l'esprit de l'impressionnisme est adapté à son sens du paroxysme. C'est un flot tumultueux au scénario confondant de simplisme mais aux images superbes et au rythme fulgurant ponctué des accords d'Arthur Honegger. Cinéaste de la démesure et du chaos, il édifie une «cathédrale de lumière» (selon ses propres mots) à mi-chemin entre la luxuriance symphonique (du noir de fumée à la blancheur de la Mer de Glace) et le monument du facteur Cheval, comme entre l'abstraction lyrique du mouvement des roues entraînant le défilement des rails et un mélodrame flamboyant de passion et de mort.

Pour Émile Vuillermoz, «la partie la plus belle, la plus émouvante et la plus neuve est l'étude de la féerie mécanique, de la traction à vapeur et la description de la magie surnaturelle des paysages de neige. Il a su analyser la beauté hallucinante de la vitesse, l'ivresse du travail intelligent des roues, de l'acier et des engrenages, la grande voix émouvante des organismes faits de tôles, de cuivre et d'acier. Sa "chanson de la roue" et sa "chanson du rail" sont des notations d'une force et d'une beauté inoubliables». Léon Moussinac pense également qu'«Abel Gance voit haut et grand. C'est un éloge qu'il est presque seul à mériter […]. Gance veut que les foules communient dans le cinéma, art social, et sentent passer sur elles le grand souffle de la beauté moderne avec l'idée que beauté égale vérité […]. Ce qui frappe dans ses films, c'est l'abondance, une abondance de richesses neuves, de pauvretés banales et de mauvais goût. J'aime ce magnifique désordre ordonné».

Il s'agissait pour le cinéaste d'un motif populiste et mélodramatique aux généreuses résonances humanistes et puissamment visuelles : «Le monde des locomotives, des rails, des disques, des fumées… Faire marcher les catastrophes des sentiments et celles des machines de pair, aussi grandes, aussi élevées comme signification les unes que les autres» (A. Gance dans *Prisme*). Ainsi s'explique le fait que la vision naturaliste des travailleurs du rail se double de visions symbolistes obtenues notamment par les surimpressions qui donnent au tragique épique une dimension métaphysique. Le conducteur de locomotive au nom évocateur de Sisif incarne la fatalité de la destinée humaine que représente la roue, pour sa part à la fois un moyen mécanique et signe du temps. Gance avait voulu éviter l'artifice des studios, si bien que même la maisonnette de Sisif avait été édifiée à la gare, entre les rails (puis son habitation au funiculaire à 2000 mètres d'altitude) : « Il va sans dire que lorsque la vérité entre ainsi à plein ciel par tous les côtés du décor, l'ambiance du travail est toute autre, et qu'il s'opère une véritable transfiguration chez l'acteur. Celui-ci se trouve dans la musique exacte de ce qu'il exprime », expliquera plus tard Abel Gance. Afin de faire vrai, le cinéaste se passionne pour la vie dure des cheminots et sa description évoque Émile Zola ou *Le Rail* publié en 1912. Il allonge donc beaucoup cette première partie en associant réalisme, poésie, symbolisme et critique sociale dans un lyrisme chaotique démesuré qui fait toute la force expressive de *La Roue* mais lui vaudra aussi l'incompréhension d'une grande partie de la critique et du public. Certes le jeu grandiloquent de Séverin-Mars se heurte souvent au naturel de véritables cheminots locaux qui assurent toute la figuration et même les petits rôles de complément, mais cette incompatibilité accuse la singularité d'un héros que la spiritualité élève au-dessus de sa banale condition. La scène du train fou filant à sa perte est prodigieuse de rythme et d'inventivité visuelle. La dramatisation n'est plus d'essence théâtrale mais provient d'affrontements physiques au milieu naturel et à la mécanique magnifiés par la photogénie des choses, aussi bien dans les plans généraux, que dans les détails comme saisis au vol ou au contraire en gros plans. L'émotion naît de la combinaison entre les plans objectifs qui permettent de suivre les événements et les visions subjectives qui communiquent impressions et sensations des personnages principaux. Les plans-séquences panoramiques enchaînent alors avec des passages de montage court pour faire de ce document d'une longueur inusitée, l'œuvre rude et dense d'un auteur littéralement possédé par le cinéma.

Pour faire encore plus fort, Gance va multiplier le cinéma par l'Histoire en se mesurant à la figure de Napoléon dans une œuvre monumentale d'une ambition mégalomane. En fait son chef-d'œuvre restera à jamais inachevé car il ne pourra tourner en 1926 que *Bonaparte* : ce qu'il présentera en soirée de gala à l'Opéra en avril 1927 intitulé *Napoléon vu par Abel Gance* se termine en effet au début de la campagne d'Italie ! La version complète dure pourtant cinq heures hyperboliques, hagiographie à l'esthétisme échevelé transcendé par des trouvailles d'expérimentateur visionnaire (les caméras lancées avec les boules de neige dans la cour de Brienne, le souffle démentiel des débats à la Convention). Outrances et incohérences sont emportées par la tempête visuelle qui devient épopée.

La caméra quitte le sol pour se balancer au-dessus de la tête des députés ou se coller à la poitrine d'un chanteur dont elle traduit les mouvements de la respiration.

Mais son idée de génie est d'avoir inventé le triple écran, le public assistant au déroulement simultané de trois films qui emplissent complètement son champ de vision. Ce qui aurait pu n'être qu'une astuce technique de plus est transformé par son talent en un éclatement fabuleux de la notion même de récit cinématographique. Émile Vuillermoz ne s'y trompe pas en détaillant ce que Gance tire de son idée : « Il y a là un élément de polyphonie et de polyrythmie précieux qui peut modifier de fond en comble notre conception traditionnelle de l'harmonie visuelle. À la "monodie" du chant optique succède la possibilité de noter la musique des images sur trois portées […]. Lorsque le champ lumineux se prolonge à droite et à gauche comme si l'écran ouvrait des ailes de lumière, l'impression produite galvanise une foule […]. Mais au bout d'un instant, la polyphonie entre en jeu et ses ressources sont infinies. La cellule centrale peut chanter une forte mélodie sur le double accompagnement distinct de deux cellules voisines. Parfois, au contraire, c'est un thème que la surimpression – cette sourdine de l'image – permet de superposer discrètement à l'orchestration principale. Parfois encore, le même motif retourné comme un contrepoint renversable déroulera à droite et à gauche de la phrase finale une frise mouvante devenue soudain aussi solide et aussi équilibrée qu'une composition purement décorative. Le synchronisme, le décalage, la stylisation, les consonances, les dissonances, les accords, les arpèges et la syncope, tout est permis désormais aux musiciens de l'écran. » Ce feu d'artifice visuel marque un sommet de l'art muet, mais Gance perdra une grande part de ses moyens avec le parlant. Car, accompagné de sons et de dialogues, le style des années 1920 vieillit mal, si bien qu'Abel Gance est progressivement éloigné des studios. Sonorisé en 1934, remanié en 1971, puis reconstitué enfin par le Britannique Kevin Brownlow dans une version pratiquement intégrale en 1981 – précisément l'année de la mort de Gance – *Napoléon* s'impose alors au monde entier comme la somme d'un art défunt. Il avait pourtant été réalisé par le pionner d'un art nouveau et la puissance fascinante qu'il conserve provient beaucoup aujourd'hui de ce double statut.

Impressionnisme et contre-offensive des avant-gardes

Inhérente aux années 1920 et caractéristique de tout un pan de la recherche cinématographique internationale, l'avant-garde est d'abord une réaction contre le bain de boue et le sang de la guerre. Elle sera donc insolente, iconoclaste, joyeuse et vengeresse. Anticipatrice aussi, par essence, puisque comme le déclarait Jacques B. Brunius, l'avant-garde « consiste à créer sans cesse des moyens neufs pour exprimer des pensées ou des sentiments originaux ». Mais pour qu'il y ait une avant-garde, il faut qu'il y ait un corps, un gros de la troupe ; l'avant-garde ne naît pas de rien ou au milieu du chaos. De fait, le cinéma des années 1920 marque l'apogée de l'art muet. C'est aux marges de cette production que les jeunes générations manifestent une curiosité d'esprit, une passion pour les découvertes techniques, un goût pour la recherche d'autres moyens d'expression dans la fièvre et la dispersion d'une énergie rétive à toute canalisation. L'avant-garde, c'est la nouveauté et, comme l'écrit Jean Epstein, « l'art ne se produit qu'après, s'il peut » (*Esprit du cinéma*). C'est donc aussi le refus d'un acquis (le scénario-sujet, la dramaturgie fictionnelle, le montage d'images signifiantes…), la volonté d'une rupture, la faillite des règles patiemment dégagées en vingt ans d'évolution du langage, la contestation de la dictature de l'anecdote pour privilégier l'émergence des formes. Barthélemy Amengual parlera de « la lumière et du poudroiement kaléidoscopique des images de cette école », de son sens, aussi, du plein air et de sa volonté « de donner une dignité artistique à des intrigues populaires ».

Historiquement, l'avant-garde irradie toute la décennie, mais on peut distinguer trois axes qui se révèlent chronologiquement sans autant que l'affirmation des second et troisième mouvements n'efface les précédents.

L'impressionnisme ou la première avant-garde

Pour rendre compte du travail des cinéastes qui s'engagent, dès 1918-1919, dans des effets à la fois de formes, de thèmes, de techniques et de récits, le critique Louis Delluc parle le premier d'« impressionnisme du cinéma, parallèle à l'épanouissement d'une étonnante période de peinture », le cinéma communiquant une « impression aiguë de vérité et d'études humaines ». Repris par Germaine Dulac puis Henri Langlois, le terme restera, désignant « les films qui se caractérisent par des prouesses techniques, un montage par moments très rapide, des surimpressions abondantes, des déformations optiques, une caméra subjective. En outre les personnages ne sont plus les seuls facteurs importants du film : les objets et les décors concourent à l'action : la longueur des plans, le rythme du montage, le cadrage de l'image prennent une place primordiale, bien plus qu'auparavant » (L. Mannoni).

La France des années 1920 est alors celle du charleston et des «Arts déco» mais son cinéma n'est pas vraiment celui des Années folles. Découvrant avec enthousiasme les possibilités de la caméra Parvo (fabriquée par André Debrie), les réalisateurs explorent en effet systématiquement toutes les ressources visuelles et rythmiques du film, en direction d'une poésie esthète et d'une musique silencieuse. Quoiqu'ils ne renoncent pas à la vérité psychologique, les scénarios seront souvent moins soignés que la forme et l'historien Georges Sadoul dénoncera la tendance bourgeoise et le mépris du sujet de certains films, Walter Benjamin leur reprochant pour sa part d'esthétiser parfois artificiellement le réel, privilégiant la recherche de l'art aux dépens de celle de la vérité. De fait, la communication avec un large public ne paraît pas prioritaire aux cinéastes.

Le ton – l'atmosphère comme on disait alors – est par contre l'objet de tous leurs soins de même que l'enrichissement du langage. L'art muet est à son apogée : les impressions transmises sont complexes et le vecteur esthétique particulièrement brillant ; la spécificité cinématographique s'affirme par le montage : photogénies et rythmes tendent au cinéma pur qui dit autrement autre chose. Les lourds parrainages picturaux et théâtraux s'estompent pour laisser place à un spectacle irréductible aux précédents moyens d'expression. Comme en URSS, théoriciens et praticiens sont alors souvent les mêmes, créateurs réfléchissant sur leur art (Jean Epstein) ou critiques passant à la réalisation (Louis Delluc). Mais aucune idéologie politique ne guide leur démarche, l'inspiration française cherchant en elle-même son propre dépassement un peu à la manière des expressionnistes allemands. Certes, le contexte n'est pas aussi sombre et la prégnance des autres arts pèse moins lourd. L'impressionnisme sera donc plus léger, décanté, mais l'exigence expressive est de même nature, et si les cinéastes français sont souvent issus des milieux littéraires, ils s'en démarquent vite pour affirmer justement l'autonomie du 7e art.

L'impressionnisme cinématographique proprement dit s'étend de 1918 à 1924 en deux époques successives. Le premier film à retenir est *Rose-France* (1918, Marcel L'Herbier). Production Gaumont aux accents patriotiques, située alors que la guerre est à peine terminée, l'œuvre est en effet qualifiée d'«art intellectuel» par Louis Delluc. En 1919 *La Fête espagnole* de Germaine Dulac sur un scénario de Louis Delluc avec Eve Francis et Gaston Modot est tournée sur la Côte d'Azur au mois d'août car le producteur Louis Nalpas refuse – faute d'argent – le voyage en Andalousie. C'est pourquoi les plans généraux sont exclus au bénéfice des plans rapprochés sur fond de lauriers et de murailles blanches qui donneront au film son style. On remarquera aussi l'âpreté des paysages de la côte bretonne dans *L'Homme du large* (1920) et la lumière crue d'une Espagne écrasée de soleil dans *Eldorado* (1921), tous deux signés de Marcel L'Herbier. La même année *Fièvre* de Louis Delluc, essentiellement tourné dans le décor d'un bar à matelots, impose –justement avec *Eldorado* – les flous artistiques, plans subjectifs et déformations visuelles qui constitueront aussitôt l'image de marque de l'impressionnisme. De fait *Fièvre* et *Eldorado* sont, avec *La Roue* d'Abel Gance les trois œuvres phares du mouvement.

Les trois années suivantes affirment les principes de Delluc, L'Herbier, Dulac et Gance. Leurs productions se veulent aux antipodes du romanesque, composées d'une série de notations – détails, impressions – que le spectateur est invité à rassembler. Dans *La Femme de nulle* part (1922), Delluc anime les extérieurs méditerranéens par un vent violent qui bouleverse les images. *La Souriante Mme Beudet*, de Germaine Dulac (1923), s'impose, inversement pourrait-on dire, par son extrême sobriété, y compris dans l'interprétation de Germaine Dermoz et Alexandre Arquillière. Quant à *L'Inhumaine* (1924), elle exaspère les recherches plastiques de L'Herbier en utilisant les moyens de l'avant-garde (jeu des ombres et des lumières) pour dégager la morale de l'histoire ou masquer les étapes du drame. Inscrivant volontiers l'Art moderne dans ces images (toiles cubistes visibles dans les intérieurs, musique de Darius Milhaud, costumes de Paul Poiret, décor de l'architecte Mallet-Stevens ou du peintre Fernand Léger, collaboration de Claude Autant-Lara, Alberto Cavalcanti ou Lazare Meerson à la direction artistique, scénario de Pierre Mac Orlan), affichant ses goûts culturels (symbolisme, poésie), L'Herbier stylise son univers d'espaces froids et de formes très pures au-delà de tout effet de réel.

Lui aussi très introduit dans les milieux littéraires parisiens mais passionné par le cinéma, d'abord comme théoricien de la forme, Jean Epstein affirme dans le même temps dès ses premiers films un goût pour un art qui serait lieu de rêve, de poésie, d'étonnement et de contact avec l'irréel. À côté d'adaptations très habiles (*La Belle Nivernaise*, 1923), il réalise donc des œuvres où la complexité psychologique se traduit par des recherches visuelles et rythmiques sophistiquées.

Mais la mort de Louis Delluc à 34 ans après son dernier film *L'Inondation* met fin au mouvement dont ses écrits avaient jeté les bases. Pourtant, jusqu'à la fin du muet, certains films reprendront encore les mêmes partis pris esthétiques. Ce sont en particulier *Napoléon* (Abel

Gance, 1927), mais aussi *La Chute de la maison Usher* (1928) et *L'Argent* (1928). Dans l'adaptation d'Edgar Poe, l'usage onirique du ralenti par Jean Epstein fonde un fantastique du regard où les prouesses techniques s'effacent devant le trouble d'une atmosphère brouillant les limites entre réel et imaginaire, comme suspendant la durée tout en niant jusqu'à la matérialité des choses et des êtres. L'année suivante *Finis Terrae* poursuit les mêmes recherches hors du huis clos de studio, en prise directe avec des lieux sauvages où le cinéaste peut fixer la dimension cosmique de son inspiration. Quant à *L'Argent*, c'est une brillante transposition de Zola dans les «Années folles». Une caméra au déplacement vertigineux à travers les décors immenses et survoltés de la Bourse dynamise le récit qui halète en un montage court traduisant la fièvre de la spéculation. Malheureusement L'Herbier sera désarçonné par le parlant et se contentera alors de soigner avec une certaine préciosité des films sans réelle invention.

Peinture et surréalisme : la seconde avant-garde

Au début des années 1920, peintres et poètes voient dans le cinéma un art jeune, donc ouvert à toutes les audaces. Pourtant leurs essais resteront généralement figuratifs et narratifs (loin de l'abstraction pure de certaines tentatives allemandes), même si le vent dadaïste souffle un temps sur quelques courts-métrages expérimentaux. La source de ce courant initié par des plasticiens est à trouver dans les idées de «peinture en mouvement» lancées par Louis Delluc et celles du «rythme coloré» du peintre d'origine russe Léopold Survage qui faillit appliquer sa théorie en utilisant le procédé trichrome exploité par Léon Gaumont. Mais la célèbre firme à la marguerite refusa son projet.

Quoi qu'il en soit, le peintre Fernand Léger voit à Paris en 1923 des bandes réalisées en Suisse par le Suédois Viking Eggeling et l'Allemand Hans Richter. Il tourne alors l'année suivante *Le Ballet mécanique*, assisté de Dudley Murphy, afin de créer, selon ses propres termes, «le rythme des objets communs (casseroles, couvercles, bouteilles, paniers, pieds humains…)» transformés par des déformations optiques, des ralentis de prises de vues, scintillements, inspirés par le machinisme et l'électricité, nouvelles données de l'univers contemporain.

Volontiers évoquée dans ces milieux, l'idée de «cinéma pur» reprend un peu celle du cinéma impressionniste en la poussant à l'extrême. Ainsi que l'explique Germaine Dulac, cette conception ne refuse «ni la sensibilité ni le drame, seulement le cinéma tente de les atteindre par des éléments purement visuels». Comme les essais de Jean Epstein

(*Photogénies*, 1924), de Jean Grémillon (*Photogénie mécanique*, 1924) ou d'Henri Chomette (brillances modulées, voire projetées en négatif dans *Jeux des reflets et de la vitesse*, 1924), les courts-métrages de Dulac (*Thèmes et variations*, 1928, et surtout *Disque 927*, 1928, qui visualise la musique par le filmage des reflets tournants d'un disque) assurent ainsi le lien avec certains partis pris de la première avant-garde, mais le scandale orchestré par le groupe surréaliste lors de la réalisation par la cinéaste du « scénario » d'Antonin Artaud *La Coquille et le clergyman* (1927) montre qu'on ne saurait tout justifier par le recours à l'onirisme.

En fait les amis d'André Breton préféraient la féerie scientifique de *L'Hippocampe* (1930), documentaire biologique de Jean Painlevé, aux trouvailles abstraites, intellectuelles et minutieusement mises au point de Dulac. Le sérieux de l'entreprise hautement artistique de la célèbre réalisatrice ne convenait pas aux dadaïstes qui avaient applaudi aux films du peintre américain Man Ray et aux calembours écrits en spirale comme aux déplacements érotiques des « rotoreliefs » d'*Anemic Cinéma* (1926) de Marcel Duchamp, l'inventeur du ready-made.

C'est que si la critique et les théories ont préparé les avant-gardes, celles-ci se veulent en France davantage divertissantes et gratuites que politiquement révolutionnaires. Francis Picabia pense ainsi qu'*Entr'acte* réalisé en 1924 par le jeune René Clair et auquel il a lui-même collaboré : « ne croit pas à grand-chose, au plaisir de la vie peut-être ; il croit au plaisir d'inventer, il ne respecte rien si ce n'est le désir d'éclater de rire ». Conçu au départ comme intermède d'une création des Ballets suédois (*Relâche*), *Entr'acte* sera bientôt projeté séparément et cette série de gags amusants accompagnés généralement d'une musique d'Erik Satie fera beaucoup pour populariser les recherches souvent moins attractives des cinéastes se réclamant du dadaïsme ou du surréalisme.

Si *Entr'acte* est généralement considéré comme un film « dada », les œuvres directement surréalistes sont fort rares, mais on peut rattacher au mouvement *L'Étoile de mer* d'après Desnos (1928) et *Les Mystères du château du Dé* (1929), tous deux de Man Ray. Seul Luis Bunuel est en tous cas reconnu par André Breton. Les 14 minutes d'*Un chien andalou*, financé en 1928 par le vicomte de Noailles sur un scénario écrit avec Salvador Dali, bousculent le confort moral de la société bourgeoise non seulement par la célèbre image de l'œil coupé au rasoir mais par une série de provocations canularesques à base de blasphèmes, bestiaires et images hétéroclites. Deux ans plus tard, *L'Âge d'or* est moins divertissant. La passion, la violence, la révolte emportées par l'amour fou développent toute la charge insultante du surréalisme à partir du froid documentaire sur les scorpions qui ouvre le film. Toute la société croule sous le scandale du couple faisant l'amour dans la boue du chemin. Mais la haine n'empêchera pas la nuit d'orgie et de carnage ni de faire éclater l'hypocrisie universelle. En 1930 Jean Cocteau exprime ses fantasmes personnels dans *Le Sang d'un poète*.

Ces recherches ne sont évidemment pas destinées au grand public. Aussi des salles spécialisées (ancêtres de nos actuels cinémas d'Art et d'Essai) s'ouvrent-elles à Paris pour les faire connaître. La première est le Vieux-Colombier de Jean Tedesco (1924). En 1926 l'acteur Armand Tallier prend la direction du Studio des Ursulines, déjà salle de cinéma avant la guerre puis théâtre Charles-Dullin en 1921. Sa programmation sera, selon les termes du temps « un autre cinéma » et l'inauguration se fait avec *La Rue sans joie* de G.W. Pabst précédé d'*Entr'acte* en présence de René Clair lui-même, de son frère Henri Chomette et aussi de Philippe Hériat, André Breton, Philippe Soupault, Fernand Léger, Man Ray, Asta Nielsen et Greta Garbo. En février 1928, s'y déroulera la séance historique de *La Coquille et le clergyman*. Cette fois la révolte est dans la salle plus que sur l'écran. Bientôt d'autres établissements d'avant-garde ouvriront encore leurs portes : Studio 28 (1928), l'Œil de Paris (1929), Panthéon (1930).

La troisième avant-garde : l'École documentaire

À la veille du parlant, le formalisme plastique se combine à l'héritage du « Ciné Œil » du Soviétique Dziga Vertov (1923) pour conduire à des films où les recherches visuelles sont mises au service du réel. Si la réussite la plus connue de cette tendance est allemande – *Berlin, symphonie d'une grande ville* de Walter Ruttmann (1927) –, science et poésie surréaliste donnent aussi en France la même année *Mathusalem*, court-métrage de Painlevé et Artaud.

En fait nombre de ces recherches sont le fait d'étrangers travaillant en France : dès 1922 par exemple le jeune émigré russe Dimitri Kirsanoff réalise une fiction-documentaire sur les quartiers populaires de Paris sans un seul intertitre (*L'Ironie du destin* bâti à partir de l'héroïne, Nadia Sibirskaïa), suivi en 1925, dans le même esprit exclusivement visuel, de l'histoire de deux sœurs aux destins dramatiques (*Ménilmontant*, mélodrame également interprété par Nadia Sibirskaïa). Puis viendront *Destins*, *Sable*s et *Brumes d'automne* sortis en 1927. Connu pour son travail de décorateur de *Feu Mathias Pascal* de L'Herbier, le Brésilien Alberto Cavalcanti filme quant à lui en 1926 le temps qui passe dans la capitale (*Rien que des heures*, 50 minutes de croquis sans intrigue sur la vie quotidienne). Paris devient ainsi le sujet privilégié mêlant le vivant aux choses sous le regard personnalisé du cinéaste. Pour la seule année 1928 citons : *Harmonies de Paris* (Lucie Derain), *Paris express* (Man Ray, Pierre Prévert et Marcel Duhamel), *Études sur Paris* (André Sauvage) et *La Tour* (jeux sur les lignes abstraites de la tour Eiffel, René Clair).

Pourtant, alors que triomphe l'avant-garde formaliste des René Clair, Fernand Léger, Man Ray, Alberto Cavalcanti ou Germaine Dulac, Jean Epstein tourne *Vendanges* (1922) et Jean Grémillon débute dans le métier en 1924 par la réalisation d'une dizaine de courts-métrages documentaires avant de filmer *Tour au large* (1926) qui marque les prémices d'un brillant développement du genre. À partir de 1927 en effet, l'avant-garde recule et progressivement tout le cinéma de non-fiction s'oriente vers le documentaire avec des œuvres aussi différentes que *Voyage au Congo* (le récit du voyage en Afrique noire de l'écrivain André Gide, tourné en 1927 par son secrétaire Marc Allégret qui signe ainsi son premier film) qui prolonge la célèbre série des Croisières Citroën et précède les premiers relevés ethnographiques réalisés par le marquis de Wavrin et le baron Gourgaud en Afrique et en Amérique du Sud, *La Pieuvre* (Jean Painlevé, 1928), portant à son point de perfection les premières tentatives de films scientifiques amorcées dès 1920, *La Zone* (Georges Lacombe, 1928), essai exemplaire de film social sur la vie des chiffonniers parisiens, ou *Autour de « L'Argent »* tourné par Jean Dréville pendant la réalisation en studio du célèbre film de Marcel L'Herbier (1928). Avec ces films, la preuve est faite que le documentaire peut donner naissance à des œuvres aussi maîtrisées que les essais fictionnels ou les recherches des formalistes.

Jean Painlevé en particulier parvient à faire de l'art avec la science et du spectacle avec de la recherche de haut niveau. On a parlé à juste titre de poésie à propos du mouvement des *Oursins* ou des toiles abstraites de Kandinski évoquées par certains jeux de formes, mais il faut aussi remarquer que des nécessités purement scientifiques (explorations microscopiques, ralentis, image par image, éclairages, visions en parallèle...) ont conduit l'auteur à expérimenter tous les moyens de la technique et, par là, à élargir les possibilités expressives du langage cinématographique. Ainsi, l'étrangeté de *La Pieuvre* ou *La Daphnie* (1926-1927) se change en « tableaux de mœurs sous-marines » (selon la belle expression de Georges Sadoul) dans *Crabes et crevettes* (1930) ou *L'Hippocampe* (1932), tandis que *La Quatrième Dimension* (1938) se distingue par la perfection de ses trucages. En fondant en 1930 l'Institut du cinéma scientifique, Painlevé ancre donc le processus classique de légitimation d'un genre qui profite, en fait, à tout l'ensemble du cinéma documentaire français se développant chez nous, alors que Joris Ivens et Walter Ruttmann s'affirment à l'étranger dans le même créneau.

Si de *Pasteur* (premier film en 1922) au *Tempestaire* (dernière réalisation en 1947), un cinéaste comme Jean Epstein alternera souvent documentaires et films de fiction, d'autres réalisateurs comme Georges Rouquier ou Jean Lods, qui s'affirment tous deux en 1929, le premier avec *Vendanges* et Lods avec *Aujourd'hui*, resteront toute leur carrière fidèles au documentaire. C'est dans ce genre que débutent brillamment la même année Jean Vigo et Marcel Carné. *À propos de Nice* et son « point de vue documenté » préfigure déjà à la fois la verve de *Zéro de conduite* et la poésie réaliste de *L'Atalante* en refusant le simple constat social au profit d'une satire violente de la société bourgeoise. Jean Vigo entretient ainsi la flamme du combat à la fois anarchiste et cinématographique en prenant la Promenade des Anglais comme champ d'action (ou d'inaction) de la paresse internationale avec une ironie mordante soulignée par un montage d'une virulente vivacité. De son côté Carné annonce dans *Nogent, Eldorado du dimanche* le réalisme poétique auquel sa mise en scène des textes de Jacques Prévert donnera toute son ampleur. Dans ce premier film, Carné combine l'atmosphère impressionniste des bords de Seine, l'unanimisme (style Jules Romain) et la chaleur du petit peuple d'ouvriers et d'employés désœuvrés. À l'inverse, Georges Lacombe (assistant de René Clair) filme dans un esprit socio-populaire *La Zone*. Pour ce type de films que l'on appelle « cinéma nouveau » se créent, on l'a vu, des « salles spécialisées » et des associations de cinéphiles, comme « les Amis du film » sous l'égide de *Cinémagazine* ou « les Amis de Spartacus » fondé par Jean Lods et le critique Léon Moussinac. À la veille du parlant paraissent aussi de nouvelles revues spécialisées – *Cinémonde, Pour vous, Du cinéma* – tandis que *Comoedia*, le quotidien du spectacle, instaure une page journalière réservée au cinéma.

Les maîtres du cinéma muet

Alfred Machin et Léonce Perret

On l'a vu, Abel Gance n'est pas le seul metteur en scène déjà actif avant la Grande Guerre à poursuivre sa carrière dans les années 1920, avec plus ou moins de réussite il est vrai. Pour certains il y a changement fondamental de leur travail, comme par exemple en ce qui concerne le cinéma d'Alfred Machin. Alors qu'il avait essayé d'écarter la guerre par son dernier film de 1914, il fait partie pendant toutes les hostilités du groupe dirigeant fondateur du Service cinématographique de l'armée, représentant Pathé aux côtés d'Edgar Costil désigné par Gaumont. En 1918 l'organisme comptera une centaine d'hommes dont la moitié d'opérateurs répartis sur tous les fronts. C'est eux qui fixeront les images inoubliables de Verdun ou de la Somme. Démobilisé, Machin retourne à Bruxelles. Mais dès l'été 1919, Pathé le nomme directeur du studio niçois en remplacement de Roméo Bosetti. À partir de ce moment, il ne tourne plus que des bandes jouées par des animaux, genre qu'il était pour ainsi dire le seul à pratiquer, et qui se vendait fort bien sur le marché du film.

Certaines d'entre elles sont d'ailleurs réalisées avec de grands moyens tel *Le Cœur des gueux*, appelé aussi *L'Humanité* qui demanda plusieurs mois de préparation et de tournage, et la construction de dix décors immenses. Les interprètes en étaient Maurice Féraudy et le singe Auguste, mort un peu plus tard. Le chef-d'œuvre du genre, *Bêtes… comme les hommes!*, fut joué au Marivaux en 1924 mais ne connut pas en France le succès mérité. Le film était en effet tourné uniquement avec des animaux, et cette nouvelle formule dérouta les cinéastes et le public. Par contre, à l'étranger, et surtout en Amérique, il triompha et fut considéré comme le modèle parfait. L'avant-dernière réalisation de Machin, *De la jungle à l'écran*, un film de 1 000 mètres, est tourné en moins d'un mois (septembre 1918), avec deux chimpanzés, Boby et Auguste. Dans son dernier film *Black and White*, joue Clo-Clo, le jeune fils de Machin né en 1922 qui avait failli être dévoré par une panthère, en août 1927. Le film, tourné pendant les premières semaines de l'année, fut monté en mai 1929 et la première projection a lieu le mardi de Pentecôte, le 21 mai, dans une salle de Nice, sous le titre nouveau de *Robinson junior*.

Machin est en quelque sorte mort à la tâche, victime de son œuvre : tandis qu'il tournait, une panthère le blessa à la poitrine. Le danger de ces tournages était tel que le studio avait dû s'adjoindre les services d'un dompteur. Après son accident, Machin s'affaiblit ; il travaille cependant sans relâche, mais ces complications aggravent son état de santé et il meurt le 16 juin 1929, victime d'une embolie, moins d'un mois après la représentation de *Robinson junior*. Ses projets étaient grandioses ; un an auparavant, il avait écrit de nombreux scénarios qui devaient devenir des coproductions franco-allemandes et, le jour de sa mort, il pensait encore mettre en chantier un film animalier sonore qui aurait peut-être révolutionné l'industrie.

D'autres cinéastes connaîtront une carrière très longue, du cinéma primitif aux premières années du parlant, s'adaptant à toutes les évolutions et transformations en ne cherchant jamais à faire autre chose qu'un cinéma de divertissement populaire. Ainsi Léonce Perret est assez emblématique de ce cinéma de « grande consommation », comme on le nommera plus tard dans les sciences de la communication. Longtemps acteur de théâtre, Perret commence sa carrière cinématographique chez Gaumont en 1907. Esprit curieux, innovant, dynamique, il est dès l'année suivante envoyé à Berlin étudier les expériences allemandes de sonorisation et réalise lui-même une trentaine de courts essais dans ce domaine (qui sera vite abandonné à cette époque), mais dès son retour à Paris il se lance définitivement dans la mise en scène. En fait il devient populaire entre 1912 et 1915 en se dirigeant lui-même dans le rôle du personnage de Léonce, rondouillard Monsieur Tout-le-monde évoluant dans des séries de films courts tour à tour comiques, romanesques ou dramatiques. Mais en 1913, il réalise sans l'interpréter *L'Enfant de Paris* qui frappe par son langage élaboré et l'utilisation très nouvelle des extérieurs.

Perret est donc un metteur en scène célèbre quand il inaugure le studio Gaumont s'ouvrant à Nice et, en 1914-1916, il tourne des dizaines de films de Cannes à Monte-Carlo. Signe de son importance : il touche 3,50 francs par mètre de pellicule impressionnée alors que Gaumont payait 1,50 franc les autres réalisateurs !

Il part ensuite aux États-Unis où il parvient à mettre en scène de grosses productions : *Le Million des sœurs jumelles* avec les Dolly Sisters est notamment distribué en 1918 dans le monde entier. Aussi son retour en France constitue en 1920 un événement salué par l'ensemble de la presse corporative. En février il est à Nice pour achever le tournage de son film américain *L'Empire du diamant*, histoire d'escroquerie internationale écrite par Valentin Mandelstamm se déroulant à New York, Londres, Paris, Monte-Carlo et Nice. Perret voudrait monter des coproductions américaines pour ses films suivants. Il tourne l'été 1921 *The Money Maniac* ou *Le Démon de la haine*. Puis il repart à Paris, obtenant notamment de grands succès avec *Koenigsmark* (1923, d'après le roman de Pierre Benoit) et *Madame Sans-Gêne* (1925, avec Gloria Swanson, d'après la pièce de Victorien Sardou).

Son troisième séjour à Nice-la Victorine – 1926-1930 – sera le plus fructueux. Perret tourne désormais exclusivement des films de prestige avec de nombreux décors, des foules de figurants et des mois de travail, souvent d'ailleurs sur un rythme d'enfer (journée continue de

7 à 22 heures!). Adapté de la pièce homonyme d'Henry Bataille, *La Femme nue* (1926) raconte l'histoire d'amour du peintre Pierre Bernier (interprété par Ivan Petrovich) détourné de sa maîtresse et modèle Lolette (Louise Lagrange) par l'envoûtante princesse de Chabran (Nita Naldi). Tourné dans la foulée, *Morgane la sirène* est tiré du roman de Charles Le Goffic, librement inspiré de la légende de la fée Morgane. Ivan Petrovich interprète à nouveau le rôle principal de Georges de Kerduel face à Claire de Lorez (Morgane). Perret qui produit lui-même, utilise le corps de ballet de l'Opéra de Nice et commande la construction de jardins féeriques à la Victorine, mais le reste des extérieurs sera tourné au château d'Aval à Ploumanech en Bretagne. Au début 1927, d'après le roman de Jean Joseph-Renaud racontant un drame d'amour, de trahison et de sacrifices, Perret commence *La Danseuse Orchidée*. C'est une superproduction en couleurs tournée en 9 semaines pour laquelle le décorateur Ménessier, parmi 57 décors en plateau, reproduit à l'identique plusieurs parties de la véritable salle de l'Eldorado à Nice afin de tourner, dans le vrai théâtre, des scènes de représentation réunissant des centaines de spectateurs, puis l'incendie final de la façade et de l'intérieur à la Victorine. Pour interpréter Yoanès, beau joueur de pelote basque amoureux de l'héroïne (Louise Lagrange) évoluant dans les milieux parisiens de la danse et du cinéma, Perret fait venir à grands frais le jeune premier américain Ricardo Cortez, ce qui lui vaut de violentes attaques nationalistes des revues professionnelles. Puis, d'après une pièce d'Henry Bataille, il met en scène *La Possession* en août 1928. Francesca Bertini y campe une aventurière assoiffée de richesse qui épouse un vieux duc, le trompe avec son fils et les ruine avant de succomber enfin à son destin fatal. La critique souligne en particulier le style très moderne des décors. Tourné en 1929, *Quand nous étions deux* s'attarde à un gentil couple (Alice Roberte et André Roanne) mis en péril par une femme fatale (Suzy Pierson). Le film est tourné en muet puis sonorisé après coup de façon assez malhabile, si bien que le public – sollicité par les réussites américaines – ne vient pas. Le passage au parlant est franchi avec *Arthur*, produit par les films Osso en 1930 d'après une opérette d'André Barde et Henri Christiné, interprété par Lily Zevaco et Louis-Jacques Boucot (un masseur à la mode, mais mari trompé, est attiré par une cousine venue de loin). Après *Arthur*, Léonce Perret quitte la Côte d'Azur pour finir sa carrière à Paris. Il réalisera encore cinq longs-métrages (dont *Sapho*, très bien reçu en 1934) et meurt brutalement en 1935 pendant la préparation du remake parlant de son *Koenigsmark*. Il avait 55 ans.

On remarquera par ailleurs que, durant une bonne quinzaine d'années (1920-1935), une véritable école esthétique russe se révèle au cœur du cinéma français. Déjà, au début des années 1910, les Ballets russes de Diaghilev avaient mis la Russie à la mode sur les scènes parisiennes, courant bien individualisé à l'intérieur du goût pour l'orientalisme qui se répand alors. La révolution bolchevique provoque dix ans plus tard l'arrivée massive d'émigrés, aristocrates, hauts fonctionnaires et aussi cinéastes, parmi les plus brillants d'une industrie artistique alors de très grande qualité. À Paris la société Ermolieff-Albatros, indissociable des studios de Montreuil et de leur directeur Alexandre Kamenka, impose rapidement ses acteurs (Ivan Mosjoukine) comme ses réalisateurs (Alexandre Volkof) dans des œuvres lyriques, hypertrophie du caractère et de l'âme russe traduite dans des mélodrames flamboyants, des aventures fantasmagoriques et par une esthétique décorative somptueuse : mouvements de foule, faste des costumes, actions rocambolesques combinent extravagances spectaculaires et recherches expressives visuelles proches de l'avant-garde.

Sans doute parce que Nice est la seconde ville de France accueillant une importante population de ces riches émigrés groupés dans le quartier de l'église russe et, aussi, parce qu'elle possède des studios au soleil, de nombreux films Albatros verront leurs extérieurs tournés sur la Côte d'Azur et auront donc recours à la Victorine pour diverses prestations de services comme pour certains raccords de studio, l'essentiel des intérieurs étant par contre réalisé sur les plateaux de Montreuil : *L'Enfant du carnaval* de (et avec) Ivan Mosjoukine (1921) ; *Tempête* de Robert Boudrioz (1922, avec I. Mosjoukine et Nathalie Lissenko) ; *La Maison du mystère* d'Alexandre Volkof (1922, avec I. Mosjoukine, Charles Vanel et Hélène Darly) ; *Les Ombres qui passent* d'A. Volkof (1924, avec I. Mosjoukine et N. Lissenko) ; *Le Lion des Mogols* de Jean Epstein (1924, avec Nathalie Lissenko et Jean Angelo) ; *Carmen* de Jacques Feyder (1926, avec Raquel Meller, Louis Lerch et Gaston Modot : d'autres extérieurs sont également filmés à Séville, Cordoue et Bayonne).

À partir de 1927, les films des réalisateurs d'origine russe utilisent de plus en plus les studios niçois où sont alors tournés *Sable* (1927, Dimitri Kirsanof) et *Le Diable blanc* (1929, A. Volkof). En 1928, le tournage de *Schéhérazade* frappe en particulier les esprits par ses décors magnifiques, toute une ville construite à l'air libre, pour y mettre en scène jusqu'à 1 500 figurants à la fois ! Superproduction franco-allemande tournée également à Berlin, *Schéhérazade* constitue l'apogée de ce que l'on appelait alors le « décor russe » magnifié justement par Lochakoff, qui construit ceux de *Shéhérazade*. La nouveauté réside dans le fait que, jusqu'au milieu des années 1920 en France, le décor est d'essence picturale et s'édifie essentiellement à base de toiles peintes (en trompe l'œil). À la tête de l'École russe, Lochakoff travaille en architecte : la caméra peut se déplacer à l'intérieur des maquettes et des décors en trois dimensions, libérant le jeu des acteurs et favorisant des prouesses d'éclairages qui font scintiller les tissus d'ameublement et les costumes (de Bilinsky). Car tout respire le luxe et la beauté baroque soulignés par l'esthétisme d'une mise en scène au service du faste plus que de la dramaturgie. Volkof n'est ni un fin psychologue ni un maître du récit. Il souligne le surjeu des acteurs (gestuelle, regards, mains…) et l'écrasante richesse de tout ce qui est donné à voir. Lochakoff ne cherche pas le réalisme : il surcharge, écrase les perspectives, accuse les courbes, gonfle les volumes pour recréer un Orient onirique, féerique et fantastique. Il saura d'ailleurs composer inversement des décors dans le sobre modernisme pour d'autres films aux intrigues contemporaines. En revanche, le passé mythique de *Shéhérazade* est celui des illusions les plus folles.

Mais l'histoire du cinéma retiendra surtout que le début des années 1920 marque l'arrivée d'un certain nombre de jeunes réalisateurs confondus sous les vocables de première avant-garde ou impressionnisme. Ils connurent une carrière courte et fulgurante car le parlant changera brutalement dès 1929 la donne esthétique (et pas seulement technique) alors qu'ils venaient à peine d'inventer un nouveau langage. Nous avons déjà cité quelques-uns de leurs films, il nous faut à présent revenir sur les hommes (et femmes) qui incarnent l'art muet au cœur de la décennie.

Louis Delluc

Né en 1890, Louis Delluc est passionné très jeune par la littérature. À 16 ans, encore lycéen, il fréquente déjà les milieux des revues poétiques et, malgré sa santé très délicate, publie des poèmes et des chroniques théâtrales en préparant le baccalauréat. La carrière d'homme de lettres s'ouvre à lui et le détourne de la préparation de l'École normale supérieure. À 20 ans il écrit déjà à *Comoedia illustré*, luxueux magazine de théâtre. L'année suivante, en 1911, sa première pièce (en vers) *Francesca* est montée au Pré Catelan. C'est une œuvre mélancolique et désenchantée (très influencée par Edmond Rostand), développant une thématique qui demeurera celle de toute sa production littéraire et cinématographique. En 1923, il se lie à une jeune actrice, Eve Francis, qui sera son épouse et son inspiratrice ; son initiatrice au cinéma aussi, car quoique comédienne de théâtre, elle l'entraîne dans les salles de cinéma qu'il avait jusqu'alors dédaignées. Réformé, il écrit pendant la guerre des pièces pour elle (*Histoire d'un fou*, *Édith Cavell*, *La Vivante*…), des romans (*Monsieur de Berlin*, 1916 ; *La Guerre est morte*, 1917 ; *Le Train sans yeux*, 1919) au style vif et aux sujets souvent cyniques ou pamphlétaires. Dès 1917 il est critique de cinéma dans *Le Film*, puis *Paris-Midi* et Grasset publie son premier essai sur le cinéma en 1919 : *Cinéma et Cie*. Les choses sont allées très vite, car la même année il écrit déjà le scénario de *La Fête espagnole* que met en scène Germaine Dulac. En 1920 il est rédacteur en chef de *Ciné-club* et signe son premier long-métrage en tant qu'auteur-réalisateur *Fumée noire* avec Ève Francis. Quelques autres suivront jusqu'à sa mort à 34 ans.

Ses textes resteront davantage que ses films. Les deux sont pourtant indissociables. En fait, Delluc ne s'est jamais voulu théoricien : il écrit sur les films, s'attachant à y déceler des types de narration, de mise en scène et interprétation spécifiques au cinéma, c'est-à-dire du côté du réel comme de la poésie et de la photogénie, beauté de l'image et de la lumière en mouvement devant inspirer le réalisateur. Celui-ci doit se garder autant de la technicité que de la théâtralité ; aussi lui faut-il à la fois écrire et tourner car l'œuvre d'art est unique et s'attache à saisir la nature au plus près des choses. Indiscutablement il y a là des idées qu'Abel Gance, Germaine Dulac ou Marcel L'Herbier partagent autour de lui sans toujours les exprimer avec autant de clarté. Jean Epstein, René Clair ou Jacques Feyder, un peu plus jeunes, s'en inspireront également. En ce sens, il y a bien formation d'une école française, qu'on la nomme avant-garde ou impressionnisme. Pour Delluc, c'était tout simplement la naissance d'un art nouveau « qui dépasse l'art, étant la vie ».

Le scénario de *La Fête espagnole* répondait exactement à ses aspirations : fait de touches légères, accumulant les détails propres à créer une atmosphère davantage qu'à décrire une action. Le drame n'était pas l'essentiel, mais s'imposaient la réalité de la fête, du soleil, du décor, la subjectivité des âmes, des sensations, des impressions. Il est certain que Germaine Dulac introduisit un peu d'ordre, et jusqu'à une certaine raideur. De plus Nice où eut lieu le tournage a un autre cachet que l'Espagne. Or l'histoire de Delluc était une histoire espagnole.

Son premier film *Fumée noire* repose entièrement sur l'opposition entre le réel et l'imaginaire d'un couple qui rêve qu'ils tuent l'oncle revenu d'Orient avec une statuette de dieu chinois et un trésor. Mais au réveil ils le découvrent vraiment mort… ou plutôt non ! L'imbroglio scénaristique est astucieux, mais Delluc filme encore un peu platement. Après *Le Silence*, brillant court-métrage de « Grand-Guignol psychologique » (selon les termes de Jean Mitry), *Fièvre* (1921) est un huis clos dans un bar du port de Marseille où éclate une rixe. Chaque détail de comportement est révélateur de toute une psychologie et on trouve dans ce naturalisme la poésie grise et humide de la peinture des milieux populaires plus ou moins crapuleux qui deviendront une constante du réalisme français pendant deux décennies. Le Pays basque constitue le véritable sujet du *Chemin d'Ernoa* et *Le Tonnerre* est un curieux film court adapté d'une nouvelle de Mark Twain reposant entièrement sur un faux bruit d'orage… qu'il est difficile de distinguer d'un vrai en muet !

Le chef-d'œuvre de Delluc est *La Femme de nulle part* (1922), mélodrame mondain, film de diva, mais d'une force lyrique originale. Le passé d'une étrangère revenue dans la villa où elle avait été heureuse avec son époux avant de fuir avec son amant, va influer sur le présent qui semble devoir rejouer la scène fatale chez les nouveaux occupants. Dès lors la mémoire commande l'action présente et le décor fournit le lien narratif entre les personnages étrangers. *L'Inondation* (1923) est pour sa part un drame paysan au cœur d'une vallée du Rhône où l'inondation du village suscite la sauvagerie des hommes et la noirceur du drame (la fête noyée sous la pluie). L'idée généralement admise est que Delluc aurait été meilleur critique et scénariste que metteur en scène, mais son œuvre courte et dense mériterait certainement d'être réévaluée.

Germaine Dulac

Féministe, socialiste, femme de lettres et mélomane, Germaine Dulac, née en 1882, incarne toute sa vie l'esprit de l'avant-garde cinématographique et plus spécifiquement, dans les toutes premières années de l'après-guerre, les idées de cinéma pur. D'abord journaliste dans le domaine culturel, elle se prend de passion pour le cinéma et débute comme réalisatrice à la faveur des premières années de guerre où tous les hommes sont au front. En 1917, elle signe un film à épisodes *Âmes de fou*, pour s'opposer aux « Mystères de New York » qui triomphe alors sur les écrans français. Plus que l'action elle-même, Germaine Dulac y travaille l'atmosphère et la lumière comme facteur d'émotion, et donne à Eve Francis, célèbre interprète de Claudel au théâtre, son premier grand rôle au cinéma. La cinéaste en fait aussitôt la vedette de son film suivant, *Le Bonheur des autres* (1918), situé dans un grand théâtre où l'actrice interprète le personnage d'Hamlet, puis de *La Fête espagnole* (1919), écrit par Louis Delluc, époux de l'actrice. Le film mettait en scène la violence torride des passions (les deux prétendants de l'ancienne pensionnaire d'une maison de danse s'entre-tuent au couteau pour elle, mais la danseuse leur préfère un jeune client qui ressuscite la force des sentiments passés). Les préoccupations artistiques des auteurs (le scénariste et la réalisatrice) transcendent les exigences mercantiles de la production de Louis Nalpas pour afficher des conceptions ambitieuses qui feront du film le point de départ d'une intelligence du cinématographe à l'œuvre dans les réalisations les plus exigeantes de toutes les années 1920. Pourtant *La Fête espagnole* n'est pas un chef-d'œuvre, et les films suivants de Germaine Dulac non plus. Cependant, émanent de tous une foi et une ardeur qui forcent non seulement le respect mais entraînent une adhésion chaleureuse : une poésie irréelle baigne *La Cigarette* (1919), la vengeance de la comédienne abandonnée est bien analysée dans *La Belle Dame sans merci* (1920) et le retour à la vie du savant victime d'une congestion cérébrale dans *La Mort du soleil* (1921) donne lieu à un « commentaire sensitif » visuel tout en « intensité et en cadence » (mais la scène sera coupée par de nombreux exploitants).

La Souriante Mme Beudet (1923) est pour sa part la plus belle réussite de Germaine Dulac et de l'impressionnisme psychologique, juste correspondance au cinéma de la « théorie du silence » dont la pièce d'André Obey et Denys Amiel, adaptée (jouée au Nouveau-Théâtre, petite salle d'avant-garde, deux ans plus tôt) était emblématique. Mme Beudet est une Madame Bovary qui étouffe dans sa vie médiocre d'épouse d'un commerçant de Chartres qui adore faire semblant de se suicider avec un pistolet non chargé jusqu'au jour où sa femme y placera des balles. Il n'y aura d'ailleurs pas mort d'homme et la grisaille quotidienne reprendra ses droits. Toutes les nuances des pensées, de la mémoire et de l'imagination onirique de l'héroïne s'expriment visuellement par la technique cinématographique habilement composée avec l'interprétation, les détails scénaristiques et la photo sans contraste des extérieurs, mais jamais par les sous-titres. Le cinéma égale ainsi la finesse d'analyse des meilleurs romans.

La même année, *Gossette* n'est par contre qu'un habile ciné-roman mais *Le Diable dans la ville* (1924) écrit par Jean-Louis Bouquet développe un insolite fantastique du regard. *Âme d'artiste* (1925) imbrique dramatiquement le réel et la représentation théâtrale dans un début d'anthologie, tandis que le cauchemar de l'agonie du poète tire vers l'irréel un film dont la scène du bal masqué ou même une promenade dans Londres décrochaient du réalisme un récit très esthétisant. D'après une nouvelle de Maxime Gorki, *La Folie des vaillants* (1925) est un beau poème panthéiste et une histoire d'amour qui finit par la mort d'un violoniste vagabond et d'une cruelle bohémienne. Très formel, le film est reçu avec enthousiasme lors de sa première dans le cadre d'un gala des Amis du cinéma. Assurée que ces conceptions artistiques étaient donc les bonnes, Germaine Dulac est alors séduite par l'expérimentation des effets plus ou moins abstraits de l'avant-garde la plus rude rejetant la narration, les personnages, l'intrigue et le psychologisme (de Mme Beudet). À partir du scénario surréaliste du comédien, théoricien et poète Antonin Artaud, la cinéaste tourne donc *La coquille et le clergyman* qui semblait devoir matérialiser cette idée de cinéma total qui l'avait toujours motivée et balayer tous les relents romanesques et théâtraux pour instaurer un art visuel traduisant la vérité de l'esprit hors des nécessités de représentation du réel. Mais la présentation du film au Studio des Ursulines en 1927 provoque un énorme scandale artistique car aux spectateurs protestant contre l'incohérence d'images auxquelles ils ne comprenaient rien, s'ajoute le chahut des partisans d'Artaud furieux de ne pas se reconnaître dans ce qu'avait fait la réalisatrice de son scénario. Pourtant Germaine Dulac ne fut pas ébranlée dans ses certitudes et continua dans la voie d'un cinéma dématérialisé, déshumanisé, sans action logique narrative. Ainsi *L'Invitation au voyage* (1927, inspiré par la poésie de Charles Baudelaire), *Disque 927* (1928, d'après Frédéric Chopin), *Thèmes et variations* (1928, illustrant plusieurs mélodies classiques), *Étude cinématographique sur une arabesque* (1929, d'après Debussy) ne préparaient guère Germaine Dulac à aborder le parlant. Sa santé se dégradant, elle mit donc fin à sa carrière mais pas à sa passion du cinéma qu'elle continua à servir jusqu'à sa mort en 1942 (conférences, articles, cours…).

Jean Epstein

Né à Varsovie en 1897, ayant vécu enfant en Suisse et fait ses études secondaires en France, Jean Epstein s'inscrit à la faculté de médecine à Lyon. Mais ses rencontres avec Auguste Lumière puis Blaise Cendrars l'amènent à fréquenter la jeunesse littéraire et artistique. Installé à Paris, il parvient à assister Louis Delluc qui tourne alors un court-métrage *Le Tonnerre* (1921), et devient secrétaire de Paul Laffitte (qui avait été cofondateur du Film d'Art), directeur des éditions de la Sirène où il fait paraître successivement trois essais: *La Poésie d'aujourd'hui* (1921), *Bonjour cinéma* (1921) et *La Lyrosophie* (1922). Dans le même temps il écrit dans *L'Esprit nouveau* et dirige même une petite revue culturelle, *Le Promenoir*.

Poésie, philosophie, littérature, c'est finalement le cinéma qui va prendre le dessus dans cet esprit brillant épris d'Art nouveau et qui continuera toute sa vie à pratiquer plusieurs moyens d'expression. Après un court-métrage sur *Pasteur*, il est engagé chez Pathé où il tourne coup sur coup trois longs-métrages en 1923: *L'Auberge rouge* (d'après une nouvelle d'Honoré de Balzac construite en deux volets : un assassinat crapuleux et l'exécution d'un faux coupable ; vingt-cinq ans plus tard au cours d'un dîner, le meurtrier est confondu), *Cœur fidèle* (scénario original articulé à partir de deux fêtes foraines dans les quartiers pauvres et mal famés de Marseille ; à plusieurs années de distance, les amants maudits d'abord séparés par une rixe se retrouvent) et *La Belle Nivernaise* (d'après Alphonse Daudet : là encore deux adolescents qui s'aiment sur une péniche de mariniers vont connaître des destins contraires mais pourront finalement reprendre leur existence au fil de l'eau). Rattachés à la première avant-garde, ces trois films sont pourtant très personnels car Epstein considère le cinéma avant tout comme un moyen d'expression et sa dramaturgie est soumise aux figures et thèmes visuels. Le montage parallèle, notamment, permet des effets de sens, un travail sur la durée et l'espace qui remplacent les intertitres et suggèrent bien davantage que des mots (ou paroles). L'expression visuelle est créatrice d'émotion, voire de pathétique et l'exaltation de la nature se confond avec le culte du beau et du vrai. Certes Epstein devra accepter de tourner aussi des films moins directement artistiques, et *Le Lion des Mogols* (1924, écrit et interprété par Ivan Mosjoukine pour les Films Albatros), *L'Homme à l'Hispano* ou *La Châtelaine du Liban* d'après Pierre Benoit en 1933, échapperont quelque peu à son contrôle. Par contre il produira lui-même *Mauprat* (1926), *Six et demi onze* (1927), *La Glace à trois faces* (1927) et *La Chute de la maison Usher* (1929) afin d'appliquer exactement ses conceptions. Malheureusement si ces films attirent le public cultivé des salles spécialisées (Ursulines, Studio 28, Vieux-Colombier) et suscitent des études critiques extrêmement enthousiastes, ils ne rapportent pas de recettes suffisantes et Epstein devra arrêter de produire. Or sa prise de conscience qu'il ne peut pas réaliser le type de cinéma dont il rêve correspond avec l'arrivée du parlant. Il part donc en Bretagne où il tourne deux longs-métrages : *Finis Terrae* (1929, drame de la mer chez de pauvres pêcheurs des îlots désertiques de Bannec et d'Ouessant avec un final en pleine mer dans la brume où le docteur sauve le héros de la gangrène), *L'Or des mers* (1932, les convoitises aiguisées par une caisse abandonnée par la marée vont changer les destins du plus malheureux des pêcheurs et de sa fille). Mais il ne peut plus bientôt réaliser que de superbes documentaires-fictions (*Mor vran*, 1931, sur les travailleurs des mers de l'île de Sein, ou *Le Tempestaire*, 1947, concernant un magicien qui a le pouvoir de calmer les tempêtes).

Jean Epstein aura donc été un maître incontesté de l'esthétique de l'art muet. Adapté du roman de George Sand, *Mauprat* voit s'affronter au fond d'une âpre vallée au XVIIIe siècle deux branches de hobereaux.

L'amour naîtra pourtant entre le fils de ceux qui vivent de rapines dans un donjon en ruine et la fille du chevalier mais leurs caractères se heurtent jusqu'à ce que s'efface enfin la querelle ancestrale des Mauprat.

D'après la nouvelle de Paul Morand, *La Glace à trois faces* dresse trois portraits différents d'un homme dont on ne saura jamais qui, lui, aimait de la mondaine, l'artiste bohème ou la petite ouvrière du faubourg qui mêlent pour l'évoquer souvenirs du passé et impressions du présent. Pour Marcel Oms, le film est « tout à la fois document social sur la jeunesse dorée des Années folles, éclairage sur divers niveaux plus ou moins fantasmatiques de l'image de la femme et anticipation fulgurante sur la vision d'un tragique moderne ». Quant à *La Chute de la maison Usher*, elle combine habilement plusieurs nouvelles d'Edgar Poe dans le récit d'une nuit de novembre 1840 où un mari amoureux qui peignait son épouse malade, la verra mourir puis ressusciter alors que la foudre frappe le vieux manoir. Une poésie baudelairienne baigne l'extrême composition des images et le jeu très expressif des interprètes. Aussi le vent soulevant les lourdes tentures sombres qui recouvrent piliers et murs et entrouvrant les placards pour les vider (au ralenti) des livres et feuillets qu'ils contenaient ou l'enterrement avec le voile blanc sortant du cercueil non cloué sont des morceaux d'anthologie qui font largement oublier quelques maquettes un peu faibles ou fumerolles surabondantes. Epstein a fui le macabre, travaillant des ralentis de visages qui confèrent aux gros plans des perspectives psychologiques tellement intenses qu'à ce moment le cinéma semble photographier l'âme humaine, comme si la caméra plongeait littéralement dans la conscience d'Usher.

Jacques Feyder

Maître du réalisme à la française parce que psychologue autant que fin styliste, Jacques Feyder est né en Belgique en 1885. Il est d'abord comédien au théâtre et au cinéma à Paris avant 1914. Assistant de Gaston Ravel sur *M. Pinson, policier* en septembre 1915, il achève le film quand Ravel doit rejoindre le front. Il est ainsi embauché par Gaumont pour réaliser des comiques qui lui permettent d'expérimenter en 1916, au niveau des prises de vues (*Têtes de femmes, femmes de tête*) ou de l'humour (*Le Pied qui étreint*, pastiche de *La Main qui étreint*), écrivant en particulier plusieurs films avec Tristan Bernard. Mais le jour où il achète par hasard *L'Atlantide*, le roman de Pierre Benoit qui vient de sortir, il en acquiert aussitôt les droits d'adaptation et monte l'affaire tout seul grâce à des emprunts à la banque Thalmann. Le tournage sera long et le budget élevé car Feyder veut tourner les extérieurs dans le Hoggar. *L'Atlantide* comptera 140 minutes (accompagnées de tout un orchestre) lors de sa sortie en septembre 1921. Antinéa, les Touaregs voilés, le charme des sables, les figurants recrutés sur place, firent du film un grand succès. Il change pourtant complètement de style pour *Crainquebille*, *Visages d'enfants* et *L'Image* (1922-1924) qui adaptent, grâce à l'opérateur L. Henri Burel, un réalisme saisissant qui n'empêche pas les recherches techniques très sophistiquées pour traduire subjectivement la vision de Crainquebille devant ses juges ou son étal de légumes, les personnages variant de taille selon l'importance relative que leur reconnaît le héros. Le conte d'Anatole France y gagne en émotion. *Visages d'enfants* adopte le point de vue de l'enfant bourrelé de remords d'avoir provoqué un accident, mais c'est par une grande finesse psychologique et un panthéisme qui rend justice à la beauté des montagnes du Valais que ce drame paysan touche le public. Sur un scénario original de Jules Romains, Feyder mêle réel et imaginaire dans *L'image* où quatre hommes tombent amoureux de la même femme vue en photo dans une vitrine. Des couleurs monochromes assurent le côté féerique mais déconcertent le public. Cet échec amène Feyder à reprendre Jean Forest, l'émouvant gamin de *Visages d'enfants* dans *Gribiche* (1925), mais Alexandre Kamenka, producteur d'Albatros, veut une histoire mieux charpentée que celle des films « expérimentaux » précédents. Malgré l'interprétation de son épouse Françoise Rosay, le petit adopté par une riche Américaine plaira moins que l'histoire dans son village suisse. Malgré un beau décor Art déco de Lazare Meerson, l'adaptation de *Carmen* (1926) de Prosper Mérimée, tournée dans les paysages sauvages d'Andalousie et de Navarre, souffre de l'interprétation trop prude de Raquel Meller qui aurait dû incarner la passion. Quant à *Thérèse Raquin* (1927) d'après Zola, tourné à Berlin au départ à contrecœur par Feyder, c'est peut-être son chef-d'œuvre : la sensualité de Gina Manès, les éclairages des chefs opérateurs germaniques et le destin des amants meurtriers constituent un tragique film noir parfaitement maîtrisé. La proximité des *Nouveaux messieurs* (1928) avec *L'Opinion publique* de Chaplin (de cinq ans antérieur) est frappante. Ce sont deux films pessimistes où transparaît le même cynisme, avec Henry Roussell jouant l'aristocrate retiré sur ses terres (Adolphe Menjou chez Chaplin), Gaby Morlay entre deux hommes (Edna Purviance) et Albert Préjean syndicaliste devenant ministre après le triomphe électoral de la gauche. En fait, Feyder avait adapté un vaudeville boulevardier de Flers et Croisset, mais la censure vit dans le film une attaque contre le parlementarisme, sans doute parce qu'une séquence montrait le Palais Bourbon occupé par des danseuses en tutu… mais il s'agissait du rêve d'un député ! Le film fut néanmoins interdit de sortie et quand il fut enfin autorisé, Jacques Feyder était déjà parti à Hollywood où il restera cinq ans. Il ne s'était jamais mêlé à l'avant-garde des Delluc, Dulac ou Epstein et avait pourtant travaillé autant qu'eux la forme de ses films.

Marcel L'Herbier

Le cas de Marcel L'Herbier est particulier. Nous l'avons noté à l'origine de l'impressionnisme dès son premier film (*Rose-France*, 1919) et, sans avoir théorisé sa pratique, il accompagna toujours les recherches les plus ambitieuses par ses déclarations prônant un art cinématographique non seulement égal aux autres mais entretenant autant que faire se peut des relations étroites avec toute la culture de son temps. Volontiers hautain et dédaigneux vis-à-vis de 90% de la production française, il faisait du cinéma davantage avec son esprit que son cœur et travaillait l'esthétique plutôt que l'émotion. *Eldorado* (1922), *L'Inhumaine* (1923), *Feu Mathias Pascal* (1925) et *L'Argent* (1928) n'en sont pas moins des chefs-d'œuvre. Sur une anecdote mélodramatique prétexte (une danseuse se sacrifie pour son enfant), le premier est certes froid mais aussi subtilement raffiné par ses emprunts tout à la fois à Griffith, Sjöström, l'expressionnisme et la peinture de Monet. Quant à *L'Inhumaine*, sa réalisation s'appuie sur toute l'avant-garde littéraire et artistique de l'époque dans une image décorative composite très inventive. Son adaptation de Pirandello conserve le subtil tableau de mœurs de l'auteur italien, les extérieurs de Rome et San Giminiano avec les beaux décors de Cavalcanti et l'interprétation d'Ivan Mosjoukine. En 1927, après cette carrière où il a toujours mené le combat de l'art contre le commerce, L'Herbier est obsédé par l'idée de réaliser « un fougueux réquisitoire contre l'argent » (*La Tête qui tourne*, éditions Belfond, 1979) ; dès l'automne il est convaincu que l'adaptation de *L'Argent* de Zola peut servir son dessein car on y sent à chaque page cette haine (de l'argent) qui, avec son contraire l'amour, constitue l'une des deux passions humaines les plus intéressantes à filmer. Quant à son goût du naturalisme, il fournissait une base solide au rôle social que devait jouer, d'après le cinéaste, le 7e art. Mais L'Herbier, d'une part, modifie certains éléments fondamentaux de la dramaturgie du roman et, d'autre part, transpose l'action en 1928. Tout d'abord Line et Jacques Hamelin, frère et sœur chez Zola, sont mari et femme chez L'Herbier, « ce qui rend plus sauvage encore la menace que le banquier Saccard, qui manie en despote la monstrueuse tyrannie de l'argent, fait peser sur ce couple désarmé » (L'Herbier, *La Tête qui tourne*). Quant à la modernisation de l'intrigue, elle suscite une polémique, André Antoine, avant même la sortie du film, dénonçant avec force le procédé (*Le Journal*, 12 mars 1928) ; L'Herbier lui répond (*La Critique cinématographique*, 31 mars 1928) en argumentant non seulement sur le fait que cette liberté constitue la base même de sa conception du droit d'auteur mais que, dans le cas précis, la puissance de ces grands financiers ayant décuplé depuis 1860, respecter l'anecdote de Zola aurait paru mesquin. Dès lors « le suivre littéralement, serait le trahir [...]. Par contre, en transposant son thème de nos jours, je retrouve, accru, ce paroxysme de sang, de muscles, de mesquineries, de passion, qu'il a rêvé » (L'Herbier, *La Tête qui tourne*).

Le budget de plus de 3 millions de francs nécessite une participation financière de L'Herbier lui-même en tant que coproducteur et un montage financier assez complexe. Le tournage se déroule au printemps 1928 : Près de quinze semaines en studio (Pathé-Francœur et aussi Joinville, pour la fête chez Saccard avec un décor occupant 85 mètres du plateau !), puis notamment place de l'Opéra et dans la Bourse même (pendant les trois jours de Pentecôte). La copie finale fait 3 heures 20 minutes. Mais le producteur la raccourcit, remonte certaines scènes et en supprime d'autres sans l'accord de L'Herbier. Celui-ci se plaint à la presse, notamment à *L'Intransigeant* et, après plusieurs mois, la copie originelle est finalement reconstituée. C'est elle qui passe à partir de 1929.

Si l'intrigue ne suit pas à la lettre le roman de Zola, la description du monde des possédants (financiers, industriels, politiques...) est saisissante. L'argent y est dénoncé comme puissance maléfique, voire satanique, symboliquement opposé à la nature et au ciel, c'est-à-dire l'ouverture aéronautique et les expéditions coloniales (cette actualisation du roman n'est évidemment pas le meilleur du film !). Saccard s'avançant vers la Bourse constitue un morceau d'anthologie, la marée humaine semblant responsable des mouvements de la caméra qui bouge comme tenue à la main. Très formaliste, le film utilise finement les possibilités expressives du langage visuel et notamment toutes les figures du conflit car le film est surtout fait d'affrontements. Richesse, pouvoir et luxure composent un drame puissant sécrété par l'enfermement, la surenchère, la surcharge baroque. Le petit groupe humain est cerné par une caméra insidieuse traçant les arabesques de la conspiration, des pièges et des chausse-trappes. Le film s'ouvre sur les toits de Paris vus par la fenêtre du logement modeste du couple : ils sont penchés sur une carte, leurs mains s'étreignent mais la femme paraît très inquiète : « À quoi visaient ces premiers accords visuels sinon à créer en ouverture (après quelques accords préliminaires) le premier point nettement symbolique : l'union dialectique foncière de deux réalités, celle de la quotidienneté incarnée par la réalité suburbaine et celle du sentiment conjugal figuré par des mains qui s'étreignent devant la potentialité du danger. Si l'on ne voit pas ensemble ces deux extrêmes, on prive la séquence de sa chaleur» (M. L'Herbier, *La Tête qui tourne*). On retiendra aussi la très belle scène place de l'Opéra où est fêté le triomphe transatlantique de l'héroïque aviateur Hamelin. Sur un grand écran, au balcon d'un immeuble, s'inscrivent au fur et à mesure les nouvelles que sa jeune femme, aperçue derrière une fenêtre, suit avec angoisse. Tout d'un coup s'inscrit la mort de son époux, nouvelle répandue faussement pour mieux réussir un formidable coup de Bourse! La foule vibre, acclame ou frémit de peur. Il y a à la fois la foule, l'exploit hors-champ, la force évocatrice de ce décor: l'Opéra temple de la musique et de la danse, c'est-à-dire de l'art. Très dense, la séquence est évocatrice à la fois d'émotions très primaires et de plaisirs artistiques.

Mais c'est la célèbre scène de la Bourse qui offre au chef opérateur Jules Kruger («champion, après le *Napoléon* de Gance, des prises de vues éberluantes» selon M. L'Herbier) l'opportunité d'utiliser son énorme talent: un ingénieux système avec filins et contrepoids permet à la caméra de s'élancer depuis le dôme du Palais Brongniart et de piquer jusqu'à la corbeille des valeurs ou les tableaux de cotations tel un avion emporté par l'ouragan. Car en effet ce n'est pas esthétique gratuite mais évocation subtile, au milieu de la foule des spéculateurs, de ce qui se joue ailleurs, en vrai dans le ciel. On est là au sommet du langage cinématographique par l'adéquation du sens et de l'esthétique: activité fiévreuse des agents de change, mouvements de foule réagissant aux bonnes et aux mauvaises nouvelles, trognes des spectateurs, visages graves des gros actionnaires... L'art du récit (particulièrement brio du montage court, variations de rythme, rareté des intertitres que remplacent un geste, un cadrage, un gros plans suggestif) soutenu par une mise en scène précise (déplacements des personnages) et une photographie superbe sculptant la profondeur de champ, donne aux séquences spectaculaires une dimension à la fois réaliste et métaphorique. Explorant la majesté clinquante et «nouveaux riches» des décors intérieurs Art déco, L'Herbier communique la folie du profit qui possède l'aventurier Saccard, Pierre Alcover, au physique du Gérard Depardieu d'aujourd'hui. Incarnant force et violence qui domptent les flux financiers, écrasant tout et tous sur son passage, c'est le mal en costume-cravate lancé dans le combat titanesque des puissances d'argent. Rassemblant de nombreux figurants emportés dans des formes chorégraphiées soulignées par une caméra mobile, l'image brosse le tableau mouvant d'une folie collective, mais les protagonistes présentent néanmoins des psychologies très fouillées travaillées par l'élan des passions de lucre et de soif de pouvoir. Chacun trompe, est lui-même manœuvré et passe d'un plan à l'autre de la richesse au malheur, comme l'image de la femme est double, la douloureusement romantique Marie Glory s'opposant à l'érotique et glacée Brigitte Helm.

Détail intéressant : la scène de la Bourse et de l'avion était sonorisée grâce à un disque, à peu près synchrone, faisant entendre à la fois les cris de la foule à la Bourse et les grondements de l'avion. L'effet est saisissant, le son étant là « comme la voix traversière qui aide à franchir le courant où s'affrontent deux antagonistes : la foule et l'avion » (M. L'Herbier). *L'Argent* est un incontestable monument du muet. Mais L'Herbier dit avec un brin d'amertume plutôt la « pyramide du muet : à la fois temple et tombeau » (*La Tête qui tourne*).

Mais pour ne pas terminer sur un monument funéraire, rappelons plutôt que débutent dans cette seconde moitié des années 1920 quelques réalisateurs qui seront à leur tour les maîtres des décennies suivantes : Jean Renoir fait tourner aux studios de la Victorine à Nice en 1924 par Albert Dieudonné *Catherine*, pour lancer Catherine Hessling, sa jeune épouse ancien modèle d'Auguste qui voulait faire du cinéma. Le film se terminait par une hallucinante scène dans un tramway fou. Passionné par le tournage, Renoir se lance lui-même dans la mise en scène : il finance donc et tourne *Nana* (1926). Fort ambitieux, ce n'est plus un simple véhicule pour Catherine Hessling (qui fait d'ailleurs preuve d'un répertoire très large, du naturalisme à l'épure, dans l'incarnation saisissante du personnage de Zola) mais une adaptation habile qui permet néanmoins l'insertion de thèmes personnels (le spectacle) et une mise en scène inventive. *Nana* n'appartient à aucun courant, pas plus le romanesque que le style des avant-gardes, si bien que la réception critique est contrastée et l'exploitation globalement catastrophique malgré la première exclusivité triomphale à l'Aubert-Palace. Bien qu'ayant perdu beaucoup d'argent, Renoir produit à nouveau *La Petite marchande d'allumettes* (1928) qu'il réalise avec Jean Tedesco transformant le grenier de sa salle du Vieux-Colombier en studio, mais les ayants droit (héritiers d'Edmond Rostand qui avait cosigné une adaptation lyrique du conte d'Andersen) lui font un procès qui bloque un temps la diffusion. Aussi Renoir s'intègre au système commercial et tourne coup sur coup trois longs métrages avant le parlant : un comique troupier *Tire au flanc* ; *Le Tournoi*, une évocation historique de la France au temps de Catherine de

Médicis dans la cité de Carcassonne ; et *Le Bled*, aventures à la Douglas Fairbanks chez les riches colons en Algérie.

Nous avons d'autre part noté dans l'avant-garde le court-métrage *Entr'acte*, réalisé par René Clair sur un scénario de Picabia avec musique d'Erik Satie (1924). Clair avait d'abord été journaliste à *L'Intransigeant*, écrit quelques chansons pour Damia, puis fut un temps comédien avant d'être critique de cinéma à *Comoedia* et assistant de Jacques de Baroncelli pour quatre films. Sa participation à la seconde avant-garde surréaliste est mâtinée de poésie populaire. Clair a alors 27 ans. Ses deux premiers longs-métrages – *Le Fantôme du Moulin Rouge* et *Le Voyage imaginaire* (1925-1926) sont mal reçus. Par contre *La Proie du vent* (1927, production Albatros) rencontre son public. Mais ce sont ensuite *Un chapeau de paille d'Italie* (1927) et *Les Deux timides* (1928) qui le révèlent comme un grand cinéaste, tous deux adaptés de Labiche. Le premier greffe sur une folle course-poursuite, comme le cinéma n'en filmait plus depuis 1914, un équivalent des dialogues et chansons du vaudeville particulièrement remarquables dans la scène de la danse du célèbre « quadrille des lanciers » : musique et accessoires font figure de bons mots et les souvenirs musicaux des spectateurs donnent le rythme et le ton. Ailleurs le comique de situation (les bottines trop étroites, le cornet acoustique ou le bain de pieds toujours recommencé) agrémente cette histoire de petits bourgeois cocus orchestrée comme un ballet sautillant. Le style visuel, ébauché dans la légèreté et la vivacité du trait, intégrera sans problème le son.

Jean Grémillon

Nous avons déjà rencontré Jean Grémillon dans les mouvements d'avant-garde. Né en Normandie mais élevé en Bretagne, brillant élève, il choisit la musique contre l'avis de ses parents et préfère vivre médiocrement en jouant dans les salles de cinéma. C'est là qu'il rencontre un jeune projectionniste : lui deviendra réalisateur, le projectionniste Georges Périnal deviendra chef opérateur, notamment des deux premiers longs métrages de Grémillon (*Maldone* et *Gardiens de phare*). De sa jeunesse en Bretagne, Grémillon garde un goût de l'océan et des gens de mer : *Tour au large* (1926), *Gardiens de phare* (1928), *Remorques* (1939), *Pattes blanches* (1948), *L'Amour d'une femme* (1953). Les années de formation au cinéma (1923-1927) commencent avec d'abord une quinzaine de films touristiques ou industriels, mais aussi, d'une part *La Vie des travailleurs italiens en France* et *Tour au large*, de l'autre *Photogénie mécanique*, à savoir d'un côté le réalisme documentaire et de l'autre le formalisme esthétique qui constituent, de fait, les deux grands axes du cinéma français des années 1920 (Marcel L'Herbier, Abel Gance ou Jean Epstein face à, dans une certaine mesure, Jacques Feyder, René Clair, Jean Renoir). Après la réception très positive de *Tour au large* programmé au Vieux-Colombier, Grémillon se voit proposer par Charles Dullin qui animait le théâtre de l'Atelier mais se sentait très attiré par le cinéma, de réaliser un film pour la société de production qu'il venait de créer et avec lui-même comme interprète principal. C'est *Maldone*, premier long-métrage que Grémillon réalise à 26 ans.

Le second sera également une commande. En effet Jacques Feyder au faîte de sa notoriété achève en 1928 l'adaptation de *Gardiens de phare*, une pièce de Pierre Antier et Cloquemin montée avec succès au théâtre du Grand-Guignol de Paris et que la « Société des Films du Grand-Guignol » voulait produire. Mais au dernier moment Feyder se désiste. Grémillon tourne ce terrible mélodrame en décors réels, essentiellement à Saint-Guénolé dans le Sud Finistère, ce qui est rare à l'époque pour un huis clos entre deux hommes, mais le réalisme du contexte est formellement dramatisé par le travail sophistiqué des cadrages et des lumières de Georges Périnal. L'histoire est celle d'un père et de son fils isolés dans un phare en pleine mer. Mais le fils a contracté la rage en étant mordu par un chien avant l'embarquement. Devenu fou il veut empêcher son père d'allumer le phare alors que la tempête fait rage. En se battant avec lui, le père provoque la chute mortelle de son fils mais le phare pourra luire à nouveau et éviter les naufrages. Pour le cinéaste, situation et sentiments sont plus importants que l'anecdote et le film ne saurait se réduire au conflit spécifique du devoir et de l'amour filial. Il devient la tragédie puissante de la solitude et de l'individu livré à un destin fatal. Brehan le père et Yvan le fils se débattront dans des douleurs atroces, Brehan foudroyé par son impuissance et Yvan par son combat contre la fièvre et la folie. La mort est la seule solution au drame désespéré et sans issue, la lucidité ne pouvant être un remède mais au contraire accroissant l'angoisse de l'impuissance. Ce huis clos ne s'ouvre que pour les inserts de Marie, la fiancée du fils restée à terre, et par l'imaginaire d'Yvan. Mais là encore la fatalité tragique ferme toute issue : si l'esprit d'Yvan se nourrit d'abord de souvenirs et de doux projets, la fièvre fait vite virer ces évocations au cauchemar. Quant à Marie – qui parvient malgré le peu de temps qu'elle occupe l'écran à imposer un vrai personnage – elle prendra à la fin le fait que le phare brille à nouveau comme signe de joie alors que c'est au contraire parce que son homme est mort !

Le crescendo dramatique s'achève donc sur l'horreur d'une mort ignorée de tous sauf du père qui devra attendre la relève, seul avec le cadavre. Le dénouement n'est donc pas l'éclatement de la tragédie classique mais une implosion, un vide, un silence encore plus terrible. Le jeu tout intérieur de Brehan s'oppose aux gesticulations et grimaces d'Yvan cliniquement justifiées par le fait qu'il a la rage. Il souffre physiquement et psychiquement. Brehan pose sur lui un regard lourd, désespéré et pitoyable. Les procédés de l'avant-garde sont mis au service de la dramaturgie et de la vérité psychologique. L'histoire étant simple à comprendre, le langage sert l'émotion davantage que l'information. D'autre part les hommes se trouvant immobilisés sur le rocher, les mouvements d'appareil sont rares et c'est le montage de plans courts qui rythme le récit. Angles de prises de vues, plongées/contre-plongées, cadrages de détails traduisent par leur complexité croissante la montée de la folie chez Yvan comme la peur de la crise chez Brehan. La lanterne qui tourne permet un mouvement hallucinatoire des lumières et ces plans inhumains s'opposent aux gros plans de visages qui donnent toute la surface nécessaire à l'expression des sentiments. Quelques surimpressions servent à déréaliser complètement les visions d'un esprit malade tandis que la nature est tenue avec sobriété à distance. Ainsi les escaliers jouent-ils finalement davantage de rôle que les trop attendus plans de tempête, d'ailleurs fort beaux : quelques images surgissent pour qu'on les garde à l'esprit, bien qu'il n'y ait pas le son pour en rappeler la présence. Tout est mesuré, d'une grande force mais sans excès picturaux ni dramatiques. D'ailleurs l'«accident» d'Yvan n'est pas vraiment clair. Grémillon effleure le fantastique, aborde même le surréalisme, mais sans s'éloigner vraiment d'une poésie réaliste à l'incisive sobriété. Tout le cinéma à venir de Grémillon est déjà dans cette peinture de la beauté et de la grandeur d'âmes simples aux prises avec un destin tragique. *L'Argent*, œuvre d'un metteur en scène consacré, et *Gardiens de phare*, réalisé par un débutant, marquent en 1928 la perfection de l'art muet en France. Quelques mois après, toute cette esthétique virtuose du langage cinématographique sera à revoir.

La profession est d'ailleurs en ébullition en 1928-1929. En effet, en février 1928, l'État entérine enfin une série de décisions attendues depuis des années et dont le décret d'Édouard Herriot constitue une sorte de charte, de statut du cinéma qui sera administré selon des principes comparables à ceux qui régissent le théâtre ; la commission de contrôle (censure) deviendra un véritable office chargé d'établir la politique du cinéma français. En particulier il s'agira, pour protéger la production nationale, de limiter les importations de films étrangers « anti-français » et de favoriser inversement ceux provenant de pays ouvrant leur marché à nos propres réalisations. C'est une sorte de contingentement, moins rigoureux néanmoins que celui que réclamait Jean Sapène et qui, du coup, ne satisfait ni les partisans d'une opposition radicale à l'envahissement des écrans par les films américains, ni Will Hays porte-parole des compagnies d'outre-Atlantique. En fait la profession demeure morose : la production est passée de la première à la cinquième place mondiale pour le nombre de films réalisés annuellement entre 1914 et 1928 et, sur 600 films à l'affiche en 1928, il y en a moins de 100 français. Surtout, on s'inquiète de l'invention du cinéma parlant aux États-Unis qui va modifier l'offre de fond en comble. C'est le grand débat de l'année et les opinions divergent avant même d'avoir pu juger sur pièces car, de toute façon, les films de l'année sont muets. On retiendra essentiellement *Verdun, visions d'histoire*, émouvant et grandiose mémorial pacifiste et nationaliste à la fois de Léon Poirier, ainsi que *La Passion de Jeanne d'Arc*, film historique de Carl Dreyer niant toutes les règles du genre au profit d'un drame spiritualiste s'inscrivant sur le visage de la célèbre comédienne de théâtre Falconetti (l'année suivante verra Marco de Gastyne conter de manière romanesque et populaire *La Merveilleuse Vie de Jeanne d'Arc* avec Simone Genevois). En 1929, le parlant semble inévitable, mais la crainte des uns et l'impatience des autres ne peuvent s'exercer qu'à partir d'une quinzaine à peine de films distribués, français et étrangers confondus, parlants ou seulement sonores. Tous les autres sont encore muets et l'équipement des salles ne fait que commencer. Le meilleur film de l'année (et peut-être de tout l'art muet) est alors *L'Argent* de L'Herbier.

DEUXIÈME PARTIE

LE CINÉMA PARLANT
1929-1959

Arletty et Pierre Brasseur, dans *Les Enfants du paradis* de Marcel Carné, 1945.

Affiche de *Sous les toits de Paris* de René Clair, 1930.

CHAPITRE III
LE CINÉMA DES ANNÉES 1930

La vaine querelle du parlant et la vraie crise du cinéma français

Considéré généralement comme le premier film intégralement parlant et chantant (procédé Vitaphone), *The Jazz Singer* d'Alan Crosland avec Al Jolson est présenté pour la première fois à New York le 23 octobre 1927 avec un succès prodigieux… bien qu'il ne soit pas vraiment 100% parlant (en fait il faudra attendre *Les Lumières de New York* l'année suivante). Un an et demi plus tard seulement, le film sort le 30 janvier 1929 sur les Boulevards à Paris. En fait on avait pu voir dans la capitale en octobre 1928 *L'Eau du Nil*, adapté d'un roman de Pierre Frondaie, film non parlant mais musical réalisé par Marcel Vandal, directeur du Film d'Art. Tourné en muet, il avait ensuite été sonorisé par le procédé GPP (Gaumont-Peterson-Paulsen) qui utilisait deux bandes films, l'une pour les images, l'autre pour la reproduction photographique des modulations sonores. Trop délicat, le système fut aussitôt abandonné, d'autant plus que sa qualité n'avait pas convaincu tout le monde, certains trouvant que les paroles semblaient extérieures à l'image, comme si elles ne parvenaient pas vraiment des personnages.

Un an plus tard sort en septembre 1929 *Le Requin*, sombre mélodrame écrit et réalisé par Henri Chomette qui comporte quelques chansons, une fin parlante et une adaptation musicale synchronisée. Le mois suivant, en octobre 1929, *Le Collier de la reine*, tourné par le vieux routier de chez Gaumont Gaston Ravel, comprend, en plus de la musique d'accompagnement, quelques scènes dialoguées ; on y entend notamment la condamnation de la comtesse de La Motte à la Conciergerie. Mais c'est neuf jours plus tard que Paris peut découvrir le « Premier grand film français 100% parlant » (selon la publicité Pathé) : bien que tourné en Angleterre au studio de Twickenham car il n'existe aucun établissement équipé en France, *Les trois masques* d'André Hugon raconte une histoire de vendetta tirée d'une pièce de Charles Méré. Un peu plus tard *La route est belle* de Robert Florey sera lui aussi réalisé en Grande-Bretagne et *La nuit est à nous* d'Henry Roussell sorti à Paris en décembre l'a été à Berlin. Mais ce n'est que la copie française d'un film tourné en versions multiples. Le premier film parlant français est donc bien *Les trois masques*.

Pour Maurice Bardèche et Robert Brasillach, «en France, la nouvelle invention accueillie comme une catastrophe, suscita un nombre absolument inouï de manœuvres déloyales, de malhonnêtetés et de combinaisons louches. Il s'agissait de retarder le plus possible le moment où les producteurs seraient obligés de fabriquer des films parlants». La thèse des historiens est que tout fut fait pour favoriser le retour du théâtre filmé en cachant les premières réussites américaines de l'écran sonore : censure et douane protectionniste retardèrent ainsi la diffusion de *L'Ange bleu* comme d'*Hallelujah* car «il ne fallait pas que le public français s'aperçût que *Les trois masques* et *La nuit est à nous* ne composaient pas toute la nourriture promise au nouvel art». Il est vrai en effet – même si les auteurs parlent de deux ans de blocage alors que ces difficultés ne durèrent que quelques mois – que la peur (économique) des professionnels s'ajoutant au rejet (artistique) des plus grands metteurs en scène allait créer un traumatisme dont le cinéma mit longtemps à se remettre.

Dès juin 1928 – c'est-à-dire entre la sortie de *The Jazz Singer* à New York et sa présentation à Paris – le journal *Comoedia* lance le débat des pour et des contre. Pendant des années, tout fut dit et son contraire, y compris les plus grosses bêtises scientifiques (alors que les jeux sont déjà faits, Louis Lumière lui-même déclare au début de 1931 que parlant et sonore ne sont qu'effets de mode et que «le synchronisme parfait du son et de l'image est absolument impossible»!). Pour simplifier et synthétiser, on pourrait opposer les positions – de nombreuses fois exprimées – d'Abel Gance et de Marcel Pagnol. Pour le premier, «le film parlé ? Oui pour les documentaires, pour l'embaumement vivant des grands orateurs. Mais qu'on le proscrive pour tout le reste! L'agonie du cinéma n'a pas besoin de ce bavardage à son chevet» ou «je me répète sans cesse ces parole de Schiller : il est dommage que la pensée doive d'abord se diviser en lettres mortes, l'âme s'incarner dans le son». Moins grandiloquent, Pagnol voit dans le parlant «la forme presque parfaite, et peut-être définitive, de l'écriture» appelée à supplanter le théâtre : «avec le parlant, nous pénétrons dans un domaine nouveau, celui de la tragédie et de la comédie purement psychologiques, qui pourront s'exprimer sans cris et sans gestes, avec une admirable simplicité et une mesure inconnue jusqu'à maintenant».

En fait toutes ces déclarations ne sont pas exactement de la même époque et l'on constate que, plutôt défavorable en 1928, la presse professionnelle devient globalement pour le parlant courant 1929. Les condamnations de Léon Moussinac («La parole n'a pas plus de rapports avec le cinéma que la littérature»), Jean George Auriol (dénonçant «le détestable prestige des mots, le pouvoir lourd et trompeur des paroles creuses qui impressionnent les foules»), ou Jacques Feyder («En quoi le cinéma parlant peut-il bien intéresser le cinéma? Quels rapports entre eux? À peu près – et encore! – ceux du music-hall et de la tragédie») sont donc datées des débuts de la polémique comme la remarque d'un collaborateur de *Filma* en 1928: «Ce qui fait le charme du cinéma, c'est le silence.» Mais un an plus tard on lit, dans *Filma* toujours: «Le film sonore et parlant est un incontestable progrès!»

Pour leur part, la majorité des cinéastes sont plus ambigus, disant oui au sonore mais non au parlant, comme Jean Renoir, Germaine Dulac ou Abel Gance («J'exclus délibérément du cinéma futur le film dialogué, mais j'appelle passionnément la grande symphonie visuelle et sonore»). Marcel L'Herbier traduit bien l'inquiétude générale quand il exprime la crainte de voir toutes les recherches esthétiques ayant abouti à créer un «art visuel» autonome ruinées par la généralisation de la nouvelle technique: «Le cinéma est devenu – avec quelle peine – un art original, indépendant… Il serait désastreux qu'il profitât d'un progrès technique pour revenir en arrière, artistiquement parlant.» Plus tard il reviendra sur le problème: «Lorsque le parlant est arrivé, les conditions d'exercice de la profession sont devenues fort difficiles pour un cinéaste comme moi. Il était hors de question, pour des raisons économiques, d'envisager dans le parlant des films comme ceux que nous avions faits dans le muet.» René Clair s'élève pour sa part en 1927 contre «le cinéma parlant, monstre redoutable» et fait partie alors des gloires internationales du 7e art qui condamnent la parole (Chaplin, Vidor, Murnau, Eisenstein…). Mais dès 1928, il nuance: «Ce n'est pas l'invention du film parlant qui nous effraie, c'est la déplorable utilisation que ne manqueront pas d'en faire nos industriels.» En 1930, il fera de son premier film parlant une réussite indiscutable!

Ignorant la controverse, la déferlante du parlant bouscule en tout cas, de la production à la distribution et à l'exploitation en passant par la création, toute l'économie du cinéma qui redevient un temps le terrain privilégié des aventuriers: fortunes rapides et faillites catastrophiques se bousculent; c'est le règne de l'affairisme et des spéculations. En effet, il faut compter à peu près un an pour que la grande majorité des salles des villes de province s'équipent en parlant. Cela réclame des investissements considérables mais des recettes faramineuses sont vite au rendez-vous. Le public se détourne totalement du muet et les derniers films de «l'Art visuel» tournés en 1929 voient leurs carrières brisées (*Au bonheur des dames* de Julien Duvivier ou *Les nouveaux messieurs* de Jacques Feyder). La plupart, d'ailleurs, sont grossièrement sonorisés pour pouvoir être distribués.

Non seulement le parlant puise aussitôt dans le répertoire théâtral pour adapter sans distance les pièces du Boulevard, mais le cinéma attire aussi les comédiens de la scène (Arletty, Harry Baur, Raimu, Louis Jouvet, Margucritc Moreno, Gaby Morlay…) et les vedettes du music-hall (Maurice Chevalier, Georges Milton, Jean Gabin, Fernandel…). En 1930, le refrain à la morale très «café du commerce» que chante Milton dans *Le Roi des resquilleurs* de René Pujol et Pierre Colombier est sur toutes les lèvres.

Amorcé à Berlin avec *La nuit est à nous*, le système des versions multiples s'étend en 1929-1930 et se matérialise en France par l'ouverture d'un studio Paramount à Joinville inauguré en avril 1930. Avec d'énormes moyens, il s'agit de développer la mesure industrielle du «théâtre mécanique»: chaque film est réalisé en une douzaine de jours à peine sur plusieurs plateaux à la fois où l'on enchaîne le tournage des scènes en plusieurs langues. Une bonne quarantaine de captages sont ainsi filmés en deux ans mais, vu leur extrême médiocrité, Paramount se heurte à l'opposition des exploitants et doit fermer Joinville dès 1932. Seul *Marius* tourné par Alexandre Korda en 1931 connaît un triomphe, mais Marcel Pagnol a imposé ses conditions: cinq semaines de tournage, durée du film inusitée (130 minutes), acteurs de la pièce reprenant leurs rôles au cinéma, contrôle par l'auteur du travail du metteur en scène et rétribution au pourcentage des recettes. D'abord offusqués de ces prétentions, les Américains ont finalement cédé, ne conservant que le droit de tourner à leur guise parallèlement une version suédoise et une allemande. Le succès commercial colossal de *Marius* n'empêchera pas la faillite du «Hollywood européen» grandement déficitaire, mais prouve que le parlant n'est pas mauvais en soi: un créateur exigeant peut le mettre à sa main.

C'est exactement ce que fait à peu près dans le même temps René Clair qui ruse dans *Sous les toits de Paris*, son premier long-métrage parlant, en jouant avec les éléments sonores, musicaux et dialogués qui rythment le récit tout en le tenant à distance. Ce goût du défi va lui permettre de négocier brillamment le passage muet-parlant sans rien renier de son style. On sait que si le sens commun de « vaudeville » désigne le théâtre de boulevard, comédie légère d'un comique un peu gros fondée presque uniquement sur l'intrigue et le quiproquo (Labiche, Feydeau), le mot concerne aussi, plus spécifiquement, les couplets chantés et mimés dont s'agrémentent précisément les pièces de ce répertoire.

Bénéficiant de l'excellent procédé allemand sonore Tobis-Klangfilm, Clair choisit donc ouvertement l'opérette pour bien se démarquer du théâtre filmé et réagir contre la lourdeur des nouveaux appareils réputés indéplaçables : il ouvre le film par un long travelling à travers le décor de Lazare Meerson accompagné du mouvement sonore d'un refrain qui va vite devenir célèbre. Mais si Clair montre distinctement le chanteur des rues et le chœur des badauds reprenant autour de lui la rengaine en son synchrone, il filme avec un culot monstre sans aucune parole toute la séquence suivante qui raconte la perte des billets de banque par la jeune fille, rapportés ensuite par le héros tandis que le fiancé officiel va récupérer violemment sous le chapeau du pickpocket un porte-monnaie volé à une autre dame ! Défiant malicieusement la dictature naissante du dialogue, le cinéaste traite cet intermède allègre dans un langage muet d'une fraîcheur et d'une souplesse qui témoignent de la liberté avec laquelle l'auteur compte bien s'accommoder de la nouvelle technique. Mais peut-être la démarche d'un Julien Duvivier s'emparant du roman tout juste publié de la jeune émigrée russe Irène Némirowsky pour faire de *David Golder* un drame puissant, à la hauteur de la violence verbale d'Harry Baur et de la force d'images saisissantes, augure-t-elle mieux de l'adaptation des meilleurs réalisateurs au parlant que les trouvailles élégantes et nostalgiques du funambule René Clair.

Car ainsi que l'écrit alors Steve Passeur dans *Le Crapouillot* : « Enfin le cinéma parle – tantôt bien, tantôt faux, mais il parle – et aucune puissance au monde ne le fera taire ». En fait, à cette époque, le cinéma est en théorie un art mais en pratique une industrie. C'était déjà le cas du muet auquel la découverte porte donc un coup fatal provoquant sa mort brutale, et ce sera pareil avec le cinéma parlant, à savoir qu'il produira toujours une poignée d'œuvres d'art dans un océan de divertissements médiocres. Aussi retrouvera-t-on rapidement les meilleurs cinéastes du muet, qui avaient regretté la mutation, parmi les excellents metteurs en scène du parlant ! La querelle du doublage provoquera un rejet de nature similaire avec la même absence d'effet. Certes l'évolution est fondamentale pour l'économie du cinéma, mais lorsqu'on s'attache à l'histoire de l'*art* et non à l'*industrie* cinématographique, on voit que l'adaptation est rapide. Malheureusement, l'industrie française vient d'être distancée dans la course au parlant : les brevets « son » sont américains (RCA, Western Electric) ou allemands (Tobis-Klangfilm) et l'équipement des studios français se fait donc avec des appareils US ou germaniques qui – en positions monopolistes – sont très onéreux. Or le crédit est cher à cause de la crise financière de 1929. Parmi les établissements directement affectés par le krach boursier se trouvent précisément ceux qui finançaient le cinéma français : Banque nationale de crédit ainsi que Bauer et Marchal. Certes la réussite en 1930 de *Jean de la Lune* adapté par Jean Choux de la pièce de Marcel Achard créée avec Michel Simon (et qui reprend son rôle au cinéma) montrait que les bonnes pièces de boulevard pouvaient donner de bons films. Mais la médiocrité domine dans ces années 1930-1931, si l'on excepte la comédie d'André Berthomieu *Mon ami Victor*, le drame *La maternelle* de Jean Benoit-Levy et Marie Epstein ou *Cœur de lilas* d'Anatole Litvak, un polar se déroulant sur un background de crise, chômage et misère des quartiers populaires.

En fait, la crise du passage au parlant, loin de s'estomper, perdurera et même s'intensifiera tout au long des années 1930. Dès février 1929, la Tobis allemande équipe ainsi les studios d'Épinay en matériel Klang et crée une filiale Tobis France pour produire et surtout diffuser efficacement ses films allemands (parlant français) en France. Ainsi les quatre longs-métrages de René Clair de 1930-1932 (*Sous les toits de Paris*, *Le Million*, *À nous la liberté*, *Quatorze Juillet*) sont des productions Tobis France tout comme certaines œuvres de Julien Duvivier et Jacques Feyder. Inversement des metteurs en scène vont diriger les années suivantes dans les studios de l'UFA à Berlin de nombreux films qui ne sont que les versions françaises des films allemands. Ils sont produits par l'ACE (Alliance cinématographique européenne) qui n'est autre que la filiale parisienne de l'UFA. Ainsi seront réalisés à Berlin des films répertoriés français car signés Henri Decoin, H.G. Clouzot, Serge de Poligny ou Henri Chomette. D'autre part, à partir de 1932 les recettes de l'exploitation baissent ainsi que le nombre de films tournés.

Mais ce sont les longues agonies de Gaumont et Pathé qui nourriront la chronique. En 1929 se crée la holding GFFA (Gaumont – Franco Film – Aubert) avec la garantie de la Banque nationale de crédit (BNC) regroupant Gaumont (ses studios, ses salles, sa production), le circuit des salles Louis Aubert et les Productions Robert Hurel et H.A. Legrand (sous le sigle Franco Film). À ce moment, cette GFFA paraît puissante et ouvre en 1931 le nouveau Gaumont Palace de la place Clichy présenté comme le plus grand cinéma d'Europe. Mais en 1933 rien ne va plus car la BNC est proche de la faillite alors qu'elle détient une énorme créance sur la GFFA. Gaumont cesse en conséquence immédiatement toute activité de production. L'État doit renflouer la banque et, de ce fait, se retrouve créancier de la GFFA. Dès l'année suivante, en 1934, la GFFA dépose son bilan. Pour chercher une solution, l'État introduit deux nouveaux membres au conseil d'administration. Mais les commissions et sous-commissions, parlementaires et financières, qui se succèdent ou se parasitent ne parviennent pas vraiment à pénétrer les rouages de l'administration Gaumont. Sous le Front populaire, on évoquera un temps la possibilité de nationaliser la GFFA. Finalement, en 1938, la GFFA est pourtant mise en liquidation par le tribunal de commerce. À sa place est édifiée la SNEG (Société nouvelle des Établissements Gaumont) qui démarre prudemment. En 1939 la guerre éclate, mais cette remise à plat lui profitera sous l'Occupation puis l'après-guerre. En attendant, en une décennie, Gaumont a perdu l'essentiel de son potentiel à cause des difficultés de 1929 non surmontées.

De son côté, la Société Cinéromans-Pathé voit le vieux Charles Pathé quitter l'affaire en 1930 alors que l'année précédente Bernard Natan en avait pris la direction après avoir fait construire les studios de la rue Francœur grâce à la banque Bauer et Marchal qui, nous l'avons vu, est la banque cinéma la plus violemment touchée par la crise de 1929. Là encore, le groupe paraît toujours fort puissant, mais Natan est un industriel aventureux au passé trouble. En plus il est juif dans un pays où l'antisémitisme a été décuplé par la crise. Aussi ses mauvaises affaires sont-elles rapidement considérées comme frauduleuses et ses déboires prennent un tour de scandale. En 1935, la firme Pathé cesse quasiment toute son activité de production. Elle est mise en faillite en 1936 et Bernard Natan inculpé. Il sera emprisonné en 1938.

Pratiquement, la crise de 1929 a donc eu raison de Gaumont et Pathé. À partir de 1936 la production française n'est presque plus assurée que par de petites sociétés par essence éphémères puisque créées le plus souvent spécialement pour la réalisation d'un long-métrage en particulier et aussitôt dissoutes une fois le film terminé. Seules subsistent quelques sociétés de taille moyenne comme les productions Rabinovich. Quant aux films Marcel Pagnol installés à Marseille en regroupant tous les moyens de production, à la fois financiers, techniques (studios, matériel) et humains (comédiens et techniciens permanents), ils représentent une exception brillante. Globalement on constate un émiettement financier, des réinvestissements douteux et aucune politique d'envergure nationale ou projet d'avenir conséquent.

Le théâtre filmé et la comédie mondaine

Si l'expression désigne surtout la masse d'adaptations théâtrales tournées durant les premières années du parlant, il faut remarquer d'entrée que, dès sa naissance, le cinéma s'était inspiré du théâtre. Ainsi peut-on déjà admirer à l'Exposition universelle de 1900 le Phono-Cinéma-Théâtre qui propose Sarah Bernhardt dans *Hamlet* et Réjane dans *Madame Sans-Gêne*. Arguant ensuite du fait que l'art dramatique est autant celui du geste que de la parole, le cinéma muet fera souvent appel à de célèbres acteurs et metteurs en scène de théâtre pour «ennoblir» les images animées enregistrées par des entreprises ambitieuses comme celle du Film d'Art. Dès lors William Shakespeare devient un des «scénaristes» les plus sollicités par les metteurs en scène de la première décennie du siècle. Dans les années 1920, le recours au théâtre est moins systématique mais reste présent : Raymond Bernard commence par filmer les comédies boulevardières de son père Tristan Bernard (*Le Petit Café* avec Max Linder, 1919), Marcel L'Herbier tourne un *Don Juan et Faust* (1922) avec d'audacieux effets photographiques et de curieux costumes de Claude Autant-Lara, tandis que René Clair débute sa filmographie par deux adaptations muettes de Labiche. Mais c'est le succès du parlant qui ouvre tout grand les portes des studios au répertoire, aux acteurs et aux metteurs en scène de théâtre.

Tout au long des années 1930, les auteurs consacrés du vaudeville sont donc adaptés, souvent par les plus grands cinéastes : Georges Feydeau (*On purge bébé*, Jean Renoir, 1931 ; *Hôtel du Libre-Échange*, Marc Allégret, 1934), Georges Courteline (*Les Gaietés de l'escadron*, Maurice Tourneur, 1932, avec Raimu et Fernandel), Flers et Caillavet (*Miquette et sa mère*, Henri Diamant-Berger, 1933 ; *Le Roi*, Pierre Colombier, 1936), René Fauchois (*Boudu sauvé des eaux*, J. Renoir, 1932), Roger Ferdinand (*Chotard et Cie*, J. Renoir, 1932). Mais la nouvelle génération d'auteurs de boulevard n'est pas non plus oubliée ; ainsi Marcel Achard (*Noix de coco*, Jean Boyer, 1938) ou Édouard Bourdet (*Le Sexe faible*, 1933, Robert Siodmak, avec Victor Boucher et Pierre Brasseur)… À la veille de la Seconde Guerre mondiale, un des grands succès de la saison 1939 sera encore du théâtre filmé : *Fric-Frac* (Maurice Lehmann et Claude Autant-Lara) d'après une pièce d'Édouard Bourdet et Fernand Trignol avec Michel Simon et Arletty reprenant les rôles qu'ils avaient créés à la scène mais avec cette fois Fernandel complétant la distribution cinématographique.

Toujours prêt à s'emparer des plus grands succès de la scène, le cinéma français adapta trois fois *Topaze* de Marcel Pagnol qui avait connu dès sa création en 1928 au théâtre des Variétés un triomphe éclatant. Le public avait été sensible à la performance du comédien André Lefaur capable de rendre crédible l'étonnante volte-face du personnage passant de l'abnégation au cynisme, de la vertu au vice. Aussi fallait-il trouver un comédien prestigieux pour la transposition à l'écran en 1932 : Louis Jouvet, qui avait manqué la création de la pièce que lui avait soufflée Lefaur, fut engagé. Quelques innovations et allègements du texte ayant déplu à Pagnol, l'auteur qui était devenu entre-temps cinéaste décida en 1936 de filmer lui-même sa pièce avec le marseillais Arnaudy dans le rôle titre. Mais cette tentative ayant été médiocrement accueillie par le public et la critique, l'auteur abrégea la carrière du film… et réalisera un nouveau remake en 1950 avec Fernandel.

Les pièces privilégiées ne sont d'ailleurs pas seulement des comédies bien françaises : *A Woman of No Importance* d'Oscar Wilde est adapté par Charles Spaak, cette *Femme sans importance* étant réalisé par Jean Choux en 1937. Quant aux drames ils sont légion. Ainsi *La Femme nue* d'Henry Bataille est par exemple adaptée deux fois, d'abord – comme on l'a vu – par Léonce Perret (1926) puis par Jean-Paul Paulin (1932). Henri Bernstein voit pour sa part sept de ses pièces portées au cinéma dans les années 1930 : *Le Voleur*, 1906 (Maurice Tourneur, 1933) ; *Samson*, 1907 (M. Tourneur, 1936) ; *Le Venin*, 1927 (*Orage*, Marc Allégret, 1937) ; *Mélo*, 1929 (Paul Czinner, 1932) ; *Le Bonheur*, 1933 (Marcel L'Herbier, 1935) ; *L'Assaut*, 1912 (Pierre-Jean Ducis, 1936) ; *Le Messager*, 1933 (Raymond Rouleau, 1937) ; et la seconde adaptation de *Mélo*, toujours par Paul Czinner en 1937. Le dramaturge renia d'ailleurs les adaptations de *Mélo* et d'*Orage*, car le cinéma affaiblissait généralement les subtilités des pièces les plus intéressantes.

Publiée en pleine vague des adaptations théâtrales au début du parlant (1928-1931), la première *Revue du cinéma* dirigée par Jean George Auriol évoqua bien des fois la question des rapports entre théâtre et cinéma, jugeant la grande majorité des adaptations venues du boulevard avec une implacable intransigeance. Pourtant bien accueilli par l'ensemble de la presse et du public, *Jean de la Lune* de Jean Choux adapté en 1931 de la pièce de Marcel Achard, est en particulier exécuté. Il en sera de même pour *Azaïs* (René Hervil, 1931) d'après Louis Verneuil et Georges Berr, *Atout cœur* (Henry Roussell, 1931) adapté de Félix Gandera et *Maman colibri* (Julien Duvivier, 1930) d'après Henry Bataille qualifié d'« abreuvoir intarissable de nos pantouflards réalisateurs » par le critique Dreyfus, ce qui n'empêchera évidemment pas Jean Dréville de filmer une deuxième fois la pièce en 1937. En fait, pour la revue, « les adaptations dans leur ensemble étaient la négation même de la notion (fort confuse à l'époque) d'"auteur" de films ». Néanmoins G. Auriol lui-même tente un éloge mesuré de *L'Enfant de l'amour* (1930, d'après Henry Bataille) parce que le film de Marcel L'Herbier laisse entrevoir « une sorte de style ».

On retrouve cette haine du théâtre filmé dans un grand nombre de critiques de cinéma écrites par l'écrivain surréaliste Philippe Soupault de 1929 à 1934, essentiellement pour *L'Europe nouvelle*, l'hebdomadaire de Louise Weiss, mais aussi pour *L'Éclair* et *Bravo*. Bien que tous les ingrédients de *Jean de la Lune* que nous avons déjà évoqué lui paraissent bons (le scénario, l'interprétation, la photo, les détails de mise en scène…), Soupault déclare pourtant l'ensemble raté parce que ce n'est pas du cinéma. Partant de cas concrets, le critique sait toujours dégager une argumentation solide, valable pour toutes les tentatives du genre.

À propos de *Le Blanc et le Noir* (1931) réalisé par Robert Florey et Marc Allégret d'après une pièce de Sacha Guitry adaptée par l'auteur dramatique lui-même, il écrit ainsi : « théâtre filmé qui engendre à la longue l'ennui parce qu'il est dépouillé de toute l'illusion, de la lumière de la rampe, parce qu'il lui manque la chaleur d'une salle de théâtre, l'émotion du rideau qui se lève, le prestige de la présence réelle, les applaudissements et les rires communicatifs. Le cinéma qui se contente de contrefaire le théâtre est un infirme volontaire. On assiste à un jeu d'ombres, on n'est jamais entraîné par la verve ou le tragique. On subit ces divertissements, on ne partage aucune émotion, aucune hilarité. On reste froid… ». D'après Soupault, tout le mal vient de ce que, dès qu'il s'agit de réaliser un nouveau film, producteurs et metteurs en scène français ne savent penser qu'au théâtre ou au roman. En effet, ce qu'il déteste le plus dans le théâtre à l'écran est l'emploi du studio, c'est pourquoi il est contre *Marius* (1931) d'après Marcel Pagnol parce que le metteur en scène Alexandre Korda n'a pas su aérer les dialogues par des extérieurs pittoresques. En 1933-1934, il ne désarme toujours pas, partant en guerre à la fois contre *Topaze* de Pagnol, *Tire au flanc* d'Henri Wulschleger (deuxième adaptation, après celle de Jean Renoir en 1928, du vaudeville d'André Mouëzy-Eon) et *Il était une fois* de Léonce Perret (d'après la pièce de Francis de Croisset), le tout dans un seul article : « je ne me lasserai jamais de répéter que la littérature et le cinéma sont deux arts très éloignés et qu'ils n'ont rien à gagner à collaborer », ce qui est peut-être exact, mais un peu court. Pour lui, « toutes les qualités d'une pièce, drame ou comédie, deviennent les défauts d'un film », car celui-ci détruit automatiquement « tout ce qui constitue l'illusion théâtrale » et le « cinéma peut difficilement se baser sur l'artificiel. Il réclame la vie ». Justes dans leur ensemble mais plus d'une fois discutables au cas par cas, ces diatribes se feront d'ailleurs de plus en plus rares faute d'exemples car le nombre des adaptations théâtrales va diminuer quelque peu à mesure que l'on s'avance dans les années 1930. Surtout, en mettant eux-mêmes en scène au cinéma leurs propres pièces, Sacha Guitry et Marcel Pagnol prouvent très vite qu'au-delà de leurs prises de position théoriques tendant à faire du cinéma un simple instrument de captation de leurs œuvres dramatiques, la liberté qu'ils trouvent au cinéma les amène rapidement à proposer des transpositions qui, tout en servant au mieux le théâtre par le respect des dialogues, produisent du vrai cinéma par la souplesse d'une narration jouant des richesses variées du langage (montage, mouvements d'appareils, cadrage…).

Pagnol est très curieux de cinéma au point de créer une revue, *Les Cahiers du film*, mais ses déclarations à la fois contre le muet et sur le « théâtre en conserve » que constituerait le parlant n'en font guère un théoricien. Fort critique à l'égard des metteurs en scène adaptant ses œuvres (Alexandre Korda pour *Marius*, 1931 ; Marc Allégret pour *Fanny*, 1932 et Louis Gasnier pour *Topaze*, 1932), il passe lui-même à la réalisation en 1933 avec *Le Gendre de M. Poirier*. Dès lors, il se passionne pour les possibilités du cinéma et va devenir le chantre du régionalisme en décentralisant rapidement son travail à Marseille où il a bientôt son propre studio, son matériel image et son, ses techniciens, ses comédiens (Raimu, Charpin, Fernandel…) et, bien sûr, ses extérieurs. Pittoresques, émouvants, attachants par leur simplicité et leur accent, ses personnages prennent vie comme jamais sur scène. La Provence devient l'acteur principal de ses fables, qu'il filme ses textes (*Merlusse*, 1935 ; *César*, 1936 ; *Le Schpountz*, 1938…) ou ceux de Jean Giono (*Jofroi*, 1934 ; *Angèle*, 1934 ; *Regain*, 1937 ; *La Femme du boulanger*, 1938), et théâtre ou théâtralité n'ont plus rien à voir à l'affaire.

Quand Guitry décide de (co)réaliser *Pasteur* en 1935, il ne connaît rien au cinéma et ne supporte pas l'intensité des éclairages de plateau. Mais il se lie avec le chef opérateur Jean Bachelet et, dès *Bonne chance* la même année, renonce au statisme de son premier film pour imaginer des intrigues pleines de rebondissements et de charme que Bachelet photographie à sa guise (choisissant le découpage, les cadrages et les mouvements d'appareil) une fois que Guitry a mis en place la scène et dirigé précisément les acteurs. On retrouve le même style dans *Désiré* (1938), *Remontons les Champs-Élysées* (1938) ou *Le Destin fabuleux de*

Désirée Clary (1942). Fantaisie, ironie, amoralisme plaisant pimentent les situations de comédie aux dialogues pétillants servis par de brillants interprètes avec lesquels l'auteur-acteur-réalisateur partage une joie intense de jouer (*Faisons un rêve*, 1937 ; *Quadrille*, 1938). Le récit se permet alors bien des insolences et bouscule allègrement la lourdeur technique des studios, Guitry enterrant sans regret avec le même entrain que Pagnol les derniers restes poussiéreux du théâtre filmé. Globalement le cinéma des années 1930 a pourtant fort mauvaise réputation chez les historiens. Mais il a un défenseur ardent : le cinéaste Paul Vecchiali qui a publié une monumentale *Encinéclopédie, cinéastes «français» des années 1930 et leur œuvre* (éditions de l'Œil, 2011). Pour notre part, nous avons observé de près la production, et surtout, pour cette analyse du théâtre filmé, les génériques précis de près de 700 films réalisés en France de 1929 à 1934 compris. On constate que près de 140 auteurs dramatiques français (sans compter les allemands, britanniques et américains pour bon nombre de coproductions) ont vu au moins une de leurs œuvres adaptée, souvent plusieurs et certains vraiment beaucoup (André Mouëzy-Eon, vingt fois ; Louis Verneuil, 15 pièces ; Félix Gandera, 10 pièces…). Il est évident que les caractéristiques que nous attribuons aux films de cette période leur sont bel et bien redevables en très grande part, d'autant plus qu'ils ont souvent eux-mêmes contribué à l'adaptation et aux dialogues de leurs propres œuvres ou parfois de celles d'autres collègues aux côtés des spécialistes de ce genre de travail type René Pujol (que l'on retrouve à 40 génériques de la période) ou Henri-Georges Clouzot, Henri Decoin, Jean Boyer, Pierre Colombier, Henri Jeanson, Saint-Granier… car la mise en scène n'apporte généralement rien. Certes il y a quelques raretés, mais jamais les exceptions n'ont été aussi exceptionnelles que de 1929 à 1934 !

L'auteur d'opérettes le plus adapté est Albert Willemetz. Mais ce sont surtout les spectacles qualifiés indifféremment de pièces, comédies et vaudevilles qui fournissent l'essentiel des adaptations cinématographiques. Outre le tiercé gagnant Mouëzy-Eon, Verneuil et Gandera, on rencontre plusieurs fois aussi au générique Marcel Achard, Paul Armont, Henry Bataille, Georges Ben, Tristan Bernard, André Birabeau, Jacques Bousquet, Jacques Deval, Georges Dolley, René Fauchois, Georges Feydeau, Paul Gavault, Henry Kistemaeckers, Yves Mirande, Marcel Pagnol, André Picard, Gustave Quinson, Pierre Veber. Les mêmes noms se retrouveront à peu près au générique des adaptations théâtrales de la seconde partie des années 1930, mais elles sont moins nombreuses qu'en 1929-1934, car concurrencées par d'autres types de scénarios. Il s'agit toujours du cinéma « théâtre du pauvre » déprécié – généralement à juste titre – par rapport à la comédie américaine de la même période. C'est la danse sur un volcan, une euphorie qu'on dirait de commande, comme le désir d'échapper à tout prix à la réalité, qui occupe tous les cinémas européens (opérettes viennoises, « téléphones blancs » italiens, comédies sophistiquées britanniques et même films de l'Allemagne nazie par le jeu des coproductions et des tournages en multiversions à Berlin). René Clair dans la première moitié de la décennie, Sacha Guitry dans la seconde tireront le meilleur de la formule par leur regard et leurs histoires personnelles.

La comédie mondaine filmée charrie tous les succès du boulevard, surtout d'ailleurs le tout-venant de spectacles rodés sur les scènes parisiennes et en tournées parfois depuis dix ou vingt ans. On adapte aussi bien les grands anciens (Georges Feydeau, Alfred Capus, Tristan Bernard et Robert De Flers) que la génération suivante (Édouard Bourdet, Sacha Guitry, Jacques Deval, Roger Ferdinand et Marcel Achard). Les historiens Claude Beylie et Philippe d'Hugues y ajoutent quelques seconds couteaux – Pierre Wolff, Paul Gavault, Pierre Veber ou Jean de Létraz. Les adaptations ne concernent que des pièces contemporaines : pratiquement aucun classique (style Molière, Beaumarchais, Marivaux, Hugo, Musset, Dumas) et les plus anciens sont les disparus des années 1920 (Bataille est mort en 1922, Feydeau en 1921, De Flers en 1927 et Courteline en 1929). Pour Pierre Billard, les meilleurs de ces auteurs à succès vivants – et à 95% comiques – sont Yves Mirande, Fernand Rivers et Louis Verneuil qui pouvait parfois se révéler un critique social aigu (*La Banque Némo* contre les scandales financiers ou *L'École des contribuables* contre les fonctionnaires). Si les auteurs de la scène passent au cinéma, les comédiens qui avaient déjà fait leur succès au théâtre les suivent sur les plateaux et, très rapidement, tout le boulevard se retrouve sur les écrans. Seuls, ceux que l'on appelait alors le théâtre d'avant-garde (Gaston Baty, Georges Pitoëff, Louis Jouvet) refusent cette ruée vers les studios et leurs intrigues dans la bonne société.

Durant cette première moitié des années 1930, le « film d'amour » qui monopolise presque tous les écrans est systématiquement basé sur des jeux d'argent et des échanges d'identités croisant les différentes classes sociales de façon tout à fait artificielle. C'est le recyclage épuisant de tous les aspects possibles du syndrome *Le Million*, lui-même emprunté, ailleurs et bien avant, à *La Servante maîtresse*. Mais l'argent n'est plus le moyen : il est devenu la motivation et le but exclusif, le nerf de la guerre et l'articulation de la dramaturgie. Chacun cherche toujours fortune par le vol, les combines et l'amour de plus riche que soi. L'argent mène le monde. On ne compte plus les films où les gens se déguisent pour mystifier ; imbroglios et tromperies composent un univers de faux-semblants. Il y a toujours des héritages providentiels, des ruines épouvantables, des fortunes dilapidées, des sommes colossales perdues et retrouvées, des fourrures dérobées. L'argent fait monter et descendre à toute vitesse l'ascenseur social au gré des frasques des uns et des autres : riches kleptomanes désœuvrés, noceurs endettés, mondaines coquettes, maris volages, des flirts poussés et intéressés. Les lieux sont des palaces où se donnent des fêtes brillantes, de petites midinettes capiteuses épousent des millionnaires américains. Les riches oisifs recherchent la femme idéale de Paris à Venise, sur la Côte d'Azur ou en Espagne. Pendant que de vrais princes se font passer pour vendeurs de magasin afin d'être aimés pour eux-mêmes, de vrais vendeurs se déguisent en princes pour trouver l'amour. Les dactylos draguent leurs patrons, ceux-ci lorgnent leurs cuisinières ; les danseuses, actrices, demi-mondaines flirtent avec les ministres, les vieux comtes ou les riches bourgeois ; les téléphonistes aguichent les clients. Les couples s'échangent, partout se croisent des veuves riches et de beaux jeunes gens pauvres.

Quand il se lance dans le cinéma en 1930, Yves Mirande a déjà 55 ans et des dizaines de pièces à son actif (quand, à son tour, Guitry viendra au cinéma en 1934, il sera pour sa part auteur d'une centaine de pièces). Lui-même se voulait le successeur de Feydeau et son plus grand succès fut d'ailleurs *Le Chasseur de chez Maxim's* dont le titre est un hommage direct à *La Dame de chez Maxim* de son maître. Mirande débuta à « Babel sur Seine » (la Paramount France). Toujours débordant d'activité, poursuivi toute son existence par ses dettes de jeu, il dialogue, écrit des scénarios originaux, adapte ses pièces ou celles des autres, bientôt aussi il réalise, signant ainsi à des postes divers cinq à dix films par an sans toujours bien faire la différence entre ces types d'investissement créatif. Il demeurera toujours fidèle à la comédie mondaine, si bien que, jugé comme le chef de file de ce modèle dominant, il en partage d'abord l'opprobre. Mais, poursuivant dans le genre lorsque le Front populaire s'annonce et infléchit la tonalité du cinéma français, ses œuvres accusent désormais un esprit différent du nouvel air du temps ; dès lors il est volontiers qualifié de caustique, voire de cynique et moraliste, manifestant une réelle ambition dans la voie de la satire sociale : *À nous deux, madame la vie*, 1937, est un mélodrame où, des deux employés indélicats, le moins malhonnête ira en prison tandis que le plus filou deviendra directeur de la banque ! Dans *Baccara* (1935),

Jules Berry, joueur invétéré, est amoureux d'une femme qui fut la maîtresse d'un escroc étranger ayant spéculé contre le franc mais que la justice veut aider à fuir afin de ne pas compromettre ses complices du monde politique. Lors du procès, cet homme devenu bohème et ruiné mais qui fut héros de 1914-1918 vilipende violemment les profiteurs. Beylie et d'Hugues voient dans *Ménilmontant* (réalisé par René Guissart, 1936), « une grinçante comédie populiste tournée au début du Front populaire, sorte de *Vie est à nous* inversée ». À l'orée de la guerre, *Café de Paris*, *Derrière la façade* et *Paris-New York* (1938-1940) passent en revue, sous le prétexte d'enquêtes, un petit microcosme d'hypocrisie et de corruption. Typique anarchisme de droite ? Peut-être, mais Mirande explore en tout cas les conséquences de la crise économique et observe sans aménité les classes dirigeantes qui se débattent dans les scandales tout en souhaitant l'arrivée de quelques hommes forts qui nettoieraient la fange, comme hier le général Boulanger en France... tandis qu'en Italie ou en Allemagne le fascisme et le nazisme affichent des programmes de ce type.

Venu du « caf'conc » où il est Bouboule, le faire-valoir de Maurice Chevalier, Georges Milton triomphe sur les écrans en novembre 1930 en *Roi des resquilleurs* signé Pierre Colombier où il développe un esprit music-hall au comique vulgaire, grossier, mené sur un rythme endiablé. Chantant : « J'ai ma combine » qui devient le « tube » de l'hiver 1930-1931, Bouboule, toujours sans argent, parigot bon enfant, se débrouille grâce au système D brandi comme remède miracle face à la crise. D'autres « Bouboule » suivront, dans des aventures de plus en plus réactionnaires. Succès ambigu, donc, de ce Bouboule malhonnête dans l'âme quel que soit le degré de l'échelle sociale où le situent les scénarios ! Si c'est évidemment au sommet de l'édifice économique et politique – dans le monde des « affaires » comme on disait à l'époque, dont l'épicentre est la haute finance – que les scandales sont les plus spectaculaires (Marthe Hanau, Oustric, Stavisky aux débuts de la décennie), tout le corps social est atteint et ce climat délétère inspire des films cyniques et mondains, « aristo » ou « bourgeois », dénonçant ou magnifiant l'arrivisme voyou souvent incarné par Jules Berry. *Avec le sourire* (Maurice Tourneur, 1936 ; scénario Louis Verneuil) fait chanter à Maurice Chevalier : « Y a du bonheur pour tout le monde / Il suffit de sourire pour gagner ». Mais l'escalade sociale du héros qui, de clochard arrive à prendre en main l'Opéra, grâce à ses combines et malhonnêtetés, est évoquée avec complaisance pour ce héros déclarant goguenard qu'« il ne suffit pas d'être canaille pour réussir, sinon tout le monde serait millionnaire ».

La comédie mondaine occupant la majorité des écrans, il ne reste plus beaucoup de place pour les autres. Ce qui deviendra un peu plus tard le polar aux caractères nationaux originaux s'esquisse à peine avec les deux adaptations de Georges Simenon – *La Nuit du carrefour* (Jean Renoir, 1932) et *La Tête d'un homme* (Julien Duvivier, 1939) auxquels on peut ajouter *Justin de Marseille* (1934), thriller à la mode d'Hollywood dont venait Maurice Tourneur qui y travaillait dès les années 1910. Ici son regard sur la pègre marseillaise rompait avec les intrigues sans beaucoup de prolongements de Gaston Leroux ou Maurice Leblanc, type aventures d'Arsène Lupin. Le comique troupier demeure par conséquent le seul genre classique qui produit régulièrement encore cinq ou six films par an. Mais il ne renouvelle pas ses scénarios, existant hors du temps, car la caserne fait partie du paysage « franchouillard » traditionnel au même titre que l'église et l'école (par contre on voit peu d'usines). Aucun antimilitarisme donc, mais pas non plus de tableau flatteur et patriotique vu le crétinisme ambiant qui inspire la peinture. Ceci dit, hors du comique troupier, l'armée demeure un sujet tabou, en tout cas absent du débat cinématographique réaliste/politique et seul le « film de guerre » *Les Croix de bois* (1932, Raymond Bernard) met en scène l'armée ; mais c'est celle du conflit 14-18. Une curiosité est constituée par *L'affaire est dans le sac* qui reprend en 1932 tous les clichés du cinéma de l'époque dans une attaque féroce et burlesque des mœurs de la bourgeoisie : il s'agit d'un moyen-métrage (50 minutes) réalisé par Pierre Prévert, frère cadet de Jacques qui signe l'adaptation d'un scénario du Hongrois A. Rathony digne des pires histoires véhiculées par le plus mauvais cinéma mondain (enlèvement d'un riche loufoque, heureux de vivre une telle aventure). Or le film émane du groupe d'agitation théâtrale Octobre tout juste créé à l'exemple de l'agit-prop russe et d'Erwin Piscator en Allemagne sous les bons auspices de la CGT et du Parti communiste. Animé par Jacques Prévert qui écrit, joue, supervise tout sans hiérarchie et dans la bonne humeur, Octobre produit des spectacles inspirés généralement de l'actualité, comprenant chansons, chœurs, danses, dans l'esprit chansonnier de cabaret. Les auteurs de ces satires cinglantes et pastiches hilarants ne dédaignent donc pas de se couler dans le moule de la comédie de mœurs la plus commerciale pour y glisser un ton anarchiste de gauche !

Il existe bien un courant de gauche de contestation sociale, mais qui ne se retrouve guère que dans quelques courts-métrages militants qui n'ont pas été distribués commercialement et dont les copies ont disparu. On connaît *La Marche de la faim* (J.M. Daniel, 1934) avec le peintre Jean Lurçat dans le rôle principal, *Prix et profits* (ou *La Pomme de terre*, Yves Allégret, 1933) consacré aux intermédiaires qui encaissent près du quart du prix de vente des légumes si bien que l'agriculteur ne peut plus vivre de son travail, *Les Petits Métiers de Paris* (Pierre Chenal, 1932), *L'Idée* (Berthold Bartosch, d'après les bois gravés de Franz Masereel) orchestrant des motifs allégoriques révolutionnaires et *La Zone* (Georges Lacombe, 1928, sur les chiffonniers des banlieues). Mais militants, expérimentaux ou poétiques, ces courts-métrages ne circulent pas. Deux films auraient pu d'autre part ouvrir un courant réaliste s'ils avaient été remarqués par la critique et vus par le public, mais ce n'est pas le cas ni de *Vouloir* (André Jaeger-Schmidt, 1931) ni de *Cognasse* (dernier film de Louis Mercanton, 1932) dont le premier décrivait le travail dans les filatures du Nord et le second dans une coopérative ouvrière.

En fait, en 1932-1934, le cinéma retrouve noblesse et légitimité dans le domaine de l'adaptation en remplaçant les vaudevilles de boulevard par les grands classiques du patrimoine littéraire : *Poil de carotte* (Julien Duvivier, 1925, d'après Jules Renard), *Mireille* (René Gaveau, 1933, d'après le personnage de Frédéric Mistral et l'opéra de Gounod), *Pêcheur d'Islande* (Pierre Guerlais, 1933, d'après Pierre Loti), *Le Bossu* (René Sti, 1934, d'après Paul Féval), *La Dame aux camélias* (Fernand Rivers, 1934, d'après Alexandre Dumas fils), *Maria Chapdelaine* (Julien Duvivier, 1934, d'après Louis Hémon), *Sans famille* (Marc Allégret, 1934, d'après Hector Malot), *Madame Bovary* (Jean Renoir, 1933, d'après Gustave Flaubert), *L'Assommoir* (Gaston Roudès, 1933, d'après Émile Zola), ou *Les Misérables* (Raymond Bernard, 1933, d'après Victor Hugo). *La Rue sans nom* de Marcel Aymé permet à Pierre Chenal de reconstituer en 1933 une rue sale et pauvre dont les maisons vont être démolies et ses habitants connaître des destinées disparates.

L'historien Jean-Pierre Jeancolas propose une pertinente lecture pétainiste du *Jérôme Perreau* d'Abel Gance (1935) situé sous la régence d'Anne d'Autriche et de Mazarin pendant l'enfance du futur Louis XIV. La Fronde est qualifiée de «crise» dans le dialogue et la foule demande (il est vrai en chantant) que les financiers soient pendus. À la fin le brave Perreau (interprété par le populaire Milton/Bouboule) bavarde à la bonne franquette avec la régente, son ministre et le petit roi. Le public reçoit alors en gros plan, droit dans les yeux, un véritable appel à un chef qui aide les bonnes gens à conduire le bon peuple «sur le chemin du travail, de la paix et de la justice». Pas question, donc, de démocratie ou de revendication sociale. Non, ce qu'il faut à la France, c'est un chef et un bon ! C'est au premier degré, sans sous-entendu ni recours au passé, que *Ces Messieurs de la Santé* (Pierre Colombier, 1933) brosse le portrait d'un fieffé filou de la trempe de Stavisky dont les malversations ne font la Une des journaux qu'après la sortie du film (et donc plus de deux ans après la pièce d'Armont/Marchand). Raimu y campe un financier qui purge sa peine mais s'enfuit et, sous un faux nom, repart de zéro – garçon de magasin – pour redevenir en peu de temps un des plus puissants hommes d'affaires. Arriviste retors, Monsieur Gédéon parvient à berner tout le monde, à mener impunément ses affaires de derrière les barreaux comme à vendre des mitrailleuses de derrière son comptoir du magasin de corsets. C'est un menteur, un voleur ; tour à tour violent et rampant selon ses partenaires, il transforme tout en argent. *La Banque Némo* (Marguerite Viel et Jean Choux, 1934) adapte pour sa part la pièce de Louis Verneuil écrite en 1931 au lendemain des scandales Hanau et Oustric. Le film, lui, tombe en pleine affaire Stavisky que semble évoquer l'histoire de Labrèche, camelot, agent de bureau, fondé de pouvoir puis directeur de banque accumulant les escroqueries mais qui a des amis parlementaires lui assurant l'impunité. La censure interdit la version intégrale et il faut couper une longue scène d'un quart d'heure du conseil des ministres où s'étalaient les connivences entre politiques et fripons. Quoique l'action soit située dans un pays de fantaisie, *Le Père Lampion* (Christian-Jaque, 1934, d'après la pièce de Jean Kolb et Léon Belières) ne manque pas non plus d'ironie grinçante. Lampion est un égoutier que des conjurés vont utiliser comme sosie pour remplacer le président du Conseil qu'ils ont enlevé. Comme attendu, le naïf tient (trop) bien son rôle et son honnêteté donne tellement confiance à la population qu'il peut prendre les bonnes décisions qui sauveront le pays de la banqueroute, ramenant les politiques à la sagesse et le peuple au dévouement patriotique.

Les grands auteurs français des années 1930

En 1935, l'adaptation de la pièce de Bernstein, *Le Bonheur*, par Marcel L'Herbier, est une brillante comédie dramatique du courant « théâtre filmé » avec Gaby Morlay et Charles Boyer, qui parvient à écarter tous les pièges de la formule en s'attaquant précisément de front aux spécificités des deux arts du spectacle, ce que n'avaient pu faire les représentations scéniques. Sur un rythme endiablé, l'intrigue s'ingénie à surligner la fausseté des deux types de représentation face à une réalité donnée… mais qui ne paraît pas elle-même tellement plus vraie. Ce merveilleux ballet entre vérité et mensonge nourrit plaisamment les conflits de la comédie de mœurs, plongeant avec pertinence son intrigue sentimentale au cœur d'un monde du cinéma qui ne sort pas grandi de ce jeu de miroir du film dans le film.

Mais cette réussite est alors rare dans une carrière qui ne retrouvera plus désormais la créativité innovante des années 1920. Il en est de même pour Abel Gance et, dans une certaine mesure, Jacques Feyder, quoique ce dernier s'affirme dans une position patrimoniale, construisant les bases d'une « Qualité française » qui, avant de devenir une étiquette infamante à la fin des années 1950, veut établir une sorte de classicisme. De retour des États-Unis, Feyder va cultiver une atmosphère pirandellienne à défaut de pouvoir adapter directement le dramaturge italien. Généralement avec Charles Spaak, Françoise Rosay et le jeune Marcel Carné comme assistant, il annonce alors un peu la tonalité du futur « réalisme poétique », aussi bien par sa description d'une France triste, grise, sans ambition et mesquine dans *Pension Mimosas* (1935), où se vit une passion monstrueuse à la *Phèdre* au sein d'un petit peuple situé à la limite de la pauvreté, que dans le Sud marocain du *Grand Jeu* (1934) où un jeune et brillant avocat amant d'une femme du monde quitte la France et s'engage dans la Légion pour fuir un scandale. Mais il croit reconnaître sa maîtresse dans une prostituée de bas étage! C'est un scénario stupide bien sûr, mais Feyder parvient à renouveler quelque peu le genre du film sur la Légion, occultant l'idéologie colonialiste de l'époque en regardant plutôt du côté *Morocco* (J. Von Sternberg / M. Dietrich, 1930) bien que les Arabes guerroyant contre l'armée française soient désignés, selon la terminologie d'usage, comme les « salopards ». Quant à la pseudo-chronique historique de *La Kermesse héroïque* (1935), nul doute que si elle avait été réalisée six ou sept ans plus tard, on y aurait forcément vu un brûlot sur les lâchetés et collaborations que provoquera l'Occupation allemande. Or le film sortant en 1935 ne peut être pris que pour ce qu'il est, à savoir une allégorie générale de moraliste alourdie par un appareillage de décors et de costumes qui empêchent le film d'adopter le ton de la comédie de mœurs ironique et enlevée qui aurait pu en faire une œuvre de valeur.

Une nouvelle génération d'auteurs est déjà en place en 1929. Parmi eux, René Clair, Jean Renoir et Julien Duvivier affirment leur maîtrise stylistique comme leur intérêt pour la société qui les entoure, même quand ils s'expriment à travers le cinéma de genre, en particulier la comédie majoritaire. Les cinq premières œuvres parlantes de

René Clair – *Sous les toits de Paris*, 1930 ; *Le Million*, 1931 ; *À nous la liberté*, 1932 ; *Quatorze Juillet*, 1933 et *Le Dernier Milliardaire*, 1934 – constituent la plus brillante part de sa filmographie. Ensuite il part en Grande-Bretagne puis aux États-Unis jusqu'en 1946. Chez le cinéaste, des anecdotes minces, une vision légère, fraîche, poétique, irréelle, fantaisiste, agréable et utopique du petit peuple parisien se présentent sous forme d'une accumulation scintillante de clichés et de stéréotypes à peine esquissés, bon enfant, gais et enlevés, pour écrire la romance de *Sous les toits de Paris* ou *Quatorze Juillet* : ça chante et danse, la caméra virevolte dans des décors d'opérette. En fait le public français ne s'y reconnaît pas forcément (les films de Clair ne font pas des succès commerciaux extraordinaires) mais l'étranger y voit la France attendue de cartes postales et de légende rose. Ainsi *Le Million* est-il une commande de la Tobis détentrice des droits d'un vaudeville de Georges Berr créé deux décennies auparavant. Le film adoptera une tonalité un peu loufoque (comme plus tard le monde de Pierre Prévert) agrémentée de quelques pincées d'anarchisme soft. Avec son héros lancé à la poursuite d'un billet de loterie gagnant, *Le Million* survole la crise dont les jeux d'argent sont en effet caractéristiques : la chance plutôt que le travail, l'attente d'un hasard heureux, l'espoir d'une richesse qu'aucun salaire ne pourra jamais procurer. Clair gomme les contrastes de lumière autant que les oppositions dramatiques, les situations et les sentiments trop forts. Il ouvre dans le cinéma français la voie au populisme mettant en scène des personnages de prolétaires, antihéros sortis de la rue, fredonnant des rengaines pour midinettes dans les guinguettes pimpantes, mais sans oublier le réel : dans *Le Million* le cœur des voleurs chante « Nous reprenons les biens donnés par l'injustice / Et nous nous consacrons sous l'œil de la police / Au partage meilleur de la prospérité ! ». À la fin d'*À nous la liberté* s'élabore même une coopérative ouvrière plusieurs années avant celles du *Crime de M. Lange* et de *La Belle Équipe*.

Dans le chaos d'un cinéma français qui se cherche, le regard personnel de Clair frappe par son culot. *À nous la liberté* s'engage dans la dénonciation de l'asservissement de l'homme à la machine. Suivant deux copains de cavale après leur évasion de prison, l'auteur passe vite sur le premier qui restera vagabond pour décrire l'ascension de celui qui devient millionnaire dans le commerce des phonographes, ce qui nous vaut les fameuses séquences du travail à la chaîne comparé au bagne qui inspireront Charlie Chaplin dans *Les Temps modernes*. En fait, inversement, c'est tout le cinéma de Clair qui adopte depuis sa première réalisation la tonalité des films de Charlot. À la fin, ce brave capitaliste, séduit par le vagabondage et le camping, offre ses usines à ses ouvriers qui dansent et pêchent à la ligne pendant que les machines travaillent toutes seules. Certes cette utopie désamorce quelque peu le regard critique du début, si bien que globalement la morale de l'histoire demeure de bonne compagnie, présentée de façon à n'agresser personne. La joliesse enrobe tout d'un vernis élégant et la justesse du constat se nuance d'humour. Bref Clair séduit parce qu'il égratigne avec tact, ne traitant pas vraiment le sujet mais l'éraflant avec talent.

Dans *Le Dernier Milliardaire*, le banquier (Max Dearly), l'homme le plus riche du monde, devient dictateur du petit royaume de Casinario touché par la crise. Un accident lui fait perdre la raison mais il continue à gouverner, suivi dans ses extravagances par les ministres et le peuple soumis. Clair aborde donc encore de grands problèmes : l'inflation, la crise économique, la dictature. Tantôt il moque avec finesse les malheurs de son temps (on revient par exemple à une économie de troc : quelqu'un paye son achat avec une poule et le commerçant lui rend trois œufs), parfois l'ironie devient mordante (alors qu'on jetait en réalité le café à la mer en Amérique du Sud, noyer des chapeaux de paille pour arrêter la surproduction était digne de Chaplin).

Nous l'avons vu, les réalisateurs de l'époque tournent beaucoup, et Jean Renoir n'a dédaigné ni le vaudeville (*On purge bébé*, 1931 ; *Chotard et Cie*, 1932), ni le policier (*La Nuit du carrefour* travaille une originale atmosphère du film noir pré-réalisme poétique mais n'a rien à voir avec une quelconque crise sociale). *La Chienne* (1931), *Boudu sauvé des eaux* (1931) et *Toni* (1935) sont par contre de grandes œuvres, même si les deux premières participent totalement du courant théâtre filmé (*La Chienne* est adapté de Georges de La Fouchardière et *Boudu* de René Fauchois). Les deux films bénéficient en outre d'une prestation remarquable de Michel Simon. Tyrannisé par son épouse et grugé par sa maîtresse, son personnage de *La Chienne* permet à Renoir de brosser le tableau d'une noirceur épaisse d'un monde de prostituées et de crapules, appuyant sur la décrépitude de la vieillesse et la déchéance de la pauvreté. Un naturalisme cru (y compris sonore) décrit une époque dure et de faux-semblants que Jean George Auriol et Marcel Carné qualifient tous deux dans leur critique à la sortie du film de « brut ». En effet le trait dépasse le réalisme classique et *La Chienne* n'a rien d'un constat. Il s'agit plutôt d'une théâtralité dramatique, d'une vision pessimiste de l'humanité se débattant dans une époque terrible, sans valeur ni espoir, annonçant déjà le climat qui sera celui des meilleurs films à venir d'Henri-Georges Clouzot et de Julien Duvivier, bien loin de la générosité que l'on prête en général volontiers à Jean Renoir. La même année, *Boudu sauvé des eaux* s'appuie à nouveau sur la personnalité de Michel Simon. Dans le rôle de Boudu, SDF au verbe haut sauvé de la noyade par le bon libraire Lestingois, il dénonce, par sa seule manière de prendre possession des lieux et de la famille de son bienfaiteur, la bonne conscience de la bourgeoisie cultivée. La fable est féroce, jouant à forcer les choses pour mesurer jusqu'où peut aller la cohabitation des classes sociales. Renoir mène son récit avec finesse, partageant judicieusement les torts et n'esquivant pas le caractère totalement odieux du clochard.

Avec *Toni* (1935), Renoir achève de rompre totalement avec les situations, milieux et personnages du vaudeville qui continue à coloniser les écrans. Son héros est un ouvrier carrier italien, c'est-à-dire un *immigré*. L'histoire d'amour et de mort est marquée du sceau de la fatalité, donc de la tragédie (grecque) et se déroule en extérieurs dans un Midi écrasé de soleil. *Toni* sort en février 1935 : enfin des hommes et des femmes authentiques qui travaillent, aiment et souffrent jusqu'à une mort qui résulte de la bêtise humaine. Le fait divers est vrai, le film tourné dans les lieux où il s'est déroulé ; tous les seconds rôles sont des non-professionnels recrutés sur place et le premier rôle, Charles Blavette, s'il avait joué déjà dans *Jofroi*, vivait en réalité de sa fabrique de conserves. *Toni* parvient à la fois à annoncer le néoréalisme italien avec dix ans d'avance et le réalisme poétique de Carné-Prévert qui s'imposera à la fin de la décennie.

Premier film parlant de Julien Duvivier, *David Golder* (1931) met en scène un banquier vieillissant (Harry Baur) qui adore sa fille, mais celle-ci le méprise et il meurt au retour en bateau d'un voyage d'affaires en URSS, assisté par un jeune homme, Charles Goldblatt, faisant partie des émigrants juifs entassés en fond de cale ; l'histoire est en outre dramatisée par les éclairages expressionnistes de Georges Périnal (beaucoup moins sombre quand il travaille avec René Clair). Julien Duvivier a déjà acquis une maîtrise assez remarquable et tourne deux ou trois films par an. Très souvent – de son vivant comme depuis sa mort – surestimé ou sous-estimé, c'est typiquement un petit maître doué d'une forte personnalité mais néanmoins aussi à l'aise dans un « film de Légion » (son plus grand succès public : *La Bandera*, 1935) que dans des adaptations de Jules Renard (*Poil de carotte*) ou de Georges Simenon (*La Tête d'un homme*), tous deux de 1932 avec Harry Baur. En 1931, il tourne également *Les cinq gentlemen maudits* dans un Maroc décrit avec admiration en pleine prospérité et où un groupe de malfrats essaye de dépouiller un jeune héritier naïf, puis *Allô Berlin, ici Paris*. Ce film se déroule alternativement en France et en Allemagne, décrivant, dans un esprit populiste, les échanges entre téléphonistes parisiens et berlinois qui ne se rencontreront jamais. *Davis Golder* est un personnage balzacien autour duquel Duvivier articule et enrichit les thèmes de l'époque : image négative, le banquier juif (non seulement comme une évidence mais plutôt en tant que double tare : banquier + juif) se révélera finalement bon juif et bon banquier car tout le mal vient de son horrible conseiller, un autre et mauvais juif. Certes grand spéculateur, mais surtout aventurier de belle envergure, Golder s'est sorti par ses seules force et intelligence du misérable ghetto d'Odessa, pour s'intégrer parfaitement à la société française en faisant fructifier ses capitaux. En outre le drame privé du banquier est qu'il est victime d'un autre tenace cliché de l'époque, la misogynie : sa femme et sa fille sont de véritables garces qui dilapident sa fortune sans reconnaissance pour le travail harassant qui lui permet de les couvrir d'or. Cet art du travail sur les clichés constitue l'originalité de Duvivier, à la fois cinéaste populaire puisque le grand public retrouve dans ses films les idées reçues, mais aussi auteur apte à interroger images toutes faites et jugements inconsidérés.

Il n'y a pas de ces doutes dans *À propos de Nice*, premier court-métrage (muet) tourné en amateur en 1929 par Jean Vigo qui filme la célèbre Promenade des Anglais prise, selon les mots de l'auteur, comme « le champ d'action (ou d'inaction) de la paresse internationale ». Vigo juxtapose dans un montage hardi les rues étroites du vieux Nice, le linge suspendu entre les maisons, les plaisirs, le soleil, les salles de jeu du Casino, les régates, les hôtels de luxe, les navires de guerre en rade et les cheminées menaçantes au-dessus de la gaieté absurde d'une vieillesse hideuse et des danseuses animant les chars de carnaval secouées de mouvements frénétiques, cadrées de manière vulgaire par en-dessous à un rythme artificiel. La première de ce très particulier film d'avant-garde a lieu au Vieux-Colombier en 1930 accompagnée d'un long texte distribué à l'entrée dans lequel Vigo explique ses idées d'« Un cinéma social ». Il y écrit notamment que, « par le truchement d'une ville, on assiste au procès d'un certain monde » et aux « soubresauts d'une société qui s'oublie jusqu'à vous donner la nausée et vous faire le complice d'une solution révolutionnaire ». Placé sous le signe de la laideur, le documentaire « se transforme peu à peu pour exploser en satire » d'esprit surréaliste. En 1932, *Zéro de conduite* est un moyen-métrage contant, sur un ton burlesque, la révolte imaginaire des jeunes pensionnaires contre l'autorité dans un collège de province. Mais il est interdit par la censure et ne pourra être projeté qu'en ciné-clubs, ne sortant en salles commerciales qu'en 1945. Ce mélange entre dérision, poésie et révolte est d'abord pris dans une atmosphère de souvenirs d'enfance puis passe sans rupture en plein délire d'une insurrection utopique jouant un rôle de catharsis.

Son premier et unique long-métrage *L'Atalante* (1934) – histoire d'amour et de désamour d'un jeune couple sur une péniche sous l'œil du père Jules (Michel Simon) – aura encore moins de chance. Il décrit les rives misérables des canaux (terrains vagues, pauvres masures), la grisaille de l'existence des mariniers, le spectre du chômage, les tentations de la ville, la cruelle déception et le retour de la femme infidèle. Mais Jean Vigo est très malade. Il doit quitter le montage inachevé. Pendant son agonie, des coupes sont effectuées et, rebaptisé *Le Chaland qui passe* du nom d'une chanson populaire ajoutée sans l'accord de l'auteur, *L'Atalante* sort sans retenir l'attention et ne tient l'affiche que deux semaines. Vigo meurt quelques jours après. Élie Faure, le célèbre historien d'art, consacre néanmoins un beau texte au *Chaland qui passe*: « De l'humain. De l'humain chez les pauvres gens. En chandail et camisole. Pas de cristaux étincelants sur la nappe. Des torchons qui pendent, des casseroles. Des baquets. Du pain. Un litre. Des lueurs humbles dans la demi-obscurité accrue par les brouillards du fleuve. L'ombre furtive de Rembrandt qui se rencontre, entre des meubles rugueux et des cloisons de planches, avec l'ombre sournoise de Goya, des guitares, des chats galeux, de grossiers masques de danse, des monstres empaillés, des mains coupées dans un bocal, cet étrange parfum d'exotisme et de poésie que tout vieux marin traîne après lui… »

1936: Vers un cinéma social?

Jean Gabin, Charles Vanel, Raymond Aimos, Charles Dorat, Micheline Cheirel et Raphaël Medina dans *La Belle Équipe* de Julien Duvivier, 1936.

Septembre 1936: trois ardents cinéphiles – Henri Langlois, Georges Franju et Jean Mitry – fondent la Cinémathèque. La même année, des critiques de cinéma, irrités par le conservatisme du Grand Prix du cinéma français qui venait d'échoir à *L'Appel du silence* (hagiographie du père de Foucauld réalisée par Poirier), créent le prix Louis-Delluc sur des critères exclusivement artistiques. De fait, les Delluc 1937, 1938 et 1939 iront aux *Bas-fonds* (Renoir), *Le Puritain* (Musso) et *Le Quai des brumes* (Carné), œuvres de qualité. Par ailleurs, à cette période, on assiste à l'engagement politique de certains réalisateurs : « Le Front populaire nous a légué des films qui sont indubitablement des œuvres à résonance sociale, ceux de Renoir en particulier » (Geneviève Guillaume-Grimaud, *Le cinéma du Front populaire*, Lherminier, 1986).

Pourrait-on donc conclure à une sorte de connivence entre Front populaire et cinéma, comme cela avait été le cas dans l'URSS des années 1920 entre Lénine et les jeunes artistes ? Les choses sont en réalité plus complexes car, de 1936 à 1939, le drame bourgeois, le comique et le policier ont toujours attiré l'essentiel du public. Ainsi les meilleures recettes de 1936 sont-elles *Le Roi* (Colombier, d'après une pièce de boulevard contant un adultère loufoque), *L'Appel du silence* et *César* (troisième volet de la trilogie de Pagnol). De même, lorsque sort en 1938 *La Marseillaise*, Christian-Jaque tourne *Les Disparus de Saint-Agil*, Jacques Feyder *Les Gens du voyage*, Marc Allégret *Entrée des artistes* et Jean Grémillon *L'Étrange M. Victor*, films fort estimables, signés de grands réalisateurs, mais ni marqués du sceau politique, ni engagés dans la voie de l'expression sociale. Pourtant l'écho de 36 se retrouve dans certaines entreprises commerciales comme *Prends la route* où Jean Boyer filme Pills et Tabet interprétant leurs chansons populaires (parmi lesquelles le célèbre « Y a toujours un passage à niveau ») dans les provinces françaises parcourues à la faveur d'une histoire faisant intervenir les premiers congés payés.

Mais ce sont des films plus réflexifs que distractifs qui entreront dans le patrimoine du 7e art, et c'est le Parti communiste qui, le premier, comprend l'importance de la propagande par le cinéma. Il commande donc un film pour le diffuser au cours de sa campagne électorale. Tourné en février-mars 1936, *La Vie est à nous* est financé par une collecte publique qui fournit 50 kg de pièces, le PC assurant le reste du budget. Jean Renoir supervise la coréalisation d'André Zwobada, Jacques Becker et Jean-Paul Le Chanois, mais le film se veut entièrement collectif et, selon Paul Vaillant-Couturier (qui a participé à l'écriture du scénario), « donne déjà une idée de ce que pourra être le film français lorsqu'il sera dégagé de la servitude de l'argent et qu'il sera le film du peuple » (*L'Humanité*, 2 octobre 1936).

Reprenant le plan du rapport de Maurice Thorez « L'union de la nation française » présenté au 7e congrès à Villeurbanne, le film juxtapose des documents d'actualité et plusieurs séquences reconstituées ou de fiction pure, la politique de « la main tendue » se marquant par l'absence de toute attaque contre l'armée et l'Église. *La vie est à nous* n'obtient pas son visa de censure, ce qui est dans l'ordre des choses, mais ce qui l'est moins est qu'après la victoire l'interdiction soit maintenue par Jean Zay, ministre en charge du cinéma, qui autorise uniquement les séances privées, en raison de la tension persistante entre socialistes et communistes. Pourtant satisfait du résultat, le PC commandera un nouveau moyen-métrage traitant de la misère des vieux retraités. Sorti en juillet 1937, *Le Temps des cerises* de Le Chanois ne connaîtra lui aussi qu'une exploitation confidentielle.

1939 devant célébrer le cent-cinquantenaire de la Révolution, le Front populaire ne pouvait pas laisser passer un tel anniversaire. L'idée d'y consacrer un grand film circule dans les milieux du pouvoir dès la victoire de 1936. Un documentaire retrace déjà *La Naissance de La Marseillaise* (Séverac), mais le projet ne s'affirme vraiment qu'au début 1937. La CGT met en place un comité de coordination soutenu par le PC qui veut exalter une période fédérant tous les Français. Le sujet est néanmoins délicat, le symbole représenté par l'hymne national étant parfois discuté face à *L'Internationale*. Le projet sera donc lancé comme « le grand film sur le Front populaire » et « le film de l'union de la nation française », union fêtée lors des grandes manifestations populaires que furent les 14 Juillet 1935 puis 1936.

En mars 1937, Jean Renoir est désigné comme réalisateur. Metteur en scène depuis 1924, le fils d'Auguste Renoir, « ce gros garçon qui lève le poing dans les meetings » (selon Bardèche et Brasillach, intellectuels de droite), s'impose à Jacques Duclos après *La Vie est à nous*. C'est, selon l'expression consacrée, un « compagnon de route » du PC qui donne des chroniques à *Ce soir*, le quotidien communiste dirigé par Aragon. De plus, en 1935, *Toni* puis *Le Crime de M. Lange* (le meurtrier de l'odieux patron est acquitté par le jury populaire) ont donné des gages solides de ses idées de gauche. Sorti en janvier 1936, c'est-à-dire six mois avant l'arrivée de Blum au pouvoir, *M. Lange* traduit justement à la fois les critiques sociales et les espoirs qui vont conduire à la voie électorale. S'appuyant sur le groupe Octobre (scénario Jacques Prévert, assistant son frère Pierre ; comédiens : Sylvie Bataille, Maurice Baquet, Brunius…), Jean Renoir filme avec sympathie des idées révolutionnaires et la création d'une coopérative agricole ouvrière montée contre les affairistes par la solidarité sociale. Pourtant le film fut un échec public et la critique y vit à l'époque davantage une œuvre populiste qu'un film engagé. Ensuite, *Les Bas-fonds* (1936, d'après Gorki) et *La Grande Illusion* (1937, pacifisme et solidarité nationale au-dessus des catégories sociales) apportent le succès public à celui qui est désormais LE grand cinéaste français.

Une vente de tickets à valoir sur le prix des places lors de la projection en salles de *La Marseillaise* amorce la production, le scénario évolue constamment et les castings les plus délirants sont avancés. Mais, lorsque le tournage débute, le film a été bien repris en main par Renoir qui élimine les célébrités de la Révolution pour faire incarner l'élan nouveau par les jeunes anonymes de Marseille, tandis que l'esprit du passé reste figuré par Louis XVI et Marie-Antoinette eux-mêmes. Le sens et la forme du film ainsi trouvés, Renoir s'attache à l'exactitude profonde des choses. Non seulement les personnages sont inspirés par d'authentiques fédérés de 1792 qui ont laissé leurs noms dans les archives des Bouches-du-Rhône, mais toutes les séquences sont vraies, des phrases du roi au maniement des armes. Quant à l'idéologie qui sous-tend le récit historique, elle est celle du Parti communiste en 1936, c'est-à-dire bien intégré au gouvernement d'Union des forces de gauche, et montre le PEUPLE luttant contre le roi (sans combats de chefs, style Danton contre Robespierre) et dont le pacifisme ne sera réduit que par l'invasion étrangère.

En fait, ce n'est plus la situation du Front populaire lors de la sortie du film en février 1938. Les spectateurs boudent l'absence des vedettes attendues et les critiques ne réagissent qu'en fonction de la ligne politique de leur journal. Sans le lyrisme propagandiste du *Cuirassé Potemkine* (Eisenstein, 1925) que l'on retrouve un peu dans le *Napoléon* d'Abel Gance ressorti en 1938, et loin du genre film à costumes pompeux et événementiel (*Entente cordiale*, L'Herbier, 1939) ou humoristique et bourré de mots d'auteur (*Remontons les Champs-Élysées*, Sacha Guitry, 1938), l'œuvre de Renoir ne pouvait que choquer parce que atypique dans un genre habituellement très codifié.

Pourtant, épousant les nouveaux courants de l'Histoire (traiter de ce qui a entraîné le 10 août 1792 plutôt que de la prise de la Bastille ; peindre la province ; désolenniser Louis XVI et échapper aux conventions antiroyalistes), *La Marseillaise* est un film moderne qui construit une épopée populaire autour de l'idée de nation. Traquant paradoxalement le symbolique au moyen d'une mise en scène réaliste créatrice de sens, Renoir filme brillamment une foi en marche.

Si les personnages de *La Belle Équipe* ne font pas de politique, le film de Julien Duvivier, tourné l'été 1936 dans un climat euphorique et sorti en septembre, saisit les principales composantes de l'esprit de l'époque (il a été écrit avant la victoire électorale). Il ne s'agit donc pas d'illustrer promesses et espoirs des discours officiels dans cette histoire de cinq chômeurs gagnant à la loterie. Enthousiasmés, ils achètent une petite maison au bord de la Marne où ils vont aménager une guinguette. Mais les ennuis s'accumulent et Gina (Viviane Romance) transforme en haine l'amitié robuste qui liait Jeannot (Jean Gabin) et Charlot (Charles Vanel), jusqu'à ce que le premier tue le second. Désespéré, il répète alors, hébété : « C'était une belle idée. Une belle idée qu'on avait eue… Trop belle, bien sûr, pour réussir. » On voit la symbolique du récit : la belle idée, c'est la solidarité ouvrière ; les camarades forment une petite coopérative, la convivialité de classe qui les unit favorise l'entreprise, un populisme chaleureux s'exprime par la chanson *Quand on s'promène au bord de l'eau*, l'émotion étant à son comble lorsqu'ils triomphent de la pluie et du vent en se couchant tous ensemble sur le toit de la maison soulevé par la tempête. Mais on perçoit aussi les difficultés – chômage, mauvais accueil des réfugiés espagnols – et le pessimisme final rebuta le public à tel point que les distributeurs imposèrent une autre issue dans laquelle l'amitié virile est préservée face aux manigances de la femme fatale ! En outre, aucun des autres films tournés par Julien Duvivier d'ici la guerre ne retrouvera ce goût du social : *Pépé le Moko* (1936) est un polar à Alger, *L'Homme du jour* (1936) une vitrine pour Maurice Chevalier, *Un Carnet de bal* (1937) ranime les souvenirs d'amours anciennes, *Toute la ville danse* (1938) adapte une opérette, *La Fin du jour* (1938) filme les rancœurs de vieux comédiens en maison de retraite et *La Charrette fantôme* (1939) est une fable fantastique nordique.

C'est par contre avec sympathie que Renoir décrit le milieu des cheminots dans son adaptation de Zola, *La Bête humaine* (1938), et le monde rural vu par Marcel Pagnol n'est pas sans pertinence (*Regain*, 1937 ; *La Femme du boulanger*, 1938) de même que sa peinture féroce du milieu des affaires (*Topaze*, 1936). Indiscutablement le cinéma de 1935 à 1939 s'inscrit moins hors du temps qu'à d'autres périodes de son histoire et Jean Gabin multiplie alors avec succès les rôles de « prolo », comme il s'abonnera à ceux de truand ou de notable dans les années 1960. En 1938, un drame se situe dans la mine (*Grisou*, Canoge), une comédie évoque les congés (*Vacances payées*, Cammage) et *M. Coccinelle* (Bernard-Deschamp, 1938) souligne l'antiparlementarisme de la petite bourgeoisie. Cependant la médiocrité de ces films minore fortement leur force de témoignage.

Si l'on prend néanmoins un peu de hauteur pour dégager les tendances, on s'aperçoit que la jeunesse se fait plus présente à l'écran qu'aux débuts de la décennie. En 1936 Jean Benoit-Lévy situe *Hélène* dans le cadre de l'université de Grenoble ; l'année suivante il centre *La Mort du cygne* à l'école de danse de l'Opéra et en 1938 Marc Allégret s'intéresse dans *Entrée des artistes* au Conservatoire d'art dramatique, croisant à ce propos une grande constante du cinéma français de l'époque, à savoir le film sur les milieux du cinéma et du théâtre. Plus policier que social, *Les Disparus de Saint-Agil* (Christian-Jaque, 1938) se déroule néanmoins dans une école et *Prison sans barreaux* (Léonide Moguy, 1937) développe un beau « sujet Front populaire » : à l'occasion du passage sous contrôle d'État d'une maison de redressement pour pauvres filles perdues, une nouvelle directrice veut introduire un peu d'humanité et de dignité. Après un itinéraire édifiant, elle y parviendra. En outre plusieurs projets touchant au domaine de l'enfance n'iront pas à terme : *Air pur* de René Clair, *École communale* de Marcel Carné et surtout *L'Île des enfants perdus* adaptant un fait divers : en été 1934 la révolte de Belle-Île bouleverse Carné et Prévert parce que, non seulement est en cause la maltraitance des enfants en fuite, mais aussi l'odieuse chasse que leur livrent les vacanciers. Bien que le financement ait été trouvé, le scénario est interdit par la censure du Front populaire et le film ne parviendra pas davantage à se monter à la Libération.

Réalisme poétique et populisme tragique

Le vocable « historique » de « réalisme poétique » ne recouvrirait-il en fait que la seule année 1938, voire un unique film, *Le Quai des brumes*, coincé entre le cinéma du Front populaire (d'ailleurs pas encore terminé) et les films d'avant-guerre (dont les premiers se sont déjà manifestés) ? C'est bien la place que nous donnons ici aux pages qui concernent ce courant esthétique, mais il est évident que le réalisme poétique est une tendance davantage qu'un mouvement cinématographique et qu'à ce titre il diffuse sur toute une période : amorcé dès la fin de l'art muet, il se prolongera au-delà même de la Libération, même si le film de Carné-Prévert en constitue fort justement à la fois l'emblème et le chef-d'œuvre.

Des débuts du parlant à la fin de la guerre, le réalisme poétique fournit l'atmosphère d'une grande partie du cinéma français, en particulier du meilleur de la production. On pourrait déjà détecter ce malaise, ce poids du destin et ces amours malheureuses dans les années 1920 chez L'Herbier, Epstein ou Delluc, mais bien que la thématique soit en place dès la fin du premier conflit mondial, le style se précise davantage dans les années difficiles, comme si les désillusions économiques et sociales, l'inquiétude née de la montée du fascisme en Italie puis en Allemagne, avaient paradoxalement mené le cinéma à se refermer sur lui-même, souvent dans le huis clos des studios, pour trouver le médium esthétique adéquat à la traduction de cette fatalité qui s'acharne contre des individus soulevés par des aspirations inassouvies vers un bonheur utopique.

Pour ce faire, les scénaristes (Jacques Prévert, Jacques Sigurd, Charles Spaak, Henri Jeanson) chercheront des personnages et des situations à la fois réalistes et symboliques, les décorateurs (Lazare Meerson, Alexandre Trauner) traiteront en plasticiens inspirés des terrains vagues, ruelles un peu tristes, quais de gares ou de ports, immeubles branlants et bistrots minuscules, tandis que les chefs opérateurs (Boris Kaufman, Eugen Schüfftan, Claude Renoir, Christian Matras, Henri Alekan) feront briller les pavés mouillés sous les réverbères perçant la nuit de leur lumière crue. Quant aux musiciens (Joseph Kosma, Maurice Jaubert, Georges van Parys), ils forceront la touche nostalgique de la poésie du trottoir. Tous ces remarquables collaborateurs de création assurent l'image de marque d'un réalisme poétique que chaque réalisateur va au contraire tenter de personnaliser au maximum. Aussi, l'analyse approfondie des grands auteurs tend-elle à nier la prégnance du mouvement car les films de Renoir ne sont pas ceux de Clair ou de Duvivier. Mais l'étude comparée ou le panorama synthétique imposent au contraire l'évidence de cette tonalité poisseuse et nocturne véhiculée par ces techniciens passant d'un metteur en scène à l'autre en conservant cette identité stylistique opérationnelle, aussi bien dans le contexte politique du Front populaire que dans les plongées existentielles de visions métaphysiques.

Les fondateurs du mouvement sont Feyder, Carné et Duvivier. *Le Grand Jeu* (1934), *Pension Mimosas* (1935) et *La Kermesse héroïque* (1935) de Jacques Feyder imposent en quelque sorte le réalisme poétique qu'approfondira Carné. Vaudeville critique sur la collaboration en Flandres au temps de la colonisation espagnole, le dernier film réunit en particulier Françoise Rosay, l'interprète favorite de Feyder, le scénariste Charles Spaak et le photographe britannique Harry Stradling qui évoque la peinture flamande à partir des décors stylisés et poétiques de Lazare Meerson. À son tour, de 1936 (*Jenny*) à 1946 (*Les Portes de la nuit*), Marcel Carné, souvent associé à Jacques Prévert, incarne le réalisme poétique, même s'il préfère à cette expression celle de « fantastique social » utilisée par Pierre Mac Orlan. La trilogie *Le Quai des brumes* (1938) – *Hôtel du Nord* (1938) – *Le jour se lève* (1939) fonde une thématique (poids du destin, passions malheureuses, échec), une atmosphère (huis clos, décors poisseux, villes vides et mouillées, nuits grises) et un style (dialogues ciselés, mouvements d'appareils somptueux) spécifiquement cinématographiques qui semblent l'aboutissement concerté de toute une évolution commencée dès les années 1920, tant ils synthétisent les deux aspirations traditionnelles du cinéma français vers le réalisme ou, inversement, la poésie, le vrai et l'imaginaire, le réel et la fiction. Aussi *Le Quai des brumes* remporte-t-il un énorme succès commercial, le couple Jean Gabin-Michèle Morgan accédant au mythe romantique des amants poursuivis par la fatalité. Le sens du détail, l'amour de la technique et un réel talent de chef d'équipe permettent à Carné de tirer toutes les potentialités de scénarios où l'air du temps est brassé par une vision globalement pessimiste mais parfois truffée d'humour et pétillante d'intelligence. Le miroir social reflète les profondeurs psychologiques prises dans une raideur dramatique qui ne manque pas de grandeur. L'ennui est que ce modèle d'équilibre et de dosage complexe n'est pas reproductible à l'infini. Les personnages sont trop lourds pour passer sans dommage de film en film (Prévert le comprendra et arrêtera son travail d'auteur en 1946).

Après deux adaptations à succès (*Poil de carotte*, 1932 et *Maria Chapdelaine*, 1934), Julien Duvivier chante les charmes de l'aventure (*La Bandera* écrit par Charles Spaak d'après Pierre Mac Orlan) ou choisit la rigueur du policier (*Pépé le Moko* écrit par Henri Jeanson), tous deux interprétés par Jean Gabin, mais excelle aussi à décrire l'amertume de la vieillesse (*La Fin du jour* écrit par Charles Spaak en 1938, avec Michel Simon et Louis Jouvet) comme les désillusions de l'amitié (*La Belle Équipe*, 1936, toujours avec Charles Spaak et Jean Gabin), la plus belle réussite du genre étant peut-être le feu d'artifice nostalgique d'*Un carnet de bal* avec Marie Bell qu'Henri Jeanson lance à la recherche d'un bonheur perdu (1937). En 1931, *L'Atalante* de Jean Vigo remplace tous les poncifs du réalisme poétique par la vérité de l'existence d'un couple de mariniers et la drôlerie du vieux matelot (Michel Simon et ses chats) qui partage leur vie sur la péniche. D'entrée, le cortège de mariage marchant dans les terrains vagues donne le ton. L'amour sera finalement le plus fort, mais pauvreté et grisaille sont aussi au rendez-vous. La simplicité du quotidien remplace les états d'âme et le thème de l'errance se perd entre les berges de canaux qui ne débouchent pas sur l'appel du large.

L'humanisme de Grémillon et de Renoir demeure sans doute un peu à part. Parce qu'il a en effet toute sa vie conjugué poésie et réalisme, on a trop exclusivement identifié Jean Grémillon au réalisme poétique dont il se démarque pourtant, ne serait-ce que par l'importance que représente le métier (matériellement décrit) dans l'existence de ses personnages ou par la simplicité de son style descriptif des conflits psychologiques. Grémillon est resté fidèle à la thématique de la mer et, d'une manière générale, des éléments qui battent à l'unisson des destins humains et donnent sa résonance au drame. C'est d'autre part une œuvre féministe avant la lettre ; fin analyste des problèmes de couples, lyrique peintre de l'amour, Grémillon use pudiquement des ellipses dans le traitement de quelques scénarios mélodramatiques de commande ou dans le drame de folie et de mort que constitue *Gardiens de phare* (1928). Finesse des analyses de comportements (sans manichéisme, style allusif favorisant les ambiguïtés) et structure musicale parviennent à arracher aux stéréotypes la figure de Jean Gabin légionnaire dans *Gueule d'amour* (1932). Mais la carrière du cinéaste sera saccagée par les exigences commerciales auxquelles il refuse de se soumettre. Homme de culture (musicien, ami des peintres, fréquentant les surréalistes), il a réalisé une œuvre retenue, s'exprimant en sourdine dans un cinéma souvent spectaculaire.

De 1931 (*La Chienne*) à 1939 (*La Règle du jeu*) Jean Renoir est pour sa part au sommet de son art. Artiste indépendant évitant la dictature des studios et des producteurs, il sait être violemment (*La Chienne*) ou plaisamment (*Boudu sauvé des eaux*, 1933) antibourgeois en s'appuyant sur l'immense talent de Michel Simon. Réalisé en Provence avec l'appui de Marcel Pagnol en 1934, *Toni* sera plus tard considéré comme un précurseur du néoréalisme. On retrouve son attention au monde ouvrier dans *Le Crime de M. Lange* écrit en 1935 par Jacques Prévert, mais le vertigineux plan-séquence de la fin montre que Renoir n'oublie pas pour autant d'être un éblouissant metteur en scène, maître de l'espace et de la dramaturgie. Pourtant cette minutieuse composition technique conserve la légèreté de touche de l'amateur-artisan que Renoir a toujours su rester.

L'amour de la féminité éclate dans *Partie de campagne* (1936) où l'hommage à Auguste Renoir vient corriger quelque peu la noirceur existentielle de Maupassant, mais le cinéaste adhère par contre au naturalisme sordide de Zola en adaptant *La Bête humaine* (1938). Pourtant le cheminot incarné par Jean Gabin reste profondément humain et son drame paraît davantage tributaire de sa condition que de son atavisme. Surtout, Renoir emporte pulsions et sentiments dans l'impressionnante folie finale de la locomotive emballée filant à la mort. Mais nous avons déjà étudié Renoir comme cinéaste du Front populaire et le reverrons emblématique d'un cinéma anti-veillée d'armes en 1938-1939, tant son œuvre protéiforme synthétise au meilleur niveau tout le cinéma des années 1930. Quant à Pagnol et Guitry, eux aussi déjà rencontrés dans les pages précédentes, ils travaillent à contre-courant de l'esthétique dominante. La décade prodigieuse de Marcel Pagnol semble même prendre exactement le contre-pied de Carné-Prévert, du *Gendre de M. Poirier* (premier long-métrage en 1933) à *La Fille du puisatier* (1940) en passant par *Jofroi* (1934), *Angèle* (1934), *Merlusse* (1935), *Cigalon* (1935), *César* (1936), *Regain* (1938), *La Femme du boulanger* (1938), et *Le Schpountz* (1938). À la place des scénaristes, Pagnol pratique un cinéma d'auteur et, quand il adapte, c'est Giono au lieu de Mac Orlan. Drôlerie et émotion remplacent l'amertume existentielle avec des extérieurs naturels et du son direct au lieu des décors et de la postsynchronisation. Lui-même producteur (studios, labo, troupe de comédiens) à Marseille, il échappe au système parisien, mettant l'accent et le régionalisme en lieu et place de l'académisme. S'opposant ainsi au théâtre en boîte qu'il prescrivait pourtant lui-même en 1930, le créateur a donc raison du théoricien. Aussi De Sica et Rossellini en feront-ils un des précurseurs du néoréalisme et les futurs réalisateurs de la Nouvelle Vague le reconnaîtront (il est vrai très postérieurement) comme un maître. À l'image de Rossellini ou des cinéastes de la Nouvelle Vague, il privilégie l'expression, la vérité, aux dépens de la maîtrise technique. Son langage est clair, direct, « pauvre » mais son humanité riche et pleine de finesse.

La distance que met Sacha Guitry entre ses films et les règles du cinéma dominant sont d'une autre nature. Lui replace la magie identificatrice du cinéma par l'illusion théâtrale et une liberté du récit à nulle autre pareille. Son ton inimitable, sa manière d'aborder l'amour et les femmes, font de tous ses films des discours à la première personne : il pratique donc un cinéma d'*expression* personnelle plus que de création. C'est un cinéma basé sur un dialogue étincelant qui emporte le film dans un rythme échevelé. Guitry maintient le spectateur à l'extérieur (ne serait-ce que par ses génériques parlés où chaque acteur salue comme au théâtre) car il joue avec son intelligence plus qu'il ne vampirise son émotion. Amusant, élégant, moraliste à sa manière, c'est un peu le Lubitsch français. Loin des amants maudits et des destins tragiques, il pratique une ironie mordante souvent donnée par la voix off (la sienne) qui introduit toujours un dialogue entre le dit et le montré. Avant tout créateur de personnages et de situations pris dans des subtilités d'un récit divertissant, Guitry jongle délicieusement avec les conventions sociales comme celles du spectacle ou des enchaînements cinématographiques. *Le Roman d'un tricheur* (1936), *Mon père avait raison* (1936), *Faisons un rêve* (1937), *Quadrille* (1938), *Remontons les Champs-Élysées* (1938) ou *Ils étaient neuf célibataires* (1939) célèbrent l'artifice et la fantaisie. En fait, Guitry ne réalise pas moins de 15 longs-métrages de 1935 à 1943 ! Ni Pagnol ni Guitry ne retrouvent après-guerre une telle réussite : le premier n'a plus sa troupe marseillaise et le second est aigri par les reproches qui le poursuivent, un temps, à la Libération.

Marc Allégret et Henri Decoin sont parmi les réalisateurs les plus prolifiques des années 1930 et ils ont touché avec un égal bonheur à des genres très divers. *Abus de confiance* (1937), *Retour à l'aube* (1938), *Battements de cœur* (1939), et *Premier rendez-vous* (1941), tous interprétés par Danielle Darrieux, sont les œuvres les plus réussies de Decoin. Spécialiste de l'univers féminin, Marc Allégret excelle aussi bien dans la comédie légère (*Mam'zelle Nitouche*, 1931) que douce-amère (*La Belle Aventure*, 1942) et réalise en outre de belles adaptations (*Lac aux dames* d'après Vicki Baum, 1933). En fait, l'insouciance qui caractérise son univers d'une écriture raffinée est aussi révélatrice de l'époque que le symbolisme noir d'un Carné.

En somme, nous souscrivons volontiers à l'idée de Pierre Billard structurant, dans *L'âge classique du cinéma français* (éditions Flammarion, 1995), sa vision du cinéma français des années 1930 sur l'antagonisme entre deux lignes de force. D'un côté « le cinéma des riches, des puissants, des banquiers » qu'il nomme « cinéma du cynisme, ou des tricheurs » (avec *Ces Messieurs de la Santé*, les films d'Yves Mirande ou les personnages interprétés par Jules Berry) et, de l'autre, « l'école réaliste du quotidien, des petites gens, de la marginalité, le cinéma du réalisme poétique et du populisme tragique ». Sociologiquement sont peints dans des comédies de mœurs ceux qui ont causé la crise économique de 1929 et maintenant en profitent et, dans des mélodrames ou des tableaux naturalistes, ceux qui sont toujours les victimes, dès avant et ensuite pendant la crise. Billard souligne en outre que parfois ces deux cinémas peuvent cohabiter et se télescoper, *Gueule d'amour* (Jean Grémillon, 1937) constituant l'occasion d'une de ces rencontres parce qu'« à l'épilogue le monde de Jean Gabin tord le cou (littéralement) à celui de Jules Berry » : en effet, l'ancien spahi étrangle dans la banlieue d'Orange la demi-mondaine entretenue.

Avec Billard, aucune rupture franche entre les périodes 1929-1934 (la crise en creux dans un cinéma qui l'occulte), 1935-1937 (le réalisme populaire) et 1938-1939 (le réalisme poétique). Pour lui en effet, un courant réaliste – ou l'« école réaliste française » selon Georges Sadoul – a toujours existé dans le cinéma (par exemple *La Belle Nivernaise* de Jean Epstein ou *Crainquebille* de Jacques Feyder), les films « sociaux » de la seconde moitié des années 1930 (qui répondent à son avis plus précisément à l'idée de populisme) n'étant en somme que la forme moderne de ce réalisme, ayant fait l'objet d'un manifeste de Léon Lemonnier dans le journal *L'Œuvre* en 1939. Pour celui-ci, le populisme « porte son intérêt sur les petites gens et le petit peuple ; il délaisse la psychologie bourgeoise supposée porteuse d'artifices, tout en refusant aussi le pittoresque du sordide prolétarien ». Un Prix populiste est créé en 1930, et le premier lauréat en est Eugène Dabit pour le récit qu'il a consacré à l'hôtel du Nord, endroit où il a vécu, et que gèrent ses parents ; ce livre a été écrit l'année où Marcel Carné tourne *Nogent, eldorado du dimanche* qui aurait pu remporter le prix populiste du cinéma s'il avait existé. Le cinéaste tournera *Hôtel du Nord* huit ans plus tard…

Ce retour au peuple et au quotidien mélange le fantastique social de Victor Hugo, Honoré de Balzac ou Alexandre Dumas au naturalisme d'Émile Zola, auxquels s'agrègent les apports de Simenon, Colette, Jean Giono, Marcel Aymé ou Pierre Mac Orlan, sans oublier la chanson réaliste (on entend Fréhel dans *Pépé le Moko*) : « chanson de la rue, elle est chanson du fait divers, complainte des filles perdues, des caïds nostalgiques, des enfants tristes, de l'amour et de la misère » dans « la vérité, la simplicité, l'émotion primitive […] du destin fatal des héros de la tragédie ». Parti de la définition du populisme littéraire en 1929, Billard forge sur une décennie sa notion de populisme tragique en retenant l'adaptation d'*Hôtel du Nord* à l'intrigue éclatée dans une construction minimaliste, décrivant le bal du 14 Juillet le long du canal Saint-Martin pour évoquer René Clair, mais aussi le couple de jeunes amoureux venus se suicider, scène dans l'esprit « réalisme poétique » de l'immédiate avant-guerre ; Billard trace ainsi l'évolution cohérente du cheminement d'une esthétique et d'une thématique réalistes, populistes, sensibles, aux mentalités de personnages de condition modeste ou de marginaux, loin de toute vie mondaine de chevaliers d'industrie et d'hommes politiques. Il s'agit principalement d'ouvriers dont le métier et sa pénibilité, les problèmes d'emploi collent aux personnages. Sans être encore poétique, c'est le réalisme – alors tout à fait exceptionnel – de *La Rue sans joie* (Pierre Chenal, 1933). Aussi Billard trouve-t-il que la terminologie « réalisme poétique » cadre davantage avec René Clair qu'avec les films de Duvivier, Renoir, Carné, Spaak et même Prévert, tandis que « populisme tragique » serait plus adéquat pour un cinéma de désenchantement «dont les protagonistes essayent de fuir blessures et mélancolie sans y parvenir, condamnés à tuer ou à être tués (ou à se tuer)».

Ce cinéma trouve son incarnation dans l'extraordinaire présence faite de naturel et d'économie de moyens de Jean Gabin : le contraire des hommes «de marbre» du stakhanovisme soviétique, mais un travailleur dont la sensibilité empêche toute caricature. Ses colères cinématographiques sont obligatoires à ses rôles «en dedans». Il ne sort de ses gonds qu'au moment du drame ou de sa mort et représente la fatalité, non pas humaine en général mais spécifique à sa classe. Entre 1930 (son premier film) et 1935, il a cherché sa voie, mais n'a pas encore dégagé son personnage. Ce sera pour les cinq années de la seconde partie de la décennie, notamment avec J. Duvivier (*La Bandera, La Belle Équipe, Pépé le Moko*), J. Renoir (*Les Bas-fonds, La Grande Illusion, La Bête humaine*), M. Carné (*Le Quai des brumes, Le jour se lève*), Jean Grémillon (*Gueule d'amour, Remorques*). Ce bel homme jeune ne représente alors jamais le jeune premier type : il n'est ni un dandy, ni un mondain, ni un noble, et ses rapports avec les femmes ne sont pas faciles. C'est un lutteur en proie aux coups du destin. Il a fini par incarner principalement l'ouvrier des villes sans ascendants ni descendants, de type bien français mais victime des femmes selon une mythologie de romantisme germanique. Ce n'est pas un surhomme, un gagnant, un modèle, mais un être franc, authentique, auquel il est aisé (et quelque peu valorisant) de s'identifier. Le pathétique du personnage vient du fait que cet ouvrier se meut dans un cinéma où s'inscrit l'agonie de la classe ouvrière dans l'apocalypse de la Seconde Guerre mondiale qui s'annonce. D'où la nature prophétique des films du réalisme poétique, sommets de l'artifice esthétique et pourtant dotés d'une puissante force de vérité. La collusion d'une crise qui n'en finit pas de gronder et du bruit des canons qui vont la transformer en fin d'un monde a lieu au bout du *Quai des brumes* où s'abîme dans la mort un soldat assassin et déserteur. Bien que l'intrigue du roman de Pierre Mac Orlan ait été transposée par Carné-Prévert du Montmartre 1900 au Havre en 1938, l'écrivain a reconnu dans le film le désespoir d'une génération perdue dans une brume aussi réaliste que métaphysique. Le tragique transcende les codes du mélodrame : le destin est inflexible, le suicide semble la seule issue. Reste pourtant un îlot de pureté au milieu de la pourriture, c'est l'amour au-dessus du malheur, de la lâcheté et du sang, mais il ne saurait triompher et le couple magique auréolé de poésie onirique sera vaincu. L'époque est celle d'une avant-guerre qu'a saisie le réalisme poétique : déprime ambiante devant un futur proche inéluctable, société précipitée dans une sinistrose fataliste, donc sans cause tangible ni de solution possible, désespérance qui annonce déjà le sens de l'absurde de l'existentialisme.

Entrepris l'année fatidique – 1939 –, *Remorques* est l'histoire conventionnelle du mari entièrement accaparé par son travail (dur et au service des autres) qui découvre l'amour avec une jeune femme mais y renonce quand son épouse meurt. Jean Grémillon transforme ce scénario en un émouvant tableau psychologique et de mœurs par son art de la mise en scène et de l'agrégation réaliste de regards disparates (du romancier Roger Vercel, de l'adaptateur André Cayatte et du dialoguiste Jacques Prévert). L'humanisme social du réalisateur parvient en effet à justifier les contradictions que chaque être porte en lui. Le réalisme du chalutier de sauvetage en mer n'est pas celui du pittoresque de scènes maritimes (et pour cause, la guerre ayant interrompu le tournage et tari le financement, les séquences de tempête nocturne ont été mises en scène à l'économie en 1941), mais bien celui du groupe d'hommes d'équipage, non seulement dans leur travail mais encore à terre et dans leur vie intime car on a là une classe sociale à l'existence conditionnée exclusivement par le travail au profit d'une autre classe généralement invisible qui pèse sur eux. On ne la verra intervenir directement qu'une fois, bien sûr négativement, lors de l'escroquerie du capitaine véreux qui ne veut pas payer le remorquage.

1939 : Veillée d'armes

Les prémices du ton de l'immédiate avant-guerre sont à trouver, nous l'avons vu, dans les œuvres majeures du réalisme poétique dont les films les plus marquants sont nés sous le Front populaire ou juste dans le désenchantement qui le suit immédiatement, c'est-à-dire en pleine période du populisme. Au départ, donc, *L'Homme de nulle part* (Pierre Chenal, 1936), adaptation d'Armand Salacrou d'après *Feu Mathias Pascal* de Luigi Pirandello qui mélange sans prétention comédie et drame, réalisme et poésie, satire féroce et farce savoureuse. L'année suivante déjà le trait se durcit dans *Pépé le Moko* (Julien Duvivier, 1937), point de départ des films de la mythologie de l'échec. Gabin, pour une fois personnage négatif, interprète, dans le huis clos de la Casbah d'Alger, un chef de bande qu'une histoire d'amour et l'acharnement de la police conduiront au suicide devant les grilles du port. Avec *Le Quai des brumes* (Marcel Carné, 1938), on touche au fantastique social, décors et lumières devenant encore plus prégnants. Succès prodigieux autant critique que public (prix Delluc, prix Méliès, Grand Prix du cinéma français… entre autres), le film a néanmoins ses adversaires virulents, au PC comme à l'extrême droite qui dénoncent ce ramassis d'asociaux poursuivis par le mal. Pour Émile Villermoz, « *Le Quai des brumes* nous montre à quel degré de dégénérescence et d'abjection est tombée notre population [dans un] climat d'immoralité vraiment condamnable » : *Hôtel du Nord* (M. Carné, 1938) obtient pour sa part un énorme succès, le couple vedette de la prostituée et de son souteneur (Arletty-Jouvet) faisant ombre aux jeunes amoureux de l'étage qui ratent leur suicide ; mais le réalisateur remplace la chronique chorale du roman d'Eugène Dabit par quelques clichés qui trouveront la critique plutôt réticente. Mais en paraphrasant la plus célèbre répartie de tout le cinéma français, on peut dire que « l'atmosphère » de cette fin d'époque prend là l'exacte teneur que le cinéma avait décidé de fixer.

Dès le Front populaire, donc bien avant la peur directe du retour de la guerre, les militaires sont par ailleurs déjà sur tous les écrans : devoir, courage et morale conjugale l'emportent dans *Veille d'armes* et *La Porte du large* (Marcel L'Herbier, 1935-1936), ou *Feu! Marine d'abord* et *L'Agonie du sous-marin* (Jacques de Baroncelli, 1937) et même dans un vaudeville militaire comme *Un de la Légion* de Christian-Jaque avec Fernandel, l'honneur est sauf, le succès public assuré et la réception critique négative ! L'empire est toujours glorieux, par exemple dans *Le Grand Jeu* (Jacques Feyder, 1934) dont le triomphe public amène la réalisation du *Roman d'un spahi* (Michel Bernheim, 1936) et des *Réprouvés* (Jacques Séverac, 1936), dans *La Bandera* (Julien Duvivier, 1935) ou *Gueule d'amour* (Jean Grémillon, 1937), mais la finesse du scénariste Charles Spaak et de cinéastes comme Feyder, Duvivier ou Grémillon déplace l'intérêt vers l'itinéraire psychologique des personnages, si bien que moralisme et exaltation de la colonisation française se trouvent plutôt du côté de *L'Homme du Niger* (Jacques de Baroncelli, 1939) sur l'abnégation des militaires et des médecins, *L'Appel du silence* (Léon Poirier, 1936) au service du missionnaire Charles de Foucault, *Les Hommes nouveaux* (Marcel L'Herbier, 1936) célébrant l'héroïsme de Lyautey et le travail des colons au Maroc, ou encore *Trois de Saint-Cyr* (Jean-Paul Paulin, 1938) épousant l'enthousiasme des jeunes officiers dans le bled. Bien que plus curieux, *La Citadelle du silence* (Marcel L'Herbier, 1937) et *Double crime sur la ligne Maginot* (Félix Gandera, 1937) ne sont guère meilleurs. Le premier est un film « en costumes » noble et ampoulé sur la répression russe en Pologne avant 1914 montrant le bagne subi par de jeunes patriotes. Le second s'attache à une intrigue compliquée autour d'un meurtre, de traîtrises et de dévouement.

En 1938-1939, ce courant « militaire », s'il est plus fourni que les deux années précédentes, teinte par contre de pacifisme les sujets patriotiques. C'est en particulier le cas d'Abel Gance dans sa nouvelle version, vingt ans plus tard, de *J'accuse* (1938) dont la naïve grandiloquence est moquée par *Gringoire* et *L'Action française* : les morts pour rien de 14-18 se relèvent encore pour bouleverser le spectateur de 1938 à l'évocation des massacres de la Grande Guerre. L'antimilitarisme sincère préside aussi à *Paradis perdu* (1939) où Gance fait sonner les cloches de la mobilisation en plein mariage avant de suivre l'un dans les tranchées et l'autre dans l'usine d'armements où travaillent les femmes. Généralement en effet, les scénarios se situent en 14-18 (comme *Les Otages* de Raymond Bernard) et beaucoup plus rarement en 38-39. Par réaction contre l'inquiétude née de la dégradation progressive des relations diplomatiques et de la situation politique alarmante, notons *Alerte en Méditerranée* (Léo Joannon, 1938) qui témoigne d'une volonté de réconciliation générale du type « Si tous les gars du monde… » et *Le Déserteur* (Léonide Moguy, 1938) plus violemment contestataire. Il est d'autre part savoureux de constater que le dernier film consacré à la Défense nationale avant la déclaration de guerre est un montage d'actualités réalisé par le rédacteur en chef de Pathé Journal, Jean de Loubignac, qui démontre brillamment dans *Sommes-nous défendus* (1939) l'invincibilité de l'armée française. Quelques mois à peine avant l'invasion allemande, le public peut donc admirer des civils discutant au café des périls qui les menacent. Survient alors un journaliste (René Lefèbvre) qui les rassure en leur expliquant la puissance extraordinaire de notre système de défense !…

La même année 1939, *Entente cordiale* est réalisé rapidement au premier trimestre par Marcel L'Herbier qui veut rappeler aux Français et aux Anglais que l'Entente cordiale est la clé du salut face au monstrueux conflit qui se prépare. C'est une adaptation du livre d'André Maurois *Édouard VII et son temps* à la reconstitution historique fort soignée, l'analyse de l'incident de Fachoda étant particulièrement habile. La distribution prestigieuse – le moindre rôle étant tenu par une grande vedette du temps – en fait le plus grand succès public des huit premiers mois de 1939, suivi par *Trois Valses* (trois sketches romantiques de Ludwig Berger avec Yvonne Printemps et Pierre Fresnay), *Remontons les Champs-Élysées* (Sacha Guitry et Jacqueline Delubac), *Fric-Frac* (comédie policière de Maurice Lehmann et Claude Autant-Lara avec Michel Simon, Fernandel et Arletty), *Circonstances atténuantes* (un monument de bons sentiments dans l'univers des mauvais garçons réalisé par Jean Boyer avec Michel Simon et Arletty), *Le Bois sacré* (drame bourgeois entre adultère et Légion d'honneur réalisé par Léon Mathot et Robert Bibal avec Elvire Popesco et Gaby Morlay), *Le Héros de la Marne* (grandeur d'âme et atrocités de la guerre avec père aveugle et fils tué réalisé par André Hugon avec Raimu), *Conflit* (drame de l'adoption, de Léonide Moguy avec Corinne Luchaire) et *Gibraltar* (honneur et traîtrise, amour et sacrifice dans la marine britannique, de Fédor Ozep avec Viviane Romance). L'actualité politique et diplomatique coiffe donc *in extremis* tous les poncifs commerciaux de l'époque (comédies, drames et films patriotiques), mais c'est parce que le film de Marcel L'Herbier ressemble tout à fait, malgré son sujet, aux productions courantes du cinéma de grande consommation.

En fait manquent dans ces champions du box-office les meilleurs films sortis avant le 2 septembre, à savoir *La Fin du jour* (Julien Duvivier), *Le jour se lève* (Marcel Carné) et surtout *La Grande Illusion* puis *La Règle du jeu* de Jean Renoir. Dans *Le jour se lève* (adaptation par Jacques Prévert d'un scénario de Jacques Viot), la fatalité s'insinue dans les classes populaires ; analyse psychologique et constat social font alors virer le réalisme poétique au symbolisme. Dans sa mansarde au sixième étage d'un sombre immeuble de banlieue, l'ouvrier criminel par amour attend la mort et le récit de sa destinée est suivi par le chœur des gens du quartier jusqu'à la tristesse des aubes grises. C'est la faute à pas de chance, à la boue et aux scélérats : malheureux les cœurs purs car ils seront écrasés par le Mal. Le dur métier de sableur exercé par François accuse les antagonismes entre l'ouvrier et la foule des curieux « petits bourgeois » toujours prête à se ranger du côté de la police et à condamner le travailleur manuel (Une dame : « Ces ouvriers, maintenant, ils se croient tout permis… Alors, ils boivent, ils boivent et puis ils font des crimes ») ; c'est l'opposition entre « Monsieur » Valentin (Jules Berry) en pardessus, chapeau et cravate et François en pull-over et casquette, n'ayant que le dimanche pour se distraire au terme d'une harassante semaine de labeur (« Quand tu es entré, j'allais me coucher… Toute la journée, j'ai gratté… et demain matin je remets ça… Oh ! c'est pas compliqué… On prend le réveil…, on le remonte…, on dort…, il sonne…, on se lève… T'as compris ? Je suis fatigué… Va-t-en… Débine ! »). *La Grande Illusion* est pour sa part au cœur de l'air du temps : le nationalisme, la xénophobie, le fascisme et l'antisémitisme. Devant le péril de la guerre, ce sera le film d'un pacifiste qui a fait 14-18 et ne l'oubliera jamais, au-delà de tout antagonisme entre peuple et aristocrates de tradition militaire. D'où un émouvant hymne à la paix. Renoir a beau s'angoisser de tous les dangers qui s'accumulent, demeure l'amitié entre les hommes, le juif François Rosenthal qui fait une crèche pour la fillette allemande, l'amour du Français et de l'Allemande, la ligne de démarcation franchie sous la neige sans la reconnaître car la nature n'a pas de frontière et les soldats allemands contents de voir que les deux Français ont réussi à passer en Suisse! Les rapports de classe sont finement analysés : Von Rauffenstein (E. Von Stroheim) et de Boeldieu (Pierre Fresnay) établissent des liens plus forts que ceux de ce dernier avec son compagnon d'armes français Maréchal (Jean Gabin). En plus s'ajoutera la différence de race avec Rosenthal (Marcel Dalio). Le film pose la question de savoir qu'est-ce que l'identité nationale, un groupe humain, une collectivité. La réponse est dans la juxtaposition de nombreux personnages contrastés, tous étudiés avec chaleur, justesse, lucidité et humour, illustrant déjà une des futures phrases les plus judicieuses de *La Règle du jeu* : « Sur cette terre, il y a une chose effroyable, c'est que tout le monde a ses raisons. »

Lorsque les *Menaces* (c'est le titre d'un film de Edmond T. Gréville qui sortira en janvier 1940) assombrirent inexorablement les relations internationales, *La Règle du jeu*, « drame gai » de J. Renoir (juillet 1939), fustige une société dont les chamailleries s'exacerbent pour prendre une dimension cosmique, mais le public ne voudra pas voir cette description lucide et le film sera un échec. Car sa structure, d'une étonnante modernité, déconcerte. Le film s'attache à décrire un malaise résultant de l'accumulation successive des diverses formes de la crise économique et sociale depuis au moins deux ans élargie, diversifiée, complexifiée et généralisée au point que Renoir peut dès lors l'appréhender à partir des seuls rapports humains individuels qui se chargent de tout le contexte que cette sphère privée semblait pouvoir exclure. Renoir se place à l'intérieur de la classe des privilégiés, oisifs riches plutôt que patrons et banquiers, à savoir grande bourgeoisie et aristocratie ; c'est la classe dominante de fait, mais qui ne sera pas montrée dans cette dimension puisque observée du côté des sentiments. Dès lors, de même que l'on peut lire chez Beaumarchais et Marivaux les prémices au XVIIIe siècle de la Révolution française autant que dans les jacqueries, révoltes paysannes ou émeutes de la faim, on perçoit dans *La Règle du jeu* le grondement d'un séisme dont Renoir a remarqué de nombreux signes précurseurs. Au lieu de décrire dans son ensemble cette matière près d'éclater, Renoir en dessine d'un trait fin – entre comédie et drame (comme Marivaux et Beaumarchais), avec un sens aiguisé des paradoxes, antagonismes, ruptures et enchaînements – les turbulences dans le milieu qui se croyait le plus à l'abri et au niveau le moins concerné par le background socio-économique. Entre Musset et Feydeau, le regard du cinéaste orchestre un mouvement polyphonique à portraits multiples et changeants qui dessine la fine analyse d'une grande bourgeoisie dansant sur un volcan.

À partir d'une partie de chasse puis d'une fête costumée dans la riche propriété des La Chesnaye en Sologne, *La Règle du jeu* entremêle les intrigues qui se trament autour de la marquise Christine, aimée et courtisée. Maîtres et serviteurs se côtoient et connaissent des problèmes identiques de jalousie amoureuse, de partage du pouvoir et de place à tenir. Mais il y a deux intrus dans ce monde, le jeune aviateur Jurieux et le meneur de jeu, l'ami Octave. Aussi le vaudeville se termine-t-il dans le sang, mais il faut sauver les apparences, sentiments et émotions devant être maintenus hors jeu. Telle est la règle mondaine : la sincérité ne peut conduire qu'à l'échec et au désespoir. Un moralisme désabusé leste donc d'amertume cette brillante étude de mœurs. Pour tenir, il faut jouer un rôle et, de fait, Renoir souligne la théâtralité de la représentation accusée par le décor de la somptueuse résidence de campagne fichée en pleine nature qui sert de fond de tableau. La légèreté d'une mise en scène, comme improvisée à l'écoute d'un dialogue d'une justesse vive, compose un récit d'une fluidité spécifiquement cinématographique aux résonances subtiles qui accompagnent les derniers moments d'une société destinée à disparaître dans la catastrophe annoncée. Dans cet univers effroyable, on ne peut plus se raccrocher à rien ! « On est à une époque où tout le monde ment : les prospectus des pharmaciens, les gouvernements, la radio, le cinéma, les journaux… Alors pourquoi veux-tu que nous autres, les simples particuliers, on ne mente pas aussi ? » Dérisoire coup de griffe à un monument du cinéma, la censure exigera la suppression de la phrase. À la Chesnaye, le panache lui-même n'est plus ce qu'il était et si, comme dans la peinture du XIXe siècle où l'étage (inférieur) des domestiques est là pour refléter – et grossir – les traits moins vifs et lourds chez les maîtres, les échos de la marche au désastre sont ici assourdis par les conventions (les règles) d'un jeu social où il y aura forcément des perdants. L'image que donne Renoir de cette fin d'une époque à travers celle de la classe qui paiera sa défaite par sa disparition totale, est finalement d'une justesse et d'une intelligence qu'aucune « fiction de gauche », s'il y en avait eu à l'époque, n'aurait pu atteindre.

Pendant que Renoir tourne *La Règle du jeu*, André Malraux filme en Espagne, mais son œuvre ne sortira qu'à la Libération. Le romancier de *L'Espoir* (publié en 1937) est invité en pleine guerre civile par le gouvernement espagnol. Abandonnant la trame de son livre mais n'adoptant pas non plus la voie documentaire, Malraux juxtapose au réel dans *Sierra de Teruel* des scènes reconstituées au milieu des embuscades, à la fois avec les véritables combattants et des acteurs d'une troupe locale de théâtre. Les difficultés nourrissent son propos, les aléas de tournage traduisent son engagement, et la conviction des idées parvient à faire oublier la faiblesse des moyens – militaires comme cinématographiques. Certaines séquences d'inspiration eisensteinienne touchent au sublime (le cortège descendant les corps le long de la montagne) puis sont aussitôt désolennisées par des détails quotidiens qui ramènent la dimension humaine. Inachevé mais cependant monté à la veille de la guerre, *Sierra de Teruel* suit donc le cours de l'Histoire, le cinéma élaborant en direct sa matière à partir d'une réalité plus forte que la fiction qui lui impose autant son sens que son esthétique.

Sans atteindre cette réussite artistique, Edmond T. Gréville mène une expérience un peu similaire avec *Menaces*, filmant en 1938 le devenir d'un petit groupe de locataires d'un hôtel parisien représentatif des divers peuples européens. Le scénario en devenir s'écrit au fil du tournage à partir de l'évolution politique face à la crise des Sudètes et à l'accord de Munich. Le négatif ayant brûlé dans l'incendie du laboratoire de Billancourt, Gréville reprend le film en août 1939, toujours en fonction des authentiques nouvelles lues dans les quotidiens et entendues à la radio. Le tournage s'achève avec l'invasion de la Pologne et l'œuvre sort début 1940.

Le 30 août 1939 s'était déroulée à Vittel la première d'un autre film – une comédie cette fois – bâti sur un argument lié à l'actualité : dans *Ils étaient neuf célibataires*, Sacha Guitry imagine en effet qu'à la suite d'un décret obligeant tous les étrangers à quitter la France, un « intermédiaire » (dans le genre du héros du *Roman d'un tricheur*) entreprend de faire épouser, à de riches étrangères désireuses de rester, de vieux célibataires désargentés recrutés par petites annonces !

Mais la mobilisation générale allait aussi provoquer la brusque interruption de plusieurs tournages d'importance qui ne seront jamais repris : *Le Corsaire* de Marc Allégret d'après Marcel Achard, *Tourelle 3* de Christian-Jaque en cours sur un navire militaire en rade de Toulon, *Air pur* que René Clair avait commencé le 15 juillet. Inversement d'autres films sont ensuite entrepris pour « profiter » des premiers mois pendant lesquels rien ne se déclenche sur la ligne Maginot : en décembre 1939 débute aux studios de la Victorine à Nice *Untel père et fils* dans lequel Julien Duvivier suit trois générations d'une même famille qui affrontent successivement les Allemands en 1870, 1914 et 1939 (le film ne sortira qu'en 1945). Tourné en 1940, *Angèle* est une histoire censée se dérouler quasiment au même moment entre février et août, Marcel Pagnol imaginant notamment les familles que le malheur rapproche autour du poste de radio pour écouter le discours du 17 juin du maréchal Pétain annonçant la défaite. Quant à *Remorques* de Jean Grémillon, il débute en juillet 1939. Arrêté au bout de quelques semaines, le tournage est repris en avril 1940 et le film sort en 1941. L'inauguration du nouveau Festival de Cannes est annoncée, mais la guerre obligera à attendre 1946.

CHAPITRE IV
LE CINÉMA SOUS L'OCCUPATION

Pierre Fresnay dans *Le Corbeau*
de Henri-Georges Clouzot, 1943.

Vichy, la Victorine et la Continental, 1939-1945

Pendant la « drôle de guerre » (septembre 1939-mai 1940) où rien ne se passe sur le front franco-allemand, le cinéma est désorganisé mais, paradoxalement on l'a vu, des films se tournent encore. L'été marque par contre l'arrêt complet de la production et de l'exploitation : débâcle militaire, exode des civils, puis armistice suivi du départ de 2 millions de soldats prisonniers en Allemagne livrent le pays à l'Occupation, ou plutôt à la coupure administrative en deux : au Nord, l'armée allemande dirige directement. Au Sud, le régime de Vichy du maréchal Pétain, théoriquement libre, instaure la collaboration. Dès lors l'idéologie nazie règne des deux côtés de la ligne de démarcation avec son application principale : la traque puis la déportation des juifs vers les camps de la mort.

Le cinéma français, par contre, va connaître une de ses périodes économique et artistique les plus fastes. D'abord, du nord au sud, les salles sont pleines : chauffées dans une époque de pénurie, peu chères, elles offrent les seules distractions à la portée de la masse des gens. De plus, les autorités allemandes ayant interdit l'importation des films américains (et anglais), il n'y a pratiquement plus à l'affiche que des films allemands et français. Rappelons à ce propos que, depuis 1929, les coproductions franco-allemandes sont nombreuses et cela va donc, tout naturellement, continuer, d'autant plus que le ministre de la propagande Goebels a prévu qu'une fois que l'Allemagne aura gagné la guerre, la France restera le pays du cinéma pour la prochaine Europe nazie car elle a un savoir-faire en la matière (les comédies mondaines) dont les nouveaux maîtres auraient bien tort de se priver. Non seulement la production française reprend donc très vite, mais elle va même être aidée comme jamais ! À Paris en effet, la Continental est créée : c'est une maison de production allemande mais qui doit produire des films français pour le public français et donc avec des techniciens et réalisateurs français. À sa tête, le Dr Alfred Greven est un homme de métier qui a occupé des postes de responsabilités dans l'industrie cinématographique berlinoise pendant les années 1930 et qui connaît bien les cinéastes français ayant régulièrement tourné à Berlin. Francophile sincère, il va faire du bon travail : bien sûr, aucune propagande antinazie, allusions à la Résistance ou à l'Occupation ne seront admises, mais il reste tous les autres genres et sujets. Certes, J. Renoir, R. Clair, J. Duvivier, M. Ophuls, J. Gabin, M. Morgan, P. Chenal ou L. Jouvet ont choisi patriotiquement l'exil en Amérique pour ne servir ni Hitler ni le maréchal Pétain. C'est bien, mais Carné, Grémillon ou Delannoy ont fait le choix inverse.

D'ailleurs le cinéma français n'est ni nationalisé ni occupé et la Continental ne financera jamais plus que le quart de la production nationale. Pour le reste, à Paris comme à Nice, Gaumont et Pathé (refondés à la veille de la guerre) ainsi que de nombreuses petites maisons de production, profitent de la demande des salles pour réaliser de nombreux films, non seulement le tout-venant mais aussi des œuvres ambitieuses, de qualité et aux budgets élevés. Tous les corps de métier sont au travail, l'industrie et le commerce du cinéma sont prospères et le gouvernement de Vichy lui-même parvient à faire en urgence ce qu'aucun de ses prédécesseurs n'était parvenu à imposer par la réflexion et l'action parlementaire : un encadrement de cette profession anarchique, son assainissement financier et la réglementation de l'exercice des diverses fonctions. Exactement à la même date – octobre 1940 – où est fondée la Continental, le COIC, Comité d'organisation de l'industrie cinématographique, commence à travailler : création des cartes professionnelles, système d'avance à la production et même préfiguration de l'IDHEC (Institut des hautes études cinématographiques, ancêtre de la FEMIS) confié à Marcel L'herbier qui en sera le premier directeur début 1944. Le CNC reprendra la suite exacte des principes et fonctions de ce COIC. Certes le cinéma français, en 1940-1944, abandonnera à la censure sa liberté d'expression au pur profit économique et fermera les yeux sur la dure réalité de l'Occupation. Non seulement en effet aucun des près de 200 films produits durant la période ne montre évidemment ni contestations, ni exécutions, ni pénurie alimentaire, mais on n'y aperçoit pas le moindre uniforme allemand ni les plaques signalétiques si caractéristiques : la France cinématographique cultive un « contemporain vague » occultant totalement la situation présente. Mais la corporation saura profiter de ses privilèges et de sa nature fragmentaire peu propice aux contrôles et à la discipline d'essence militaire, pour aider fuyards, résistants recherchés et autres opposants à passer à l'étranger ou seulement se cacher.

Les victoires de la Victorine

Seule ville française « de province » à posséder d'importantes installations cinématographiques (six studios en 1930), Nice avait connu son âge d'or au temps du muet lorsque Louis Feuillade, Alfred Machin puis Rex Ingram tournaient sur la Côte l'essentiel de leur production. Puis le passage au parlant ayant nécessité d'importants investissements, l'activité s'était progressivement concentrée dans deux établissements encore au travail en 1939 : la Victorine et Saint-Laurent-du-Var. L'invasion allemande dans la France du Nord et de l'Est allait ouvrir pour eux une seconde période de grande prospérité.

« Tout le cinéma français s'était réfugié à Nice aux studios de la Victorine », note Jean-Louis Barrault dans ses *Souvenirs pour demain* (Paris, Le Seuil, 1972). En effet, si quelques réalisateurs choisirent de s'expatrier, la majorité préférera se retirer seulement jusqu'à Nice où il paraissait possible de poursuivre le travail. Certes la capacité d'accueil de la zone Sud était limitée : Paris possédait 30 plateaux, Nice à peine

9 et Marseille quelques installations de fortune ! Mais c'est à Nice que fut créé en 1941 le Centre artistique et technique des jeunes du cinéma (CATJC) qui devait donner naissance à l'IDHEC. Le gouvernement s'intéressait aussi de très près au cinéma niçois et avait installé à Nice un délégué du COIC qui favorisa la mainmise de l'Italie sur les studios de la Côte. Une société mixte franco-italienne, la CIMEX, constituée pour 60 % du capital par Cinecitta et pour 40 % par la maison de production française Discina qui avait déjà le contrôle de la Victorine, fut en effet fondée en février 1942 ; Cinecitta acheta en outre deux salles niçoises qui entrèrent alors dans le circuit de distribution du ministère italien de la Culture populaire, l'ENIC. Lorsque les armées italiennes vinrent occuper Nice en novembre 1942 (et ce jusqu'en septembre 1943), les financiers italiens de la péninsule étaient donc déjà implantés dans l'industrie cinématographique de la ville puisqu'ils fournissaient du travail aux 400 personnes (ouvriers et employés de bureau) constituant le personnel fixe des deux studios qui se modernisèrent d'ailleurs beaucoup pendant cette année.

S'établissant à Nice de septembre 1943 à août 1944, les armées allemandes exacerbèrent par leur présence même une résistance larvée dont il est possible de déceler quelques traces dès le début de la guerre. En juin 1940 avait été fondé le « Centre des jeunes » qui organisa des séances de ciné-clubs dans lesquelles furent projetés de grands films d'avant-guerre alors interdits par les autorités d'occupation (*Le Quai des brumes*, *L'Atalante*...). Le Centre tourna également quelques courts-métrages plus ou moins clandestins, et c'est en 1942 que René Clément – alors débutant – réalisa avec les cheminots de Nice son court-métrage *Ceux du rail* qui, tourné sur la ligne Nice-Toulon, constitua en somme une ébauche de sa future *Bataille du rail*.

Lorsque les Allemands entrèrent à Nice le 9 septembre 1943, les deux films alors en tournage (*Les Enfants du paradis* à la Victorine et *La Boîte aux rêves* – dans lequel Gérard Philipe campa sa première silhouette cinématographique – à Saint-Laurent-du-Var) furent arrêtés. De leur côté, les établissements de Saint-Laurent-du-Var fermèrent au même moment définitivement leurs portes avant d'être totalement détruits en août 1944 par les derniers bombardements alliés cherchant à couper le pont du Var tout proche. Contrôlant étroitement toute l'industrie, les Allemands n'autorisèrent que des reprises de travail limitées pendant l'hiver 1943-1944 : *La Boîte aux rêves* fut d'abord achevée puis, à partir de février 1944, *Les Enfants du paradis* furent repris avec la société Pathé. À la Libération, les studios furent un moment placés sous séquestre par l'État mais, les installations n'ayant pratiquement pas souffert des bombardements, les tournages purent reprendre dès le 23 janvier 1945 avec les extérieurs de *Vive la Libération* de Jeff Musso.

Parmi la vingtaine de longs-métrages tournés à la Victorine pendant la guerre, les plus célèbres sont les deux réalisations de Marcel Carné *Les Visiteurs du soir* (1942) et *Les Enfants du paradis* (1943-1944), aussi bien pour leur qualité que pour l'importance de leurs tournages. C'est le producteur André Paulvé qui, voulant travailler avec le jeune créateur du réalisme poétique, l'incite en 1941 à descendre à Nice tourner à la Victorine dont Paulvé venait de prendre la direction l'année précédente. Là il rencontre son scénariste de quatre longs-métrages, Jacques Prévert installé à Tourrettes-sur-Loup. D'emblée les discussions concernant le film à faire sont très ouvertes. Pour répondre à la commande implicite du gouvernement de Vichy qui souhaite voir produire des films d'évasion, Carné et Prévert décident de se réfugier dans le passé afin de jouir d'une plus grande liberté. Le scénariste imagine donc une action lyrique et fantastique située au XVe siècle, le cinéaste ayant proposé comme source d'inspiration les célèbres *Très riches heures du Duc de Berry* aux somptueuses enluminures pleines pages. On connaît le point de départ de l'intrigue des *Visiteurs du soir*: mai 1485. Le baron Hugues marie sa fille au chevalier Renaud, dans un beau château fort tout blanc, tout neuf. Cette situation idyllique agace le diable (Jules Berry) qui déteste le bonheur des gens. Il délègue deux de ses créatures, Gilles (Alain Cuny) et Dominique (Arletty), pour créer le désordre et semer la haine. Gilles doit séduire Anne, Dominique se réserve le baron et le chevalier. Or, Gilles et Anne déjouent le complot diabolique et s'aiment vraiment. Le diable, furieux, arrive au château pour reprendre en main la situation…

Si l'on avait la chance, ce qui était le cas, d'être un cinéaste célèbre et non juif, la guerre vécue à Nice s'annonçait donc des plus supportables. Mais hélas, deux des collaborateurs fidèles de Carné, le décorateur Alexandre Trauner et le musicien Joseph Kosma sont justement juifs, donc interdits de travail par les lois racistes de Vichy, et tous deux réfugiés après l'exode, le premier à Tourrettes non loin de Prévert et le second dans un petit hôtel à la sortie de Cannes. Très vite, il est décidé de les faire engager anonymement pour le film : Trauner assurera le travail de conception, puis décors et maquettes passeront dans l'atelier de Georges Wakhevitch où ils seront exposés afin que tout le monde puisse les voir et penser qu'ils étaient l'œuvre de ce dernier qui se chargera seul de l'exécution des travaux sur le plateau. Pour la musique, Kosma composera puis Maurice Thiriet dirigera l'orchestration. Bien sûr seuls Wakhevitch et Thiriet pourront figurer au générique.

Mais les ennuis s'accumulent pendant la préparation : malgré toutes les recherches, les velours, satins et brocarts nécessaires à la confection des costumes demeurent introuvables et les soieries hors de prix, il n'y a plus de chevaux et de meutes de chiens pour la scène de chasse ni, à plus forte raison, de faucon. Carné se trouve donc conforté dans son parti pris esthétique de travailler plutôt en plans généraux qu'en gros plans afin de minorer les effets de ces désagréments : le faucon sera empaillé, les chiens un peu maigres, mais qu'importe ; les spectateurs ne verront qu'Arletty et Jules Berry !

Ayant dû remonter à Paris pour régler quelques détails, Carné a la mauvaise surprise, en revenant à la Victorine, de constater que Wakhevitch a revêtu les pierres du château d'une horrible patine noirâtre comparable à celle de Notre-Dame avant son ravalement, alors que le réalisateur tenait aux pierres blanches comme on les voyait sur les miniatures des *Très riches heures*. Il faut nettoyer au jet pour retrouver cet éclat de neuf qui ne sera d'ailleurs pas sans surprendre une bonne part des spectateurs ; idée pourtant judicieuse puisque c'est respecter en somme le réalisme – les châteaux étaient blancs au Moyen Âge, pas encore rongés par les ans – tout en apportant une touche de merveilleux nécessaire à ce récit fantastique. En outre l'enregistrement des scènes du banquet pose problème : affamés, les figurants volent les fruits exposés sur les tables pour les dévorer avant les prises si bien qu'il faudra les piquer au formol afin de les rendre immangeables !

Bref, mener à bien une telle entreprise en temps de guerre constitue un exploit inimaginable. Mais la gageure est brillamment tenue car le metteur en scène sait fort habilement camoufler la pénurie : le banquet du début est très court, de même que le départ pour la chasse. Surtout, la représentation du tournoi est astucieuse : le combat se réduit à quelques gros plans du seigneur et de son futur gendre, avec un simple contre-champ de trois personnes à peine dans la tribune d'honneur, le tout réduit en incrustation dans un coin de l'image, comme si le diable avait le don de matérialiser ce qui se passe simultanément dans un autre lieu sur quelque anachronique écran de télévision ! Cette sobriété de la reconstitution historique, ce minimalisme intimiste et cet art de la distance font que le film minore un fantastique un peu naïf et acquiert aujourd'hui un aspect presque moderne ou du moins judicieusement intemporel.

Dès 1942 lui est attribué le Grand Prix du cinéma français et Jacques Audiberti déclare : « Nous ne pourrons plus écrire sur le cinéma sans nous reporter, en esprit, sur ce chef-d'œuvre. Il transforme notre optique et modifie l'échelle de notre jugement. » Sans doute la très belle métaphore amoureuse de la dernière scène où les deux amants statufiés font néanmoins entendre le battement de leurs cœurs avait-elle conquis le public, surtout si on veut voir dans ce cœur toujours vivant l'image du refus de la France de se soumettre à l'Occupant ! Le grand succès des *Visiteurs du soir* amène André Paulvé à presser Carné et Prévert de trouver rapidement un nouveau sujet pour le film suivant où il promettait de mettre beaucoup d'argent. Un peu par hasard c'est Jean-Louis Barrault qui lance l'idée en leur contant un épisode authentique de la vie de Debureau, maître du mime. Aussitôt Carné est emballé par l'époque – 1827-1828 – et l'idée de faire revivre le boulevard du Temple à Paris. Le scénario prend vite une telle ampleur que Paulvé décide de faire un film en deux époques. Dans les hauts lieux du spectacle de la capitale se presse une foule venue applaudir le comédien Frédéric Lemaître (Pierre Brasseur) et le mime (Jean-Louis Barrault) n'a d'yeux que pour la belle Garance (Arletty). Après six ans de chassés-croisés, tous deux s'avouent enfin leur amour mais la liesse du carnaval les sépare à jamais.

Si *Les Visiteurs du soir* avaient été une production 100% française tournée dans ce qu'on s'entêtait à nommer la France libre du maréchal Pétain, *Les Enfants du paradis* seront cette fois une coproduction franco-italienne dans une ville occupée par l'armée de Mussolini. En fait les accords cinématographiques précèdent les diktats guerriers et ne font que poursuivre les nombreuses coproductions franco-italiennes déjà développées pendant les années de paix. L'élaboration du décor fut colossale comme l'écrivit *Ciné-Miroir* : « Le Boulevard du Crime fut construit en plein air, aux studios de la Victorine. 35 tonnes d'échafaudages apportées (non sans mal, en raison de l'époque troublée et des restrictions) de Paris fournirent l'ossature de plus de cinquante façades de théâtres et de maisons dont le revêtement ne nécessita pas moins de 350 tonnes de plâtre sur 3 000 mètres carrés de « canisse ». Pour équiper 300 fenêtres, on trouva, avec les difficultés qu'on imagine, 500 mètres carrés de vitres. La profondeur du décor, supérieure à 160 mètres, est augmentée par une maquette complétant admirablement cet ensemble impressionnant dans lequel évoluèrent plus de 1 500 figurants. »

Malheureusement, commencé le 17 août 1943 à la Victorine, le tournage est aussitôt bousculé par l'annonce du débarquement américain en Sicile. En effet, Vichy s'affole et exige par télégramme aux cinéastes de stopper les prises de vues pour regagner immédiatement Paris avec tout le matériel. En même temps le successeur de Mussolini, Pietro Badoglio, signe l'armistice avec les Alliés. Les Italiens évacuent donc Nice qui passe en septembre sous contrôle exclusivement allemand. Les autorités découvrent alors de lointaines origines juives à Paulvé qui se voit interdire de produire. Tout s'effondre et la presse s'émeut à Paris de cet arrêt du film. Notamment le mardi 5 octobre 1943, Roger Régent, dans *Le Temps*, pousse un cri d'alerte sous le titre « Il faut terminer le film *Les Enfants du paradis*… ». Mais lorsque Carné obtient enfin l'autorisation de poursuivre le tournage à la Victorine le 15 février 1944, il retrouve le décor du Boulevard gravement endommagé par un ouragan. Le coût de la réparation des dégâts est considérable et le prix de revient des *Enfants du paradis* atteint bientôt la somme sans précédent de 58 millions de francs. Le couvre-feu, comme les restrictions – notamment sur la distribution électrique – sont en outre drastiques et Carné doit en particulier renoncer à d'importantes scènes de nuit pendant lesquelles l'ensemble du décor du Boulevard aurait dû être filmé entièrement illuminé. Heureusement le metteur en scène ne manque jamais d'idées. Ainsi une fois les 2 000 figurants et enfants installés pour le plan final du carnaval, Carné constate que c'est tout à fait insuffisant et qu'apparaissent d'étranges zones vides. En fait, il faudrait beaucoup plus de monde! Le cinéaste fait alors disposer toutes les panières de costumes disponibles en fond de décor pour créer artificiellement certains obstacles qui, par leur présence invisible à l'écran puisque leur hauteur n'atteint pas un mètre, obligent les figurants à demeurer séparés au lieu de s'agglutiner en laissant de vastes espaces déserts. Le tournage s'achève enfin en mai 1944 à Nice et Carné rejoint Paris quelques jours à peine avant le débarquement en Normandie: « sitôt que j'appris la nouvelle du débarquement, je n'eus plus qu'un désir: faire traîner le plus longtemps possible les travaux de finition du film afin qu'il soit présenté comme le premier film de la paix enfin retrouvée ». La première aura donc lieu au Palais de Chaillot le 9 mars. Le film tiendra ensuite l'affiche pendant vingt semaines: succès extraordinaire et presse enthousiaste. Avec sa dimension à la fois romanesque, picturale et théâtrale, le film entre directement dans la légende au panthéon de l'histoire du cinéma.

Mais d'autres films intéressants sont tournés en même temps à la Victorine. Notamment, à partir de décembre 1942, *La Vie de bohème*, d'après les *Scènes de la vie de bohème* de Murger et *La Bohème* de Puccini, est tourné à la Victorine par Marcel L'Herbier, à nouveau pour André Paulvé, pendant plusieurs mois avec une troupe de jeunes comédiens:

Louis Jourdan, Gisèle Pascal, Maria Denis, André Roussin, Louis Salou, Alfred Adam… En pleine pénurie, avec des installations désorganisées au personnel fluctuant, les difficultés sont quotidiennes tout au long de l'hiver 1942-1943. Malgré ces désagréments, Wakhevitch réussit à reconstruire, sur les terrains autour des plateaux, une bonne part du vieux Paris du quai aux Fleurs où se situait l'action. Notons qu'André Paulvé réutilisera dans plusieurs films ces grands décors, notamment pour *Les Mystères de Paris* de Jacques de Baroncelli (1943). La séquence du jardin du Luxembourg est, quant à elle, merveilleusement idéalisée à la manière d'une gravure romantique, si bien que – selon les mots de L'Herbier – les «immortels amants s'y promènent comme au fond de leur cœur».

Débrouillardise et bricolage constituent donc le quotidien des tournages à Nice de 1940 à 1944, comme en témoignent encore davantage nos trois derniers exemples, chacun étant révélateur de la nature profonde du cinéma. Ainsi, la place d'Edmond T. Gréville dans la production française est alors comparable à celle de la Victorine par rapport à Paris : excentrée, marginale, mais par là même fort originale. Réalisateur atypique au regard insolite et personnel, il tourne *Une femme dans la nuit* en 1941 alors qu'il venait pourtant d'être mis à l'index par le régime de Vichy. Réfugié à Nice, il «sauve» d'abord *La Vénus aveugle* qu'Abel Gance mettait alors en scène à la Victorine, au moment où Viviane Romance et l'épouse du cinéaste, Sylvie Gance, en étaient arrivées à ne plus vouloir tourner ensemble tellement elles se détestaient. Avec diplomatie Gréville se chargea des plans de l'une pendant que Gance enregistrait les contre-champs de l'autre. Dans la foulée, il reprend aussitôt le couple vedette (dans la vie et à l'écran) Viviane Romance-Georges Flamant pour les embarquer dans un mélodrame épouvantable où la vamp au parfum de soufre et aux paillettes scintillantes décidait de rejoindre l'ordre moral vichyssois en interprétant le personnage d'une comédienne au lourd passé qui se reconvertit en infirmière dévouée sacrifiant son bonheur à un époux odieux mais malade.

Examinons à présent comment Yves Allégret en vient à signer son premier long-métrage *La Boîte aux rêves*, une histoire chorale de jeunes étudiants et de la fille d'un riche commerçant (Viviane Romance). Le film s'intitule fin 1943 *Ce que femme veut* et le réalisateur Jean Choux s'entend fort mal avec la vedette-scénariste. Mais ce n'est là que désagrément mineur comparé aux difficultés d'approvisionnement (matériaux, courant électrique, équipement…) dues aux contraintes de l'Occupation. En outre les catastrophes s'abattent à plusieurs reprises sur les studios : d'abord deux incendies (en juillet puis octobre), ensuite une explosion en novembre et enfin les bombardements de la guerre en décembre qui achèvent de détruire les décors de Georges Wakhevitch et obligent à stopper définitivement les prises de vues alors que le film n'est pas terminé. Finalement *La boîte aux rêves* est repris péniblement à Paris par Yves Allégret qui l'achève et se retrouve seul crédité de la réalisation au générique.

Pour terminer, évoquons le double tournage de *Macao* de Jean Delannoy. Ayant débuté dans le montage en 1931, celui-ci a signé quatre ans plus tard son premier long-métrage (*Paris-Deauville*, une comédie musicale de peu d'intérêt), puis en 1935, *La Vénus de l'or*, avec lequel il débute sa véritable carrière d'auteur et de réalisateur. Dès 1939, il franchit un nouveau pas en passant de ce film bon marché à une superproduction, *Macao*, où il dirige le face-à-face de deux monstres sacrés de l'époque : Erich Von Stroheim et Sessue Hayakawa. En effet, interdit de réalisation à Hollywood depuis l'avènement du parlant, Von Stroheim avait été appelé en France par le producteur Max Cassvan pour tourner un scénario de Joseph Kessel *La couronne de fer*. Mais devant les frais gigantesques impliqués par ses idées de mise en scène, Cassvan renonce au film et oblige Stroheim à tourner *Macao* en tant qu'acteur pour rembourser l'argent perdu à la préparation de *La Couronne de fer*.

Adapté d'un roman de Maurice Dekobra, *Macao* oppose en pleine guerre sino-japonaise l'aventurier marchand d'armes Krall (E. Von Stroheim) au mystérieux trafiquant, patron des salles de jeu de Macao, Ying Tchaï (S. Hayakawa). L'intrigue se complique par l'intervention d'une actrice française qui joue la traîtresse séductrice (M. Balin) et le tournage est terminé juste avant la déclaration de guerre ; le montage s'effectue pendant la « drôle de guerre » alors que Delannoy est mobilisé. Mais une fois terminé, le film est bloqué à partir de juin 1940 par l'invasion et l'Occupation. Dès leur installation en effet, les Allemands créent un organisme dépendant de la Feldkommandantur chargé de délivrer les visas d'exploitation : les productions anglo-américaines sont interdites les premières puis, progressivement, tous les films comportant des acteurs et techniciens juifs ou appartenant aux Forces françaises libres. Or les Allemands détestent Éric Von Stroheim (pour l'image qu'il aurait donné de l'armée allemande) et empêchent la diffusion de tous ses films. *Macao* ayant en outre été produit par une société britannique, il devient un bien ennemi à confisquer, si bien que le film ne circule que sous le manteau ; mais sa distribution en salles n'est pas envisageable. Pourtant un arrangement va être négocié avec les autorités : les

Allemands acceptent de délivrer le visa si le film est refait avec un autre acteur et que la version originale est détruite. Jean Delannoy raconte dans ses souvenirs : « Je me suis adressé à l'acteur Pierre Renoir, frère de Jean et fils d'Auguste et lui ai demandé ce service pour sauver le film. Il a accepté. Je lui avais précisé que si, comme nous l'espérions l'un et l'autre, les Allemands étaient un jour vaincus, c'est la version Stroheim qui serait projetée dans les salles. Il était d'accord. » En septembre 1942, « j'ai donc entrepris ce remake. C'était relativement facile. Tous les autres interprètes étaient encore à pied d'œuvre, y compris Sessue Hayakawa qui, en sa qualité de Japonais, avait les faveurs de l'occupant. Seul ennui, à cause des restrictions alimentaires, tout le monde avait maigri de plusieurs kilos. L'acteur Jim Gérard, rondeur bien connue, en avait perdu quarante ! Mireille Balin était elle-même frappée par cet amaigrissement général. Elle avait gardé une inaltérable beauté de visage, mais à travers l'ouverture de sa robe que l'on avait dû rectifier, on pouvait compter ses côtes ». *L'Enfer du jeu* est donc distribué en septembre 1942. Puis, à la fin des hostilités, la version Stroheim ressort : « J'avais conservé l'original et fait un contretype qui avait été détruit en présence de l'officier allemand chargé de contrôler cet autodafé. »

Une nouvelle génération d'auteurs de films

Jean Grémillon, un des grands cinéastes des années 1930, poursuit une carrière exigeante. Dans *Lumière d'été*, le destin d'une jeune femme (Madeleine Robinson) quittant un peintre déchu pour un honnête travailleur s'inscrit dans l'opposition de deux milieux : d'un côté l'humanisme populaire de la construction d'un barrage, de l'autre l'atmosphère trouble d'un château et d'un petit hôtel de montagne. Au dénouement, sous les costumes d'un bal masqué d'un autre temps, se dévoilent les piètres personnages face aux dures réalités du chantier : un Hamlet dérisoire déclamant la pourriture du royaume de Danemark et une femme fatale aux intrigues malfaisantes voient le corps du châtelain corrompu rouler dans le gouffre, poussé comme un vulgaire déblai par les ouvriers. Sous couvert métaphorique, la critique sociale est acerbe et faillit provoquer l'interdiction du film. *Le ciel est à vous* (1943) est la belle histoire véridique d'une passion, celle de l'épouse d'un garagiste de province qui découvre l'aviation et sacrifie tout à son rêve : battre le record de vol en ligne droite. Soutenu par son mari et bravant l'opinion hargneuse de la petite ville, elle y parvient. Cet héroïsme à la fois modeste et intraitable, merveilleusement incarné par Madeleine Renaud et Charles Vanel saisis dans le style réaliste dépouillé des actualités, fut interprété de deux manières contradictoires : certains y virent l'apologie de la Résistance, d'autres celle de l'ingéniosité du peuple français louée par les discours pétainistes ! Ce n'est franchement ni l'un ni l'autre mais un très bon film attachant à une époque peu propice aux utopies et aux nobles sentiments.

L'éclectisme des réalisateurs, la pression idéologique de l'occupant, l'opportunité des producteurs travaillant sous influence ou jouant au plus fin avec la censure conduisent à des films aux tonalités contrastées. Si *Les Inconnus dans la maison* (Henri Decoin, 1944) est produit grâce aux capitaux allemands, il constitue néanmoins un témoignage accablant sur la France des années noires avec son avocat alcoolique (Raimu) dénonçant en plein prétoire l'égoïsme des pauvres et l'abandon de la jeunesse. À l'opposé, Gaby Morlay s'adonne aux rôles édifiants de femmes souffrantes se dévouant au bonheur des autres dans un esprit mélodramatique très « réveil des consciences » (*Le Voile bleu*, Jean Stelli, 1942). D'autres adoptent les recettes de la comédie américaine dont le public est privé en reprenant les clichés du cinéma mondain dix ans auparavant (*L'Inévitable M. Dubois*, Pierre Billon, 1942).

Mais le plus surprenant dans ces circonstances historiques difficiles est la révélation de jeunes réalisateurs aux premiers films remarqués et qui, la plupart, tiendront leurs promesses. Si René Clément n'en est encore qu'aux courts-métrages (15 entre 1937 et 1944 dont *Ceux du rail*) et si Louis Daquin, ancien assistant de Grémillon, n'aura pas la carrière que semblent annoncer *Nous les gosses* (1941, sur l'enfance des banlieues) et *Premier de cordée* (1944, ambitieuse adaptation du roman de montagne de Roger Frison-Roche), Claude Autant-Lara commence par contre *mezzo voce* à faire ses gammes dans des œuvres raffinées où il retient son caractère fougueux qu'il accusera plus tard. En sortant des Beaux-Arts, il débute en effet au cinéma comme décorateur, souvent de Marcel L'Herbier et, s'il réalise lui-même plusieurs courts-métrages (dont *Faits divers*, 1923, d'esprit d'avant-garde), il met essentiellement en scène pendant les années 1930, les versions françaises de plusieurs films réalisés en multiversions à Hollywood, Londres et surtout Berlin. À son retour en France, il n'est encore que coréalisateur de Maurice Lehmann pour trois longs-métrages (1937-1939) et sa carrière d'auteur à part entière ne commence vraiment que sous l'Occupation avec *Le Mariage de Chiffon* (1942), *Lettres d'amour* (1942) et *Douce* (1943), trois films mettant en scène une jeune fille passant de l'adolescence à l'âge adulte incarnée par Odette Joyeux, écrasée par les contraintes familiales ou/et bourgeoises, sur le ton de la comédie (*Lettres d'amour*) ou du drame (*Douce*), mais chaque fois dans des histoires désuètes du dernier quart du XIXe siècle. La reconstruction de la vie mondaine d'une sous-préfecture du Second Empire dans *Lettres d'amour* ou la visite de charité de la riche dame patronnesse dans *Douce* sont d'anthologie mais ne laissent que peu présager la violence des œuvres futures.

Henri-Georges Clouzot a mis lui aussi du temps pour arriver à la mise en scène d'œuvres personnelles. Né en 1907, il est journaliste à la fin des années 1920 et fréquente le Tout-Paris. Un peu par hasard, il entre en 1930 au service du producteur Adolphe Osso et va faire tous les métiers du cinéma (assistant, adaptation et bientôt la direction à Berlin des versions françaises de films allemands). Mais au cœur de la décennie, la maladie l'immobilise quatre longues années en hôpitaux et sanatoriums. En 1938, il revient au cinéma comme scénariste ; au début de l'Occupation, il signe en 1941 l'adaptation du *Dernier des six* pour Georges Lacombe et *Les Inconnus dans la maison* (de Simenon) pour Henri Decoin.

Son premier long-métrage, *L'assassin habite au 21* (1942) est un policier assez classique mais Clouzot sait intercaler entre les scènes parlées où excellent de grands acteurs (Pierre Fresnay, Suzy Delair) de très beaux mouvements d'appareil dans des décors pittoresques. Il filme aussi en caméra subjective et sait surprendre le spectateur par un montage judicieux. Déjà la perfection technique, le sens du détail assurent un divertissement de qualité. L'année suivante *Le Corbeau* s'attaque à la question de la délation par lettres anonymes, inspiré d'un fait divers qui avait eu lieu à Tulle en 1923. Clouzot peint au vitriol la société d'une petite agglomération, autour d'un personnage central solitaire, très noir, révolté par l'hypocrisie humaine. Sorti en octobre 1943, *Le Corbeau* rencontre un grand succès. Mais certains trouvent que cette dénonciation des tares de l'esprit français ne peut que servir l'occupant. Pourtant les Allemands retirèrent le film de l'exploitation, le trouvant « immoral et déprimant ». Malgré cela, l'affaire reprit à la Libération et empêcha un temps Clouzot de poursuivre sa carrière.

En 1946 enfin, un producteur lui propose de réaliser un film. Clouzot décide de redémarrer avec une œuvre moins dérangeante en refaisant un policier classique. Mais *Quai des Orfèvres* sera une autre peinture acide, cette fois des milieux policiers dont il dénonce les faiblesses. D'ailleurs les artistes du petit music-hall de quartier où se situe l'intrigue ne sont pas plus aimables. Louis Jouvet, Bernard Blier, et Simone Renant campent en tout cas des portraits pleins de vivacité. Le succès public est encourageant. Clouzot retrouve son style, la violence de son regard et son goût du scandale. Désormais, et jusqu'à l'arrivée de la Nouvelle Vague, tous ses films feront événement.

Bien qu'il ait réalisé une pochade d'esprit avant-gardiste en 1934 (*Affaires publiques*), Robert Bresson apparaît un peu comme un ovni dans le cinéma français de l'Occupation en réalisant son premier long-métrage à plus de 40 ans. *Les Anges du péché* trancha tellement sur les œuvres de l'époque que beaucoup attribuèrent la qualité du film au père Brückberger, dominicain mondain, et à Jean Giraudoux qui signe les dialogues, alors qu'ils n'étaient pour rien dans l'esthétique minimaliste et la très haute spiritualité de la lutte « âme pour âme » qui se joue à l'intérieur du couvent de l'ordre de Béthanie entre la mère prieure, Anne-Marie, une jeune fille de bonne famille qui entre par vocation sincère, et Thérèse, meurtrière recherchée par la police. Ce drame de la foi, avec sa noblesse et ses excès qui conduiront à la mort la trop fragile novice, illustre parfaitement le dogme chrétien de la réversibilité des mérites qui fonde toute vie conventuelle : le sacrifice de l'une « paye » la rédemption de l'autre, mais au prix de la solitude, du désespoir et de l'agonie. Le parcours est sublime, Bresson obtenant une émotion intense dans un affrontement de caractère métaphysique.

À partir d'un récit occupant quelques pages à peine dans *Jacques le fataliste* de Diderot, *Les Dames du bois de Boulogne* (1945) est l'histoire de la vengeance d'une femme délaissée qui parvient à faire épouser une grue à son ancien amant. Hors du temps, essence de la tragédie classique à partir d'une fable amorale, le film a fait écrire au critique André Bazin la phrase célèbre : « il n'a fallu que le bruit d'un essuie-glace d'automobile sur un texte de Diderot pour en faire un dialogue racinien ». L'interprétation de Maria Casarès peaufine les nuances les plus subtiles de la psychologie féminine et Jean Cocteau écrit ses dialogues les plus épurés pour servir ce destin pervers où le complot se retourne contre celle qui l'a inventé par la force de l'amour des deux victimes désignées parvenant (peut-être) à conjurer la fatalité. Bresson comprime, force les faits pour affiner le sens, accélère le récit par son goût de l'ellipse et sa manière de creuser le vide autour du cœur du propos.

Sous l'Occupation, Becker réalise trois films : *Dernier atout* (un policier, premier film/examen de passage quasi obligatoire dans le contexte professionnel de l'époque), *Goupi, mains rouges* et *Falbalas*, c'est-à-dire des œuvres extrêmement maîtrisées. Il est vrai que l'auteur a déjà 36 ans et qu'il travaille depuis douze ans comme collaborateur de création (plutôt qu'assistant) avec Jean Renoir. Dans *Goupi, mains rouges* (1943), le scénario de Pierre Véry permet à Becker une peinture naturaliste et sociale d'une famille paysanne dans l'esprit d'Émile Zola. La description de l'auberge comme de la maison du braconnier, bien situées dans le paysage, sert de contexte pertinent au typage des personnages dont l'authenticité fait tout le prix. *Falbalas* (1944) vaut lui aussi surtout par la justesse de l'univers de la haute couture parisienne et de l'intimité de riches industriels, malgré une intrigue sentimentale peu originale.

Il n'en faut pas plus pour que Georges Sadoul, admirant la description précise du milieu, voie dans ces deux films la suite de l'œuvre de Renoir d'avant 40 si l'on veut bien considérer celle-ci comme une grande histoire naturelle de la France des années 1930. Les rapports sont certains, mais parler de filiation est par contre excessif, ne serait-ce qu'à cause de pratiques franchement différentes : le savant désordre de Renoir s'oppose à l'architecture précise de Becker, au niveau du scénario comme de la mise en scène. Sans doute Renoir et Becker s'entendent-ils parfaitement, ont-ils des idées similaires sur la vie, l'histoire et les gens, mais ils ne regardent pas de la même manière : Becker s'attache aux *êtres* et Renoir aux *rapports* qui se lient – ou se défont – entre les êtres.

Georges Sadoul situe par contre fort pertinemment Becker dans le cinéma de son temps en remarquant qu'il maintient – avec le Jean Grémillon de *Lumière d'été* et du *Ciel est à vous* – la «vraie tradition réaliste contre les outrances naturalistes ou l'évasion féerique». Si l'on retient seulement la notion de réalisme en la dégageant de la charge inutile de «vraie tradition», la place de Becker apparaît alors en effet avec évidence : aussi loin du *Corbeau* de Clouzot («outrances naturalistes») que des *Visiteurs du soir* (Carné/Prévert), de *L'Éternel retour* (Delannoy/Cocteau) ou de *La Nuit fantastique* (L'Herbier) représentant «l'évasion féerique», l'œuvre de Becker maintient un contact non détourné avec le réel, cette voie étroite se démarquant en outre des autres tentations constituant à se réfugier dans les intrigues du passé (*Les Enfants du paradis* de Carné/Prévert ; *Le Mariage de Chiffon* ou *Douce* d'Autant-Lara) ou à pratiquer le retour en soi-même d'un Robert Bresson (*Les Anges du péché*, *Les Dames du bois de Boulogne*).

Cette idée d'un Becker «juste milieu», tenant d'une tradition qui s'effrite, un peu comme s'il incarnait à lui seul un état/étalon du cinéma français, est intéressante mais il ne faudrait pas la pousser trop loin car, en isolant ses personnages dans une ferme ou dans une maison de couture, Becker rejoint quand même un peu cette esthétique de l'enfermement de Bresson, d'Autant-Lara et finalement de tous les cinéastes de l'époque. Mais il traite cette ambiance autrement, de façon moins systématique, avec plus d'air autour. Ce n'est qu'à la réflexion que le critique perçoit cette thématique commune alors que le spectateur est plutôt sensible aux différences. Becker affirme donc, d'entrée, son originalité. Mais paradoxalement, c'est en se situant, semble-t-il, dans le droit fil d'un héritage que justement les autres créateurs contestent. Ce n'est donc pas par respect que Becker se retrouve ainsi dans une position centrale, mais au contraire par volonté de prendre ses distances avec le cinéma de son temps : prendre ses distances mais pas prendre le large, question de mesure ! Tout Becker est déjà là.

Claude Autant-Lara en tournage dans les années 1950.

CHAPITRE V
1945-1958 : LA QUALITÉ FRANÇAISE, UN CERTAIN CLASSICISME

Affiche signée Pierre Étaix pour *Jour de fête* de Jacques Tati, 1949.

1945 assure le passage rapide d'un cinéma occupé à un cinéma libéré. Il serait exagéré d'affirmer qu'on ne voit pas la différence, mais il est indiscutable que la transformation se fait sans mal, souvent avec les mêmes hommes. Ceux qui rêvent de changements fondamentaux étant minoritaires, l'idée de continuité l'emporte aisément dans une profession qui pense surtout à pérenniser la grande stabilité financière qu'a connue le cinéma français de 1940 à 1944. Le Comité français de libération nationale a comme secrétaire général Louis Daquin soutenu par Louis Aragon. L'idée est qu'il faut réorganiser de fond en comble le cinéma français pour aboutir à une structure d'inspiration communiste. Mais pour cela il convient d'«assainir» d'abord la profession, c'est-à-dire d'empêcher de travailler tous ceux susceptibles d'avoir «collaboré» avec les Allemands, en particulier en ayant exercé leur métier à la Continental. Nous avons noté que l'affaire Clouzot fit en particulier beaucoup de bruit, mais ses «tendances» pronazies seront niées par de nombreux réalisateurs classés à gauche. De même, si l'on reproche à Guitry sa vie mondaine pendant l'Occupation, aucune de ses pièces n'a loué l'idéologie nazie. Par contre le comédien Robert Le Vigan, ami de Céline, adhérant du Parti populaire français et chroniqueur de la radio «Ici la France» à Sigmaringen, sera condamné mais avait déjà fui en Argentine. Finalement, même si Clouzot et Guitry resteront fortement marqués par les poursuites engagées contre eux, chacun retrouve somme toute relativement vite sa place.

Ainsi le COIC du temps de guerre est un moment conservé, mais le Gouvernement provisoire y place à la tête Jean Painlevé, fils d'ancien ministre, cinéaste scientifique (auteur de superbes documentaires sur *Les Oursins* ou *L'Hippocampe*) aux sympathies communistes affichées. Les nationalisations – notamment des studios et des laboratoires – que réclame la CGT n'auront pas lieu et le COIC de Vichy deviendra le Centre national du cinéma, CNC qui dirige toujours le cinéma aujourd'hui.

Le réalisme poétique avait intériorisé les problèmes de son époque au lieu de les refléter. À l'abri des studios avec ses vedettes et ses décors artistiques, il avait créé des mythes à la place des personnages et transformé le réel pour en tirer des fables philosophiques. Par esprit d'engagement, le Conseil national de la Résistance commande la réalisation de deux films : *La Rose et le réséda* (9 minutes sur la Résistance, illustrant le fameux poème d'Aragon ; réalisé par André Michel, déjà auteur, en 1944, de *Dix minutes avec les FFI*) et *La Bataille du rail*. Ce film est à l'origine un court-métrage tourné avec la participation directe de la SNCF et des cheminots par René Clément, qui en fait un long-métrage documentaire style actualités reconstituées, hésitant entre la transparence néoréaliste (la fusillade des cheminots filmée avec intensité) et l'épopée eisensteinienne (le dernier déraillement du convoi militaire ponctué par le son de l'accordéon dégringolant le long du ballast). D'autres montages de documents pris sur le vif sont également réalisés et le poignant *6 Juin à l'aube* de Jean Grémillon enregistre la chronique des deux mois de combats ayant ravagé sa Normandie natale. *Vive la liberté* de Jeff Musso intègre aussi de nombreuses scènes enregistrées par le réalisateur lui-même dans la clandestinité, tandis qu'*Au cœur de l'orage* de Jean-Paul Le Chanois est un documentaire élaboré à partir des prises de vues de Félix Forestier et des opérateurs envoyés par le Comité de libération dans le Vercors.

Quelques films de fiction reviennent eux aussi sur des faits de guerre (la célèbre *Bataille de l'eau lourde* qui avait assuré aux Alliés la maîtrise de l'atome, Jean Dréville et Titus Vibe-Müller, 1947) ou cherchent à recréer l'atmosphère de ces années grises. Ainsi *Le Silence de la mer* montre le refus d'une jeune française et de son oncle de lier conversation avec l'officier allemand occupant qui manifeste pourtant un sincère intérêt pour la culture française (J.-P. Melville, 1947). Fort démagogique et propre à donner bonne conscience à beaucoup, *Le Père tranquille*, coréalisé par Noël-Noël et René Clément en 1946, montre pour sa part un quinquagénaire pantouflard qui est en réalité chef des réseaux de résistance de toute la région! Noël-Noël, identifié à son personnage de paysan retors d'avant-guerre (série des *Adémaï*), assume l'image de l'antihéros franchouillard pour obtenir un accueil triomphant. Par contre, *Les Portes de la nuit* (Marcel Carné, 1946) témoigne sur les débuts de l'après-guerre avec ses souvenirs douloureux, le marché noir, les manques de produits, les anciens collaborateurs qui fuient, se cachent ou tentent de se justifier.

Le cinéma de la Libération

Jean-Paul Le Chanois et Louis Daquin ne tiendront pas les promesses que leur engagement et la libération de la France semblaient favoriser. Certes *L'École buissonnière* (1948) du premier est un chaleureux tableau des nouvelles méthodes pédagogiques de l'instituteur Célestin Freinet à Saint-Paul-de-Vence au début des années 1930, mais rien ne suivra et Louis Daquin présente avec *Patrie* (1946) une sorte de pâle remake de *La Kermesse héroïque* de Feyder avant de signer son meilleur film, *Le Point du jour* (1948) où il décrit avec bonheur existence, travail et luttes des mineurs du Nord. Mais, en dissonance complète avec le reste de la production française, ce type de constat réaliste en milieu populaire demeurera sans descendance ainsi qu'*Un homme marche dans la ville* (1950) situé chez les dockers au milieu des ruines du Havre à peine déblayées et *Les Amants de Brasmort* dans le milieu des mariniers (1951), tous deux de Marcello Pagliero, aidé puis lâché par la CGT qui n'aime pas l'image non exclusivement positive que ces films donnent de la classe ouvrière. Si bien que le cinéma se retourne vers la veine psycho-policière d'un Yves Allégret cultivant à sa manière la noirceur du réalisme poétique poussé vers le cynisme, le sordide et la cruauté (*Dédée d'Anvers*, 1947 ; *Une si jolie petite plage*, 1948). Il est vrai que l'échec des *Portes de la nuit* qui tente de montrer la société ébranlée par la guerre et de porter témoignage sur ses espoirs et ses craintes sans rien changer à la poésie de Prévert-Trauner (éclairée style expressionniste) ni à la force du destin (incarné de façon vieillotte par Jean Vilar) comme au tragique de l'amour fou, montre qu'il est difficile de se situer entre stabilité et renouvellement.

Si 1945 est une date dans l'Histoire, ce n'en est donc pas une dans l'histoire du cinéma français et s'il n'y a pas eu vraiment de « cinéma de Vichy » (c'est-à-dire collaborationniste), il n'y a pas eu davantage de « cinéma de la Libération » (au sens de rupture). C'est que les deux « générations » cinématographiques n'ont en fait qu'une très faible différence d'âge :

– les ANCIENS qui ont débuté dans le long-métrage avant guerre : Duvivier (né en 1896), Clair (1898), Autant-Lara (1901), Carné (1909) ;

– les JEUNES qui n'ont débuté que pendant la guerre ou après : Bresson (1901), Becker (1906), Clouzot (1907), Clément (1913).

De plus, la nouvelle génération a débuté sous l'Occupation et non à la Libération : L. Daquin (*Nous les gosses*, 1941), Y. Allégret (*Les Deux timides*, 1941), A. Cayatte (*La Fausse Maîtresse*, 1942), J. Becker (*Dernier Atout*, 1942), H.-G. Clouzot (*L'assassin habite au 21*, 1942), R. Bresson (*Les Anges du péché*, 1943). Seul René Clément signe son premier long-métrage en 1946 (*La Bataille du rail*). Il n'y a donc pratiquement pas de génération d'après-guerre si ce n'est, un peu plus tard, d'honnêtes artisans comme Yves Ciampi, Norbert Carbonnaux ou Alex Joffé qui signent leur premier long-métrage respectivement en 1949 (*Suzanne et ses brigands*), 1953 (*Les Corsaires du bois de Boulogne*) et 1954 (*Lettre ouverte*). Le cinéma des années 1950 est entièrement aux mains des réalisateurs des années 1930 auxquels s'ajoutent seulement quelques « nouveaux » à peu près du même âge, ayant accédé au long-métrage « à la faveur » de la guerre.

Rien d'étonnant, dans ces conditions, à ce que les structures mises en place pendant l'Occupation et l'esthétique venue d'avant-guerre soient reconduites. Mais n'ayant pas été revivifié, le cinéma va exacerber ses caractères pour donner plus souvent la caricature que la quintessence du courant des années 1930. Les chefs-d'œuvre du genre se font rares et se dégagent mal de l'essoufflement général de formules qui vont quand même nourrir encore la création pendant une longue décennie. La situation économique du cinéma n'est pas mauvaise mais elle est inquiétante. Ainsi les salles sont pleines, mais les films projetés sont à majorité américains. Or les accords Blum-Byrnes (mai 1946) sont fort positifs pour les finances françaises (remises de dettes et nouveaux crédits à taux avantageux) mais pas pour le relèvement de notre production industrielle (ouverture totale du marché français aux produits américains, y compris ses films). Le public aimant les films américains et comment produire « national » si nos propres exploitants préfèrent programmer du cinéma américain (demandé par le public et offert à moindre coût aux distributeurs car ces films sont déjà amortis par leur sortie aux États-Unis) ? En acceptant les lois du marché, on ne peut limiter (très peu) les pertes que par une politique de coproduction (mais, nombreuses avec l'Italie, elles sont rares avec les États-Unis). Heureusement le CNC fait siennes les nouvelles tendances dirigistes qui commencent à régir l'économie française (entre libéralisme américain et étatisme soviétique) en mettant en place un ingénieux fonds de soutien (dit automatique) : une part des bénéfices générés par l'exploitation d'un film est conservée puis rendue au producteur à condition qu'il entreprenne un nouveau film. Ce n'est pas parfait puisque l'argent va à l'argent : l'échec d'un film ambitieux risque de briser la carrière d'un producteur car il n'y aura pas d'aide automatique pour le suivant, alors que le gros succès public d'un film sans valeur artistique génère une belle somme pour aider au montage financier du suivant. Mais au moins l'argent gagné par le cinéma va au cinéma. Les aventuriers sont éloignés d'une profession qui force à investir sur la durée.

Le changement dans la continuité de la fin des années 1940

Le cinéma de genre : comique et polar

C'est ce que les historiens ont baptisé « le cinéma du samedi soir ». Alors que le polar subit fortement l'influence du thriller d'outre-Atlantique, le comique s'enfonce au contraire dans la francité la plus profonde. Mais les autres genres ne sont pas négligés, par exemple les films chantés (par Tino Rossi) ou les mélodrames. Les cinéastes « commerciaux » les plus intéressants sont Carlo Rim, Jean Dréville, Gilles Grangier, Jean Boyer ou Henri Calef. André Berthomieu signe pour sa part inversement quelques-unes des plus sinistres comédies de l'époque.

Les grands succès comiques du temps sont Robert Dhéry (qui adapte ses triomphes sur scène : *Les Branquignols,* 1949), Fernandel (en moyenne quatre films par an) et Noël-Noël (*Les Casse-pieds* de Jean Dréville, lourdement couronné du prix Delluc et du Grand Prix du cinéma français en 1948). Et le public qui boude le *Voyage surprise* (Pierre Prévert, 1947) réserve la même année un grand succès à la vespasienne de *Clochemerle* de Pierre Chenal.

Dans ce contexte médiocre, la révélation de Jacques Tati est extraordinaire. *Jour de fête* (1949) est bâti autour du personnage central du facteur cycliste interprété par l'auteur et cristallisant tous les gags. Éloigné du clown ou du fantaisiste de music-hall parce que plus réaliste, mais empruntant beaucoup à la technique du mime par ses membres en perpétuel mouvement, le Facteur/Tati subit d'abord la risée de ses concitoyens (les forains se moquent de sa manière de pédaler, il est attaqué par des guêpes, oublie en démarrant que son vélo est retenu par une chaîne…) mais devient ensuite créateur après avoir vu le documentaire sur la poste américaine ; il répare alors à coups de pied une boîte à musique, double une course cycliste, franchit un feu de broussailles, embroche une lettre aux dents d'une fourche, en dépose une autre dans une batteuse-lieuse ou dans un puits, accroche une dernière à la queue d'un cheval et place brutalement un colis sous le couteau du boucher…

En 1945, le policier français semble devoir retrouver la tradition d'avant-guerre, le film noir étant alors un proche cousin du réalisme poétique, seulement un peu moins symbolique et plus événementiel que la tendance Carné-Prévert. Ainsi *Au-delà des grilles,* tourné en 1949 à Gênes par René Clément avec Jean Gabin, conte les amours impossibles du meurtrier de sa maîtresse infidèle et d'une jeune serveuse de restaurant, mère d'une fillette jalouse. Dans *Une si jolie petite plage* (d'Yves Allégret, sur un scénario de Jacques Sigurd, 1948), un étranger est accusé de meurtre dans un hôtel minable dont la patronne exploite des enfants de l'Assistance publique ; la tonalité poisseuse est fournie par la pluie baignant sans arrêt la plage du Nord en hiver. Mais à partir de 1947-1948, la collection «Série Noire» de Marcel Duhamel (éditions Gallimard) fait connaître le roman noir américain. *Mission à Tanger* (André Hunebelle, 1949) rompt alors avec les brumes et les états d'âme pour camper le personnage d'un brillant journaliste plein de charme conférant beaucoup de légèreté au récit. Les années 1950 embrayeront sur ce style avec les aventures de Lemmy Caution incarné par Eddie Constantine.

Un cinéma de vedettes et de scénaristes

Dès 1945, les films se montent à nouveau sur les noms de Jean Gabin, Charles Vanel, Michel Simon, Danielle Darrieux ou Michèle Morgan. Côté renouveau, on ne peut compter que sur Simone Signoret lancée en 1946 par son mari Yves Allégret dans le créneau « films d'auteur » et, du côté plus populaire, Martine Carol tout à coup célèbre en 1951 grâce à *Caroline chérie* (Richard Pottier). En fait, la seule découverte vraiment importante avant Brigitte Bardot en 1956 est Gérard Philipe auréolé de sa gloire théâtrale au TNP de Jean Vilar. Au cinéma *Le Diable au corps* (Claude Autant-Lara, 1946) lance sa carrière qui sera arrêtée une douzaine d'années plus tard par sa mort à 37 ans après *Les Liaisons dangereuses* (1959, Roger Vadim).

Le problème du cinéma français d'après-guerre est qu'il n'a pas d'épine dorsale esthétique. Avant, il y avait eu le réalisme poétique. En 1958, il y aura la Nouvelle Vague. Entre les deux, on ne trouve que cette définition de « Qualité française » qui n'est pas un mouvement mais seulement un qualificatif donné par dédain. Ce ne sont pas en effet les Jean Delannoy ou Claude Autant-Lara qui s'en réclament, mais au contraire leurs adversaires qui les affublent de ce terme. En fait, il s'agit d'une période de transition caractérisée par la force d'un cinéma en place à peine égratigné par quelques indépendants qui annoncent autre chose. En gros les modèles de création des années 1930 sont reconduits et si Jacques Prévert arrête d'écrire des scénarios après 1948 (*Les Amants de Vérone*, André Cayatte), désorientant Marcel Carné, Jean Aurenche et Pierre Bost vont jouer auprès de Claude Autant-Lara le rôle de Prévert avec Carné ! Vilipendés par François Truffaut dans son célèbre article « Une certaine tendance du cinéma français » (*Cahiers du Cinéma*, n°31, janvier 1954), les scénaristes appliquent leur principe de l'équivalence consistant, pour être fidèle à l'esprit de l'œuvre d'origine, à inventer des scènes nouvelles remplaçant celles considérées comme intournables. Cette manière d'imaginer ce que l'auteur aurait pu écrire s'il avait fait un scénario au lieu d'un roman est évidemment discutable et André Bazin, louant au contraire la fidélité littérale de Robert Bresson au *Journal d'un curé de campagne* de Georges Bernanos, écrit dès 1951 : « Après Robert Bresson, Aurenche et Bost ne sont plus que les Viollet-le-Duc de l'adaptation cinématographique. » De même le couple Jacques Sigurd-Yves Allégret est indissociable, aussi bien dans la noirceur policière (*Manèges*, 1950) que dans le réalisme social (*La Meilleure Part*, 1956).

Au cœur du système : Claude Autant-Lara et Henri-Georges Clouzot

En 1947, la grande affaire est l'adaptation par Autant-Lara du *Diable au corps* de Raymond Radiguet, l'année suivante sera celle de *Manon* de l'abbé Prévost par Clouzot. Dans les deux cas, la volonté de choquer est évidente et un beau succès public sera au rendez-vous. Radiguet avait scandalisé en 1923 avec la liaison d'un garçon de 15 ans et d'une jeune femme épouse d'un poilu des tranchées de la Grande Guerre. *Star system* oblige, les scénaristes vieillissent de deux ans le personnage masculin pour pouvoir engager Gérard Philipe (qui a alors 24 ans) face à Micheline Presle. Certes on sentira dans le film davantage l'anticléricalisme, l'antimilitarisme et la révolte contre la bourgeoisie des adaptateurs que la passion dévastatrice de Radiguet. Les personnages sont un peu en retrait par rapport à leurs modèles romanesques et l'idéologique remplace le phénoménologique. Mais la force de l'histoire demeure et le couple vedette fait une prestation remarquable, en se dégageant de l'intrigue et des pièges de mise en scène. Clouzot transpose quant à lui *Manon* dans la période charnière où la fin de l'Occupation débouche sur les premiers mouvements de Libération et c'est dans le désert palestinien que Manon et Des Grieux trouveront la mort, seul terme possible à leur passion. Cette fois, Clouzot a osé aborder la trouble période contemporaine et il découvre surtout l'extraordinaire Cécile Aubry, image d'un amour fou adolescent massacré par une société réductrice et médiocre, exaspérée par une sensualité vitale impossible à contenir. Il faudra attendre Brigitte Bardot pour que cette violence dynamique crève à nouveau l'écran, mais le contexte ne sera plus le même : BB est un produit de la prospérité tandis que le personnage de Cécile Aubry, né de la crise économique, s'adresse aux spectateurs de la reconstruction, Clouzot jouant bien du léger décalage entre le temps de l'action et celui de la projection (1949).

Un cinéma intimiste : Jacques Becker

Contre les coups de boutoir d'Autant-Lara ou de Clouzot, *Antoine et Antoinette* (1946) comme *Rendez-vous de juillet* (1948) proposent la chronique d'une jeunesse vivant l'amour au quotidien loin des passions dévastatrices vouées à la mort causée par des rencontres mélodramatiques avec l'Histoire. Chez Becker on a plus modestement rendez-vous avec l'autre, c'est-à-dire aussi avec soi-même et avec un présent qu'il convient de transformer en avenir. Becker est alors le représentant – à la suite de Renoir et avec Grémillon – de la pure tradition réaliste.

Antoine et Antoinette excelle dans les scènes de la vie privée d'un jeune couple ouvrier : rien d'expérimental, de révolutionnaire, de choquant ou de clinquant dans cette affirmation tranquille d'un regard judicieux. Quant au *Rendez-vous de juillet*, c'est la peinture pointilliste d'un groupe de jeunes en 1945... observés en 1948. Là, le décalage réside dans ces trois ans qui permettent au réalisateur de ne pas adhérer pleinement aux espoirs d'une jeunesse sortie de la guerre (l'âge des illusions) et qui devra peu à peu devenir plus réaliste. Il ne s'agit d'ailleurs pas du tout d'un constat sociologique mais d'une série de portraits entremêlés, avec une légèreté de touche bien adaptée à la trame musicale servant d'arrière-plan sonore. Becker est avec eux, mais il a trois ans d'avance et sait qu'ils seront déçus, ce qui ne rend son regard que plus empreint de sympathie chaleureuse. De toute manière, ils ont la jeunesse pour eux, c'est-à-dire le mouvement, la fraîcheur et un bon brin d'insouciance. Le film respire à leur rythme, esquive comme les personnages les quelques nuages annonciateurs de lendemains qui ne chanteraient pas tout à fait, et il ne plante pas à la croisée des chemins les lourds symboles du destin fichés dans toutes les œuvres du réalisme poétique. Pourtant un trouble s'installe, comme une faille, une série de glissements qui mettent quelques courts instants mal à l'aise... puis la vie continue.

Ainsi Becker respecte toutes les règles du cinéma français de l'époque sauf une : celle du scénario signifiant sculpté dans le marbre. La dramaturgie est à l'image, pas forcément sur le papier et les raccords se trouvent au montage plus que dans la dramaturgie. Cinéaste plus qu'écrivain, Becker évacue la tare numéro un du cinéma national : son caractère littéraire. Ses films ont du relief ; la vie s'insinue autour des dialogues qui ne constituent pas l'armature immuable de la création. Becker a le goût des creux, des moments vides où les êtres se révèlent autrement qu'en prononçant des paroles définitives. En 1949 cette liberté du réalisateur a de quoi surprendre une critique peu habituée à considérer les caractères spécifiquement cinématographiques des films analysés. Certes les deux films de Becker ne sont pas en discordance avec le reste du cinéma, mais ils jouent en douceur alors qu'on en est plutôt à forcer la note. C'est pourquoi les autres ont vieilli (puisqu'ils accusent déjà les traits) alors que les œuvres de Becker sont les seules à nous retenir par leur charme, leur humour à peine esquissé, leur goût et leur élégance, toutes qualités que l'on aime à considérer comme typiquement françaises mais qu'on ne trouve finalement pas si souvent réunies dans notre cinéma. Becker est donc représentatif d'un 7e art rêvé plutôt que réel : il est désir de cinéma.

Un cinéaste poète: Jean Cocteau

La fin des années 1940 et le début de la décennie suivante marquent un peu le déclin de Marcel Pagnol et de Sacha Guitry. Les échecs du premier (*Les Lettres de mon moulin* en 1954 mais déjà – dans une certaine mesure – le troisième *Topaze* en 1951 et *La Belle Meunière* en 1949 avec Tino Rossi) comme les superproductions poussives du second (*Si Versailles m'était conté*, 1954 ; *Napoléon*, 1955 ; *Si Paris nous était conté*, 1956) font en effet un peu oublier les excellents *Manon des sources* (Pagnol, 1953), *La Poison* ou *La Vie d'un honnête homme* (Guitry, 1951-1953). Il est vrai que les chefs-d'œuvre de ceux qui s'étaient d'abord déclarés adeptes du théâtre filmé sont derrière eux. La période de l'immédiate après-guerre de Guitry résonne d'un ton moraliste acide vis-à-vis des hypocrisies bourgeoises que ses démêlés avec les comités d'épuration l'ont amené à prendre. Il parvient à revenir au premier plan de la vie culturelle parisienne et, loin d'adopter une attitude de défense, accuse avec violence et revendique la théâtralisation comme un style spécifiquement cinématographique. Pour sa part poète des salons parisiens à la mode et homme de théâtre de premier plan, Jean Cocteau tourne dès 1930 son premier court-métrage, *Le Sang d'un poète*, commandité par le comte et la comtesse de Noailles. Mais c'est sous l'Occupation qu'il commence vraiment une carrière de cinéaste, connaissant à 54 ans, en 1943, son premier succès public, quand il écrit *L'Éternel retour* mis en scène par Jean Delannoy. En 1945, il signe les dialogues des *Dames du bois de Boulogne* de Robert Bresson et tourne en tant qu'auteur-réalisateur (avec René Clément comme conseiller technique) *La Belle et la bête* d'après un conte de Madame Leprince de Beaumont imaginé avec le décorateur Christian Bérard et tourné au superbe château de Raray près de Senlis. Maquillages et trucages sont au niveau des décors somptueux, des éclairages magiques et de la parole du poète qui soulignent une mise en scène aux mouvements vertigineux. Chef-d'œuvre de maniérisme, de beauté, d'évidence et de grâce, miracle d'harmonie et d'équilibre, *La Belle et la bête* est le film d'un amateur de génie qui filme ce qu'il rêve et rend naturels les fantasmes oniriques les plus sophistiqués. En outre, comme Guitry et Pagnol, Cocteau alimente et règle en toute simplicité les débats sur la théâtralité et la cinématographie quand il filme lui-même ses pièces. Ainsi, dans *Les Parents terribles* (1948), il respecte entièrement le huis clos et le numéro d'acteurs du théâtre, chacun étant montré en gros plan comme aucun spectateur de la pièce n'avait pu le voir. On connaît en outre la géniale trouvaille de Cocteau justifiant le loupé technique final (un travelling tremblé) par les mots «Et la roulotte continue sa route, les romanichels ne s'arrêtent pas». Par là, le tremblé traduit les cahots du mouvement : non seulement la prise est sauvée, mais une dimension non négligeable est conférée ainsi à la scène finale! André Bazin a montré que c'est en respectant au maximum la théâtralité de la pièce que Cocteau est parvenu à la meilleure spécificité cinématographique. Pourtant, et c'est là toute la subtilité de l'œuvre de Cocteau, l'auteur s'inscrit dans la logique des films «de dialogues» de l'époque : du bon Jeanson bien filmé, en somme, respectant la tradition du mot d'auteur et de la situation théâtrale ; Cocteau fait seulement beaucoup mieux que les autres.

En 1950, *Orphée* tranche à nouveau radicalement avec la production de son temps ; l'imaginaire y est traité dans des tonalités d'un réalisme sidérant. Le poète Orphée (Jean Marais) descend aux enfers rechercher son Eurydice et la mort prend les traits de Maria Casarès pour peser sur le destin des simples mortels du fond de sa voiture aux vitres noires précédée des anges de l'au-delà, motocyclistes exécuteurs des basses œuvres. De simples ralentis, des effets de vent et des casernes à l'abandon campent un univers d'un autre monde : le cinéma vérité et le cinéma mensonge se croisent comme documentaire et fiction dans la nature spécifique de la poésie de Cocteau.

Trois œuvres insolites que l'Histoire considérera comme pionnières

Dès la Libération, le mouvement des ciné-clubs prend son essor en France, structuré à partir de trois fédérations alimentant en chefs-d'œuvre du passé (S.M. Eisenstein, Orson Welles ou Carl Dreyer), réussites étrangères (néoréalisme italien) et œuvres innovantes françaises (courts-métrages d'Alain Resnais ou Georges Franju) des séances où se forgent un nouveau public de connaisseurs exigeants. Certes les revues de cinéma non professionnelles sont encore rares (*L'écran français*, la seconde série de *La revue du cinéma* de Jean George Auriol), mais les critiques pertinentes sont de plus en plus nombreuses dans les journaux. Ces gens qu'on appellera bientôt des cinéphiles font le succès culturel de films comme *Farrebique* (1946), *Le Silence de la mer* (1947) ou *Les Dernières Vacances* (1948).

Georges Rouquier a tourné *Farrebique* au village de Goutrens, dans l'Aveyron, où il a passé son enfance. Jean Quéval écrit à la sortie que le film «intègre un poème virgilien dans un documentaire social». En effet, Rouquier atteint au lyrisme d'un beau poème paysan. Pour tourner le film, Rouquier a vécu toute une année avec les fermiers, puis consacré neuf mois au montage. Son scénario raconte simplement l'histoire d'une année de vie dans une petite ferme du Rouergue. Le quotidien fournit l'anecdote, le déroulement des saisons donne le rythme et les dialogues sont ceux des véritables paysans qui jouent leur propre rôle. Mais Rouquier a travaillé en cinéaste : il a inventé des scènes (la mort du grand-père), réécrit certaines paroles dites ensuite par les protagonistes. Avec les techniques du cinéma direct qui ne seront mises au point que près de vingt ans plus tard, il aurait conçu sa mise en scène autrement, mais en 1944-1945 il tourne avec un matériel lourd et des éclairages qui gênent la spontanéité de certains. Le résultat n'en est que plus satisfaisant. Ce qui pourrait être pris au début pour de la maladresse devant la caméra s'affirme plutôt comme une réserve digne de respect et la chaleur humaine retient finalement davantage que les travaux des champs.

Nous avons déjà évoqué le premier long-métrage de Jean-Pierre Melville tourné en tout amateurisme, liberté et indépendance : alors que le coût moyen d'un long-métrage est de 50 millions, il tourne *Le Silence de la mer* pour 6 millions. Sans argent, il n'achète pas les droits d'adaptation du célèbre roman de Vercors, fondateur dans la Résistance des Éditions de Minuit. Quand l'écrivain verra le résultat, il lui donnera après coup son accord, séduit par ce film ascétique en rupture avec le style emphatique trop souvent de rigueur à l'époque. Son chef opérateur, Henri Decaë, signe lui aussi à cette occasion son premier long-métrage et travaille presque sans éclairage avec des interprètes non maquillés. Dans la mesure où Melville n'a pas demandé d'autorisations de tournage et qu'aucun collaborateur de création n'a de carte professionnelle, la postproduction est assez longue pour régulariser les diverses opérations et la sortie commerciale n'aura lieu qu'en 1949. Melville accuse le monologue de l'officier en ne faisant s'exprimer le vieux narrateur qu'en voix off subjective. Le récit conserve donc l'allure réflexive du livre où un Allemand idéaliste découvre qu'il n'existe pas de « bonne » guerre. Assez statique, la mise en scène tourne autour de l'âtre devant lequel s'exprime l'occupant. À part quelques gros plans insistants, la réserve de la réalisation traduit bien l'impossible éclosion d'un amour étouffé par le huis clos des circonstances. Sans cette ascèse formelle, le film risquait de tourner à la tragédie classique de l'amour et du devoir. Grâce à elle, il propose une réflexion plus ambiguë.

Roger Leenhardt, lui, vient de la critique (*Esprit*, *L'écran français*) : « J'ai vraiment fait *Les Dernières Vacances* comme on écrit un roman, sans penser à un éditeur », déclare le cinéaste qui insiste sur l'idée de clarté du récit construit à partir d'un seul flash-back. Le film déroute pourtant les distributeurs par le manque d'action dramatique, bien qu'il y ait en vérité « deux sujets : la fin d'une propriété de famille et une histoire d'amours enfantines. « Je les ai traités à égalité. Si j'avais traité seulement l'un ou l'autre, cela aurait correspondu au schéma classique que le public demande couramment. » Avec *Les Dernières Vacances*, Leenhardt revivifie aux sources du cinéma un classique du roman : la psychologie poétique de l'enfance, l'histoire des grands domaines et l'éveil amoureux de l'adolescence du type *Grand Meaulnes*. En outre l'action se situe en 1934 qu'il voit personnellement comme « la dernière année de la paix ». Ce double recul (1934 filmé en 1948 ; un sujet classique de la littérature tenté au cinéma avec un scénario original) est concrétisé par la structure du retour en arrière, Leenhardt adoptant un style très souple, attentif à la sensibilité des jeunes interprètes inconnus. L'auteur pénètre avec aisance, naturel et simplicité dans cette grande famille protestante. Il utilise aussi avec élégance la profondeur de champ à l'image du cinéma américain depuis Orson Welles, mais selon une technique non habituelle au cinéma français de 1948. En phase avec le public ciné-club, des œuvres novatrices comme *Farrebique*, *Le Silence de la mer* et *Les Dernières Vacances*, conçues hors du cercle spécifique des professionnels du cinéma, militent pour un autre 7e art. Mais la forteresse est solide et va encore résister dix ans.

Le cinéma des années 1950 : une industrie de professionnels

La baisse de la fréquentation cinématographique commence en 1958, date à laquelle le nombre de films produits annuellement se met à augmenter (paradoxalement, en parallèle avec la fuite du public!), deux phénomènes strictement contemporains de l'apparition de la Nouvelle Vague. Jusqu'en 1957, la stabilité caractérise donc le cinéma français car on ne peut parler ni d'une industrie en expansion ni en perte de vitesse. Stagnation serait pessimiste : si les chiffres de l'exploitation plafonnent, c'est à un niveau satisfaisant qui interdit de chercher des signes d'essoufflement. Bref le cinéma ronronne à un bon régime. Le reste est question d'art, d'expression, de métier barricadé dans des structures syndicales protectionnistes d'esprit militaire (avant d'être capitaine – c'est-à-dire réalisateur –, il faut être moussaillon – à savoir stagiaire puis troisième assistant). Pourtant les politiques commencent à parler de « valeur éducative » ou de « diffusion de la langue française dans le monde », ce qui pose pour la première fois la question de la qualité des films. Interpellés, les professionnels renâclent d'abord puis répondent en instaurant la prime à la qualité. Dorénavant, chaque année, des films bénéficieront d'une somme d'argent importante (qui se stabilisera vite autour d'un bon tiers du budget) à la vue de leur valeur artistique. L'aide automatique de 1948 calculée au prorata des recettes subsiste, mais, à côté de cette procédure purement commerciale, ce nouveau critère d'appréciation apparaît dégagé des contingences mercantiles. Devant un film difficile qui risque d'attirer moins de spectateurs, un producteur pourra « jouer » cette carte, en se disant que si l'œuvre est reconnue par la critique, il se verra attribuer directement cette subvention prise sur le fonds d'aide au lieu d'attendre un an des résultats d'exploitation pas forcément favorables.

En fait, il faudra les décrets-lois d'application de mai 1955 pour que certains films commencent à pouvoir bénéficier de cette prime en 1956. Ainsi en 1957, cinq premiers longs-métrages la reçoivent : Jacques Baratier (*Goha*), Marcel Camus (*Mort en fraude*), Claude Chabrol (*Le Beau Serge*), Pierre Kast (*Un amour de poche*), Louis Malle (*Ascenseur pour l'échafaud*). Grâce à cette législation, les candidats à la réalisation d'un premier long-métrage auront plus de chances de convaincre un producteur de leur permettre de réaliser un film personnel au lieu de passer obligatoirement d'abord par un polar ou un comique. La Nouvelle Vague est en germe dans cette prime et elle en profitera largement.

Mais en attendant, le cinéma vit ses dernières années de divertissement (purement, ou presque) populaire : films avec le chanteur Luis Mariano, le comique Fernand Raynaud, les orchestres de Jacques Hélian et Aimé Barelli, l'animateur de radio Jean Nohain… Il n'y a encore que 40 000 postes de télévision dans le pays ; pas de quoi s'inquiéter. D'ailleurs l'année 1950 aurait pu marquer l'aube d'un renouveau : le prix Delluc couronne *Journal d'un curé de campagne* (R. Bresson) et le prix Méliès *Rendez-vous de juillet* (J. Becker), tandis que sortent *Orphée* (J. Cocteau), *Les Enfants terribles* (J. P. Melville) et *La Ronde* (M. Ophuls). Le film de Becker, en particulier, avait tout pour devenir le symbole de l'essor d'une génération. Mais on n'assume pas un mouvement esthétique seul (J. Becker) ou à deux (avec J. P. Melville) : Ophuls, Bresson et Cocteau filment peu et les cinéastes reconnus alors comme les maîtres des années 1950 restent bel et bien René Clair (couronné par le Méliès en 1952 – *Les Belles de nuit* –, Le Delluc en 1955 – *Les Grandes Manœuvres* – et le Méliès pour le même film l'année suivante), H. G. Clouzot (*Le Salaire de la peur*, Palme d'or 1953 à Cannes ; prix Louis Delluc aux *Diaboliques* en 1954) et Claude Autant-Lara (le prix Georges Méliès pour *Le Rouge et le noir*, 1954, puis *La Traversée de*

Paris en 1957). Côté distribution des prix, Bresson et Tati sont également gâtés (primés à chacun de leur film), mais ils n'encombrent guère les écrans et demeurent par conséquent marginaux alors que les J. Delannoy, A. Cayatte, Christian-Jaque, J. Duvivier, J. Dréville, M. Carné, R. Clément, Y. Allégret, C. Rim ou G. Lacombe constituent l'essentiel des metteurs en scène auxquels chacun prête un très grand talent, à tort ou à raison.

Claude Autant-Lara passe dans les années 1950 pour un authentique homme de gauche. Son goût prononcé pour Marcel Aymé viendra bientôt brouiller les pistes mais, pour l'heure, il est auréolé de soufre après *Le Diable au corps* et se comporte en « anti-tout » vigoureux, peu subtil mais sympathique. Autant-Lara adore choquer la morale, la religion et les valeurs bourgeoises. Il choisit donc soigneusement ses sujets dans ce sens : Fernandel en moine paillard (*L'Auberge rouge*, 1951), une femme d'âge mûr et un adolescent (Colette remplaçant Radiguet sur le même thème pour *Le Blé en herbe*, 1954), les profiteurs de l'Occupation (*Le Bon Dieu sans confession*, 1953), les vieux bourgeois concupiscents amateurs de chair fraîche (*En cas de malheur*, 1958)... Tournant beaucoup, Autant-Lara confond parfois révolte authentique et goût du salace (*Les Régates de San Francisco* et *La Jument verte* en 1959) et s'astreint bien entendu aux adaptations littéraires de prestige quasi obligées (*Le Rouge et le noir*, 1954). Mais sa veine la plus féconde s'exerce dans l'agression du confort mesquin des médiocres hypocrites. Sa plus grande réussite est donc *La Traversée de Paris* (1956), où l'esthétique théâtrale du studio sert la violence de la caricature qui serait mal passée coulée dans une tonalité réaliste ou un parti pris psychologique. Rugi par Jean Gabin dans un sordide bistrot de quartier, son fameux « Salauds de pauvres ! » ne manque pas d'allure, et le cinéaste, tout en égratignant les institutions ou l'état d'esprit d'une époque, administre quelques gifles cinglantes au public lui-même qui les reçoit mieux dans un contexte ainsi stylisé. Car Autant-Lara est par ailleurs un commerçant avisé, sachant par exemple utiliser l'affiche Gabin-Bardot (Qualité française « contre » Nouvelle Vague) pour concocter un des brûlots dont il a le secret (*En cas de malheur*, 1958).

Cette recherche du scandale est partagée par d'autres réalisateurs. En 1954, *Avant le déluge* est un scénario très dur de Charles Spaak présenté brutalement par André Cayatte qui choque en effet la censure. De même, beaucoup reprochent à Yves Allégret de filmer quelqu'un qui vomit dans *Les Orgueilleux* (1955), film où les audaces sexuelles et idéologiques se donnent d'ailleurs rendez-vous à chaque plan. Mais c'est certainement Henri-Georges Clouzot qui se rapproche le plus d'Autant-Lara par sa critique très dure de notre société. En fait Clouzot est plus violent car il dénonce la bassesse, la profonde laideur humaine, alors qu'Autant-Lara attaque plutôt l'homme social enfermé dans les attributs de son rang. Autant-Lara jubile à faire sauter les masques et s'arrête à ce coup d'éclat. C'est alors que commence le travail de Clouzot qui démolit consciencieusement l'individu lui-même, le baigne littéralement dans le sang (*Les Diaboliques*, 1955) ou la boue (*Le Salaire de la peur*, 1953), le fait suer d'angoisse et pâlir de terreur. Sa vision naturaliste s'encombre paradoxalement d'une esthétique à mi-chemin entre le baroque (les décors) et l'expressionnisme (les éclairages), mais son extraordinaire talent technique donne à l'ensemble une élégance glacée qui enrobe ces éléments disparates dans l'attrait pervers d'une expression souveraine. Clouzot ne se sert pas du studio pour recréer le monde réel. Il joue de la magie du cinéma pour fabriquer un univers imaginaire infernal où son pessimisme se donne libre cours. Seuls les êtres jeunes et amoureux trouvent grâce à ses yeux, mais généralement pas pour longtemps. Clouzot a aussi la passion des mécaniques dramatiques efficaces comme des numéros d'acteurs. Cultivant avec soin son image de créateur inspiré briseur de vedette, dictateur de plateau et amateur de très gros budgets, il s'impose sur tous les tableaux comme auteur, professionnel et homme public. Alors que *La Vérité* (1960) reprend la recette d'*En cas de malheur* avec cette fois Bardot-Vanel, on peut croire qu'il passera le cap de la Nouvelle Vague, mais la maladie le terrasse (*L'Enfer* est interrompu en 1964) et il ne réalise qu'un seul long-métrage (*La Prisonnière*, 1967) entre 1961 et sa mort en 1977. Sa carrière s'identifie donc exactement à cette période d'après-guerre et des années 1950 qu'elle caractérise finalement assez bien.

Quant à René Clément, il était en train de s'enfermer dans son image de marque de « grand technicien » parce qu'il avait été le coréalisateur du *Père tranquille* de Noël-Noël et de *La Belle et la bête* de Cocteau lorsque, coup sur coup, *Jeux interdits* (1952) et *M. Ripois* (1953) constituent deux réussites authentiques et marquent la très courte apogée de sa carrière d'auteur. Ces deux films témoignent des tendances contradictoires que Clément essaye de gérer : *Jeux interdits* regarde du côté d'Autant-Lara par sa description caricaturale d'une famille paysanne et peut-être vers Clouzot par les jeux morbides des deux enfants. *M. Ripois* au contraire dégèle Gérard Philipe, le filme en cachette dans les rues de Londres et lui ôte les attributs tragiques du Cid pour en faire une sorte d'antihéros pré-Nouvelle Vague. Clément se révèle brillant. Le personnage de séducteur somme toute méprisable que campe l'acteur avec bonheur résiste aux stéréotypes. Il irrite et gagne donc finalement son droit à l'existence cinématographique. Sur ce sujet, Clément se comporte en metteur en scène de comédie américaine avec seulement une certaine sécheresse intellectuelle qui déçoit les admirateurs du roman de Louis Hémon. Les dialogues de Raymond Queneau tirent en effet le film vers d'autres rivages littéraires, mais ces tiraillements donnent justement à l'œuvre un ton acide qui fait l'essentiel de son charme.

Clément cultive malheureusement un peu trop l'exercice de style, passant par exemple d'une adaptation de Zola (*Gervaise*, 1955) à une transposition de Marguerite Duras (*Barrage contre le Pacifique*, 1958) avec le même professionnalisme réducteur : l'originalité des romanciers disparaît et ne reste qu'une anecdote – à peine des personnages –, illustrée avec un savoir-faire sans faille. Dès les premières manifestations de la Nouvelle Vague, il veut imiter les jeunes cinéastes et réalise *Plein soleil* en 1959 avec Alain Delon et Maurice Ronet, Paul Gegauff comme scénariste et Henri Decaë à la caméra. Mais *Plein soleil* et *Les Tricheurs* de Carné (1958) sont des produits sensibles à la mode auxquels manque le minimum de sincérité nécessaire à faire vivre ces œuvres. En fait René Clément n'a rien à dire et le « cinéma d'auteur » lui sera donc fatal, mais on peut regretter son talent de conteur et sa passion des belles images.

En fait, la plaie des années 1950 est que le système corporatiste de l'esthétique de studio barre systématiquement la route aux jeunes créateurs. Il faut vingt ans pour devenir réalisateur, en suivant la voie classique. Vingt ans d'obscurs travaux de troisième assistant, aide-régisseur ou secrétaire de production qui n'ont évidemment aucun rapport avec la mise en scène. Entre 20 et 30 ans, le cinéaste s'use à jouer les garçons de course alors qu'il vit sa période la plus créative. Mais le talent et les idées ne sont permis qu'aux anciens. De 30 à 40 ans, il est alors second puis premier assistant ou coscénariste, mais on attend de lui de la technique, de l'habileté, de l'efficacité, et toujours pas de création. Usés prématurément par ces tâches subalternes et ayant passé l'âge des rébellions, les plus chanceux et les plus roublards gagnent enfin le droit à 40 ans de tourner un petit polar de série B sur un scénario qu'ils n'ont pas écrit, entourés par des techniciens confirmés et aux normes, avec les mêmes acteurs que tous les autres films du même genre. Aseptisé, standardisé, devenu le rouage modeste d'une vaste entreprise dont la maîtrise lui échappe, le « nouveau » utilisateur est alors accueilli dans le cénacle des professionnels, passant d'un seul coup de l'inexistence à l'embaumement prématuré. Très peu sont capables de sortir indemnes d'un tel cheminement ou de réveiller leur énergie une fois le but atteint : alors que tout devrait commencer, l'étape décisive du premier long-métrage constitue donc généralement une fin, le triomphe de l'immobilisme conservateur.

Ce cinéma de la qualité est analysé par le critique François Truffaut dans son étude pamphlétaire «Une certaine tendance du cinéma français» (*Cahiers du cinéma*, n°31, janvier 1954) comme l'esthétique du réalisme psychologique, lointaine dégénérescence du réalisme poétique d'avant-guerre. Cette idée d'un retour du psychologisme, maladie endémique du cinéma français venant occulter la poésie de 1935-1939, est intéressante : cinéastes et surtout scénaristes reviennent à la facilité des stéréotypes et, pour Truffaut, ce sont même les anciens qui copient sans talent les nouveaux puisque «Yves Allégret, Delannoy, ne sont que les caricatures de Clouzot et Bresson». Le cinéma des années 1950 se contente généralement de «reproduire» la réalité en studio. D'ailleurs Jean Renoir, de retour en France après une douzaine d'années hors des frontières (et un chef-d'œuvre aux Indes : *Le Fleuve*, 1951), tournera avec beaucoup de réticences *French Cancan* (1954) en décors de studio tendant à être moins poétiques et de plus en plus naturalistes, sans pour autant parvenir à la vérité. Il demande donc à Max Douy de forcer la couleur, de mettre des teintes violentes qui accrochent l'œil afin que la peinture l'emporte sur l'architecture et que, vu le sujet populiste, l'esthétique se situe davantage du côté de l'impressionnisme pictural que du réalisme poétique cinématographique. Mais il n'est pas évident qu'il y soit tout à fait parvenu, d'autant plus que le plateau favorise un néo-expressionnisme révélateur de la dictature du chef opérateur au tournage comme il y avait eu celle de l'ingénieur du son au début du parlant. La précision du jeu des ombres et des lumières, impossible à obtenir en extérieurs, a en effet tendance à remplacer l'opération de mise en scène réduite à la haute technicité au lieu de traduire le regard du réalisateur dont le rôle se sclérose encore par la construction avant tournage de décors parcellaires correspondant exactement aux mouvements de caméra et aux déplacements des personnages prévus *ne varietur* dès le découpage ! À exiger un son parfait, une photo parfaite et un décor parfait, on obtient en bout de course un mauvais film car il ne reste plus aucune place pour l'essentiel, à savoir la mise en scène. Dans les années 1950, la construction d'un décor est devenue une opération artistique en elle-même qui conditionne la tonalité générale du film : *Porte des Lilas* (R. Clair, décors L. Barsacq, 1957) est l'archétype mythique d'une idée de banlieue totalement fantasmée ; les intérieurs des *Grandes Manœuvres*

(R. Clair, décors L. Barsacq, 1955) sont dépouillés au maximum et les couleurs gommées pour que les rouges attirent l'attention sur un détail signifiant plus sûrement encore que ne l'aurait fait un gros plan. Quant à la fameuse forêt de *Juliette ou la clef des songes* (M. Carné, décors A. Trauner, 1951), elle occupe deux plateaux communicants à Boulogne, forêt mobile et modulable qu'Henri Alekan eut les plus grandes difficultés à éclairer. La technique s'est muée en conception plastique et celle-ci sert de vision du monde.

Restent heureusement les personnages et leurs interprètes pour donner vie à ces univers de carton-pâte. Daniel Gélin est le jeune premier à la mode, un peu «bohème» mais pas trop ; Martine Carol voit ses prestations de star sexy à la vie privée plus importante que ses rôles concurrencées par le naturel d'une Françoise Arnoul révélée dans les premiers films d'Henri Verneuil. Parfois aussi un rôle met tout à coup en avant une comédienne et lui permet de trouver une troublante vérité. Ainsi, Danielle Darrieux échappe à son image cinématographique pour donner à la femme meurtrière de *La Vérité sur Bébé Donge* (Henri Decoin, 1952) une violence ambiguë pleine d'humanité qui émerge de la noirceur du roman de Simenon poussée au maximum par le cinéaste. Pourquoi Élisabeth (dite Bébé) Donge a-t-elle versé du poison dans le café de son mari jadis aimé passionnément ? Danielle Darrieux suggère par son interprétation une révolte inconsciente contre sa prison dorée où elle a perdu son identité, les hommes qui l'entourent l'ayant réduite à l'inexistence et totalement vidée de sa substance. Incapable de conceptualiser son mécontentement, elle accomplit d'instinct un geste sans appel.

Le cinéma des années 1950 : et pourtant ils tournent

Dans *Le ciel est à vous* (1944), Jean Grémillon compose un beau portrait de femme devenant championne d'aviation avec le soutien actif de son mari. Dix ans plus tard, Micheline Presle est médecin dans *L'Amour d'une femme* (1954), mais cette fois Grémillon montre que sa vocation se heurte à la volonté de celui qu'elle aime : il lui demande de choisir entre lui et sa profession. Elle opte pour cette dernière, se condamnant ainsi sans doute à la solitude sentimentale. Probablement finira-t-elle comme la vieille demoiselle qui s'apprête à mourir en glissant simplement dans l'oubli sans avoir vraiment marqué quelqu'un. Se réaliser ailleurs que dans la soumission à un homme est en effet encore à ce prix. Chaleureux appel à une revendication féministe avant la lettre, *L'Amour d'une femme* est le dernier long-métrage de Grémillon qui mourra en 1959, deux ans après Max Ophuls et quelques mois avant

Jacques Becker. C'est la fin d'une époque : trois des meilleurs cinéastes des années 1950 disparaissent à jamais.

De *Casque d'or* (1952) au *Trou* (1959), sans doute ses deux chefs-d'œuvre, Becker touche à tout : film d'auteur, cinéma de genre, exercice de mise en scène et commerce honorable. Mais la carrière de Becker n'est pas pour autant une œuvre moyenne, intermédiaire entre films d'«auteur» et films commerciaux de qualité. Disons plutôt que les deux tendances figurent conjointement à l'intérieur de chaque film, mais en pourcentage variable. Becker a dirigé avec un égal bonheur tous les types possibles d'interprètes : Fernandel, Robert Lamoureux, Jean Gabin ou Gérard Philipe sont en effet des «monstres sacrés». Mais à côté de ces stars, il a engagé aussi des non-professionnels dans *Le Trou*, sans oublier la pléiade de débutants des *Rendez-vous de juillet* qui feront ensuite une grande carrière : Daniel Gélin, Maurice Ronet, Nicole Courcel, Brigitte Auber… La direction d'acteurs semble en effet le passionner tout particulièrement, non pour le côté performance, mais pour donner à ses personnages une existence cinématographique ayant sa cohérence et sa propre vérité. Œuvrant dans un cinéma régi par la discipline stricte de la Qualité française (intrigues bien ficelées, acteurs et dialogues), Becker n'est pas réaliste par principe mais parce que ses personnages sont vrais, même dans *Touchez pas au grisbi*. Becker desserre tous les carcans (la tragédie, le brillant, le symbolisme…), surtout celui du réalisme et de son cortège de contraintes.

Dans les années 1950, Becker apparaît en somme comme un auteur de films assumant les aléas du cinéma commercial : il ne va pas à contre-courant mais détourne le fil de l'eau à son profit, le canalisant dans ses propres chenaux. C'est cette démarche de décantation (il ne prend que le bon) et d'appropriation qui provoque à la fois cette impression de distance et cet air de reconnaissance, cette double appartenance à un courant dominant et à une vision personnelle. C'est dans cette faille entre stéréotypes et subjectivité que s'infiltre un authentique réalisme, celui, déjà, de Vigo et de Renoir.

Le regard que Becker porte à son temps, c'est celui qu'il pose sur les êtres beaucoup plus que sur les événements. Il reflète des mentalités, des comportements, des aspirations. Ou plus exactement encore, c'est un regard posé sur le cinéma de son temps, médiatisé par lui. C'est effectivement davantage par rapport au cinéma que par rapport à la société que Becker détermine sa démarche créatrice, chacun de ses films pouvant toujours se caractériser par un quelque chose en plus ou en moins par rapport à tel genre cinématographique. En 1952, *Casque d'or* se définit ainsi par comparaison avec *Fanfan la Tulipe* ; ce en quoi il se démarque du film historique fait son prix plus que sa conception de l'histoire. De même *Touchez pas au grisbi* renouvelle le film noir français et américain, si bien que l'année suivante Jules Dassin lui-même ne pourra pas faire plus neuf avec *Du rififi chez les hommes*. Mythologie et réalisme font curieusement bon ménage aussi bien dans *Casque d'or* que dans le *Grisbi*, Becker ayant le goût des cocktails disparates aux tons acides.

Ainsi, l'œuvre de l'auteur peut être prise en tant que réflexion cinéphilique sur le meilleur (*Casque d'or*, *Goupi*…) comme sur le pire cinéma français (*Lupin*, *Ali Baba*). Sa longue collaboration avec Renoir l'avait habitué à tout voir à travers le cinéma. Peut-être faut-il finalement s'inscrire en faux contre l'idée d'un Becker considéré comme le plus français des cinéastes et dire au contraire qu'il est parvenu toute sa vie à pratiquer un cinéma d'auteur à l'américaine (genre celui d'un Cukor par exemple), puisqu'il a réussi à faire un cinéma d'auteur tout en œuvrant toujours dans le cinéma commercial : avec lui Fernandel devient acceptable, Raymond Rouleau attachant et Robert Lamoureux agréable. Il suffit de se souvenir de ce qu'ils sont généralement ailleurs pour apprécier le savoir-faire du réalisateur ! Il y a en Becker quelque chose de commun avec Max Ophuls. Tous deux sont des réalisateurs reconnaissables à leur touche, plutôt qu'ils n'impriment leur marque. Dans un cinéma systématique, d'artifice, de règles et de tics (Clair, Clouzot, Autant-Lara…), Becker introduit en effet la vie, la souplesse, la justesse et le rythme. Gommant ce que les autres soulignent, il travaille dans les demi-teintes et relâche les intrigues serrées.

Un des secrets de cette pratique réside sans doute dans le fait de baser ses histoires sur la psychologie individuelle des personnages. Becker évite ainsi tout schématisme (puisque la psychologie est très fouillée), mais, inversement, ancre solidement la psychologie dans le réel. Dès lors, ses films sont plus vrais que les « films psychologiques » (grâce aux relations rigoureuses avec le milieu), mais aussi que les « tranches de vie réalistes » (où la complexité psychologique est trop régulièrement sacrifiée à l'image de l'« homme social »). Cinéma dualiste jouant sur les deux composantes d'un même tableau, l'œuvre de Becker respecte la complexité du réel où l'homme peut agir sur le groupe mais où ses rapports personnels sont également fortement perturbés par son inscription dans le paysage social.

S'il nous fallait définir globalement l'originalité du cinéma de Becker, nous dirions donc : « des personnages et un style ». Pour d'autres cinéastes, ce serait plutôt une intrigue ou la description d'un milieu, l'incommunicabilité, l'absurdité de la vie ou l'emprise du mal. Becker n'est pas l'homme d'une fixation obsessionnelle sur un thème unique. Pourtant il s'est révélé incapable de travailler sur les matériaux d'un autre : il réécrit entièrement le scénario de Jeanson/Ophuls pour *Montparnasse 19*, «invente» une aventure originale d'Arsène Lupin au lieu d'adapter un roman et campe un Ali Baba ouvertement marseillais n'ayant plus grand rapport avec l'Orient! Chaque fois, Becker débusque la vérité derrière les stéréotypes du genre, donne forme à l'insaisissable et humanise les figures les plus exsangues.

Son témoignage touche, pourrait-on dire, la France profonde. C'est le côté désengagé bien connu du cinéma français. Becker n'y échappe point, mais il a su largement compenser par le tranchant de son analyse le manque de largeur de l'horizon embrassé. Sa vision de l'univers carcéral dans *Le Trou* est à l'image de celle du «milieu» (le *Grisbi*) ou de la jeunesse (*Rendez-vous de juillet*) : vraie parce que dégagée de tout excès. Becker n'a jamais eu de propension au spectaculaire, à l'exceptionnel, au paroxysme. En cela son cinéma a toujours été documentaire. Mais c'est du cinéma, c'est-à-dire qu'il y a fiction, et même fiction romanesque. Jamais l'intrigue n'est un simple prétexte ; elle est prise au sérieux mais n'impose pas sa dictature. On peut se servir de certains de ses films comme documents, mais il vaut mieux en jouir en cinéphiles sans négliger aucune de ses dimensions. Nous avons tenté de définir sa place par rapport au cinéma des années 1950. Elle aurait été toute autre dans le contexte des flux et reflux de la Nouvelle Vague car les composantes («qualité», «grands auteurs», «commerce») n'allaient plus être les mêmes. Nul doute cependant que son regard serait resté celui d'un cinéaste d'expression plus que d'impression.

Jacques Tati et Robert Bresson n'ont réalisé que deux longs-métrages chacun pendant la décennie. Ce dernier affirme son esthétique de la fragmentation, sélectionnant des images pour reconstituer un ensemble conforme à sa vision. Pour adapter *Journal d'un curé de campagne* (1951) de Bernanos, Bresson joue sur les rapports son-image qui accusent les différences entre roman et cinéma au lieu de tabler sur les ressemblances. D'après André Bazin, la réussite exceptionnelle de ce travail provient du fait qu'il a construit «SUR le roman, PAR le cinéma, une œuvre à l'état second. Non point un film "comparable" au roman ou "digne" de lui, mais un être esthétique nouveau qui est, comme le roman, *multiplié* par le cinéma». Par là, il conserve la confession douloureuse d'une vie partagée entre les petites tâches quotidiennes, le combat âme pour âme (avec la comtesse et sa fille) et l'aventure mystique sur les chemins de l'agonie du Christ. Une force du roman, accentuée encore dans le film, consiste à lier intimement douleur physique (le cancer à l'estomac) et souffrance morale (solitude, doute), si bien qu'on ne sait plus ce que le visage maladif et la maigreur de Claude Laydu traduisent exactement lors des crises atroces dont le curé sort brisé. Le spectateur est alors touché au cœur et la réflexion intellectuelle ne vient qu'après. Le « message » passe par un transfert de sensibilité, d'abord physique mais bientôt aussi spirituelle. Bresson accuse le caractère littéraire de l'œuvre en montrant très souvent le cahier, l'écriture, la main, les pages, le buvard, l'encrier, la plume qui hachent le récit proprement cinématographique incapable de se dégager de cette emprise, même si la voix off assure souvent le relais. Il y a une sorte de retour pervers au tracé matériel du texte qui fait partie de l'image au même titre que le visage du curé d'Ambricourt, comme si Bresson avait voulu faire réécrire à son interprète le roman de Bernanos sous le regard inquisiteur de la caméra.

L'évasion du résistant André Devigny est filmée exactement comme Bresson l'inscrit au générique d'*Un condamné à mort s'est échappé* (1956) : « cette histoire est véritable. Je la donne comme elle est, sans ornement ». La première image du film est un gros plan de mains très symbolique de tout le cinéma de Bresson : c'est l'agilité, mais aussi la volonté ; aussi le gros plan de visage suit-il de près. Le décor n'est jamais décrit pour lui-même : lorsque Fontaine pénètre dans sa nouvelle cellule, il n'y a pas de panoramique descriptif ; immédiatement son regard monte et il s'intéresse au mur de droite qu'il frappe. Le rythme du film est entièrement dicté par l'avancée des préparatifs : quand Fontaine n'a aucune difficulté, tout s'enchaîne rapidement, mais lorsqu'il démonte sa porte – avec seulement deux cuillères – les plans sont plus longs, les mouvements de caméra plus lents, les objets acquérant efficacité et présence par leur dépouillement. Quoique solitaire, le condamné aura néanmoins besoin de l'aide d'Orsini et de Jost pour réussir, le cas du premier ayant en particulier permis aux critiques spiritualistes – Henri Agel le premier – de souligner une sorte de « communion des saints ». Fontaine profite de l'aide matérielle de ses codétenus, mais de son côté leur rend espoir. Il a en somme la grâce. Mais cette dimension chrétienne n'est pas obligatoire pour saisir le sens profond du film ; on peut en rester à la notion de solidarité, donc à un certain humanisme.

Jacques Tati met au point (*Les Vacances de M. Hulot*, 1953) puis réutilise (*Mon oncle*, 1958) un personnage qui inverse le rapport classique du comique. Au lieu d'un être étonnant dans un monde normal, Tati filme Hulot, sorte de Monsieur tout-le-monde confronté à un univers cocasse. Le spectateur rira s'il sait défocaliser son attention d'Hulot pour regarder les autres protagonistes, surtout dans *Mon oncle* où, à la limite, Monsieur Hulot pourrait être absent puisque le comique réside presque exclusivement chez les Harpel. Tati travaille le comique des *Vacances de M. Hulot* en plans moyens ou même généraux plutôt qu'en gros plans accrocheurs. Éliminant tout aspect démesuré ou irréel, il puise des gags dans le quotidien, refuse l'apport du dialogue mais travaille beaucoup le bruitage. Monsieur Hulot apparaît comme un antihéros, mû par les autres et par le monde inanimé qui l'entoure. Hulot ne fait rien exprès, tout lui tombe dessus par hasard. Agissant avec naturel, c'est à peine s'il est un peu plus gauche que la moyenne, au milieu d'une galerie de portraits des voisins d'hôtel et de plage qui ne manquent pas de sel. Le moteur est constitué par le combat toujours renouvelé entre ordre et désordre dans un film débridé comme des vacances dans « un trou » quelconque, sans ligne directive précise, mais qui s'achève littéralement en feu d'artifice. *Les Vacances de M. Hulot* multiplie les scènes d'anthologie : le départ avec la petite auto, le jeu de tennis, le pique-nique ou le bal costumé à l'hôtel et surtout le fameux gag du pneu lors de l'enterrement. Hulot répare la roue de sa voiture près du cimetière. Mais le vent vient coller les feuilles d'arbres sur le pneu, le transformant en couronne mortuaire saisie par l'employé des pompes funèbres qui va la joindre aux autres gerbes.

Le père Harpel est un grand industriel snob et ampoulé dans *Mon oncle*, histoire d'un petit garçon bien élevé dans une famille adepte de tous les gadgets du modernisme. Tati se donne le rôle effacé de l'oncle fantaisiste dont la vieille maison (avec son circuit labyrinthique des escaliers, nécessaire pour arriver à l'appartement) s'oppose à la villa mécanisée des Harpel (où le chemin à angles vifs circulant au cœur des pelouses dessine un parcours totalement absurde). *Mon oncle* exalte la poésie, défend l'homme contre la machine, et la liberté individuelle face aux pièges sociaux. Le modernisme modifie radicalement l'échelle des valeurs et déshumanise la ville. Mais l'enchaînement des gags ne durcit jamais la tendresse du regard.

Les quatre derniers films réalisés en France par Max Ophuls représentent la perfection de l'inspiration baroque au cinéma par la tension ménagée entre deux tendances contradictoires, mobilité et théâtralité. De somptueux mouvements d'appareil explorent en effet des espaces étouffants qui se trouvent constamment modifiés par l'illusion de la fluidité, les trompe-l'œil, la vitalité des décors et le pathétique des passions. Mais cette aspiration vers le haut se trouve toujours contrebalancée par les signes mortifères (dans la peinture, il s'agissait des « vanités ») qui nimbent la légèreté des apparences d'une sombre mélancolie : c'est la fameuse réplique finale du narrateur dans *Le Plaisir* « le bonheur n'est pas gai ».

La Ronde (1950) est une adaptation d'Arthur Schnitzler sous forme d'un film à sketches plein d'érotisme et d'humour volontiers provocants. Pour lier ces diverses facettes de la comédie de la séduction observée chez des couples de diverses classes sociales, Ophuls ajoute un personnage de bonimenteur qui annonce celui de *Lola Montès* par sa capacité à bousculer le temps et l'espace en maître d'œuvre moraliste qui juge et commente. Sous une ironie souvent mordante se cache une critique du libertinage qui dessine en creux le besoin d'un véritable amour édifié lors des ruses de la chasse au sexe. C'est Balzac et Stendhal à la fois, la préciosité de touche masquant la profondeur de la nostalgie. La première image – les quais d'un port baignés de brume – semble annoncer quelque récit au réalisme poétique, mais aussitôt une scène de théâtre et une découverte cinématographique plantent le décor de l'imaginaire au cœur duquel s'ébranle le manège des valses viennoises. Chaque personnage fera deux petits tours, le nouveau avec le précédent et l'autre avec le suivant, jusqu'à ce que le dernier – interprété par Gérard Philipe – retrouve Simone Signoret qui ouvrait le bal. Au centre, une séquence d'une belle modernité oppose la superbe assurance d'un mari trompé (et lui-même volage) à une épouse délicieusement dubitative à laquelle Danielle Darrieux prête sa délicate beauté.

Le Plaisir (1952) d'après Guy de Maupassant transcende les caractéristiques de l'esthétique de studio d'une Qualité française alors à son apogée, Ophuls traduisant l'idée de prison dorée par une mise en spectacle que seul un décor construit peut matérialiser : la « maison close » Tellier permettra par conséquent aux images des filles dans le char à bancs de retentir à la campagne comme un véritable hymne à la nature ; les éclairages dans les chambres à coucher, sous les lampadaires et dans les couloirs de la frustre demeure campagnarde sculptent la profondeur de champ et des travellings étourdissants accompagnent les vieux habitués qui semblent monter à l'assaut de ce temple des hypocrisies bourgeoises. Un jeu superbe sur les oppositions dehors-dedans – les miroirs, les vitres à demi voilées par les rideaux ou le givre, les deux étages et le pont – permet à la grue de dessiner un espace labyrinthique cerné de courbes et de lignes qui se croisent sans cesse, stoppent et repartent avec une suprême élégance. Le huis clos et sa rupture pour quelques heures constituent le sujet même du film, l'esthétique soulignant alors les diverses conséquences psychologiques du postulat de départ. La splendeur technique nourrit l'imaginaire et la morale se dégage d'un final sans surprise qui referme la boucle à peine desserrée un temps pour quelques bouffées d'air pur : la réalité des filles, c'est le studio ! La campagne a représenté un rêve trop court mais qui restera comme le souvenir vivace d'un autre monde… et d'un cinéma différent.

Pour Max Ophuls lui-même, *Madame de…* (1953) est « la femme totale » qui « a fait un mariage non point malheureux mais de convention. Quand son cœur se réveille, il est trop tard ; elle n'est pas faite pour une aventure difficile, elle n'est pas préparée pour le drame ». Ainsi, adapté d'un récit de Louise de Vilmorin, *Madame de…* débute en vaudeville pour se transformer en tragédie. Frémissante, Danielle Darrieux incarne d'abord la futilité mais elle est déjà séduisante et émouvante. Son personnage triche, mais, touchée enfin par un vrai sentiment, elle se brise en prenant conscience de la superficialité de son existence. C'est la révélation d'une passion pour laquelle elle n'était pas de taille, suivie de l'effondrement irrémédiable à la mort de l'amant. Œuvre déchirante, *Madame de…* se déroule au rythme de longues valses viennoises, symboliques du mouvement des cœurs comme de celui des sociétés, emportées par des travellings à la grue d'une sensuelle élégance. Linéaire, épuré, tendu par un sens aigu de la montée dramatique, ce film est esthétiquement l'antithèse – mais aussi subtilement complémentaire – de *Lola Montès*, chef-d'œuvre maudit qui ne pouvait qu'aboutir à la mort de son auteur.

L'« affaire *Lola Montès* » (1955) est en effet symptomatique de la situation qui est alors celle du cinéma français. Le scénario avait été inspiré à Cécil Saint-Laurent par la vie scandaleuse de la célèbre courtisane tour à tour maîtresse de Liszt et de Louis Ier de Bavière. Or la première sortie du film de Max Ophuls en décembre 1955 est un échec commercial et divise la critique comme au temps de la bataille d'Hernani. Devant l'ampleur du désastre financier, les producteurs imposent au réalisateur – alors gravement malade – un nouveau montage à peu près chronologique et l'adjonction d'un « happy end », mais cette nouvelle version (février 1957) n'a pas plus de succès. Certes, accompagné du slogan publicitaire « La reine du scandale » et associé aux notions de grand spectacle, superproduction ou film à vedettes (Martine Carol), *Lola Montès* ne pouvait que manquer son public, car le film se présente comme la dénonciation sans appel du spectacle et de l'argent.

Lola Montès présente les signes évidents du baroque : le morbide, la surcharge décorative, l'insolite, le jeu des deux matérialisations possibles des souvenirs, soit par le procédé du flash-back revécu directement, soit par la dérisoire représentation sur scène de quelques épisodes reconstitués pour les spectateurs du cirque. Mais ce film-opéra, dans lequel réel et apparences se livrent un perpétuel jeu de cache-cache, porte également les marques d'une plastique cinématographique. Niant tout « bon goût », une ornementation fastueuse charge, en effet, les arrière-plans d'un grand nombre d'objets ou de figurants. Max Ophuls a en outre placé devant les maisons de l'épisode Liszt des voiles violets pour éviter toute impression réaliste au niveau des couleurs. Souvent traitées en à-plats et non en volumes, les teintes ont donc surtout une fonction symbolique : des arbres ont été peints, des routes sablées de jaune, tandis qu'une gamme spéciale était attribuée à chaque saison, certaines séquences se trouvant ainsi assez proches du monochromatisme.

Quant à la bande-son, elle tend à la polyphonie, beaucoup de bruits d'ambiance baignant un dialogue très quotidien qui rompt avec la tradition française du brillant « mot d'auteur ». Certaines conversations se chevauchent, et les personnages bégayent, se reprennent ou se répètent. Dès lors, Martine Carol est démystifiée comme l'héroïne qu'elle incarne, et derrière l'image de l'actrice-courtisane se découvre peu à peu le vrai visage de la femme. Un découpage très élaboré inscrit en désordre dans le présent du cirque cinq flash-back de longueur inégale. Il ne s'agit donc pas d'un récit classique, mais d'une approche du processus de mémorisation, le chaos du souvenir traduisant celui de l'esprit et du cœur de Lola. Dans cette structure onirique (et généralement cauchemardesque), les flash-back ne servent pas à expliquer le présent mais apportent une série de touches dont l'ensemble complète le portrait. De plus, le cinéma de Max Ophuls ajoute le travail sur l'espace, on pourrait presque dire la troisième dimension. « La vie, pour moi, c'est le mouvement », déclare en effet Lola, définissant à la fois la tonalité particulière du matériau anecdotique et le style de l'auteur, caractérisé par un emploi systématique des mouvements d'appareil. Le Cinémascope devient, pour sa part, écran à dimensions variables par un astucieux usage de caches évitant en particulier la dispersion du regard. Ainsi, à partir d'une réflexion sur le spectacle, *Lola Montès* propose une véritable vision du monde bâtie sur les figures antithétiques de l'amour et de l'argent, de la chair et de l'esprit, des visages et des masques ou encore de la déchéance et de la rédemption. Mais il faudra attendre novembre 1968 et la reprise de la version intégrale du dernier film d'Ophuls pour que l'œuvre soit enfin saluée de manière unanimement positive.

Le cinéma des années 1950 : de jeunes auteurs de films en posture d'artistes

Grémillon, Bresson, Becker ou Ophuls ont su, chacun à leur manière, ruser, composer ou affronter les contraintes du formatage de la Qualité française, aidés par les ciné-clubs, les débuts du circuit des salles Art et Essai, le travail d'Henri Langlois à la Cinémathèque française et les nouvelles revues de cinéma (*Cahiers du cinéma*, *Positif*, *Cinéma*, *Image et son*, *Téléciné*, toutes nées dans la première moitié des années 1950). Les professionnels doivent se rendre à l'évidence : beaucoup de spectateurs n'ont que faire des critères de métier et jugent les films sur leur valeur esthétique, créative et expressive. Dès lors des jeunes qui, hier encore, auraient voulu devenir peintres, musiciens, romanciers ou poètes, se rêvent désormais cinéastes, non comme Clair ou Clouzot mais comme Bresson ; et ils ne veulent pas écrire des scénarios mais être metteurs en scène, non pas assistants mais critiques ou directement réalisateurs.

Or cela est possible : en 1940 a été aboli le double programme (deux longs-métrages à chaque séance). Dorénavant le long-métrage est précédé d'un avant-programme composé en principe d'un ou plusieurs courts-métrages. Mais la loi est mal appliquée car de nombreux directeurs de salles remplacent la projection du court-métrage par le passage des publicités. Le CNC réplique alors en 1953 par la création d'une prime à la qualité pour le court-métrage sur le même principe que celle instituée pour le long. Elle sera même effective dès 1954, c'est-à-dire avant celle du long qui prendra davantage de temps pour se mettre en place. Devant cette nouvelle donne, les réalisateurs de courts-métrages se mobilisent et constituent le groupe des Trente qui publie un manifeste pour la défense de leur moyen d'expression (dans les festivals, les revues, les salles) qui va effectivement commencer à être considéré comme une œuvre cinématographique à part entière et non comme un bouche-trou ou un brouillon pour le long.

À cette époque, qui dit court-métrage dit presque exclusivement documentaire (ceux sur la vie des métiers de Georges Rouquier, sur la montagne de Marcel Ichac ou *Ceux du rail* en 1942 de René Clément). Mais les genres sont nombreux et les auteurs ont des sujets et des styles fort différents : court-métrage social (*Aubervilliers* d'Eli Lotar, 1945), carnet de voyage (*Dimanche à Pékin*, Chris Marker, 1956), ethnographie (*Initiation à la danse des possédés*, 1949 ou *Les Maîtres fous*, 1954, Jean Rouch), humour corrosif (*Le Sang des bêtes*, Georges Franju, 1948), film d'art (*Van Gogh*, 1948 ; *Paul Gauguin*, 1950 ; *Guernica*, 1950, Alain

Resnais), document touristique détourné (*Ô saisons, ô châteaux*, 1956 et *Du côté de la côte*, 1958, d'Agnès Varda)… Il faudrait retenir aussi les réalisations de Pierre Kast, Robert Enrico, Carlos Villardebo, Jacques Rozier, Paul Paviot, Mario Ruspoli, Yannick Bellon, Jacques Baratier…

Les derniers à venir au court-métrage d'auteur seront les critiques des *Cahiers du cinéma* et ils tournent presque tous des fictions : *Tous les garçons s'appellent Patrick* (Jean-Luc Godard, 1957) ou *Véronique et son cancre* (Éric Rohmer, 1958). Leur aspect dilettante, pochade, parfois bâclé surprend face à la perfection des maîtres de l'école documentaire dont certains frisent parfois l'académisme. Mais le ton iconoclaste est en phase avec leur esprit critique «jeunes-turcs», et leur envie d'en découdre avec les grands prix du cinéma français de long-métrage est évidente. Curieusement François Truffaut, le plus enragé des *Cahiers du cinéma* et d'*Arts*, réussit avec *Les Mistons* (1958) le film le plus maîtrisé. Adapté de Maurice Pons, le film annonce déjà la sensibilité de toute l'œuvre à venir. Derrière la bicyclette de Bernadette filmée en travellings étourdissants, le cinéaste lance cinq gamins irrités par l'érotisme éclatant de la jeune fille, le récit étant mené par la voix off d'un des protagonistes qui évoque bien des années plus tard cet épisode encore vivace de son enfance. Le soleil et la chaleur, les premiers émois sensuels puis l'irruption d'une mort absurde donnent une saveur acide à cette évocation nostalgique qui recherche ouvertement l'émotion tout en lançant quelques coups d'œil aux cinéphiles complices (scène reconstituée de *L'Arroseur arrosé*). La mise en scène est d'un naturel plein de charme, axée sur la limpidité d'une narration prenant de plus en plus d'ampleur avant de buter brutalement contre une fin amère qui brise l'imaginaire sur une réalité sans concession. Tout le contraire d'un film manifeste, *Les Mistons* est déjà une œuvre achevée. Ces critiques de cinéma seront les premiers réalisateurs de la Nouvelle Vague. Mais auparavant quatre jeunes cinéastes réalisent un long-métrage étonnant en rupture avec la Qualité française. C'est pourquoi l'histoire du cinéma qui retient *Le Silence de la mer* et *Les Dernières Vacances* pour faire de Jean-Pierre Melville et Roger Leenhardt les lointains pionniers de cette Nouvelle Vague, parleront d'Alexandre Astruc, Agnès Varda, Roger Vadim et Louis Malle comme de ses précurseurs. En réalité, seule Varda est franchement marginale, les trois autres faisant entendre leurs voix discordantes de l'intérieur même du système.

Parfois appelé le Delluc du parlant, Astruc est un brillant critique à *Combat*, *La Nef*, *L'Écran français*, *Les Temps modernes* qui écrit dès 1945 «un metteur en scène est un monsieur qui raconte une histoire avec des images comme un romancier avec des mots » et qui, trois ans plus tard, annonce en théoricien prophète, dans un des textes les plus fameux de la critique, la « naissance d'une nouvelle avant-garde, la caméra stylo ». Puis il tourne en 1952 et 1955 *Le Rideau cramoisi* (mm) et *Les Mauvaises Rencontres* (lm) qui surprennent par leurs recherches formelles imposant agressivement la vision d'Astruc aux dépens de celles de Barbey d'Aurevilly et de Cécil Saint-Laurent. Son sens du romanesque s'associe en outre de manière inattendue à l'usage d'un langage très dense qui ne retient que l'essentiel. Astruc maîtrise fort bien le paradoxe de la description clinique d'une passion exacerbée par le huis clos (*Le Rideau cramoisi*) ou du passage de l'adolescence à l'âge adulte (*Les Mauvaises Rencontres*), présentée par le biais subjectif d'une voix off (*Le Rideau*) ou du regard de Catherine Racan, seule responsable de l'authenticité du récit (*Les Mauvaises Rencontres*).

En 45 minutes à peine, *Le Rideau cramoisi* s'impose par une réelle acuité psychologique : l'ennui du jeune lieutenant avant sa rencontre avec Albertine se traduit par les rapports au décor, puis Astruc se lance dans la description serrée d'une passion violente seulement exprimée par quelques gestes vifs (ainsi la main d'Albertine atteignant celle du jeune homme sous la table). Maintenant la littérature dans la bande-son, la mise en scène investit l'image par le désordre du temps et de l'espace que l'amour installe dans la salle à manger, la mort d'Albertine ramenant à la fin le vide et l'immobilisme. Trois ans plus tard *Les Mauvaises Rencontres* met en scène l'introspection d'une jeune fille venue voler de ses propres ailes dans la capitale mais qui perd toutes ses illusions et se trouve accusée d'avortement. Astruc ne juge pas son héroïne, observant plutôt les réactions de ceux qui la condamnent. La jeune fille revoit sa vie, la récente journée au commissariat et ses rencontres. Recherchant la beauté poétique des cadrages, Astruc adopte une narration assez complexe qui multiplie les procédés d'enchaînements (par la musique, la voix off ou des effets plastiques) pour jouer de cet acte de mémorisation.

À l'inverse d'Alexandre Astruc, Agnès Varda avait vu peu de films lorsqu'elle se lance en 1954 dans la réalisation d'un premier long-métrage en 35 mm. Photographe au TNP, célèbre pour ses clichés de Gérard Philipe, elle convainc Silvia Monfort et Philippe Noiret de jouer aux côtés des habitants d'un quartier de Sète dans *La Pointe courte*, autoproduit avec l'aide de la coopérative des techniciens pour 7 millions de francs. Pendant qu'ils s'interrogent et confrontent leurs sentiments, les autochtones vivent parallèlement à eux et organisent leur lutte pour les droits des pêcheurs. Un enfant meurt, des jeunes vont se marier et, à la fin, le couple est à nouveau réuni. Les problèmes privés se développent donc à côté des mouvements économiques, syndicaux et administratifs secouant la petite communauté, par ailleurs très attachée aux traditions folkloriques.

En fait, Agnès Varda avait été fascinée par la construction des *Palmiers sauvages* de Faulkner racontant à la fois l'histoire d'un couple et celle d'une crue du Mississippi. Elle reproduit donc cette structure qui lui semblait typiquement romanesque, mais neuve au cinéma. Toutes les 10 minutes à peu près, *La Pointe courte* quitte un sujet (le couple) pour plonger dans l'autre (les pêcheurs), parfois de manière déconcertante, afin d'arriver à un film assez distancé. Il y a en somme deux vérités de nature différente, mises en rapport sur un plan uniquement plastique, le spectateur étant toujours tenu en dehors. Le milieu du travail est décrit comme un documentaire réaliste, mais le couple qui se cherche est saisi de manière abstraite au niveau du discours. Les personnages n'ont pas de nom. Ils sont sans métier ni statut social et s'expriment en termes très littéraires, dits comme au théâtre. Pour la réalisatrice en effet, les deux plans – individuel et collectif – ne peuvent pas se mélanger : il faut d'abord que le couple puisse résoudre son problème pour penser ensuite à s'intégrer à la société. Ces partis pris font de *La Pointe courte* un film ambitieux ignorant les canons de la dramaturgie cinématographique.

L'année où Varda filme à Sète *La Pointe courte*, Paul Carpita termine à Marseille *Rendez-vous des quais* : le personnage principal est écartelé entre l'univers de Pagnol (le Vieux-Port et ses pêcheurs pittoresques, son amour pour Marcelle) et celui de Louis Daquin (son frère Jean, délégué syndical), la chronique individuelle rencontrant l'histoire du mouvement ouvrier à la faveur de la grève des dockers marseillais, déclenchée contre la guerre d'Indochine, dans un contexte de crise économique. Le milieu populaire est criant de vérité. Malheureusement, le ministre chargé de l'Information interdit en 1955 la diffusion du film, gêné par sa liberté d'expression sur les guerres coloniales. Non seulement cette censure brise net la carrière de Carpita, mais elle empêche toute poursuite d'un courant social ou/et régional : la Nouvelle Vague sera donc bourgeoise et parisienne.

Astruc et Varda venaient de l'extérieur de la profession, même si le premier a été produit normalement. En revanche, Vadim et Malle ont suivi un parcours un peu plus classique pour accéder à la réalisation. Acteur de théâtre en 1944-1947, Roger Vadim est ensuite journaliste à *Paris match*, parallèlement à son travail d'assistant-réalisateur de Marc Allégret. En 1955, il écrit le scénario de *Cette sacrée gamine* de Michel

Boisrond sur le tournage duquel il rencontre Brigitte Bardot. Il parvient à imposer pour son premier long-métrage un scénario original, des acteurs inconnus et un tournage hors des studios à 1 000 kilomètres de Paris qui lui assurent une totale liberté créatrice. *Et Dieu créa la femme*, qui lance en 1956 le mari en même temps que l'épouse, constitue indiscutablement un événement. La force érotique de Brigitte Bardot balaye instinctivement toutes les conventions morales, comme sociales. Mettant fin au ton des années 1950 en même temps qu'elle désacralise le sexe mythique hollywoodien par le décor quotidien, l'héroïne de Vadim fait descendre la nudité dans la rue par la photo réaliste et le petit tablier de Prisunic mal boutonné. Avec *Et Dieu créa la femme*, l'érotisme quitte le rêve pour rejoindre le réel, la cuisse est à portée de main : Brigitte Bardot est surnommée BB, au lieu de «la Divine» pour Garbo, et fit beaucoup par sa diction «plate», pour ridiculiser les dialogues ampoulés de trop de films de l'époque.

Dès son second film, Vadim change d'ailleurs de genre comme s'il avait honte de la saine fraîcheur et du style direct de *Et Dieu créa la femme*. *Sait-on jamais* (1957) soigne donc le scénario, remplace la calanque provençale par la lagune vénitienne et la photo de reportage par les afféteries esthétiques. Françoise Arnoul résiste à toute cette confection pour magazines de luxe, mais, s'il est mieux maîtrisé, *Sait-on jamais* n'apporte plus rien de neuf. La critique qui avait manqué le premier film louange le second et pourtant Vadim restera l'homme d'un seul film, même s'il tente en 1959 d'acclimater Gérard Philipe au goût nouveau. En fait Vadim se fait doubler par l'authentique Nouvelle Vague qui l'enferme dans son rôle de précurseur déjà oublié : avec ses allures de comédie ringarde, *Les Liaisons dangereuses* (1960) est justement très «années 50» et plus du tout jeune cinéma.

Les débuts de Louis Malle sont ceux d'un jeune professionnel talentueux. Étudiant à l'IDHEC, il quitte l'École de cinéma avant la fin des deux ans d'étude pour suivre le commandant Cousteau sur la *Calypso*, non par amour de la mer ou par goût exclusif du documentaire, mais pour faire du cinéma en vraie grandeur le plus vite possible. Homme-orchestre de l'audiovisuel, plein d'idées et brillant monteur, il est fort justement crédité en 1956 de la coréalisation du *Monde du silence* qui remporte la Palme d'or au Festival de Cannes : Louis Malle a 24 ans ! Comme il rêve surtout de fiction, il revient modestement à l'assistanat sur *Un condamné à mort s'est échappé* de Robert Bresson, puis il décide de faire un polar, comme la plupart des premiers assistants passant à la réalisation. Intelligemment réalisé et interprété par Jeanne Moreau,

Ascenseur pour l'échafaud est bien accueilli, les critiques « référentielles » citant Roger Vadim (la désinvolture), Robert Bresson (les gros plans), Alexandre Astruc (le côté intellectuel) et soulignant en outre une économie du récit et un savoir-faire à l'américaine dans l'esprit de Jean-Pierre Melville. Beaucoup parlent évidemment d'exercice de style, ce qui ne gêne pas vraiment le cinéaste qui reconnaît ne prendre en effet dans ce film que fort peu de liberté d'écriture. Bien accueilli par le public et couronné par le prix Louis Delluc, *Ascenseur pour l'échafaud* donne confiance aux producteurs. Son film suivant, *Les Amants*, est donc réalisé en 1958 en toute liberté et l'on classe immédiatement Louis Malle dans le peloton de tête de la Nouvelle Vague.

Jean Seberg dans *À bout de souffle* de Jean-Luc Godard, 1960.

TROISIÈME PARTIE

LES TRENTE GLORIEUSES DU CINÉMA MODERNE

Au début des années 1960, la notion de cinéma moderne conditionne fortement l'approche critique en dépassant celles de « nouvelles vagues », de jeunes ou nouveaux cinémas, car ne s'arrêtant pas à l'âge biologique des réalisateurs ou à l'idée de premiers (ou seconds) longs-métrages, mais s'attachant plutôt à la nature des œuvres elles-mêmes, quelles qu'en soient dates et provenances. Apparu tout à fait à la fin des années 1950 pour devenir finalement titre d'un livre de Gilles Jacob (1964, éditions Serdoc), le « cinéma moderne » est un mouvement esthétique qui désigne un tournant fondamental de l'histoire du cinéma mondial. En France où il prend naissance au cœur de l'emblématique Nouvelle Vague, il s'incarnera prioritairement dans les chefs de file – Jean-Luc Godard, Alain Resnais –, mais englobe également le « cinéma direct » (Jean Rouch) et quelques grandes individualités (Robert Bresson). En outre, quoique ses formes évoluent, ses caractères demeurent prégnants pendant trois décennies (années 1960, 1970, 1980).

Jean-Luc Godard photographié par Philippe Roger.

CHAPITRE VI
1959-1967 : LA NOUVELLE VAGUE, UNE GÉNÉRATION DE RUPTURE

Les réalisateurs « Nouvelle Vague », les films fondateurs et la génération 1960

Nous l'avons vu, la Nouvelle Vague ne sort pas de rien. Son éclosion a été favorisée par un terrain favorable : la cinéphilie (ciné-clubs, circuit Art et Essai, revues), des transformations structurales (les primes à la qualité, pour les films courts et longs), une brillante École de courts-métrages et quelques pionniers puis précurseurs, un essor du 16 mm (à la télévision) et des perfectionnements techniques (la pellicule 4 X-500 ASA), mais tous ces éléments sont synthétisés par ce que les observateurs ont appelé la « révolution du petit budget » qui permet à cette attente (d'un nouveau public comme de jeunes critiques ou courts-métragistes pressés de passer au « vrai » film de fiction) de se concrétiser. Il s'agissait de contourner pratiquement l'obstacle technologique, financier et institutionnel constitué par les règles et les coutumes du milieu professionnel. Heureusement, Claude Chabrol tourne en dehors de toute réglementation en décembre 1957-janvier 1958 *Le beau Serge*, grâce à un héritage de son épouse, et il obtient une prime à la qualité du CNC de 35 millions de francs d'alors qui rembourse quasiment le film avant même sa distribution commerciale ! Il recommence aussitôt avec *Les Cousins* et aide même Éric Rohmer et Jacques Rivette à entreprendre *Le Signe du lion* et *Paris nous appartient*. C'est alors que les producteurs, alléchés par l'arithmétique simpliste de budgets très faibles (40 à 50 millions de francs), assortis de promesses de doubles bénéfices (dans les salles et par la prime à la qualité), se lancent au secours de la victoire en fournissant à des jeunes les moyens – limités – nécessaires à tourner leur premier long-métrage, soit qu'ils aient derrière eux une sécurisante carrière de courts-métragistes (Franju ou Resnais), soit qu'ils présentent le même « profil » que Chabrol et Truffaut qui viennent de réussir (Godard, Demy, Kast, Doniol-Valcroze…). C'est parce que les films Nouvelle Vague coûtent beaucoup moins cher que ceux des Clouzot, Clair, Clément ou Delannoy que le mouvement peut se développer et les nouveaux réalisateurs remplacer les anciens : seule la réussite économique rend possible la mutation esthétique.

Les premiers longs-métrages de Jacques Becker, Claude Autant-Lara et Henri-Georges Clouzot n'avaient pas modifié le cinéma français de 1942, mais seulement révélé trois nouveaux talents aptes à assurer la relève dans la continuité. En 1958-1960, la situation est tout autre, d'abord parce que ce ne sont plus trois mais plusieurs dizaines de premiers films qui submergent trois années de suite les productions des anciens. D'autre part, ces œuvres sont assez différentes de celles qui les précèdent immédiatement. Non seulement, en effet, les réalisateurs sont nouveaux, mais aussi les comédiens et tous les techniciens. Comme les cinéastes écrivent eux-mêmes leurs films, les scénaristes-dialoguistes disparaissent également pour un temps des génériques. Tournés dans la rue, sans éclairage additionnel, les films abandonnent l'esthétique très fabriquée des studios pour un style simple, léger et réaliste. Quant aux grands sujets, ils sont remplacés par des anecdotes quotidiennes, mettant en scène des jeunes dont les amours, les rapports au monde et aux autres n'ont plus rien à voir avec le symbolisme empesé de la Qualité française. Le pays, ayant changé de République, change aussi de cinéma. Les auteurs pensent davantage à s'exprimer qu'à gagner le public, et la création personnelle remplace les règles éprouvées de la dramaturgie. Quant au rôle de miroir du cinéma, la Nouvelle Vague reflète bien les mœurs du temps mais n'a guère le goût du constat social ou politique.

En fait, deux tendances se distinguent : l'une venant de la critique et l'autre du court-métrage, c'est-à-dire l'une de la théorie et l'autre de la pratique. Aussi l'œuvre d'un Resnais (court-métragiste) est-elle beaucoup plus formaliste que celle d'un Truffaut, mais celle d'un Franju finalement moins iconoclaste que celle d'un Godard venu de l'écriture. On oppose volontiers à l'époque les « jeunes-turcs » des *Cahiers du cinéma* au groupe « rive gauche » pour accuser les clivages politiques, mais la distinction ne « tient » pas quand on la considère aujourd'hui, avec le recul du temps : Agnès Varda n'est pas plus engagée qu'Éric Rohmer et Jean-Luc Godard est aussi contestataire qu'Alain Resnais. Tous les nouveaux cinéastes français vont tourner dans la rue « comme Rossellini » en pensant à Hitchcock et à Hawks : les références sont du côté hollywoodien, mais la manière est néoréaliste… à moins que l'on n'évoque inversement le savoir-faire américain et la morale rossellinienne, tellement ce double parrainage fait que l'ouverture réaliste au monde est aussi un humanisme.

Retenons, en suivant chronologiquement leurs dates de sortie, la quinzaine de films et d'auteurs qui fondent la Nouvelle Vague :

Les Amants *de Louis Malle (fin 1958)*

Dans *Arts*, Louis Malle définit *Les Amants* comme «un coup de foudre à l'état brut», ajoutant tout simplement : «C'est l'histoire d'une nuit d'amour dans un parc». En fait, François Truffaut qualifie la séquence centrale de «première nuit d'amour du cinéma», cette glorification du «péché de chair» étant dénoncée par la presse catholique pendant le Festival de Venise et nourrissant ensuite le gros succès de scandale qui accompagne la sortie commerciale. Pourtant aucune complaisance n'est décelable dans le filmage, une force quasi bunuélienne attirant les deux êtres, emportés par cette passion surréaliste déchirant les dentelles de l'hypocrisie bourgeoise, mélange réussi d'envolées lyriques et de petits détails dérisoires.

Afin que cette explosion acquière la densité souhaitée, Malle décrit d'abord la vie de cette Madame Bovary des années 1950. L'emploi de Brahms souligne la structure symphonique d'un film distribué en vastes mouvements qui fondent l'équilibre de l'œuvre sur le passage brutal de l'étude de mœurs à la description très pure d'une passion qui éclate dans une scène quasi muette. Bourgeois-critique, Malle cisèle ce brûlot dans un style élaboré qui s'oppose à la tranche de vie revendicative. Par l'écriture raffinée, il médiatise le récit et lui donne toute sa vigueur maligne.

Le final est particulièrement provocateur avec le départ au petit matin, devant les autres protagonistes rassemblés, des amants auxquels le cinéaste décide, dans la logique du film, de laisser leur chance. Certes, le visage défait et fatigué de Jeanne, découvert par le spectateur dans le rétroviseur en même temps que l'héroïne, annonce que les lendemains ne seront pas au niveau de cette nuit unique. Il faudra beaucoup de force pour se tenir à cet amour (voir, dans le café, le regard posé sur une petite fille de l'âge de celle de Jeanne). Mais justement l'acte de foi dans l'avenir n'en est que plus beau et le couple envisage lucidement l'engagement de toute une vie.

Ayant horreur d'être catalogué, Malle parvient encore à surprendre davantage avec son troisième film. Adapté du roman de Raymond Queneau, *Zazie dans le métro* (1960) devient une sorte de règlement de comptes avec l'écriture cinématographique, Louis Malle mettant à la question son propre savoir-faire et notamment les superbes plans-séquences de ses deux premiers longs-métrages. Au milieu d'une accumulation de gags enchâssés dans une ligne dramatique contractant temps et espace pour donner au film un rythme où rêve et intrigue se dynamisent l'un l'autre, l'auteur place «une petite fille droite et sereine, la seule qui ne se laisse pas entamer, qui soit un regard» (selon les mots de L. Malle).

Le Beau Serge et Les Cousins de Claude Chabrol (printemps 1959)

D'entrée, l'œuvre de Chabrol frappe par son caractère prolifique et le cinéaste réalise quatre longs-métrages avant que Godard ne sorte son premier film. À mi-chemin entre naïveté et roublardise (accouchement et rédemption finale), *Le Beau Serge* inscrit à l'intérieur d'un cadre naturaliste (la neige et la pauvreté d'un village de la Creuse en hiver) une fiction spiritualiste où le bon tuberculeux veut sauver le méchant poivrot qui s'ennuie, dans une histoire mélodramatique où tendance christique et homosexualité viennent transcender un décor peu connu du cinéma français. Le cinéaste oppose en somme le Bien (J.-C. Brialy) comme se considère Chabrol en catholique pratiquant et le Mal (G. Blain) comme il voit son coscénariste Paul Gegauff en alcoolique destructeur! Le cocktail est fort bien maîtrisé.

Chabrol reprend aussitôt les deux mêmes acteurs dont il intervertit les rôles pour plonger *Les Cousins* dans la riche faune bourgeoise de Neuilly. L'esprit pervers du scénariste Paul Gegauff se marie à l'agressivité de Chabrol pour faire évoluer une poignée de jeunes bourgeois fascisants, charmeurs et décadents, étudiants en droit décrits avec une certaine ambiguïté. Brialy, coiffé d'une casquette et déclamant en allemand sur fond wagnérien, un flambeau à la main pour éclairer la pièce où flirtent et se saoulent ses amis de la bande, irrite bien des spectateurs qui ne comprennent pas forcément que Chabrol veut dénoncer la séduction de ce type d'idéologie. Si le personnage féminin (Juliette Mayniel) n'est guère favorisé, le fasciste tire pourtant à la fin sur son camarade, ce qui montre bien le danger de ce choix moral.

Abordant la couleur pour adapter un roman policier de Stanley Ellin, Chabrol sacrifie l'intrigue d'*À double tour* (1959) à un jeu sur le temps et les rapports mythologiques. L'irruption de l'amour fait tout à coup voler en éclats le huis clos par une construction subtile qui ménage deux retours en arrière parallèles : classique, le premier évoque ce qui s'est passé un peu plus tôt puis le second montre ce qui s'est déroulé… pendant que le film racontait le premier!

Les Bonnes Femmes (1960) joue quant à lui le théâtre de l'absurde dans l'univers des midinettes. Sans doute lectrices de *Nous deux* et de *France-Dimanche*, quatre vendeuses dans un magasin d'électroménager enchevêtrent leurs parcours et leurs rencontres avec deux hommes dans un récit complexe où le social et le psychologique sont cassés par la terrible dérision du regard. Le film n'est pourtant pas méprisant, mais un malaise s'installe face à ces personnages, aussi malmenés que le suspense du motard assassin à peu près escamoté, car Chabrol refuse de « penser spectacle » comme le faisait Hitchcock pour livrer un constat enregistré durement. Fasciné par la bêtise, il exprime une vision du monde assez pessimiste et que certains qualifient même de méchante. Sa description de la vulgarité des partenaires masculins est sans concession, n'évitant pas une certaine outrance dans la caricature et l'interprétation de protagonistes bloqués ne communiquant que par des amorces de dialogue, parfois seulement des borborygmes et des interjections. La gêne s'installe et le public marque son rejet : de fait, le dernier regard caméra de l'inconnue qui rentre à son tour dans le bal a quelque chose de terrible.

Moi, un Noir de Jean Rouch (printemps 1959)

Au départ document ethnologique, *Moi, un Noir* propose une morale et atteint la poésie. Jean Rouch suit un groupe de jeunes résidant à Treichville, faubourg d'Abidjan où tout le monde souffre de malnutrition et subsiste avec quelques dizaines de francs par jour. Toute la semaine, chacun est à la recherche d'un minable emploi de colporteur ou débardeur. Mais le samedi et le dimanche fournissent l'occasion d'oublier cette misère, pour Robinson en s'entraînant dans une salle de boxe ou pour Constantine en allant danser et draguer les filles à la Mission. Commenté en voix off par le protagoniste suivi en « direct » dans sa vie quotidienne et lors de scènes provoquées pour le tournage, le film devient un portrait attentif et chaleureux de l'acteur-personnage qui accroche la connivence des spectateurs par ses coups d'œil pleins de fantaisie, mais aussi par sa philosophie de l'existence où l'éloge de la paresse occulte parfois la rigueur du destin. Évoluant entre cinéma et réel, il confère au film un statut hybride entre fiction et documentaire, la liberté de ses comportements induisant ceux d'un tournage effectué contre toutes les règles cinématographiques et ethnologiques. Rejetant ainsi tout héritage artistico-scientifique, Rouch fonde une nouvelle approche qui, non seulement ouvre la voie du « cinéma vérité », mais aura d'importantes conséquences sur les tournages de nombreux films de la Nouvelle Vague.

La Pyramide humaine sort en 1961 en plein débat autour du « direct » ; il n'est donc plus reçu avec la même simplicité que *Moi, un Noir*. Le film a été tourné en trois fois. En juillet 1959, à Abidjan, Rouch travaille avec les vrais élèves d'une classe du lycée où les deux communautés, noire et blanche, vivaient séparées. L'arrivée de la Parisienne Nadine est prise par le cinéaste comme prétexte à un rapprochement de ces jeunes qui modifient grâce au tournage des dizaines d'années d'habitude. Mais la technique fait problème. Le son direct généralisé n'apparaîtra qu'avec *Chronique d'un été* l'année suivante et rien n'est donc encore synchrone. À Noël 1959, Rouch retourne à Abidjan avec une équipe plus réduite et un système d'enregistrement sonore bricolé pour essayer de combler certains manques évidents, mais les élèves ont changé de classe, ce qui fait « bouger » les groupes, et il faut improviser des solutions de remplacement. À Pâques 1960, une partie des protagonistes vient à Paris où Rouch filme quelques raccords de scène de classe reconstituée dans un petit studio puis enregistre des commentaires. De longs mois d'un montage acrobatique à partir de ces matériaux hétéroclites seront nécessaires pour composer la copie définitive. Psychodrame fort éloigné de l'esprit reportage et dans lequel le cinéma le dispute aux sciences humaines, le film culmine dans le suicide d'Alain, amoureux éconduit de Nadine, qui fait éclater les conventions. C'est évidemment une scène fictive, mais son irruption dans un contexte au fort coefficient de réalité amène un trouble. Où est le cinéma ? Où est la vie ?

La Tête contre les murs *de Georges Franju et* Les Dragueurs *de Jean-Pierre Mocky (printemps 1959)*

Les débuts dans le long-métrage de Jean-Pierre Mocky, brillant jeune premier (par exemple d'*I vinti* de Michelangelo Antonioni) et de Georges Franju, un des chefs de file de l'École du court-métrage depuis 1948, sont indissociables. Enthousiasmé par le roman *La Tête contre les murs*, Mocky convainc Hervé Bazin de lui céder les droits d'adaptation. Il écrit seul le découpage, réunit les accords de Pierre Brasseur, Anouk Aimée et Charles Aznavour et parvient à mettre au point un plan de financement. Mais à ce moment-là il craint de ne pouvoir assumer à la fois les charges d'acteur principal et de réalisateur. De plus en plus passionné par la mise en scène, il cherche un autre jeune premier pour incarner le « blouson doré », mais les distributeurs lui conseillent plutôt de trouver un réalisateur. Il propose alors le film à Alain Resnais qui refuse et lui indique Georges Franju. *La Tête contre les murs* donne à l'horreur une dimension surréaliste dans les scènes de l'attaque d'un fou à la scie, celles du pendu ou de l'ambulance fonçant à la fin dans la nuit, insérées dans un découpage très heurté à la trame dramatique franchement chaotique. La critique a voulu y voir seulement la marque de l'« auteur », Franju dédaignant l'intrigue pour composer ses images, alors qu'il y avait aussi les signes du désordre typiques de la conception de Mocky, les images de phares et de pluie se retrouvant – signées du même Eugen Schufftan – dans les films suivants de Mocky dont de nombreuses scènes sont éclairées de manière quasi expressionniste. En fait, noirceur, violence, révolte et refus de la psychologie sont des éléments communs aux univers des deux cinéastes. Franju a insisté sur le côté social (folie = délinquance, et asile psychiatrique = prison, le dérèglement qui y conduit étant davantage dû à l'environnement qu'à la pure psychologie) et il a nimbé le tout de poésie dans un style « feu sous la glace », la folie apparaissant dans le film au moins autant comme d'essence surréaliste que clinique. Chez Franju, les malades témoignent de toute la détresse humaine : la folie est partout ; dedans, certes, mais aussi dehors. La cruauté engendrant toujours la tendresse et réciproquement, ce va-et-vient continuel assure la cohérence du triptyque dont le motif central est consacré à l'internement tandis que les volets latéraux montrent d'abord ce qui a amené François Gérane à l'hôpital puis l'itinéraire qui, à partir de son évasion, va immanquablement l'y faire revenir.

Pour son premier film en tant que réalisateur, Jean-Pierre Mocky choisit pour sa part de travailler avec le romancier Jean-Charles Pichon dont l'univers assez désespérant se retrouve dans les rapports manqués entre hommes et femmes, l'érotisme insatisfait et l'amour impossible qui constituent le sujet des *Dragueurs*. Tiré du vocabulaire argotique, le mot est alors peu connu et c'est justement le succès public du film qui va le faire entrer dans le langage courant des années 1960. Ce titre ne manque d'ailleurs pas d'ironie car les deux héros (couple d'amis assez classique composé du beau garçon – Jacques Charrier – et de l'autre – Charles Aznavour) sont en réalité deux « faux » dragueurs qui se trompent de cible et échouent lamentablement à trouver, le samedi soir sur les Champs-Élysées, l'âme sœur d'une vie alors que ne croisent là que des chairs offertes pour quelques instants d'oubli. De ce fait, ni les professionnelles, ni les touristes suédoises ou les gamines sous le choc d'un chagrin d'amour ne représentent ce qu'ils cherchent. Trahi par sa trop grande sincérité éloignée des clichés traditionnels du « baratin », Freddy imagine la femme idéale : il croit l'entrevoir assise à un café (Anouk Aimée) mais elle révèle sa prothèse d'handicapée lorsqu'elle se lève, provoquant le trouble et la fuite lâche du « dragueur ». Aussi ne s'attachera-t-il pas à la belle mais trop facile Belinda Lee et reprendra-t-il sa quête dans des lieux tristes et gris. Joseph, pour sa part, timide employé de bureau, est prêt à tout pour rompre sa solitude et il décidera à l'aube de lier sa vie à la banale Nicole Berger pour un mariage fait de quotidienneté peu exaltante.

Les Quatre cents coups *de François Truffaut (printemps 1959)*

En partie d'inspiration autobiographique le film évite de tomber dans la classique poésie de l'enfance en donnant à Jean-Pierre Léaud un air buté qui n'empêche pourtant pas une forte identification du public avec Antoine Doinel. Si l'école est caricaturale, avec son moniteur de gymnastique lunaire, son professeur d'anglais bégayeur et surtout le terrible maître de français style instituteur de la vieille école avec tablier gris et sifflet dans la cour, la peinture du couple des parents est absolument remarquable, la meilleure scène du film étant sans doute celle du retour du cinéma dans la Renault Dauphine, quelques secondes de bonheur dans un océan de morosité médiocre. L'amitié d'Antoine et de son camarade René, fils de riches mais tout aussi abandonné de ses parents, donne également lieu à quelques touches d'une grande vérité.

Le gamin évolue dans trois milieux : l'école, la maison et la rue. Cette dernière étant le véritable lieu de son éducation, le film s'ouvre sur des panoramiques décrivant un Paris anonyme et banal avec toujours la tour Eiffel à peine aperçue, petite, tout au fond. Si école et maison lui sont hostiles pour des raisons complémentaires, la rue lui offre la revanche de la liberté. Aussi, l'arrestation (Antoine dans le panier à salade apercevant à travers les barreaux les rues illuminées), suivie de la dureté du centre de redressement, sera intolérable et provoquera la fuite irrépressible vers l'océan, après la belle scène de la psychologue, seul moment tourné en son synchrone où le réalisateur coupe les questions pour rester droit sur le visage du gamin qui se confesse ainsi au public. En apparence éparpillé, le récit montre l'engrenage dans lequel Antoine se trouve pris et débouche sur la fin ouverte de l'image figée du visage d'Antoine découvrant la mer.

Après l'éblouissement de ce premier long-métrage très personnel, Truffaut surprend avec *Tirez sur le pianiste*. Sur un thème assez flou (à nouveau l'engrenage, le courage ou la lâcheté) et dans un contexte en porte-à-faux (une sorte de thriller atypique), le film insère dans une linéarité très libre des retours en arrière assez délicats à gérer parce que provoquant des ruptures de ton qui déroutent toujours les spectateurs.

Le film comporte en tout cas de beaux moments, Nicole Berger et Charles Aznavour formant un couple extraordinaire qui fait vraiment passer des impressions très sensibles.

Hiroshima mon amour d'*Alain Resnais (été 1959)*

La radicale nouveauté du style constitue l'élément le plus détonnant de ce parallèle audacieux entre la bombe atomique et l'histoire individuelle de Nevers suggéré par l'entremise d'une aventure sentimentale entre un Japonais et une actrice française en tournage à Hiroshima plus de dix ans après la fin de la Seconde Guerre mondiale. D'entrée, des images non identifiables d'éléments en mouvement fascinent et mettent mal à l'aise à la fois, rythmées par une musique lancinante que ponctue bientôt la voix d'un Japonais s'exprimant avec une certaine difficulté en français : « Tu n'as rien vu à Hiroshima. » Avant que le spectateur ait eu le temps d'identifier les corps nus enlacés de deux jeunes gens faisant l'amour (au début symboliquement recouverts de sable ou de cendres atomiques en très gros plan), le film passe brutalement d'une peinture esthétisante des relations amoureuses au terrible constat objectif des hallucinants dégâts causés par la bombe atomique ; puis retour aux corps d'aujourd'hui, cette fois accompagnés de la psalmodie : « Tu me tues, tu me fais du bien. » Le ton est donné : celui de l'inconfort, du balancement constant entre passé et présent, de l'interpénétration du réel et de l'imaginaire, de la recherche émouvante d'un nouveau bonheur au milieu des douleurs insoutenables du souvenir.

Le flash-back de Nevers fait ressurgir à l'image, dans le désordre éprouvant d'une mémoire sélective en proie à ses démons intérieurs, les bribes des amours de 20 ans de la jeune femme vécues avec un soldat allemand dans la sinistre ville française occupée. Horreur d'une mort inacceptable, humiliation insoutenable de la tonte à la Libération et folie abominable au fond d'une cave sordide envahissent le café au cœur de la nuit japonaise qui n'en finit jamais. Nouvelle venue au cinéma, Emmanuelle Riva se tire magistralement d'un rôle impossible, donnant au texte de Marguerite Duras et surtout au non-dit, qui creuse chaque intervalle entre les mots, une puissance d'évocation qui pulvérise toute notion de réalisme comme, inversement, de théâtralité.

Deux ans plus tard, Alain Robbe-Grillet, l'autre chef de file du Nouveau Roman, fournit à Resnais le scénario de *L'Année dernière à Marienbad*, expérience encore plus radicale ne s'appuyant que sur la pure fascination de la «magie» cinématographique, puisqu'il n'y a ni «année dernière» ni «Marienbad» mais des créatures improbables évoluant dans un espace-temps imaginaire. Dès les cartons gris et neutres du générique, une voix à l'accent étranger perd le spectateur dans un labyrinthe d'images mentales à l'aspect faussement documentaire. Noyé par les vagues cycliques d'une musique symphonique qui prend le dessus puis s'épuise avant de revenir, le commentaire impose un ton, des sonorités, un rythme et non véritablement un texte signifiant. L'important est de jouer d'un étonnant trio vocal composé du ton chantant de Giorgio Albertazzi s'opposant aux accents graves de Sacha Pitoëff tentant de séduire l'expression douce et modulée de Delphine Seyrig.

Sorte de somptueux travelling unique, *L'Année dernière à Marienbad* débute par des plans moyens de plafonds, lustres et moulures de murs. Puis la caméra enfile d'interminables couloirs avant que n'apparaissent les premières personnes figées qui s'animeront peu à peu. Le film s'articule sur l'opposition ordre-désordre, état de nature-état de société, avec, au milieu des jardins géométriques, l'image déplacée de la jeune femme claudiquant parce qu'elle a cassé son talon, sa chaussure à la main, dans une atmosphère devenue automnale avec le vent faisant tourbillonner les feuilles qui s'accumulent dans un parc soudain négligé. Tout se déroule dans l'éternel présent de l'inconscient : passé, présent, réel et imaginaire ne se distinguent plus comme c'était le cas dans *Hiroshima mon amour* et le jeu auquel se livre Sacha Pitoëff fournit peut-être la clé ludique de l'entreprise.

L'Eau à la bouche de Jacques Doniol-Valcroze (début 1960)

Rédacteur en chef des *Cahiers du cinéma*, Jacques Doniol-Valcroze incarne une gauche élégante entre Roger Vailland et Choderlos de Laclos. Il prend avec *L'Eau à la bouche* le risque de la légèreté en choisissant le ton de la comédie face aux essais ambitieusement dramatiques de la plupart de ses amis. Intelligent, épicurien, son récit décrit des couples qui se forment et se défont sans violence, dans la douceur de vacances campagnardes où il faut bien distraire son ennui par les jeux émoustillants de l'amour. Un baroque château du Roussillon suscite les intrigues par son architecture même, résonnant des accents nocturnes d'une cantate de Bach (« Jésus, que ma joie demeure ») audacieusement fichée dans la mélodie de Serge Gainsbourg qui baigne le reste du film. À l'image de ses agréables interprètes (Alexandra Stewart, Françoise Brion, titillées par le piquant irrésistible de Bernadette Lafont), l'œuvre est d'un charme délicat et d'une distinction rare agrémentée de quelques touches excitantes. Le film compose ainsi un véritable art de vivre, de créer et d'aimer.

Le Bel Âge *de Pierre Kast (début 1960)*

Après son premier long-métrage *Un amour de poche* (1957), sympathique comédie de science-fiction, Kast filme *Le Bel Âge* dans une forme sèche, épurée, transparente, sans passion, laissant toute la place aux tentatives des personnages qui se livrent à une sorte d'expérimentation amoureuse menée sur un mode ludique, ce qui n'empêche pas le film de dégager une certaine gravité. Utopie ? Science-fiction sentimentale ? Nous dirons plutôt entre morale et psychologie, un questionnement sur des rapports qui ne donnent plus satisfaction aux deux protagonistes du couple et donc hypothèses excitantes pour l'esprit plus que pour les sens, méditation sur les comportements amoureux. Le cinéaste observe les efforts de jeunes femmes qui veulent affirmer leur droit au choix, à la prise de décision amoureuse, au lieu de s'en tenir au refus ou à l'acceptation des avances masculines. Avec tact, Kast n'envisage ni matriarcat ni féminisme militant (qui n'est pas encore d'époque) mais s'en tient au terrain des sentiments et des désirs dont il disserte brillamment.

Pour l'auteur, « *Le Bel Âge* et *La Morte Saison des amours* posent la même question : peut-on dire honnêtement qu'on sait ce que c'est que l'amour ? ». Mais le second film réalisé en 1960 apparaît comme un approfondissement, un mûrissement à la fois des personnages (surtout féminins) et de la réflexion proposée par le cinéaste. Très littéraire, donnant aux dialogues la première place et enregistrant même quelques monologues, *La Morte saison des amours* est filmé dans l'étrange saline de Chaux édifiée par Claude-Nicolas Ledoux qui fournit un troublant contrepoint. Le temps n'est plus à la plaisanterie ni au laisser-aller. L'humour est à peu près évacué et la vision se teinte de mélancolie, chacun étant conscient du temps qui passe et des sentiments qui s'émoussent.

À bout de souffle *de Jean-Luc Godard (printemps 1960)*

Entre *Scarface* et *Alice au pays des merveilles* selon les mots du cinéaste, *À bout de souffle* est une quasi-improvisation de Godard qui donne aux acteurs les répliques au fur et à mesure du tournage en muet. Film de réflexion sur le cinéma mais aussi de sincérité avec soi-même, l'œuvre emprunte un synopsis de Truffaut et le genre policier pour composer la première page du long journal intime que l'auteur ne cessera plus, dès lors, de filmer dans l'urgence de confessions arrachées caméra à la main. Belmondo constitue un bloc monolithique alors que Jean Seberg est davantage utilisée sur son talent spécifique d'actrice susceptible d'interpréter des choses précises. Le décalage entre ces deux types de jeux constitue un des moteurs du film : Michel sent Patricia insaisissable et celle-ci se heurte à la détermination sans nuance du petit malfrat. Pendant la longue scène centrale dans la chambre de la jeune fille, l'action est suspendue au profit d'un marivaudage sans complaisance. La séquence prend de l'ampleur, la caméra passe alternativement d'un protagoniste à l'autre, attentive aux objets (les gravures que Patricia met au mur), aux visages (les grimaces de Michel), aux attaques et aux dérobades qui découvrent des êtres finalement plus fragiles qu'ils ne voudraient le paraître. Ces portraits psychologiques intéressent davantage Godard que la mise en place du piège (avant) ou le dénouement de l'intrigue (après). Les fameuses coupes au beau milieu du plan traduisent un nouveau sens du montage pris comme une opération de déstabilisation au lieu d'une phase de remise en conformité. Godard saisit le côté « dégueulasse » de l'existence comme le vit Michel, dangereusement.

Pour ce héros perdu, souvent détestable mais jamais méprisable, il fallait un filmage sec, accusant les ruptures, mais susceptible aussi d'étirer interminablement le travelling final derrière Michel touché aux reins et qui court encore le long de la rue Campagne-Première. Godard désoriente par une photo de reportage, un dialogue mêlant contrepèteries et citations littéraires, une bande sonore où le bruitage concurrence la partition de Martial Solal. Ces libertés prises avec le récit comme avec les personnages font entrer de larges bouffées d'air du temps qui dynamisent le prétexte scénaristique. Godard s'affirme démiurge, ou plutôt destructeur des conventions, pour reconstituer par collage le précipité cinématographique d'un petit coin de son pays et d'un moment de son époque. Le champ de vision n'est pas bien large, mais le regard est extrêmement vif.

Godard reconnaît partir « du documentaire pour lui donner la vérité de la fiction », mais il y revient aussi souvent dans un perpétuel aller-retour qui le mène également à parcourir le chemin entre le vrai et le beau. Courageusement, le cinéaste entreprend aussitôt un film sur la confusion idéologique et morale engendrée par la guerre d'Algérie dans le Genève de 1960, mais *Le Petit Soldat* est interdit par la censure jusqu'en 1963. Bien que centré sur la torture et la liberté de déterminer ses actes dans le combat entre OAS et FLN, le film ne traduit pas vraiment un engagement politique. Observant son époque sous un angle critique – la première phrase du film déclare : « le temps de l'action est passé, celui de la réflexion commence » –, *Le Petit Soldat* est en réalité « un film policier où l'on vit des aventures dont l'origine est politique »,

Bruno, « type sans idéal », se situant dans la lignée directe du héros d'*À bout de souffle*.

Le second Godard distribué en 1961 est donc *Une femme est une femme*, comédie légère sur une fille entre deux garçons. Mais Godard, qui découvre à la fois la couleur et le Cinémascope, traite l'histoire en « néoréalisme musical. C'est une contradiction absolue, mais c'est justement cela qui m'intéressait [...] le film n'est pas une comédie musicale. C'est l'idée de la comédie musicale » (J. L. Godard) avec un côté théâtral, *cinéma dell'arte* provoquant de constants changements de rythme et une étonnante discontinuité du récit.

Cette fragmentation subsiste dans *Vivre sa vie* (1962), construit en douze tableaux montrant les choses et les gens avec une distanciation appuyée. Suite d'esquisses laissant aux êtres leur opacité, *Vivre sa vie* est un film d'idées et pas du tout le constat sociologique annoncé sur la prostitution. Anna Karina développe son sens du tragique dans ce film tourné dans l'ordre comme une série de blocs mis côte à côte sans réel travail de montage ni de mixage. Premier jet d'un « théâtre vérité » (J. L. Godard) peu retouché, le film montre souvent les acteurs de dos pour obliger les spectateurs à s'accrocher à leurs paroles sans être distraits par les visages, le son conservant en outre toutes les scories du réel.

Lola *de Jacques Demy (printemps 1961)*

Jacques Demy avait prévu une comédie musicale mais n'obtient qu'un budget de 30 millions de francs (qui sera d'ailleurs dépassé). Il enlève alors la musique, sacrifie les ballets, supprime quelques séquences mais conserve le ton des contes populaires et filme cette espèce de roman-photo comme un reportage télévisé. Film sur le bonheur, sur le hasard saisi au gré d'un labyrinthe irrationnel, *Lola* décrit l'attente, le désir de voyage, le souvenir indélébile du premier amour du côté de Lola et Michel, mais aussi l'ennui, le malaise, la déception de Roland Cassard ; beaucoup de sourire en somme, et bien sûr quelques pincées d'amertume. Transcendant le cliché par la naïveté du regard, Demy montre dès le générique l'incroyable retour du cow-boy blanc dans l'immense Cadillac décapotable. Tout est faux, toujours un ton au-dessus, mais le décor est réel, si bien que le spectateur est troublé par les glissements produits entre une province plus vraie que nature, des dialogues quotidiens et une structure onirique plus folle que tous les réalismes poétiques imaginables. Animée par des marins américains de comédie et des filles de boîtes de nuit de convention, Nantes est filmée avec amour : le port, le quai de la Fosse, les escaliers de l'Arche-Sèche, la brasserie de la Cigale (appelée «Eldorado» dans le film) et le fameux passage Pommeraye fournissant un contexte plein de charme aux chassés-croisés des guêpières noires et des pompons blancs.

Paris nous appartient *de Jacques Rivette (fin 1961)*

Tournage commencé en juillet 1958 mais sorti seulement fin 1961, *Paris nous appartient* n'a aucun succès public. Rivette ne pourra terminer son second long-métrage que cinq ans plus tard : ce sera *La Religieuse*, interdit par la censure ! Pourtant, le film parvient à composer une atmosphère étrange qui étouffe le réalisme d'un petit groupe d'intellectuels très révélateurs des préoccupations du temps. Des rapports mystérieux se tissent entre des personnages au passé trouble qui échappent systématiquement aux autres protagonistes : les soupçons se développent, des souvenirs de suicides s'imposent et se matérialiseront bientôt par des morts réelles. Le complot mondial secret qui pèse sur cette histoire évoque le cycle du «Docteur Mabuse» et dynamise complètement les problèmes du metteur en scène essayant de monter sans argent *Périclès* de Shakespeare. Les intervenants sont davantage des esprits que des êtres de chair et l'avancée du récit est inéluctable, le caractère épuré et linéaire hérité de Fritz Lang le disputant au fouillis ténébreux de Balzac, autre parrain indiscutable de cette ténébreuse affaire.

Le Signe du lion *d'Éric Rohmer (printemps 1962)*

Produit par Claude Chabrol et tourné en sept semaines durant l'été 1959, le film de Rohmer ne sort que près de trois ans plus tard. Il conte la dérive estivale, dans la capitale désertée, d'un musicien américain un peu bohème tout à coup dépourvu accidentellement d'argent (Jess Hahn). Assez caractéristique de Paul Gégauff, coscénariste de Rohmer puis collaborateur attitré de Chabrol durant les années 1960, ce personnage est littéralement agressé par l'indifférence sourdement hostile d'une ville impénétrable qui lui impose fatigue, chaleur, dégoût, révolte et même faim. L'auteur maintient d'abord la distance avec son héros mal aimé. Mais progressivement une réelle compréhension s'impose pour cet être qui se croyait dégagé des contingences matérielles et qui se trouve, par un coup du sort, détruit justement par l'argent jusqu'à une dégradation physique assez désagréable.

Le film rebute les distributeurs, puis le public, à cause de cet être peu attachant et de l'intrigue qui suit un inexorable itinéraire de chute. Nullement abattu, à plus de 40 ans, par ce premier échec, Rohmer conçoit alors un ambitieux projet de six «Contes moraux» et se lance dès le printemps 1962 dans la réalisation du premier volet. Mais, alors que *Le Signe du lion* était en 35 mm, *La Boulangère de Monceau* est un court-métrage tourné en 16 mm inversible, c'est-à-dire dans un format totalement amateur. Il passe au substandard (16 mm professionnel) et au moyen-métrage (52 minutes) pour le suivant (*La Carrière de Suzanne*, 1963) et, après quelques courts-métrages hors cycle filmés pour la télévision scolaire en 1964-1965, Rohmer peut revenir au long-métrage en 1966. Tourné en 35 mm couleurs, *La Collectionneuse* marque le véritable départ de la carrière de l'auteur par sa sortie en mars 1967, dix ans après le prologue de la Nouvelle Vague.

Cléo de cinq à sept *d'Agnès Varda (printemps 1962)*

Le 21 juin 1961, le joli mannequin Cléo apprend qu'elle a peut-être un cancer : le temps du film est le temps réel, le minutage apparaissant chiffré à l'image ; la topographie de l'errance de la jeune femme est également exacte et les nouvelles entendues à la radio sont bien celles de cette date choisie pour le déroulement de la fiction. L'histoire a en outre été tournée dans l'ordre chronologique, ce qui a permis à Corinne Marchand de travailler sa progression psychologique mais aussi physique.

Au début, Cléo est un bel être superficiel frappé par la menace. Tous les signes lui renvoient l'idée de mort et, dans la rue comme chez elle, son entourage paraît indifférent (son amant, ses joyeux collaborateurs paroliers et musiciens). Le tournant se produit au moment où Cléo enlève sa perruque : la poupée sophistiquée déboussolée par l'angoisse se mue en une femme plus naturelle, certes fragile mais surtout profondément sensible. Sa solitude face au néant de la mort l'atteint en effet quand elle craque et arrache en quelque sorte son masque. Dès lors elle ressort de l'appartement à la recherche d'un nouvel équilibre. Quelques déceptions l'attendent encore, mais sa flânerie l'apaise. Un soldat qui part pour la guerre d'Algérie le soir même lui redonne alors la force nécessaire d'affronter la vérité. À la fin du film, ses craintes sont confirmées : elle est en effet gravement malade, mais cette fois prête au combat pour la vie. Les déambulations du personnage n'ont donc rien à voir avec du laisser-aller de mise en scène. Tout est prévu, cadré, monté avec précision, mais chaque détail est tellement juste, les comportements si riches d'humanité, que tout ce naturel savamment organisé paraît improvisé. La longueur des plans au tournage puis le rythme du montage donnent au film une respiration irrégulière qui s'adapte aux montées de peur puis aux phases de retour au calme.

Adieu Philippine *de Jacques Rozier (automne 1963)*

Les quatre semaines d'août 1960 sont consacrées au tournage en Corse dans des conditions d'économie draconiennes au niveau régie et son (pas d'ingénieur, un simple son témoin), puis quatre autres en septembre à Paris pour les scènes de début du film. Le métrage de pellicule utilisée est important car Rozier tourne souvent à deux caméras. Au montage on s'aperçoit que le son est inaudible à 50 %. Or tout le film est conçu à partir d'un certain type de dialogues qu'il faut donc reconstituer en lisant sur les lèvres. En été 1961, une première copie est prête mais dure plus de deux heures. Lâché par son distributeur, le producteur Georges de Beauregard qui a déjà dépensé plus de 70 millions abandonne le film à Alain Raygot qui doit en rajouter 20 pour pouvoir raccourcir la copie définitive en rajoutant quelques raccords. La rumeur d'un film insortable ayant ruiné ses producteurs commence à se répandre et la présentation d'*Adieu Philippine* à la Semaine de la Critique au Festival de Cannes en 1962 ne suffit pas à renverser la tendance. Le film attendra encore dix-huit mois de plus sa sortie. Mais cette distribution tardive fait perdre sa valeur au fait que les vacances de Michel et ses deux amies constituaient une sorte de dernier été car le jeune homme rejoint à la fin la guerre d'Algérie. Dans *Adieu Philippine*, les virtualités de personnages dessinés en quelques touches légères et une intrigue à peine amorcée à Paris vont paradoxalement prendre corps sur les petites routes tortueuses et les plages ensoleillées d'un début d'été en Corse. Justifiant la pauvreté du filmage par son scénario (trois jeunes gens sans argent) comme l'improvisation des dialogues par l'indécision des deux jeunes filles, Rozier filme la douloureuse fin de l'innocence sous le couvert d'un plaisant marivaudage. Aussi, le dernier plan pris du bateau qui ramène le jeune homme vers le service militaire dégage-t-il une émotion intense, comme si l'inquiétude de la lointaine fin de siècle minait déjà l'insouciance adolescente de ce début dynamique des années 1960. S'insinuant dans les dissonances pourtant cocasses du trio plein de charme, la nostalgie leste donc *Adieu Philippine* de tout son poids d'humanité sans altérer pour autant la fraîcheur d'un instantané d'une vivifiante vérité.

Comme on le voit, l'année qui s'écoule entre les sorties d'*À bout de souffle* et de *Lola* marque déjà un tournant : le cœur de la Nouvelle Vague est l'année 1959 (de la fin 1958 au printemps 1960) car le mouvement se brise ensuite : *Lola*, *Paris nous appartient*, *Le Signe du lion* et *Adieu Philippine* ayant des difficultés de tournage et ne trouvant pas leur public. Mais la Nouvelle Vague est bien constituée de cette quinzaine d'œuvres de valeur accompagnées de plusieurs dizaines de premiers longs-métrages submergeant trois années de suite les productions des anciens dont quatre seulement font événement cinéphilique dans le même temps : *Les Tricheurs* (décembre 1958), *Pickpocket* (été 1959), *Le Testament d'Orphée* (février 1960) et *Le Trou* (mars 1960). Ce quatuor ne saurait constituer ni manifeste, ni réponse car il n'a aucune unité : la scène-vedette du « jeu de la vérité » menée par Laurent Terzieff en posture de chef des *Tricheurs* est la dernière bonne séquence tournée par Marcel Carné qui a exploité le milieu d'une certaine jeunesse (que décrira aussi *Les Cousins* de Chabrol) avant tout le monde mais dans le cadre stylistique dépassé de la photo de Claude Renoir et du scénario de Charles Spaak. Inversement Becker a pris le contre-pied de l'esthétique d'*Un condamné à mort s'est échappé* de Bresson pour mettre en avant l'humanité de ses personnages, interprètes anonymes d'une histoire filmée avec la liberté d'un film Nouvelle Vague. Mais Becker meurt avant la sortie du *Trou* et Cocteau ne peut filmer son *Testament d'Orphée*, son dernier film, qu'avec l'aide à la production apportée par François Truffaut grâce à l'argent qu'a rapporté *Les Quatre cents coups*. Écrit et tourné très rapidement, le film est conçu comme un remake du *Sang d'un poète* trente ans après, Cocteau livrant son âme de poète et non les anecdotes de sa biographie dans le décor des mines blanches des Baux-de-Provence. C'est une œuvre à contre-courant du cinéma de son temps (Nouvelle Vague comme Qualité française) mais réalisée dans l'enthousiasme de la spontanéité, baignant dans les références mythico-littéraires revues par un des esprits les plus originaux de son époque.

Le seul film des anciens à n'être pas sans descendance est donc le magistral *Pickpocket*. Au confluent des « nouvelles vagues » et du cinéma moderne, *Pickpocket* établit le « système Bresson » par un approfondissement des recherches qui avaient conduit le cinéaste à la réalisation de ses premiers longs-métrages comme à certains projets déjà bien avancés, mais aussi par ouverture aux courants récents qui bouleversent alors le cinéma. Si Bresson lui-même reconnaît en effet, quand on lui demande pourquoi il a tourné le journal d'un voleur, la filiation directe avec son film précédent *Un condamné à mort s'est échappé* – « les mains habiles » –, il ne faut pas oublier qu'il quitte en outre la préparation de *Lancelot du Lac*, une première fois différé, pour écrire et filmer vivement ce *Pickpocket* où se retrouvent donc tout naturellement, au-delà des gestes matériels, l'idée de quête spirituelle, les sentiments hors du commun et le parcours d'un drôle de chemin pour accomplir son destin qui nourrissent son scénario de *Lancelot*. Ainsi *Pickpocket* conserve les éléments fournissant déjà l'ossature de ses premiers films (du côté de la communion des êtres : la foi, l'amour, la grâce, la communication, l'auto-analyse en voix off, le travail sur la durée et la continuité dramatique…) mais y ajoute ceux qui prennent peu à peu le dessus (la fragmentation : solitude, objectivation, système des objets, séparation des mains et des visages…) ou qui apparaissent pour régir bientôt sans partage l'univers bressonien (l'argent, le mal). Par le contrôle des mouvements arrimant cette matière vive, la réalisation assure alors une esthétique à base de tensions favorisées par les multiples variations du filmage qui font de *Pickpocket* un éblouissant précipité de toute l'œuvre du cinéaste.

La question de la foi est celle qui rattache le plus profondément *Pickpocket* aux premiers longs-métrages – en particulier *Les Anges du péché* et *Journal d'un curé de campagne*. Certes cette histoire d'orgueil vaincu par l'amour, avec sa dernière scène des deux jeunes gens de part et d'autre des barreaux de la prison portant l'émotion au sublime, marque bien l'effacement de l'amour divin au profit de l'incandescente révélation d'un amour humain qui demeure la seule issue à l'angoisse existentielle, mais justement le passage est d'importance, même si la grâce intervient encore directement pour forger les destins. Le réalisme intérieur se situe dans l'incommunicable et il y a continuité des actes par leurs résonances dans le murmure de personnages qui semblent toujours dire le texte pour eux-mêmes à la limite de la neutralité atonale. Mais ellipses et au contraire reprises se contrarient dans la conduite du récit secoué ainsi par une série de contre-rythmes qui concourent à l'impression tenace de fuite en avant. Pourtant, entre hasard et prédestination, le parcours se révèle finalement d'une logique magistrale.

Si le curé d'Ambricourt (*Journal d'un curé de campagne*) et Fontaine (*Un condamné à mort s'est échappé*) étaient seuls, ils ne l'avaient pas cherché tandis que Michel est un homme secret, renfermé, avec lequel toute intimité filmique serait génératrice de malaise. Aussi Bresson s'en tient-il à distance, ce qui n'empêche pas *Pickpocket* d'être le film-monologue d'un personnage prisonnier de lui-même jusqu'à ce que la tendresse de Jeanne brise la sécheresse douloureuse et révoltée de son cœur. Pour mettre en scène ces âmes fortes, Bresson conçoit son film sur le morcellement des corps et de l'espace répondant à la dissociation de l'esprit et du corps chez Michel. *Pickpocket* retient des moments (présents) et des morceaux (de mouvements) extraits de la gangue du réel pour être ensuite replacés dans le continuum artistique du film jusqu'à ce que le mal l'emporte au moment le plus intense de la fièvre du vol à la gare de Lyon où Michel s'abandonne corps et âme, selon l'expression consacrée,

1959-1967 : La Nouvelle Vague, une génération de rupture

à sa passion destructrice. La séquence est superbe parce que perverse : le beau, ici, ne peint pas le bien mais, au contraire, l'attrait du mal et le plaisir esthétique fournit par le filmage équivaut exactement à l'intensité de la joie du voleur : « je n'avais plus les pieds sur terre, je dominais le monde ». Mais la scène s'achève impitoyablement sur le motif des menottes, indissociable de celui des mains, et la circulation de l'argent qui fournit son rythme au film de 1959 deviendra la structure même de l'œuvre ultime de 1983 intitulée précisément *L'Argent*. Ainsi, ni somme, ni manifeste et encore moins œuvre testamentaire, *Pickpocket* est un film rapide, celui de l'évidence, écrit et réalisé en un minimum de temps, d'une beauté forte mais pas écrasante, juste. Ce chef-d'œuvre ne figure cependant pas dans la liste des cinquante meilleurs résultats d'entrée de 1959 car culture et commerce n'ont pas souvent fait bon ménage au cinéma.

Il nous faut en effet terminer cette analyse de l'année 1959 riche en émotions cinématographiques par une mise au point un peu rude, dans la mesure où la réception critique est une chose mais le box-office en est une autre. Certes la « révolution du petit budget » a permis aux films de la Nouvelle Vague de se rentabiliser, voire à certains d'entre eux d'avoir constitué de fort bonnes opérations financières. Mais ils sont restés au début tout à fait marginaux et n'ont nullement perturbé le « bon » fonctionnement du commerce du film. La consultation des chiffres-clés de 1959, qui marque la naissance officielle de la Nouvelle Vague (publiés par le CNC en 2011), est en effet édifiante. Qu'il s'agisse du nombre des entrées en France, à Paris ou seulement en première exclusivité, les listes des cinquante meilleurs résultats de l'année font apparaître que la qualité française est de très loin en tête alors que *Les Quatre cents coups* (F. Truffaut), *Les Cousins* (C. Chabrol) et *Hiroshima mon amour* (A. Resnais) ne font que de timides incursions aux alentours, respectivement, des 10e, 20e et 25e places, donc fort loin derrière Henri Verneuil (*La Vache et le prisonnier*), Christian-Jaque (*Babette s'en va-t-en guerre*), Gilles Grangier (*Archimède le clochard*), Claude Autant-Lara (*La Jument verte*), Denys de La Patellière (*Rue des prairies*), Jean Delannoy (*Maigret et l'affaire Saint-Fiacre*), Julien Duvivier (*Marie Octobre*), Maurice Labro (*Le fauve est lâché*), Henri Decoin (*Pourquoi viens-tu si tard ?*)…

À vrai dire nos trois mousquetaires *Cahiers*, auxquels on pourrait (par fidélité à l'origine romanesque de la locution) ajouter Jean-Pierre Mocky (vers la 40e place) comme compagnon de route, sont même sérieusement concurrencés par les constituants du troisième groupe formé de jeunes cinéastes hors Nouvelle Vague, tels que Roger Vadim (numéro 1 avec Verneuil, pour *Les Liaisons dangereuses*), Marcel Camus (*Orfeu Negro*, Palme d'or à Cannes), Michel Boisrond (*Le Chemin des écoliers*), Robert Hossein (*Toi le venin*) ou Michel Gast (*J'irai cracher sur vos tombes*). Et la liste des résultats cumulés jusqu'en été 2011 des mêmes films afin de changer les perspectives en embrassant leur carrière à plus long terme pour voir si l'histoire du cinéma a permis aux chefs-d'œuvre artistiques de refaire leur retard économique n'est pas du tout probante, car *La Vache et le prisonnier* arrive alors à près de 9 millions d'entrées et *Les Liaisons dangereuses* plus de 4 tandis qu'*Hiroshima mon amour* est seulement à plus de 2, *Les Cousins* moins de 2, seul *Les Quatre cents coups* atteignant honorablement 4 millions. Mais cela demeure quand même moins de la moitié du film de Verneuil ! Comme quoi un vieux chef-d'œuvre chargé de reconnaissance patrimoniale ne compte guère au box-office face à l'odyssée de Fernandel et un bovidé traversant l'Allemagne comme ils le feraient d'une scène du théâtre de boulevard. Certes ce n'est qu'une coupe dans le vif (une année), procédé qui ne tient pas compte des spécificités du cinéma (aucun film de J. Becker ou de L. Malle n'est sorti pendant ces douze mois…). Le résultat global reste probant : le cinéma est un art mais demeure une industrie et les deux aspects ne fonctionnent pas toujours en synergie.

Refermons cette parenthèse économique pour reprendre le fil de notre histoire de l'art cinématographique : le jeune cinéma de la génération 1960 se confond presque exclusivement avec les cinéastes dont nous avons cité les premiers longs-métrages qui poursuivront leur œuvre, avec des hauts et des bas, jusqu'à leur mort. Peu de renouvellement ou de révélation, du moins pendant la décennie. Les prochains nouveaux seront ceux de la génération post-68. Dans cette attente, Franju ne tiendra pas vraiment les promesses de ses courts-métrages, même si ses adaptations de Mauriac (*Thérèse Desqueyroux*, 1962), Cocteau (*Thomas l'imposteur*, 1965) et Zola (*La Faute de l'abbé Mouret*, 1970) constituent des modèles de lectures personnelles du patrimoine littéraire. Ses œuvres les plus novatrices seront paradoxalement des films de genre : fantastique (*Les Yeux sans visage*, 1959) et serial à l'ancienne (*Judex*, 1963). Quant à Jean-Pierre Mocky, jusqu'en 1970 il cultive la caricature grinçante et la démesure irréaliste. La structure de tous ses films est simple : à partir d'une révolte individuelle contre les contraintes ou les tabous d'une société abrutissante (piller les troncs dans *Un drôle de paroissien*, 1963 ; falsifier les registres d'état civil dans *Les Compagnons de la marguerite*, 1966 ; saboter les récepteurs de télévision dans *La Grande Lessive*, 1969), Mocky donne progressivement plus d'ampleur aux actes du perturbateur : ainsi, les antennes de télévision sont d'abord abîmées sur le toit d'un immeuble et bientôt dans tout Paris ; de même Matouzec, faussaire par amour, est amené à rendre des services analogues à ses amis et son réseau couvre vite la France entière. Quant aux pilleurs de troncs, ils pratiquent d'abord, à pied, le vol « au caramel mou » ; puis à cyclomoteur celui à la pompe à sous ; en Peugeot 203 à la scie mécanique et enfin en 404 puis en Mercedes le ratissage nocturne systématique !

L'esprit anarchiste qui souffle dans toute l'œuvre renverse bien des murs d'hypocrisie et démasque, lancée aux trousses de ces illuminés bienfaiteurs de l'humanité, toute une kyrielle d'imbéciles, de crétins malfaisants et de stupides incapables qui composent, selon Mocky, la société. Qu'il s'agisse de la brigade des églises (*Un drôle de paroissien*), des us et coutumes (*Les Compagnons de la marguerite*) ou de la radiodiffusion (*La Grande Lessive*), l'appareil policier est toujours ridiculisé avec une saine férocité. L'administration en général, la justice et l'armée ne sont évidemment pas épargnées dans ce jeu de massacre où tout l'instrument répressif de la société bourgeoise est dénoncé avec un esprit vengeur. Mocky peuple chaque film d'un grand nombre de types bizarres, dérisoires ou délirants, mesquins et horripilants, souvent d'ailleurs cernés à gros traits : il accuse les contours, insiste, transforme en gigantesque farce le moindre gag et brosse finalement un étonnant tableau des vices et laideurs d'une société pourrie, pulvérisant les bornes du mauvais goût (*Snobs*, 1961 ; *L'Étalon*, 1970) et faisant voler en éclats les institutions les plus sacrées dans des comédies iconoclastes ou monstrueuses.

Aucun cinéaste ne tournera aussi souvent et longtemps que lui. François Leterrier filme un inquiétant scénario de Jean Giono (*Un roi sans divertissement*, 1963), Jean-Gabriel Albicocco exalte la beauté de Marie Laforêt dans *La Fille aux yeux d'or* (1960) d'après Balzac, d'autres amorcent modestement des carrières qui ne prendront toute leur importance que plus tard, parfois à la faveur de nombreux malentendus : ainsi *L'Immortelle* (1962) d'Alain Robbe-Grillet est vite évacué comme un sous-produit de *L'Année dernière à Marienbad* alors que le chef de file du Nouveau Roman amorce là une filmographie exigeante parce que prenant à revers toutes les formes qui vont devenir clichés du « jeune cinéma ». Mais c'est *Une aussi longue absence*, ennuyeux quoique estimable exercice de style d'Henri Colpi sur un cas d'amnésie écrit sans conviction par Marguerite Duras, qui est écrasé sous la lourdeur d'une Palme d'or à Cannes en 1961 ! Comment déceler d'autre part dans les classiques *Combat dans l'île* et *L'Insoumis* (1962-1964), impeccables réalisations auteuristes de gauche d'Alain Cavalier, ancien assistant de

Louis Malle, les futures fulgurances de *Thérèse* (1986) et la révolution dans l'emploi de la petite caméra DV du *Filmeur* (2005) ? De même un jeune amateur autodidacte tourne dans l'indifférence générale, son premier long-métrage en même temps que Godard réalise *À bout de souffle*. Il reviendra en 1966 et obtiendra la Palme d'or à Cannes pour *Un homme et une femme* ; Claude Lelouch devient dès lors l'auteur le plus contesté par la cinéphilie : le brio de ses images, sa thématique de roman-photo et son succès populaire le mettent en porte-à-faux avec les tenants du label Nouvelle Vague. C'est un petit maître, qui nourrit des ambitions de grand, capable du pire mais de temps en temps de belles choses. Sur la durée il impose la cohérence d'un univers sans profondeur mais pas toujours sans vérité.

Philippe de Broca commençant dans la comédie légère (*Les Jeux de l'amour*, 1961) vire vite à l'aventure style Christian-Jaque (*Cartouche*, 1962) tandis que Michel Deville impose une esthétique maniériste et virtuose (*Ce soir ou jamais*, 1960) à l'élégance délicate, la « Deville's touch ». Sur des scénarios de Nina Companeez, il poursuivra toute la décennie son marivaudage précieux culminant avec *Benjamin* (1967) où la vérité des sentiments et surtout des sensations acquiert l'éclat du diamant au milieu des accessoires décoratifs dont chacun est caressé avec bonheur. Jacques Baratier, atypique, ne connaîtra pas une carrière continue. Ses deux premiers longs-métrages frappent pourtant par leur contraste. *Goha* (1958) est une fable orientale écrite par le poète Georges Shéhadé et tournée en Tunisie ; *La Poupée* (1961) adaptée d'Audiberti fait évoluer un énigmatique travesti dans une révolution sud-américaine aux tonalités surréalistes. Aussi marginal, Marcel Hanoun travaille une esthétique de la pauvreté dans ses essais intimistes aux troublantes héroïnes introverties (*Une histoire simple*, 1958 ; *Le huitième jour*, 1959). Cinéastes indépendants, non labellisés Nouvelle Vague (Baratier, Hanoun, Leterrier, Albicocco), ou œuvrant dans un seul genre cinématographique (de Broca, Deville), ces auteurs souffriront d'un manque de reconnaissance cinéphilique comme s'il était très difficile de créer à l'ombre d'une Nouvelle Vague hégémonique, dès ses toutes premières années d'existence où elle a littéralement éliminé la Qualité française pour prendre sa place et non pour partager : la Nouvelle Vague est une rupture, pas une ouverture.

La déroute des anciens et même de certains pionniers (Alexandre Astruc) est impressionnante : rien à retenir de Carné, Autant-Lara ou Clair. Clément fait illusion avec *Plein soleil* (1960), Cayatte avec *La Vie conjugale* (1964) et ses deux versions (l'une vision du mari, l'autre de la femme), puis tous deux rejoignent les Delannoy ou Duvivier (celui-ci mort dès 1967). L'échec fatal de Tati avec *Playtime* (1967) est plus terrible parce qu'inique : conçu en 70 mm pour utiliser toute la surface de l'écran, entièrement réalisé en décors afin que chaque détail produise un gag, c'est une œuvre magistrale dans laquelle se dissout le personnage de M. Hulot qui ne sert plus que de révélateur à un gigantesque champ comique diffusant vers tous les acteurs et dans tous les coins de la toile blanche. Mais le public cherche Hulot. Or il est injuste de déplorer la longueur du film ou sa lenteur sans explorer sa richesse, partial de dire que l'on rit moins qu'à *Jour de fête* sans remarquer que le comique a gagné en profondeur, superficiel de noter que le film étonne quand Tati n'est plus là sans signaler que les parties où l'on « décroche » à une première projection sont en réalité celles qui fourmillent le plus de détails extraordinaires et que chaque nouvelle vision découvre en somme un nouveau *Playtime* supérieur au précédent. Si Hulot lui-même est absolument irrésistible dans la salle d'attente où il essaye les curieux fauteuils déformables et aux sons modulés, le magasin-exposition est, même sans Hulot, une véritable mine de gags nés des objets mais aussi des passants (l'amateur de prospectus) et d'une maligne poésie (les monuments célèbres de Paris n'apparaissant plus qu'en reflet sur les glaces du building). Chaque plan de l'inauguration du night-club est structuré dans les plus infimes détails, et le carrousel final, s'il évoque Fellini, se souvient également, par la forme des lampadaires, du muguet qui fleurissait sur ce carrefour quelques années auparavant. Le film est en somme trop foisonnant et Tati, qui l'a produit, continuera jusqu'à sa mort à payer les dettes de son chef-d'œuvre.

Devenu symbole du cinéma d'auteur indépendant avant la Nouvelle Vague, Jean-Pierre Melville a toujours cultivé son amour originel du cinéma américain. Sa peinture du « milieu » français en dégénérescence par rapport à celui des années 1930 avec ses aubes pâles et ses héros décalés (*Bob le flambeur*, 1955), comme son filmage intimiste saisissant les ambiances davantage que la linéarité des intrigues (*Deux hommes dans Manhattan*, 1958) lui confèrent une place à part entre cinéma de genre et expression d'auteur. Accompagnant la Nouvelle Vague (il joue dans *À bout de souffle*), il semble vouloir s'affirmer côté cinéma d'auteur dont il emprunte les nouvelles vedettes (Emmanuelle Riva, Jean-Paul Belmondo) pour adapter le sulfureux et habile *Léon Morin, prêtre* (1961) de Béatrix Beck. Barny se croit attirée par la religion alors qu'elle désire l'homme et, après un rapprochement qui prendra plus souvent la forme d'un affrontement que celle d'une communion, chacun retournera à sa solitude. Mais, à partir de 1962 et pour les dix ans qu'il lui reste à vivre, Melville va peaufiner des films policiers (même quand il traite de la Résistance : *L'Armée des ombres*, 1969) à la mise en scène implacable d'une froide beauté. Disséquant le mensonge, la corruption ou les meurtres sadiques, il adopte un regard d'entomologiste et un moralisme distant pour s'attacher d'abord à des marginaux accumulant toutes les faiblesses humaines (*Le Doulos*, 1962) puis à des représentants de l'ordre à la rigueur glacée donnant à Alain Delon ses meilleurs rôles, entre *Flic* (1972) et *Samouraï* (1967), ou prisonnier du *Cercle rouge* (1970).

Le Cinéma Vérité

Il est au documentaire ce que la Nouvelle Vague est à la fiction, un ferment nouveau, et les deux mouvements sont étroitement liés, *Les Maîtres fous* (1957, Jean Rouch) et *Lettre de Sibérie* (1958, Chris Marker) occupant d'ailleurs des positions pionnières annonçant les deux mouvements. « Je vous écris d'un pays lointain », annonce Marker en ouverture de sa *Lettre*. D'entrée, l'auteur inscrit avec calme la subjectivité de son regard contre la tradition du documentaire prétendument objectif. Sur le ton d'un récit de voyage, le film passe du coq à l'âne, se sert d'un jeu de mots ou d'images comme enchaînement, se permet des digressions et multiplie les changements de genre : commentaire, direct, dessin animé, fausses actualités… Chronologie et topographie sont emportées par une pensée souveraine qui adopte la liberté de la lettre au lieu de la rigueur de la thèse.

C'est la « caméra stylo » prophétisée par Astruc : sous la désinvolture élégante, un regard acéré se pose sur une réalité inconnue, l'humour à la Queneau permettant de dire des choses graves avec le recul suffisant pour qu'elles ne deviennent pas des dogmes. Avec brio, le commentaire refuse de laisser le champ libre aux images et affirme que le langage cinématographique est un complexe audiovisuel. Ses carnets de voyage (à Pékin, en Israël ou à Cuba, bientôt en France : *Le Joli mai*, 1962) sont régis par le même ordre affectif que le « point de vue documenté » de Jean Vigo mais davantage politique que social, intellectuel que sensible. Rouch, lui, est au départ ethnologue mais *Les Maîtres fous* (1955) font scandale dans le monde scientifique comme *Lettre de Sibérie* bouscule l'univers du court-métrage documentaire. Sans voix off, le film de Rouch pose un regard d'entomologiste sur une réalité incompréhensible pour nous et qu'il nous serait donc possible de rejeter au nom d'une quelconque sauvagerie. Mais avec le commentaire explicitant chaque comportement, tout s'éclaire et les images qui pourraient sembler «racistes» se muent en un des films les plus anticolonialistes qui soient. Ainsi, le titre que Rouch avoue avoir choisi ambigu, ou du moins à double sens, signifie que ces personnages sont les «maîtres de la folie», mais aussi les «gens dont les maîtres sont fous», car les hommes sont possédés, non pas par des ancêtres ou des éléments de leur propre culture, mais par les images de leurs maîtres colonialistes (l'un devient la locomotive, l'autre le caporal de garde, un troisième le gouverneur…) auxquels ils renvoient une affreuse caricature ! Ce choc de deux cultures, cette intériorisation de la colonisation au cœur – aux tripes même – des rituels du monde des colonisés fondent le principe même de l'œuvre de Rouch dont, nous l'avons vu, *Moi, un Noir* puis *La Pyramide humaine* sont des œuvres majeures de la Nouvelle Vague naissante. Ainsi le travail du cinéaste s'inscrit à la fois dans la sociologie et l'ethnologie : les jeans et les baskets des participants à *La Chasse au lion à l'arc* (1965) témoignent du refus de «reconstituer» un «pur» passé. Pour Rouch, ce type de détail introduit justement une autre vérité d'importance : celle de la civilisation occidentale, fichée dans un mode de vie où elle n'a que faire ; il est le cinéaste des contacts, des mutations.

Avec Edgar Morin, il tourne en 1960 *Chronique d'un été* brossant le tableau d'une certaine jeunesse en croisant la méthode sociologique de Morin et sa pratique cinématographique pour tester la technique de son synchrone (à savoir l'enregistrement en même temps de l'image en 16 mm et du son correspondant sur magnétophone piloté à quartz) avec le premier prototype de la caméra Coutant (qui conduira en 1963 au couple Éclair 16/Nagra). Dès 1961 Mario Ruspoli l'utilise pour *Les Inconnus de la terre* (sur le monde paysan) et *Regards sur la folie* (document sur la psychiatrie) et François Reichenbach pour *Un cœur gros comme ça* qui est déjà du docu-fiction. En 1966, Jacques Rivette tourne *La Religieuse* (un film en costumes) en son direct : pour la première fois on entend grincer les parquets de bois. On ne parle plus alors naïvement de «cinéma vérité» mais de «direct».

Des auteurs de films

Le vocable d'«auteur» forgé par les critiques des *Cahiers du cinéma* à la fin des années 1950 dans l'expression «politique des auteurs» pour définir celui qui invente une histoire (même si elle est adaptée d'un roman), la met en scène et la monte, affirmant de film en film une thématique doublée d'un style, bref, qui impose un regard, s'appliquera en priorité aux principaux cinéastes fondateurs de la Nouvelle Vague qui, indépendamment des aléas commerciaux de leur carrière, construisent une œuvre qui frappe dès les années 1960 par sa force, sa beauté et sa cohérence. En fait, ils ont à peine la trentaine et s'imposent de telle manière qu'ils domineront pendant trente ans le cinéma français !

Louis Malle alterne films spectaculaires et réflexions intimes et amères. *Viva Maria* (1965) est bâti sur le duo Brigitte Bardot-Jeanne Moreau, deux images complémentaires de la femme (l'instinctive et la cérébrale) lancées dans une révolution de fantaisie en Amérique latine : un rêve de couleurs, de mouvements, avec de nombreux figurants entourant les deux plus belles actrices du moment. Enrobé d'une musique légère à la Offenbach, c'est un pastiche à l'esprit BD mâtiné de picaresque littéraire mené sur un rythme endiablé. Auparavant *Vie privée* (1961) avait tenté une exploration du mythe Bardot au moment où l'actrice est au sommet de sa célébrité. Il va donc imaginer des scènes dramatiques proches de sa propre situation à l'intérieur d'une intrigue psychodrame qui fait alterner violence et pudeur. C'est un portrait à la fois beau et dur puisqu'il se termine sur une mort à Spolète en marge du spectacle que met en scène son compagnon (Marcello Mastroianni), d'une vérité qui peut aussi faire peur et que l'actrice a eu le courage d'accepter. Entre ces œuvres très *star system*, Malle filme le terrible *Voleur* (1967) d'après le roman de Georges Darien, chargeant le personnage du poids de ses propres insatisfactions et forçant la critique de l'ordre établi pour la faire cadrer avec l'époque pré-soixante-huitarde : cette fatigue et cet ennui du voleur parvenu au faîte de son « art » sont fort troublants ! Mais son meilleur film est sans doute *Le Feu follet* (1963), d'après le roman de Drieu La Rochelle écrit entre le suicide de son ami et le sien, roman d'un ratage élaboré en référence à Scott Fitzgerald que Louis Malle et son interprète Maurice Ronet adoraient. La transposition au début des années 1960 est fort réussie, velléité et spleen existentiel étant rendus palpables au niveau même d'une interprétation en creux et d'un gris du photographe Ghislain Cloquet en adéquation intime avec le regard douloureux du cinéaste.

D'entrée la trilogie de Godard *À bout de souffle* (1960), *Le Mépris* (1963) et *Pierrot le fou* (1965) réinvente le cinéma à partir d'une cinéphilie triomphante. *Le Mépris* parle d'amour et de cinéma, donc prioritairement d'amour du cinéma, s'ouvrant par une caméra qui vient à la fin du générique braquer son objectif droit sur le spectateur. Mais il s'agit déjà de réflexion sur la mort du cinéma, thème qui deviendra obsédant chez l'auteur, par un triple hommage à BB, Fritz Lang et *Cinecittà* auquel se juxtapose le mépris de Camille pour le scénariste (son mari Paul) ainsi que pour l'odieux producteur (Prokosch) avec qui elle acceptera pourtant de partir, mais par dépit et vers un destin tragique. Selon Godard, *Le Mépris* est «l'histoire d'un malentendu»: Camille croit que Paul la pousse dans les bras du producteur pour faciliter sa carrière. Mais le mépris émane aussi de Prokosch qui malmène sa secrétaire, le scénariste, le réalisateur et les femmes. En outre Paul se méprise lui-même, comme il apparaît dans la superbe scène de ménage se déroulant dans l'appartement presque vide autour d'une sculpture qui entrave les déplacements des protagonistes littéralement absorbés par le blanc des murs. *Le Mépris* est coloré comme du Matisse par larges à-plats de couleurs pures. Les blancs, les bleus écrasent les hommes dérisoires sous l'éclat éblouissant des statues peintes pour le tournage de l'*Odyssée*.

L'enchevêtrement des langues (on parle américain, allemand, italien et français) symbolise l'incommunicabilité intellectuelle à laquelle s'oppose la connaissance instinctive et sensible de Camille. Godard s'est merveilleusement sorti de la «commande» érotique liée à l'emploi de Brigitte Bardot. Il colle deux inserts de nu sans lien apparent avec le cours du récit, et ces deux ajouts, loin d'avoir l'air rapportés, constituent les clés de l'apologue: le nu de la jeune femme répond aux plans de l'*Odyssée* et non aux allusions égrillardes de Prokosch. Ces plans sont du côté du mythe et non du constat naturaliste, c'est le versant pureté, l'envers des compromissions. Camille est un personnage de tragédie (tout d'une pièce), étrangère au mélodrame. Avec elle, la rigueur du destin pénètre cette histoire sordide d'une manière d'autant plus inattendue que l'épouse de Paul a le physique et le comportement d'une midinette de roman-photo. Mais Godard la place avec Fritz Lang du côté du cinéma et tous sont dépassés par la puissance d'un art qui leur survit puisque les plans de l'*Odyssée* se poursuivent, après le vulgaire accident de la voiture écrasée entre un camion et sa remorque.

Pierrot le fou poursuit cette exploration du cinéma mais aussi de la littérature et des arts plastiques qui constituent de plus en plus le filtre à travers lequel Godard regarde et montre le monde. Le héros fuit cette fois la ville, la société et son couple qui s'enlise dans un décor de plus en plus transparent. Mais son amie s'ennuie, lui se désespère et chacun reste seul, submergé et dénudé en même temps par la chaleur et l'éclat des paysages méditerranéens. Poursuivis par des trafiquants d'armes, ils sont finalement rejoints par la violence: il tue sa compagne qui l'a trahi et se fait sauter en s'entourant la tête de cartouches de dynamite. Du cinéma à la folie, des toiles de maître d'un salon bourgeois à l'album de *L'Épatant* lu sur une plage, comme de la tension sociale à la guerre du Viêt-Nam, *Pierrot le fou* est un film-somme reprenant beaucoup d'éléments des œuvres précédentes et poussant au maximum le processus de fascination-irritation qui caractérise la réception des films de Godard : il hésite, force, freine, tourne, fait marche arrière pour repartir de plus belle, ces contre-rythmes donnant au film la même respiration haletante qu'*À bout de souffle* dont le personnage, tour à tour pathétique et désinvolte, annonçait déjà le nihilisme jusqu'au-boutiste de Pierrot.

Chantre d'un cinéma intimiste, Truffaut développe jusqu'en 1970 deux tendances complémentaires, celle des œuvres à fortes résonances autobiographiques (le cycle Antoine Doinel) et celle des adaptations littéraires. Mais humour et profondeur douloureuse sous des dehors légers et superficiels assurent toujours la cohérence d'une filmographie où les échecs sont rarissimes (et relatifs), tandis que les réussites sont régulières et attendues par un public fidèle et une critique attentive.

Lorsque Truffaut signe son premier long-métrage *Les Quatre cents coups*, il a 26 ans et son jeune interprète Jean-Pierre Léaud près de 16 (mais en paraissant 14 !). En cinq films (*Les Quatre cents coups*, 1959 ; *L'Amour à 20 ans*, 1962 ; *Baisers volés*, 1968 ; *Domicile conjugal*, 1970, et *L'Amour en fuite*, 1978), tous deux parviennent à imposer la personnalité de cet Antoine Doinel au physique sans relief, rêveur plus que poète et totalement déphasé dans la société des jeunes ; il y cherche sa place sans jamais la trouver, car il a des attachements profonds et des sentiments éternels, au siècle de la vitesse et de l'à-peu-près. Sa soif de justice, de vérité et de pureté se brise sur l'hypocrisie et la superficialité des gens qui l'entourent. Souvent provocant – mais c'est la brusquerie bien connue du timide qui explose tout d'un coup –, d'une sensibilité d'écorché vif, Doinel est sans cesse blessé par les autres et par les aléas de la vie. Personnage déplacé où qu'il se trouve car jamais tout à fait dans sa peau, mal à l'aise, bourré de problèmes et soumettant toute action à la réflexion, Doinel incarne avec la gaucherie et la maladresse qui le caractérisent les difficultés d'intégration dans une société qui le repousse inexorablement. Sans la moindre ambition sociale ou professionnelle, il se contenterait bien de la place la plus modeste, mais il échoue à l'obtenir ! Il est le « sans famille » qui arrive à la fin des repas chez ses amies ou son patron, le copain un peu collant que les filles laissent volontiers devant la télévision (Colette dans *L'Amour à 20 ans*) ou en compagnie de leurs parents pour filer avec un autre (Christine dans *Baisers volés*) et le prolétaire sans qualification qui exerce les métiers farfelus les moins rémunérateurs. Drôle, tendre et nostalgique, spontané et léger, *Baisers volés* retrouve avec brio l'esprit Lubitsch derrière lequel courent tant de cinéastes.

Parallèlement à ce cycle, Truffaut adapte des romans (généralement anglo-saxons), mais le chef-d'œuvre de cette période est l'acide *Jules et Jim* (1961) adapté du premier roman écrit à 75 ans par Henri-Pierre Roché. Deux idées s'entrecroisent : l'amitié de deux hommes (un Français et un Autrichien, de 1912 à 1927) et l'impossibilité du ménage à trois. L'équilibre est toujours tenu entre le côté agressif du sujet hédoniste et l'émotion sincère que l'auteur parvient à tirer du trio. Chanson, guerre, paysage font passer le propos avec légèreté, douceur ou simplicité.

Alors qu'elle aurait pu n'être qu'en creux entre les deux hommes, Catherine irradie au contraire l'écran à cause de Jeanne Moreau, tour à tour grave, énigmatique et exubérante, incarnation de l'amour à l'état brut et inadaptable aux réalités de l'existence. Elle se donnera pourtant à fond à l'expérience mais seule une mort délibérément choisie pourra mettre fin à cet engagement. En fait l'échec semble causé paradoxalement par l'amitié entre les deux hommes (Jules, l'Autrichien, est plus complexe que Jim, davantage renfermé) qui ne facilite pas les rapports de Catherine avec chacun.

Emporté par la superbe chanson *Le Tourbillon* composée par Boris Bassiak, interprète du troisième homme de l'histoire, le film fait de Catherine le révélateur par rapport aux tempéraments de ses deux compagnons. *Jules et Jim* est surtout audacieux par l'extrême sincérité des protagonistes, abordant la situation banale du triangle bourgeois avec une volonté toute neuve de la vivre autrement. Au-delà des morales ou des convictions, chacun est à la recherche d'un authentique bonheur qui puisse être autant celui de l'autre que le sien. Alors que les films de Pierre Kast présentent des personnages autoréflexifs qui s'interrogent déjà eux-mêmes, Truffaut montre des héros qui essayent de vivre le plus honnêtement possible au premier degré, laissant au spectateur le soin de tirer sa leçon.

Si Claude Chabrol tourne un peu tout et n'importe quoi après *Les Bonnes Femmes* (1960) et ne revient au premier plan qu'avec *La Femme infidèle* (1969) qui ouvre sa magistrale fresque de la bourgeoisie des années 1970, Alain Resnais poursuit son cycle exigeant de collaboration avec les romanciers contemporains : Jean Cayrol (*Muriel*, 1963), Jorge Semprun (*La guerre est finie*, 1966) et Jacques Sternberg (*Je t'aime, je t'aime*, 1968). Mais si *Muriel* forme trilogie avec ses deux premiers longs-métrages car Cayrol est fort proche, par certains côtés, du Nouveau Roman, Semprun et Sternberg sont d'une génération plus jeune et amènent Resnais dans des domaines opposés – la politique et la science-fiction – qui lui font paradoxalement renouer avec deux sources fondamentales de son inspiration. La forme assure alors la continuité : souveraine (et indissociable du thème majeur, la mémoire), elle travaille la narrativité comme le sens du détail, la figure du puzzle, à la fois ludique et abyssale, soulignant autant la beauté que la densité d'une création dont chaque film est peaufiné tel un chef-d'œuvre d'artisan réfrénant l'expression personnelle au profit d'une recherche de la perfection artistique.

Ma nuit chez Maud (1969) d'Éric Rohmer privilégie dans les pensées de Pascal trois notions que l'auteur soumet au regard de sa caméra : le hasard, d'abord, que l'on ne peut ignorer, le goût du pari sur lequel on peut encore édifier toute une vie et aussi l'impossibilité de la rigueur janséniste, c'est-à-dire la nécessité d'adapter le christianisme à l'esprit de notre temps ; car l'admiration pour Pascal n'exclut pas la remise en question de quelques-uns de ses préceptes ! Certes, le héros est un amateur de mathématiques qui aime se mettre au défi (Maud, elle aussi, défie Vidal en retenant le narrateur, Jean-Louis Trintignant, mais elle perd les deux) et il choisit lui-même sa destinée en refusant le hasard des rencontres ou en l'utilisant à ses desseins : mais sa ligne de conduite épouse-t-elle exactement ses principes ? Sa rigueur même se retourne contre lui ! Ayant choisi à l'église une jeune fille qui lui paraît répondre exactement à son idéal et qu'il décide donc froidement d'épouser, il restera fidèle à sa première détermination même après s'être aperçu que Françoise ne correspond pas du tout (elle a eu un amant) au tableau qu'il s'en était fait ! Dès lors, la ligne droite ne conduit plus au but fixé et se brise sur les contingences d'une nature humaine impossible à réduire à des schémas géométriques.

Bien que Jean-Louis soit le narrateur, la marge d'interprétation du spectateur reste très grande entre ce qu'il affirme penser, ce qu'il fait réellement et les coups que lui joue le destin. C'est de ces allées et venues plus ou moins bien réglées entre les trois séries de données que se nourrit un film au climat hivernal et à la rigidité clermontoise. Entre une scène d'église et la séquence finale sur la plage, une morale et une philosophie de la vie sont mises en action et l'épilogue, malgré ses révélations douloureuses, donne finalement raison à Jean-Louis, selon une de ces constructions judicieuses qui pervertissent l'apparente simplicité des intrigues rohmériennes.

La thématique du complot et l'esthétique du théâtre innervent toute la filmographie de Rivette. Dans *L'Amour fou* (1969) un metteur en scène monte *Andromaque* sous l'œil inquisiteur d'une équipe de télévision réalisant un reportage. Il y a donc le théâtre, la télévision et le cinéma, mais en rapport avec l'espace et le temps de la vie : le sujet, c'est Claire et Sébastien, et s'il se trouve que ce couple est totalement submergé par les répétitions et la substance même de la pièce, le sujet n'en devient pas pour autant cette *Andromaque* si difficile à construire car l'art ne supplante jamais devant la caméra de Rivette les êtres qui le font. C'est pourquoi chaque séquence de ce film, qui donne pourtant l'impression d'une totale liberté par rapport à une quelconque intrigue ou progression dramatique, est en fait toujours révélatrice de la psychologie des deux héros. Mais Rivette analyse les rapports entre les êtres en préservant le mystère qui protège l'intimité des esprits et des cœurs : ce ne sont que chuchotements, plans d'ensemble – du moins en 35 mm, car le 16 mm vient justement violer ces consciences par les gros plans – dans lesquels personnages et dialogues se perdent, silence aussi comme lorsque Sébastien fait répéter ses acteurs pieds nus. *L'Amour fou* dure quatre heures et pourtant il semble que beaucoup de choses n'ont pas été dites car il n'y a pas vraiment eu de scénario, l'histoire contée résultant d'une création continue durant le tournage à partir d'indications assez vagues, le réalisateur étant lui-même toujours prêt à se laisser porter par son film : Jean-Pierre Kalfon monte *Andromaque* comme il l'entend, André Labarthe enregistre ce qu'il veut en 16 mm et Bulle Ogier réagit selon ses propres sentiments aux aléas de son couple. À l'arrivée, Rivette monte son film en utilisant indifféremment le matériel tourné en 35 mm et en 16 mm (gonflé) quand les deux ont fonctionné en concurrence dans les scènes de répétition. Mais dans l'intimité de l'appartement, le 35 mm est seul et son impact apparaît finalement plus fort sur l'ensemble du film.

En 1964, *Les Parapluies de Cherbourg* remporte le plus gros succès public de la Nouvelle Vague en constituant un genre à lui tout seul : le film « enchanté » à tous les sens du terme, Michel Legrand et Jacques Demy ayant eu l'idée, non pas d'un musical classique avec chansons, passages dansés et scènes dialoguées, mais de tout chanter, comme un opéra, néanmoins sans vers ni rimes, en conservant le dialogue quotidien. Un beau travail sur le décor et les costumes transcende le cadre de cette histoire populaire. Une charte subtile des teintes est élaborée en fonction des personnages et des lieux. Tout est déplacé, décalé, même tourné en décors naturels. Pourtant le réel – la guerre d'Algérie, le mariage imposé – leste la fable d'un lourd poids d'amertume et Demy fait claquer l'irréalisme de la violence chromatique au souffle des sentiments. C'est le monde revu et corrigé par la cinéphilie d'un amoureux du 7ᵉ art qui prospecte tous les genres pour n'en retenir aucun.

Face à tant d'invention et de recherche, à la diversité et à la multiplicité des films des jeunes auteurs de la Nouvelle Vague, la solitude de Robert Bresson est impressionnante. Pourtant Bresson sait tirer parti de la possibilité désormais offerte de jouer l'art contre l'industrie, la recherche contre le divertissement et la liberté créatrice contre les contraintes professionnelles. De fait Bresson tourne davantage dans les années 1960 (5 films) que dans les décennies précédentes (4 entre le début des années 1940 et la fin des années 1950) et avec une légèreté comme une vivacité de touche, une ouverture sur son temps qui le mettent en phase, de 60 à 70 ans, avec ses collègues trentenaires. *Au hasard Balthazar* (1966), notamment, multiplie les intrigues ; il y a des scènes d'action, de l'érotisme et des blousons noirs et Bresson prend la vie d'un âne comme axe de son récit, les chemins des différents personnages se croisant au hasard et recoupant sans cesse la ligne droite suivie par Balthazar : le film, d'une noirceur sans échappatoire, oppose principalement deux victimes et deux bourreaux. Ceux qui cultivent le mal parviennent toujours à leurs fins. Au contraire ceux qui aspirent au bonheur échouent. L'âne connaît dans sa vie les mêmes étapes qu'un homme : « l'enfance : les caresses ; l'âge mûr : le travail, le talent, le génie au milieu de la vie ; et la période mystique qui précède la mort » (Bresson). À la fin, la mort de l'animal atteint une émotion intense par son absence de révolte, ce retour à la nature dans une sorte d'apaisement.

1965 : L'avant et l'après Nouvelle Vague

Au milieu de la décennie, l'« école » Nouvelle Vague est morte mais son héritage esthétique ne sera plus jamais remis en question. En dix ans – 1957-1967 – le cinéma a perdu la moitié de ses spectateurs et dès 1965 s'amorce le lent déclin du mouvement ciné-club. L'intérêt artistique de la Nouvelle Vague n'a pas pu enrayer l'échec économique de l'ensemble du cinéma et le succès des films soutenus par la critique n'a duré que trois ans. Ensuite Chabrol accumule les catastrophes commerciales. L'échec des *Carabiniers* (Jean-Luc Godard, 1963), de *Chronique d'un été*, *Adieu Philippine*, les premiers Rohmer et Rivette, *Le Testament du Dr Cordelier* (J. Renoir, 1961), *Le Procès de Jeanne d'Arc* (1962, R. Bresson), la contre-performance de *La Peau douce* (F. Truffaut, 1964) commencent à peser lourd. La Nouvelle Vague ne fait plus recette et la production de films ambitieux devient une activité à haut risque, compromettant le montage financier de tout premier long-métrage. Pourtant la création par André Malraux de l'avance sur recettes fait encore mieux que la prime à la qualité puisque le scénario d'un projet artistique de valeur peut, à partir de 1960, obtenir une avance pour sa réalisation qui ne sera remboursable qu'au moment de la sortie en salles (et si les recettes sont insuffisantes, on n'aura rien à rembourser), les deux mots « avance » et « recette » constituant une réelle incitation à produire des films de création. Aucune autre cinématographie du monde ne bénéficie alors d'un tel système grâce auquel le nombre de films produits ne cesse d'augmenter chaque année. Mais le fonctionnement satisfaisant d'une commission dotée d'un tel pouvoir met longtemps à établir ses principes et les mauvais résultats commerciaux font peur à tout le monde. Les vieilles recettes des professionnels semblent alors plus sûres que les promesses des commissions et Robert Enrico, après le superbe *La Belle Vie* consacré en 1962 à la difficile réinsertion affective et sociale d'un soldat démobilisé au retour d'Algérie, préfère vite réaliser les scénarios musclés de José Giovanni : le « policier » se monte plus aisément que le film d'auteur. D'autre part, pour la profession, *Un homme et une femme* est devenu en 1966 le prototype du cinéma d'auteur qui rapporte (700 000 entrées en exclusivité parisienne). D'autant plus que sa sincérité n'est pas en cause : Lelouch croit à ce genre d'histoire et pratique un cinéma anti-intellectuel naïf et roublard.

Dès lors il est toujours aussi difficile de réaliser son premier long-métrage après 1965 et encore plus le second, que l'on se réclame de la Nouvelle Vague ou que l'on s'en démarque : Claude Berri séduit avec Michel Simon en inoubliable grand-père antisémite amoureux d'un petit juif (*Le Vieil Homme et l'enfant*, 1968), Christian de Chalonge intéresse en traitant de l'immigration portugaise (*O Salto*, 1967) et Alain Jessua sait créer des personnages à la psychologie perturbée (*La Vie à l'envers*, 1963). Mais seuls Pierre Étaix et René Allio construiront une œuvre forte dans la durée. Le premier réalise cinq longs-métrages d'un comique qui s'attache aux gestes en essayant de retrouver l'esprit de l'enfance. Du *Soupirant* (1962) au *Grand amour* (1969), Étaix reprend toujours le ressort de la recherche de la beauté et de l'amour par un être timide et délicat, *Yoyo* (1964) étant son film le plus abouti parce que le cirque est là, non seulement comme décor mais surtout en tant que base nourricière de l'anecdote. L'harmonie règne sur les enchaînements, suscite le sourire et s'adresse à l'esprit par sa finesse et son intelligence.

René Allio aborde en 1965 le long-métrage par l'adaptation de *La Vieille Dame indigne*, une courte «histoire d'almanach» de Bertolt Brecht : à la mort de son époux, la vieille Berthe découvre pour la première fois qu'elle peut vivre par elle-même. Elle fréquente de nouveaux lieux (restaurants, cafés, grands magasins), se faisant des amis qu'elle comble d'attentions et qui l'entourent d'affection. Avant de mourir, elle partira même pour la première fois en vacances en 2 CV. Mais le film évite le triomphalisme, car l'héroïne ne trouve pas vraiment le bonheur, choisissant plutôt de le donner volontairement aux autres au lieu de se dévouer par devoir. De tout cela ne subsisteront que quelques photos noir et blanc fixant à la fois ce qui a été et ce qui aurait pu être.

Paris vu par…, un film à sketches produits par le jeune Barbet Schroeder, montre en 1965 la voie d'un sauvetage possible du cinéma d'auteur car, moins de dix ans après la révolution du petit budget, les contraintes économiques contraignent déjà les cinéastes ambitieux à devoir faire encore moins cher. Alors pourquoi pas le 16 mm ? *Paris vu par…* se veut donc le manifeste d'une création de fiction en 16mm : Rohmer, Godard, Chabrol, Rouch (auxquels se joignent le critique Jean Douchet et Jean-Daniel Pollet) font la démonstration que le cinéma d'auteur ne perd rien de sa pertinence en passant du 35 au 16. Sans chercher le paradoxe, on peut d'ailleurs soutenir que *La Muette* et *Gare du Nord* sont (parmi) les meilleurs films de Chabrol et Rouch !

CHAPITRE VII
LES ANNÉES POST-68 : CINÉMA ET IDÉOLOGIE

Bernadette Laffont dans *La Maman et la Putain* de Jean Eustache, 1973.

Le cinéma militant

En février 1968, le ministre de la Culture André Malraux décide de renvoyer Henri Langlois de la direction de la Cinémathèque qu'il avait fondée, pour raison de gestion calamiteuse. C'était compter sans le fait que la Nouvelle Vague vénérait un Dieu en trois personnes : Jean Renoir, André Bazin et précisément Henri Langlois. En quelques jours le cinéma français est dans la rue et Langlois sera effectivement réintégré. Trois mois plus tard, à la suite du mouvement étudiant, toute la France se retrouve bientôt en grève. Or on est en plein Festival de Cannes et les cinéastes (Godard et Truffaut en tête) ont à cœur de faire arrêter la manifestation : le cinéma n'ignore plus systématiquement ce qui se passe autour de lui. De fait, à Paris, une assemblée informelle de gens de cinéma et concernés par le 7e art siège en permanence à la Sorbonne pour débattre de projets et réformes à engager : ce sont les états généraux du cinéma où se forgera notamment la SRF (Société des réalisateurs de films) afin que les problèmes de création ne dépendent désormais plus des mêmes institutions que ceux du panier repas des machinistes : trouver l'argent pour faire des films, défense des droits artistiques sont pris en main par les auteurs eux-mêmes.

Les mouvements et manifestations de Mai 68 à Paris ont été filmés par tout le monde devant sa porte mais aucun cinéaste n'a suivi les événements dans la durée et leur diversité. Aussi incroyable que cela puisse paraître, ni Chris Marker, ni J.-L. Godard, ni Claude Lelouch, ni, à plus forte raison, les autres n'ont pu donner leur vision de l'événement sans doute le plus important qu'ils auront vécu dans leur existence. Cela s'est passé chez eux pendant un mois. Ils n'en ont rien tiré. Nous ne donnerons pas les cent raisons avancées ici et là pour expliquer cette carence et en resterons donc au constat brut : il est tout simplement consternant ! Et pourtant, si la révolte étudiante et bientôt générale a surpris médias, politiques ou sociologues, Louis Malle l'avait sentie venir, Godard et Marker en ayant quant à eux filmé les prémices.

En effet, tournant sans conviction en 1967 un moyen-métrage *William Wilson* d'après Edgar Poe avec Alain Delon pour une superproduction internationale, Louis Malle en a brusquement assez de jouer son rôle de réalisateur vedette de films de prestige. Il lâche tout et part pour les Indes tourner en 16 mm la misère de *Calcutta* avec un opérateur et un preneur de son de janvier à avril 1968. Ce ras-le-bol de la société de consommation, c'est exactement l'esprit de Mai 68. Pour sa part Godard réalise en 1967 *La Chinoise* qui se déroule dans les groupuscules prochinois de la faculté de Nanterre. Mais la critique avait trop l'habitude de louer son langage et de dénoncer son confusionnisme mental pour accepter ses jugements. On a donc souri avec condescendance à l'anarchisme brouillon de *La Chinoise* en se demandant où Godard allait trouver des personnages pareils. Quelques mois après la sortie du film, les frères jumeaux de ses personnages déclenchent, dans les mêmes lieux, les événements de Mai. Certes, les héros de Godard n'avaient pas l'esprit très clair et faisaient figure de « *losers* » marginaux de la révolution. Mais ceux de Mai 68 maîtrisent-ils davantage leurs théories et parviennent-ils mieux à se saisir du pouvoir ? En somme, Godard avait senti que dans la France endormie de 1967, seul le milieu étudiant bougeait et que seuls les « gauchistes » étaient à même de déclencher quelque chose.

Quant à Chris Marker qui avait filmé en 1962 une enquête de cinéma direct sur les réactions de Paris à la guerre d'Algérie (*Le Joli Mai*), il est en 1967 maître d'œuvre d'une expérience marginale tournée pendant la grève de la Rhodiacéta à Besançon ; *À bientôt j'espère* pointe le deuxième (avec les revendications étudiantes) élément de Mai 68 : le combat ouvrier pour des conditions de travail «vivables» indépendamment de toutes revendications salariales ou de volume horaire. Déclenchée en mai 1967, cette grève dure toujours un an après, lorsque la France entière rejoint les employés de l'usine chimique devenue, depuis, objet d'un véritable culte de la part des «gauchistes» du mouvement ouvrier. Or Marker est là avant tout le monde. Ces deux cinéastes atypiques auront sauvé l'honneur du 7e art.

Dans leurs revendications les plus radicales, les états généraux réclamaient de nouveaux films pour un nouveau public et c'est à peu près cela que des groupes collectifs de réalisations vont tenter de faire en se fixant des objectifs militants dans les mois et les années post-Mai 68. Ces collectifs se forment d'abord autour de la diffusion des rares documents réalisés spontanément (et souvent anonymement) en mai comme cette fameuse *Rentrée aux usines Wonder* où la déception de la classe ouvrière s'inscrit en clair sur le visage des protagonistes. Puis il s'agit de passer à la réalisation pour profiter de la dynamique de 68. Fédérés parfois par de «vrais» cinéastes (Marker à Slon, Paul Séban à Unicité), les militants s'organisent en fonction de leur idéologie politique (les gauchistes, les communistes…).

Jean-Luc Godard est passionné par cet aventurisme cinématographique. Il voudrait se fondre dans le groupe Dziga Vertov tout en conservant son statut d'icône de la Nouvelle Vague susceptible de fournir encore quelques sources de financement étrangères, mais il se contente de «partager» la réalisation de ses essais de cinéma révolutionnaire avec Jean-Pierre Gorin. Il réalise ainsi *Vent d'est* (1969) pour la télévision italienne, *Pravda* (la même année pour la télévision tchécoslovaque) et *Vladimir et Rosa* (1970, pour la télévision allemande). Il veut faire alors éclater le système de l'intérieur en portant la révolution cinématographique jusqu'au cœur des salles Gaumont. Il fait donc semblant de renoncer au militantisme *underground* et obtient l'accord de deux vedettes internationales alors situées très à gauche, Jane Fonda et Yves Montand. Sur une telle affiche, il réussit à trouver un financement et commence le tournage d'un film qu'il appelle *Tout va bien*, simplement parce qu'il pense exactement le contraire ! L'astuce consiste à faire interpréter le rôle d'une journaliste (américaine) à Jane Fonda qui, accompagnée de son ami (Yves Montand), se retrouve dans le bureau d'un patron d'usine de charcuterie au moment où les ouvriers se mettent en grève, séquestrant leur patron et, par la même occasion, ses deux visiteurs. Pratiquement mises au placard dès le premier tiers du film, les deux vedettes ne servent donc plus à grand-chose et Godard impose au public du *star system* un authentique film militant qu'il ne serait évidemment jamais venu voir s'il n'avait été trompé par la présence de Montand-Fonda! L'affaire est savoureuse et le culot de Godard suicidaire car les producteurs ne sauraient se laisser tromper deux fois de la sorte. Avec acharnement, le cinéaste cultive la laideur de longs panoramiques et travellings repris inlassablement, accompagnés de slogans et de chansons simplistes, seulement éclairés parfois de quelques rayons d'humour au milieu d'un océan de morosité. De toute manière, à la sortie du film, Godard ne croit déjà plus au cinéma et décide de se retirer à Grenoble pour travailler à destination du petit écran.

Moins subjectifs et expérimentaux, d'autres cinéastes agissent sur des fronts militants et/ou régionaux. Ainsi, fin 1968, se crée au sein de la maison de la culture au Havre une unité cinéma dirigée par Vincent Pinel et qui recrute un réalisateur à temps plein : Christian Zarifian. Le fait est remarquable, car toutes les autres maisons de la culture sont alors à dominante théâtrale. *On voit bien qu'c'est pas toi* (1969) tend à supprimer la fonction «artistique» du créateur-démiurge au profit d'un travail établi sur des bases largement collectives. Des films seront ainsi réalisés pendant dix ans jusqu'à *Vues d'ici* (1978). Ce type d'audiovisuel d'intervention sociale se développe dans l'Unité de production cinéma Bretagne créée en 1972 par René Vautier bientôt rejoint par Félix et Nicole Le Garrec et favorisant des réalisations plus ponctuelles comme *Gardarem lo Larzac* (1974) de Philippe Haudiquet. En 1977, Chris Marker tente de comprendre les dix ans qu'il vient de vivre : *Le Fond de l'air est rouge* brasse toute une époque d'espoirs et de désillusions en utilisant quelques documents d'archives mais aussi de nombreux films militants venus de tous les pays du monde porter témoignage autrement. C'est la fondamentale nouveauté de l'entreprise : au lieu de construire un discours à partir des images et des sons de la télévision et des actualités officielles avec tous les manques inhérents à ce genre de documents, Marker appuie sa réflexion sur le regard de témoins privilégiés parce que impliqués directement dans les événements qu'ils relatent en les vivant. Ce n'est pas l'objectivité, mais c'est une contre-information tonique, une plongée dans le vécu au lieu d'une interprétation normative d'une époque instable. Voyage au pays des idéologies, philosophie tirée d'engagements chaque fois suivis avec enthousiasme, *Le Fond de l'air est rouge* dénonce les utopies mais ne baisse pas les bras :

une belle leçon de foi en l'avenir donnée par un homme en pleine maturité créatrice.

Sans préoccupations directement politiques ou militantes sur le plan français, plusieurs films héritiers du «cinéma vérité» proposent en 1974-1975 un certain nombre de portraits saisissants : Barbet Schroeder s'attaque aux exactions du général *Idi Amin Dada* tandis que William Klein explique l'action d'*Eldridge Cleaver, Black Panther* et de *Muhammad Ali*, puis Jean-Daniel Simon d'*Angela Davis, l'enchaînement* (1978) car c'est en Amérique que les mouvements revendicatifs deviennent les plus violents et les médias français présentent généralement leurs leaders comme de dangereux terroristes. Qu'ils soient initiés consciemment en tant que constitutifs d'un nouvel audiovisuel d'intervention sociale ou le fait individuel de cinéastes engagés à gauche, les films de ce genre contribuent à la progressive constitution dans la seconde moitié des années 1970 de ce que l'on appellera un tiers secteur défini plutôt par les conditions de distribution : à côté du circuit des salles commerciales et de celui des ciné-clubs existe effectivement une troisième voie qui distribue des films produits de manière indépendante. On peut voir ainsi en 1975-1980 de nombreux films, en dehors des séances publiques, diffusés par des structures éphémères mais fort efficaces. Certains sujets mobilisent beaucoup de spectateurs autour de quelques documents qui font le tour de France : après *Histoire d'A* (A pour avortement) de Charles Belmont et Marielle Issartel en 1973, le droit des femmes à choisir leur alternative d'accouchement conduit le Mouvement pour la liberté de l'avortement et de la contraception (MLAC) d'Aix-en-Provence à demander à Yann Le Masson de réaliser *Regarde, elle a les yeux grand ouverts* (1979). Le fait que ce film obtienne une avance sur recettes montre bien que ce genre de travail est non seulement reconnu par le CNC mais qu'il peut même, à l'occasion, être aidé. Le problème est qu'il s'agit d'un produit de type nouveau qu'aucun circuit classique de distribution (salles commerciales, Art et Essai, ciné-clubs, télévision) n'est susceptible de prendre en charge alors qu'il répond à une attente du secteur associatif.

Des maisons spécialisées de production-distribution se créent donc autour de quelques cinéastes privilégiés : Bruno Muel, présent sur tous les fronts sociaux et politiques, est en particulier l'auteur d'un remarquable document sur les ouvriers de Peugeot à Sochaux (*Avec le sang des autres*, 1975). Serge Poljinski se fait connaître par deux longs-métrages sur le nucléaire (*Nucléaire danger immédiat*, 1977 et *Malville état de siège*, 1978). Quant à Jean-Michel Carré, il se spécialise au début sur l'enseignement, de la maternelle (*Alertez les bébés*, 1978) au supérieur (*Le Ghetto expérimental*, 1973).

Le film politique

Sur le front du cinéma spectacle, la conséquence la plus remarquable de Mai 68 est certainement l'émergence d'un cinéma politique de grande consommation symbolisé par la «trilogie» de Costa-Gavras avec, à chaque fois, Yves Montand en vedette : *Z, ou l'anatomie d'un assassinat politique* (1969 : un chef de l'opposition démocratique assassiné avec l'appui du pouvoir dans la Grèce des colonels), *L'Aveu* (1970 : en 1951, à Prague, un homme politique est arrêté, mis au secret et contraint d'avouer des crimes imaginaires contre le communisme), *État de siège* (1973 : les Tupamaros enlèvent puis abattent un conseiller américain de la police chilienne). Alors que le cinéma français d'après-guerre pratiquait depuis vingt-cinq ans un désengagement presque total, le succès fabuleux de *Z*, troisième long-métrage d'un cinéaste d'origine grecque, donne le coup d'envoi d'un cinéma affichant des idées politiques qui auraient fait fuir le public deux ans auparavant mais qui l'attirent au début de cette décennie. En fait, personne n'imagine au début de 1969 un possible «cinéma des droits de l'homme» et tout le mérite en revient donc à Costa-Gavras, son scénariste Jorge Semprun, son producteur François Perrin et sa vedette Yves Montand qui s'acharnent à monter un projet audacieux dans des conditions financières difficiles au sein d'une profession peu disposée à entreprendre ce genre de film qui ne se fera que grâce à une coproduction algérienne. Eux pensent que les idées généreuses de Mai 68 ne sont pas mortes en juin et qu'elles peuvent encore remuer le public. Ils auront raison. La critique est globalement très favorable à *Z* et à *L'Aveu*, moins à *État de siège* qui pervertit déjà quelque peu le «système», mais son attitude ne virera au dénigrement que lorsque Costa-Gavras se mettra à raconter des histoires à la fois plus spectaculaires et idéologiquement un peu moins fortes, le cinéaste finissant logiquement par rejoindre dans les années 1980 les États-Unis, où le cinéma à sujet social qu'il pratique correspond à une tradition hollywoodienne ancienne et populaire.

Costa-Gavras a quelque chose à dire et, si certains personnages peuvent être ambigus, le récit, lui, doit être clair. La cohérence politique de la trilogie est d'ailleurs forte, chacun des trois films apportant une contribution spécifique (antifascisme, anticommunisme, anti-impérialisme si l'on veut simplifier) à un édifice idéologique très marqué par l'époque post-68 du tournage. Certes certains passages de *Z* (par exemple la poursuite de l'avocat – Charles Denner – par des tueurs en Peugeot 403) sont tournés dans l'esthétique d'un western spaghetti, détruisant la crédibilité sur le plan réaliste et, donc, se retournant contre le propos généreux du film pour rechercher une adhésion viscérale du spectateur. Mais la « politique-spectacle » n'a qu'un temps, celui de l'enthousiasme des périodes à fort coefficient idéologique : il faut un climat porteur, un intérêt déjà en éveil, une attente que le film viendra combler. *Z* permet de vibrer à l'unisson d'idées auxquelles il n'est guère pensable de s'opposer. C'est un cinéma de grandes causes qui joue le même rôle qu'une chanson « engagée » : on chante la justice, la liberté, la paix et le bonheur. Qui peut être contre ? Mais il faut aussi avoir envie d'y croire et ne pas être miné par le doute ou les désillusions trop profondes. Sur cette envie d'y croire, Yves Boisset compte beaucoup aussi pour sa propre trilogie des justes causes avec : *L'Attentat* (1972, l'affaire Ben Barka), *Dupont-Lajoie* (1974, le racisme ordinaire) et *Le Juge Fayard, dit le Sheriff* (1976, l'assassinat du juge Renaud à Lyon).

Si Costa-Gavras épure les questions abordées pour en dégager la problématique idéologique, Boisset mélange davantage l'ingrédient purement politique au contexte psycho-social, si bien que ses portraits de racisme, de la justice ou de la police (*La Femme flic*, 1980) sont avant tout ceux de personnages quotidiens tout à coup dotés de destins qui les dépassent. C'est ce qui fait l'intérêt de ses deux meilleurs films où la bêtise de Dupont-Lajoie et le courage du petit juge Fayard conduisent à la mort, car le tragique de la société actuelle est de pousser aux extrêmes les tensions qui, en d'autres temps et d'autres lieux, auraient pu trouver une solution raisonnée. Aux côtés de Costa-Gavras et de Boisset, il faut d'ailleurs remarquer aussi André Cayatte revenant sur la brèche avec en particulier *Les Risques du métier* (1967 : Jacques Brel en instituteur victime d'un mensonge d'une de ses petites élèves l'accusant de viol), *Mourir d'aimer* (1971 : inspiré de l'« affaire Gabrielle Russier » ; Annie Girardot est un professeur, qui ayant une liaison avec un de ses élèves mineurs, se suicidera en prison) et *Il n'y a pas de fumée sans feu* (1973 : mélodrame familial sur fond de tripotages électoraux). Cette propension à dénoncer les scandales et abus de toutes sortes est dans l'air du temps, nourrissant l'anarchisme d'un Jean-Pierre Mocky (*Solo*, 1970 ; *L'Albatros*, 1971), et des films comme *La Question* (Laurent Heynemann, 1976 : la torture en Algérie), *Le Pull-over rouge* (Michel Drach, 1979 : une erreur judiciaire) ou *Le Trio infernal* (Francis Girod, 1974 : un fait divers particulièrement crapuleux)…

Être un jeune cinéaste dans les années 1970

Il est certain que nombre des jeunes qui voulaient faire du cinéma en 1968, qui étaient à l'époque étudiants à l'IDHEC ou à l'École de Vaugirard, réalisaient des courts-métrages, travaillaient à des scénarios, faisaient de la critique ou essayaient d'écrire leur premier long-métrage ont été fortement marqués par les remises en question des états généraux, la naissance d'un tiers secteur et le tour pris par les parcours de Godard, Marker, Costa-Gavras ou Yves Boisset. Dans les années suivant les événements, le politique (au sens large du terme, à savoir un regard aigu sur le social) est aux postes de commande dans la critique (les *Cahiers du cinéma* sont devenus la tribune de la révolution culturelle maoïste, *Cinéma* multiplie les dossiers sur l'engagement, le cinéma algérien, ceux des pays de l'Est…), dans les sciences humaines et la réflexion philosophique. La linguistique et la sémiologie se pensent de gauche, le cinéma des Straub, de Robbe-Grillet et les films érotiques sont présentés comme des œuvres politiques éminemment subversives. La distribution en salles en 1969 du *Chagrin et la Pitié*, émission conçue par Marcel Ophuls pour le petit écran, mais que la télévision française monopoliste (ORTF) refuse de programmer pour ne pas raviver les plaies de l'Occupation, montre à la fois que l'on peut (Ophuls l'a fait) et qu'on ne peut toujours pas (interdiction de diffusion) réaliser un film historique d'enquête sur la Résistance et l'Occupation. Avec ce film, non seulement le réalisme et l'engagement semblent pouvoir devenir des ferments du cinéma, mais même les idéologies. La réussite du *Chagrin et la Pitié* est due à un formidable travail en amont et en aval du tournage doublé d'un véritable acharnement au moment des entretiens qui constituent le plus grand talent de Marcel Ophuls. Les confrontations se feront au montage avec l'apport d'autres témoins, des documents écrits viendront appuyer, contredire ou préciser les dépositions, les actualités d'époque et les lieux mêmes de l'action complétant le contexte. Ophuls met en scène – l'ancien militaire de la division Charlemagne au château de Sigmaringen –, utilise tous les incidents de tournage – la coiffeuse arrêtée à la Libération perdant pied après qu'un coup de sonnette à son salon lui eut fait lâcher le fil de son exposé – pour faire baisser les gardes et casser les images que chacun veut donner de soi-même. Surtout, il choisit des milieux pertinents (la région de Clermont-Ferrand proche à la fois des dynamiques maquis d'Auvergne et du centre de collaboration à Vichy), véritable vivier lui permettant de travailler un échantillonnage humain passionnant.

Les conditions sont donc rassemblées pour que le politique inspire quelques premiers films d'auteur. Ainsi en 1972 Gérard Guérin suit dans *Lo Païs* son jeune héros quittant l'Aveyron pour coller sur les murs de la capitale les affiches alléchantes d'une société de consommation dont il est exclu. Le film pénètre à sa suite dans le milieu des Bretons eux aussi exilés et décrit la tristesse de ces foyers de sous-prolétaires provinciaux ressemblant étrangement aux cités modulaires de la Sonacotra. Mis en contact lors de ses vacances au pays avec des paysans du Larzac qui manifestent, Gaston décidera finalement de lutter chez lui et de ne plus retourner servir de main-d'œuvre bon marché à la capitale.

L'année suivante, *Il pleut toujours où c'est mouillé* de Jean-Daniel Simon (les mutations du monde paysan) et *La Coupe à dix francs* de Philippe Condroyer (la jeunesse ouvrière de province) apportent la preuve que *Lo Païs* n'est pas une exception et qu'existe désormais une veine sociale dans le jeune cinéma d'auteur. On est étonné par la véracité de cette ferme où la pénétration d'une équipe de télévision amène la prise de conscience de la jeune agricultrice tandis que l'aventure entre le syndicaliste PC et la belle institutrice émancipée est plus traditionnelle et évoque trop l'ouvriérisme sympathique mais un peu lourd du *Temps de vivre* de Bernard Paul (1968). *La Coupe à dix francs* sait de son côté décrire un jeune d'aujourd'hui (renfermé, cheveux longs) à l'avenir bouché devant les anciennes générations hostiles. Qu'il choisisse la mort à la mode des bonzes de l'époque ne fait que déplacer le quotidien vers le fait divers sans vraiment en faire une tragédie. Le regard reste au niveau de celui des protagonistes pour laisser aux personnages leur opacité. *La Virée superbe* (Gérard Vergez, 1973) s'enracine dans la zone pour dénoncer les terrains vagues, les cafés minables et la pauvreté dont on s'échappe mal par la moto, les virées le long des rivières polluées, les fêtes foraines et la petite délinquance débouchant à plus ou moins brève échéance sur la prison. Mais une poignée de films ne constitue pas une « Vague » et l'on retient plutôt de la génération 1970 quelques puissantes individualités plus proches des auteurs de la Nouvelle Vague et surtout qui construiront une vraie carrière.

Notamment deux psychologues du comportement pour lesquels la mise en scène est un scalpel : les états d'âme des personnages de Pialat ou de Doillon ne s'approchent pas avec des Louma et des Steadicam mais avec un cadrage serré, un dialogue nettoyé de ses périphrases et un montage « cut ». Les trois premiers films de Maurice Pialat forment ainsi le triptyque de la vie (l'enfance en 1969 : *L'Enfance nue* ; l'âge adulte en 1972 : *Nous ne vieillirons pas ensemble* ; la vieillesse et la mort en 1973 : *La Gueule ouverte*) mais sans emphase ni métaphysique : des comportements souvent opaques, des rapports impossibles entre les êtres, des sensibilités piétinées et des destins sans autre issue que la mort avec, dans ce *no man's land* de la laideur et de la douleur, quelques irrépressibles éclairs d'amour-tendresse ou d'amour-passion qui laissent entrevoir quelques instants une plage de bonheur improbable. Puis le cours fatal des choses reprend ses droits. Le rythme des films de Pialat est haletant, suicidaire. Chaque œuvre débute brutalement dans le vif du drame. C'est une tranche épaisse de noirceur où chaque scène est inlassablement conjuguée pendant 90 minutes sans aucune progression dramatique. *L'Enfance nue* est celle de l'Assistance publique, baladée de famille en famille, de coron en coron, de façade grise en ciel bas entre indifférence et hostilité : enfance loupée, gâchée et plongeant l'enfant dans la dureté des autres. *Nous ne vieillirons pas ensemble* est une longue rupture qui fait mal. Le final est d'ailleurs presque indifférent : cela pourrait continuer encore longtemps comme commencer plus tôt ou plus tard : les rapports sont déjà dégradés avant le film qui s'ouvre en pleine dispute et ne peuvent plus évoluer. Or, pendant ce temps, la vie poursuit son chemin et Catherine, elle, s'apprête à faire une fin. Très sensible, *Nous ne vieillirons pas ensemble* est un film d'ours en cage, d'idéaliste blessé toujours en révolte contre un monde imbécile. Le problème est qu'il n'y a pas d'amour heureux en week-end, après le bureau, dans les autos, au téléphone et dans les chambres d'hôtel. Le paroxysme que d'autres cinéastes atteignent 5 minutes dans chaque film, Pialat le tient sur toute la distance, en commençant sur le plateau de tournage par des rapports extrêmement tendus avec les interprètes. Avec *Loulou* (1979) Maurice Pialat choisit un sujet conventionnel (« la bourgeoise et le loubard ») pour décaper le cliché par son regard tour à tour dur et tendre qui débusque la vulnérabilité des êtres sous leur masque apparent d'insensibilité. En premier plan il y a donc la « baise », le « fric », la « zone » et les copains. Mais en filigrane la recherche d'un bonheur à travers la chaleur humaine – et pourquoi pas celle d'un enfant ? – conduisant à la constitution d'un couple : celui, bancal, qui titube à la dernière image dans le silence de la nuit.

Bien que la douleur ne soit pas toujours absente, l'œuvre de Jacques Doillon est plus chaleureuse, mais l'auteur partage avec Pialat un style limpide et incisif, un montage serré et un intimisme rigoureux dans lequel le spectacle n'a guère le loisir de s'infiltrer. Deux de ses films symbolisent les tendances caractéristiques qui se retrouvent au sein de cette génération 1970 dont il est alors un peu le porte-drapeau. En effet

Les Doigts dans la tête figure en 1977 la face sociale et *La Drôlesse* en 1979 le retour au psychologique, mais chaque fois avec un dosage des deux composants qui évite le schématisme et donne son originalité au regard de l'auteur. Ses quatre personnages sont un apprenti boulanger, sa petite amie vendeuse, un copain mécanicien et une Suédoise. Cette dernière fournit le révélateur des cœurs parallèlement à la grève de l'apprenti contre son patron qui fera découvrir au petit groupe la réalité des rapports de travail. Loin des flirts de vacances, Doillon montre des adolescents confrontés tout à coup aux problèmes de l'âge adulte : faut-il se marier et former un couple ? Comment s'intégrer au monde du travail ? Mais ces questions sérieuses sont traitées dans l'atmosphère joyeuse d'une partie de pince-fesses parce que les héros sont jeunes, qu'ils peuvent fort bien faire à la fois l'amour et la grève, parler sérieusement de sentiments et plaisanter de rapports patronaux. Quant à l'anecdote de *La Drôlesse*, elle est fort mince : enlevée par le jeune François, la petite Mado est séquestrée dans un grenier, mais il n'y aura ni viol ni demande de rançon car le film raconte « la rencontre de deux laissés-pour-compte, de deux êtres fous de solitude : une fille de 11 ans et un garçon de 20 ans que l'on a mis à l'écart. Petit à petit, les rapports entre les deux personnages vont se compliquer car le garçon joue mal son rôle de geôlier et la prisonnière sait vite comment s'échapper du grenier où il la retient enfermée, mais où elle reste cependant. Et chacun, difficilement, maladroitement, commence à donner à l'autre un peu de son immense amour » (J. Doillon).

Jean Eustache situe *La Maman et la Putain* (1972) au-delà de toute provocation (un titre, sa longueur, son noir et blanc, son intimisme, son ascétisme et le déferlement de son flot verbal ininterrompu). Deux volubiles (Véronika/Françoise Lebrun et Alexandre/ Jean-Pierre Léaud) s'opposent à deux femmes secrètes (Marie et Gilberte), un homme se trouvant face à trois d'entre elles prises soit successivement soit toutes à la fois. Dans *La Maman et la Putain*, les rapports sexuels ne servent à rien (c'est le sens du très long monologue presque final de Véronika) et un homme – de chair et de sang – est à la recherche d'autre chose. Dans le monde matérialiste de bourgeois fainéants, Eustache lance une interrogation sur l'amour, l'attachement et les sentiments bien plus que sur le sexe.

À la fois savoureux et profond, le dialogue se truffe de trivialité et ne sonne faux et théâtre que parce qu'il traduit un décalage pudique et non une expression au premier degré. Le film montre des êtres en contradiction profonde avec les idées qu'ils affichent parce que ce sont celles à la mode (cynisme, désinvolture, laisser-faire, vie sans problème...) mais qui, en fait, ne leur conviennent pas du tout et les rendent malheureux. *La Maman et la Putain* est un film sur le malaise qui conduit au désespoir, et quand on sait qu'Eustache se suicidera dix ans plus tard, on voit tout ce que cet exercice littéraire comporte d'autobiographie.

Une sale histoire (1978) raconte l'expérience d'un voyeur qui regarde les femmes aux toilettes par un trou aménagé juste au bas d'une porte de WC dans un café. Mais, le film ne montre strictement rien ; composé de deux volets complémentaires, il raconte deux fois les mêmes faits : une première fois en 16 mm et en direct, saisissant la confession complaisante du prétendu voyeur ; une deuxième fois en 35 mm, dialogué et interprété par des acteurs (mais toujours sur le mode oratoire et non visuel). Ce film double constitue une fascinante expérience de récit cinématographique : un homme raconte, se raconte, dévoile ses penchants les plus secrets, avoue l'inavouable, le sale, c'est-à-dire le scatologique et non le sexuel.

Se réclamant volontiers de Robert Bresson, l'ancien comédien des *Cousins* de Chabrol, Gérard Blain compose minutieusement à partir des *Amis* en 1970 un cinéma retenu, pratiquant la rétention d'émotion en réaction contre la fausse spontanéité et le caractère racoleur du «nouveau naturel». Épurant au maximum le cadre dépouillé de tout détail inutile, Blain supprime l'anecdote pour laisser seulement sur l'écran l'impression. Ennemi du 16 mm et du laisser-aller, Blain emploie le 35 mm au minimum de ses qualités expressives. *Un enfant dans la foule* (1975) offre la meilleure image de sa manière : film de guerre où l'on aperçoit en tout et pour tout un seul tank, film sur l'enfance sans tendresse, c'est une œuvre qui parle directement cœur à cœur sans passer par l'histoire et les personnages.

Venue progressivement à l'expression cinématographique, Marguerite Duras voit d'abord plusieurs de ses romans adaptés et tournés par d'autres (*Barrage contre le Pacifique* de René Clément, *Moderato cantabile* de Peter Brook – seule de ses œuvres pour laquelle elle travaille au scénario en 1960 –, *Dix heures et demie du soir* de Jules Dassin, *Le Marin de Gibraltar* de Tony Richardson). Elle écrit ensuite *Hiroshima mon amour* (1959) d'Alain Resnais et *Une aussi longue absence* (1961) d'Henri Colpi, puis choisit comme coréalisateur Paul Séban pour mettre en scène *La Musica* (1966). Ce n'est donc qu'avec *Détruire dit-elle* (1969) qu'elle devient auteur complet de plusieurs films toujours tournés avec de très petits budgets (*Jaune le soleil*, 1971 ; *Nathalie Granger*, 1972 ; *La Femme du Gange*, 1973) jusqu'à ce qu'*India song* lui apporte enfin en 1975 une consécration cinématographique comparable à la place qui était la sienne en littérature.

En appelant son livre « texte théâtre film », Marguerite Duras avait déjà conscience de livrer au lecteur des « paroles » qui pourraient aussi bien rester mots qu'être jouées ou passer à l'image. Mais ces différents modes de représentation ne sauraient être équivalents, et leur choix transforme en retour le sens même d'un texte d'ailleurs déjà placé au confluent d'autres œuvres (personnages issus du *Vice-Consul*, procédé des voix extérieures au récit expérimenté d'abord dans *La Femme du Gange*).

India song envoûte par la musique de Carlos d'Alessio, la voix de Delphine Seyrig, la longueur humide d'une nuit d'Asie percée par le hurlement du vice-consul de Lahore, la mélopée de la vieille mendiante au bord du Gange et le soleil rouge qui disparaît en temps réel derrière l'horizon. Film décalé par rapport à toute action, *India song* se déroule presque toujours en marge de l'endroit où se passe quelque chose de spectaculaire (la lèpre, la faim ou la réception à l'ambassade), les destins se nouant dans un salon adjacent où les personnages se cherchent, se trouvent et se détruisent. Dans *Le Camion* (1977), Marguerite Duras elle-même lit en plan fixe à Gérard Depardieu le scénario du film qu'elle aurait pu tourner, seules quelques images d'un camion venant de temps en temps interrompre cette lecture. Par la magie d'une construction harmonique mise au service d'un texte à la fois plus pathétique et plus âpre que l'élégiaque complainte d'*India song*, le film multiplie la force des mots par celle des images en provoquant une véritable fascination qui n'empêche pas pour autant la réflexion du spectateur.

En réaction contre un certain nombrilisme du cinéma d'auteur, Bertrand Tavernier retrouve le plaisir du romanesque en racontant des histoires comportant des péripéties et faisant intervenir des personnages attirants sans pour autant renoncer à une vision du monde qu'il fera passer par l'anecdote plutôt que par des effets narratifs ou esthétiques. C'est un cinéma populaire employant des vedettes aimées du public. Certes son travail demeure un peu extérieur à l'histoire du 7e art car sa filmographie n'est pas du domaine de la recherche mais d'un commerce de qualité. Pourtant sa cinéphilie est au moins aussi pertinente que celle des anciens critiques des *Cahiers du cinéma*, ses engagements sont généreux et le divertissement exigeant. Tavernier alterne petits sujets à la française (*L'Horloger de Saint-Paul*, 1974 ; *Des Enfants gâtés*, 1977 ; *Une semaine de vacances*, 1981) et films historiques (*Que la fête commence*, 1974 ; *Le Juge et l'Assassin*, 1976). En fait, l'unité de regard est donnée par cette fameuse caméra à hauteur d'homme qu'avait imposée le cinéma hollywoodien mais que pratiquait également la Qualité française des années 1950. Ses modèles sont donc aussi bien les plus accomplies des séries B d'outre-Atlantique que les films de Claude Autant-Lara. Aussi «ose»-t-il aller chercher Aurenche et Bost pour écrire l'adaptation de Simenon qui fournit la base de son premier long-métrage où se conjuguent avec bonheur structure hollywoodienne et atmosphère feutrée à la française. Un sujet né de la réalité douloureuse d'aujourd'hui (face-à-face père-fils ; gauchisme et terrorisme ; violence des rapports patrons-ouvriers en usine), traité avec le sens du récit propre aux professionnels du spectacle, fait de *L'Horloger de Saint-Paul* une réussite indiscutable qui n'est pas alors jugée à sa juste valeur parce qu'elle tombe à contre-courant dans le tournant du «constat social» de 1974. Avec sa jeune professeur qui craque en allant au travail, *Une semaine de vacances* synthétise cet art de la maîtrise américaine mise au service de thèmes bien ancrés dans le terroir national. Quant à la veine historique, si elle tombe dans l'anecdote facile dans *Que la fête commence* (les intrigues des «grands», comme dans les plus mauvais romans historiques), elle campe des personnages pleins de force dans *Le Juge et l'Assassin* où l'affrontement de deux hommes tourne à la confrontation de deux mondes.

Bertrand Blier triomphe pour sa part avec *Les Valseuses* (1974), moderne, vulgaire et méprisante odyssée du ruisseau. *Les Valseuses* fut d'ailleurs un scénario d'abord refusé partout, transformé alors en roman à succès que Blier remodèlera pour le cinéma : deux loubards de banlieue en cavale écument un pays bête et méchant, bientôt flanqués d'une shampouineuse facile mais frigide. Le fait que le trio soit interprété par une nouvelle génération de comédiens – Gérard Depardieu, Patrick Dewaere et Miou-Miou –, qu'on y croise aussi Isabelle Huppert dans un second rôle et Jeanne Moreau en *guest star* est sans doute pour beaucoup dans le succès (3,6 millions d'entrées) de ce film très épicé mais surtout anarchiste et de mauvaise compagnie. Acide, pervers, irréaliste et d'une étrangeté qui ne doit rien à l'air du temps, *Buffet froid* (1979) parvient à imposer un style mais il est boudé par le public. Blier reviendra plus fort un peu plus tard. Certains auteurs font quelques films intéressants puis sont vaincus par les dures lois du commerce. Ainsi Pascal Aubier et ses fables (*Valparaiso, Valparaiso* ; *Le Chant du départ* 1971-1975), Jean-Claude Guiguet (le sensible *Les Belles Manières*, 1975, tout en refus de son jeune personnage), Joël Seria (le déluré et un brin provocateur *Charlie et ses deux nénettes*, 1973), Daniel Duval (et ses marginaux du *Voyage d'Amélie*, 1974). Claude Miller et Benoît Jacquot doutent, hésitent mais s'affirmeront dans les années 1980, le premier après deux films psychologiques bienvenus et un solide policier classique (*Garde à vue*, 1980 : Lino Ventura, Michel Serrault et Romy Schneider sur un scénario de Michel Audiard) ; le second après deux films élitistes – *L'Assassin musicien* et *Les Enfants du placard* (1975-1977) tout imprégnés des théories lacaniennes.

Après un essai incertain (*Paulina s'en va*, 1969), André Téchiné tente des genres très différents, chaque fois avec brio : *Souvenirs d'en France* (1974) brosse trente ans de vie commune d'une petite entreprise industrielle du Sud-Ouest en décrivant l'exemplaire ascension de Berthe, la lingère de 1936 devenue P-DG en 1975 : jouant de ses décorations de la Résistance pour désamorcer les grèves, elle éponge les dettes par l'apport de capitaux américains et l'utilisation d'une main-d'œuvre étrangère ; aucune description naturaliste, mais des cadrages signifiants et la mise en place d'un grand nombre d'objets ou d'éléments de décor symboliques. Ainsi le perron de la maison domine-t-il Berthe lorsque, lingère, elle pénètre pour la première fois dans la demeure. Mais à la fin, c'est elle qui trône à la place de la vieille mère et voit rentrer les Portugais. De même, lors de sa première entrevue avec la mère, les champs/contrechamps pendant l'examen méticuleux de son travail ne sont pas dramatiques mais expressifs, le découpage n'ayant pas été conçu en fonction du dialogue mais pour traduire en images des rapports de force.

L'exubérant *Barocco* (1976) marque un retour aux magies du « cinéma cinéma » avec son couple vedette lancé dans des aventures rocambolesques. Mêlant une anecdote à la Mocky (amour-passion sur fond de corruption politique pendant une campagne électorale) à de troubles remontées psychanalytiques (le thème du double, assassin-victime), Téchiné esthétise tout et n'importe quoi (lumières, couleurs, décors, cadrages, mouvements…), cette surcharge ne masquant d'ailleurs pas toujours une certaine inconsistance des personnages. Puis Téchiné adopte une élégance classique dans un beau film patrimonial (*Les Sœurs Bronté*, 1978) et surtout pour orchestrer le duo Patrick Dewaere/Catherine Deneuve dans le troublant *Hôtel des Amériques* (1981) qui, malgré son échec public, lui fait trouver sa voie et son interprète (personnage) favorite. Il deviendra un des plus importants cinéastes de la décennie suivante.

Indiscutablement l'idéologie travaille la création des jeunes cinéastes. Ainsi le premier long-métrage de Marin Karmitz filme la société de consommation vue à travers une réflexion sur la création – *Sept jours ailleurs*, 1968 –, puis le second décrit une prise de conscience ouvrière aux chantiers de construction navale de Saint-Nazaire et dans une usine d'automobiles à Paris – *Camarades*, 1969. Le troisième reconstitue une grève avec occupation d'usine, Karmitz écrivant le scénario avec les ouvrières ayant vécu l'événement et les faisant interpréter leurs propres rôles – *Coup pour coup*, 1971. Ces expériences sont intéressantes, mais Marin Karmitz arrête la réalisation de films pour les produire, les distribuer et les projeter : ce sera la grande aventure MK2.

Le cinéma grand public – celui de Jacques Rouffio (*Sept morts sur ordonnance*, 1976 ; *Le Sucre*, 1979) – sait lui aussi être audacieux, mais ce n'est jamais pour bien longtemps : à la fin de la décennie 1970 tout rentre dans l'ordre ou c'est le cinéaste qui ne peut plus financer ses projets. Claude Faraldo avec son livreur amoral (*Bof, anatomie d'un livreur*, 1971) ou son homme retournant à la bête et ne répondant plus à la violence policière que par des grognements indistincts (*Themroc*, 1972) sera progressivement réduit au silence, comme Jean-Louis Comolli contant l'échec d'une commune d'anarchistes italiens émigrés au Brésil à la fin du XIXe siècle (*La Cecilia*, 1974) ou encore Frank Cassenti filmant la chronique du groupe Manouchian constitué de résistants immigrés et leur procès en 1944 (*L'Affiche rouge*, 1976). Dans les deux cas, les budgets limités alloués aux films d'auteur font bon ménage avec la « nouvelle Histoire » qui, à l'exemple de Georges Duby pour le Moyen Âge, veut désormais faire l'histoire du peuple et non celle des rois, des provinces plutôt que de Paris et des mœurs au lieu des guerres.

Même Louis Malle – qui aurait eu les moyens d'une spectaculaire reconstitution historique – inscrit *Lacombe Lucien* (1974) dans le courant de relecture de l'histoire 1939-1945 en écrivant le portrait d'un jeune salaud avec Patrick Modiano, tout se passant au niveau des sans-grade en 1944 au moment où gestapistes et collaborateurs sont abandonnés à eux-mêmes. La polémique déclenchée par *Lacombe Lucien* est animée. Après l'éloge sans limite accompagnant sa sortie, un revirement critique apparaît en effet deux à trois semaines après quand les idéologues condamnent le film, aussi bien à gauche (*Libération*) qu'à droite (*Minute*). L'anecdote a en effet de quoi désarçonner : les jeunes collaborent et les filles juives se donnent aux nazis tandis que des maquisards abattent des chiens…

Aussi les adversaires du film accusent-ils presque ouvertement Louis Malle de sympathiser avec l'adolescent auxiliaire français de la police allemande ou du moins d'aller dans le sens du climat politique de l'époque giscardienne tendant à faire oublier les anciennes querelles résistants-collaborateurs jusqu'à la suppression de la commémoration du 8 Mai en 1975. En fait Malle voulait surtout dépoussiérer le mythe de la Résistance en donnant une image pas très agréable de la France sous l'Occupation où l'effondrement des valeurs avait rendu certains engagements ambigus. Le cas de ce gestapiste fournit effectivement matière à réflexion, le tournage caméra à l'épaule avec des acteurs non professionnels accroissant la gêne dans la mesure où la mise en scène gomme fiction et dramaturgie au profit d'un effet de réel particulièrement troublant.

De fait, les nouveaux réalisateurs ne sont pas seuls à faire preuve d'audace et le cinéaste le plus virulent des années 1970 reste certainement Jean-Pierre Mocky. Dès 1969, par-dessus les dix ans et les neuf films qui le séparent des *Dragueurs*, il renoue avec le drame qu'il pousse à la tragédie dans *Solo* (1970), *L'Albatros* (1971), *L'Ombre d'une chance* (1974), *Un linceul n'a pas de poche* (1975), et *Le Piège à cons* (1979), cinq films alternant avec des comédies généralement dramatiques. Dans ce style, l'amour et la mort font bon ménage avec la politique, un romantisme échevelé assurant l'unité d'anecdotes où le suspense garde force de loi. Il y a souvent chez Mocky des assoiffés de pouvoir qui luttent sans merci et un opposant – généralement interprété par le cinéaste lui-même – qui se lève, une compagne à ses côtés, pour abattre les mégalomanes. Véritable Zorro redresseur de torts (malgré lui ou par idéalisme, selon la tonalité du film), il accepte de se battre contre le cours des choses mais échoue à arrêter les crapules, ce rendez-vous avec la mort après des amours impossibles donnant au romanesque sa dimension mythique.

Solo est le seul film français qui réfléchisse sur les événements de Mai 68 quelques mois après les barricades. Mocky se demande en effet ce que sont devenus les jeunes gens qui jetaient des pierres au Quartier latin, et il répond en montrant ceux qui y ont vraiment cru se retrouvant dès 1969 dans l'action clandestine violente face à la reprise en main de la société par les mêmes bourgeois qu'en 1967. *Solo* dresse donc le relevé archéologique du terrorisme des années 1970 en montrant comment débutent les mouvements qui donneront naissance à la bande à Baader ou aux Brigades rouges. Si le film est ainsi directement post-68, *Le Piège à cons* est alors pré-81 : des jeunes gens pensent qu'il faut que ça change et passent eux aussi aux actes, aidés par un professeur de philosophie radié en 1968, vieux routier de la parole entraîné par la nouvelle génération. *L'Albatros* se situe entièrement pendant une campagne électorale où tout n'est que turpitudes, violence, mensonges et coups bas. Les trois films marquent les étapes inexorables du désenchantement. Chaque fois le personnage incarné par Mocky lui-même meurt à la fin : si cette mort sauve les jeunes de *Solo*, sa disparition n'empêche pas les activistes d'être eux aussi assassinés par les forces de l'ordre dans *Le Piège à cons*, mais il est évident que l'écœurement de Mocky débouche sur un sentiment de révolte et que l'échec du « solitaire noir » n'est pas là pour couper toute issue mais au contraire pour provoquer l'indignation. Les films de Mocky sont des cris, d'où la nécessité de les filmer vite et brut pour conserver toute leur charge émotive et instinctive sans les engluer dans un esthétisme plus propice à la réflexion qu'au mouvement. Mocky est un cinéaste insupportable.

Le centre et la périphérie

Patrick Dewaere et Gérard Depardieu dans *Les Valseuses* de Bertrand Blier, 1974.

C'est la belle formule que René Allio emploie pour définir la situation dans les années 1970 : deux cinémas, l'un installé au centre du système (aussi bien économique qu'esthétique) tandis que l'autre joue à la marge ou rejette la logique d'une profession qui tourne un peu à la manière d'une centrifugeuse. Celui qui fait bouger les choses, ce n'est pas le cinéma unitaire installé du centre mais celui qui s'éparpille loin du modèle dominant. De très grands cinéastes travaillent au centre – François Truffaut, Claude Sautet ou Michel Deville –, mais la périphérie est riche de sa diversité, minorité agissante qui expérimente, prospecte de nouveaux domaines.

En choisissant en 1972 de porter à l'écran le journal des *Camisards*, Allio institue un nouveau rapport entre histoire et cinéma : retour au texte des actants sans la médiation de l'historien, histoire d'une province et non plus de Versailles, jeu sur le temps et sur l'espace au lieu de tout cristalliser sur un événement. En 1976, Allio approfondit cette démarche en tournant *Moi, Pierre Rivière, ayant égorgé ma mère, ma sœur et mon frère*, récit d'une abominable tuerie perpétrée dans la Normandie de 1835. En fait, le texte de la confession rédigée par le meurtrier dans sa prison est découvert aux archives du Calvados par l'équipe de Michel Foucault qui le publie chez Gallimard en 1973. Très vite, le livre devient un best-seller socio-historico-psychiatrique, si bien que René Allio et ses coscénaristes, Jean Jourdheuil, Serge Toubiana et Pascal Bonitzer, doivent effectuer une sorte de retour à l'original par-dessus cet appareil critique sans pour autant évacuer tout l'apport de cette analyse. On se trouve là au cœur de la « méthode » d'Allio : faire vivre des personnages et raconter une histoire, mais s'appuyer en même temps sur un texte très fort, suggérant une grande richesse de lectures possibles. Confiant les principaux rôles à des paysans locaux recrutés par petites annonces, Allio travaille beaucoup le rapport des voix (in, off, directes ou en contrepoint) et illustre l'écoute de cette parole par des références picturales empruntées, selon ses propres termes, aux « peintres de la réalité populaire ».

En enchaînant féministes, hommes de théâtre, poètes, expérimen-taux et adeptes du fantastique nous voulons montrer à présent qu'il n'est pas aisé de cultiver ses différences, c'est-à-dire d'échapper au moule psycho-social que l'amalgame progressif de la Qualité française et de la Nouvelle Vague a mis en place, ou même seulement de faire fonctionner autrement l'auteurisme. Ce sont ces niches hors normes qui composent le patchwork d'une périphérie qui prend dans la décennie 70 la place des avant-gardes des années 1920. L'image de la femme au cinéma, le cinéma des femmes et le féminisme sont désormais liés alors qu'ils ne l'ont pas toujours été. Il est clair en effet que la Nouvelle Vague n'a guère été féministe et n'a pas imposé de modèle cinématographique de la femme : la dernière star française est alors Brigitte Bardot et ce n'est évidemment pas Bernadette Lafont qui peut la remplacer. Entre les cas extrêmes de la femme libérée de *Jules et Jim* (F. Truffaut, 1961) et de la petite garce qui vend son ami d'*À bout de souffle* (J.-L. Godard, 1960), entre la fascination classique (*L'Année dernière à Marienbad*) et le portrait de la femme moderne (*Hiroshima mon amour*) mis en scène par Resnais en 1959 et en 1961, d'Anna Karina dans *Pierrot le fou*

(J.-L. Godard, 1965) à Alexandra Stewart dans les films de Pierre Kast, on ne trouve finalement ni Ange bleu ni Norma Rae, et François Truffaut ne traite pas de la femme comme George Cukor. Il est vrai que du côté masculin il n'y a non plus ni John Wayne ni Pr Rath, mais seulement le gentil Antoine Doinel.

Il aurait fallu, pour renouveler l'image des femmes, que la profession s'ouvre largement à elles. Or la Nouvelle Vague ne révèle qu'une seule réalisatrice, Agnès Varda, qui ne parvient d'ailleurs à tourner que six longs-métrages en près d'un quart de siècle : un tous les quatre ans ! Certes, Alain Resnais, Pierre Kast ou Jacques Doniol-Valcroze ne font pas beaucoup plus mais, comme de juste, l'unique femme du lot se retrouve dans le groupe dont les difficultés sont les plus grandes. Pourtant son premier long-métrage, *La Pointe courte*, a précédé l'éclosion. Mais six ans séparent cette première expérience de son second long-métrage, cette *Cléo de cinq à sept* qui restera jusqu'à *L'une chante, l'autre pas* (1977) son œuvre la plus connue. À ce moment, elle paraît être l'enfant chérie de la Nouvelle Vague, l'égale de Truffaut ou Chabrol, celle qui peut faire tourner le célèbre Jean-Claude Drouot, idole de la TV (*Le Bonheur*, 1965), Catherine Deneuve et Michel Piccoli (*Les Créatures*, 1966). Las ! L'échec commercial de cet essai explorant les rives incertaines du fantastique condamne Varda à attendre plus de dix ans l'occasion de refaire un long-métrage en France. Pourtant, un documentaire comme *Daguerréotypes* (1975) montre qu'Agnès Varda s'affirme toujours comme un de nos meilleurs cinéastes, choisissant un milieu qu'elle connaît intimement et amicalement depuis de longues années. Mais si Daguerre fournit au film son espace (une partie de la rue Daguerre), il conditionne également le style puisque les personnages se figent un temps en photographies dont l'éthique – plus encore que l'esthétique – cadre fort bien avec l'aspect vieillot et provincial de ce coin de Paris. Dans un premier temps, la démarche d'Agnès Varda paraît d'essence ethnographique : *Daguerréotypes* fixe en effet les traces de gestes (le boucher coupant la viande ou le boulanger pesant la pâte), précisément situés dans un groupe en voie de disparition (le petit commerce) dont le vieux couple Chardonbleu est un peu le symbole. Mais le film s'ouvre aussi vers le document sociologique en tentant de faire le portrait du Français moyen, de la majorité silencieuse coincée entre les rites du travail, ses souvenirs et ses pauvres rêves d'un soir.

L'une chante, l'autre pas pose avec lucidité la « question féminine » en suivant les destins de deux amies dont les routes se croisent parfois, de l'adolescence à la maturité, au gré de leurs choix sentimentaux et professionnels. Ces voies ne s'opposent pas systématiquement (le titre ironique semblant même indiquer que seul le chant fait la différence), mais les expériences vécues posent dans le concret et le particulier les problèmes généraux de la condition féminine. *L'une chante, l'autre pas* prend ainsi l'allure d'un patchwork dont la tonalité varie beaucoup selon les séquences. Comme toujours chez Varda, le roman-photo n'est pas loin, orné de couleurs très étudiées, mais il est emporté par le rythme musical de la tournée Orchidée menée par Pomme, la plus « engagée » des deux, qui rompt avec sa famille, se marie en Iran, découvre les thèses féministes, divorce et se lance dans une carrière d'artiste marginale par fidélité à ses idées. L'intelligence de la réalisatrice est de montrer avec Suzanne qu'il y a aussi d'autres moyens de réussir une vie de femme dans la mesure où le but est d'obtenir le bonheur.

Agnès Varda n'est plus la seule femme cinéaste dans les années 1970. Mais ni Jeanne Moreau, Paula Delsol, Christine Pascal, Liliane de Kermadec, Christine Laurent, Madeleine Hartmann-Clausset, Claire Clouzot, Claudine Guilmain, Michèle Rosier, Charlotte Dubreuil, Anielle Weinberger ou même Danielle Jaeggi (*La Fille de Prague avec un sac très lourd*, 1978), Coline Serreau (*Mais qu'est-ce qu'elles veulent ?*, 1976), Nadine Trintignant (*Ça n'arrive qu'aux autres*, 1971) ou Nelly Kaplan (*La Fiancée du pirate*, 1969) ne feront davantage qu'un film ou deux intéressants, sans plus. Seule Yannick Bellon avec *Quelque part quelqu'un* (1972 : Roland Dubillard pathétique en alcoolique autodestructeur, que ne pourra pas sauver son épouse) puis *La Femme de Jean* (1973 : une jeune femme transparente lâchée par son époux se reconstruit et s'émancipe) promettait mieux mais s'essoufflera vite. Les années 1970 s'ouvrent donc aux femmes mais ne leur assurent pas encore les conditions de leur épanouissement... Heureusement il y a Marguerite Duras.

À sa suite, justement, on voit passer successivement du théâtre à la réalisation cinématographique, Arrabal, Patrice Chéreau et Ariane Mnouchkine. En 1971, *Viva la muerte* constitue une sorte d'épreuve salutaire d'un genre rarement égalé qui retrouve propos et ton provocateurs des précédentes œuvres d'Arrabal. Plus psychanalytique et subtilement surréaliste, *J'irai comme un cheval fou* (1973) est en revanche moins explosif, mais *L'Arbre de Guernica* (1975) renoue avec une volonté d'accusation violente caractéristique de tout le travail d'Arrabal. Certes, le film est très simpliste et n'évite pas le style triomphaliste du cinéma soviétique d'édification idéologique, mais on retrouve là l'écueil classique dans lequel tombent souvent les créateurs voulant sortir de l'impasse du succès «culturel» pour trouver une audience plus populaire. Aussi Arrabal revient-il avec le *Cimetière des voitures* (1983) à la parabole christique et aux collages surréalistes en situant son Golgotha dans une banlieue post-guerre nucléaire et son calvaire au sein d'un groupe de rockers.

Les deux premiers films de Patrice Chéreau ne sont pas très convaincants. En 1975, *La Chair de l'orchidée* est l'adaptation d'un classique de la littérature policière donnant lieu à un bel exercice de style sur le plan de la composition d'une atmosphère (cadrages, couleurs, éclairages). Le résultat n'est pas négligeable mais le travail est purement formel. Acceptant inversement, en 1978, de mettre en scène un scénario à tendance sociale et politique de Georges Conchon, il s'efface alors complètement derrière son anecdote et son personnage, *Judith Therpauve*. Sa troisième réalisation en 1983 constitue donc une heureuse surprise. En effet, si le scénario de *L'Homme blessé* – dramatique histoire d'une passion homosexuelle s'achevant dans la trahison et la mort – n'est guère original, il fournit à Chéreau l'occasion d'établir un rythme superbe appuyé sur une interprétation exaltée se moquant du réalisme et sur un décor sordide transcendant tous les clichés (la gare, la fête foraine) par un sens aigu du récit cinématographique. Certes, tout cela est assez nauséeux, sent l'urine et la sueur, mais Chéreau a compris qu'au cinéma, depuis la Nouvelle Vague, on ne peut plus être seulement metteur en scène car il faut s'impliquer en tant qu'auteur. Il va s'accrocher et triomphera bientôt. Ariane Mnouchkine non. Son coup d'éclat ne se renouvellera pas. *1789* est le filmage en 1975 de sa propre mise en scène du théâtre du Soleil à la Cartoucherie de Vincennes avec tant de fougue et d'inventivité que se trouve dynamitée toute la dialectique théâtre/cinéma dans une géniale synthèse réalisée dans l'urgence même d'une dernière représentation. *Molière* (1978) ne confirmera pas.

Poésie et expérimental ont parfois destin lié à l'écran. Mais Philippe Garrel se révèle d'abord comme un pur Rimbaud du cinéma, réalisant à 18 ans son premier long-métrage : *Anémone, Marie pour mémoire* (1966-1967) sont des biographies intimes, confessions à la première personne dans un dénuement esthétique impressionnant. Il poursuit dans une expression plutôt hermétique. Dès lors Garrel est incompris et marginalisé ; cherchant au-delà du modernisme, du côté des arts plastiques et de la poésie, il produit des œuvres irrationnelles dont le seul énoncé des titres traduit déjà la puissance d'évocation : *Le Révélateur, La Concentration, Le Lit de la vierge, La Cicatrice intérieure, L'Athanor, Les Hautes Solitudes, Un ange passe, Le Berceau de cristal, Voyage au jardin des morts, Le Bleu des origines...* Mais si Rimbaud n'a pas voulu vieillir, Garrel veut durer. Il va donc changer quelque peu et devenir un grand cinéaste de la maturité alors que les Jean-Pierre Lajournade, Daniel Pommereulle, Yves Lagrange, Jacques Robiolles ou Robert Lapoujade ne formeront qu'un court temps un courant « underground », un moment rejoints par Marcel Hanoun (*L'Authentique Procès de Carl Emmanuel Jung*, 1966 ; *La Vérité sur l'imaginaire passion d'un inconnu*, 1974), Alain Fleischer (*Rendez-vous en forêt*, 1971), Christian Paureilhe (*Allégorie*, 1975) et Iradj Azimi (*Utopia*, 1978).

Comme Garrel dans la poésie, Jean-Marie Straub et Danièle Huillet feront une longue carrière dans une recherche de type linguistique que leurs adversaires n'hésitent pas à qualifier d'anticinéma mais qu'eux considèrent comme la quintessence du langage cinématographique tout en affirmant – fait symptomatique de la période – qu'il s'agit d'une démarche éminemment politique. Il est vrai que les textes adaptés le sont souvent à l'origine, mais l'agression formelle en perturbe la réception intellectuelle. Ce jeu serré au niveau du rapport écrit/cinéma et idée/image fait tout le prix de leur travail. Dès 1963-1965 les Straub filment Heinrich Böll (*Machorka-Muff* puis *Non réconciliés*) en Allemagne où Jean-Marie Straub doit résider, ayant refusé de répondre à l'appel sous les drapeaux pour la guerre d'Algérie. Plus que ces œuvres narrativement complexes, *Chronique d'Anna Magdalena Bach* (1968) est une belle réussite, la musique de Bach passée par le vecteur du texte conditionnant une écoute encore plus attentive. D'autres films ont des partis pris plus raides. Un banquier costumé à la romaine et un jeune homme en complet veston dans un jardin interprètent *Les Affaires de M. Jules César* de Bertolt Brecht, interrompus par les vues d'un itinéraire en voiture à travers Rome (*Leçons d'histoire*, 1972). Dans *Fortini cani* (1977), l'auteur communiste Franco Fortini lit devant la caméra son livre *Les Chiens du Sinaï* vieux de dix ans et concernant la guerre israélo-arabe de juin 1967.

Cette fascination pour les mots est telle que lorsque Straub filme en 1974 l'opéra de Schönberg, *Moïse et Aaron*, il commence son film par l'image du texte en allemand lu en voix off. Il le terminera d'ailleurs par le très court troisième acte réduit à une scène unique de Moïse parlant à Aaron enchaîné. À plusieurs reprises Straub fait vibrer le choc des deux types d'expression verbale des frères, filmant à l'intérieur du même plan le duo entre le chant d'Aaron et le récitatif de Moïse. Le livret est ardu, questionnant le monothéisme, opposant le verbe aux images, s'interrogeant sur la nature exacte du peuple juif à propos, pourtant, d'un des épisodes bibliques les plus spectaculaires : l'adoration du veau d'or pendant que Moïse reçoit les Tables de la Loi sur le mont Sinaï. Mais Straub pratique la rétention des moyens ; dans un cirque en ruine, le cinéaste tasse ses cœurs immobiles écrasés en plongée et n'anime qu'une fois l'espace en faisant débouler paysans et animaux en un seul plan. D'une manière générale les chanteurs sont guindés, mal à l'aise dans des vêtements neufs et empesés comme toujours chez Straub. Pour figurer l'orgie, le cinéaste filme un gros plan du vin qui remplit deux coupes puis un homme emportant une femme nue. Ce film opéra est à la hauteur des enjeux musicaux, scéniques et thématiques d'une œuvre lyrique ambitieuse.

Le genre fantastique n'a jamais été bien représenté en France. Ce serait plutôt de l'insolite, celui de Cocteau, Azimi, De Grégorio ou Pierre Kast dont *Les Soleils de l'île de Pâques* (1972) mêle religion, mythologie et cosmologie pour narrer la rencontre de quelques êtres humains avec une civilisation extérieure en avance sur celle des hommes. Mais il ne faudrait pas oublier *Céline et Julie vont en bateau* (J. Rivette, 1974), *Je t'aime je t'aime* (A. Resnais, 1968) et *Le Testament du Dr Cordelier* (J. Renoir, 1960), *Paris n'existe pas* (Robert Benayoun, 1968), *Black Moon* (L. Malle, 1976) ou *La Mort en direct* (B. Tavernier, 1980), c'est-à-dire les incursions exceptionnelles de quelques auteurs du psycho-sociologisme dominant, hors de la logique et du rationnel, qui éclairent par là leur filmographie d'un jour nouveau. Un temps, Juan Bunuel, fils du grand Luis, se spécialise même dans le genre avec trois œuvres de belle tenue : *Au rendez-vous de la mort joyeuse*, 1972 ; *La Femme aux bottes rouges*, 1974 ; et *Léonor*, 1975. Mais cela n'ira pas plus loin. La périphérie a vocation à être éjectée vers l'extérieur ou ramenée au centre.

Psychologisme, système et subvention

C'est la triade qui fait tenir le cinéma français des années 1970 : sa nature est le psychologisme, sa structure le système professionnel et son financement dépend de plus en plus de subventions étatiques. L'économie est en effet morose. Devant le prix des places qui ne cesse de monter et le nombre de spectateurs de diminuer, le CNC ne fait rien : aucune mesure d'importance n'est prise en plus de vingt ans (de l'avance sur recettes en 1961 aux plans Lang des années 1980). Tout le monde se félicite que le renouvellement soit assuré par le système d'avance. Mais beaucoup de ceux qui ont réalisé leur premier et parfois second long-métrage grâce à elle ne feront pas carrière : le système français d'aide au cinéma produit de plus en plus de films mais de moins en moins de cinéastes et, qui plus est, ces films subventionnés ne sont pas rentables (puisque ne remboursant généralement pas l'avance reçue). La Commission d'avance a donc dorénavant un pouvoir énorme : si le film obtient l'avance il se tourne (car la télévision coproduit généralement les projets qui l'ont eue), autrement non. Dès lors les films de commission deviennent un genre à part entière, entre le pur divertissement et la recherche. Il est intéressant de constater que, de 1970 à 1980, les plus largement dotés (preuves financières à l'appui) sont dans l'ordre décroissant Jacques Rivette, Jean-François Adam, Gérard Blain, Pierre Kast, Claude d'Anna et Édouard Luntz. Le tableau est loin d'être déshonorant, mais quel cinéphile citerait ces noms si on lui demandait de classer les six meilleurs cinéastes français ? Ces réalisateurs ne présentent-ils pas, d'autre part (entre eux et avec d'autres bénéficiaires un peu moins généreusement pourvus), un incontestable air de famille ? Certes, on viendra faire remarquer que *Avoir 20 ans dans les Aurès* de Vautier ou *La Cicatrice intérieure* de Garrel ont également bénéficié de l'avance. C'est certain, et également d'autres films poétiques, historiques, « directs » ou engagés. Mais ni Vautier ou Garrel, ni tous ceux qui leur ressemblent un tant soit peu ne se trouvent dans le peloton de tête. Ce carré d'as ne manque d'ailleurs pas d'être particulièrement représentatif : deux cinéastes aidés à leurs débuts (Adam, Blain) et deux au faîte de leur carrière (Rivette, Kast).

Cela permet d'affiner notre question : parmi les cinéastes révélés au début des années 1960 et parmi ceux de la génération 1970, Rivette-Kast pour les anciens, Adam-Blain pour les nouveaux, sont-ils ceux qu'il faut soutenir à tout prix aux dépens des autres, ceux que nous connaissons car ils ont quand même réussi à faire – difficilement – quelques films et ceux que nous ne soupçonnerons jamais car on ne leur a pas permis de tourner un premier film ? Outre Kast et Rivette, Rohmer et Godard sont aussi largement aidés dans la seconde moitié des années 1970. Mais Kast et Rohmer sont nés en 1920, Rivette en 1928 et l'on peut dire que la Commission vole au secours de la victoire de leur maturité un peu comme le grand public découvre à la même époque, Bergman, Fellini ou Kurosawa : la consécration force les portes les plus verrouillées et l'argent ne fait que récompenser la renommée culturelle ou la constance à fréquenter certains cénacles. Certes il est bon de favoriser la création, mais c'est aux dépens de l'expression et si la culture est aux postes de commande, c'est de préférence à l'art. C'est ce qui donne trop souvent cet air guindé prisonnier des normes, de la mesure et de la réserve aux films de ces auteurs-réalisateurs qui seront jugés sur texte c'est-à-dire sur leurs idées et non leur style. Comme en outre on ne leur avance pas beaucoup d'argent, ce cinéma d'Art et Essai subventionné est une création intellectuelle pauvre comme tend à le devenir aussi la télévision (dite de création) qui fonctionne sur les mêmes principes, sauf la cellule de création et de recherche de l'Institut national de l'audiovisuel (INA) où Thierry Garrel développe entre 1974 et 1978 ce qu'il appelle « l'expérience de la différence ». Mais hélas son faible budget fait plutôt de la participation INA un label d'excellence qu'une véritable coproduction financière. D'autre part cet espace de liberté exigeante n'a duré que très peu de temps.

Pour garantir leur indépendance créatrice, Truffaut et Rohmer dirigent depuis longtemps leur propre maison de production (Les Films du Carrosse et Les Films du Losange) qui entrent en coproduction de toutes leurs réalisations. Ils sont imités par Luc Moullet et Paul Vecchiali avec beaucoup moins de moyens, mais aucun producteur n'aurait produit les documentaires à l'humour décapant du premier (*Anatomie d'un rapport*, 1976, regard d'anthropologue sur son propre couple ; ou *Genèse d'un repas*, 1976, étude des circuits de distribution des produits alimentaires du marché commun – les œufs – de l'ex-empire français – le thon – et du tiers-monde – la banane) ou les mélodrames au goût de romans-photos des années 1950 du second (*Femmes femmes*, 1974 ; *Corps à cœur*, 1978 ; films à vocation populaire mais que les aberrations du système de distribution réservent à quelques cinéphiles avertis).

Face à ce cinéma de jeunes et indépendants, le système central résiste sur le front privilégié du film psychologique de grande consommation style *Docteur Françoise Gailland* (Jean-Louis Bertuccelli, 1975 : les problèmes sentimentaux et professionnels d'une femme médecin fortunée interprétée par Annie Girardot), *La Gifle* (Claude Pinoteau, 1974 : rapports père-fille dans la grande bourgeoisie avec Lino Ventura et Isabelle Adjani) ou encore *La Boum* (Cl. Pinoteau, 1980 : les premiers émois d'une riche adolescente avec Sophie Marceau) ou du polar, soit traditionnel (*Adieu poulet*, 1976, Pierre Granier-Deferre, avec Lino Ventura et Patrick Dewaere), soit très dans le vent (*La Balance*, Bob Swaim, 1982) mais avec toujours les commissariats bourrés de policiers intègres et valeureux. Le cinéma commercial s'appuie sur un *French star system* : Jean-Paul Belmondo, Alain Delon, Romy Schneider, Isabelle Adjani, Catherine Deneuve touchent des fortunes et des réalisateurs solides comme Georges Lautner deviennent les faire-valoir de la star. Heureusement Jeanne Moreau, Yves Montand, Catherine Deneuve ou Michel Piccoli travaillent aussi avec des auteurs difficiles, de même que les grands producteurs de l'époque Jean-Pierre Rassam ou Daniel Toscan du Plantier. Entre professionnels du commerce et auteurs pour cinéphiles, un Alain Corneau trace sa voie d'abord dans le film policier (*Police Python 357*, 1976, avec Yves Montand) où action, suspense et psychologie constituent les ressorts privilégiés de l'intrigue (*Série noire*, 1979 ; *Le Choix des armes*, 1981) et Jean-Charles Tacchella dans la comédie de mœurs (*Cousin, cousine*, 1975 ; *Le Pays bleu*, 1977). Mais le comique fonctionne surtout en séries : celle des *Gendarmes de Saint-Tropez* avec Louis de Funès commencée en 1964 se poursuit même au-delà de 1980. Moins longue, celle des Charlot balise toute la décennie 70 et les Bronzés se profilent ensuite. Pierre Richard (*Le Distrait*, 1970 ; *Le Grand Blond avec une chaussure noire*, 1972, Yves Robert) est d'un autre niveau (du côté de Jacques Tati et Pierre Étaix) mais s'essoufflera vite.

Après sa séparation d'avec Nina Companeez, Michel Deville retrouve ses marques avec l'évanescente *Femme en bleu* (1972) et surtout *Dossier 51* (1978) à la noirceur angoissante. Film sur le voyeurisme et la manipulation d'après le roman de Gilles Perrault, c'est une marqueterie de notations banales reprises, rapprochées, prolongées, multipliées par les médias les plus sophistiqués des services de contre-espionnage, conduisant à une réflexion amère sur la condition humaine dans un monde où la technologie commande aux pensées et sentiments. *Voyage en douce* (1979) est composé par la juxtaposition de morceaux de souvenirs fournis par des écrivains divers qui s'organisent en un double itinéraire voluptueux. François Truffaut signe de son côté dix longs-métrages entre 1970 (*L'Enfant sauvage*, beau roman d'apprentissage) et 1979 (*L'Amour en fuite*, dernier opus du cycle Doinel) dont trois ou quatre de ses meilleures réalisations : la deuxième adaptation d'Henri-Pierre Roché à la finesse d'une dentelle britannique (*Deux Anglaises et le continent*, 1971), *La Chambre verte* (1978) sur l'obsession de la mort, *Adèle H.* (1975) ou la passion destructrice de la fille de Victor Hugo pour un bellâtre sans consistance, chaque fois des drames douloureux décrits avec chaleur ; sans oublier *La Nuit américaine* (1973) où Truffaut livre son art poétique sous couvert du récit de tournage d'un mélo des années 1950 dans les studios déjà «ventage» de la Victorine à Nice. Avec pudeur, vêtu d'un blouson noir et affecté d'un sonotone dans son rôle de metteur en scène-artisan, il offre un autoportrait plein de modestie. Claude Sautet réalise aussi au cœur du système ses deux plus beaux films : *César et Rosalie* (1972, trio savoureux de Romy Schneider entre Yves Montand et Samy Frey) et le choral *Vincent, François, Paul et les autres* (1975), prototype de son cinéma miroir des classes moyennes qui inquiète un peu et séduit beaucoup, dérange à peine, soulevant quelques problèmes avec délicatesse, mêlant la douceur à l'amertume et les idées reçues aux détails les plus authentiques. Sautet a son monde personnel, sa vision des choses et des personnages favoris. Mais cet univers est surtout merveilleusement mis en valeur par un habile talent de conteur capable de soutenir l'attention du spectateur avec des situations assez faibles, Sautet adorant multiplier les personnages pour donner à chacun de ses films une allure unanimiste. Cette description minutieuse et chaleureuse de groupes humains est menée à partir d'une attention méticuleuse aux petits détails chargés de sens, la maîtrise du réalisateur équilibrant l'atmosphère de malaise par quelques bouffées d'amitié et le fatalisme de ces aventures tristes par un humanisme assez réconfortant. Sautet ne propose pas de modèles ; il privilégie seulement des personnages juste un soupçon plus forts que les gens ordinaires et il les baigne dans tous les problèmes de l'époque (mariage, enfants, amour, communication, féminisme) évoqués avec talent dans des scènes réglées au millimètre. Bien servis par de brillants numéros d'acteurs, parfois relevés par quelques touches d'amertume plus vraies que d'habitude (*Mado* en 1976, *Un mauvais fils* en 1980), les films de Sautet sont parfaitement réglés sur les scénarios peaufinés de Jean-Loup Dabadie ou Claude Néron et renouent avec les réalisations les plus abouties de la Qualité française d'avant la Nouvelle Vague.

Il faut dire que globalement les années 1970 marquent la traversée du désert des grands de la Nouvelle Vague qui ont, presque tous, deux moments forts – les années 1960 puis la décennie 1980 – avec, entre ces débuts brillants et une maturité épanouie, des problèmes de carrière, d'expression, d'inspiration ou d'esthétique. Ainsi, les films militants puis les essais télévisés de Godard constituent les éléments les moins aboutis de sa filmographie. Jacques Demy ne signe aucun film en France entre *L'Événement le plus important depuis que l'homme a marché sur la Lune* (1973) et *Une chambre en ville* (1982). Agnès Varda ne réalise qu'un long-métrage entre 1968 et 1981 : *L'une chante, l'autre pas* (1976). Pour sa part, Claude Chabrol fait à l'inverse un tournant de décennie fort intéressant. Quintessence des « films de chambre » comme du cycle Stéphane Audran, *La Femme infidèle* (1969) met le mensonge au cœur d'une intrigue dévoilant l'envers du riche décor de la très grande bourgeoisie prospectée avec une précision calligraphique à partir de situations d'esprit hitchcokien (meurtres, transports de cadavres...) qui suintent littéralement de ces existences vides dont ils constituent le nécessaire contrepoids, mais plutôt que par la bêtise, comme dans ses premiers films, le cinéaste est désormais de plus en plus intéressé par l'intelligence, faisant de ses œuvres d'excitants combats de cerveaux seulement dérangés par une irruption trop soudaine de sentiments. Pour clore son film, Chabrol a d'ailleurs choisi l'alliance au lieu de la lutte : un simple champ/contrechamp (mais chaque fois agrémenté d'un léger travelling optique) traduit en effet la compréhension de deux êtres à nouveau soudés… par le meurtre ! Car tel est bien le cynique amoralisme de cette histoire : le mari a reconquis sa femme en tuant l'amant ; dans la bourgeoisie, le crime paie !

Le pas franchi par Chabrol par rapport à ses deux films précédents est donc décisif : dans *Le Scandale* et *Les Biches* (1966-1967), la mort écaille brutalement le vernis lisse et propre recouvrant les turpitudes du milieu. Dans *La Femme infidèle*, c'est le contraire : certes, l'accident de voiture alors que le cadavre est encore dans le coffre, puis la lenteur exaspérante avec laquelle le corps disparaît dans les eaux fangeuses du marais risquent un moment de trahir le meurtrier et donc de faire tomber le masque de la respectabilité. Mais ce ne sont que des difficultés de parcours qui ne parviennent pas à empêcher la coquille protectrice de se refermer sur ses personnages, unis par l'adultère de l'une et le crime de l'autre pour faire front commun contre la justice. Le film est ainsi plus pernicieux qu'il n'y paraît au premier abord car Chabrol, comme ses créatures, ne distille son venin que derrière le paravent rassurant d'une esthétique raffinée. Il suggère donc, par cette opposition fond-forme, la dualité apparence-réalité d'un milieu social dont il va faire pendant quarante ans son sujet fondamental.

Les œuvres suivantes poursuivront l'exploration de l'adultère et du meurtre bourgeois (*La Rupture, Juste avant la nuit, Les Noces rouges*, 1971-1973) ou la violence ancrée en d'autres milieux (*Que la bête meure*, 1969 ; *Le Boucher*, 1970), toujours dans des œuvres saisissantes. Mais il s'enlise ensuite en pleine médiocrité dont il ne sort qu'avec *Violette Nozière* (1978), fait divers sordide des années 1930 avec une parricide de 18 ans (Isabelle Huppert pour la première fois dans l'univers chabrolien).

Alain Resnais ne peut rien concrétiser entre *Je t'aime, je t'aime* (1968) et *Stavisky* (1974) qui sont sans doute ses œuvres les moins réussies ; ensuite il ne tourne qu'un film en six ans (*Providence*, 1976) avant la reprise amorcée par *Mon oncle d'Amérique* (1980). De 1975 à 1982, Jacques Rivette ne peut réaliser que trois films de son cycle de quatre récits imaginaires : *Duelle* sort à la sauvette ; *Noroît* et *Merry-go-round* sont longtemps bloqués par la faillite de la maison de production ; aucune des trois œuvres n'est d'ailleurs à la hauteur du reste de son travail. Louis Malle se cherche depuis *Calcutta*. Il frappe fort avec *Lacombe Lucien* (1974), puis tâtonne et choisit finalement l'Amérique où il restera dix ans. Éric Rohmer tourne en 1972 le dernier des six «Contes moraux». Il ne commence qu'en 1981 sa nouvelle série, «Comédies et proverbes». Entre les deux, il s'impose des gageures volontaristes sur le front de l'adaptation littéraire. Les paris sont gagnés (*Perceval le Gallois*, 1978, comme *La Marquise d'O.*, 1976), mais l'inspiration n'est guère naturelle.

Or aucun mouvement d'envergure n'est prêt à reprendre alors le flambeau. Ainsi le «nouveau naturel» ne connaît qu'un feu de paille. L'expression apparaît en 1972 dans *Télérama* pour qualifier le premier long-métrage de Pascal Thomas. Elle est reprise ensuite pour désigner tous ceux qui cherchent à faire le plus vrai possible, à donner l'impression de la vie sensible et quotidienne. On ajoute alors pêle-mêle Maurice Dugowson, Michel Lang (*À nous les petites Anglaises*, 1975), mais aussi Claude Lelouch (*Smic, Smac, Smoc*, 1971 ou *Si c'était à refaire*, 1976) et même Jacques Doillon pour *Les Doigts dans la tête* (1974). Ce dernier tiendra sur la durée mais en partant sur d'autres partis pris esthétiques. Autrement, seul le téléaste Dugowson réalise pour le grand écran un joli triptyque : *Lili aime-moi*, 1974 ; *F. comme Fairbanks*, 1976 ; *Au revoir à lundi*, 1978. Les amours de la nouvelle génération s'y heurtent au chômage, au ras-le-bol, aux fausses révolutions des mœurs et à un conditionnement fait pour rendre heureux mais qui ne convient qu'aux imbéciles. Par contre le ton Sheila des trois premiers longs-métrages de Thomas est déplaisant. Après les adolescents et le sexe au bahut (*Les Zozos*, 1972) et les adolescents et le sexe aux champs (*Pleure pas la bouche pleine*, 1973), Thomas quitte dans *Le Chaud Lapin* (1974) les problèmes de petites culottes pour se glisser avec la même délectation dans les adultères minables et les insatisfactions sexuelles des jeunes couples.

Finalement, côté commerce, le seul phénomène d'une grande ampleur est la vague porno. Précédée par les films «chauds» de Max Pécas et José Bénazéraf (*Le Cri de la chair*, 1961) puis les noces de l'érotisme et du fantastique célébrées par Jean Rollin (notamment le très beau *Frisson des vampires*, 1971), 1973-1974 marque la grande offensive du sexe, dans les films d'auteur (*Les Valseuses*, B. Blier) comme intellectuels (*Glissements progressifs du plaisir*, A. Robbe-Grillet), mais surtout *Emmanuelle* fonde littéralement le genre, non par la réalisation de Just Jaekin reprenant la photo style *Lui* et *Play-Boy*, mais grâce à Sylvia Kristel qui crève l'écran. Claudine Beccarie fera quant à elle absolument tout dans *Exhibition* (Jean-François Davy, 1975) en «direct», avec ou sans partenaire, assaisonnant ses prestations sexuelles d'une philosophie de concierge qui n'est pas étrangère à son succès. En douze à dix-huit mois, les films érotiques et pornographiques sont passés à plus de 600 sorties à Paris. *Les Jouisseuses* (Lucien Hustaix, 1975) rapporte 3 milliards de recettes-salles. Mais en décembre 1975 la loi instaure la catégorie X sur laquelle vont pleuvoir les prélèvements fiscaux spécifiques. Pourtant le nombre des films «hard» augmente encore jusqu'en 1978 puis s'effondre sous l'action cumulée de ces taxes, de la profonde nullité de ces bandes et de leur répétitivité. En fait la mode, les mœurs, la publicité sont plus excitants que le produit estampillé «porno».

CHAPITRE VIII
LE NÉOCLASSICISME DES ANNÉES 1980

Bernard Giraudeau dans *Les Spécialistes* de Patrice Leconte, 1985.

Faire bouger les structures ?

La crise des années 1970 non seulement perdure mais s'aggrave encore et le cinéma français perd le tiers de son public entre 1982 et 1987. Certes des films commerciaux d'une certaine qualité comme *Marche à l'ombre* (Michel Blanc, 1984) ou *Les Spécialistes* (Patrice Leconte, 1985) et *Trois hommes et un couffin* (Coline Serreau, 1985) font encore plus de 5 millions d'entrées, mais dès 1986 l'audience des films des États-Unis dépasse celle des films français et l'effondrement se creuse encore les années suivantes. En outre chaque film reste à l'affiche de moins en moins de temps. En 1975 on tirait de 35 à 50 copies d'un film « porteur ». Dix ans plus tard ce sont 300 copies avec des pointes à 400 pour les produits suscitant le plus d'espoir. Les films d'auteur ambitieux n'ont plus les moyens ni le temps de trouver leur public. Par contre le réalisateur faisant le plus de recettes dans la décennie est Claude Zidi (*Les Ripoux, Les Sous-doués*…).

Dès son arrivée au ministère de la Culture, Jack Lang engage une vaste réforme initiée par le rapport Bredin qui a l'intérêt de pointer des éléments spécifiques au cinéma au lieu de l'englober dans l'ensemble des médias au nom de la révolution de l'audiovisuel, des nouvelles technologies et des industries culturelles du PAF (paysage audiovisuel français), grands mots et thèmes dont aiment à se gargariser les spécialistes des idées générales creuses. Lang est sans doute trop fortement impressionné par les réussites de *Jean de Florette* (Claude Berri, 1986), *L'Ours* (Jean-Jacques Annaud, 1988), *Le Grand Bleu* (Luc Besson, 1988) ou *Camille Claudel* (Bruno Nuytten, 1988), mais la forte augmentation du budget de son ministère lui permet de créer l'Agence pour le développement régional du cinéma, l'Institut pour le finanacement du cinéma et des industries culturelles (IFCIC) pour faciliter la production indépendante, de réglementer les rapports cinéma-TV-vidéo quant à la distribution des films, d'instituer des SOFICA (banques spécialisées dans le cinéma), une chaîne cryptée spécialisée dans le cinéma (Canal+) et une chaîne culturelle (la Sept préfiguration d'Arte), de doter davantage l'avance sur recettes tout en favorisant les superproductions. La grande mutation de la télévision (publicité, privatisations, production de films cinéma par les chaînes…) surprend tout le PAF par sa rapidité et sa profondeur qui ne sont pas sans peser fortement sur l'évolution du cinéma. Il est clair que l'argent de la télévision n'est pas neutre : on passe dans la seconde partie des années 1980 d'un cinéma des producteurs-distributeurs au cinéma de la télévision : c'est elle qui prend désormais l'initiative alors que le coût moyen de la production d'un film est multiplié par quatre en dix ans par suite de la disparition presque totale du film à tout petit budget.

Dès lors on peut avoir tendance à considérer la mort de François Truffaut en pleine gloire en 1984 comme métaphorique, non seulement de la situation du cinéma mais aussi de l'esprit et de la forme des films. *Le Dernier Métro* (1980) atteint en effet une sorte de perfection de cette nouvelle qualité cinéma post-Nouvelle Vague basée sur l'harmonie et l'équilibre tenus entre *star system* (Catherine Deneuve-Gérard Depardieu), psychologie, mise en scène, scénario, dramaturgie et ton/regard de l'auteur, tandis que ses deux derniers films (*La Femme d'à côté*, 1981 ; *Vivement dimanche!*, 1983) représentent deux essais plus radicaux dans deux genres porteurs, le mélo flamboyant et la comédie sophistiquée avec Fanny Ardant en Katharine ou Audrey Hepburn à la française. De fait ce « romantisme humaniste » de Truffaut (en réalité beaucoup plus complexe que la formule ne le signifie) va être remplacé par le «psychologisme critique» des adeptes du forceps et du scalpel (Pialat, Doillon, Brisseau et leur descendance). En cela, cette mort marque bien un tournant, celui de la radicalisation du cinéma d'auteur: Truffaut entretenait la flamme allumée par Renoir. Maintenant les cinéastes proposent une vision douloureuse de personnages souffrants, enfermés, torturés par une caméra inquisitrice qui tranche soit dans le vif (Pialat), soit au cœur des artifices de représentation (Doillon), mais toujours dans l'angoisse d'un présent assombri par un futur bouché. Dans ce contexte on peut comprendre les atermoiements de la production, des Commissions et du ministère, comme d'ailleurs des spectateurs: succès ou échecs tout à fait inattendus, énormes budgets ou entreprises marginales, acteurs confirmés dans des premiers longs-métrages de débutants ou interprètes inconnus qui deviendront vedettes du jour au lendemain... tous les coups sont permis pour quelques rares aventuriers dans un océan de morosité où l'immense majorité qui ne risque rien s'étonne néanmoins de ne pas gagner gros.

Les deux genres recours de la production – comique et polar – subissent chacun une cure de rajeunissement – café-théâtre et néopolar. Le but n'est pas de faire meilleur mais de rapporter plus. Pendant que Pierre Richard abandonne la réalisation pour être mis en scène trois fois par Francis Veber en duo avec Gérard Depardieu (*La Chèvre*, 1981; *Les Compères*, 1983; *Les Fugitifs*, 1987), la nouvelle génération du café-théâtre du Splendid (Michel Blanc, Josiane Balasko, Thierry Lhermitte, Gérard Lanvin, Gérard Jugnot, Anémone, Coluche) passe au cinéma. Dès 1978, la troupe mise en scène par Patrice Leconte triomphe dans *Les Bronzés* puis *Le Père Noël est une ordure* et *Papy fait de la résistance* (1982-1983, réalisés par Jean-Marie Poiré). Ensuite chacun joue «perso» plutôt que collectif, Blanc, Balasko et Jugnot se mettant eux-mêmes en scène tandis que Coluche fait confiance à Claude Zidi, Bertrand Blier et surtout Claude Berri qui lui offre un superbe rôle tragique (*Tchao Pantin*, 1984). Coluche se révélait le meilleur mais décède accidentellement en 1986. Les autres continuent avec des hauts et surtout des bas, tandis que Gérard Oury, après la mort de Louis de Funès en 1983, ne fait plus recette. Dans les années 1980, le comique n'est pas drôle (Gérard Frot-Coutaz disparaît aussi après deux films loufoques et si Tonie Marshall tiendra un peu plus, elle ne confirmera finalement pas). Sur le front du film policier, Jacques Bral (*Polar*, 1984), Édouard Niermans (*Poussière d'ange*, 1987) et Jean-Claude Missiaen (*Tir groupé*, 1982) imposent un ton nouveau, mais c'est Alain Corneau, plus classique, qui convainc sur la durée «contre» le montage choc, l'abjection psychologique, la violence et le sexe que pratiquent Robin Davis (*La Guerre des polices*, 1979) et Bob Swaim (*La Balance*, 1982), deux grands succès du box-office.

Le spectaculaire, troisième filon des producteurs, semble en pleine embellie avec l'habillage culturel dont Jean-Jacques Annaud ou Claude Berri savent le couvrir (bien aidés par des campagnes promotionnelles gigantesques) : *Le Nom de la rose* (1986) du premier est un subtil suspense métaphysique au fond d'un monastère obscurantiste du Moyen Âge et *Jean de Florette* / *Manon des sources* (1985-1986), une habile adaptation-création patrimoniale de Marcel Pagnol. Plus ampoulé, *Camille Claudel* (Bruno Nuytten, 1988) doit son succès public davantage à Isabelle Adjani qu'aux affèteries esthétiques d'un style opposé à celui de la sculpteur. Mais le box-office ne répond pas toujours au budget et *Le Brasier* (Éric Barbier, 1990), mélodrame flamboyant sur un épisode de la guerre ouvrière des années 1930 dans les houillères du Nord, donnant à voir en grand spectacle la mine, les « gueules noires » et la violence patronale, est un échec commercial, fatal pour un premier long-métrage.

Marin Karmitz croit d'ailleurs ces entreprises « mammouths » beaucoup trop dangereuses à produire en période de crise où disparaissent les massives structures rigides (Gaumont, Para France) et propose au contraire à de grands réalisateurs bloqués dans des impasses créatives la liberté des petits budgets : carte blanche mais peu d'argent. Au sortir de grosses entreprises mal conçues (*Le Cheval d'orgueil*, 1980) et d'œuvres hybrides destinées à la fois au cinéma et à la télévision (*Le Sang des autres*, 1984), Claude Chabrol se laisse ainsi séduire par le retour à une légèreté de tournage garante d'une liberté expressive qui n'était plus la sienne depuis bien longtemps : *Poulet au vinaigre* (1985) vole son public au néopolar qui s'enlise dans la convention tandis que l'humour de Chabrol fait de la désinvolture un atout qui assure le contact avec un public heureux de retrouver un véritable plaisir cinématographique. De même, empêtré dans le difficile montage financier d'une coproduction internationale pour réaliser un scénario de Milan Kundera, Alain Resnais caresse un moment l'idée de monter au théâtre une pièce pour le quatuor vedette de ses deux derniers films (Sabine Azéma, Fanny Ardant, Pierre Arditi et André Dussollier) lorsque Karmitz lui propose de le faire au cinéma en attendant que se débloque son projet à gros budget : tourné en trois fois moins de temps que les autres films de l'auteur, *Mélo* (1986) s'avère une remarquable réussite sur le double plan artistique et commercial.

De toute manière, dans les années 1980, la production cinématographique demeure le lieu de toutes les audaces et la profession fantasme sur *Diva* (1980), *Trois hommes et un couffin* (1985), *Le Grand Chemin* (1987), *La vie est un long fleuve tranquille* (1988), ou *Thérèse* (1986) car qui connaissait avant ces films Jean-Jacques Beineix, Coline Serreau, Jean-Loup Hubert, Étienne Chatiliez ou même Alain Cavalier ? Avec des avances sur recettes insuffisantes, des distributions établies à force de refus, des choix esthétiques imposés par des nécessités économiques draconiennes et des scénarios auxquels ne croyaient au départ que leurs auteurs, ces films avaient toutes les chances de ne pas naître ou en tout cas de « finir » prématurément à 22 heures sur une chaîne TV secondaire. Or, ils ont fait des carrières fabuleuses, rapporté beaucoup d'argent à leurs producteurs comme la notoriété soudaine à leurs réalisateurs, déjouant les pronostics, affolant les distributeurs et plongeant la critique dans l'expectative. Ce sont des « coups heureux » imprévisibles et qui ne se reproduiront d'ailleurs pas dans les carrières des auteurs. Mais ils montrent qu'il y a encore de beaux jours possibles pour des films populaires fondés sur autre chose que sexe, violence et *star system*.

Le comique de Coline Serreau ruisselle de bons sentiments, ce qui contribue à son succès public mais, inversement, gêne la critique qui attendrait une satire plus destructrice. Avec ses effets faciles, elle est un peu la Françoise Dorin du grand écran mais pratique aussi un cinéma de la tendresse qui s'installe sans y toucher au cœur des grands problèmes de mœurs de la société post-soixante-huitarde : éclatement du couple, redistribution du rôle des sexes… Venu de la publicité, Étienne Chatiliez a fait de *La vie est un long fleuve tranquille* un brûlot style bête et méchant coulé dans une forme efficace autant que séduisante, comme s'il avait combiné le ton de Mocky et la manière de Pinoteau. L'auteur est en effet avant tout cinéaste ; il ne cherche pas son inspiration au café-théâtre ou dans la bande dessinée, mais revisite la comédie des années 1950 avec l'insolence d'un publicitaire convaincu qu'il faut avoir parfois le culot de se moquer du produit autant que de bousculer le spectateur pour mettre les rieurs de son côté. Il a choisi le bon moment pour se lancer dans le long-métrage de fiction alors qu'il avait acquis un solide métier mais n'était pas encore sclérosé. Touchant aux deux éléments les plus fragilisés de notre société (la famille, et le problème des marges du groupe), il propose des portraits savoureux qu'il déplace dans les décors conditionnés des Groseille et des Le Quesnoy. Dès lors le désordre s'installe et le souffle des Marx Brothers vient décoiffer des personnages de comédie sophistiquée. Recentrant son agressivité iconoclaste sur un seul personnage, *Tatie Danielle* (1990) est toujours aussi réjouissant et de nature d'ailleurs plus complexe. Cette odieuse vieille dame sert en effet de révélateur aux membres de la cellule familiale d'accueil. En somme la bêtise est cette fois du côté de la bonté et la méchanceté semble le prix de la lucidité, une certaine laideur caricaturale constituant le dénominateur commun de cette histoire où les coups sont toujours portés là où ça fait mal sans que le regard de Chatiliez ne quitte pourtant les rivages réjouissants de la farce la plus débridée.

Permanence des anciens et de la génération intermédiaire

Sandrine Bonnaire dans *Sans toit ni loi* d'Agnès Varda, 1985.

La Nouvelle Vague, le retour? Peut-être pas exactement, mais tout de même. Après avoir vu naître, prospérer et mourir en moins d'une décennie des options aussi radicales que le porno et le militant, le cinéma fait table rase et découvre, sous les galets la plage, de fringants « anciens jeunes » tout juste quinquagénaires qui, un peu bousculés, reprennent place : les auteurs ont eu leur traversée du désert, ont repris de l'assurance, adoubé quelques rares nouveaux compagnons un peu plus jeunes qu'eux mais pas assez pour qu'il y ait filiation (en somme les petits frères reconnaissant comme il se doit aux anciens l'autorité de la fratrie quand il n'y a plus de père) et tous retrouvent les fidèles cinéphiles, heureux de cette nouvelle stabilité esthétique après les émois des années 1970 où ils s'étaient demandé vraiment s'il fallait aimer un vulgaire « film de cul » comme *Change pas de main* (1975) parce qu'il était signé Paul Vecchiali ou d'interminables plans sur des passants anonymes – *Place de la République* (1973) – puisque filmés par Louis Malle. Tout le monde revenait de loin et cette qualité nationale nouvelle génération fera aussitôt consensus.

Il semblerait que ce qui a surtout gêné Godard à la fin des années 1970 est la perte de son public. Plutôt que de rompre avec le militantisme, la province et la vidéo, Godard cherche donc à retrouver en 1980 les spectateurs de cinéma et revient pour cela avec *Sauve qui peut, la vie* à une diffusion 35 mm en salles. Mais les films de ce nouveau cycle ne renouent pas pour autant avec la « période Karina ». Le cinéaste déroute à nouveau ceux qui venaient juste d'assimiler son langage des années 1960, en caracolant loin devant ou plutôt ailleurs, tandis que ses exégètes s'épuisent de plus en plus à le suivre. Donnant en début de décennie quatre œuvres magistrales (*Sauve qui peut, la vie* et *Passion*, 1980-1982, le remettent en selle commercialement ; *Prénom Carmen* reçoit le Lion d'or à Venise en 1983 et *Je vous salue Marie* déchaîne le scandale l'année suivante), Godard se disperse ensuite entre le faux thriller (*Détective* en 1985), la recherche pure (*Soigne ta droite* et *King Lear* en 1987), des essais documentaires ou fictionnels à la télévision et des interventions médiatiques très composées. Mais sur l'ensemble de la période, Godard accomplit un *come-back* spectaculaire et une superbe percée dans la grande presse : Michel Polac, Bernard Pivot et Yves Mourousi se le disputent dans leurs émissions respectives et tout le monde connaît désormais davantage le visage de Godard que le contenu de ses films. Il est vrai que ses dernières œuvres sont plus physiques, directes et violentes que celles de 1958-1968.

Les films de Godard content toujours une tragédie dérisoire avec l'amour et la mort, la « love hard story » et le thriller, mais il y a de plus en plus de tragédie et de moins en moins de dérisoire. Godard filme la folie du monde dans un hyperréalisme de fiction dévorante. Alors qu'il a interpellé dans les années 1960 tous ses collègues cinéastes, Godard intéresse plutôt vingt ans après plasticiens, romanciers, chorégraphes et scientifiques. Par-dessus le rigorisme « protestant » de sa période idéologique, il revient vers la sensualité forte de la décennie 1960 avec la sublime Maruschka Detmers ou la mère de Dieu, Myriam Roussel en petite basketteuse sexy dans *Je vous salue Marie* : le nu devient sacré, le spirituel émane de la chair et du sexe, Dieu se combinant à Freud pour cerner les notions d'incarnation (du fils de Dieu) et de conception (celle, immaculée, de la mère). La figure de la Sainte Vierge s'en trouve d'une part actualisée, banalisée, modernisée, désacralisée, mais d'autre part aussi baignée de Bach et par là ennoblie, magnifiée, «culturisée». Le blasphème se trouve ainsi transcendé ; le film naît de cette double tension affectant un personnage tiré dans deux sens opposés et qui résiste pour s'imposer. La peinture remplace maintenant au jeu des citations les private-jokes cinéphiliques de ses débuts : la matière de *Passion* s'articule essentiellement autour des recherches de Rembrandt, Delacroix, Ingres et Goya tandis que *Je vous salue Marie* s'attaque à un des personnages les plus représentés en peinture, à savoir la Vierge qu'il prend bien sûr à contre-courant de l'iconographie traditionnelle. Le cinéma de Godard est désormais imprégné d'une conscience à la fois vive et résignée d'un complet isolement. Si la profession lui fait place, c'est un peu de manière muséale, comme en tant que dernier dinosaure : il est seul au milieu des autres, d'où ce ton de moraliste dans ses films, cette attitude philosophique qui lui permet d'assumer son génie de la confusion, à la fois oracle et gourou.

Après sa décennie américaine (1978-1987) où il signe de beaux films (*Atlantic City*, 1981 ; *Alamo Bay*, 1985) sans devenir pour autant un metteur en scène «étatsunien», Louis Malle revient en France raviver ses souvenirs d'enfance dans son collège religieux sous l'Occupation, signant une merveille d'émotion et de perfection d'écriture dans *Au revoir les enfants* (1987) qui renferme quelques scènes parmi les plus belles que nous ait données le cinéma. À commencer par celle où le père Jean (qui fait de la résistance et cache les enfants juifs) prononce un violent sermon contre les riches devant les parents bourgeois venus visiter leur progéniture. À la fin, comme il se doit, l'assistance se lève mais la caméra étant alors située à hauteur d'homme au fond de la chapelle, les fidèles obstruent presque totalement l'écran qui devient quasiment noir. Quand on sait que le père directeur sera arrêté à la fin par la Gestapo, on voit qu'il s'agit d'un plan prémonitoire réalisé par un cinéaste qui sait jouer dramatiquement des possibilités expressives du langage cinématographique. La caméra ne fait pas qu'enregistrer ce qu'il y a devant elle : elle crée le sens. De même, dans la séquence où tout le collège visionne *L'Émigrant* de Chaplin, plusieurs intrigues se nouent et divers niveaux de significations se dégagent de l'anecdote : rapports de Bonnet à tout ce que représente le film (plan de la statue de la Liberté, mais aussi des émigrants retenus derrière la corde à l'arrivée…), première complicité entre les deux gamins, communion enfants/ enseignants dans un même rire, essai de flirt d'un «grand» avec la jolie pianiste… font de ce moment de détente et de convivialité un point très fort du film par l'unanimisme de Louis Malle multipliant les notations psychologiques qui seront réinvesties et développées par la suite. Cette extrême limpidité du récit définit assez bien ce fameux classicisme de l'écriture qui atteint ici une puissance rare.

C'est cette même impression de plénitude que l'on ressent devant *Thérèse* (1986) d'Alain Cavalier qui fut justement l'assistant et l'ami de Louis Malle, mais avec, en plus, une grande modernité d'écriture après vingt-cinq ans d'une carrière passionnante faite de ruptures, de recherche et d'une exigence formelle n'ayant d'égale que sa rigueur éthique. Parsemée de réussites insolites (*Martin et Léa*, 1978, amour passion d'une Eurasienne proxénète et d'un manutentionnaire), son œuvre s'attache à des destinées assumées contre le temps et l'espace social, ce qui est exactement le cas de celui de sainte Thérèse de Lisieux. Fait de sentiments, d'idées, d'émotions et de croyances à l'état brut, sans scénarisation anecdotique (une pure chronologie) ni mise en image spectaculaire, le film tient par la tension d'un montage serré. L'épure condense l'histoire d'une passion mystique et joue l'esprit contre la chair, mais celle-ci est très présente par la jeunesse et la maladie de Thérèse qui amènent le réalisateur à insister sur de nombreux détails matériels : les poissons vidés, le crachat avalé... Mesuré, raréfié, tout prend une importance décuplée : un regard, une parole, une attitude accuse le contraste entre l'enjeu surnaturel et la banalité du vécu quotidien. Le combat est ailleurs, mais sous-tendu par cette matérialité des gestes, des objets, du contact avec le physique. Le film parvient à suggérer le monde intérieur de l'âme car le huis clos du couvent ne s'ouvre jamais. Les quelques scènes extérieures (le père chez lui) ou les irruptions d'étrangers (le docteur, l'homme venant livrer la caisse le soir de Noël) sont en effet traitées avec la même esthétique et n'apportent aucun air nouveau. Thérèse est en somme vampirique : elle attire au lieu de diffuser et cette vision de Cavalier ne répond pas aux canons reconnus de la sainteté. Mais il est certain que pour l'homme du XXe siècle, le spiritualisme consiste en effet à rentrer en soi-même pour ne pas avoir à affronter directement le monde. Thérèse est donc un film sur la religieuse cloîtrée d'un ordre contemplatif à l'époque où mère Teresa reçoit le prix Nobel. On comprend que l'Église ait admiré mais pas approuvé sans réserve. Il s'agit d'une interrogation sincère qui respecte et même exalte la joie de Thérèse, mais montre aussi les autres : celle qui ne peut pas tenir, celles qui respirent la résignation davantage que la félicité. Si Thérèse ne doute pas, sa force n'apparaît pas toujours communicative ; Cavalier montre la solitude du Saint puis sa mort sans miracle ni transfiguration. Sa foi est indéniable, donnée comme un fait filmé avec la sympathie de celui qui voudrait bien la partager et le respect du point de vue documenté. Il est par ailleurs beaucoup question d'amour et l'amitié des deux jeunes novices est émouvante, mais le feu qui brûle sainte Thérèse ou le pouvoir de sa prière ne peuvent être transmis qu'aux convaincus. *Thérèse* est attentif, scrupuleux, intense et surtout ouvert, proposant une vision intériorisée qui est aussi une interrogation.

Après la série des six « Contes moraux » terminée en 1972 (*L'Amour l'après-midi*), Éric Rohmer adapte en 1976 *La Marquise d'O.* d'Heinrich von Kleist en respectant toutes les indications de l'écrivain qui précise chaque geste et chaque expression comme un véritable directeur d'acteurs. Étonnant, le résultat se situe entre les tableaux de Jean-Baptiste Greuze et l'humour imperturbable d'un Buster Keaton ! À partir des miniatures et des romans courtois, il propose alors en 1978 une lecture pédagogique de Chrétien de Troyes, modernisant la langue du Moyen Âge juste assez pour la rendre compréhensible tout en en conservant la saveur : dans *Perceval le Gallois*, la quête du Graal oscille entre la recherche de l'absolu et celle de l'image de Dieu, l'auteur enrichissant la signification du poème de chevalerie par le contexte du christianisme médiéval, tout en tournant le dos au réalisme cinématographique.

Commencée en 1980 avec *La Femme de l'aviateur*, sa nouvelle série « Comédies et proverbes » est à la fois très libre dans son dessein général, puisque Rohmer n'a pas dit combien elle comporterait de films, et aussi d'un ton plus léger que les « Contes moraux », ne serait-ce que par l'invention facétieuse de faux proverbes forgés de toutes pièces par Rohmer pour servir son propos (ainsi le « Qui a deux femmes perd son âme, qui a deux maisons perd la raison » des *Nuits de la pleine lune*, 1984). Jamais sans doute la référence à Marivaux n'aura été plus appropriée qu'avec ces dissertations brillantes sur les sentiments où Rohmer met délibérément hors-champ la passion profonde comme la pure aventure sexuelle pour concentrer son attention sur une zone floue où les contradictions abondent, où la légèreté peut se lester de lourds remords et où les intrigues s'entrecroisent dans des constructions dramatiques très élaborées. Pratiquant l'auto-ironie (dans *Les Nuits de la pleine lune*, Octave constitue une étourdissante caricature du personnage rohmérien typique), l'auteur sait toucher avec ses marionnettes maniérées, raisonneuses et superficielles qui constituent d'excellents protagonistes de comédie.

Loin de ressasser, Rohmer fait de chaque film une expérience nouvelle. Puisque ses détracteurs lui reprochent d'écrire des dialogues de manière très littéraire et d'exiger que ses interprètes les respectent à la lettre, il recherche de plus en plus la fraîcheur de non-professionnels ou de débutants inexpérimentés et s'amuse même à laisser dans *Le Rayon vert* (1986) ses acteurs improviser complètement leurs textes... dans un des films sans doute les plus «rohmériens» de la série! Son univers est si cohérent que les mots ne font en effet rien à l'affaire. La langue de Rohmer est apparemment d'une simplicité naturelle. À notre époque où les idées les plus banales sont souvent exprimées dans un jargon hermétique propre à les faire passer pour profondes, l'auteur exprime avec clarté des choses complexes, cette transparence étant pour beaucoup dans le plaisir pris à savourer ses films. Comble de l'audace, ses *Aventures de Reinette et Mirabelle* (1987) juxtaposent plusieurs courts-métrages afin d'administrer la preuve que le public peut encore se déplacer pour venir voir des films courts. Formellement, Rohmer expose les choses avec sobriété, ce classicisme assez théâtral instaurant une distance propre à une adhésion plus intellectuelle que sensible, le public étant invité à exercer son jugement et son ironie. De fait, le spectateur s'amuse franchement aux préciosités d'Arielle Dombasle dans *Pauline à la plage* ou au masochisme complaisant de Marie Rivière dans *Le Rayon vert*. Mais ses portraits sont toujours pleins de vérité: en moraliste, Rohmer pointe l'éternel féminin ou les caractères irréductibles de la nature humaine. Dans cette décennie désengagée de repliement sur soi plus ou moins désabusé, l'auteur a trouvé le ton juste, l'horreur des grands sujets, mais aussi une manière d'aller droit au but. Il écrit longuement, répète minutieusement avec ses interprètes puis tourne vite, la première prise étant presque toujours la bonne, sauf incident technique très vite réparé. De film en film, il reprend les mêmes schémas dramatiques (poursuite ou chassé-croisé), met en scène des personnages très proches qui passeraient aisément d'une histoire à l'autre et privilégie toujours la parole à laquelle sont soumis les autres éléments cinématographiques. Mais il varie à l'infini les compositions possibles des diverses pièces du puzzle.

Jean-Pierre Mocky admire chez Rohmer que celui-ci confère à chaque film l'esthétique de ses moyens, d'où un rapport qualité-prix imbattable! De fait, les deux cinéastes enchaînent film sur film (comme Doillon, Godard et Chabrol dans cette décennie). En 1987, Mocky tourne trois longs-métrages et ce triptyque offre un beau précipité des possibilités du «Mocky Circus». Dans un cirque en effet, il y a à la fois la force et l'émotion, les clowns et les trapézistes, la beauté et la laideur, l'improvisé facile et le répété jusqu'à la perfection. Avec *Le Miraculé* et sa caricature, *Agent trouble* et son tragique soigné, *Les Saisons du plaisir* et son comique égrillard, les diverses facettes du talent de Mocky s'offrent ainsi aux spectateurs peu habitués par ailleurs à ce désordre salutaire, à ce mauvais goût et cette outrance mélangeant le sexe et les sentiments comme le cynisme et la morale. Cinéaste perpétuellement indigné par la saleté du monde qui l'entoure, il pratique l'art naïf de la série B et n'a jamais croisé la route des grands courants du cinéma français contemporain. Son cas est donc unique et c'est justement cette unicité qui lui garantit sa pérennité au-delà des hauts et des bas de carrière.

Après *Lancelot du Lac*, projet initié immédiatement après *Un condamné à mort s'est échappé*, soit en 1956, et réalisé seulement en 1974, puis *Le Diable probablement* (1977), aux jeunes personnages modernes contaminés par le Mal qui a irrémédiablement pris le pouvoir dans le monde, Robert Bresson dans les années 1980 ne peut réaliser qu'un seul film et ce sera son dernier mais il ne le sait pas. Adapté d'une nouvelle de Tolstoï et réalisé à 82 ans, *L'Argent* (1983) trace l'itinéraire du Mal. C'est un film de rapports et de raccords. Bresson ne montre jamais l'action ou l'idée mais les vecteurs de communication, les signes de la circulation, les rites de passage : portières qui claquent, cyclomoteurs qui démarrent, lettres qui arrivent sur la table des lectrices de la prison, portes, fermetures de sécurité, menottes… Le cinéaste souligne aussi les instruments : billets de banque, cartes magnétiques, hache, objets toujours en mouvement comme dotés d'une vie propre qui enchaînent les hommes et induisent leurs actions. D'un côté il y a ceux qui s'en sortent (le couple qui tient le magasin de photographie, le père et la mère du jeune homme qui, le premier dans le film, met le faux billet en circulation) mais aussi les juges, gendarmes ou gardiens de prison dessinant les contours flous dans le cadre bourgeois à préserver. De l'autre côté se trouvent les victimes : innocent devenu à son tour fou meurtrier (Yvon Targe), jeune faible et corrompu qui essaye de se racheter mais sera écrasé quand même (Lucien), sainte au service de sa famille (la vieille dame en noir). Tous payeront pour leurs fautes et surtout pour celles des autres. Ont-ils la grâce ? Leurs sacrifices rachèteront-ils l'humanité ? Le silence du film est sur ce point aussi lourd que celui de Dieu et la fin s'ouvre sur le vide. Yvon vient de se livrer spontanément, c'est-à-dire de confesser son crime pour subir sa pénitence ; il est amené serré de près par les gendarmes à la droite de l'image tandis que la foule s'amasse à la porte du café sur la gauche. Le groupe passé, Bresson cadre plusieurs secondes l'image fortement contrastée de la masse sombre des curieux silencieux tandis que l'embrasure de la porte restée ouverte est violemment éclairée de l'intérieur. L'esthétique bressonienne est une recherche du détail juste d'où se diffuse le sens. L'homme au journal avait servi à décrire le hold-up ; les allées et venues affolées du chien qui jappe accompagnent le carnage de la famille s'inscrivant sur le mur par une giclée de sang ; une lampe de chevet est fauchée puis s'éteint ; la hache s'engloutit dans l'eau sombre. Depuis longtemps l'argent n'est plus qu'un prétexte ; le combat est sans objet, le mal sans retour, le diable probablement... *L'Argent* est un film terrible.

L'adaptation de *Hurlevent* (1985) par Jacques Rivette est encore plus réussie que celle de *La Religieuse* (1966) de Diderot, la tension des passions et des haines assurant la cohésion du conflit et remplaçant par la rigueur le goût du jeu à l'œuvre dans *Pont du Nord* (1982) et *L'Amour par terre* (1984). Avec *La Bande des quatre* (1989), l'auteur livre l'aboutissement de plus de trente ans de travail autour du théâtre et de la menace diffuse du complot. Œuvres circulaires construites sous la fausse apparence d'itinéraires improvisés, les films de Rivette ne connaissent qu'une réalité, celle du tournage où la fiction prend corps, et qu'un seul ordre, celui du montage qui fige dans une certaine continuité dramatique des séquences – voire des plans – qui auraient pu donner bien d'autres pistes de lecture.

Jacques Demy n'a pas beaucoup de chance avec le public pour ses trois derniers films. Qu'il tente une tragédie sociale musicale (*Une chambre en ville*, 1982), une nouvelle variation autour du mythe d'Orphée (*Parking*, 1985) ou une biographie d'Yves Montand sous forme de revue de café-concert (*Trois places pour le 26*, 1988), Demy a vu rejetées, ou au moins boudées, les contradictions acides de son univers. Assimilé au sirupeux, au roman-photo et à la chanson facile, aux couleurs pimpantes comme aux intrigues superficielles, il a été interdit de maturité et de profondeur. Or, ses derniers films ont accusé les difficultés, n'occultant pas la dureté des rapports humains et peignant le tragique des destins ou la nostalgie des occasions à jamais manquées sans pour autant renoncer aux aspects séduisants d'un monde finalement trompeur. Michel Deville se voit par contre consacré avec ses comédies à la sensibilité délicate, de plus en plus brillantes mais aussi toujours plus personnelles consistant à nouer une intrigue à partir des couleurs de Rossini (*Les Capricieux*, 1984), d'un écheveau de doutes et de présomptions (*Péril en la demeure*, 1985 ; *Le Paltoquet*, 1986) ou de lectures disparates faites à des auditeurs eux-mêmes fort différents (*La Lectrice*, 1988).

Fluctuant au gré de la santé du cinéma français, Chabrol passe mal le tournant des années 1980 et se réfugie un temps à la télévision, soit pour de lourdes productions en double version (type *Les Liens du sang*, 1978), soit au contraire pour des séries sans grande portée traitées avec brio (adaptations d'Edgar Poe, enregistrements de spectacles théâtraux, thrillers parodiques…). Bien remis en selle par les deux *Inspecteur Lavardin* (1985-1986) qui le réconcilient avec la critique tandis que le public reprend goût à ses fables, Chabrol filme aussi des œuvres plus ambitieuses : *Masques* (1987) où l'affligeante bonhomie des émissions grand public de la télévision est vigoureusement dénoncée ; *Une affaire de femmes* (1988) qui, Isabelle Huppert aidant, rappelle un peu *Violette Nozière* (1978) par son histoire édifiante d'un cas judiciaire caractéristique de l'époque ; *Docteur M.* et *Madame Bovary* (1990) où le cinéphile que l'auteur est resté peut rendre hommage au cinéma qu'il aime. Grand pourfendeur de l'hypocrisie sous toutes ses formes, Chabrol est un auteur qui s'intéresse davantage à la société qu'à son moi intime. Sarcastique, le cinéaste ne prend rien au sérieux mais tout au tragique, sauf quand il a décidé d'en rire, parce qu'il ne croit plus aux vertus de l'indignation. Par ailleurs remarquable formaliste, Chabrol préfère se livrer à la critique de toutes les morales que de dispenser avec austérité sa propre vision du monde.

En haut des marches (1983), construit autour de Danielle Darrieux incarnant une femme prisonnière de son passé, porte à sa quintessence la nostalgie que nourrit Paul Vecchiali pour le cinéma des années 1950. Mais ce film accuse en même temps l'impossibilité de faire du cinéma comme si quarante ans ne s'étaient pas écoulés. L'extrême modicité des budgets oblige en effet Vecchiali à simplifier ses intrigues et à limiter l'environnement (personnages secondaires, décors, déplacements…) à une pauvreté qui pousse à la reproduction d'un genre plutôt qu'à sa résurrection vivante. Dès lors chaque œuvre de cette veine devient un objet curieux, comme un exercice « à la manière de » réalisé sans moyen par un passionné enfermé dans son rêve cinéphilique. D'ailleurs, le courant de recherche illustré par ses paris techniques (le lieu unique de carton-pâte où se déroule *C'est la vie*, 1980 ; *Trous de mémoire*, joué à deux personnages et enregistré en trois plans séquences, 1984) comme le parti pris théâtral de *Once more* (changements à vue de lieux et de temps, 1988) ou de l'adaptation du *Café des Jules* la même année, n'ont plus rien du cinéma français des années 1950, car sur cette matière empruntée aux années 1930-1950, l'auteur réalise des films modernes : il déconstruit, systématise, réamorce des processus en en brisant d'autres et, dans l'ensemble, distancie bien davantage qu'il ne joue l'identification propre aux films de cette période.

Providence (1976) avait été une œuvre somme d'Alain Resnais enchevêtrant fantasmes et création chez son personnage, un écrivain bâtissant un roman à partir des membres de sa famille et des pensées qu'il leur prête ou qu'ils ont peut-être vraiment. Ce n'est d'ailleurs pas tellement dans la construction générale du film que la chronologie est sourdement attaquée, mais bien à l'intérieur de chaque image où la modification de quelques détails sensibles (un décor, un vêtement, une précision météorologique...) bouscule l'enchaînement des épisodes qui voguent alors détachés et autonomes dans les limbes d'un temps hypertrophié. Ainsi les films de Resnais ne sont pas des puzzles dont il serait possible de remettre les pièces «en ordre» : certains éléments résistent au réalisme ; le temps du film n'est pas celui du réel. Aussi n'est-il pas certain que la réception d'anniversaire qui clôt le film doive être prise comme la clé universelle capable de faire céder toutes les serrures du meuble à tiroirs que représenteraient les neuf dixièmes du film. *Providence* ne livre pas si aisément ses secrets.

Mon oncle d'Amérique (1980) et *La vie est un roman* (1983), à partir des théories de Laborit puis à propos de pédagogie, enchevêtrent les destins des personnes pour proposer une promenade amusée à travers les thèmes favoris de l'auteur concoctée avec la complicité du scénariste Jean Gruault. C'est aussi un tableau pertinent de la société moderne, comme si Resnais, génial metteur en scène créateur de formes pendant vingt ans, s'était enfin décidé à 60 ans à devenir auteur et à exercer son regard personnel, d'où la profondeur de *L'Amour à mort* (1984), réflexion épurée sur l'amour, la mort et (surtout), au-delà, travaillant 52 intermèdes musicaux sur des images signes disposées le long de la ligne de force dramatique.

La génération 1970 confirme son intérêt et sa spécificité. Malgré quelques échecs, Bertrand Blier retrouve la veine des *Valseuses* dans la truculence picaresque et de mauvais goût de *Tenue de soirée* (1986), tandis que *Trop belle pour toi* (1989) est un film incongru qui traque l'émotion avec un bulldozer mais incise la douleur à coups d'épingle. Imbriquant flash-back et flash-forward pour reconstituer un espace et un temps fictifs dessinés par des mouvements d'appareil d'un étrange parcours, Blier nous raconte l'histoire impossible de Depardieu abandonnant Carole Bouquet plus diva que jamais, pour Josiane Balasko plus moche et tarte que nature et le culot du récit emporte l'adhésion ! Claude Sautet abandonne en 1980 sa description unanimiste des amitiés de week-end dans la moyenne bourgeoisie pour s'attacher à des portraits individuels plus fouillés qui hésitent entre le drame noir (*Un mauvais fils*, 1980) et l'éternelle nostalgie bon enfant des ans qui passent sans apporter la réussite souhaitée (*Garçon*, 1983). *Quelques jours avec moi* (1987) tente la rencontre du «petit monde» de Claude Sautet et de celui des films de la nouvelle génération incarnée par Sandrine Bonnaire qui véhicule par sa seule présence un ailleurs assez inattendu. Le choc est intéressant : les deux univers résistent et la folie gagne le plus faible. Ainsi Sautet constate courageusement le côté utopique de son univers cinématographique tout en interrogeant sincèrement la réalité de celui incarné par la jeune comédienne. Une telle confrontation évite le ronronnement thématique et conduit aussi à un certain renouvellement stylistique.

De vingt ans plus jeune, Bertrand Tavernier croit lui aussi à la vocation spectaculaire et romanesque du cinéma mais pendant la décennie 1980, il évacue totalement sa veine sociologique pour concentrer son attention sur un passé récent, menant en outre une exploration du mal à la racine médiévale de la force aveugle (*La Passion Béatrice*, 1987). Si son amour du jazz fait d'*Autour de minuit* (1986) un sympathique document reconstitué où la musique est donnée en direct, les œuvres les plus caractéristiques de la manière de l'auteur sont sans conteste *Un dimanche à la campagne* (1984) et *La Vie et rien d'autre* (1989). Dans ce dernier en particulier, Tavernier analyse le travail de deuil de la grande boucherie 14-18 : dans la boue et la grisaille, toute une société se débat avec ses morts ; certains en sont déjà à l'organisation des hommages posthumes mais le film s'attache surtout à ceux qui remuent la terre et ratissent les hôpitaux pour arracher les corps – morts ou encore vivants – au souvenir. Pour une raison ou une autre, même les plus acharnés lâcheront prise et l'horreur sera définitivement ensevelie. Mais pendant 2 heures et 15 minutes, Tavernier remue la charogne et refait cent fois les comptes dans l'immense fatigue d'un fatalisme douloureux qui étouffe les rages impuissantes. La vie, elle, semble enfin vouloir reprendre ses droits à l'épilogue, mais la remontée vers la surface sera rude. Sur de tels sujets, le cinéaste maîtrise parfaitement sa description psychologique, servie par de remarquables acteurs et un pointillisme du trait qui précise fort heureusement l'humanisme de la vision d'ensemble.

Au début des années 1980, Jacques Doillon multiplie les expériences de production (*star system* avec Michel Piccoli dans *La Fille prodigue*, 1980 ; *L'Amoureuse* est une initiative du théâtre des Amandiers de Patrice Chéreau ; il réalise deux téléfilms et *La Vie de famille* sort en salles en 1985 bien que financée entièrement par la télévision…), ce qui lui permet d'écrire et de mettre en scène douze longs-métrages dans la décennie!

La rencontre de Jane Birkin, alors à la recherche de rôles dramatiques et d'une implication plus nette dans le cinéma d'auteur, aura été décisive. Avec *La Fille prodigue*, il trouve le ton juste et la poésie de l'intimisme, affrontant à la fois le thème de l'inceste et une présence suicidaire de la mort qui garderont une sorte d'emprise latente sur tous ses films ultérieurs. Tour à tour, pudeur et retenue puis force et rudesse des protagonistes en crise tendent dramatiquement les rapports. Pris entre leurs fantasmes et leurs désirs, les personnages font le vide autour d'eux et fonctionnent davantage avec leurs nerfs qu'avec leur tête, selon la manière dont Doillon aime lui-même définir son propre processus créatif.

Qu'il s'agisse des radioscopies de couples (*La Tentation d'Isabelle*, 1985; *Comédie*, 1987) ou de variations sur les thèmes de la parenté et de la filiation (*La Fille prodigue*, 1980; *La Vie de famille*, 1984; *La Puritaine*, 1986; *La Fille de quinze ans*, 1989), Doillon apparaît fasciné par la jeunesse plutôt que soucieux de peindre sa propre génération: *L'Amoureuse* fait évoluer une dizaine de comédiens qui ont tous une vingtaine d'années et il n'y a qu'une seule figure de père dans *La Puritaine* ou dans *La Fille de quinze ans* face à plusieurs adolescents. Non seulement le réalisateur s'adresse ainsi en direct au public majoritaire du cinéma, mais il s'intéresse prioritairement aux années de formation charnières qui conditionneront l'âge mûr. Dans *La Vie de famille*, Doillon introduit au quotidien les comportements pervers qu'il développait déjà dans l'artificialité dramatique de *La Pirate* sans aucune attache réaliste. Cette souffrance va en s'accentuant dans les œuvres ultérieures pour culminer dans *La Puritaine* où l'auteur tente d'arbitrer des combats douteux entre élans du cœur et pulsions du corps. Pour suivre ces intrigues dans lesquelles se débattent, souvent avec vigueur (*La Tentation d'Isabelle*), mais parfois aussi avec une grande tendresse (*La Drôlesse*, *La Fille prodigue*), quelques personnages acharnés, Doillon a besoin d'une interprétation sans faille et d'une précision méticuleuse des mouvements d'appareil durant de longs plans-séquences qui maintiennent un suspense purement cinématographique.

Le cinéaste compose des variations à l'intérieur du cadre étroit d'un univers centripète saisi par une esthétique en abyme. La force du cinéma de Doillon réside dans la contradiction entre une matière de convention (des rôles, des situations, des décors et une intrigue beaucoup plus que des êtres, des événements, des lieux et une histoire) et une manière méticuleuse de lui donner forme par la pratique subtile d'une véritable psychologie clinique. En somme, alors que beaucoup tentent de faire du cinéma avec du réel, Doillon atteint inversement la vérité à partir de mises en place dramatiques imaginaires généralement données comme telles (univers de pièces de théâtre, acteurs, gens en position de jeu ou d'extériorisation des sentiments…). C'est le défi classique du créateur démiurge soucieux d'imposer son univers au lieu de reproduire le monde sensible, ceci à l'échelle réduite d'un temps mesuré et d'un espace d'à peine quelques mètres carrés. Cette méthode est à présent si bien au point qu'elle permet désormais de révéler des personnages forts différents : on passe du théâtre (*La Puritaine*) aux HLM, le huis clos se déplace d'une villa isolée (*La Fille de quinze ans*) ou d'une chambre d'hôtel (*La Vengeance d'une femme*) à une voiture en cavale et l'on obtient *Le Petit Criminel* (1990) où deux adolescents en perdition se « cognent » à la société en recherchant un peu de chaleur humaine. Les accrochages sont alors si juste que les vedettes confirmées (Richard Anconina) peuvent authentifier leur image au contact de jeunes non professionnels criant de naturel et que Doillon signe là, sans avoir l'air de modifier le moins du monde sa trajectoire d'auteur, à la fois le film social le plus émouvant et le polar le plus original de ces dernières années.

Quoique plus âgé que Godard, Truffaut ou Chabrol, Maurice Pialat, nous l'avons vu, fait partie de « la génération 70 », mais il ne sort d'une clandestinité de chapelle que dans cette décennie, à la faveur d'abord des Césars pour *À nos amours* et de la Palme d'or cannoise remportée par *Sous le soleil de Satan*. Certes la profession a davantage voulu couronner en 1983 le pygmalion de Sandrine Bonnaire que le naturalisme d'un film dans lequel le « direct » est truqué par une méchante mauvaise foi. De même Bernanos et Depardieu, pris comme gages d'un produit haut de gamme aux normes de la « nouvelle qualité française », ont fourni l'occasion en 1987 de la récompense suprême, d'ailleurs copieusement sifflée, ce qui a valu au public de gala un bras d'honneur du metteur en scène largement répercuté par les médias.

Le sujet classique du passage de l'adolescence à l'âge adulte se mue dans *À nos amours* en une série de moments d'intense émotion comme dérobés à la ligne dramatique pour arracher quelques secondes à l'artifice d'un tournage. Ces instants de grâce sont enregistrés par la caméra à l'affût d'une vérité des êtres surgie au contact entre la fiction et le réel lorsque, traqué sans relâche, l'interprète baisse sa garde et livre quelque chose qui n'est ni du domaine réaliste ni de l'ordre des règles dramatiques. Au milieu du film, quand Suzanne attend le car tassée sur son banc derrière le Plexiglas de l'abribus trempé sous l'averse, éclate ainsi la cantate de Purcell entendue au générique sur le plan de la jeune fille de dos à la proue du bateau. La bande sonore rapproche alors pour mieux les opposer deux états antithétiques souvent vécus par l'héroïne ; celui, d'abord, d'un plaisir inconscient, naturel, physique et par conséquent très pur ; puis celui d'un désespoir profond, tout aussi inexprimable par des détails précis, mais tellement incommensurable qu'il ne peut que déboucher sur un désir de suicide comme elle l'avouera un peu plus tard à son frère. L'enfer des rapports familiaux vécus sur le mode hystérique serait insoutenable si, tout à coup, un raccord de montage ne venait donner son sens proprement cinématographique à la reconstitution perverse de ces conflits : en plein paroxysme d'une séquence mettant aux prises Suzanne, sa mère et son frère, Pialat coupe net pour embrayer sur le seul vrai mouvement de tendresse du film entre Suzanne et celui qui deviendra son mari. L'échelle des plans (demi-ensemble puis plan moyen) comme les gestes esquissés (les êtres s'étreignent mais pour des raisons divergentes) réunissent des scènes que leur sens oppose pour donner une sorte de précipité de la nature humaine composée de tout cela à la fois, rapprochée ici dans le temps et l'espace au lieu d'être étirée au long d'une intrigue classique. Cette conception plastique et non littéraire de l'effet à produire dote la description clinique d'une force expressive oppressante. Beaucoup rejettent cette image de l'incommunicabilité, mais personne ne peut nier qu'il a été bouleversé.

Avec Doillon, Pialat poursuit un peu le travail interrompu par Jean Eustache qui a mis volontairement fin à ses jours en 1981. Chacun, étant pathologiquement subjectif, ne doit évidemment rien aux deux autres, mais il est permis de retrouver chez eux la même exigence, la même soumission totale de la technique à une vérité de l'instant et un rapport de nature thérapeutique à l'exercice de la réalisation. D'où la déception ressentie par certains en 1985 et 1987 devant *Police* et *Sous le soleil de Satan*, un polar et une adaptation littéraire où l'on sort un peu du «sur le vif», des blessures de la chair, pour entrer dans la dissertation cinématographique somme toute moins personnelle. De fait, si Pialat ne s'est pas assagi, il s'est, d'une certaine manière, rangé. Mais le loup dans la bergerie peut réserver bien des surprises et sa transposition du monde de Bernanos forçant sur Satan plutôt que sur le soleil pour témoigner du vide insondable des cieux n'a pas convaincu les plus fins exégètes du livre. La confrontation avec ce monument lui aussi taillé à grands coups de serpe par le bouillant romancier ne manque pourtant pas de grandeur ; l'univers des auteurs se croise un moment sans se confondre ni se neutraliser.

Longtemps collaborateur de François Truffaut mais passant à la réalisation dès 1976, Claude Miller est comme celui-ci un observateur attentif des conflits psychologiques et il relève le défi de réaliser un scénario non tourné de Truffaut. En fait cette *Effrontée* (1985) tournée une année à peine après la mort de Truffaut avec Charlotte Gainsbourg s'intègre parfaitement à la filmographie de Miller qui reprend l'actrice trois ans plus tard pour une sorte d'opus 2 : *La Petite Voleuse* (1988). L'incompréhension des êtres se traduit dans l'univers de Miller par un repliement pénible qui peut déboucher sur la folie (*Dites-lui que je l'aime*, 1977 ; *Mortelle randonnée*, 1982), mais reste le plus souvent générateur de blessures internes que seules des conditions particulières viendront faire affleurer (les finals de *La Meilleure Façon de marcher*, 1976, ou de *L'Effrontée*, 1985 ; la délinquance adolescente de *La Petite Voleuse*, 1988). Mais ses meilleurs films sont encore à venir. Tandis que Jean-François Stevenin, lui aussi sorti de l'équipe Truffaut pour se lancer dans une prolifique carrière de comédien, réalise un film par décennie, carnets secrets écrits dans l'intimité, tournés en toute liberté et montés avec l'amour du maniaque perfectionniste (*Le Passe-montagne*, 1979 ; *Double Messieurs*, 1986), Bertrand van Effenterre ne connaît qu'une carrière confidentielle, ses cinq longs-métrages tournés de 1973 à 1990 – *Tumultes* – ayant été très peu vus malgré leurs qualités. Œuvre forte et belle, le film représente hélas le type même de ce cinéma d'auteur qui n'a plus alors de public : sans vedette pour attirer les spectateurs dans les salles mais aussi trop sombre pour distraire en *prime time* sur le petit écran, il lui faut traquer le cinéphile curieux des salles de répertoires ou l'habitué exigeant de Canal+. Cinéma introspectif aux émotions retenues, *Tumultes* tire le maximum de qualités psychologiques si souvent dévoyées dans des productions sans profondeur que l'on finit par oublier qu'elles peuvent aussi permettre la réalisation d'œuvres denses parlant à la fois au cœur et à l'esprit.

Émergence d'un cinéma beur et d'un cinéma au féminin

Les films des années 1970 abordant les conditions de vie des Maghrébins en France tournés par les immigrés eux-mêmes se placent dans la mouvance du courant militant post-soixante-huitard : le cinéma est une arme et non un spectacle. Il doit servir à dénoncer une situation plutôt qu'à raconter des histoires. Les films d'Ali Ghanem furent donc des documentaires-fictions : *Mektoub* (1970), *L'Autre France*

(1975). Le ton adopté peut aller jusqu'à la révolte (*Les Ambassadeurs*, Naceur Ktari, 1976), mais le «direct» domine: *Quitter Thionville* (Mohammed Alkama, 1977), *Nationalité: immigré* puis *Safrana ou le droit à la parole* (tous deux de Sidney Sokhona, 1975-1978), *Voyage en capital* puis *Larmes de sang* (tous deux de Ali Akika et Anne-Marie Autissier, 1978-1979). À l'opposé de cette volonté de témoignage objectif, le Mauritanien Med Hondo construit à la même époque un cinéma d'intervention à la fois documentaire, fictionnel et expérimental dans une optique anti-néoréaliste à l'agressivité décapante: *Soleil O* (1969) est conçu comme un cri, mais habilement écrit dans un style moderne et réfléchi. Plus sociologue, *Les Bicots-Nègres vos voisins* (1973) joue sur la complexité d'un dossier, passant du lyrisme au didactisme comme du montage choc au plan-séquence. Quant à *West Indies* (1979), c'est une comédie musicale satirique à gros budget consacrée aux Antilles.

Dans la décennie 1980, les nouveaux cinéastes maghrébins s'expriment de préférence dans le créneau du cinéma d'auteur, s'attachant surtout aux jeunes de la seconde génération, sauf Okacha Touita qui revient sur les années 1960, racontant dans *Les Sacrifiés* (1982) l'itinéraire vers la folie de Mahmoud pris dans les oppositions sanglantes entre FLN et OAS. Figure emblématique du cinéma beur, Mehdi Charef privilégie par contre la jeunesse francisée quand il adapte son propre roman publié l'année précédente: *Le Thé au harem d'Archimède* (1984) s'attache à deux jeunes chômeurs et délinquants mineurs qui trouveront la prison au terme d'une escapade à Deauville. Puis Charef s'éloigne des sujets étroitement liés à la communauté maghrébine. Mahmoud Zemmouri montre dans *Prends 10 000 balles et casse-toi* (1981) le retour d'une famille à Boufarik avec les 10 000 francs de la prime au retour transformés en «Pigeot». Mais la réinsertion est impossible pour les deux grands enfants: Fifi aux lèvres rouges et hauts talons, Mustapha et sa coiffure au gel style Travolta sont nés, ont grandi en France et ne parlent même pas arabe. Comédie pleine d'humour, le film impose un regard et des personnages assortis d'une réflexion d'une grande vérité. Abdelkrim Bahloul s'attache dans *Le Thé à la menthe* (1984) aux rêves d'un jeune immigré tombé dans la petite délinquance. Avec spontanéité, tendresse mais aussi un sens aiguisé du comique, Bahloul montre alors la mère débarquant d'Algérie pour mettre son fils sur le droit chemin. Quant à Rachid Bouchareb qui, après avoir été assistant à la télévision, tourne en 1983 le beau court-métrage *Peut-être la mer* (deux enfants fuguent vers l'Algérie de leurs parents), il décrit dans *Bâton rouge* (1985) les difficultés de trois chômeurs maghrébins pleins d'optimisme, qui, après un essai loupé d'intégration aux États-Unis, reviennent en France ouvrir un *fast-food*. Léger mais vigoureux, le film a l'avantage de déboucher sur l'espoir de voir se créer une situation possible.

On peut rattacher un peu artificiellement à ce vivace courant «beur» le cas de Tony Gatlif, gitan ayant fait ses études aux Beaux-Arts avant d'être comédien, ne serait-ce que dans la mesure où son premier long-métrage se situe en Algérie pendant la guerre (*Terre au ventre*, 1978). En 1982, *Les Princes* le révèle aux cinéphiles : chronique de trois générations de gitans dans une HLM de la région parisienne, le film montre bien ce qui lie et ce qui oppose grand-mère, fils et petite-fille réagissant de façons différentes à leur condition d'émigrés de l'intérieur.

Agnès Varda tourne à nouveau plus régulièrement : en 1981 et en 1987 ses deux diptyques, l'américain *Mur, murs/Documenteur* et le portrait en poupées russes de Jane Birkin *Jane B. par Agnès V./Kung-fu master* jouent des oppositions mais aussi de la complémentarité du documentaire et de la fiction qui travaillent toute sa création. Mais c'est le Lion d'or de Venise 1985 pour *Sans toit ni loi* qui ramène le public vers la cinéaste. Ce portrait de routarde constitue un douloureux plaidoyer pour une marginalité en fait injouable dans les conditions actuelles. La sensibilité aiguë de la réalisatrice et son inspiration opiniâtre trouvent dans le personnage de Mona la rebelle (Sandrine Bonnaire) une superbe incarnation qui transforme la noirceur par la force d'une expression que la réalisatrice nomme elle-même «cinécriture». Le film repose sur une belle idée de cinéma : tandis que Mona se contente de marcher et de vivre, ceux qui l'ont rencontrée la racontent d'une phrase, d'un geste ou dans toute une séquence et leurs témoignages sont si forts que tous ces comparses de passage finissent par faire personnages et par tisser des liens solides en dehors même de la jeune fille. Mais il est certain que cette existence cinématographique ne peut prendre forme que par rapport à Mona, parce qu'il y a Mona entre eux, ou du moins à côté d'eux. *Sans toit ni loi* ne pose pas une morale mais un questionnement, et la réponse d'Agnès Varda à cette interrogation est constituée par le film lui-même, Mona marchant dans les paysages hivernaux du Gard. Mais en fait, elle est rebelle même au cadrage de la caméra qui commence souvent sans elle puis la trouve par hasard ou, inversement, part avec elle pour la perdre en route. Le film s'ouvre sur le plan général de la campagne avec un curieux monticule surmonté de deux cyprès, puis on passe au corps gelé au fond du fossé : l'étrange et l'inacceptable. Le film ne peut fonctionner que si le spectateur sait d'entrée que Mona est morte ; autrement s'installerait un faux suspense du type «s'en sortirat-elle ? » qui fausserait l'adhésion. Mona meurt au terme d'un processus de régression : de faim et de froid en plein XXe siècle après avoir été victime d'un rite moyenâgeux (ses bottes aux glissières cassées lui font d'ailleurs comme des hauts-de-chausses). Mais ces causes bien physiques résultent en fait d'une absence totale de communication : si son état est repoussant, il fait en même temps ressortir la malpropreté morale de ses interlocuteurs. La fête villageoise réunit les deux composantes du film : la lie de vin représente la vigne (que Mona traverse durant tout le parcours) et la saleté (qui la marginalise), avec aussi l'image de la cabine téléphonique (abri – relatif puisque en verre transparent – et moyen de communication) déjà plusieurs fois aperçue au cours du récit. Agnès Varda a mélangé comédiens et non-acteurs. Quant aux témoignages, ils étaient généralement écrits dans l'instant à partir des mots mêmes prononcés spontanément. Et quand la cinéaste n'a pas trouvé de dialogue adéquat, elle a filmé la scène muette où l'échange se noue uniquement à partir des regards entre le père garagiste, son fils et l'étrangère.

D'autres cinéastes apparaissent, aux personnalités accusées : ainsi l'actrice Juliet Berto décédée après trois films (1981-1986) brossant des atmosphères qui pèsent sur l'intrigue (la noirceur de Barbès : *Neige* ; la violence du Midi : *Cap canaille* ; ésotérisme : *Havre*). Le premier long-métrage d'Aline Issermann adopte pour sa part une lucidité responsable en filmant de front *Le Destin de Juliette* (1982), à savoir près de vingt ans de la vie d'une femme qui, après avoir sacrifié sa jeunesse à ses parents, renoncera à tout pour garder sa fille. C'est donc une question de famille, puis bientôt de couple et de solitude qui s'étend des années 1960 à l'orée de la dernière décennie et mène de l'artisanat rural au monde ouvrier de la banlieue par un *no man's land* oppressant entre ville et campagne. La mise hors-champ de tout désir, tandis que s'incrustent en premier plan l'alcoolisme, la folie et la mort, passe par une étonnante maîtrise de l'espace où des intérieurs minuscules sont cernés par des immensités tour à tour apaisantes ou désolées excluant la possibilité de fuite. Mais ses réalisations suivantes décevront, comme celles de Marie-Claude Treilhou après son originale chronique d'une ouvreuse de cinéma porno (*Simone Barbès ou la vertu*, 1979). Claudine Bories ou Danièle Dubroux ne parviendront pas à s'imposer tandis que Diane Kurys rejoint Coline Serreau sur le terrain commercial (pas toujours de qualité). Seule Euzham Palcy réussira l'adaptation populaire d'un classique de la littérature antillaise *Rue Cases-Nègres* (1983), Catherine Breillat connaissant pour sa part des débuts difficiles (dix ans entre

Tapage nocturne, 1979 et *36 fillette*, 1988); les œuvres sulfureuses sont encore à venir.

Mais les femmes sont de plus en plus nombreuses derrière la caméra comme le prouve l'offensive féminine de la fin de la décennie : 1986 voit ainsi, pour la première fois, plusieurs longs-métrages réalisés par des femmes présentés aux « Perspectives du cinéma français » du Festival de Cannes tandis que, la même année, la promotion entrant à la FEMIS compte autant de filles que de garçons. Claire Devers, jeune et femme, attire la première l'attention sur cette nouvelle génération. *Noir et blanc* en 1985, *Chimère* en 1989 avec, entre les deux, une « Série noire » à la télévision constituent déjà un ensemble intéressant. Bricolé, volé au principe de la réalisation de fin d'études à l'IDHEC, son premier long-métrage reçoit la Caméra d'or à Cannes. Monté à l'intérieur du système par l'agence Artmédia autour de ses deux poulains, Béatrice Dalle et Wadeck Stanczak, le second se retrouve en sélection officielle au même festival mais il est cette fois accueilli plus fraîchement.

Charlotte Silvera a d'abord raconté l'histoire, largement autobiographique, d'une fillette juive d'origine tunisienne dans une banlieue triste de la région parisienne en 1961 (*Louise l'insoumise*, 1985) puis un conflit psychologique dans une prison de femmes (*Prisonnières*, 1988). Elle sait peindre des affrontements retenus, des atmosphères étouffantes où chacun vit sous le regard perpétuel des autres. Mais à la fin la révolte éclate et l'abcès se vide. Rien ne se résout par contre au final de *Peaux de vaches* (1989), le premier film de Patricia Mazuy, suivant, dans le milieu rural du Nord-Ouest, l'irruption perturbatrice d'un frère qui vient de purger dix ans de prison pour un incendie criminel dont il n'est pas responsable. Évoquant la fin de l'Algérie française vécue par trois sœurs « pieds-noirs » aux destins tragiques mais contés sur le ton de la comédie, *Outre-mer* de Brigitte Roüan adopte en 1990 une construction habile qui donne successivement à chacune la maîtrise du souvenir.

Jeanne Labrune se révèle par des documentaires à l'INA dans les années 1970 puis par deux dramatiques télévisées. Elle traque alors, dans *La Part de l'autre* (1985), deux frères jumeaux qui ne cessent de se déchirer. *De sable et de sang* (1987) déçoit par contre les cinéphiles tout en retenant un peu mieux le public avant la réussite de *Sans un cri* (1992), son premier film, qui traite de front un antagonisme père-fils poussé à la haine sur un ton mythique puisque le drame se joue tout entier dans un ancien hall de gare transformé en une immense salle de séjour vide.

La suite montrera que la meilleure est Claire Denis qui, dans *Chocolat* (1988), conte pour sa part nonchalamment les souvenirs d'une jeune femme revenant sur les lieux de son enfance préservée en Afrique noire coloniale. *S'en fout la mort* (1990), second long-métrage de fiction de la réalisatrice, est au contraire un film tendu qui renouvelle le document sur le monde des immigrés par un sujet fort (les combats de coqs), un décor étonnant (une salle de jeu louée dans une structure désaffectée d'autoroute) et des personnages traqués par la caméra mais qui demeurent bien fermés sur leurs secrets.

Les avances sur recettes obtenues à la fin des années 1980 ont permis à de nombreuses jeunes femmes de réaliser leur premier long-métrage, mais pas forcément de poursuivre avec succès une carrière par la suite. Ainsi, en 1985-1987, une bonne dizaine de réalisatrices mettent en scène des œuvres prometteuses mais une seule, Catherine Corsini (qui débute avec *Coup de pied à la lune* en 1986), se retrouvera en bonne place dans la création des années 1990. Pour les autres : Chantal Picault (*Accroche-cœur*) et Irène Jouannet (*L'Intrus*) continueront à la télévision ; Stéphanie de Mareuil (*Cœurs croisés*) ne pourra pas faire sortir commercialement de façon satisfaisante son second film (*Petits travaux tranquilles*, 1991) ; Joy Fleury (*Tristesse et Beauté*) et Magali Clément (*La Maison de Jeanne*) se rabattront sur des films plus faciles ; Caroline Huppert (*Signé Charlotte*) retournera au petit écran ; Liria Begeja (*Avril brisé*) poursuivra difficilement son œuvre à cheval sur les frontières… Quant à Marie-France Pisier (*Le Bal du gouverneur*), Geneviève Lefebvre (*Le Jupon rouge*) ou Béatrice Pollet (*Véra*), elles se sont perdues elles aussi dans la nébuleuse audiovisuelle. En fait le cinéma français s'édifie dorénavant sur un énorme déchet humain. Très nombreux sont les cinéastes qui ne font qu'un film ou deux puis disparaissent. Et cela est vrai non seulement des femmes et de réalisateurs de films d'auteur (style avance sur recettes) mais aussi de metteurs en scène sans ambition œuvrant dans le commerce (polar ou comique) qui échouent de la même façon. Quant aux insolites, on n'en compte guère que deux ou trois par décennie : *Shoah* (1985), travail de quinze ans et œuvre d'une vie de Claude Lanzmann, les «vrais» débuts de Raymond Depardon sur le front du reportage (*Reporters*, 1980 ; *Faits divers*, 1983 ; *Urgences*, 1987) ou Raoul Ruiz découvert en 1982 avec *Les trois couronnes du matelot* alors qu'il tourne en France depuis 1974 (après une déjà prolifique carrière au Chili stoppée par l'arrivée de Pinochet). Son cinéma est encore alors placé sous le signe de la recherche et de l'underground mais la cinéphilie va bientôt lui donner sa vraie place.

Les centres régionaux de cinéma

Au tout début des années 1980, le ministère de la Culture crée huit centres cinématographiques à l'image des centres dramatiques pour le théâtre. En fait il ne s'agit que d'une reconnaissance officielle pour Vitrolles près de Marseille, Quimper et le Havre dirigés respectivement par René Allio, Félix et Nicole Le Garrec, Vincent Pinel et Christian Zarifian; Jacques Demy et Patrice Chéreau ne seront jamais en mesure d'ouvrir Nantes et Nanterre. Seuls Villemur-sur-Tarn (Guy Cavagnac), Grenoble (Pierre Bailly) et Bobigny (Jean-Patrick Lebel) sont donc nouveaux, mais l'idée est belle d'affirmer (et de financer) le cinéma en province au même titre que le théâtre, les orchestres symphoniques, la danse ou l'opéra. Malheureusement les résultats ne seront pas au niveau des ambitions. Ainsi le breton René Vautier avait déjà réalisé en 1971 *Avoir vingt ans dans les Aurès* (premier long-métrage de fiction montrant la guerre d'Algérie vécue par les appelés du contingent) quand N. Le Garrec tourne le film militant *Plogoff : des pierres contre des fusils* en 1980, la même année où Chabrol filme folkloriquement l'adaptation du livre de Per-Jakez Hélias produit par Paris. De même Jean Fléchet tourne dans le Sud-Ouest en 1982 *Le Montreur d'ours* (un garçon forcé par la misère de quitter la montagne accède, avec toute une classe sociale, au savoir et à la dignité) et Jean-Pierre Denis *Histoire d'Adrien* en 1980 (enfance et passage à l'âge adulte d'un Périgourdin bâtard un temps apprenti boulanger puis cheminot lors des grandes grèves de 1920), tous deux en occitan sans aucun rapport avec ces pôles régionaux. Quant au Midi, la situation est encore plus complexe : dès 1953, Paul Carpita tourne à Marseille *Le Rendez-vous des quais* (fiction interdite par la censure car située pendant une grève des dockers contre la guerre d'Algérie) et René Allio *La Vieille Dame indigne* en 1965 dans les quartiers nord de la cité phocéenne, puis en 1969 *Pierre et Paul* sur l'histoire de sa propre famille d'émigrés italiens. En 1979, c'est *Retour à Marseille* et, désormais à la tête du Centre méditerranéen de création cinématographique, Allio signe *L'Heure exquise* (1980 : son passé et celui de la ville) puis *Le Matelot 512* qui ruine définitivement le CMCC.

Entre-temps Robert Guédiguian et Frank Le Wita réalisent *Dernier Été* leur premier long-métrage à l'Estaque, vieux quartier des usines Kuhlmann et Lafarge (1981), début d'une longue saga (sur laquelle nous reviendrons). Mais ce n'est pas le CMCC qui produit. Seuls quelques rares cinéastes se sont donc exprimés en régions avec beaucoup de difficultés, surtout dans le Midi, autour de ces centres dont les budgets de fonctionnement ne permettaient pas de se comporter en maisons de production. L'État supprimera les subventions à la fin de la décennie, acculant les centres à la fermeture.

La double relève : les jeunes peintres de l'angoisse existentielle

En 1982, *Un jeu brutal* de Jean-Claude Brisseau frappe par sa cruauté et la mise en scène de ce qui se présente comme le mal absolu : un père psychopathe tue systématiquement tous les membres d'une bande de gosses et sa fille infirme se mure dans son handicap pour se bloquer au stade d'animalité indomptable. Brisseau articule son discours métaphorique à partir d'un naturalisme étouffant et d'un psychologisme anticonventionnel. Les défis que lance aux autres l'adolescente la conduiront à une conscience de soi susceptible de la délivrer de sa méchanceté douloureuse tandis que son père se sera abîmé dans une démence tragique. On ne peut certes pas parler de salut, mais la pénible ascension de la montagne par la jeune fille ressemble à un parcours initiatique dont elle ne peut sortir que transformée. En s'acharnant sur son compagnon, c'est elle-même qu'elle dompte et le film se referme sur ce personnage raidi dans le refus de sa condition.

Produit et réalisé en 1986 malgré de nombreux obstacles, *De bruit et de fureur* élargit le conflit individuel d'*Un jeu brutal* à toute une jeunesse perdue dans le béton des ensembles de banlieue, ce qui a conduit quelques critiques à parler de constat social accablant, sous prétexte que plusieurs scènes se passent dans une classe expérimentale de collège où sont parqués quelques cas jugés irrécupérables. Certes, les images sont impitoyables, mais le cinéaste rejette le cinéma miroir pour imposer la vision d'une jeunesse assassinée par une frénésie autodestructrice issue d'un monde perdu. Son sujet, c'est la descente aux enfers qu'effectue Bruno quand, à la mort de sa grand-mère qui l'avait élevé, il rejoint l'appartement de sa mère, sans doute prostituée, qu'on ne verra jamais et qui correspond avec son fils par des messages épinglés au mur. Pour le précipiter plus vite dans cette spirale, le voyou Jean Roger l'initie à la cruauté du quartier, juste reflet de la violence des vidéos visionnées par les adolescents dans l'appartement (sexe et horreur). Dans *De bruit et de fureur*, on tue, on plante des couteaux ou des faucilles dans le dos, on vole, on brutalise, on brûle et on pend. Le mal sous toutes ses formes sème la terreur pour le faible et la folie pour le fort. D'abord caricature de personnage de western qui tire à la carabine dans son couloir, le père de Jean Roger se révèle bientôt pathétique dans sa désespérance absolue, sa certitude qu'il n'y a ni justice ni pardon, rien que le trou noir au bout de la vie. Avec audace, Brisseau fiche en plein cœur de cette réalité saignante une série de scènes oniriques qui constituent comme un second niveau, ligne parallèle au récit dessinée en contrepoint du quotidien pour arracher l'anecdote à sa stricte dimension physique. Cet ailleurs est donné comme l'imaginaire de Bruno construit à partir du serin bien réel dans sa cage mais transformé en aigle dans le rêve. Longtemps consolatrice, la fée de ses songes poussera néanmoins le gamin au suicide tandis qu'au contraire Jean Roger, du fond de sa prison, est touché par la grâce. Le troisième volet du triptyque, *Noce blanche* (1989) toujours interprété par Bruno Cremer, cette fois avec Vanessa Paradis, débute par une histoire assez banale qui précipite dans une crise brutalement scandaleuse : à 17 ans, Mathilde est d'abord paternée par son professeur quinquagénaire qui n'a jamais eu d'enfant jusqu'à ce que la passion s'affirme avec une épouvantable force destructrice. Une fois la tornade éloignée, la vie de l'homme aura été ravagée et la gamine conduite à la mort. Jean-Claude Brisseau demeurera un cinéaste intéressant mais ne retrouvera jamais la puissance expressive de cette décennie.

Dix ans plus jeune, Laurent Perrin donne dans le même temps que Brisseau deux longs-métrages moins violents mais dans lesquels l'inquiétude est tout aussi prégnante. *Passage secret* (1985) décrit un groupe de jeunes monte-en-l'air et les tenancières de leur bar-abri. Une poésie de « l'adolescence qui fout le camp », des relations aux brisures nettes, des ruptures répétées entre angoisse et enthousiasme, un quotidien que l'on pressent sans lendemain rendent sensibles les portraits de ces antihéros qui ont déjà leur passé derrière eux et sentent confusément qu'ils vont rater la suite. Dans *Buisson ardent* (1987), la longue coupure qui a séparé Jean et Julie à l'âge de 12 ans a cette fois rejeté le monde de l'enfance dans les ténèbres de la conscience. Julie saccagera tout dans sa rage d'affirmer son amour de Jean et son dédain d'Henri et l'on est proche alors du monde de Doillon : les êtres se font du mal, leurs affrontements se produisent toujours à contre-propos et le non-exprimé empoisonne les rapports. L'exigence des personnages est à l'image de celle du tournage : dru, sec, allant à l'essentiel, le film s'achevant lorsqu'il est évident que tout est fini.

Avec *Désordre* (1986) et *L'Enfant de l'hiver* (1988), Olivier Assayas décrit aussi des écorchés vifs sur lesquels s'acharne la vivisection menée par le cinéaste attaché à l'urgence du déplacement de comédiens qui incarnent tous des personnages exigeants avec la vie, les autres et eux-mêmes. *Désordre* donne au typique « film de jeunes » avec musique et fin d'adolescence une dimension de « sociologie d'une génération », racontant une histoire exemplaire, sans digression ni afféteries, tenant le propos de bout en bout avec un sens remarquable de la narration. Sa jeunesse apparaît désenchantée, les amitiés se brisant aux premières difficultés graves. Dans *L'Enfant de l'hiver*, Assayas recentre encore son attention sur la psychologie, gommant davantage le contexte pour développer quelques fortes situations limites d'où se dégage une impression d'insécurité aussi bien sentimentale que sociale. Tout d'une pièce, la jeune décoratrice passionnée s'épuise à aimer un velléitaire dont la mollesse pare les coups et trouve sa justification dans l'indifférence ambiante. Décrivant la chaîne de non-réciprocité classique des trames raciniennes (Nathalie aime Stéphane qui aime Sabine qui aime Bruno… qui n'aime que lui-même), Assayas montre l'amour conduisant Sabine au meurtre et Stéphane aux regrets d'une existence ratée avant d'avoir été vécue, les deux protagonistes demeurant rivés chacun de leur côté à des liaisons mal engagées et destructrices. La mise en scène assume un perpétuel déséquilibre qui impose un réel sentiment d'insécurité, amorcé au niveau scénaristique par la facilité avec laquelle chacun s'insinue au domicile de son partenaire, puis perpétué dans la précarité de chaque couple constamment remis en question par les aléas de ces chassés-croisés amoureux. Dans ce cinéma, il n'y a pas d'amour heureux et il est décidément bien difficile d'avoir 20 ans.

La double relève : les néobaroques

Michel Piccoli dans *Mauvais Sang* de Leos Carax, 1986.

Le syndrome Beineix-Besson-Carax s'impose dans la première moitié de la décennie comme une sorte de phénomène nouveau de (fausse ?)

cinéphilie médiatique, bien que réunir ces trois noms risque de provoquer quelques remous, aussi bien du côté du grand public (allergique à Carax) que du côté d'amateurs d'art exigeants (rejetant les deux autres). Mais de même qu'en 1958-1960 il fallait reconnaître que s'imposaient Godard-Truffaut-Chabrol et non Rivette ou Rohmer, ces trois noms se dégagent alors beaucoup plus nettement que Laurent Perrin, Olivier Assayas ou Jean-Claude Brisseau. Beineix, Besson et Carax sont d'ailleurs poussés par des lobbies critiques puissants : *Première* pour les plus commerciaux et les *Cahiers du cinéma* pour le troisième. Mais quels que seront les aléas de leur légitimation, ils sont reconnus et identifiés à l'image expressive de la jeunesse du temps. En effet bien que Beineix ait une douzaine d'années de plus, il se trouve associé aux deux autres parce qu'il partage avec eux la jeunesse emblématique de ses personnages, qui se caractérise par un « look », des idées, une mythologie, et non un âge biologique. Tous trois sont représentatifs d'un « tout pour l'image » issu de la BD, des graffitis, de la TV et de la publicité davantage que de Godard, brouillant à loisir la manière du faiseur et la sincérité de l'auteur. Plutôt que de créer des univers esthétiques personnels, ils sont plutôt des metteurs en scène qui se servent sur les rayons des supermarchés de la culture, banques de clichés, de magazines et de vitrines, cinéma de recyclage mais aussi de passions violentes, car après le cinéma du mariage (années 1950), celui de l'érotisme (années 1960) et celui du sexe (décennie 1970), ce cinéma des années 1980 serait plutôt celui de l'amour, Beineix, Besson et Carax marquant un sérieux retour au couple après le libertinage de la Nouvelle Vague et la libération sexuelle de l'époque suivante.

En 1983, Leos Carax signe un film intemporel et en apesanteur : *Boy Meets Girl*, nocturne et en noir et blanc, donc plus onirique que réel, est aussitôt situé entre la poésie rimbaldienne d'un Philippe Garrel et la liberté d'expression d'un Godard. Le drame (la trahison de l'être aimé) le dispute à l'humour et à l'absurde dans l'insistance de plans-séquences forçant l'évidence malgré l'opacité des destins de personnages angoissés éclairés comme au théâtre. *Mauvais Sang* (1986) confirme cette vision personnelle en surmontant tous les obstacles d'une production d'envergure : Carax se joue du genre (l'argument scénaristique type polar), utilise les couleurs comme personne avant lui depuis *Le mépris*, tire des acteurs la vérité de non-professionnels et propose un morceau de cinéma où la philosophie est dans l'image, l'amour dans le son et l'économie du tournage dans les contre-rythmes de la construction dramatique. Composé essentiellement de scènes intimistes filmées dans un huis clos de studio, *Mauvais Sang* entretient un rapport étrange à l'espace qui passe par le recours au cosmique : la chaleur constante est attribuée à la proximité de la comète de Halley, paradoxalement responsable aussi de la neige qui couvre un moment quelques quartiers de Paris. Au cœur du film se déroule la séquence du saut en parachute avec l'évanouissement de la jeune femme soutenue par Alex sous leur parachute commun. Le final répondra à cette répétition générale d'une scène qui n'aura pas lieu : blessé à mort, Alex agonise sur le capot de la voiture mais demande qu'on le mette sur le dos, sans doute pour voir le ciel puisque la caméra s'envole à sa place par un large zoom arrière combiné avec un mouvement à la grue. La jeune femme se met alors à courir de plus en plus vite sur la piste en écartant les bras, filmée de manière saccadée, comme si elle s'envolait avec le jeune garçon dans quelque extase amoureuse qu'ils n'ont justement pas connue. Le film ne reproduit pas la réalité mais la subjectivité de l'auteur vibre à l'unisson de la jeunesse d'aujourd'hui. D'où la très belle idée du ventriloque : à certains moments d'émotion, l'expression directe devient impossible et Alex choisit de parler du plus profond de lui-même sans ouvrir la bouche. C'est un gag, mais aussi une trouvaille troublante, comme ces désaturations variables de l'image qui font passer en peu de temps du noir au blanc aux couleurs les plus vives, comme des à-plats très secs aux profondeurs sculptées en mouvement par une lumière toujours changeante. Les cinéphiles sont certains d'avoir trouvé en Carax un mélange de Godard, Cocteau et Welles.

Jean-Jacques Beineix se révèle en 1980 avec un « petit » film qui connaît un gros succès public : *Diva*. Chez Beineix, chaque film se définit par l'agencement plus ou moins habile de comédiens et d'une atmosphère établie à partir de décors étonnants : l'atelier du peintre dans *Diva*, le studio baroque de *La Lune dans le caniveau* (1983), la station balnéaire hors saison de *37°2 le matin* (1986), la piste de cirque de *Roselyne et les lions* (1989). Bien que situant ses intrigues loin du réalisme et les peuplant de personnages hors du commun, Beineix saisit l'air du temps par ses dialogues, sa direction d'acteurs, les aspirations sentimentales des protagonistes et leurs comportements (a)sociaux. Aussi toute une jeunesse se reconnaît-elle dans *Diva* et *37°2*. Ce film s'ouvre par un long plan général de Jean-Hugues Anglade et Béatrice Dalle s'étreignant avec force halètements dans un décor et une frontalité de théâtre érotique. Un très lent travelling avant étire la scène bien au-delà du nécessaire, puis le cinéaste coupe brutalement pour passer au plan moyen du jeune homme trépignant au volant de sa vieille camionnette, donnant de grands coups de volant et émettant des borborygmes incohérents. Une plongée d'ensemble le montre alors s'arrêtant devant un bungalow minable avant qu'un plan rapproché ne l'enregistre se ruant à l'intérieur pour éteindre le feu sous une gamelle fumante… Passion, dérision, surexcitation, ombres chaudes à l'intérieur et dureté des extérieurs, contre-rythmes tour à tour languissants et frénétiques, couleurs à la fois sèchement opposées et subtilement complémentaires, imposent non seulement l'esthétique mais une véritable éthique publicitaire, celle d'une fureur de vivre très mode où cynisme et romantisme font bon ménage, où on s'éclate dans l'alcool et le sexe, mais avec la sincérité d'une jeunesse avide d'écraser les gros porcs exploiteurs comme les clients bêtes et méchants d'une pizzeria électrisée. La folie guette hélas la nouvelle Marilyn qui montre son sexe mais cherche le grand amour ; elle trouvera la mort.

Auparavant Gaumont avait confié à Beineix le plus gros budget de l'année. Mais la psychologie des personnages de *La Lune dans le caniveau* pèse des tonnes et le poids référentiel du réalisme poétique de Marcel Carné dans d'étouffants décors de studio accuse le manque de Prévert, c'est-à-dire d'un scénario, des dialogues et de la poésie ! De même le final boursouflé de *Roselyne* étouffe bêtes et dompteurs par les fumerolles, plastiques et stucs du spectacle, mais le sens du film s'épuise dans ce délire décoratif cinématographiquement mal maîtrisé. L'ouverture promettait pourtant beaucoup avec une cage vide et un travelling remontant le tunnel vers les fauves qui surgissent en léger ralenti. Le cercle de tous les défis et la rentrée dans la cage aux lions dégagent évidemment une puissance métaphorique, mais la réussite relative du film est d'avoir traité le sujet de front dans une histoire réelle de cirque et de dressage tout en conservant le côté improbable d'une telle aventure. Il y a chez Beineix la démesure et l'affirmation arrogante d'un style.

Luc Besson signe son premier long-métrage, *Le Dernier Combat* (1983), comme un exercice de style à partir d'un tout petit budget. Il se voit alors confier gros budget et Isabelle Adjani pour réaliser *Subway* (1985), un vidéo-clip géant rythmé par l'image choc, la vitesse et la violence. Les personnages sont peu fouillés et la mise en scène accumule des effets maniés sans distance, le tout – ou plutôt le rien qui en tient lieu – étant filmé au premier degré. La vision de Luc Besson apparaît à mi-chemin entre l'esthétique « punk » et celle des lave-vaisselle automatiques, sans doute pour ratisser large, en réconciliant marginaux et jeunes bourgeois dans l'œcuménisme des décibels. Tout est plat, neutre, et l'on se demande ce qu'un créateur de décors comme

Alexandre Trauner est venu chercher le long de ces tuyaux, au fond de ces couloirs de métro sans fin et sans surprise. Dans *Le Grand Bleu* (1988) au contraire, les personnages sont transcendés par une passion, incompréhensible pour leur entourage, à laquelle le cinéaste confère une dimension plastique (grâce à l'écran large) et sonore (par la musique d'Éric Serra qui fit beaucoup pour le succès public du film). Le scénario juxtapose des éléments divers (l'amitié et la rivalité des deux plongeurs, l'intrigue amoureuse, les dauphins, le vertige des grands fonds) traités en longues séquences quasi autonomes, peu à peu gagnées par l'élément liquide qui submerge tout. Le plaisir du spectaculaire prend généralement le pas sur l'analyse psychologique, mais le jeune public préfère être touché de manière quasi physique plutôt que de suivre une véritable intrigue. De même, des protagonistes mal dessinés et tout d'une pièce leur offrent une identification plus aisée que des modèles approfondis. Ce cinéma cherche à faire rêver, « planer » pourrait-on dire, et y parvient habilement. Avec *Nikita* (1990), Besson revient au clip style « gore », mais *Léon* (1994) place face à la « brute » (Jean Reno) la fraîcheur d'une petite fille et les résultats du box-office sont toujours au plus haut.

En 1990, il semble bien que ces cinéastes incarnent la relève de la Nouvelle Vague. Pourtant, sur ces six réalisateurs émergeant, un seul –Olivier Assayas – sera un des plus grands cinéastes français du nouveau millénaire : Brisseau perdra quelque peu de sa force ; Perrin et Beineix ne tourneront presque plus et Carax sera stoppé net pour très longtemps après une catastrophe financière (comparable à celle de Michel Cimino aux États-Unis avec *La Porte du paradis*). Quant à Besson il poursuivra d'abord sur sa lancée en variant ses expériences : *Le cinquième élément* (science-fiction, 1995, tourné dans les studios américains), *Jeanne d'Arc* (1999). Puis il choisit de passer à la production, comme Marin Karmitz et Claude Berri avant lui. À la tête d'Europacorp, il écrira dans les années 2000 le « pitch » de films d'action inspirés des modèles américains dont il délègue la réalisation à de solides artisans (Gérard Krawczyk pour les *Taxi*) ou à de jeunes metteurs en scène qu'il forme à ce type de cinéma (Olivier Van Hoofstadt pour *Go Fast*, 2008). Mais il ne se résout pas à abandonner la réalisation (bien qu'il l'annonce à plusieurs reprises) et signe en particulier avec succès une trilogie (2007-2010) pour le public enfantin : les deux premiers *Arthur et les Minimoys* sont des dessins animés, le troisième mêlant prises de vues réelles et images de synthèse. En 2011, *The Lady* racontera la lutte d'Aung San Suu Kyi contre la junte birmane. À l'image des plus célèbres *producers* des majors américaines de la grande époque, Besson s'attache en fait à constituer un empire à l'échelle européenne. En 2012, il a réussi son pari, inaugurant sa Cité du cinéma de Saint-Denis qu'il a fait construire et en y commençant, dans les nouveaux Studios de Paris dont Europacorp est le gérant, la réalisation de *Malavita* dans lequel il dirige Robert De Niro.

QUATRIÈME PARTIE

1992…
ET LE NOUVEAU
CINÉMA D'AUTEUR

Après mai d'Olivier Assayas, 2012.

Affiche de *La Discrète* de Christian Vincent, 1990.

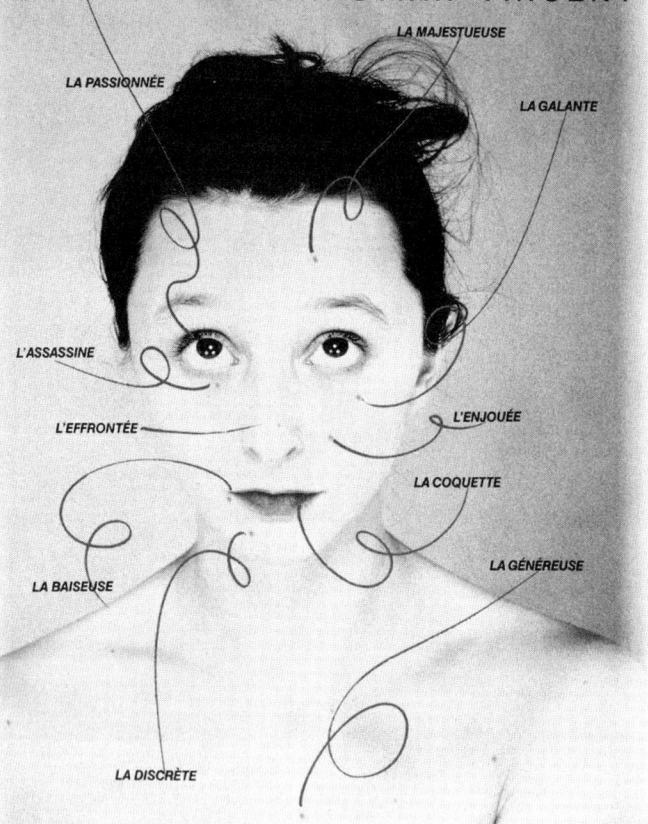

CHAPITRE IX
LA DÉFERLANTE DES ANNÉES 1990

Une évidence statistique

Entre la fin de la guerre et la Nouvelle Vague, le nombre de premiers longs-métrages tourne annuellement autour d'une dizaine pour une production d'une centaine de films français. Sans que cette production augmente de manière vraiment notable, les années 1960 voient par contre tripler le nombre de cinéastes accédant chaque année à la réalisation de leur premier long-métrage (il y en aura 31 en 1972 sur 112 films produits). Ces chiffres sont évidemment irréguliers, mais globalement la production de premiers longs-métrages par rapport à l'ensemble de la production est déjà passée de 9% en 1954 à 28% en 1971. Le «jeunisme» n'est évidemment pas la seule cause : car il faut noter en outre que les premiers films coûtent moins cher et ont donc besoin de moins d'entrées pour se rentabiliser. Surtout l'effet télévision commence à se faire sentir : beaucoup de réalisateurs tournent un premier film au cinéma mais devront se diriger très vite vers la télévision qui, justement, a besoin de davantage de films pour nourrir ses programmes. De fait, la tendance ne s'inversera plus et se stabilisera entre 25 et 28% pendant les deux décennies suivantes. Puis la proportion des premiers longs-métrages s'emballe, bien au-delà des répercussions attendues par l'augmentation globale de la production : en 1990, 26 premiers films sur 107 produits, soit 25%. En 1992, 62 premiers longs-métrages sur 150, soit 42%! Ce n'est plus une Nouvelle Vague mais une déferlante chaque année plus forte que la précédente.

Cette inflation est excessive, autant en ce qui concerne la production totale que le nombre des premiers longs-métrages. La fréquentation (en 2000 : 166 millions d'entrées pour 59 millions de Français, ce qui correspond à deux séances et demie de cinéma par an et par habitant... y compris les nourrissons et les grabataires) n'est pas suffisante pour assurer une distribution efficace à 150 longs-métrages d'initiative française. Il s'agit donc de produits finalement destinés en majorité à la télévision : la sortie en salles ne sert qu'à leur garantir l'étiquette « cinéma » (qui constitue un avantage lors de leur passage sur le petit écran) mais conduit à une mise à mort qualitative car rien n'est fait pour que ces films touchent les spectateurs potentiels qui auraient pu les apprécier. Le fait que 58 premiers films soient réalisés en 1998, 62 en 1999 et 53 en 2000 apparaît comme aberrant : on ne peut plus depuis longtemps parler de taux de remplacement (les nouveaux cinéastes prenant la place des anciens qui cessent leur activité) ni de capacité de renouvellement car il s'agit de 450 nouveaux cinéastes entre 1990 et 2000 pour 150 films réalisés par an. De plus, si le pourcentage de premiers films ne cesse de monter (grâce essentiellement à l'avance sur recettes très favorable aux premiers longs-métrages), celui des seconds diminue, ce qui confirme l'idée qu'il est très difficile de s'intégrer au marché après un premier film d'auteur à petit budget. En outre, si désormais les Français vont de moins en moins au cinéma, ils préfèrent la plupart du temps les films américains. Remarquons aussi qu'*On connaît la chanson* d'Alain Resnais, *Merci pour le chocolat* de Claude Chabrol ou *Conte d'automne* d'Éric Rohmer font plus d'entrées que n'en eurent en leurs temps *Hiroshima mon amour*, *Les Cousins* ou *Le Signe du lion* dans la mesure où le jeune cinéma français des années 1990 n'a pas réduit au silence les cinéastes en place comme la Nouvelle Vague l'avait fait des réalisateurs de la Qualité française dans un contexte d'ailleurs opposé. Enfin, dans les années 1990, s'effondre le « centre » de la production française, c'est-à-dire des films situés entre l'« Art et Essai » recherche et le pur divertissement. Ainsi, à part le phénoménal succès du *Fabuleux Destin d'Amélie Poulain* (Jean-Pierre Jeunet, 2001), ce qui semble manquer depuis plus de dix ans, c'est le cinéma grand public de qualité, le Georges Lautner des *Tontons flingueurs* par exemple réalisé en 1963, année de *La Peau douce* de François Truffaut et de *Muriel* d'Alain Resnais. Une part non négligeable des amateurs d'un cinéma à la Lautner ou à la Verneuil n'hésitaient pas alors à aller voir quelquefois aussi les films de Chabrol ou de Demy et, inversement, les cinéphiles ne dédaignaient pas tout à fait le « cinéma de boulevard ». Aujourd'hui par contre, aucun spectateur d'*Obélix contre César* (Claude Zidi, 2000), des *Couloirs du temps, les Visiteurs II* (Jean-Marie Poiré, 1998) ou de *Taxi 2* (Gérard Krawczyk, 2000) ne se risquerait à rentrer dans une salle qui affiche *L'Ennui* (Cédric Kahn, 1998), *Samia* (Philippe Faucon, 2000) ou *La ville est tranquille* (Robert Guédiguian, 2000) et réciproquement. Seules les programmations à la télévision permettent parfois aux amateurs de cinéma – grâce au magnétoscope plutôt qu'au *prime time* – de jouer à la frontière de leurs goûts dominants. Certes, là encore, les habitués de TF1 et d'Arte ne sont pas les mêmes, mais France 3 et des films comme *La Vie rêvée des anges* (Érick Zonca, 1999) peuvent offrir l'occasion de rencontres fructueuses.

Côté qualité, nous avons étudié la houle annonciatrice de 1985. 1988-1990 amène d'autres premiers films intéressants, puis 1992 : c'est désormais un mouvement incessant.

La première vague de 1990 issue du court-métrage

Les précurseurs Perrin, Assayas, Carax ou Besson ont convaincu certains professionnels qu'il y a quelque chose à attendre de jeunes réalisateurs, surtout de ceux ayant tourné de nombreux courts-métrages d'auteur dont plusieurs primés. C'est le cas en particulier de François Dupeyron, Éric Rochant et Christian Vincent qui frappent les trois coups du nouveau cinéma d'auteur, cette « Nouvelle Vague 2 » surfant sur les crêtes de la lame de fond quantitative qui n'en finit plus d'apporter chaque année son lot de très nombreux premiers longs-métrages. En 1988, René Cleitman accepte de produire *Drôle d'endroit pour une rencontre,* premier long métrage du réalisateur François Dupeyron, auteur de courts-métrages remarqués dans plusieurs festivals. Il a écrit le scénario avec son épouse, l'actrice Dominique Faysse à laquelle il compte confier le premier rôle. Mais si la rencontre insolite de deux accidentés des sentiments, la nuit sur un parking désert d'autoroute, a séduit Cleitman, c'est qu'il y a vu aussitôt la possibilité d'un duo de stars au sommet. Il achète donc le scénario et conserve le jeune metteur en scène mais engage Catherine Deneuve et Gérard Depardieu, ce qui fera un drôle de film pour un premier long métrage d'auteur, néanmoins réussi. On retrouve dans son film son goût pour les face-à-face de personnages qui s'accrochent au verbe pour ne pas couler (comme dans *Lamento,* son dernier court-métrage) avec un dialogue tour à tour retenu, violent, sincère et plein de pièges entre une femme abandonnée de nuit sur un parking par son mari et un automobiliste qui s'est arrêté là parce que ses problèmes personnels l'empêchent de poursuivre son existence. Dans cette situation limite, il n'y a pas d'échappatoire, ni pour les personnages ni pour les acteurs et encore moins pour le réalisateur et son équipe ! Le même échange – dense et douloureux – se poursuit dans *Un cœur qui bat* (1990), où les dérives troublantes d'un amour fou construisent un monde parallèle à celui du quotidien. Cette fois, pas de numéro d'acteurs, mais des situations tendues entre des êtres ordinaires dont le bonheur présent est miné par l'angoisse de ne pas pouvoir assumer longtemps une telle passion. À nouveau avec Gérard Depardieu, *La Machine* (1995) est écartelé entre le côté «gore» (deux éventrations au couteau, un enfant meurtrier) et les conséquences psychologiques entraînées par l'échange de personnalité du psychiatre et de son patient, un dangereux *psycho-killer*. Dupeyron n'a pas su choisir le ton de son adaptation du roman de René Belletto : Depardieu joue carrément la créature de Frankenstein alors que le scénario s'oriente plutôt du côté du fantastique du regard. Les deux scènes successives où la maîtresse du thérapeute essaye d'abord dans le supermarché de faire comprendre à l'épouse que le fou se cache dans le corps de son mari avant d'être elle-même assassinée par ce même psychopathe sont les seules où le cinéaste touche vraiment juste.

Alain Rocca, producteur de courts-métrages dans la seconde moitié des années 1980, décide quant à lui de passer au long en donnant leur chance aux deux plus brillants réalisateurs de son écurie. César du court-métrage avec *Présence féminine*, Éric Rochant signe donc *Un monde sans pitié* (1989) avec Hippolyte Girardot qu'il avait déjà fait tourner dans un de ses films, notamment la scène de la drague à l'arrêt du bus qui figure dans ce premier long ! Le film est construit à partir d'un personnage qui résiste – y compris à son propre pastiche –, mais qui s'affirme par la négation, la fuite, la dérision, le refus des réalités et surtout de tout avenir. Cette rencontre d'un «nul» (Hippo) et d'une «bûcheuse» (Nathalie), paradoxalement seuls au milieu de la faune hétérogène de la jeunesse, est menée avec beaucoup de pudeur et une légèreté qui brusquement se fige. Avec son habit mal ajusté de formules creuses face à la cuirasse blindée de certitudes de la jeune femme, Hippo flotte dans un vide existentiel dont il voudrait faire une morale. Les sentiments constituent la faille de sa philosophie de «glandeur» persuadé qu'il n'y a rien à faire dans notre monde. En remarquant qu'«aujourd'hui, il n'y a plus que l'amour et c'est pire que tout», il touche aux limites de la viabilité de son système basé sur un étonnant rapport à la rue, à la ville, aux lieux clos, aux automobiles, à la nuit, bref à une matérialité physique qui confère au personnage sa véritable épaisseur. Très classique, transparente et fluide, la mise en scène achoppe sur une désinvolture, une élégance du désespoir cassée par l'ironie d'un caractère complexe, tout en nuances contradictoires, irritant et attachant. L'important est que les deux jeunes gens doutent un temps de leurs créneaux respectifs (peut-on vraiment parler de choix?) – celui des «branleurs» ou des «yuppies» – merveilleusement traduits dans des dialogues savoureux dont l'authenticité sociale constitue un des points forts.

Amour et résistance constituent encore les ressorts d'*Aux yeux du monde* (1991), second long-métrage de Rochant, où pour s'affirmer aux yeux de sa petite amie, le jeune héros détourne un car de ramassage scolaire. Les situations les plus absurdes sont rendues naturelles par la justesse du comportement des enfants et des trois adultes, si bien que ce *road movie* improbable tourne plus d'une fois à la fable avant qu'un final d'une grande force remette tout en place dans le scénario, mais certainement pas dans l'esprit du spectateur qui ne peut qu'être profondément secoué par tout le non-dit d'un film dense où l'inexprimé de la révolte adolescente fait sens à chaque étape.

Après Hippo (*Un monde sans pitié*) et Bruno (*Aux yeux du monde*), *Les Patriotes* (1994) brossent le portrait d'un troisième solitaire, Ariel, dans un séduisant diptyque (la mission à Paris puis celle à Washington) encadré d'un prologue (l'entraînement à Tel-Aviv de cette jeune recrue du Mossad) et d'un épilogue (la récupération du journal intime). Avec culot, Rochant fait un film de genre (récit d'espionnage sur le Renseignement) mais en bafoue toutes les règles (refus du suspense, héros en creux davantage voyeur et manipulé que véritablement « professionnel ») tout en récupérant le charme un peu rétro des productions hollywoodiennes des années 1950.

Un an après le premier long-métrage de Rochant, *La Discrète* (1990) de Christian Vincent se place dans la lignée de Laclos, Guitry, Lubitsch et Rohmer pour extraire la quintessence de la comédie psychologique à la française. L'idée est de séduire une jeune fille prise au hasard dans la foule, de s'en faire aimer pour l'abandonner aussitôt et raconter l'aventure dans un roman. Le héros Antoine manipule donc Catherine mais est lui-même manipulé par Jean qui lui dicte sa stratégie. À la fin, chacun sortira blessé de l'expérience car la vie aura raison de la règle et le marivaudage cynique aboutira à un beau gâchis, la mise en scène restant cependant légère et le ton doux-amer. Comme toujours dans ce type de film, le succès doit également beaucoup au superbe duo d'acteurs : Fabrice Luchini dans un numéro attendu mais magistralement maîtrisé et Judith Henry, venue du théâtre, qui fait de son rôle ingrat le plus beau personnage du film. *La Discrète* serait en outre inconcevable sans le travail aux dialogues de Jean-Pierre Ronssin.

Beau fixe (1992), second film de Vincent, ressemble à du piqué sur le vif et ses héroïnes (notamment Isabelle Carré), quatre étudiantes un peu sucrées préparant leur examen de seconde année de médecine, prennent vite comme souffre-douleur le cousin barjot qui, lui, repeint les volets. Mais la superbe des jolies pimbêches se révèlera finalement fragile et chacune s'effondrera – discrètement – à tour de rôle. Sans souci de dramatisation, les jours se suivent en juin, hors saison près de Saint-Palais, apportant leur cortège de petits riens. *Beau fixe* marque un certain retour du « nouveau naturel » avec ces jeunes filles qui veulent maintenir hors-champ les questions de sexe et de sentiment sans, bien sûr, y réussir trop longtemps.

En 1994, *La Séparation* marque en quelque sorte la pérennité de l'inépuisable veine d'une « qualité française » toujours apte à magnifier par les interprètes – ici Isabelle Huppert et Daniel Auteuil – les subtilités de la micro-psychologie. Le sujet (un couple qui se défait) est mince mais la sobriété des plans fixes accuse la gravité des situations et la justesse des dialogues rythmés par les éternels « Au revoir, Laurence », quand la porte se referme sur le départ de la baby-sitter. Une seule scène de violence – la nuit au milieu des poubelles – suffira à se dégoûter l'un de l'autre et chacun de soi-même. Pierre perdra – selon la loi – son fils Loulou dont ne lui resteront que des vidéos et rien ne se passera avec la gardienne d'enfant bien qu'à plusieurs reprises s'amorcent des pistes qui ne seront pas suivies.

Les carrières de ces trois chefs de file ne seront pas faciles. Éric Rochant est celui qui parvient à tourner le plus régulièrement mais il est le plus décevant : après un essai de fantastique avec *Anna Oz* (1996), *Vive la République* (1997) tente avec la présence d'Hippolyte Girardot de retrouver la veine d'*Un monde sans pitié* dans une « comédie politique » sur des chômeurs RMIstes qui veulent fonder un parti politique. Hélas le film s'arrête brusquement à l'instant où il devait démarrer après un interminable prologue dans l'esprit « populiste » de Gérard Jugnot (comédien comme réalisateur) et l'idéologie café du commerce fait le reste, caricature finalement amère de l'esprit utopiste qui aurait pu souffler sur l'aventure. *Total western* (2000) hésite quant à lui entre violence du sujet et volonté apaisante de la morale à tirer d'une histoire de six loubards blacks-blancs-beurs qui s'attaquent à une bande de gangsters pour devenir les vengeurs de la cité.

Après plusieurs années d'absence du grand écran, François Dupeyron et Christian Vincent se retrouvent mieux. Le premier en préservant un regard personnel mais qui sait voir où il faut : *C'est quoi la vie ?* (1999) démarre fort sur fond de détresse paysanne (les générations, la recherche d'une femme, l'endettement, la vache folle…). La vision est positive et Dupeyron suscite l'émotion : il faut s'accrocher pour réaliser ses rêves pourvu qu'ils soient raisonnables (un toit, un bout de terre, un couple) et le duo père-fils (Éric Caravaca/Jean-Pierre Darroussin) est proprement tellurique. Hélas le père se pend et les clichés font retour (le dur travail sur le Causse des Cévennes, la beauté du soleil levant, l'écologie), les deux pièces rapportées du casting (l'improbable apparition d'Isabelle Renauld et le caricatural vieux Jacques Dufilho) accusant alors quelques maladresses. Plus classique, *La Chambre des officiers* (2001) est une émouvante adaptation historique et romanesque qui essaye de concilier le meilleur de *Johnny Got His Gun (Johnny s'en va-t-en guerre*, Dalton Trumbo, 1971) et de *The Elephant Man* (David Lynch, 1980) pour conter le calvaire d'une « gueule cassée » qui lutte en huis clos à l'hôpital pendant toute la Grande Guerre pour retrouver sa dignité d'homme autant que la volonté de vivre. La monstruosité est dans le regard des autres, d'où le rôle primordial des femmes, plus encore que du chirurgien en pleine expérimentation et – côté cinéma – des cadrages ou de la rétention d'image pendant plus d'une demi-heure plutôt que de la perfection des maquillages.

Je ne vois pas ce qu'on me trouve (1997) de Christian Vincent s'attache à un humoriste de télévision revenant à Liévin, sa ville natale, parrainer une « nuit blanche » du burlesque organisée par le centre culturel. Ce comique plus très jeune, trimbalé d'un débat tronqué avec des lycéens à une radio locale, de rendez-vous manqués en cocktails misérables, est interprété par Jackie Berroyer naviguant de la critique à l'autodérision, c'est-à-dire se mettant en danger entre rôle de composition écrit à la virgule près et tournage en « direct » dans des situations inédites. Il fallait cette banalité suintant d'un paysage vide pour que puisse venir se ficher douloureusement dans tant de grisaille la séquence déchirante que le piètre héros caché dans un débarras surprend malgré lui alors que rien ne semblait destiner la jeune femme qui l'accompagne à vivre des moments d'une telle intensité. Commencée sur le mode du vaudeville, la scène avorte et reste suspendue en plein drame. Pierre-Yves qui faisait peu avant le guignol en demandant de passer quelques instants dans le cagibi d'où, enfant, il suivait les conversations des grandes personnes en sort bouleversé et rien n'ira plus désormais comme il faut dans les tréfonds de cette arrière-nuit. Plus aucune distanciation dans *Sauve-moi* (2000) où Christian Vincent fait partager, toujours dans le Nord, le quotidien morose d'un sous-prolétariat pluriethnique au futur incertain. Le cinéaste accroche à de longues séquences critiques (le recouvrement des dettes dans les HLM) des appels de violence (la mort du patron ripoux de la société de gardiennage) aussi bien que l'amorce d'une relation amoureuse entre Mehdi le beur et Agatha la Roumaine. On évoque évidemment *Vincent, François, Paul et les autres* de Claude

Sautet, mais ce n'est plus la même classe sociale et Roschdy Zem remplace Gérard Depardieu dans le film choral de cette génération ! Les temps ont changé : ce qui est intéressant se déroule aujourd'hui dans cette tranche sociale périphérique et non plus au centre de la petite bourgeoisie. Le style aussi a bougé : le réel est saisi comme à la dérobée et n'est plus plombé par les phrases définitives prononcées dans les jardins des résidences secondaires. Quant au récit, il est à peine ébauché car rien, dans ces existences à vau-l'eau, ne peut servir à construire un destin dramaturgique. Dès lors, Christian Vincent demeure en position interrogative : il n'a pas de vision du monde à proposer mais plutôt une sympathie à faire partager.

La dizaine de courts-métrages de fiction réalisés à partir de 1980 par Philippe Le Guay constitua une préparation d'autant plus précise à son long-métrage qu'il tourna déjà en 1985, à l'occasion du concours Victor Hugo organisé par le ministère de la Culture, une première maquette courte de ce qui donnera en 1989 *Les Deux Fragonard*. Le Guay imagine de rapprocher dans une fiction pleine d'invention Honoré le peintre et Cyprien l'anatomiste en créant le personnage d'une séduisante jeune femme (Philippine Leroy-Beaulieu) qui incarne la beauté auprès de l'artiste comme du scientifique. Le cinéaste suggère, propose malicieusement, esquisse avec bonheur la richesse implicite du sujet sans jamais approfondir la thèse ni copier l'esthétique de Fragonard. Cette légèreté fait tout le charme du film. On retrouve cette simplicité formelle dans *L'Année Juliette* (1995), mais il y a cette fois un personnage fédérateur interprété par Fabrice Luchini, qui était en train de se perdre un peu dans des comédies sans intérêt et va devenir l'acteur fétiche de Le Guay : il campe ici un anesthésiste s'inventant une Juliette de rêve pour éloigner les femmes qui l'agacent jusqu'à ce que la fiction envahisse le réel et provoque le drame. En 1989, Philippe Faucon décrit *L'Amour* chez les jeunes les plus quelconques qui hantent les quartiers modestes. Pour s'en tenir strictement à ce niveau, le cinéaste tient le pari d'une concision thématique (rien que la drague et l'amour) traitée sur le mode du constat minimaliste. Le spectateur est frustré par la totale vacuité des personnages mais séduit par leur naturel, par ces plans comme ramassés à la pelle et montés à la diable, composant pourtant un récit fort habile. De fait, la dizaine d'adolescents, saisis par une caméra qui ne leur laisse pas d'air autour, propose des portraits bien individualisés et les chassés-croisés se tissent aisément.

Sabine (1992) s'enfonce dans un univers autiste. Au lieu de la structure éclatée de son premier long-métrage, Philippe Faucon trace l'épure de la perpétuelle fuite en avant de l'héroïne devant le père alcoolique, les amours de passage, la maternité, la drogue, la prostitution, la séropositivité, les hôpitaux et autres institutions. La beauté du film vient de l'attention respectueuse avec laquelle Faucon approche son personnage saisi dans son intégrité. Au milieu de tant de noirceur, de la peur qui colle à la peau, de la solitude mal partagée avec d'autres paumés ou à l'intérieur du couple, le cinéaste débusque l'essence de l'être par une phénoménologie des visages évacuant tout misérabilisme sociologique. Paradoxalement, *Sabine* est un film sur la dignité humaine, celle d'une créature parmi les plus démunies qui, après avoir touché le fond, semble remonter vers la vie, refaire le chemin perdu comme le suggère l'épilogue où Sabine revoit son fils quatre ans après.

Si *L'Amour* était un film-cinéma et *Sabine* une coproduction sortie d'abord à la télévision puis en salles après le succès remporté à sa présentation au Festival de Venise, *Muriel fait le désespoir de ses parents* est un téléfilm jouant le créneau délicat de la comédie tristounette où Catherine Klein, sortie de l'enfer du film précédent, s'affirme en adolescente qui préfère les filles aux garçons. Au milieu insouciant et multiracial de sa copine délurée Nora et de Fred son bel ami noir, s'oppose l'éprouvant contexte familial de Muriel où tout le monde s'ingénie à rendre la vie impossible et l'atmosphère irrespirable. Un moment, les escapades à trois exacerbent l'ambiguïté des rapports dans une découverte des corps et des sens (la danse de Nora au début, la virée à la mer, le bain de minuit, l'alcool…) puis chacun choisit sa voie. Avec sa douceur têtue et son caractère rentré, Muriel affirme sa liberté sans révolte mais avec la force de l'évidence à l'image du regard de Faucon. À la télévision encore, *Mes dix-sept ans* (1996) retrouve l'angoisse de *Sabine*, mais dans un contexte cette fois davantage psychosocial que métaphysique. Pourtant la brutalité subsiste malgré le milieu bourgeois et le soleil méditerranéen : la fatalité poursuit l'héroïne, qui se bat avec ses parents et deviendra séropositive à la clinique de repos qui devait lui rendre l'équilibre psychique ! Dès lors elle accompagne un temps son misérable compagnon dans sa chute pathétique avant de tenter peut-être un retour au sein d'une famille qui reste encore pour elle la seule arche à laquelle se raccrocher. La réalisation toujours syncopée de Philippe Faucon est à l'image d'une société en lambeaux où tout se refuse à la jeunesse sauf l'accès facile à la drogue.

En 2000, Faucon filme depuis l'intérieur de la sphère privée d'une famille arabe dans une cité marseillaise l'existence au quotidien de *Samia*, beurette en classe de troisième, adolescente aux allures de gamine mais prématurément mûrie par la dureté des rapports humains : « Ils ne nous aiment pas nous, mais ils aiment nos sœurs et ils ne choisissent que les plus belles ! » commentent deux jeunes Maghrébins au passage d'un couple « mixte » formé par une très jolie Arabe aux talons hauts et minijupe aguichante accompagnée d'un jeune « Français de souche ». amère constatation émise avec l'autodérision crâne et triste souvent de mise chez les beurs les plus intégrés. Mais il y a aussi les autres, dominés par les pulsions archaïques des liens de sang. Ce lourd contexte de vengeance et de rivalités ethniques, Samia le vit chez elle avec un père malade, un grand frère fou de Dieu et surtout tyran de ménage, la sœur aînée fuyant la maison avec un Français et les plus jeunes encore soumises à une mère qui panse les plaies mais accepte les violences machistes. Rebelle et délicieusement piquante à la fois (extraordinaire Lynda Benahouda), Samia est un personnage complexe dépassant sa fonction de regard pour acquérir une authentique existence personnelle : vive, attentive, consciente de son charme, elle attend son heure mais sait déjà qu'il lui faudra obtenir durement son autonomie en se battant sur tous les fronts. Rompant avec la vision douceâtre du consensus mou du « cinéma de gauche » confronté au problème, Philippe Faucon souligne l'irréductible racisme ambiant (scène de l'arrêt de bus) mais dénonce tout autant les comportements d'un frère ignoble et de parents coupables qui – sous prétexte de religion et de respect des traditions – ravagent la jeunesse des filles en leur barrant tout accès au bonheur par l'amour. Il y a bien sûr beaucoup de Suzanne (Sandrine Bonnaire, *À nos amours*) dans Samia et, comme Maurice Pialat, Philippe Faucon ne retient que les éclats cinglants d'écorchés vifs saisis sous le soleil, la violence et l'exubérance du Midi. *Samia* est un film court, sec, d'une beauté fulgurante.

Jean-Pierre Jeunet et Marc Caro se démarquent pour leur part de tous les cinéastes précédents en composant avec *Delicatessen* (1990) un curieux pastiche du genre « gore » made in USA. Mélangeant allègrement Marcel Carné (*Le jour se lève*), Andréi Tarkovski (*Stalker*) et Jean-Pierre Sentier (*Le Jardinier*), le début amuse. Dans un immeuble sordide que la misère des habitants accule à l'anthropophagie, la victime recrutée par petites annonces – un ancien joueur de scie musicale ! – provoque l'amour de la douce fille d'un ignoble boucher qui dépèce les cadavres pour les distribuer à ses clients. L'esprit « Hara Kiri » joue alors à plein. En 1995, *La Cité des enfants perdus* est un monde de cauchemar composé avec l'humour noir de quelque inventeur du concours Lépine. La ville est horrifiante à souhait, les effets spéciaux soulignent l'idée à la base de chaque plan dans l'esprit «Humanoïdes», enfants terrorisés et BD fantastique. C'est Charles Dickens chez Bram Stoker, sorte de SF mode rétro où les rêves sont saccagés par d'affreux génies malfaisants fort heureusement stupides (la secte des cyclopes à l'œil en forme d'objectif photographique). Il y a de bonnes trouvailles (l'«oncle» réduit à un cerveau flottant dans de l'eau distillée ou Daniel Emilfork en voleur d'enfants) et le film, grâce à une espèce de brute sympathique tenant par la main une gamine plus que délurée, se terminera par un *happy end* en forme d'apocalypse.

Nous avons signalé plus haut les débuts de Claire Denis. On retrouve dans *J'ai pas sommeil* (1994) le regard inquisiteur de la cinéaste scrutant les visages mobiles et s'attardant sur les corps qui s'habillent ou se dévêtent. Le film enchevêtre habilement les destins de personnages qui se côtoient sans vraiment se croiser : Camille, le sympathique travesti antillais qui se révèlera assassin de vieilles dames, Daïga, la fille de Vilnius qui veut faire du théâtre à Paris, le frère de Camille et sa femme (Béatrice Dalle), mais aussi une foule de comparses secondaires bien dessinés (ainsi la pittoresque tenancière de l'hôtel interprétée par Line Renaud) qui, dans les nuits chaudes de Montmartre, tissent leurs propres histoires autour d'un «monstre» totalement opaque à toute explication psychologique et dont les meurtres restent saisis avec une étrange douceur.

Pour décrire les blessures à vif et les espoirs secrets de la sœur et du frère, *Nénette et Boni* (1997) jetés dans le drame au milieu de l'environnement populiste de Marseille, la cinéaste brosse un tableau tranchant, autiste (Boni enfermé chez lui dans le silence), violent (l'assassinat du père, les colères du fils), avec seulement sur la fin un petit éclair qui permet au spectateur de ne pas partager complètement la détresse de Nénette terrorisée par une maternité refusée. Boni repousse d'abord sa sœur comme il rejette son père pour conserver ses rêves naïfs et ses attitudes brutales de caractériel en révolte. Il n'a donc rien à faire du corps de femme enceinte de sa très jeune sœur. Pourtant, finalement, il volera le bébé accouché sous X. Sous un soleil dur, *Nénette et Boni* est donc tout en tendresse rentrée : frère et sœur sont en manque de communication mais gardent toutes griffes dehors jusqu'à ce que chacun accède à l'autre en même temps qu'à lui-même. *Beau travail* (2000) repose quant à lui entièrement sur toute une série de variations esthétiques à partir de quelques bribes de fiction concernant un groupe de légionnaires à Djibouti. Sur les traces assez lointaines des poèmes de fin de vie d'Herman Melville et en résonance assourdie avec les bandes mythiques sur la Légion, Claire Denis consacre les trois quarts du film à filmer des corps et à composer des plans (dialogue rare, récit haché jouant des temps morts et des espaces vides) sur ce huis clos masculin perdu dans une immensité désertique. Le non-dit et la rétention de sens, comme la présence d'une voix off réflexive qui casse toute fascination sensuelle, concentrent exclusivement l'énergie que dégage le film sur la plastique des torses nus de ces garçons à l'exercice dont les mouvements ont été chorégraphiés au soleil par Bernardo Montet sur un opéra de Britten. On est aux limites de l'exercice de style.

Son incursion dans le fantastique gore – *Trouble Every Day* (2001) est par contre somptueuse. Shane l'américain (Vincent Gallo) et Coré la française (Béatrice Dalle) sont deux âmes malheureuses en proie à des pulsions sexuelles et animales qui combinent cannibalisme et vampirisme dans un Paris nocturne filmé par Agnès Godard. Claire Denis ajoute une mise en scène majestueuse, liturgique, et la grandiose musique des Tindersticks pour faire de *Trouble Every Day*, à l'image de ses deux monstres, un grand film malade – un peu dans la lignée de Ferrara, Lynch ou Cronenberg. Comme dans *J'ai pas sommeil* (1994), on tourne autour du mal, de l'atroce plutôt que de l'horreur. Mais cette fois la cinéaste va jusqu'au bout du cauchemar : Coré dévore le visage du jeune homme, Shane le sexe de la femme de chambre, ces débordements de chairs arrachées étant tenus à distance par la beauté d'un filmage qui fait l'économie du sens et de l'intrigue pour rester dans l'horreur inexplicable de sensations purement auditives et visuelles. Le formalisme prend avec Claire Denis de la hauteur et de la noblesse.

De son côté, Gérard Krawczyk transpose dans le long-métrage l'humour agressif et dérangeant qui était celui de ses films courts. De fait, *Je hais les acteurs* (1986) adapte un roman loufoque écrit à l'époque de l'âge d'or hollywoodien par le grand scénariste Ben Hecht. Mais cette comédie policière se déroulant dans les studios californiens au début des années 1940 pèche un peu par une intrigue trop mécanique qui ne retrouve pas tout le sel du roman. *L'Été en pente douce* (1987) oppose par contre avec brio trois marginaux (dont une fausse Marilyn jouée par Pauline Lafont) au reste d'un village abruti habilement croqué. Ces débuts de filmographies sont prometteurs et leurs auteurs feront de longues carrières, pas forcément dans le peloton de tête, mais toujours capables de réussites intéressantes. Ils sont en outre rejoints, dès leur second ou troisième long-métrage, par les plus remarquables réalisateurs de la mi-décennie dont le tir groupé de 1992 évoque irrésistiblement la Nouvelle Vague 1 en 1959-1960.

Les quatre as de 1992

Cyril Collard dérange parce que manque à ses *Nuits fauves* une « morale » de cinéaste, c'est-à-dire un regard. Sans doute, si l'auteur n'avait pas interprété lui-même son personnage séropositif, aurait-il pu exercer davantage le recul réflexif nécessaire sur cette matière vive, mais il se serait agi alors d'un tout autre film. Ici on passe de Lelouch à Pialat d'une séquence à l'autre, voire même à l'intérieur du même plan. Sentant bien qu'il ne saurait tout filmer ainsi au premier degré, il place donc plusieurs fois son héros ou sa compagne devant la fenêtre face à Paris et les cadre de dos, l'aveu de cette image impossible ressemblant au ba-da-ba-da-ba d'*Un homme et une femme* où il s'agissait de pallier l'inanité de toute parole. Collard traque avant tout le rythme et l'émotion qu'il obtient en se moquant du récit, du texte, du scénario et surtout du style juxtaposant le direct au genre « clipub » de l'audiovisuel coup de poing. Adapté de son propre roman autobiographique, le film garde ce ton de confession exhibitionniste par l'intervention de quelques plages en voix off venant raccommoder une structure lâche très « *live* ». Par un rentre-dedans souvent naïf, Collard manœuvre parfois avec bonheur entre l'esthétisme et le sordide en restant très près des corps, surtout lors des scènes homosexuelles. Paradoxalement, les moments où l'on parvient à émerger de l'enfer sont ceux où Jean est suivi à l'hôpital pour sa séropositivité. À l'opposé, la bestialité de certains passages rend de nombreuses scènes pénibles, Collard balayant avec acharnement tout l'horizon des possibles jusqu'aux travelos et au fascisme : c'est jouir jusqu'au dégoût de soi-même pour Jean et jusqu'à la volonté suicidaire d'un certain engagement pour le ou la partenaire. Le triangle bourgeois devient la triade Jean-Samy-Laura, le bisexuel pris entre l'homme et la femme. À la fin, le réalisateur loupe sa tentative de rédemption mystique par un filmage au Maroc dans un style amateur qui voudrait fonctionner en contrepoint de l'ouverture du film à Lisbonne avec falaises de carte postale, mais l'opposition est caricaturale. La mort du cinéaste peu après la fin de son film puis le scandale soulevé autour de sa propre attitude dans ses relations sexuelles ont vite fait de son œuvre un film culte bien au-delà de sa stricte valeur artistique, la jeunesse étant séduite par l'énergie très forte du personnage, sa soif de se battre et de s'accrocher à la vie par le biais du cinéma.

L'œuvre d'Arnaud Desplechin est d'une autre densité car l'émotion réelle qu'elle dégage est le fruit d'une alchimie composée : c'est l'idée et la sensation de la mort qu'il communique et non son filmage en direct, *La Sentinelle*, son premier long-métrage, poursuivant son esquisse de *La*

Vie des morts, moyen-métrage où il enregistrait les secousses qu'un jeune suicidé dans le coma provoquait dans la famille assemblée. Cette fois, son portrait d'une génération de jeunes *upper-class* (affaires étrangères, médecine, chant classique) s'organise sur fond d'un sombre trafic entre l'Ouest et l'Est désorganisé par l'effondrement du communisme et à partir d'un personnage introverti fasciné par une tête momifiée qu'il tente avec acharnement d'identifier. Tout un groupe vit au paroxysme de ses 20 ans en se débattant contre un monde hostile hanté par la mort. Interprétée nerveusement, l'anecdote devient un précipité d'impressions et de sentiments se prenant dans les rites, règles et interdits symbolisés par les pratiques de la médecine légale avec ses cadavres, autopsies, rapports ou expertises reconstituant toute une vie à partir de quelques chairs putréfiées. Le jeune étudiant perdra la raison dans cette recherche kafkaïenne digne de quelque héros d'Edgar Poe lancé dans un film de David Cronenberg, mais ce film d'espionnage métaphysique pataugeant dans la biologie la plus nauséeuse constitue un pari ambitieux qui touche à la fois les tripes et l'esprit. La confrontation au politique et à l'histoire se réalise au cœur de plans très dialogués mais aussi en constants mouvements : les protagonistes se déplacent en parlant et la caméra les suit, les perd, les rattrape, jamais statique et dessinant ses propres arabesques qui découpent une véritable action. Si le scénario mêle les personnages et démarre dans le vif sans aucune présentation, la mise en scène s'insinue dans le groupe pour le scinder en petites unités – un face-à-face, un triangle mais certainement pas avec les intervenants attendus d'une dramaturgie classique – ou privilégier quelque pièce rapportée jouant sa propre partition à l'intérieur de l'orchestre. La famille est donc toujours disséquée en morceaux heurtés et montés pour exprimer le plus lisiblement possible la signification.

Loué pour l'originalité du propos de ses deux premières réalisations, Arnaud Desplechin lance en 1996 le nouveau défi de convaincre avec son second long-métrage par la seule pertinence du regard en se colletant aux conventions les plus tenaces du cinéma national. *Comment je me suis disputé… (ma vie sexuelle)* aborde donc avec une délectation perverse l'intimisme autarcique et les éternels problèmes sentimentaux de la trentaine, Desplechin plaçant lui-même son œuvre dans « le genre premier film : des couples qui divorcent, qui se retrouvent et se remarient […]. Ce qui m'amusait, c'était de prendre le matériau le plus déprécié par la critique actuelle, le film "franco-français" situé entre Saint-Michel et le Luxembourg… et d'en jouer à ma manière » (A. Desplechin, *Télérama* n°2422, 15 juin 1996). Le résultat est un des films les plus inspirés de la décennie, à la fois raisonneur et sensuel, intellectuel en diable et pourtant filmé au ras des corps, la légèreté virant à l'aigre au gré d'un changement de plan et la finesse se muant en gravité au détour d'un mot ou d'un silence. Des dialogues d'une intelligence et d'une drôlerie irrésistibles fouillent délicieusement un fond de grisaille dépressive, l'auto-ironie savoureuse du protagoniste brassant avec brio et justesse drame et dérision autour d'une vision toute cérébrale de la sexualité bousculée par la vérité des cœurs et des sentiments.

Paul Dédalus le bien nommé (Mathieu Amalric) occupe un emploi précaire à l'université, en attente de thèse de philosophie et en recherche amoureuse. Personnage déplacé, il se prépare à commencer ce qu'il serait bien en peine de nommer, mais que le commentaire, lui, appelle dès la première minute « sans doute sa vie d'homme ». Paul se cherche une identité en s'étudiant lui-même, mais aussi en s'observant dans le regard des autres et Desplechin brosse son portrait en bande, jouant sur la durée d'un télescopage hardi de trois liaisons successives présentées en un montage patchwork qui fragilise encore davantage cet homme dépressif mais littéralement transcendé par son humour triste.

Pendant que le quatuor masculin s'exerce au scepticisme ou joue à esquiver les situations (Paul sur le divan du psychanalyste cadré de trois quarts dos), le trio féminin sent, agit, affronte la vie et la caméra (la confession d'Esther face à l'objectif ; Sylvia nue devant Paul habillé). Ainsi les mots des uns rebondissent sur le visage des autres, les renoncements des hommes butent sur le dynamisme des filles et les perpétuelles esquives des premiers évitent frileusement les bonheurs éclatants comme les souffrances vives de leurs compagnes. Et puis, les films de Desplechin brillent aussi de leurs interprètes : outre Amalric, Emmanuelle Devos, Jeanne Balibar, Chiara Mastroianni, Denis Podalydès, Emmanuel Salinger, Thibault de Montalembert... qui vont incarner pendant vingt ans le nouveau cinéma d'auteur.

Esther Kahn (2000) est un film tendu, d'une grande violence intérieure sur un sujet magnifique : la passion du théâtre d'une jeune fille peu douée et de son maître Nathan, vieux cabot raté, dans le Londres sombre de la fin du XIXe siècle. Desplechin s'attache à un personnage rétif, un peu autiste dans ce film « en costumes » et en anglais adapté d'une nouvelle d'un écrivain peu connu, Arthur Symons. Il le fait avec un culot et une liberté extrêmes (parfois des plans fixes, mais des séquences de trouble sont tournées caméra à l'épaule en mouvements incessants courts et rapides), recentrant le regard sur les images d'une souffrance intense qui transcende une absence évidente de talent pour déboucher sur le triomphe de l'apprentie comédienne dans *Hedda Gabler* d'Ibsen. Là l'instinct un peu animal d'Esther, son insensibilité apparente et ses réactions mécaniques se muent soudainement – bouche en sang et peine au cœur – en émotion pure et vérité de l'âme. Le cinéaste filme le théâtre entre les coulisses et le plateau ; ce n'est pas l'envers du décor mais le contact, le passage étroit entre la vie et sa représentation saisis en une série de plans vifs, décadrés, instables mais intensément vivants, de détails, gestes avortés, déplacements interrompus comme les discordances de l'orchestre avant que le chef ne lève sa baguette. Esther est traînée sur scène comme Jeanne au bûcher. Elle y souffrira une atroce agonie mais pour déboucher sur une nouvelle naissance, celle d'une beauté terrible qui fait mal.

Xavier Beauvois et Cédric Kahn tournent tous deux leur premier long-métrage à 24 ans. Beauvois tourne *Nord* dans sa propre chambre, chez sa mère, dans son lycée à Calais, en interprétant lui-même le rôle principal du fils, d'où une forte impression de vécu. Pour son auteur, *Nord* est un peu une psychanalyse de l'incommunicabilité familiale par manque de parole sous le ciel sombre du plat pays : pris entre un père alcoolique et une mère clouée au chevet de sa fille handicapée profonde, Bertrand rêve de haute mer en désertant les bancs du lycée. Mais le père et le fils murés dans un silence haineux déclenchent le drame au moment même où chacun allait découvrir un possible chemin vers l'autre. La tragédie est inéluctable. Dès cette première réalisation, Xavier Beauvois sait faire récit de ses propres souvenirs d'enfance par un sens aigu de la montée dramatique et des affrontements longtemps contenus de personnages qui ne savent pas s'exprimer. Superbe dans son mutisme pathétique, Bernard Verley étouffe de sa masse le frêle Xavier Beauvois dont le personnage est totalement noué par sa révolte aveugle. Comme dans les plus sombres tragédies antiques, les deux hommes s'acharneront à se détruire l'un l'autre et leur haine ne pourra déboucher que sur la mort et le néant : le fils se laissera finalement accuser de parricide alors que le père se suicide (mais dans une mise en scène qui accuse le fils !). Seules resteront derrière eux les deux victimes terrorisées, mère et fille liées à jamais par le terrible handicap.

Avec *N'oublie pas que tu vas mourir* (1995), Xavier Beauvois s'affirme encore plus ambitieux car ce qui fait la force de ce second long-métrage, c'est que le cinéaste filme contre son personnage : au lieu de s'apitoyer sur le sort injuste qui le frappe (étudiant en histoire de l'art, il se découvre séropositif alors qu'il n'est ni homosexuel ni drogué) ou de flatter le portrait romantique que Benoît peindrait volontiers de lui-même, Beauvois traque ses faiblesses, sa déchéance et ses lâchetés dans un patchwork de pudeur et d'épanchement, de tensions et de plages apaisantes, de peinture psychologique et de coups de scénario. Jamais Beauvois ne cite (le diagnostic n'est pas exprimé) ni ne montre (Benoît n'a encore aucun signe physique de la maladie) le sida. Mais deux voyages scellent son destin : celui vers l'enfer d'Amsterdam – drogue et sexe – auquel Benoît accède en dégringolant un escalier en spirale, et celui vers les paradis de l'art et de l'amour italiens annoncé par un superbe ciel pommelé qu'on croit d'abord appartenir à un tableau ; la lumière naturelle remplace alors l'univers des néons artificiels. Mais le personnage refuse autant le bonheur que le malheur et se précipite dans l'absurde de sa mort au cœur d'un conflit serbo-croate auquel il ne comprend rien. Ainsi l'individualisme exacerbé du cinéaste se retourne comme une arme fatale contre la société de son temps, dans l'urgence d'une course sans futur.

Malgré son titre à résonance évangélique, *Selon Matthieu* (2000) serait plutôt moins christique car c'est le père qui est sacrifié et non plus le fils, mais l'idée est d'appuyer sur la subjectivité du récit : c'est le regard de Matthieu, fils plus sensible que les autres et notamment que son frère, qu'adopte Beauvois qui délègue cette fois l'interprétation à Benoît Magimel pour prendre, lui, de la hauteur, celle-là même de la campagne normande vue d'avion au début. Beauvois embrasse cette fois le lieu, le groupe, et jusqu'à la société et ses problèmes économiques. Mais justement le cinéaste ne fait pas un film social car il traque la lutte des classes au niveau du nœud familial par l'entremise des liens du sang, d'amour et de haine : fratrie, amour filial, sentiments amoureux s'embrouillent en effet dans la tête pas très raisonneuse d'un Matthieu amateur de karaoké et d'idées toutes faites. Ici encore Beauvois choisit donc un héros peu aimable, auquel le spectateur n'est pas invité à s'identifier et il le lance dans un double parcours, grand écart entre d'abord le travail en usine puis les désordres sentimentaux de la bourgeoisie.

Comme Beauvois, Cédric Kahn décrit l'adolescence dans son premier long-métrage, *Bar des rails* imposant le visage aux traits encore mal assurés mais déjà buté de Richard dont le film adopte le regard : c'est donc par ses yeux que nous percevons Marion, jeune femme déstabilisée par la solitude, saisie d'abord de manière assez extérieure puis de plus en plus présente à mesure que les deux jeunes gens se rapprochent. Bien ancré dans une petite localité du Midi avec son lotissement propret mais sans âme, le mal-être de Richard macère dans un univers étroit. Sa rencontre avec Marion lui procure pour la première fois un sentiment très vif, mais il n'est pas préparé à le recevoir : intransigeant, incapable d'aller vers l'autre, prêt à tout rompre dès la première embûche et fondamentalement solitaire, Richard regarde passer les trains ! Plus âgée que lui mais blessée par son passé malheureux, Marion serait plus ouverte mais ses rapports avec le réel ne sont pas non plus très simples. D'où ces très belles scènes en équilibre entre bonheur et tristesse comme celle du bal ou lorsqu'ils vont à l'hôtel pour la première fois. Les deux personnages sont aussi immatures l'un que l'autre et leurs rapports de force s'inversent au cours du film. Ce qui est émouvant, c'est qu'on aimerait les voir heureux ; ils ont besoin l'un de l'autre mais se déchirent tragiquement et l'on a mal avec eux de ces ratages.

Trop de bonheur (1994), second film de Cédric Kahn, constitue aussi un beau travail de cinéaste, sans vraiment de sujet mais avec des personnages assez vivants pour faire surgir de rien quelques véritables situations et donc un film. L'idée est d'observer un quatuor d'adolescents – niveau première – pris dans les alternatives qu'offre un début d'été dans le Midi ; une longue soirée plutôt loupée avec quatre autres protagonistes leur permettra d'y voir un peu plus clair en eux-mêmes. Face aux questions d'avenir, d'échec scolaire, la nouveauté réside dans l'extrême franchise et en même temps la belle délicatesse avec lesquelles Kahn introduit la dimension raciale : un des garçons est beur et ceux qui serviront de révélateur dans la « partie » improvisée dans la villa isolée aussi. Mais il y a en outre les deux copines, l'une bourgeoise, l'autre « prolo », le lycéen et l'ouvrier, le très blond et le basané, celle qui est déjà un « canon » et l'autre encore nymphette maigrichonne, celle qui cherche et l'autre qui trouve, si bien que les rapports raciaux ne constituent jamais le problème ; ils existent seulement avec une grande justesse et participent évidemment à tous ces croisements qui forment la texture même du film. Remarquable aussi est la présence de tous ces non-professionnels qui ont le très jeune âge des rôles et surtout la beauté du soleil jouant sur cette jeunesse : Kahn excelle à saisir le mouvement des corps dans leur maladresse ou leur abandon comme les frémissements de la peau mouillée, la fraîcheur émoustillante d'un sous-bois ou encore l'ouverture ou la rétention des visages encore extrêmement malléables, miroir d'émotions saisies à leur source.

Pour adapter *L'Ennui* (1998) d'Alberto Moravia, Cédric Kahn ouvre son film par un plan (Martin interprété par Charles Berling au volant de sa vieille BMW et sa voix off parlant de mort en voiture) conduisant à deux fausses pistes dramaturgiques (le récit autobiographique et la mort finale), mais peut-être pas inexactes psychologiquement. C'est ensuite la superbe « scène primitive » : Robert Kramer dans la nuit, le personnage humilié, au bout de son destin, qui passe à Martin le relais symboliquement figuré par son tableau. En filmant l'homme qui suit le couple en train de se défaire, le cinéaste saisit déjà tout de l'état où se trouve Martin et la suite de l'histoire s'annonce clairement dans ce que l'automobiliste observe sur le trottoir, y compris les accélérations et brusques coups de frein de la narration qui sont ici ceux de la voiture.

Dès lors, tous les clichés sont retournés, emportés par la violence du récit. Ainsi le personnage conventionnel de l'intellectuel (professeur de philosophie) dérivant vers la folie de la possession-soumission d'une incompréhensible passion physique est complètement éclaboussé par sa partenaire, une fille grassouillette, inélégante, un mur (étonnante Sophie Guillemin). Est-elle stupide ? Naïve ? Son naturel un peu bestial, le fait qu'on hésite entre nymphomanie et frigidité, ou que se raccordent mal son intense activité sexuelle et sa propre existence médiocre font d'elle une énigme. Kahn joue sur son pouvoir énorme qu'elle pressent sans vraiment s'en servir, sinon pour de bien faibles profits, sur son insensibilité (devant l'agonie du père), son refus de toute réflexion ou spiritualité, sur son irritante application à répondre platement de façon désarmante aux interrogations angoissées et aux demandes de plus en plus pressantes de Martin.

Pour brosser le portrait du mythique et maléfique *Roberto Succo* (2001), Kahn écarte l'adaptation de la pièce de Bernard-Marie Koltès et privilégie le livre-enquête de Pascale Froment. Ce retour au fait divers donne toute sa place à la complexité du réel en éloignant la starification de la légende : ce n'est pas *Bonnie and Clyde* mais un parcours désordonné, comme si l'imprévisible et l'opacité du personnage obligeaient le cinéaste à adopter une sorte d'absence de point de vue très inconfortable pour le spectateur. Cédric Kahn rejette la plupart des codes du polar en accumulant des morceaux d'existence sans chercher à reconstruire le puzzle. On sent bien la force d'une course à la mort fournissant la colonne vertébrale d'un récit éclaté, mais jamais une construction psychologique du personnage ou une pédagogie éclairante du travail policier. Par contre, le film s'attache aux victimes qui volent souvent la vedette à Succo : la jeune lycéenne, l'institutrice suisse, l'étudiante en médecine, le trio final des filles de la boîte de nuit apportent successivement de l'intérieur des voitures lancées à toute allure quelques bribes de regards possibles. Quand il n'y a pas ces témoins relais pour donner quelque densité à ses actions impulsives, l'homme n'est plus qu'un méchant guignol haranguant la foule depuis le toit de sa prison.

Ses propres efforts pour troquer son masque de *serial killer* contre celui d'un terroriste politique sont en effet alors dérisoires, ce qui n'empêche pas Cédric Kahn de filmer son cadavre étouffé dans sa cellule (suicide ?) avec un sens certain du tragique pour faire de cette mort un signe aussi fort que celui de l'exécution à Toulon du gendarme blessé dans l'escalier dont Succo éclate la tête à bout portant et en gros plan. En ne montrant en direct que ce seul meurtre – alors que pour les autres la caméra arrive toujours après, avec les gendarmes, au moment des opérations légistes – l'auteur choisit le point de vue du constat crépusculaire, quand la nuit transforme le preneur d'otages en monstre sanguinaire contre lequel la rationalisation policière est impuissante. En fait, seul l'acharnement obsessionnel d'un enquêteur plus secret et mystérieux que les autres parviendra à resserrer l'étau autour de ce visage au regard revolver.

Des itinéraires initiatiques : psychologie et spiritualité

La Vie de Jésus (1997) de Bruno Dumont est un film sur l'enlisement à la fois physique et spirituel de Freddy et de son groupe de jeunes de Bailleul, triste localité du pays flamand. La fatalité pèse sur ce pays figé par la chaleur de l'été dans un coin de terre intérieure. Dès lors, si la tentative de viol collectif de la grosse majorette n'est peut-être pas un vrai crime, le meurtre final, lui, a bien lieu. Pour une rivalité amoureuse enflammée par le racisme ambiant, un individu immature franchit le pas de l'acte irréparable. La tragédie rejoint donc l'ennui de ces chômeurs de moins de 20 ans circulant à longueur de journée sur leurs cyclomoteurs trafiqués dans des rues où le passant est rare, en tout cas muet (notamment dans la très belle scène où Freddy, en bermuda ridicule mais roulant des épaules, remonte le long des maisons où quelques habitants prennent le frais sur le pas de leurs portes). Prodigieuse figure, David Douche campe un épileptique éleveur de serin chanteur, machine à faire l'amour, roi de la chute à Mobylette, le cheveu ras, la dégaine un peu débile et pourtant chef de bande de quartier avec son parler elliptique et argotique. Sa vérité, c'est la violence qui monte en lui dès qu'il a un volant ou un guidon entre les mains et pourtant, après le mal, s'amorcera un mouvement vers le repentir et la grâce. La pertinence du titre demeure néanmoins problématique. Qui est Jésus ? Freddy le copulateur, violeur à l'occasion, raciste et meurtrier ? Probablement pas ; plutôt alors, le frère du copain qui meurt du sida sur son lit d'hôpital au début et dont le regard programme, en quelque sorte, la tonalité du film. C'est peut-être en pensant à lui que Freddy, après s'être évadé du commissariat, s'étend au soleil au lieu de fuir, les yeux vers le ciel, attendant probablement que la police vienne le reprendre.

L'Humanité (1999), second film de Dumont, exprime une vision globale de la nature humaine, même si l'auteur passe pour l'incarner par un héros qui ne ressemble apparemment à personne, sans doute parce qu'il est foncièrement comme tout le monde : on est dans le domaine de l'essence et non de la vraisemblance. Le film est en décalage, non seulement face au réel, mais aussi par rapport à la poésie, au spirituel, à l'invisible. À l'image d'Emmanuel Schotté, troublant interprète de Pharaon qui accroît son altérité par sa douleur, son émotivité excessive devant la laideur du mal, le spectateur est là, toujours à Bailleul, à la recherche de l'intériorité d'êtres impuissants écrasés par la tragédie de la vie aussi bien publique (l'enquête) que privée. Être hypersensible et inhibé, Pharaon est le passeur de l'indicible. Dans *L'Humanité* s'impose un système de représentation traduisant le regard contemplatif d'un moraliste. Au-delà de l'anecdote, Pharaon le simple est celui qui ressent, étreint les misérables et se livre finalement à leur place parce qu'il n'a que sa compréhension à offrir. L'humanité de Pharaon n'est en effet ni celle de Domino ni à plus forte raison celle de son amant Joseph ; elle en reflète la vision souffrante, pas la condamnation mais la compassion, le désir de partager le malheur des autres comme de percer le mystère du lien indéfectible entre l'esprit et ce corps tyrannique qui l'encombre alors que d'autres savent en tirer du plaisir ou de l'horreur. Ainsi le film passe-t-il constamment du constat d'entomologiste à la médiation métaphysique en s'attachant à cet être à la fois de la terre et de l'air, du cri et du silence, mené par une intense curiosité, mais capable de pleurer sur le genre humain et de fermer les yeux pour essayer de réfréner le vertige qui le saisit face aux ravages du mal.

Car si le sexe sanglant de la fillette retrouvée violée et assassinée au début du film se révèle littéralement insupportable pour ce voyeur du quotidien, c'est lui qui programme notre vision de tous les autres plans de sexe et notamment de celui – étal plus que provoquant – de Domino à la fin. Les gros yeux exorbités de Pharaon le lieutenant de police peuvent bien alors passer de la froideur inexpressive à la douceur ou à la violence, il regarde avec autant d'intensité le bleu d'un tableau de son aïeul Pharaon de Winter, peintre de la famille et de la religion dont il porte le nom et le prénom, que la chair exigeante d'une humanité qui fornique et tue comme des bêtes. Certes ces individus ne sont souvent que minuscules fourmis dans l'immensité du cadre ; question de place, de relativité de ces vivants grossiers, abjects jusqu'à l'odieux meurtre sanglant d'une gamine. Mais la caméra rattrape aussi plus d'une fois ces corps suant, éructant, soufflant plein cadre et en gros plan, accusant cette présence sordide. Dans ce contexte, bien sûr, l'amour n'est qu'accouplement brutal, sans émotion ni chaleur. L'itinéraire de Pharaon, jusqu'au baiser au dealer puis au sacrifice du juste s'offrant en réparation de la punition du coupable, arrache le film au constat naturaliste désespéré qu'il aurait pu être pour s'ouvrir au rachat, peut-être à la rédemption et à la grâce : n'oublions pas qu'à un certain moment de sa méditation Pharaon lévite ; à peine, mais nettement !

Ni d'Ève ni d'Adam (Jean-Paul Civeyrac, 1996), *La Vie rêvée des anges* (Éric Zonca, 1997) ou *Sombre* (Philippe Grandrieux, 1999) aux titres fortement connotés se réclament également de ce réalisme intérieur. À 14 ans à peine, le personnage de *Ni d'Ève ni d'Adam*, véritable chien errant jeté hors de chez lui comme de l'institution scolaire, ira jusqu'au meurtre malgré l'amour de la toute jeune Gabrielle. La bande d'adolescents est ici groupe de désespérance, de lutte et d'humiliation, de perte d'illusion avant même de commencer à vivre. Certes la musique religieuse annonce dès l'ouverture qu'un autre enjeu est à chercher dans la dimension spirituelle des protagonistes : mais si l'itinéraire est double, du bas (la banlieue de Saint-Étienne) vers le haut (la montagne enneigée), l'histoire, elle, est la spirale infernale de la méchanceté, de la brutalité, de l'exclusion, de la faim et du meurtre. Brut, mal dégrossi, Gilles n'attire pas la sympathie. Mais, il n'est que le produit du milieu dans lequel il vit. Dès lors, au-delà du constat, s'esquisse le martyrologue quand le sens de la faute taraude brusquement les fuyards après la mort qu'ils ont donnée : quasiment analphabète Gilles annone alors les mots du vieux missel puis les têtes des deux adolescents se détachent sur un linteau de pierre qui dessine à chacun une couronne.

Dans la lignée de Civeyrac, Éric Zonca crée un duo magnifique avec Isa la routarde énergique (Élodie Bouchez) et Marie la révoltée dépressive (Natacha Régnier) qui vivent un bout de galère ensemble avant de s'enfoncer chacune dans leur destin : le roman à l'eau de rose qui tourne mal (Marie aime un petit bourgeois méprisant) et la fascination mystique pour une fille dans le coma (chez Isa). Alors que le film paraît vouloir construire un parallèle antagoniste entre la blonde farouche et la brune solaire, celle qui fuit les autres et celle qui s'accroche, celle qui couche et celle qui refuse, c'est petit à petit Isa qui prend la place centrale avec, d'un côté Marie qui se suicide en se jetant par la fenêtre et, de l'autre, Sandrine qui sort du coma. Entre une vie interrompue et une autre qui repart, elle pourra personnellement réenvisager son propre avenir, même si l'usine dans laquelle elle se retrouve à la fin ne manque pas de faire problème (bien qu'il s'agisse cette fois d'informatique et non de confection au noir). La réussite du film réside dans la confrontation puis l'éloignement des deux destinées. Chacune n'aurait permis qu'un film convenu alors que cette structure orne le tableau de tout un environnement qui enrichit caractères et sentiments. Acide mais ironique (la distribution des tracts sur patins à roulettes), la critique sociale évite tout misérabilisme (elles squattent sans problème un joli appartement) et ne tombe jamais dans le sordide (les deux motards blousons noirs sont finalement de braves types).

La plongée dans les abîmes réalisée par Philippe Grandrieux avec *Sombre* (1999) impose pour sa part la présence physique et psychique de la vierge et du serial killer, ou plutôt du loup des Karpates, monstre dans un conte noir qui croisera le parcours initiatique de la Belle. Mais il n'y aura aucune féerie ni rédemption christique dans ce film à l'esthétique gothique morbide *punk* (la musique d'Alan Vega du groupe Suicide) tourné par un adepte du cinéma expérimental. *Sombre* ne développe aucun point de vue éthique sur les êtres et les meurtres montrés (par étouffement, écrasement de la victime) mais l'œuvre révèle une vraie morale de cinéaste : *Sombre* est un film apocalyptique, tout à fait singulier dans le paysage du jeune cinéma français. À partir de sensations visuelles (évoquant le cinéma des premiers temps) et de pulsions à la fois viscérales et cinématographiques, Grandrieux tourne à l'heure du loup sous des ciels éteints venus de souvenirs enfouis, peut-être ceux de ces enfants qui hurlent au début devant un spectacle de marionnettes. Le vert et le noir des arbres, tout à coup saignés par quelques fulgurances lumineuses, les bruits et la musique souvent assourdis, accusent le vide après les crimes comme le flou et le sombre estompent les contours du récit. Mais entre le sexe et la mort, il y a aussi parfois place pour la fragilité des êtres et des émotions. Car à côté du monstre se dégage un moment Claire, sans doute à cause de la lumière face à la nuit du fond des temps, mais aussi à la fondation des clarisses face aux franciscains de saint François d'Assise ; c'est alors la puissante scène du lac où Claire parvient à commander à la Bête pour sauver sa sœur. Pourtant elle ne saura pas détourner Jean de son monstrueux destin et il tuera encore à la dernière séquence.

Sans aller jusqu'à ces terribles débordements, le jeune cinéma français affectionne la mise en scène de personnages (généralement féminins) *borderline* dont la pathologie sert de miroir grossissant aux dérives possibles de tout psychologisme exacerbé. Laurence Ferreira-Barbosa brosse ainsi dans *Les Gens normaux n'ont rien d'exceptionnel* (1993) le portrait d'une attachante hystérique fanatique de communication et de chaleur humaine, explorant le besoin irrépressible que certains ont de voir les autres s'aimer parce qu'ils ne supportent pas de ne plus être aimés eux-mêmes. Valeria Bruni-Tedeschi incarne avec une conviction touchante ce personnage messianique s'oubliant pour son prochain qui le lui rend bien mal. Cultivant l'insolite, la cinéaste instaure un ton à la limite entre la gêne et la drôlerie qui transcende l'improbable et introduit quelques dérives dans cette convivialité volontariste. *J'ai horreur de l'amour* (1997) construit le portait en creux d'une jeune médecin funambulesque (Jeanne Balibar à scooter) balancée entre le faux et le vrai, le comique de Richard l'hypocondriaque et le tragique de Laurent, malade du sida. Ce mélange du sel et du sucre, du sourire mouillé et du rire crispé à propos de deux patients antithétiques permet des rapprochements pertinents, le film conjuguant parallèlement les deux intrigues au lieu de jouer au centre, la personnalité acidulée, vite grinçante, de Jeanne Balibar favorisant de brusques embardées du récit.

Il n'y a plus de ces ruptures dans *La Vie moderne* (2000), déclinée à mi-voix et dont l'indéfinissable inconfort émane de tous les partenaires croisant le destin suspendu des trois protagonistes auxquels s'attache une cinéaste attentive aux décrochements incontrôlables de l'anonymat du quotidien. La folie qui hantait certains personnages dans *Les Gens normaux n'ont rien d'exceptionnel* et *J'ai horreur de l'amour* s'est ici étendue et diluée, non seulement dans la fatigue angoissée de Claire (Isabelle Huppert), l'incommunicabilité mystique et torturée de Marguerite (Lolita Chammah) ou la déprime éthylique de Jacques (Frédéric Pierrot) dont les causes sont pour chacun bien précisées (désir de maternité, crise d'adolescence, divorce et chômage), mais tout autant chez l'époux de Claire, le père ou le jeune voisin de Marguerite, la mystérieuse Eva, la star sur le retour et autres quidams de rencontre. Évitant avec finesse les violentes crises existentielles, l'impuissance expressive et les douleurs identitaires, l'auteur filme à la surface des êtres avec douceur et compréhension. Tissant trois intrigues diégétiquement indépendantes mais filmiquement en concordances harmonieuses, *La Vie moderne* est un film nocturne qui met de l'air entre les personnes et leur donne du temps. Sur les franges indistinctes du sérieux et de la dérision, du réel et de l'imaginaire, la pudeur du regard le dispute à l'élégance d'une approche feutrée et respectueuse.

Le triptyque réalisé par Laetitia Masson sur une fille à la dérive chaque fois interprétée par Sandrine Kiberlain constitue une chaleureuse description des aspirations féminines. *En avoir ou pas* (1995) conte la quête du bonheur par Alice qui saura tirer Bruno de sa sinistrose poisseuse par une lucidité impertinente consistant à regarder l'autre plus que soi-même. Au début Alice révoltée quitte l'usine de poisson de Boulogne pour courir derrière ses rêves d'enfant, puis ce sont bientôt les désillusions à Lyon : elle ne sera pas chanteuse mais serveuse et celui qu'elle aime est encore plus désespéré. Le drame est proche : heureusement la «girafe fatiguée», comme se définit elle-même Alice, allie à son âme romantique un esprit solidement pragmatique. Alors, pourquoi ne pas se poser là et faire avec, en s'adonnant passionnément à un amour sans doute quelconque mais unique et qui constituera en fait la vraie chance de la vie des deux jeunes gens ? Il est vrai que ce genre de décision «raisonnable» peut être à un certain moment effrayante et France Robert s'enfuit au début d'*À vendre* (1998) le jour même de son mariage, pour vivre aux dépens des hommes auxquels elle monnaye ses charmes tandis que Luigi est payé quant à lui pour la retrouver et la ramener à son mari. Curieuse poursuite, double parcours de Marseille à New York, qui dessine peu à peu la figure d'une héroïne déconcertante, elle-même mal assurée malgré ses décisions provocantes. Dans *Love Me* (2000), le portrait se lézarde encore davantage car la jeune femme qui arrive à l'aéroport a tout oublié – pas de nom, pas de papiers, plus aucun souvenir – et un puzzle vertigineux tente de se reconstituer entre imaginaire et réalité (France et Amérique, hier et aujourd'hui) : Salomé Stévenin joue Gabrielle Rose à 15 ans, Sandrine Kiberlain à 20 ans… et les deux filles se rencontrent plusieurs fois à l'intérieur des mêmes plans ! On est loin de l'analyse psychologique classique.

Pour son premier long-métrage *Oublie-moi* (1995), Noémie Lvovsky reprend Valeria Bruni-Tedeschi et un peu de son personnage du premier film de L. Ferreira-Barbosa, mais noircit le trait pour mettre en crise la déprime face à Mathieu Amalric. Nathalie semble avoir déjà tout vécu – solitude, échecs, trahisons – et erre à la dérive, en demande pathétique de quelque chose ou de quelqu'un. Déstabilisé par un montage heurté parfois insistant puis brutalement elliptique, le spectateur ressent physiquement l'impasse, s'irrite devant l'héroïne multipliant les initiatives malheureuses et se voit fermer les voies de l'empathie avec la jeune femme. Puis Noémie Lvovsky s'embarque dans une aventure audacieuse de trois ans aboutissant à un téléfilm – *Petites*, 1998 – puis un long-métrage cinéma – *La vie ne me fait pas peur*, 1999 – qui s'emboîtent plus qu'ils ne se succèdent. Plongeant dans l'époque de sa propre adolescence au milieu des années 1970, elle se lance à la poursuite haletante de quatre gamines «speedées» de 12-13 ans (l'âge de l'auteur à cette date) au temps des deux Patrick, le Juvet d'*Où sont les femmes?* et le Dewaere de *F. comme Fairbanks*. Les scènes s'entrechoquent dans un précipité de rires et de larmes qui soudent une fois le groupe autour d'une bonne blague pour l'éclater aussitôt après sur l'épineuse recherche des garçons. La réalisatrice épingle un détail, suggère une idée, amorce une émotion, coupant toujours avant que la scène n'atteigne sa plénitude pour courir derrière les quatre copines en furie, de la maison au collège, des surboums où Stella la petite rousse s'éclate dans une véritable rage de la danse aux cafés où Émilie et Marion draguent tant qu'elles peuvent, puis à la rue où Inès poursuit ses fantasmes. La cinéaste tourne ensuite dans la foulée une suite censée se dérouler de l'entrée en terminale jusqu'à leur vingtième année. Le film cinéma conservera la rupture centrale diégétique, reprenant un condensé en 50 minutes de *Petites* puis, après un carton «trois ans plus tard», l'heure tirée du second tournage. Mais la force du film vient de la cohérence du projet: ce n'est pas un reportage sur quatre élèves de quatrième auquel auraient été ajoutées quelques séquences tournées les années suivantes pour voir ce qu'elles étaient devenues en première et après leur baccalauréat, mais bien un ensemble ambitieux jouant sur l'évolution des adolescentes suivies de la sortie de l'enfance à l'entrée de l'âge adulte. Depuis, Julie-Marie Parmentier a interprété de manière impressionnante des rôles très difficiles, devenant une des meilleures actrices de la jeune génération.

L'inconscient menaçant de François Ozon propose une attaque en règle du genre psychologique dès *Regarde la mer* (1997), un film dans l'esprit de Roman Polanski travaillant l'attente du danger dans la douceur feutrée d'une sensibilité salée et ensoleillée qui fait monter le désir de la jeune femme alors qu'est mis en danger son bébé, laissé aux «bons soins» d'une routarde aux goûts vampiriques qui hante les rayons viande et couches-culottes des supermarchés sur l'air du «Panis angelicus» de César Franck. Quelques détails scatologiques apportent un contrepoint glauque aux images de bicyclette, de corps alanguis et de petits déjeuners au soleil jusqu'à ce qu'on se retrouve dans une histoire de meurtre. En fait, la jeunesse n'est plus ici à prendre qu'en tant qu'objet d'une approche de la sensualité féminine au niveau de la chair ardente de Sasha Hails. *Gouttes d'eau sur pierres brûlantes* (1999), adaptation d'une pièce de jeunesse de R.W. Fassbinder, souligne les situations audacieuses par un style agressif et le sexe fait exploser couple, famille, sentiments. Ozon provoque par l'insistance des marques du théâtre: cartons (acte I, II), huis clos, dialogues percutants assénés en lourds champs/contre-champs. Tout concourt à souligner l'épouvantable médiocrité humaine : on commande ou on rampe, on copule, on trahit, on meurt. Le jeune Frantz ne vaut pas mieux que le vieux Léopold (prodigieux Bernard Giraudeau) mais, plus faible, il sera brisé par la dureté terrifiante des rapports humains : chacun souffre des plus forts et écrase les plus désarmés.

Ozon sait aussi prendre les choses à revers. Loin de ce jeu de massacre, *Sous le sable* (2001) sape les fondements de l'existence en déséquilibrant le bonheur tranquille d'une femme comblée, brutalement confrontée au vide : Marie (Charlotte Rampling) refuse la mort de Jean, son époux disparu, glissant peu à peu de la dépression à la folie par un mouvement irréversible. En fait Ozon excelle à la fois à miner le genre et à le régénérer en renonçant à la transparence et à la logique psychologique pour privilégier le doute et l'inconfort d'un psychisme hors normes.

La caricature antiréaliste incarnée dans la génération précédente par Bertrand Blier est reprise et personnalisée par Jacques Audiard. *Regarde les hommes tomber* (1994) recycle des épaves dans un polar sans flic. Le récit monte en parallèle l'histoire de deux truands minables et le parcours de celui qui se lance à leur poursuite plusieurs mois après. Au lieu de cultiver le bizarre pour lui-même, cette structure torturant la temporalité réinvestit constamment du vivant et de l'imaginaire dans une communication virtuelle plus que troublante. *Un héros trop discret* (1996) déconstruit pour sa part le portrait d'un imposteur sous l'Occupation dans un patchwork de flash-back teintés d'humour noir mêlés à l'insertion de faux témoins et aux confessions postérieures du protagoniste lui-même, vieilli et devenu philosophe ! Le vrai et le réel sont ainsi bousculés à mesure que le destin du personnage passe de l'extraordinaire à l'improbable : où est la vérité ? Moins inventif, *Sur mes lèvres* (2001) s'appuie sur une idée (une sourde se sert de sa capacité à lire sur les lèvres) et un insolite duo d'acteurs (Emmanuelle Devos-Vincent Cassel) pour tisser un polar sentimental à l'esthétique torturée montant sur un rythme saccadé une impressionnante quantité de très gros plans en mouvement. Croisant les lieux attendus, Audiard lâche un ex-taulard au look de SDF grunge dans un bureau d'entreprise immobilière mais fait pénétrer la secrétaire inhibée dans une boîte de nuit foyer de violente délinquance, ce qui permet au final à la jeune femme de se muer tout à coup en vamp de haut vol pour ramasser la mise ! Anne Villacèque sait aussi traiter au vitriol la famille bien tranquille de *Petite*

Chérie (2000) et Gaspard Noé vire au gore et à l'atroce (*Carne*, 1991 ; *Seul contre tous*, 1998).

Réalisme, humanisme et cinéma social

Robert Guédiguian est un cas : réalisant son premier long-métrage salué dans le courant régionaliste en 1980 (*Dernier Été*, coréal. Frank Le Wita), il est aussitôt oublié quoiqu'il continue de tourner régulièrement, avant d'être redécouvert quinze ans plus tard par la critique en 1995 (*À la vie à la mort*) puis adopté par le public avec *Marius et Jeannette* (1997), ce qui en fait paradoxalement (avec A. Desplechin de sept ans son cadet), le plus connu des réalisateurs de la génération 1990 ! Il tourne à Marseille chacun de ses films dans les quartiers de son enfance avec les mêmes acteurs qui incarnent la thématique du groupe nourrissant son œuvre et parvient à préserver une place à l'utopie dans l'univers réaliste du monde du travail. Ses films sont des comédies ou des drames passionnés et populistes, c'est-à-dire chauds et justes avec le parler et le vécu d'ouvriers du Midi pleins de relief. *À la vie à la mort* marque à la fois le fond du gouffre et un sommet de l'œuvre du cinéaste. Désespéré mais ardent, le film s'organise autour du cabaret « Le Perroquet bleu » qui s'appauvrit puis ferme tandis que le clan, lui, n'arrête pas de s'enrichir de tous les inadaptés de la terre, ouvriers au chômage ou vieux aux jambes raides ! Le soleil et la vie prennent pourtant encore le dessus, au-delà du vieillissement et même de la mort du « cocu » s'effaçant pour laisser l'assurance-vie à l'enfant qui est dans le ventre de sa femme. Mélo flamboyant entre Marcel Pagnol et Ken Loach avec ses coups de force scénaristiques (la jeune junkee et le petit beur reviennent à la « famille », mais comment parler de réinsertion chez ces marginaux dépourvus !), son accent de Marseille, son background politique cisaillé par les échecs de ses losers, *À la vie à la mort* résonne aussi d'éclats de rire et s'illumine de rédemptions inattendues (la vente de la grosse Mercedes, l'ancien légionnaire jouant les saint-bernard).

Guédiguian sous-titre *Marius et Jeannette* (1997) un « conte de l'Estaque ». Il nous faut donc admettre non seulement le côté rose, mais aussi la schématisation : la vie dans la courette les uns sur les autres, les cris, les discussions sur la vraie recette de l'aïoli (avec du fenouil), la bagarre à coups de poulpes… Il y a le milieu ouvrier amical, les sentiments forts, l'histoire simple de la course au bonheur toujours recommencée la peur au ventre. On a l'impression que les figurants du cinéma des régions viennent chez Guédiguian jouer les premiers rôles ou plutôt que le cinéaste zoome sur eux pour saisir la richesse humaine de ce microcosme où ne manque même pas le donneur de leçons en forme de vieux sage, c'est-à-dire d'instituteur à la retraite. Tout y pointe son nez : le politique (FN, PC, CGT…), le social (chômage et conditions de travail), le religieux (le petit musulman) et bien sûr les secrets douloureux enfouis sous la gouaille de l'une ou le silence de l'autre avec la même difficulté à croire à sa propre valeur. On est emporté par le rire et les larmes mêlés, l'émotion et le défilé des générations, l'individualisme des uns et le militantisme des autres filmés dans un langage d'une grande simplicité. Quant au lyrisme, il occupe la bande-son avec les accents de Vivaldi.

Changement de registre avec *La ville est tranquille* (2000) au titre cruel. C'est un film de groupe… mais sans groupe. On peut dire que la famille et la ville existent encore, quoique aussi problématiques l'une que l'autre. Mais finie la solidarité de certaines des fables populaires précédentes : chacun est seul et Dieu n'y est pour personne. Règnent le vide, la peur, l'horreur. Ainsi la Mère Courage (toujours interprétée par Ariane Ascaride), déboussolée par la souffrance épouvantable de sa fille, se prostitue pour lui payer sa drogue jusqu'à ce qu'elle lui administre elle-même la dose mortelle. Tout s'embrouille dans un monde absurde où la misère sexuelle répond à la déroute des idéologies et si le patron du petit bistrot désert (Gérard Meylan) se mue peu à peu en tueur tragique et dealer d'occasion, il se suicidera froidement au milieu de la foule. Et c'est brusquement une image superbe de Michèle et Gérard, amoureux en scooter dans *Dernier Été* il y a vingt ans : quelle terrible malchance s'est acharnée depuis sur ces personnages ? Dans cette humanité décomposée, les chutes sont fatales et les déchéances inévitables, dans le style tragique (Gérard), naturaliste (Michèle) ou comédie amère (Paul le taxi), et quelques mains tendues ne suffiront pas à retenir ceux qui tombent. Ce sont d'ailleurs les mêmes mains (de Michèle) qui écaillent le poisson, administrent la drogue, préparent les biberons et font les gestes de l'amour tarifé. Sans repères, ni valeurs ou croyances, les générations s'entremêlent sans véritables liens ni transmission de quoi que ce soit. Le monde du travail des années 1950 est mort et rien ne l'a remplacé.

Autre figure majeure du jeune cinéma, Manuel Poirier veut d'abord voir le monde à sa porte en situant ses trois premiers longs-métrages dans la Normandie profonde où il habite. C'est l'univers des petites gens, surtout jeunes et mal dans leur peau, observés prioritairement du côté des attachements sentimentaux, professionnels et régionaux, cinéma du quotidien où l'imaginaire voyage davantage que les corps. Ainsi *La Petite Amie d'Antonio* (1992) n'est pas bien : elle a mal à l'autre, sa mère, et s'enfonce dans une dangereuse dépression agressive. Mais Claude est bien entourée, par Antonio bien sûr, mais aussi sa copine de l'hôpital qui pourrait être une sœur et son beau-père apaisant. Pourtant la crise guette et les affrontements sont fréquents même si la virée de copains vers le grand large termine le film sur une belle ouverture à cette angoissante recherche de communication. *À la campagne* (1995) examine des personnages beaucoup plus loin de l'adolescence et dont le passé pèse fortement sur leurs engagements et leurs désirs. C'est un beau film triste illuminé par les caractères de Judith Henry et Benoît Régent qui interprètent les deux Parisiens ayant choisi Brionne alors que tous les autres protagonistes sont d'authentiques habitants recrutés sur place. Mais ils ne sont pas là pour les mêmes raisons et le couple ne pourra pas se souder dans cette campagne, trop regardée par ces personnages fragilisés et un peu immatures comme un rêve écologiste. Tout est vrai, émouvant et gris à l'image du temps normand qui, avec l'herbe et les animaux, joue son rôle dans la déprime brossée avec une extrême pudeur. Logiquement, quand Lila quitte Benoît, le film bascule et l'imaginaire vient alors battre le réel en brèche dans l'esprit de l'homme fou de douleur parce qu'il n'a pas su retenir la jeune femme. *Marion* (1996) s'attache ensuite à une fillette de 10 ans que se disputent ses parents, modestes ouvriers, et de riches Parisiens sans enfants occupant tous les week-ends leur résidence secondaire. En fait, la famille de Marion est elle aussi venue de la ville pour s'installer à la campagne où le père, maçon, retape leur vaste maison « à restaurer ». D'un côté, il y a le premier degré de l'homme qui hurle son ras-le-bol du haut de l'échafaudage d'où il réhabilite les fameux colombages des façades normandes : de l'autre, le couple de Parisiens toujours doux et décalé par rapport à une dure réalité qui pousse les pauvres à trafiquer leur compteur EDF. Marie-France Pisier rend son personnage émouvant parce que sa frustration de maternité la rend malheureuse jusqu'à la folie avec ses raideurs de grande bourgeoise toujours en représentation, être à la fois désemparé et inquiétant que l'on croit d'abord menacé mais qui se révèlera au contraire fort menaçant au cours d'un repas d'une retenue exemplaire mais aux enjeux finalement terribles. Face aux difficultés d'existence du travailleur dans la France d'aujourd'hui s'insinuent les courants de l'argent et ce qu'il permet : essayer de s'approprier l'enfant d'un autre.

Le prix de la mise en scène attribué au Festival de Cannes 1995 à Mathieu Kassovitz pour son second long-métrage *La Haine* salue l'irruption à l'écran de l'image violente des cités. Dans le noir et blanc des films sociaux américains de la grande époque, Kassovitz fait un succès public de son trio black-blanc-beur trois ans avant la Coupe du Monde de football. On imagine mal, des années après, l'impact du film : les jeunes des banlieues s'y reconnaissent et les cinéphiles y apprécient un vrai sens du cinéma : construction en deux volets à l'univers visuel opposé (Paris filmé en équipe réduite et en son mono ; la banlieue en stéréo et avec de larges mouvements d'appareils), dramaturgie resserrée en une journée, ton original fait d'humour noir, de suspense, de contre-rythmes jouant sur les nerfs (on est toujours à deux doigts de l'explosion), une criante vérité des mots, du cadre (la boxe, le rap) comme des situations... Le « malaise des banlieues » se révèle dans une savante hésitation de la forme qui fait de *La Haine* un film inclassable tour à tour apologue (sens de la fable du début, absence de localisation exacte, caractères anticonventionnels mais très symptomatiques des trois jeunes gens), constat réaliste, film humaniste de gauche ou brûlot anarchiste. Si *Taxi Driver* de Martin Scorsese est le film fétiche de Vinz, le plus paranoïaque du trio (Vincent Cassel), *La Haine* a cependant plus vite vieilli que le film américain parce que davantage soucieux des apparences spectaculaires (et rapidement évolutives des banlieues) que de la vérité profonde des êtres à laquelle s'attachait le film américain.

La même année, Jean-François Richet autoproduit (grâce, au départ, à 100 000 francs gagnés au casino) et réalise (en dix jours sans autorisation) *État des lieux* composé par de longs plans-séquences fixes transcendés par un sens du dialogue et une énergie rentrée qui explose plusieurs fois en belles fulgurances. L'esthétique pauvre des films militants des années 1970 est ici en prise directe avec le quotidien d'un jeune ouvrier des cités qui acquiert du poids à mesure que la fiction pénètre son personnage. Malheureusement Richet ne poursuivra pas dans la voie du film au premier degré soutenu par sa sincérité du moment.

Cinq ans après *La Haine*, Laurent Cantet fait événement en 2000 avec *Ressources humaines,* un film situé dans le monde ouvrier au moment de l'application des 35 heures : dans l'usine où son père travaille aux machines, Franck arrive comme cadre stagiaire au département des ressources humaines où il va participer aux redéploiements horaires qui en découlent. Mais le patron en profite pour faire passer un « plan social » comportant douze mises à pied dont celle du père. Le sujet est beau parce qu'au conflit social se superpose la relation père-fils, l'opposition des générations débouchant sur la lutte des classes : quoique fier de son savoir-faire, le père a toujours plié devant l'autorité et cette honte d'appartenir à un monde ouvrier vieilli dans la soumission a nourri Franck dans son désir de réussir ses études afin de ne plus être du même côté de la barricade. Le film se construit aussi sur l'idée de celui qui est parti étudier à Paris puis qui revient chez lui, dans sa ville et à la maison de son enfance. Mais lui n'est plus le même là où rien n'a changé, d'où sa recherche d'une identité entre racines et futur pendant que, du côté du père, le bonheur de voir son fils réussir vire au drame. Laurent Cantet a fait interpréter les rôles par des non-professionnels du lieu : le patron est un vrai patron, la déléguée syndicale une ancienne militante à la retraite, le père un ouvrier et tout se situe à l'intérieur d'une usine en fonctionnement. Les manières d'être authentiques de tous ces protagonistes accusent le caractère déjà décalé du jeune Franck (l'excellent Jalil Lespert, seul acteur de la distribution) et conduisent à la scène fondamentale de l'affrontement père-fils : au milieu des ouvriers mis en ébullition par la grève, Franck accuse, enrage, éructe et le père encaisse sans broncher selon son habitude, mais cette fois il est blême de colère rentrée et finit par quitter le travail pour rejoindre la grève, sinon les grévistes. Un long plan silencieux de l'atelier déserté ponctue alors la scène : c'est un peu un parricide symbolique en même temps que le rejet d'une morale obsolète basée sur le culte du travail, le respect de l'ordre et l'obéissance aux nantis.

Les conditions inhumaines du travail en usine génèrent également le scénario de *Trois huit* (Philippe Le Guay, 2001) où le héros est pris comme souffre-douleur d'un collègue fort en gueule, tandis qu'*Extension du domaine de la lutte* (Philippe Harel, 1995, d'après le roman de Michel Houellebecq) suit les désastreuses retombées du libéralisme sauvage dans les mentalités des cadres moyens. Sur un registre certes moins pamphlétaire, des premiers longs-métrages des années 1990 filment aussi l'enfance bafouée *Le Fils du requin* (Agnès Merlet, 1993), la vie dans les foyers de réinsertion *Lila Lili* (Marie Vermillard, 1999), la dépression urbaine *Demain et encore demain* (Dominique Cabrera, 1998), ou encore l'enfer du Nord et de la campagne. L'originalité de *Karnaval* (Thomas Vincent, 1999) est d'être entièrement tourné pendant le carnaval de Dunkerque, mais les personnages sont des incarnations antipathiques de la « beaufitude » (le mari brûle vif un chien, sa femme le trompe tant qu'elle peut et l'Arabe vole une voiture), tous baignés de bière et de vulgarité dans ce film finalement déplaisant.

Tout le contraire de l'énergie que Sandrine Veysset communique à *Y aura-t-il de la neige à Noël ?* (1996) où l'auteur compose des images toujours un peu surexposées, comme blanchies par le temps des souvenirs ravivés dans un scénario largement autobiographique. Avec un style naturaliste sans fioritures, l'auteur s'attache dans un Midi hostile aux travaux forcés de sept gosses secoués par les rigueurs du ciel et de la terre, du soleil de plomb aux pluies diluviennes, de la poussière sèche de l'été à la boue hivernale avec, en prime, la neige transformant ce qui aurait pu n'être qu'un misérable suicide au gaz en fabuleux conte de Nouvel An. Mais il y a surtout une mère dispensatrice d'un amour farouche face à la vie et d'une résistance opiniâtre à l'ignoble amant, père et patron, haïssable, brutal, peut-être même incestueux. Certes, chacun garde – hors-champ – ses obscurités, mais à l'intérieur du cadre de cette ferme où ne règnent que l'argent et l'exploitation des plus faibles, c'est la force du bloc des huit contre la tyrannie d'un seul. Jaloux d'une chaleur qu'il ne saurait ni susciter ni partager, l'homme ne sait ni donner ni recevoir. Lui est vide, le groupe en face de lui plein de richesse et l'émotion finale d'une grande intensité.

La province peut être évidemment beaucoup plus douce mais pas pour autant positive aux yeux d'un adolescent. Ainsi, *Plus qu'hier, moins que demain* (1998) de Laurent Achard offre une peinture touchante de l'essence même de la province, c'est-à-dire de son temps et de son espace, de ses habitants, de ses paysages, de sa lenteur mortifère, tour à tour émolliente ou poussant à la fuite. Aucun pittoresque : on ne reconnaît ni paysage ni accent. Loin de tout régionalisme et avec des interprètes non professionnels, Achard construit une fiction et des personnages où le non-dit et le non-vu sous-tendent une histoire conditionnée par un « secret de famille » à base d'inceste, d'alcoolisme, de passion et de suicide. Pourtant tout pathétique est gommé mais les sentiments sont empoisonnés par les rancœurs, le mal-être et les compromissions, ce qui donne aux comportements humains leur lot de lourdeurs, de blocages, de rêves et de désirs enfouis. Avec simplicité, Achard épouse successivement les points de vue des trois frères et sœurs : Sonia, celle qui est partie à Paris et qui revient quatre ans plus tard un dimanche de fin d'été mal encore remise de sa profonde dépression, Françoise qui ne rêve que de repartir avec sa sœur et son beau-frère, et le petit Julien, surtout préoccupé par la fugue de son chien mais qui découvre en vingt-quatre heures le monde des adultes avec ses faces cachées et gâchées. Lui, trop petit, restera à la maison avec ses vieux parents (le père réfugié dans la boisson et la mère dans la dureté) : leurs silhouettes le soir se mettant à table vues de l'extérieur dotent la dernière image d'une infinie tristesse, celle des nombreuses années qu'il lui faudra attendre pour essayer, lui aussi, de faire sa vie ailleurs.

Le travail de deuil est aussi un aspect de la nature humaine qui n'a pas échappé aux jeunes cinéastes : *Petits Arrangements avec les morts* (P. Ferran, 1994) est comme une comédie inquiétante présentée sous forme d'un insolite triptyque déséquilibré centré sur trois protagonistes : un frère, une sœur, et un enfant de 10 ans totalement étranger à la famille. Entre ces destins qui ont tous à voir avec la mort d'un être cher, la construction d'un splendide château de sable, poursuivie tous les jours à midi grâce à l'obsession d'un homme de 45 ans, vient suggérer le travail du temps et la lutte contre l'éphémère. Tous les êtres sont à double face, publique certes, mais aussi individuelle et intime. L'insolite de la narration est encore accusé par le mélange des genres, du cocasse à l'angoisse, l'agencement du psychisme des personnages assurant la cohérence interne d'une œuvre qui touche à l'essence du jeune cinéma d'aujourd'hui sans en rencontrer le moindre cliché.

On voit que le couple n'est pas le sujet exclusif du nouveau cinéma. Ainsi, *Voyages* (Emmanuel Finkiel, 1999) et *De l'histoire ancienne* (Orson Miret, 2000) renouvellent l'approche des notions de mémoire, d'hérédité et de filiation. *Voyages* adopte un style de fiction minimale très proche du documentaire et une structure hardie en trois volets construits chacun autour des trajectoires de personnages féminins âgés : en Pologne, lors d'un pèlerinage aux camps de concentration, à Paris avec le retour possible d'un père perdu depuis cinquante ans, à Tel-Aviv enfin où une Russe de 85 ans, animée par sa culture et sa langue (le yiddish pratiquement oublié de tous), rencontre par hasard la protagoniste du premier récit. Finkiel joue de l'intime sur le front de l'Histoire comme du présent sur la trame du passé. L'exil est au cœur de ces destins brisés : paradoxalement la très vieille Véra, la plus fragile, démunie et solitaire, se révèle la plus positive – heureuse ? – alors que Riwka, bourgeoise aisée de Tel-Aviv, est terriblement souffrante.

Le lien avec le passé – familial comme historique – est au cœur de *De l'histoire ancienne* qui commence avec la mort d'un vieil homme, ancien grand résistant dont les trois enfants vont se trouver confrontés à un héritage à la fois biologique, éthique et symbolique. En fait, cette incinération amorce une réflexion et ce père, qu'aucun ne voyait plus guère, devient soudainement plus présent mort que vivant. Le devoir de mémoire vis-à-vis d'une page d'histoire nationale dont le souvenir continue à peser sur la vie du pays se mêle aux aigreurs, souvenirs et règlements de comptes familiaux. Ici aucun petit arrangement possible avec la mort. Pris chacun dans l'entrelacs de leurs existences personnelles, ils sont bousculés, déséquilibrés dans un quotidien éclaté. Il y aura ruptures, violence, changement de vies. Guy, le plus autarcique, sera le plus troublé. Il dépassera la ligne des convictions auxquelles s'accrochent ses frère et sœur et perdra l'équilibre, se sentant devenir le fantôme de son père, vampirisé par cette figure trop longtemps refusée.

À partir des années 1990, les premiers films de cette qualité sont nombreux. Cruellement, l'histoire du cinéma – fonctionnant par auteurs – fera son choix en fonction de la suite de leurs carrières, généralement difficile (par exemple pour ceux que nous venons de citer S. Veysset, P. Ferran, E. Finkiel, O. Miret…) Dans le style choral, Michel Spinosa (*La Parenthèse enchantée*, 1999), Hervé Le Roux (*Grand Bonheur*, 1993) ou Jacques Maillot (*Nos vies heureuses*, 2000) dressent le portrait de leur génération, tandis que fratrie et sororité sont travaillés au scalpel (*Select Hôtel*, Laurent Bouhnik, 1996 ; *Un frère*, Sylvie Verheyde, 1997). Le retour du père trouble sa descendance dans *Tout va bien* (Claude Mouriéras, 2000) ou *Comment j'ai tué mon père* (Anne Fontaine, 2001), mais sa faiblesse peut être aussi prise en charge par les enfants (*Qui plume la lune?*, Christine Carrière, 2000). Le courant autobiographique voit Jacques Nolot retourner dans le Sud-Ouest profond de son enfance (*L'Arrière-pays*, 1998) et l'apparition des petites caméras numériques ouvre la voie aux journaux intimes (*La Rencontre*, Alain Cavalier, 1996 ; *Rome désolée*, Vincent Dieutre, 1996 ; *La Vallée close*, Jean-Claude Rousseau, 2000 ; *Le Fils de Jean-Claude Videau*, Frédéric Videau, 2001).

Il n'y a plus depuis longtemps de «films de femmes», mais les films réalisés par des femmes sont de plus en plus intéressants. Ainsi, avec *La Nouvelle Ève* (1999) film au titre sans doute un peu ambitieux, Catherine Corsini connaît un vrai succès public grâce à sa jeune célibataire fière de l'être préférant ses aventures amoureuses à l'existence rangée des couples de son entourage. Karin Viard dote le personnage de son fameux «tempérament» d'actrice rehaussé par la photographie de couleurs pimpantes qui maintiennent le film dans le ton de la comédie, mais Camille est bientôt acculée à ses limites. Sa superbe tombe et les complications apparaissent dès qu'elle s'attaque à un homme marié cadre local du PS ! Cette manière de filmer du côté de celle qui veut à tout prix détruire un ménage pour se prouver qu'elle existe est assez audacieux. Dès son premier long-métrage – et encore avec Karin Viard – Solveig Anspach séduit aussi le public par une belle idée de film : la lutte dans le corps d'Emma entre la vie (elle est enceinte) et la mort (le cancer du sein). *Haut les cœurs!* est souvent au niveau de cette force scénaristique, l'inspiration autobiographique conférant aux réactions du couple face aux étapes parallèles de la maladie et de l'attente de l'enfant une violence bouleversante et une rigueur alarmante. Le parcours d'Emma jusqu'au final suspendu dans le blanc de la chambre stérile est dévoré par l'irrationnel d'une tumeur invisible s'acharnant contre l'épanouissement naturel de la grossesse. L'œuvre de Tonie Marshall, débutée dès 1989 par l'acide *Pentimento*, prend aussi de la profondeur avec *Enfants de salaud* (1996 : sur une lourde hérédité à assumer) et surtout *Vénus Beauté* (1999), institut bonbonnière aux quatre esthéticiennes virevoltantes autour d'une Nathalie Baye d'une tristesse poignante. *Peau d'homme, cœur de bête* (Hélène Angel, 2000) est un impressionnant premier film au final d'une grande puissance lyrique lorsque les deux gamines (13 et 16 ans) qui ont raconté leur histoire empoisonnée par des secrets de famille se précipitent pour aller hurler au bord du précipice avec toute la force de leur énergie vitale.

Entre comédie et drame, *Jeanne et le garçon formidable* (O. Ducastel et J. Martineau, 1998) est un premier film insolent : malgré ses nombreux amants, Jeanne a le coup de foudre pour Olivier qui, lui, a le sida et meurt, le tout « enchanté » comme chez Demy. Certes la chorégraphie est indigente et on y chante mal, mais ces partis pris font un peu partie du jeu et se trouvent assumés par l'ironie qui baigne de nombreuses scènes. Le mélodrame populaire est d'autre part bien ancré dans le présent (Act Up, agence de voyage, jeunesse et sexualité joyeusement débridées). Le rythme vif sursoit à la minceur scénaristique et sert à la vitalité d'une Virginie Ledoyen tour à tour pétulante puis émouvante héroïne de roman-photo. Certes c'est plus souvent le ton Michel Fugain que l'esprit Jacques Demy mais meilleur que les « comédies de boulevard » de Marion Vernoux (*Personne ne m'aime*, 1994). Par contre Étienne Chatiliez poursuit avec *Le bonheur est dans le pré* (1995 : un industriel veut changer de vie), voire *Tanguy* (2001 : un fils célibataire s'incruste chez ses parents) les portraits de personnages savoureusement bêtes, méchants ou utopistes dans un monde absurde qui mêle le ton de la comédie italienne à une efficacité publicitaire mâtinée de nostalgie pour l'esprit « nanar » des années 1950. D'autre part *Le Goût des autres* (2000) d'Agnès Jaoui avec Jean-Pierre Bacri remporte un succès colossal : l'unanimisme de ce petit monde à la Claude Sautet soumis à un traitement comique décapant agence avec bonheur des personnages indécis, vulnérables et pourtant prompts à retrouver le goût de la vie.

Le principal mérite de *Pour rire* (Lucas Belvaux, 1996) est de donner le premier rôle comique (involontaire) à Jean-Pierre Léaud. Par contre les débuts de Pascal Bonitzer, ancien critique aux *Cahiers du cinéma* et scénariste de Jacques Rivette, dans le stress de la comédie amère sont ratés à cause du comédien-personnage Jackie Berroyer professeur de fac fatigué, tombeur cynique d'étudiantes (*Encore*, 1997). Heureusement, l'équilibre entre un certain nombre de composantes contradictoires est mieux tenu dans *Rien sur Robert* (1999), avec son falot dépressif (Fabrice Luchini) qui poursuit une Juliette impossible et volage (Sandrine Kiberlain) mais refuse le vrai amour que lui offre une superbe créature certes un peu *borderline* (Valentina Cervi). Coincé dans sa couardise, celui qui a écrit sur un film serbe ou croate sans l'avoir jamais vu restera l'éternel dupé de la fable. Le regard du cinéaste est alors moins intellectuel et parisien.

Dieu seul me voit (1998) de Bruno Podalydès propose un portrait en action d'Albert Jeanjean (Denis Podalydès), indécis pris entre la fille flic, l'infirmière toulousaine au cœur léger (Isabelle Candelier) et la cinéaste snob qui a interviewé Fidel Castro (Jeanne Balibar). Preneur de son dans des minireportages sur des politiciens de sous-préfecture et modeste assesseur aux élections, il a pris tous les défauts de certains personnages de Desplechin et s'impose par sa vérité : étriqué, velléitaire anxieux, pris de nausées quand l'émotion l'étreint, agrippé à quelques discours tout faits (Cuba, les animaux…), Albert pratique quotidiennement la politique de l'autruche. Le cinéaste tente ensuite, avec *Liberté-Oléron* (2001), la comédie franchouillarde au goût suranné de cinéma du samedi soir des années 1950. Le succès n'était pas évident et vient du fait que le père Jacques Monot (Denis Podalydès bien sûr) n'est pas le responsable exclusif du rire. Certes il est en première ligne, focalisant tous les effets en tant que chef de famille ; mais la mère, chacun des quatre fils et jusqu'au voisin, au « paysagiste » ou au marchand de bateau ont chacun une véritable existence génératrice de gags spécifiques, la progressive montée en puissance du tyran de ménage aboutissant à la cacophonie tragi-comique de la scène ubuesque du naufrage. Entre la nostalgie des souvenirs d'enfance et l'esprit *Vacances de M. Hulot*, *Liberté-Oléron* dérape dans une épique sortie à l'île d'Aix qui parvient à matérialiser les cauchemars les plus violents de chaque membre de la famille tout en maintenant le recul humoristique. Un magistral retour à la normalité prend alors en compte le récit officiel de l'odyssée soigneusement expurgé de tout le scabreux et l'inavouable !

La Nouvelle Vague a quarante ans

Hugues Quester, Éloïse Bennett, Florence Darel et Anne Teyssedre, dans *Contes de Printemps* d'Éric Rohmer, 1990.

Si la mort avait commencé à frapper avant 1990 (G. Franju, J. Eustache, J.-P. Melville, J. Doniol-Valcroze, P. Kast, F. Truffaut, J. Demy), elle poursuit ses ravages dans la décennie (L. Malle, R. Allio, R. Bresson, M. Duras, R. Vadim, C. Sautet, G. Blain, R. Enrico). Toujours très actifs, certains des auteurs sont néanmoins fort âgés : J. Rouch, E. Rohmer, Ch. Marker, A. Resnais et A. Robbe-Grillet ont près de 80 ans. Quant à J. Rivette, A. Varda, M. Pialat, Cl. Chabrol, C. Costa-Gavras, A. Cavalier, M. Deville, J.-L. Godard, J.-M. Straub, J.-P. Mocky, P. Vecchiali, ils ont 70 ans ou davantage. Une relève progressive est donc logique. La génération intermédiaire tourne alors déjà autour de la soixantaine – A. Téchiné, B. Tavernier, A. Corneau, J. Doillon, C. Lelouch, R. Depardon, C. Miller –, P. Garrel ou B. Jacquot ayant 54-55 ans. En fait, devenus consensuels et patrimoniaux, les anciens de la Nouvelle Vague et leurs héritiers directs accusent à la fois leurs différences entre eux et le fossé qui les sépare du reste du cinéma. Loués, fêtés et rencontrant parfois même un public de connaisseurs plus large qu'il y a vingt ans, ils savourent fort justement cette légitime reconnaissance mais ne sortent plus guère de leur panthéon pour se mesurer à ce qui se tourne présentement hors de leur institution virtuelle.

Après le Godard de l'expression (années 1960), celui de l'information (années 1970) puis de la communication (années 1980), le Godard de la décennie 1990 est celui d'une philosophie (voire d'une métaphysique) du cinéma pris comme noyau dur d'une galaxie audiovisuelle que l'auteur semble vouloir incarner à lui tout seul en multipliant les expériences de tous genres : longs-métrages de cinéma (*Nouvelle Vague*, 1990 ; *Hélas pour moi*, 1993 ; *J.L.G. / J.L.G.*, 1995 ; *For Ever Mozart*, 1996) ; téléfilm (*Allemagne année 90 neuf zéro*, 1991) ; essais inédits (*Les enfants jouent à la Russie*, 1994) mais aussi son « grand œuvre » (*Histoire(s) du cinéma*), ou encore films « d'entreprise » détournés (*Puissance de la parole*, 1988 ; *Le Rapport Darty*, 1989) ; publicités ; images 35 mm, 16 mm ou vidéo ; productions de Toscan du Plantier, des Télécom, de l'INA ou du *Figaro-Magazine*. Des blue-jeans à Sarajevo, le travail de Godard s'éclate, s'atomise, s'expose puis se refuse, se multiplie ou s'interrompt, prend de la hauteur pour se rabattre aussitôt après sur la plus humble des commandes ; l'œuvre se brise et s'affole, mettant au supplice les filmologues. S'imposant sur des chemins neufs, recyclant de vieux mythes (Delon) ou réservant des coups pendables aux vedettes pourtant les plus conciliantes (Depardieu), cultivant l'autoportrait tour à tour humoristique (*Soigne ta droite*, 1987) ou bouleversant (*J.L.G. / J.L.G.*, 1995), Godard occupe tous les terrains, immergé dans le présent bouillonnant d'une recherche ambitieuse qui le pousse en avant.

Dans *Nouvelle Vague*, une femme riche recueille un vagabond qui se noie peu après dans le Léman. Pourtant il – lui ou son frère jumeau – revient sous les traits d'un homme d'affaires dynamique. La femme s'étiole, se jette dans le lac mais il la sauve. Dans *Hélas pour moi*, un garagiste s'éloigne de sa femme un jour et une nuit. Mais pendant ce temps, Dieu (ou peut-être un ange ou le diable) séduit sous ses propres traits son épouse comme dans *Amphitryon*. *Allemagne année 90, neuf zéro* lance Eddie Constantine/Lemmy Caution sur les routes pour rejoindre l'Occident après vingt-cinq ans d'oubli au fond de la RDA. Quant à *For Ever Mozart*, c'est l'histoire d'une poignée d'utopistes qui veulent aller jouer Musset à Sarajevo pendant la guerre de Yougoslavie où ils seront salement massacrés. Puis sont découverts les huit épisodes des *Histoire(s) du cinéma* (réalisés en fait de 1988 à 1998), prodigieux travail sur les traces : images de films, portions de tableaux, actualités sont remises en forme, cisaillées, recadrées, ralenties, accélérées, figées, surimpressionnées ou brouillées à partir du rassemblement d'un immense corpus propre à écrire (ou tourner) une histoire du cinéma. Mais en fait le cinéaste préfère en tirer des histoires à raconter dans un film d'auteur où le cinéma remplace le réel comme matériel de base du processus de création. Et dans la mesure où, d'après Walter

Benjamin, on ne voit que ce qu'on a déjà vu, Godard imagine l'histoire et réinvente l'archive : il passe, repasse, revient, rectifie, pour recycler toutes ces images en une œuvre nouvelle plus personnelle encore que ses longs-métrages de fiction.

Comme toujours en position plus humble de metteur en scène, Alain Resnais filme *Smoking, No Smoking* (1993) et *On connaît la chanson* (1997), deux défis narratifs avec un brio époustouflant et pour les cinquième et sixième fois avec le couple Sabine Azéma/Pierre Arditi. Le premier film adapte *Intimate Exchanges*, ensemble de huit pièces à deux fins chacune créée en 1982 par le Britannique Alan Ayckbourn. Le cinéaste opte pour deux films complémentaires à trois variantes aboutissant à deux fins chacune, soit, finalement, douze variations partant d'une séquence d'ouverture commune aux deux films. À partir de là, deux voies possibles s'ouvrent toutes les cinq secondes, journées, semaines ou années, introduites par des cartons (« ou bien, ou bien ») qui viennent interrompre le récit. On est en pleine « littérature potentielle » de l'Oulipo, cette série de retours à une scène antérieure dont est modifiée la chute permettant aux personnages de regretter dans un film de ne pas faire ce qu'ils font justement dans l'autre et réciproquement. Mais le cinéaste complique encore les choses en faisant interpréter tous les rôles par les seuls Pierre Arditi et Sabine Azéma jouant trois couples – deux légitimes mais en crise (Toby et Célia Teasdale, Miles et Rowena Coombes) et un virtuel en formation (les domestiques Sylvie Bell et Lionel Hepplewick) auxquels s'ajoutent trois comparses ! écrit par Agnès Jaoui et Jean-Pierre Bacri, *On connaît la chanson* tisse autour d'une recherche d'appartement les destins de six protagonistes, mais la comédie brillante est transcendée par l'idée qui donne au film non seulement sa forme mais aussi son sens : à tout bout de champ, les personnages se mettent sans crier gare à entonner quelque refrain du répertoire populaire, de *J'ai la rate qui se dilate* d'Ouvrard à *Résiste* de France Gall. C'est parfois à peine une phrase mais reprise toujours de l'enregistrement original du chanteur, et qu'importe alors si c'est un personnage masculin du film qui se retrouve quelques secondes avec la voix de Joséphine Baker ! Secoué dès les premières secondes, le public se laisse ensuite embarquer avec délice dans cette pochade éblouissante.

Éric Rohmer continue à décliner ses « Contes des quatre saisons » et brosse une comédie politique de proximité avec son très drôle *L'Arbre, le maire et la médiathèque* (1992) tandis que Jacques Rivette remplace le théâtre – si souvent présent dans son cinéma – par les arts plastiques, le peintre et son modèle prenant les places du metteur en scène et de ses actrices pour livrer dans *La Belle Noiseuse* (1991) l'éternel combat de la création. Puis il donne sa vision de *Jeanne la pucelle* avec Sandrine Bonnaire ici en armure avant de revenir en meurtrière terrorisée dans *Secret défense* (1998). Après un convaincant *Betty* (1991) d'après Simenon, le massacre d'une famille bourgeoise par leur employée de maison analphabète (Sandrine Bonnaire) la mutique et son amie la postière extravertie (Isabelle Huppert) fait de *La Cérémonie* (1995) une implacable exécution capitale en pleine opacité psychologique sur la violence, l'exclusion et la rupture sociale : un des films les plus durs de Claude Chabrol.

Elle aussi confrontée au problème de la durée, la génération des Téchiné, Garrel, Jacquot ou Doillon se confond peu à peu à celle des fondateurs de la Nouvelle Vague à laquelle les médias et les critiques les assimilent volontiers : ce sont les « auteurs » maîtres de chapelles cinéphiliques plus qu'habitués des succès publics mais dont la farouche individualité fait paradoxalement l'unité, même si la carrière malaisée d'un Claude Miller (le passage constant du *gore* sanglant au suspense psychologique dans *Classe de neige*, 1998, beau film d'atmosphère où les cauchemars et fantasmes d'un jeune garçon se révèlent finalement encore au-dessous de l'horrible vérité) coexiste avec la fonction d'écho sonore de son époque qu'assume avec aplomb en 1993-1995 le « cinéaste de gauche » Bertrand Tavernier dans son triptyque *L. 627* (le quotidien d'une mini-brigade des stupéfiants), *La Guerre sans nom* (un film-entretiens sur la guerre d'Algérie) et *L'Appât* (des crimes crapuleux d'adolescents irresponsables). Les deux volets sur la délinquance (*L. 627* vu côté police, *L'Appât* côté jeunes meurtriers) sont pourtant fort inégaux. *L. 627* est un chef-d'œuvre d'équilibre et de justesse qui ne mâche pas ses mots. On y voit des nuls dans une administration de ripoux avec au-dessus d'eux des politiques pourris ! Certes on trouve tout au bas de l'échelle un enquêteur pur et une fille craquante, mais cela n'empêche pas le côté incisif et des scènes vives comme celle du dealer bourré de coups dans le ventre pour le faire vomir et pouvoir ramasser son vomi plein de drogue ! Sans aucun discours généralisateur, renonçant à donner des leçons, Tavernier filme sèchement le travail de tous les jours en un constat très dur qui ressemble à du reportage pris sur le vif, mais jamais un véritable reportage ne pourrait être aussi clair et si accablant. Hélas, *L'Appât* est un sujet fort gâché par un scénario complaisant et une totale absence de point de vue face à ce trio de jeunes assassins acharnés à trouver l'argent nécessaire à nourrir leurs rêves de midinette. Le tableau est néanmoins saisissant.

À l'opposé, Philippe Garrel pose un regard de poète sur le mal-être de sa génération (*J'entends plus la guitare*, 1991) et l'on préfèrera sa culpabilisation (*Le Cœur fantôme*, 1995) à son dolorisme d'homme fugueur (*Naissance de l'amour*, 1993). *Vent de la nuit* (1999), le plus tragique, confronte deux générations, la plus jeune tenue à distance du «triangle bourgeois» pourtant observé avec délicatesse. Si André Téchiné brosse un beau portrait de femme prise, dans *Ma saison préférée* (1993), entre la famille qu'elle a construite (mari et enfants) et celle qui la rattrape à 45 ans (une mère exigeante et un frère quasiment caractériel), *Les Roseaux sauvages* (1994) compose un groupe d'adolescents de première dans le Lot-et-Garonne au début des années 1960 très convaincant (le bac, les flirts, les conséquences métropolitaines de la guerre d'Algérie avec le fils de pied-noir et le professeur PC). Mais ce sont *Les Voleurs* (1996) comme *Alice et Martin* (1998) qui représentent le mieux la quintessence du style et de l'univers du cinéaste. Benoît Jacquot se cherche dans un éclectisme de très bon aloi entre une adaptation de Yukio Mishima (*L'École de la chair*, 1998), une mise en scène de *La Fausse Suivante* (2000), Virginie Ledoyen filmée en solo (*La Fille seule*, 1995), un portrait de *Sade* (2000) et une plongée psychanalytique dans l'univers du couple (*Le septième ciel*, 1997). Chaque fois une actrice focalise le regard : Sandrine Kiberlain, Isabelle Huppert, Isild Le Besco…

Dans cette génération intermédiaire, Jacques Doillon connaît sa décennie d'excellence. *Le Jeune Werther* (1993) tourne autour du travail de deuil dans un groupe de jeunes élèves de quatrième après le suicide d'un camarade. Quant au livre-référence, il circule de cartable en cartable, on en parle un peu mais personne ne le lit : le film est donc bien une histoire d'aujourd'hui avec seulement en filigrane les rapports romantiques à l'objet littéraire. De toute manière, cette histoire d'amour et de mort est trop grande pour les protagonistes et le film mesure précisément l'écart entre ce désir et la réalité. Utilisant la durée (près de six heures), mais aussi la structure en épisodes (chacun bien clos sur lui-même) inhérente à la télévision, *Germaine et Benjamin* (1994, 12 épisodes de 26 minutes) relate une liaison entre Germaine de Staël (Anne Brochet) et Benjamin Constant (Benoît Régent) de 1794 à 1810. Au terme du Siècle des lumières, Doillon traque donc dans un interminable face-à-face deux êtres hypersensibles qui dissèquent leurs sentiments dans un huis clos d'alcôves et d'appartements complexes sur fond de romantisme, de révolution et de création littéraire. En 1997, *Ponette* (superbe Victoire Thivisol, 4 ans, prix d'interprétation à Venise) refuse les conventions que son entourage tend à lui imposer et veut revoir sa mère morte comme avant l'accident. Elle y croit si fermement qu'en effet sa maman reviendra, mais pour lui dire d'accepter de vivre et « d'apprendre à être contente ». Obstinée comme les plus belles héroïnes de Doillon, Ponette étonne par ce côté inébranlable. Ni l'attitude fuyante du père, ni les civilités de circonstances, ni les réponses religieuses, ni l'amour des adultes et l'amitié des autres enfants n'y feront rien : gagnante contre la logique du monde, elle reverra sa mère. De leur côté, les *Petits Frères* (1999) forment un groupe de blacks-beurs de 12-13 ans dans une cité de la Porte de Pantin. L'irruption d'une petite « étrangère » de trois rues plus loin avec Kim sa chienne pitbull provoque une prise de fiction dans la réalité documentaire du quotidien préadolescent. Entre la pédophilie du beau-père et l'assassinat de Kim lors d'un combat de chiens organisé par les grands frères exploiteurs, la petite communauté tente de survivre de jeux en vols à répétition, de tendresse en trahisons, à travers rires et douleurs pour aboutir au beau « mariage » final de Talia et d'Iliès dans un rite patchwork concrétisé par les rêves des uns (la robe blanche arrachée à une vitrine) et les opportunités des autres (l'âne emprunté à un camp de gitans).

Certains cinéastes poursuivent la biopsie de leur génération comme Romain Goupil (17 ans en 1968) : après le tragique de *Mourir à trente ans* (1982) puis de *Lettre pour L.* (1994), il veut conjurer sur le mode ludique l'intolérable logique mortuaire qui s'abat à l'orée de la cinquantaine sur le dernier carré de ceux qui voulaient changer le monde trente ans auparavant (*À mort la mort*, 1999). Sur un sujet grave – les guerres de religion – traité en scénario feuilletonesque (Alexandre Dumas adapté par Danièle Thompson), Patrice Chéreau met en scène une hallucinante époque sauvage dans *La Reine Margot* (1994) : le bruit, la fureur, la violence, le sang, ce côté perpétuel d'affrontements physiques de corps suants, sales. L'épuisement, la force, tout est filmé de très près dans un mouvement tourbillonnant et une pénombre perpétuelle. Tout pue le crime, le poison, le sexe, les plus bas instincts : famille monstrueuse, méchanceté, force physique et débilité mentale. *Ceux qui m'aiment prendront le train* (1998) se construit en trois temps, l'effervescence brouillonne du voyage, la pause pendant laquelle tout s'arrête dans le plus grand cimetière de France, à Limoges, puis l'éclatement des haines groupusculaires dans la vieille demeure du mort. Mais Chéreau déplace les conventions : le mort n'était qu'un vieux sans vergogne, la grande « famille » compte plus d'homosexuels que de parents et la vie, le sexe, l'argent font vite oublier la grandeur de la mort au profit des mesquineries plus ou moins sordides.

La provocation du cinéma de Catherine Breillat est celle d'une vision très crue du sexe et du désir féminins. Si *Parfait amour!* (1996) constitue la chronique charnelle d'un couple impossible filmée pourrait-on presque dire avec pudeur tant l'intolérable réside ailleurs que dans ce que l'on voit, *Romance* (1998) se vautre par contre dans l'obscénité présentée comme un désir de pureté de la femme. Sa force se trouve dans la violence de ses sujets ; lorsqu'elle affronte le fait divers crapuleux en s'effaçant devant sa noire atrocité, elle touche juste *(Parfait amour!)*. Mais quand elle illustre ses propres fantasmes, elle dérape et ne parvient pas à signifier que la suite lamentable de perversions répétitives subie par sa gracile jeune héroïne constitue une épreuve initiatique qui va lui permettre d'accéder à quelque vérité intérieure.

CHAPITRE X
LES QUATRE GÉNÉRATIONS DU NOUVEAU MILLÉNAIRE

Entre les murs de Laurent Cantet, 2008.

Ces dernières années (2008-2013) la critique a eu tendance à considérer enfin avec attention la vigueur du nouveau cinéma français, provoquant la réhabilitation – ou découverte tardive – de cette production qui a donné ses premiers fruits au tournant des années 1990, ce qui fait déjà deux bonnes décennies ! En fait la reconnaissance a été difficile parce qu'au lieu d'offrir une vingtaine de films excellents en trois ans comme la Nouvelle Vague (1959-1961), le nouveau cinéma initié autour de 1990 en a, depuis, produit régulièrement au moins trois ou quatre annuellement de manière continue. Il manque donc le choc révélateur au départ, mais si l'on fait les comptes aujourd'hui la moisson est impressionnante et le nombre de cinéastes de valeur ne cesse de croître car ce sont souvent des premiers films qui s'inscrivent ainsi au tableau d'honneur chaque année. Cet effet de nombre est d'autant plus pertinent que, des moins de 30 ans et déjà trois longs-métrages comme Mia Hansen-Love aux 90 ans d'Alain Resnais, la coexistence entre générations est largement ouverte. Autrement dit les chiffres ne servent pas qu'aux statistiques et ont des conséquences esthétiques. Ils expliquent par exemple en partie l'ouverture de l'éventail allant de la poursuite de l'embellie du documentaire (*Les Arrivants*, Cl. Bories et P. Chagnard ; *Les Bureaux de Dieu*, Cl. Simon ; *Ne me libérez pas, je m'en charge*, F. Godet…) à la force du courant spiritualiste (A. Cavalier, J.-Cl. Brisseau, B. Dumont, X. Beauvois, J.-Ch. Fitoussi, B. Bonello… du plus ancien aux plus jeunes) et conduisent à constater une belle audace, certes non rangée en ordre de bataille, mais inversement génésique, se manifestant en électrons libres, l'innovation pouvant surgir de toutes parts et sous toutes formes. Méfions-nous en effet des tentatives de typologie radicale, car le caractère dominant du (jeune) cinéma d'auteur français est justement sa diversité. Il n'y a donc pas de modèle exemplaire, de scénario spécifique, de style représentatif, de ton particulier. Quantitativement on pourrait déterminer des constantes car les films médiocres ont en effet tendance à tous se ressembler. Mais ceux de qualité (les seuls qui concernent l'histoire du 7e art et qui sont de plus en plus nombreux) constituent au contraire un cinéma de recherche accusant ses différences, non seulement face au flot majoritaire sans intérêt, mais aussi les films les uns par rapport aux autres, chacun se frayant des voies originales, nouvelles, surprenantes, riches d'inspiration, de création et d'expressivité. D'où, il est vrai, la difficulté d'en rendre compte dans un panorama synthétique : les meilleurs auteurs se dégagent sans difficulté mais précisément par leur forte individualité et certainement pas leur appartenance à quelque mouvement ou école aux signes distinctifs bien repérables. Il n'y a pas d'histoire de l'art au présent.

Le crépuscule de la Nouvelle Vague

Deux morts, et non des moindres, avec les cinéastes sans doute les plus opposés qui soient : Rohmer et Chabrol. Les trois films réalisés depuis 2000 par Éric Rohmer rompent avec l'esprit de ses cycles précédents (six « Contes moraux », « Comédies et proverbes », « Contes des quatre saisons ») pour raviver une veine historique déjà visitée dans les années 1970 avec la même volonté de concilier la fidélité à un style (goût du dialogue et du psychologisme, intelligence, beauté d'une esthétique pauvre) et le pari de frayer des voies novatrices, à savoir la confrontation de la Révolution française vue du côté de ses adversaires par le biais des nouvelles technologies d'incrustations numériques dans *L'Anglaise et le duc* (2001) et le film d'espionnage brouillant le vrai et le faux dans le milieu des Russes blancs émigrés en 1936-1937 (*Triple agent*, 2004). *Les Amours d'Astrée et de Céladon* (2007), adaptation d'un roman du

Gérard Depardieu et Clovis Cornillac, dans *Bellamy*
de Claude Chabrol, 2009.

XVIIe siècle d'Honoré d'Urfé, raconte quant à lui une histoire de bergers et de bergères qui mêle chronologie et imaginaire. Pour sa part, Claude Chabrol n'aura jamais renoncé à son rythme extraordinaire, plus de cinquante films en un demi-siècle avec ses portraits de groupes avec dame (*La Fleur du mal*, 2003 ; *Merci pour le chocolat*, 2000 et *La Femme coupée en deux*, 2007) et *L'Ivresse du pouvoir* (2006), inspiré de l'affaire Elf avec Isabelle Huppert en Eva Joly. Touchant à l'essence, non seulement du genre mais à la fois du cinéma et de l'existence même, *Bellamy* est un beau film testamentaire (2009), écrit en hommage à Simenon avec la plénitude d'un artisan modeste œuvrant à quelque dixième série B. Basé sur un subtil déplacement du centre d'intérêt de l'intrigue policière au personnage, l'inspecteur Bellamy, le film épouse le regard de ce faux Maigret plus libidineux et ambigu que l'original auquel Gérard Depardieu prête son physique «wellesien», masse en mouvement poursuivant avec lenteur une enquête qui le mène au cœur de ses plus intimes contradictions.

Autour de la représentation de *Come tu mi Vuoi* (Pirandello) dans *Va savoir* (2001), du retour de deux suicidés d'entre les morts dans *Histoire de Marie et Julien* (2003) ou d'un mystère ancien sous le chapiteau d'un petit cirque ambulant dans *36 vues du pic Saint-Lou* (2009), Jacques Rivette brosse ses thèmes balzaciens qu'il traite directement dans *Ne touchez pas à la hache* (2007) où s'affrontent deux orgueils qui ruinent deux amours (belle confrontation Jeanne Balibar/Guillaume Depardieu).

Deux adaptations s'ajoutent à la filmographie d'Alain Resnais. Nouveau film de chambre, *Cœurs* (2006) conserve les cinquante-trois tableaux de la pièce d'Alan Ayckbourn pour parler des difficultés de communication et du poids de la solitude avec une subtilité touchante, mais les tonalités glamour sont affectées de ruptures dans la continuité lumineuse et plus d'une fois la topographie dicte la dramaturgie. Resnais joue sur les émotions pures, sur cette neige collée aux épaules dedans comme dehors, sur la morte-saison des amours, sorte de « il est trop tard » apaisé. Mais que cherche exactement Charlotte (Sabine Azéma) en accompagnant de strip-teases ses enregistrements d'émissions religieuses ? *Les Herbes folles* (2009) tiré du roman de Christian Gailly sont les pulsions déraisonnables auxquelles obéissent Georges Palet (André Dussollier) et Marguerite Muri (Sabine Azéma) à partir d'un banal vol de sac à main jusqu'à l'érection finale et la mort en avion. C'est l'illustration à la lettre de *L'Incident*, y compris les jeux de mots auxquels répondent des collages surréalistes, surprenant dans une tonalité générale de style « réalisme poétique » (mais en couleurs) où chaque détail insignifiant se trouve valorisé par une surcharge formelle qui écrase le dérisoire de personnages et d'une intrigue sans densité. Avec la réunion d'une quinzaine d'interprètes des œuvres précédentes de Resnais autour du mythe d'Orphée et Eurydice, *Vous n'avez encore rien vu* (2012) est un film somme sur le théâtre, les paradoxes du comédien, mais aussi un éloge de la combinaison du plan-séquence et du champ/contre-champ, ou encore des variations sur le vieillissement, l'amour et la mort, à partir d'un dispositif judicieux qui installe avec naturel une réalité hors de tout réalisme.

Sorti de ses *Histoire(s) du cinéma*, Godard construit *Éloge de l'amour* (2001) comme un diptyque en forme de mise en abyme ou de jeu de miroir : une première partie dans le Paris d'aujourd'hui filmé en noir et blanc qui semble nous ramener au cinéma muet d'un Louis Feuillade, une seconde sur la côte bretonne d'hier en couleurs numériques plus proches du vidéo-art que du fauvisme (très apprécié de l'auteur). Il s'agit en effet d'une inversion chronologique dans le portait d'Edgar, double de l'auteur en position de ressassement obsessionnel et qui ne sait pas encore si l'intrigue qui doit croiser deux grandes figures de la Résistance avec la jeune femme nettoyant des wagons dans un dépôt SNCF deviendra un roman, une pièce, un film, une cantate ou un opéra. Suivent deux films modestes : *Notre musique* (2004) encadre une réflexion dialoguée sur la question Israël-Palestine par un prologue imaginaire (l'enfer) et un épilogue où des *Marines* américains jouent au ballon derrière un *check-point* grillagé. *Film socialisme* (2010) serait plutôt un carnet de bord, d'autant plus que les trois quarts du film se déroulent pendant une croisière d'une gérontocratie européenne décadente : c'est le monde des Hommes comme pourrait les voir un poisson depuis le fond de la mer.

L'œuvre de Philippe Garrel amorce un double mouvement réflexif sur le cinéma (mise en abyme) et l'autobiographie (générationnelle) dans *Sauvage Innocence* (2001) et *Les Amants réguliers* (2005). Le premier film brosse le portrait d'un cinéaste saisi par une déprime existentielle très moravienne et qui veut filmer les malheurs causés par la drogue ayant mené son épouse à la mort. Mais son nouvel amour succombera à une overdose. La reconstitution des manifestations de Mai 68 dans *Les Amants réguliers* semble rêvée par le héros en poète romantique papier-crayon et chemise blanche. Chacun prend la pose et la beauté des formes alanguies est saisie par un regard de dandy marginal de salon, hors du réel mais de chair et d'esprit bien que sans transcendance ni poids excessif des choses. *La Frontière de l'aube* (2008) revient à ce que Garrel filme le mieux, à savoir la douleur et l'interprétation de la souffrance avec l'histoire d'une passion funeste : un photographe hanté par sa maîtresse qui s'est suicidée, rongée par l'alcool et les électrochocs. Hommage appuyé au *Mépris* de Godard, *Un été brûlant* (2011), dans lequel Garrel filme à la fois son père Maurice et son fils Louis, montre que l'on peut encore mourir d'amour à Rome dans les décors de Cinecitta.

Dans *Les Glaneurs et la glaneuse* (2000) qui traite avec justesse et drôlerie du gâchis de la société de consommation, Agnès Varda utilise entre autres une petite caméra DV en temps que prolongement du geste (du peintre ou de l'écrivain) mais aussi comme fixation du regard, facilitant à la fois les contacts, donc l'approche de l'« autre » (vivant des déchets) et l'expression de l'auteur, ravie d'utiliser un nouvel outil mais guettant les signes de la vieillesse qui lui indiquent que son temps est compté. Après cette œuvre apaisée d'une humoriste pragmatique, enquête dans laquelle elle s'inclut autant qu'elle s'investit, c'est l'heure du bilan d'une vie de femme et de cinéaste : *Les Plages d'Agnès* (2008) transforme son autobiographie en collection de plages, celles de sa vie et de ses films revus à l'occasion de son quatre-vingtième anniversaire. Elle écrit sa légende davantage qu'elle ne se confesse, c'est-à-dire qu'elle fait son cinéma, se montre en train de se souvenir mais regarde aussi, autour de son miroir-mémoire, le temps qu'elle a passé et qui l'a marquée.

De retour des États-Unis, Constantin Costa-Gavras revient en France tourner *Amen* (2000) d'après *Le Vicaire*, pièce de l'Allemand

Rolf Hochhuth jouée dans le monde entier en 1963. Il déplace l'attaque frontale de Pie XII pour n'avoir pas dénoncé l'holocauste et s'attache à la prise de conscience du vrai Kurt Gerstein, S.S., bon père et bon protestant qui découvre qu'il occupe un poste décisif dans l'extermination des juifs, et ajoute le personnage d'un jeune prêtre scandalisé par le silence du pape. Malheureusement Costa-Gavras rate son adaptation du roman de Donald Westlake *Le Couperet* (2005) car on ne croit pas à ce cadre licencié qui se transforme en « social killer » pour éliminer ses concurrents. *Éden à l'Ouest* (2009), fable grisâtre, accuse encore le déclin de ce cinéma critique de gauche : qu'un film relatant le voyage d'un clandestin vers Paris puisse commencer par du vaudeville dans un Club Med de nudistes montre bien que *Z* et *L'Aveu* sont loin. De fait, Riccardo Scamarcio aura davantage à craindre les appétits sexuels des femmes mûres ou des homosexuels que la police qu'il saura toujours courser avec succès. S'attaquant à la puissance des banques, *Le Capital* (2012) met le spectateur dans la peau du Mal, mais Gad Elmaleh échoue à incarner le « méchant », le scénario n'étant pas assez solide pour profiter de ce contre-emploi.

La Terre de la folie (2009) est sans doute le meilleur film de Luc Moullet, conscient d'être fou de se croire fou (!) en mélangeant recherche généalogique et topographique dans les Alpes du Sud. Autisme cinématographique et matérialité de la démence, transcendent ses angoisses existentielles en peurs viscérales à propos de tout : le goitre, le nuage de Tchernobyl, la solitude, la consanguinité, l'aridité des paysages vides, le vent, la mafia à Manosque et la fatalité. Personnage et réalisateur keatonien, Moullet travaille le documentaire comme une fiction (mieux que l'inverse) en enquêteur forcené.

Devenir d'un cinéma « du milieu »

L'expression est à prendre, non seulement pour désigner la génération intermédiaire (que nous avons déterminée dans les parties précédentes de notre ouvrage), mais aussi au sens du « rapport Ferran » de 2008. La cérémonie des Césars en février 2007 marque le triomphe de *Lady Chatterley*, le film de Pascale Ferran obtenant cinq prix. Mais la réalisatrice douche l'atmosphère de la remise des statuettes au Châtelet par son discours en direct sur Canal+, dénonçant la mauvaise situation du cinéma français responsable des dix ans de galère qui séparent ce troisième long-métrage du second (*L'Âge des possibles*, 1995). En outre la cinéaste réunit un groupe d'études qui aboutit à la rédaction d'un rapport de près de 200 pages publié un an plus tard, au moment des

Césars 2008, et remis aux instances (CNC, ministère de la Culture, organisations professionnelles et médias) dont aucune ne l'avait ni commandité, ni sollicité, ni même encouragé. Écrit par treize professionnels, ce texte part d'un questionnement sous-jacent : en gros, pourquoi le cinéma français d'auteur se porte-t-il si mal alors qu'il est un des plus (sinon le plus) subventionnés du monde ? Le rapport dresse donc un état des lieux, analyse les dysfonctionnements et propose en conclusion douze solutions.

L'originalité de la réflexion est d'être structurée par l'idée exprimée dans le titre du rapport : *Le milieu n'est plus un pont mais une faille* qui milite contre la bipolarité du cinéma actuel (art et industrie, mini et maxi budgets, indépendants et formatage TV, films d'auteur et bandes commerciales...), le fameux cinéma français à deux vitesses, dénoncé par tous les observateurs cinéphiles, que le rapport voudrait justement colmater en essayant de reconstituer ce « milieu », disparu avec François Truffaut qui l'aurait incarné jusqu'à sa mort. Il s'agit là d'une thèse tout à fait défendable dans son principe (celui de l'idéal perdu d'un cinéma à la fois loué par la critique cinéphilique et plébiscité par le public), mais qui résiste mal à l'analyse précise de sa pratique (en particulier, Truffaut a parfois coproduit ses films avec des sociétés américaines). Avancer des propositions de nature à faire renaître ce milieu n'en est pas moins intéressant, mais la notion est floue. Pascale Ferran évoque volontiers les films au budget compris entre 4 et 7 millions d'euros, dont tous les indicateurs statistiques indiquent en effet la diminution régulière du nombre produit annuellement, mais, outre le fait que l'on ne saurait définir une production artistique par son prix de revient, il semble que de nombreux passages du rapport veulent entendre par « films du milieu » film d'auteur (terminologie elle-même ambiguë), film Art et Essai (ce qui ne signifie plus grand-chose aujourd'hui) ou encore, plus généralement, film exigeant, d'essence artistique, voire tout simplement un bon film. Dès lors, comment ne pas être d'accord avec le but du rapport, s'il s'agit de favoriser la production de films de qualité !

Néanmoins, dans la mesure où « bon » n'est pas vraiment plus précis que « du milieu », les Treize ont constitué – pour fixer les idées – une liste non exhaustive de réalisateurs relevant de cette catégorie : Resnais, Chabrol, Rivette, Lelouch, Berri, Costa-Gavras, Téchiné, Tavernier, C. Serreau, Corneau, Miller, Jacquot, C. Breillat, Carax, Chéreau, Guédiguian, Jolivet, Assayas, C. Denis, Dupeyron, T. Marshall, N. Garcia, Jeunet, Klapisch, Desplechin, Beauvois, C. Corsini, Kahn, Ferran, Kassovitz, Audiard, Salvadori, M. Vernoux, L. Masson, Belvaux,

P. Mazuy, N. Lvovsky, Podalydès, A. Jaoui, Ozon, Moll, Cantet, Kechiche... Et nous voici donc renvoyés à notre propre subjectivité, bien que l'on sente évidemment l'effort d'objectivité des Treize, soucieux d'assez bien retenir tous les « clans », afin que chacun y reconnaisse les siens et se trouve dès lors plus enclin à accepter deux ou trois noms qui le révulse ! N'empêche que mettre ensemble Arnaud Desplechin et Marion Vernoux comme Mathieu Kassovitz et Alain Resnais risque de discréditer quelque peu l'entreprise. En fait, parler de milieu suppose forcément qu'il y ait les autres, d'un côté (au-dessus ?) et de l'autre (au-dessous ?). Car, même si Pascale Ferran désirait que ces noms ne soient que des exemples, il est certain que ceux choisis (plus de quarante, ce qui n'est pas rien et produit un indéniable effet « palmarès ») évoquent obligatoirement un certain nombre d'exclus. Ainsi pourquoi Alain Corneau et pas Patrice Leconte ? Si, d'autre part, la liste a surtout retenu les filmographies déjà riches d'un certain nombre de films, il y a néanmoins dans les dix derniers noms quelques « débutants », et alors, pourquoi Dominik Moll et pas Jérôme Bonnell ou Bertrand Bonello ?

Indiscutablement le rapport a exclu, sans doute vers le haut, quelques très grosses pointures : parmi les anciens, Jean-Luc Godard, Éric Rohmer, Philippe Garrel, Agnès Varda, Alain Cavalier ; parmi les « nouveaux », Bruno Dumont, Philippe Faucon, Alain Guiraudie, Jean-Paul Civeyrac... et entre les deux Jean-Claude Brisseau. Est-ce à dire que les cinéastes de cette première catégorie n'ont besoin d'aucune réforme pour poursuivre leur carrière ? À y regarder de plus près, leurs films atteignent en effet rarement des budgets de 4 à 7 millions. Luc Moullet dit pour sa part n'avoir jamais dépassé 600 000 euros... et pourtant, il tourne ! En somme, à une certaine exigence de recherche, l'artiste ne ferait plus partie de la « profession » et devrait se débrouiller avec l'autoproduction de minibudgets et le mécénat déguisé des subventions (avance sur recettes, apport Arte). Ce n'est pas écrit tel quel dans le rapport, mais c'est bien ce qui en ressort, car comment expliquer autrement, d'une part, l'impasse sur Godard ou Rohmer et, de l'autre, cette définition de la tranche « auteur » entre 4 et 7 millions quand on sait que des cinéastes font du beau travail avec bien moins (Olivier Assayas a tourné *L'Heure d'été* pour 2 millions et sans doute *Irma Vep* pour guère davantage) ou, bien sûr, beaucoup plus (Assayas, encore lui, pour *Demonlover* ou *Clean*).

Les rejets vers le bas sont tout aussi discutables. On range dans les espèces à préserver Tonie Marshall, mais on laisse Christian Vincent, Manuel Poirier ou Pascal Thomas se débrouiller avec les seules règles du marché. Alors que Pascale Ferran veut réduire la fracture centrale du cinéma français, sa classification risque donc d'aboutir au contraire à exclure et non à rapprocher en prenant un peu de chaque côté des deux ensembles actuels qui s'opposent, pour créer un troisième groupe, auquel elle destine toutes les bonnes réformes. En somme, les remèdes doivent bénéficier à tout le cinéma qui n'est pas de pur divertissement à visée exclusivement mercantile, du plus exigeant (Dumont) au plus léger (Salvadori).

Dès lors, les douze propositions qui concernent uniquement la répartition de l'argent du compte de soutien géré par le CNC (soutien automatique et avance sur recettes) et qui ne remettent nullement en question les fondements de l'économie de marché (y compris culturel), sont tout à fait envisageables et seraient certainement bénéfiques au cinéma. Il s'agit essentiellement de récupérer les sommes qui engraissent présentement les filiales TV, les grands groupes multimédia et les salles d'art et d'essai les plus laxistes, afin d'augmenter les avances sur recettes des films de recherche, les aides aux scénaristes, distributeurs et producteurs exécutifs indépendants, en replaçant notamment ces derniers au cœur du processus de fabrication du film. Sympathique éloge de la petite entreprise et du «désir» de cinéma, avec beaucoup de nostalgie et peut-être un brin d'utopie : a-t-on vraiment les moyens d'exiger de la télévision qu'elle investisse beaucoup dans le cinéma, mais accepte d'abandonner le leadership de la réalisation aux producteurs et l'essentiel des bénéfices aux salles de cinéma ?

En tout cas, si le rapport des Treize n'est pas un brûlot révolutionnaire, ces réformes vont, selon une expression très «mode», dans le bon sens et aideraient considérablement les carrières d'un certain nombre de cinéastes. À commencer par celle de Jacques Doillon. *Carrément à l'Ouest* (2000) est un film de jeunes sans adultes et sans sexe qui cultive la «tchatche» pour arriver au cœur, mais peut-être ces jeunes sont-ils davantage amoureux de l'idée de l'amour que de la chose elle-même. *Raja* (2003) croise les âges, les cultures, pouvoirs et dépendances dans le Maroc d'aujourd'hui, mais le commerce des sexes est vicié par la barrière des âges, des langues, de l'argent et du passé colonial. Après cinq ans de silence, *Le Premier venu* (2008) éclate heureusement avec une vigueur réjouissante au cœur de l'espace plat, ouvert et vide des marécages de la baie de Somme où Camille, débarquée de Paris, décide d'aimer ce premier venu, homme sans qualité et fuyant transformé en personnage par le regard et les initiatives de l'autre qui font avancer le récit. Le film renoue ainsi avec la haute voltige psychologique et narrative des meilleures réalisations de Doillon que l'on retrouve dans le huis clos du *Mariage à trois* (2010) où le plaisir du filmage, sa fluidité calligraphique, sa musicalité qui se souvient des situations de Strindberg, son jeu sur les mots croisant cinéma et théâtre aboutissant à construire des passages enchanteurs comme celui où Auguste (Pascal Greggory) mime la direction d'une symphonie de Beethoven que nous, spectateurs, entendons mais pas les protagonistes de l'intrigue! La mise en scène esthétisante de Doillon se mesure aux dimensions créatrices de cet impénitent personnage, séducteur irrésistible de très jeunes filles. *Un enfant de toi* (2013) cultive l'art du ressassement (2 h 16) en reprenant la structure de la comédie américaine de remariage ; jouant de l'allusif, du cinglant et de l'humour sous l'œil d'une fillette coquine, Doillon épuise toutes les situations possibles des deux couples désaccordés pour imposer la seule solution qui reste : les retrouvailles !

Benoît Jacquot continue à enchaîner les films les plus divers dans une urgence créatrice très inventive. *Adolphe* (2002) a été voulu par Isabelle Adjani, ce qui ne va pas sans recentrer sur elle le roman de Benjamin Constant écrit pourtant à la première personne du masculin. De fait, bien que le cinéaste conserve quelques bribes de voix off du héros, le sur-jeu tour à tour doloriste et exalté d'Éléonore est valorisé aux dépens du sous-jeu de l'indécision d'Adolphe dans cet essai de « porno du XIXe siècle » assez curieux. Reprenant ensuite Isild Le Besco déjà étonnante dans *Sade* (2000), Jacquot construit autour d'elle un diptyque. Lancée dans l'action et le mouvement rapide de fictions minimalistes, elle y assume la vérité d'un regard d'auteur séduit par la justesse d'une fille d'aujourd'hui précipitée dans des expériences physiques qui la dépassent : braquage sanglant puis abandon et déchéance dans *À tout de suite* (2005), fuite vers l'image du père et rencontre de la spiritualité aux Indes dans *L'Intouchable* (2006), les deux tournés très vite en DV. En 2009, la triade Jacquot/Isabelle Huppert/adaptation littéraire séduit : *Villa Amalia* d'après Pascal Quignard dresse le procès-verbal de la fuite d'une pianiste concertiste qui abandonne tout pour disparaître, plus radicalement encore que les personnages interprétés par Isild Le Besco, mais aussi plus obscurément, dans le dessein d'un élan et d'une détermination paradoxalement provoqués par un doute. L'Italie et le retour aux autres feront le reste. *Au fond des bois* (2010) sculpte, dans la superbe et mystérieuse photo de Julien Hirsch, une troublante affaire qui évoque *Le retour de Martin Guerre* et *Moi Pierre Rivière ayant égorgé...* : jusqu'à quel point Joséphine Hugues (Isild Le Besco impressionnante en envoûtée) avait-elle été « magnétisée » pendant sa cavale avec le jeune homme des bois ? Quels aspects sociaux et psychanalytiques peuvent éclairer cette aventure scandaleuse dans l'arrière-pays varois à la fin du XIXe siècle ? *Les Adieux à la reine* (2012) sont ceux de la jeune lectrice (Léa Seydoux), mais aussi un sauve-qui-peut généralisé du petit monde de Versailles ébranlé par la prise de la Bastille.

Chez Claude Miller, la banalité du quotidien n'est jamais qu'un contexte permettant de mettre en scène des personnages aux comportements aberrants : une jeune femme mise en danger par la folie de sa mère sur le thème des égoïsmes maternels (*Betty Fisher et autres histoires*, 2001), une superbe adaptation de nos jours dans le milieu du cinéma de *La Mouette* de Tchekhov (*La Petite Lili*, 2003), un « film sur l'Occupation » avec secrets de famille et flash-back en abyme (*Un secret*, 2007), une mère biologique insouciante, un père adoptif dépressif et un adolescent d'une extrême dureté qui réclame vengeance (*Je suis heureux que ma mère soit vivante*, 2009), l'évocation post-mortem de Vic, humoriste funambule par les deux femmes qui l'ont aimé, à partir du train Montréal-Vancouver (*Voyez comme ils dansent*, 2011). Chaque fois une narration extrêmement complexe et un montage virtuose sont au service du suspense psychologique pour composer des artefacts brillants. Dans *Thérèse Desqueyroux*, terminé juste avant sa mort, le réel est plus linéaire et tout se lit sur les visages et les comportements.

Autre perfectionniste, André Téchiné semble avoir voulu prendre un nouveau départ en début de décennie avec ses jeunes protagonistes de *Loin* (2001) tournant à Tanger sans vedette, en vidéo numérique, avec une légèreté rappelant *Les Roseaux sauvages*. Mais, toujours à Tanger et sur la même thématique de fuite et d'ailleurs, *Les temps qui changent* (2004) est à nouveau interprété par Catherine Deneuve (et Gérard Depardieu). Pourtant, la fragilité est restée, celle des personnages – vieillis – comme du regard. À l'inverse, *Les Témoins* (2006) évoque, davantage en historien qu'en partie prenante, l'apparition du sida dans la société (sexuellement plus que sentimentalement) libérale de 1984-1985. Quant à *La Fille du RER* (2009) c'est un grand film malade posant le mystère d'un fait divers de 2004 : Jeanne fabule une agression raciste dans le métro et Téchiné fait l'ellipse de la représentation. Avant, il y a Émilie Dequenne en roller avec baladeur aux oreilles (belle image du mouvement et de l'autisme combinant les univers des frères Dardenne et de Gus Van Sant) ; après, c'est la résolution du mensonge dans une grande famille juive. La jonction est assurée par la richesse de l'univers de l'auteur et sa magistrale mise en scène. Mais exactement au service de quoi ?

Passée à la réalisation dès 1990, Nicole Garcia s'inscrit dans cette NQF (Nouvelle Qualité française), mais ne séduit vraiment qu'avec *Le Fils préféré* (1995), belle incursion de personnages de polar dans un roman familial situé dans une Nice hivernale vidée et plombée. *L'Adversaire* (2002) adapté de l'affaire Romand est moins convaincant que *L'Emploi du temps* (L. Cantet, 2001) sur le même sujet. *Place Vendôme* (1998) ou *Un balcon sur la mer* (2010) souffrent d'une académique froideur malgré le beau portrait d'une alcoolique brisée par le milieu des diamantaires ou par les souvenirs de la décolonisation à Oran revenant faire surface dans les malversations immobilières d'aujourd'hui sur la Côte d'Azur.

Jean-Claude Brisseau, Manuel Poirier, Catherine Breillat ou René Féret ont leurs meilleurs films derrière eux mais conservent un carré de fidèles. À la recherche d'une improbable spiritualité érotique, Brisseau compose des images fort excitantes, certainement davantage que les « vrais » pornos estampillés X, mais le propos de *Choses secrètes* (2002 : les deux héroïnes choisissent le sexe pour gravir l'échelle sociale) et le but recherché par le cinéaste dans *Anges exterminateurs* (2006 : saisir et montrer la montée de la jouissance féminine dans la prise unique du plan-séquence) résistent au tragique de la mise en scène. Dans *À l'aventure* (2009), trois filles sont en recherche de plaisir et d'extase, deux hommes sont là pour les initier : un vieux sage et un jeune psychanalyste. Quatre partouzent et le vieux philosophe dans le Lubéron. Hystérie, hypnose et cosmo-anthropologie chargent la barque par de très longs exposés en plans fixes et champs/contre-champs car la pauvreté de l'écriture s'accorde avec le simplisme du discours. Pourtant, quelque chose passe, tout comme dans *La Fille de nulle part* (2012) tourné dans le style d'une confession en direct, sans budget, dans l'appartement de Brisseau lui-même. Catherine Breillat semblait abandonner ses provocations dont *Sex is Comedy* (2002) éclaire les derniers feux puisque la cinéaste confectionne elle-même *a posteriori* le *making-off* de son film précédent *À ma sœur !* (2001) : ce n'est pas l'art poétique mais cet autoportrait en réalisatrice de scènes pornographiques est savoureux, bien plus qu'*Anatomie de l'enfer* (2004) où elle retrouve sa crânerie de la confession intime. Depuis *Une vieille maîtresse* (2007) d'après Barbey d'Aurevilly, elle s'attaque à la télévision au patrimoine littéraire.

Passons sur Manuel Poirier dont on ne finit pas de regretter les premiers films qui s'éloignent de plus en plus dans le temps (c'était le milieu des années 1990) : *Le Café du pont* (2009) relate l'enfance du futur chanteur Pierre Perret à la campagne pendant la décennie 1940 (Occupation et après-guerre). Mais le charme désuet d'un populisme chaleureux et la chronique mollassonne du bonheur (presque) sans histoire ne sont guère cinématographiques ! On ne fait plus la différence entre ses films et ses téléfilms. René Féret tourne pour le cinéma *Nannerl, la sœur de Mozart* (2010) mais avec un budget qui ne lui permet que des plans moyens de deux à quatre personnages. Néanmoins son idée féministe de destins brisés (celui de la sœur du musicien étant repris en écho par celui de la sœur de la Dauphine maintenue au couvent) méritait un meilleur traitement ; mais on est bien là en plein rapport Ferran : il n'y a plus de créneau pour ce type de films « du milieu ».

Certains cinéastes remarqués par leurs premiers films puis perdus de vue réussissent pourtant de temps en temps une œuvre plus intéressante : ainsi *Aide-toi, le ciel t'aidera* (François Dupeyron, 2008) montre de l'intérieur d'une famille black une mère courageuse ose affronter les pires difficultés tandis que le vieillard dont elle s'occupe apprend enfin à voir les autres différemment. Dupeyron filme de telle façon que l'on se croirait en Guyane alors que l'on est dans une cité de la métropole ! Tony Gatlif avait touché juste avec *Gadjo Dilo* en 1998 où un couple sympathique lancé le long des routes roumaines en plein univers tzigane lui avait apporté reconnaissance critique et succès public. Ensuite il avait exploité le filon avec talent dans *Exils* (2004, à travers Espagne et Afrique du Nord) et moins de réussite dans *Transylvania* (2006) où le folklore l'emporte. Sur fond d'un des épisodes les plus douloureux de l'histoire du peuple Rom, sa répression par les nazis, *Liberté* (2010) campe des personnages hauts en couleur (Taloche, le bohémien fou interprété par James Thiérrée) entraînant le film et sa musique dans l'émotion, le rire et les larmes. Philippe Le Guay signe son meilleur film, subtilement écrit pour un Fabrice Luchini tout en douces rondeurs, riche agent de change amoureux de sa belle bonne espagnole mais qui croit agir en bourgeois de gauche sincèrement touché par la misère humaine des *Femmes du 6ᵉ étage* (2011) : on croirait Lubitsch adaptant Octave Mirbeau. Autour des répétitions du *Misanthrope*, *Alceste à bicyclette* (2013) oppose avec finesse un célèbre acteur de séries télévisées et un interprète aussi déprimé qu'exigeant (Lambert Wilson et Fabrice Luchini).

Signant une minutieuse reconstitution du petit monde confiné du cinéma parisien à la Continental pendant l'Occupation, Bertrand Tavernier fait surtout les portraits du scénariste Jean Aurenche et de l'assistant Jean Devaivre dans *Laissez-passer* (2002), c'est-à-dire de ces collaborateurs de création qui sont, d'après lui, souvent plus importants que les metteurs en scène. *Holy Lola* (2004) bâcle un peu les scènes style années 1950 à l'intérieur du groupe de Français candidats à l'adoption d'un petit cambodgien, mais le concret de la recherche kafkaïenne au cœur d'un Phnom Penh grouillant de vie et aussi de lamentables trafics aiguise le regard d'humaniste critique d'un cinéaste qui réalise ensuite à 68 ans son rêve de cinéphile, tourner un «vrai» film américain : *Dans la brume électrique* (2009) plonge à la fois dans la Louisiane d'hier (le lynchage des années 1960) et d'aujourd'hui (l'après-Katrina et les escroqueries mafieuses dans un récit habilement chaotique qui déstabilise l'enquête policière). Après *Little Sénégal* (2001) qui suit le vieil Alloune (Sotigui Kouyaté révélé au théâtre vingt-cinq ans auparavant par Peter Brook) recherchant les descendants de ses ancêtres dans un Harlem hostile aux nouveaux émigrants, Rachid Bouchareb plonge dans l'histoire des beurs de France : d'abord les travailleurs nord-africains participant à la Libération de la métropole en 1944 (*Indigènes*, 2006), puis la guerre d'Algérie vue de France et en France dans le style des westerns de Sergio Leone avec le destin de trois frères : la victime absolue, l'idéaliste implacable et le débrouillard ; un juste équilibre et un point de vue précieux (*Hors-la-loi*, 2010).

Dans la génération plus jeune, on retrouve ce goût «classique» du cinéma du milieu avec certaines œuvres de forme conventionnelle mais souvent de sujets originaux. Ainsi, largement césarisé, *Séraphine* (2008) de Martin Provost, voit Yolande Moreau habiter littéralement la figure de l'héroïne, misérable servante peignant à genoux au début du siècle de superbes compositions naïves de fleurs et de fruits d'inspiration mythique. Au-delà de l'image de l'artiste maudite, c'est tout un douloureux et exaltant délire que suggère la comédienne. À l'inverse de ce style traditionnel, Claire Simon, pour rendre compte du travail des conseillères du planning familial dans *Les Bureaux de Dieu* (2008), demande à des actrices populaires (Nathalie Baye, Isabelle Carré, Béatrice Dalle…) de se mettre à l'écoute des jeunes non professionnelles pour construire le vrai avec un chassé-croisé du réel et de la fiction dans le même plan selon l'esthétique très personnelle de la documentariste.

Dans le pur cinéma direct, le film événement est sans conteste le triptyque «Profils paysans», composé de *L'Approche* (1999-2000), *Le Quotidien* (2004) et *La Vie moderne* (2008) commandé à Raymond Depardon afin de rendre compte d'un certain type de ruralité en train de disparaître dans les Cévennes. *La Vie moderne* fonctionne à la fois comme le terme programmé de l'enquête et la quintessence de l'étude humaine qui a pris peu à peu le pas sur le constat ethnologique.

Esprit du moraliste et souci esthétique sont au premier plan, mais la cartographie agro-économique dote ces portraits d'une dimension – métaphysique – de l'espace, tandis que le regard autobiographique suggère que, s'il n'avait pas fui le pays pour faire sa vie ailleurs, l'auteur aurait été un des protagonistes de l'histoire. Les trois films s'ouvrent sur un beau plan-séquence en travelling avant, sur une route étroite et sinueuse, quelques secondes en silence puis accompagné du *Requiem* de Gabriel Fauré. Mais dans *La Vie moderne* le traveling n'est pas filmé de l'intérieur de l'automobile, avec en amorce les essuie-glaces ou le montant du pare-brise, images de marque de ce que Depardon appelle « l'audiovisuel » (à savoir 16 mm à l'épaule). Cette fois le réalisateur a voulu un plateau, un pied et la caméra Cinémascope 35 mm Aaton/Beauviala afin de conférer la noblesse du cinéma au rituel du quotidien de l'approche, dès les deux premiers opus dont la vision a permis au spectateur de partager avec le cinéaste dix ans de connaissance des protagonistes ; le dispositif scelle l'empathie de l'auteur et de ses personnages qui sont dans la même séquence malgré des dynamiques spécifiques, dialoguant de part et d'autre de la caméra, même si Depardon doit tirer chaque mot aux frères Privat avec beaucoup de difficulté car pour eux une existence âpre s'achève qu'ils ont pourtant vécue avec passion : la campagne, les animaux, le métier, c'est-à-dire la beauté, l'émotion, la mélancolie, la gravité, tout est capté à l'image et au son sans oublier les silences. Quels que soient les protagonistes, le moment ou le propos, Depardon en revient forcément toujours au plan fixe dans la cuisine, face aux hommes plutôt taiseux et aux femmes plutôt disertes, en tous cas volontiers en mouvement. Au bord du cadre, lui à l'image, son épouse Claudine Nougaret au son, les cinéastes sont désormais à égalité avec ceux qu'ils filment. Ils franchissent même une fois la ligne, bloquant la caméra et la perche pour s'asseoir prendre le café et manger un biscuit à la table des Chalaye. On verra leurs bols, la boîte en fer des gâteaux, mais ils n'entreront quand même pas tout à fait dans le champ. Certes, ils sont maintenant des leurs et c'est un peu le retour d'Ulysse après un long voyage (en Afrique) venant vivre entre ses parents le reste de son âge ou celui de l'enfant prodigue présentant sa compagne qui partage son travail comme elle pourrait le faire à la ferme. Ils se doivent donc de conserver la dignité et la réserve qui sied aux gens de ce pays, qui les honorent en les laissant pénétrer chez eux : sublime grandeur du monde paysan.

C'est dans le cinéma de genre, et particulièrement la comédie de mœurs (qui se porte très bien en France), que le cinéma du milieu se défend le mieux. Depuis l'éphémère « nouveau naturel » des années 1970, Pascal Thomas n'avait plus guère attiré l'attention des cinéphiles quand *La Dilettante* (1999) ramène à l'écran un vrai personnage de cinéma, puis la choralité de toute une ville – Nantes – (*Mercredi, folle journée*, 2001) ou d'une famille aux limites floues (*Le Grand Appartement*, 2006) et surtout trois adaptations d'Agatha Christie avec le couple Catherine Frot/André Dussollier rappelant, dans les rôles du célèbre duo Bélisaire et Prudence Beresfold, les stars Catherine Hepburn et Spencer Tracy .Dans le meilleur de la trilogie, *Le crime est notre affaire* (2008), les références d'origines diverses sont d'ailleurs nombreuses : Blake et Mortimer, *Sept ans de réflexion*, Dracula, la famille Adams et un meurtre hitchcockien dans un train ! Bruno Podalydès séduit pour sa part par ses adaptations de Gaston Leroux (*Le Mystère de la chambre jaune*, 2003 ; *Le Parfum de la dame en noir*, 2005 ; chaque fois avec Denis Podalydès en Rouletabille), mais ses meilleurs films sont les deux derniers : *Bancs publics* (2009), orchestre en trois actes, quatre-vingt-six comédiens qui jouent comme dans un film de Tati au bureau, pendant la pause déjeuner puis au jardin public et au magasin *Bricodr(e)am* dont le *e* ne clignote plus tandis qu'une banderole « homme seul » pendouille sous une fenêtre du quatrième étage : il y a du burlesque hard, de la comédie américaine comme de l'absurde bunuelien. Un pharmacien magicien (Denis Podalydes), évoluant entre une douce épouse et une maîtresse volcanique, se charge de *L'Enterrement de mémé* (ou *Adieu Berthe*, 2012) sur des lieux campagnards investis par l'âpre rivalité de deux burlesques entreprises de pompes funèbres.

Après ses débuts dans l'humour grinçant (*Cible émouvante*, 1992 ; *Les Apprentis*, 1995) puis la comédie loufoque (*Comme elle respire*, 1998), Pierre Salvadori peaufine des comédies à rythme lent et étirant le *slow-burn*, caractéristique du comique chez Jerry Lewis, à la dimension de la scène et même du film en entier. Le spectateur est donc invité à goûter chaque détail – souvent délectable – en faisant fi du rythme et de l'épaisseur humaine (les personnages sont des marionnettes). Les enchaînements et la mécanique constituent un régal : chaque situation dévie, se renverse, est remplacée par son contraire ; les personnes rencontrées ne sont jamais les bonnes, les protagonistes se trompent de lieu et les réactions de chacun sont inattendues. *Après vous* (2003) reprend l'argument de *Boudu sauvé des eaux*, et *Hors de prix* (2006) promène le spectateur dans le luxe, les vieux milliardaires et les jeunes frappes de la Côte d'Azur avec le brio d'un Lubitsch, mais chargé de la tristesse de voir les jeunes exclus de ce monde de l'argent. *De vrais mensonges*

(2010) est sophistiqué, tout en finesse et en embrouillaminis autour d'une lettre (et des suivantes) entre une fille gaffeuse (Audrey Tautou) et une mère fragile (Nathalie Baye). Depuis *Les histoires d'amour finissent mal en général* (1992), Anne Fontaine touche un peu à tous les genres : le drame (*J'ai tué mon père*, 2001, où un père revient déstabiliser le confort bourgeois de son fils), le suspense (*Entre ses mains*, 2005, avec Benoît Poelvoorde en serial killer), la fable falote (Danielle Darrieux dans *Nouvelle chance*, 2007), le biopic (*Coco avant Chanel*, 2009), mais c'est sans doute dans la comédie où elle est la meilleure : *Nettoyage à sec* (1997), critique acerbe d'un petit couple français typique saisi par l'attrait de l'inconnu sexuel ou *La Fille de Monaco* (2010) où Fabrice Luchini, brillant avocat quinquagénaire saisi par le démon de midi, est vampé par une bimbo à l'érotisme dévastateur (Louise Bourgoin dans un autopastiche délirant de miss Météo). Dans un monde de conventions *upper class*, grande bourgeoisie et arcanes du pouvoir, *Cherchez Hortense* (2012) de Pascal Bonitzer est une comédie plutôt grave bâtie autour du versant «poisse» de J.-P. Bacri. Faux remake à la française de *Peggy Sue s'est mariée* (F.F. Coppola, 1986), *Camille redouble* conserve l'ancrage rigolo dans le fantastique du voyage dans le temps, ce qui permet à Noémie Lvovsky elle-même de replonger avec son physique de quadra dans l'univers de ses 16 ans : c'est aussi vrai, poétique, émouvant et jubilatoire que son chef-d'œuvre sur l'adolescence *La vie ne me fait pas peur* (1999).

Les grandes individualités du cinéma 2000

Les révélations autour des années 1990 confirment et constituent désormais le nouveau panthéon du cinéma français, Olivier Assayas, Arnaud Desplechin et Bruno Dumont notamment creusent chacun de façon très personnelle, de l'ouverture à l'autisme, la psychologie des sentiments. Les premiers «films de jeunes» (déboussolés, traqués par une caméra incisive dans un monde hostile) d'Olivier Assayas s'achèvent avec la solitude de Tina rejetée par son père et mal accueillie par sa sœur dans *Une nouvelle vie* (1993), avec seulement un mince espoir de s'assumer lors de la dernière séquence à Noirmoutiers, et *L'Eau froide* (1994) où s'amorce peut-être chez de très jeunes personnages les prémices de la constitution d'un couple. Puis Assayas rompt avec cette première manière et se cherche à la fin du siècle avec trois œuvres très différentes : tourné en un mois avec un tout petit budget, le métafilm *Irma Vep* (1996) réunit en apesanteur la star chinoise Maggie Cheung et Jean-Pierre Léaud dans la mise en scène d'un remake des *Vampires* de Feuillade, tandis que *Fin août, début septembre* (1998) est un film choral revisitant thèmes, contexte et caractères de Desplechin autour de la mort du mentor d'un petit groupe d'intellectuels presque quadragénaires reculant l'entrée dans le rang d'une maturité sans fantaisie. En fait Assayas cherche depuis 1995 à monter la production des *Destinées sentimentales* (roman d'avant-guerre de Jacques Chardonne), ambitieuse superproduction qu'il ne concrétise qu'en 2000. Cette saga suit, les trente premières années du XXe siècle, le destin de trois personnages étudiés par rapport à un groupe en fonction de l'avancée de l'Histoire. Le personnage de Jean (Charles Berling) construit son existence en triptyque à partir de trois engagements successifs : la foi (il est pasteur), l'amour passion, puis l'action patronale qui le fait adhérer corps et âme au destin de l'usine. Ce roman familial à l'esthétique délibérément située entre la Qualité française des années 1950 et le feuilleton télévisé d'aujourd'hui, retravaille habilement chaque détail (matériel) tout en suggérant l'aspect métaphorique de l'intrigue.

Jacques Herlin et Michael Lonsdale dans *Des hommes et des dieux* de Xavier Beauvois, 2010.

Demonlover (2002) approfondit la volonté d'Assayas de pratiquer un cinéma populaire et situe brillamment une histoire d'espionnage industriel dans l'univers mondialiste de la jet-set *business class* et des mangas pornographiques dont le film adopte la frénésie formelle, volant son image à l'héroïne qui finira en figure virtuelle de ces sites trash et pervers qu'elle négociait depuis son bureau de verre. Si *Boarding Gate*

(2007), mauvais clonage des pires poursuites du cinéma commercial de Hong Kong est un échec dû à la faiblesse du scénario, *Clean* (2004) s'attache par contre à un personnage fort. Émilie (Maggie Cheung) à près de 40 ans, doit retrouver son fils, renaître à la vie après la drogue, la mort de son compagnon et la prison. Ce come-back est aussi celui de la star qui veut renoncer à son image lisse du cinéma de Hong Kong et l'énergie nécessaire à cette recherche identitaire nourrit la mise en scène de son périple à travers les capitales américaine et européennes. Le détour par le prototype du cinéma français d'auteur conduit Assayas à gérer le renouvellement du film choral et familial, *L'Heure d'été* (2008) analysant la manière dont les enfants de 30-40 ans vont régler l'héritage du patrimoine pictural après la disparition de leur mère à l'heure de la mondialisation (un frère vit à Pékin, la sœur à New York). C'est un éclairage neuf porté sur la thématique nationale générationnelle. Le miroir tendu par Assayas ne manque pas de pertinence.

Carlos (2010), version télé en trois volets (5 h 30) et cinéma (2 h 30) témoigne de l'aptitude du cinéaste à signer des œuvres de grande valeur de toutes natures, y compris celles les plus éloignées du cinéma d'auteur en tant que genre spécifique de la production européenne. Le meilleur moment est la prise en otage des ministres de l'OPEP à Vienne parce qu'il passe pratiquement intact du triptyque au film cinéma. La maîtrise du metteur en scène et la prestation à la De Niro d'Edgar Ramirez assurent la haute tenue de ce biopic que le public rapproche généralement des portraits contemporains du *Che* de Soderbergh et du *Mesrine* de Richet. D'ailleurs le personnage tient un peu des deux, Assayas articulant avec intelligence cohérence psychologique et complexité historique dans le chaos terroriste, financier, politique et sexuel. Sans abandonner les seventies, *Après mai* (2012) revient sur les propres souvenirs de jeunesse du cinéaste, ses 20 ans vécus à cette époque très politisée entre militantisme, éveil artistique et premières amours. Idéalisme, mais aussi hésitation, responsabilité des choix, à la fois quête de soi et rapports aux autres tendent ce film passionnant entre moments d'intimité et spectaculaires scènes de groupe. Le « roman d'apprentissage » emprunte à l'histoire sociale puis se resserre sur le cinéma embrassé au terme de bien des errances qui auront nourri cette chronique effervescente très belle mais surtout juste et pénétrante.

Léo, en jouant dans la compagnie des hommes (2004) est une œuvre étrange résultant d'un projet de diptyque composé d'une part de la saisie de la pièce d'Edward Bond pour Arte et de l'autre d'une adaptation cinématographique dans une esthétique d'un baroque viscontien.

N'ayant eu le budget que de l'un ou l'autre, Arnaud Desplechin ne choisit pas et mélange documentaire et fiction, vidéo et 35 mm dans une composition unique d'une cohérence et d'une richesse inouïes qui creuse des thématiques caractéristiques de son propre univers : le couple père-fils adoptif, amour-haine, est pris dans une spirale du mal enchevêtrée autour de la notion de pouvoir mais aussi des réalités de la folie, si bien que Shakespeare s'invite chez Bond dans une déconstruction postmoderne théâtre-cinéma.

Rois et reines (2004) pose la question : que reste-t-il d'un couple – Nora (Emmanuelle Devos) et Ismaël (Mathieu Amalric) – quand les partenaires se sont séparés et qu'ils se repassent (plutôt que partagent) le petit Elias ? Conjuguer un montage parallèle est d'ailleurs un véritable défi cinématographique car « c'est comparer deux choses qui ne sont pas comparables : des péripéties (lui) et une destinée (elle), un personnage comique du cinéma américain des années 1960 comme Mel Brooks, et une femme de mélodrame de la fin des années 1950 » (A. Desplechin). L'air du temps, le cinéaste le montre à la fois dérisoire et inquiétant. La comédie de mœurs dérape car les personnages ne sont pas simples et la mise en scène est à l'image des circonvolutions de leur cerveau. Le cinéaste a le goût des séquences à tiroirs qui se chargent de flash-back ou d'incidences, des images qui ne correspondent pas à ce qui est dit. Indiscutablement l'esthétique de Desplechin est en filiation directe de celle de Resnais. Mais on peut trouver d'autres parrainages.

Ainsi *Un conte de Noël* (2008) s'ouvre sur ce qui semble le tableau de l'archétype d'une grande famille bourgeoise (trois générations Vuillard, soit une bonne dizaine de personnages principaux) exceptionnellement réunie pour Noël autour de la mère qui a besoin d'une greffe de moelle épinière. Mais c'est plutôt *Le Parrain* à Roubaix, agrégat d'êtres excentriques occupés à quelque règlement de comptes d'esprit bergmanien traité dans un style godardien. Ces auspices auraient pu se révéler pesants mais sont d'autant mieux assumés que la personnalité du cinéaste est assez puissante pour inscrire toutes ces influences à l'intérieur d'un rapport très personnel au réalisme, mélangeant sans mesure détails et inspiration naturalistes grâce à un prodigieux brio esthétique. Il sera donc encore question de filiation, de rapports de couples et de folie : celle de *Rois et reine* est passée cette fois au petit-fils Paul (Émile Berling), mais les *borderlines*, les suicidaires et fabulateurs de toutes envergures hantent cette lignée qui se fonde dans le souvenir de Joseph mort à 6 ans, à moins que ce ne soit dans l'amie de l'ancêtre invitée pour l'occasion, vieille lesbienne que l'âge a rendue convenable ! Dans les deux cas, les liens du sang sont remplacés par des entités indéfinissables et l'humour grinçant de Desplechin fait merveille.

Un conte de Noël comporte plusieurs scènes magnifiques, comme celle du calcul des probabilités concernant l'espérance de vie de Junon, la mère, où s'affrontent Abel et Claude. Deux grands mathématiciens ont aidé Desplechin et son coscénariste Emmanuel Bourdieu, puis il a fallu transformer cette matière en dialogues, mouvements, affects, à mesure que les feuilles se remplissaient de chiffres. De même la simple scène d'amour entre Simon et Sylvia est composée de dix-huit plans dont chacun enregistre (puis met en harmonie avec les autres) des gestes tous légèrement décalés par rapport à ceux attendus et exprimant spécifiquement un sentiment précis : le désir, le respect, l'abandon, la possession… Le langage cinématographique est employé au summum de ses possibilités expressives pendant 143 minutes sans jamais s'abandonner pour autant à la surcharge maniériste, car toujours l'enrichissement du sens constitue le but de la recherche esthétique.

Après le voyage au désert en Amérique avec *Twentynine Palms* (2003) et ses deux amants qui ne sont qu'Éros et disparaîtront donc logiquement dans la cruauté de Thanatos, Bruno Dumont revient à la région des *Flandres* (2006) de ses premiers films pour y révéler le combat du mal absolu – la guerre – et de la grâce. Une fois de plus, c'est embourbés dans la glaise et par la réduction de leur image à une dimension primitivement animale que les personnages trouvent une sorte de dimension métaphysique. Mais en sont-ils vraiment conscients ? Quel drôle de chemin ces deux êtres ont-ils dû en effet parcourir pour que Demester, dans les halètements et les sanglots retenus, trouve à bredouiller par deux fois « je t'aime » dans un final où les cinéphiles verront forcément un hommage au *Pickpocket* de Bresson ? Mais ce n'est pas vraiment de rédemption qu'il s'agit ici chez Dumont. Tout au plus, après le sexe, l'avortement et l'hôpital psychiatrique pour elle, l'enfer de la guerre la plus sauvage pour lui, peut-on discerner l'émergence d'une sorte d'humanité, ni très digne ni de nature très spirituelle, mais faite de chair et d'affects, de peur aussi sans doute qui sourd de tout le film, angoisse liée à la condition même de se sentir vivant, sans réflexion conceptuelle mais qui colle à la peau comme l'air humide du Nord. L'horreur et l'atroce se conjuguent en montage parallèle : la fille dans les terres du Nord, ses deux amants dans les combats sans nom des sables du Sud ; soleil ou grisaille, pluie sombre ou sécheresse lumineuse ne font rien à l'affaire. L'acharnement sexuel est le même, conduisant à la folie l'avortée des Flandres et amenant la violée à se tromper de coupable (ou à désigner volontairement le seul qui n'ait rien fait) dans sa vengeance castratrice, ajoutant ainsi l'injustice meurtrière au délire furieux d'un conflit mené dans l'abjection. Car il faudra encore que Demester laisse mourir son rival pour sauver sa propre vie et retrouver Barbe.

L'héroïne d'*Hadewijch* (mystique poétesse brabantonne du XIIIe siècle) se nomme Céline, comme celle du film homonyme (1992) de J.-Cl. Brisseau qui, après avoir été sauvée du suicide, accomplit des « miracles » (prémonitions, dédoublement, apparition, lévitation, guérison). Rien de tel chez Dumont qui s'attache à une jeune bourgeoise naïve à la foi très vive qui, refusée au couvent, finira par devenir militante d'un groupe terroriste musulman. L'altérité du personnage reste la même que dans les films précédents, son intensité aussi (Julie Sokolowski) face aux forces de souffrance qui l'assaillent. Mais la possession extatique rejoint le conditionnement des fous de Dieu sous le regard d'un philosophe (métaphysicien) athée mais fortement interpellé par le sacré. Traversant les cités et fréquentant les jeunes beurs en toute innocence, portée par son extraordinaire passion pour le Christ, Céline sera néanmoins comblée par la découverte charnelle de l'Homme lorsque, à la faveur de travaux, le monde d'aujourd'hui pénètre dans la clôture après l'attentat à Paris où la construction dramatique se dérègle et le récit passe au plan métaphorique. *Hors Satan* (2011) plante un décor puissant, côte désolée, lande hostile et marécageuse habitée par Elle et Lui, jeunes, frustes, une punk de noir vêtue et un vagabond doté de quelque pouvoir surnaturel : capable de guérir une fillette catatonique avec des méthodes d'une violence inouïe, puis d'une brutalité sauvage avec un rival ou une routarde qu'il laisse après l'amour frappée de sidération, l'écume à la bouche. Mais le couple s'agenouille à plusieurs reprises dans la contemplation d'une nature imposante et une étrange douceur baigne leurs rapports dont l'homme exclut toute sexualité. Le Bien, le Mal se côtoient chez ces êtres de transgression sous le regard physiologique de l'auteur : les incendies s'éteignent et Elle ressuscite en hurlant à la vie. Par ailleurs Dumont maîtrise jusqu'alors l'économie de son esthétique : ses films se tiennent à des budgets d'un million et demi d'euros, très au-dessous des « films du milieu » du rapport Ferran ! Tout change avec *Camille Claudel, 1915*, interprétée par Juliette Binoche, entourée de véritables internées et d'infirmières psychiatriques sur le tournage (2012) pour reconstituer les trois jours pendant lesquels l'artiste attend son frère Paul. Dumont est toujours passionné par des êtres hallucinés dont la chair et l'esprit sont pris dans une douleur intense.

François Ozon tourne sur un rythme effréné et touche à tous les genres avec succès. Comédie policière de boulevard brillamment enlevée, *Huit femmes* (2002) séduit en réunissant les meilleures actrices du moment, traduction de sa fascination pour les comédiennes qui chantent chacune une chanson! Il dit avoir appris le métier en regardant les films de Chabrol, en admirant l'économie de moyens de Rohmer et la manière d'alterner films publics et œuvres d'expression plus personnelle de Truffaut. Moins provocateur qu'aux tout débuts, il cultive aujourd'hui plutôt l'ambivalence psychologique et s'il est le jeune cinéaste français le plus connu à l'étranger, en France il divise : « Je ne provoque pas l'indifférence : je plais ou j'agace » (Ozon). *Swimming Pool* (2003) craquelle le vernis glacé qui recouvre le face-à-face autour d'une piscine de deux femmes que tout oppose (Charlotte Rampling/Ludivine Sagnier). *5 fois ½* (2004) renouvelle la chronique d'un couple qui se défait par la fragmentation lacunaire et l'inversion de la chronologie : on est entre Bergman et Lelouch. Avec *Le temps qui passe* (2005), Ozon revient à la gravité : un jeune dans le vent, superficiel, homosexuel et peu chaleureux (excellent Melvil Poupaud) apprend brusquement qu'il n'a plus que trois mois à vivre : une fois de plus, sur un sujet minimaliste et conventionnel, il parvient par la douceur de son regard à imposer son personnage, s'arrêtant d'ailleurs au seuil des souffrances et de la déchéance. Après l'épure, la luxuriance d'*Angel* (2007) entoure l'héroïne ardente du biopic d'une célèbre romancière populaire de l'époque victorienne : gloire, beauté, mais amours mélodramatiques dans son château kitsch Paradise et, pour Ozon, pastiche subtil (car à double sens) de Douglas Sirk. Le cinéaste n'a pas convaincu avec *Ricky* (2009), le bébé volant. Pourtant le premier envol dans le supermarché est superbe, venant après la gêne du biologique : la naissance des ailes touche au monde de Cronenberg, mais le malaise fait ensuite joliment place à la fable poétique ; un ange passe.

Après l'insolite, retour à l'intimisme d'un étrange travail de deuil qui se confond avec les neuf mois d'une gestation : dans *Le Refuge* (2010), Mousse est enceinte (comme son interprète Isabelle Carré) et veuve d'un drogué. Le demi-frère gay de ce dernier lui tient compagnie dans sa retraite d'arrière-saison sur l'océan. Curieux couple dans une attente étale et sans futur. Le dénouement, après l'accouchement, serein, résulte pourtant d'une intelligente logique cinématographique : *Le Refuge* est un beau film. Effet de balance, la même année, Ozon adapte une pièce de Boulevard des prolifiques Barillet et Grédy créée en 1980 avec Jacqueline Maillan : *Potiche*. Le réalisateur conserve tous les clichés et les poncifs, mais aussi l'ancrage typique du Boulevard dans les réalités concrètes de l'époque : ici la grande bourgeoisie face aux mouvements sociaux. Pourtant on est toujours, comme il est dit, en 1977 (les modèles de voitures le prouvent) mais le présent s'invite sur le mode chansonnier (l'hyper patron, « casse-toi pauvre con… ») et le film n'est pas très loin de supposer que Mme Pujol (Catherine Deneuve) n'est peut-être pas mieux en député que Monsieur (Fabrice Luchini) en patron. Bref des conventions du début on passe peu à peu à une dérision vacharde assez réjouissante. *Dans la maison* (2012) constitue une savoureuse reprise de l'argument de *Théorème* de Pasolini avec l'irruption d'un adolescent maléfique dont son professeur veut faire un authentique écrivain.

Une grande décennie pour Robert Guédiguian, à l'Estaque mais aussi ailleurs. Sa chronique marseillaise vire au noir profond. Sur le plan intimiste *Marie Joe et ses deux amours* (2002) atteint, avec la gravité de Giono, la grandeur des premiers drames du théâtre antique en conférant à l'adultère une force passionnelle populaire qui lui rend sa dimension tragique originelle : nous sommes en Méditerranée et le mélodrame flamboyant ne saurait harmoniser la tête, le cœur et le sexe ; la mort est forcément au bout. Sur le plan du groupe, le désenchantement de *La ville est tranquille* (2000) tourne à la métaphore dans *Mon père est ingénieur* (2004) puisque Ariane Ascaride est transformée en morte vivante par la laideur du monde dans un récit à trois niveaux – présent / flash-back / allégorie – et envisageant sur trois générations désillusions, sentiment d'impuissance, fatigue, vieillissement et conduites de fuite. *Lady Jane* (2008) véhicule pour sa part une vision terrifiante de gens (le trio Meylan/Darroussin/Ascaride) qui ne peuvent trouver aucune raison valable de survivre, même si l'une a une belle boutique et l'autre une superbe voiture. S'ils sont liés entre eux par d'anciens méfaits commis avec panache, le mensonge a néanmoins empoisonné leurs rapports et tout finit par un massacre.

Ailleurs, l'herbe n'est pas plus verte. Certes *Le Voyage en Arménie* (2006) où Guédiguian envoie les comédiens-personnages de l'Estaque sur les lieux de ses propres racines se termine par un *happy end* autour d'une belle table familiale champêtre, mais le tableau de l'état actuel du pays tombé aux mains de la corruption du libéralisme mafieux montre la misère généralisée qui réduit au vol et à la prostitution. L'Histoire conduit par contre Guédiguian à prendre davantage de recul, même quand il raconte celle de Manouchian, Arménien et communiste comme lui : *L'Armée du crime* (2009) mêle efficacement la chronique familiale aux actions terroristes et insiste sur le substrat réel du mythe (l'affiche rouge ou le poème d'Aragon et la chanson de Léo Ferré). Quant au *Promeneur du Champ de Mars* (2005), portrait quasi mortuaire de Mitterrand, il retient le principe du « Dernier Mitterrand » de Georges-Marc Benamou (1987), à savoir un face-à-face entre le président (Michel Bouquet) et son jeune intervieweur (Jalil Lespert). Malgré quelques glissements et gauchissements mineurs, Guédiguian fait passer la justesse étonnante du trait et de la solitude du chef, très malade et soucieux de l'image que ces Mémoires dessineront de lui. Les questions de filiation, de transmission d'un héritage, sont récurrentes dans le jeune cinéma et vont dans le même sens que la fin de l'idée socialiste à laquelle tient Guédiguian, le paradoxal « il faut mourir en disant oui à la vie » du vieil homme fournissant une belle clé du crépuscule de son existence. Le retour à l'Estaque des *Neiges du Kilimandjaro* (2011) est la version conte utopique de *Lady Jane*, mais cette fois le trio n'a pas changé et sera durement interpellé par la violence et la révolte d'une partie de la nouvelle génération. Le regard chaleureux sur la grandeur d'âme des personnages en fait un superbe film généreux.

Depuis *Roberto Succo* (2001), Cédric Kahn marque le pas malgré le gouffre d'horreur que son adaptation de Simenon ouvre dans les petites vies bien rangées d'un couple sur la route des vacances (*Feux rouges*, 2003) et, inversement, la fable quasi fantastique mais un peu douceâtre de *L'Avion* (2005). *Les Regrets* (2009) est plus impressionnant par sa peinture de l'ouragan dévastateur qui jette littéralement Valeria Bruno-Tedeschi et Yvan Attal dans la folie furieuse d'une passion hors normes. Dans le courant de plus en plus fourni du jeune cinéma social, Kahn signe en 2012 le mélodrame du surendettement d'un jeune couple qui voulait ouvrir une guinguette au bord de l'eau : *Une vie merveilleuse*. Xavier Beauvois connaît par contre son premier triomphe avec *Des hommes et des dieux* (2010). Auparavant *Le Petit Lieutenant* (2005) parvenait à beaucoup de force, de vérité et d'émotion, ce meilleur polar de la décennie travaillant la tension entre romantisme (un « roman d'apprentissage » qui finit mal) et naturalisme (grisaille matérialiste du commissariat) pour retenir la fragilité, aussi bien du jeune policier (Jalil Lespert) que de sa supérieure abîmée par la vie (Nathalie Baye). Les sept religieux français enlevés dans leur monastère de Tibhirine en Algérie puis exécutés au printemps 1996 fournissent la base réaliste qui nourrit *Des hommes et des dieux*, un film spiritualiste mais non mystique, sans exaltation, montrant une foi inébranlable aussi éloignée du saint-sulpicianisme que du martyrologue. C'est pour être fidèle à cette ligne que Beauvois ne les montre pas décapités au final mais disparaissant dissous dans la neige en fond de plan. De toute manière les gros plans des futures têtes coupées avaient déjà été assenés avec une grande puissance dans la séquence de la Cène où l'unité s'est faite sur la décision de rester, sous le double regard – humaniste – de la mise en scène et – religieux – de la prise de vues (Caroline Champetier). Un prieur inspiré, le frère Luc, médecin à la bonté irradiante, la noblesse et la dignité de tous se trouveront renforcés par l'assassinat des ouvriers croates qui rompt le pacte de tolérance avec la population musulmane symbolisé par le plan du terroriste islamiste blessé en Christ de Mantegna ou en cadavre du Che dans la célèbre photo d'actualités. Là s'ouvre donc le chemin de croix de la violence aveugle. Beauvois se permet tout, du respect scrupuleux des chants grégoriens au *Lac des Cygnes* de Tchaïkovski accompagnant les frères buvant le bon vin apporté par le frère Luc: *Des hommes et des dieux* est un film qui a la grâce (cinématographique).

Parfois à la télévision (*Grégoire peut mieux faire*, 2002; *D'amour et de révoltes*, 2008), d'autres au cinéma, Philippe Faucon exerce son engagement généreux sur des sujets épineux. Ainsi revient-il sur la guerre d'Algérie en restant dans l'ocre jaune des pierres et du sable sous le soleil. En microséquences séparées comme les groupes humains le sont par les murs et les barbelés, *La Trahison* (2006) conte celle de quatre indigènes insoupçonnables. Mais tout est ambigu: des gestes amorcés, des mots que l'on ne comprend pas, des bruits nocturnes, des faits inquiétants (la pendaison du chien), les tortures, les exactions des paras, les morts, les humiliations des populations civiles, tout y est, mais en contrepoint de cette angoisse indicible, de l'impression que personne ne pourra sortir indemne de ce coin de bled hors de l'Histoire officielle, ni les soldats français, ni le FLN, ni les harkis. *Dans la vie* (2008) est un beau conte sur le rapprochement israélo-arabe dans des familles du Midi où la vieille Halima devient garde-malade de la grosse Esther clouée dans sa chaise roulante. Bientôt les deux femmes âgées assument leur amitié contre les préjugés de leurs communautés respectives et des informations télévisées, en dépit aussi des provocations des deux côtés (le hammam, le bistrot, la plage). La chaleur humaine et l'humour de l'auteur arrondissent les angles et Halima pourra enfin partir à La Mecque grâce à l'argent gagné chez les Juifs! Retour au froid constat démonstratif avec *La Désintégration* (2012) exposant le destin d'un jeune beur des cités embrigadé dans le terrorisme islamiste et qui mourra dans sa première mission suicide.

Après avoir fait son *Grand Embouteillage* (*L'Ingorgo, Una Storia Impossibile*, Luigi Comencini, 1978) recentré sur deux personnages sans intérêt (*Vendredi soir*, 2002), Claire Denis baigne dans la musique des Tindersticks l'histoire tendre d'un rapport père-fille quand la vie à deux va forcément cesser, entre le veuvage de l'un et le mariage de l'autre : il faudra que Lionel boive ce 35ᵉ rhum *(35 rhums*, 2009) de la tradition antillaise dans ce beau film exclusivement habité par des Noirs, sauf le jeune marié (sympathique antiracisme à l'envers et simplicité proche de la quotidienneté d'Ozu). Dans *White material* (2010) par contre, rien ne va plus : l'Afrique (qu'elle décrivait postcoloniale en 1987 dans *Chocolat* très autobiographique) est devenue un chaos : guerre civile, enfants soldats, massacre, seigneurs de guerre et chasse aux Blancs. Au centre : Marie (Isabelle Huppert), attachée à sauver la plantation de café, lutte avec une extraordinaire capacité de résistance qui n'est plus qu'aveuglement dans un pays où, quelle que soit sa légitimité à rester (elle y est née, n'est pas propriétaire et travaille... comme un nègre), on ne veut pas d'elle ni des trois hommes veules qui l'entourent. Les plus grosses atrocités sont laissées hors-champ et la cinéaste explore l'abcès de ce désastre.

Philippe Loiret a commencé dans la comédie (*Tenue correcte exigée*, 1997) mais dès *Mademoiselle* (2001), la visiteuse médicale (Sandrine Bonnaire) et le comédien d'improvisation pour noces et banquets (Jacques Gamblin) font de leur brève rencontre amoureuse une histoire dont l'intensité marquera les protagonistes. Belle œuvre douloureuse, *Je vais bien, ne t'en fais pas* (2006) décrit l'extrême détresse d'une jeune fille dont l'attachement pathologique à son frère jumeau a mené son père à entretenir un mensonge de plus en plus insoutenable. L'inhumain traitement d'isolement clinique ne sera qu'une thérapie encore plus épouvantable. *Welcome* (2009) filme à l'émotion une histoire poignante qui aurait pu être traitée en fiction de gauche, style des Costa-Gavras d'hier. Pour évoquer Calais, les émigrés et la chasse à ceux qui essayent de passer à Londres, le cinéaste entrelace habilement une petite histoire de couple brisé (celui du maître nageur, Vincent Lindon) avec la grande histoire des migrants (l'Irakien de 17 ans qui croit pouvoir rejoindre l'Angleterre à la nage et travaille à réaliser son rêve dans un contexte de terrifiante inhumanité). Le croisement des deux récits sera catastrophique pour tous. *Welcome* a frappé par la dénonciation implacable d'un sort absolument odieux réservé par la France à de pauvres gens trompés et désespérés. Par contre Lioret articule mal le cancer du cerveau et la lutte juridique contre les sociétés de crédit à la consommation dans l'aventure sentimentale de deux petits juges (*Toutes nos envies*, 2012).

Jérôme Bonnell élabore ses films à partir d'un séduisant puzzle scénaristique, esthétique et psychologique. Ainsi, dans le temps suspendu d'une petite ville de Beauce en fin d'été, on pénètre dans le récit du *Chignon d'Olga* (2002) en s'attachant aux comportements amoureux du jeune Julien fantasmant sur la nuque de la jolie vendeuse d'une librairie, mais le tableau s'élargira néanmoins très vite aux membres de toute une famille disloquée autour d'un cimetière. *Les Yeux clairs* (2004) sont ceux d'une jeune femme sortant d'un hôpital psychiatrique pour reprendre pied chez son frère mais elle préférera s'assumer en se lançant seule dans un long voyage en Allemagne. *J'attends quelqu'un* (2007) tisse des harmoniques ténus entre divers protagonistes pour former un récit : Stéphane qui revient au début mais repartira à la fin, ayant raté sa paternité, le cabaretier et la jeune prostituée qui s'aiment mais n'assument pas, le couple médiocre… Tout glisse, dérape, et les appels de fiction s'enlisent dans le néant de la petite agglomération. *La Dame de trèfle* (2010), c'est Argine, la sœur toute en débordements et contrastes, vivant avec son frère replié sur une intériorité un peu lâche entre galère et longues nuits arrosées et musicales dans un bistrot d'un fond de province sinistre. Deux meurtres amèneront ce faux couple à se séparer car, imprévisibles non seulement d'une scène à l'autre mais à l'intérieur même de certaines séquences, ils forment l'avers et le revers d'une personnalité maléfique qu'il faut avoir la force de briser. La lenteur et la grisaille des trois premiers films touchent là au mur de l'insurmontable. *Le Temps de l'aventure* (2013) fait rejouer *Brève Rencontre* (D. Lean, 1946) à une actrice lâchée sans agent ni portable (Emmanuelle Devos) et un bel inconnu à l'air triste (Gabriel Byrne).

Sympathique, *Les Saveurs du palais* (Christian Vincent, 2012) ne tient pas tout à fait les promesses originales du sujet (les deux ans de la cuisinière privée de Mitterrand à l'Élysée) et du casting (Catherine Frot, Jean d'Ormesson). *Dernière Séance* (Laurent Achard, 2012) dynamite quant à lui les codes du «slasher» (film de tueur psychopathe à l'arme blanche) par la nostalgie cinéphilique des vieilles salles de banlieue. Pour sa part, bardé de nobles sentiments sur la fin de vie dans la dignité d'une mort programmée, *Quelques heures de printemps* (Stéphane Brizé, 2012) se perd dans les mesquineries des rapports mère raide et fils paumé. Longtemps attendu, le «retour» insolite de Leos Carax se fait la même année dans la longue limousine blanche de *Holy Motors* habitée par un Denis Lavant à transformations qui revisite lieux et personnages emblématiques de l'œuvre du cinéaste dans une atmosphère funéraire irisée de quelques notes d'humour.

L'énergie du jeune cinéma des années 2000

Sans contester les grandes individualités que nous venons de voir dégagées dès l'année 2000, d'autres cinéastes se placent aujourd'hui à leurs côtés après quelques films à peine, voire dès leur premier long-métrage. Les générations se superposent et se brouillent (il n'y a plus vingt ans entre chacune d'elles) à l'image du nouveau cinéma chinois post-maoïste qui s'autoproclame lui-même de première, seconde ou cinquième génération sans éclaircir les choses pour autant. Il semblerait d'ailleurs en France qu'à l'opposition classique/moderne devrait se substituer bientôt l'antinomie cinéma-émotion (venu de J. Doillon, poursuivi par X. Beauvois, A. Kechiche ou L. Cantet) / cinéma-cinéphile (de P. Trividic à C. Honoré), à savoir d'un côté le premier degré, de l'autre le référentiel avec un certain recul paradoxalement assorti d'un clin d'œil à une culture cinématographique de personnages, situations, récit dramatique. Mais ces deux types sont-ils finalement si incompatibles ? Peut-être pas, ou sans doute est-il encore trop tôt pour instaurer de tels clivages.

En dix ans Christophe Honoré a non seulement construit une filmographie conséquente mais aussi un univers, avec ses lieux (Paris), ses comédiens et sa légèreté de ton sur des sujets mélodramatiques. Romancier mode au style recherché (*L'Infamille*), il écrit des scénarios et réalise un premier film marginal (*Tout contre Léo*). *17 fois, Cécile Cassart* (2002) est un long-métrage talentueux sur la reconstitution mentale d'une jeune femme terrassée par la mort de son époux. Le récit est éclaté en dix-sept approches, sortes d'esquisses de peintre montées harmoniquement plus que dramatiquement autour d'une Béatrice Dalle toute en sobriété douce. *Ma mère* (2004) transpose le roman de Georges Bataille de nos jours, dans le tourisme sexuel des îles Canaries pour opposer ce dévergondage de vacances à l'initiation à la débauche d'un fils mystique, par sa mère vivant l'immoralité comme une antireligion.

Dans Paris (2006) se construit autour d'une fratrie dramatico-loufoque des deux héros submergés par la tristesse des autres. Agressivement monté (un des protagonistes s'adresse directement au spectateur, le récit est fracturé, Honoré mélange des séquences situées au même endroit avec les mêmes personnages mais à des périodes différentes), le film articule avec bonheur avantages et inconvénients des histoires tordues. Ainsi, la scène la plus émouvante est-elle un duo chanté et versifié au téléphone du couple désaccordé se retrouvant après une très sévère dépression de l'homme (Romain Duris) qui assume le drame tandis que son frère (Louis Garrel) assure à la fois la narration et l'aspect cocasse. On commence comme chez Pialat par la description sévère de la dégradation du couple avec haine, souffrance et séquences brisées. Le film se poursuit dans un feu d'artifice de sentiments et de mal-être, patchwork de Godard, Truffaut et Demy combinant la lenteur de Paul à la vitesse d'un Jonathan qui joue un peu à la manière de Jean-Pierre Léaud. Comme le ton est davantage celui de la comédie que du drame, ces références scintillent sans alourdir.

Avec *Les Chansons d'amour* (2007), Honoré fait le choix de la comédie chantée tout en restant fidèle à sa thématique autant qu'à son style. L'ouverture du film est déjà de bon présage : Julie (Ludivine Sagnier) se rend toute seule au cinéma L'Albatros tenu par Jean-Pierre Mocky sans même savoir le film qu'elle va voir ! S'installe plaisamment une cinéphilie référentielle déjantée bien dans l'esprit de ce film chanté de façon remarquable par tous les comédiens. Le meilleur du film réside dans ces chansons – musique Alex Beaupain, paroles de C. Honoré et A. Beaupain – composées en mixant les accents de la pop années 1980 (esprit Étienne Daho) à la tendance littéraire d'un Vincent Delerm : « Alex Beaupain a une manière désinvolte d'écrire des chansons violentes sur les sentiments et leur complexité ». Cette musique permet en effet à Honoré de filmer avec élégance sur un ton détaché des choses sérieuses mais dont les personnages eux-mêmes refusent la gravité. Ainsi le stakhanoviste du sexe ne sera pas trop longtemps affecté par la mort de Julie et sa vitalité emportera tout, même son hétérosexualité ! Quatre ans plus tard, *Les Bien-Aimés* (2011) reprend le même principe, les chansons de Beaupain, L. Sagnier, L. Garrel et Ch. Mastroianni, des amours embrouillés (homo-hétéro) et des réactions insolentes (face à la mort). L'histoire s'étend sur cinquante ans (depuis les années 1950), à Paris, Londres, Montréal, Prague (lors de l'entrée des chars russes en été 1968) et New York (le 11 septembre 2011), mais l'Histoire est éjectée avec violence du mélo intimiste que vivent les héroïnes. Madeleine est interprétée jeune par Ludivine Sagnier et vieillie par Catherine Deneuve dont la fille Véra, jouée par Chiara Mastroianni, hésite entre le professeur Louis Garrel et un Américain gay… tous se retrouvant dans un même plan, temps, espace et réalisme abolis. Belle inversion des conventions, les anciens sont dans la frivolité et l'inconstance, les jeunes dans la fidélité et la douleur.

La Belle Personne (2008) est une nouvelle adaptation de la « Princesse de Clèves » (après J. Delannoy, M. de Oliveira et A. Zulawski), grave, simple conte d'hiver dans un lycée bourgeois du 16e arrondissement où les jeunes, empreints de spiritualité, sont cultivés et apprécient le *bel canto* dans un film délicieusement désuet. *Non ma fille, tu n'iras pas danser* (2010) est aussi une plaisante curiosité dans le contexte choral type *Un conte de Noël* et *L'Heure d'été* mais à la campagne où Léna (Ch. Mastroianni) qui vient de divorcer fait son malheur et celui de tous ceux qui l'entourent. Honoré multiplie les fausses pistes narratives (le vieux père tombé de vélo amorce le récit puis on l'oublie) avant de développer longuement deux inserts aberrants (une légende bretonne avec prétendants tués au cours d'une danse menée par le diable; puis perte de deux fillettes parties à la recherche du chat) qui fournissent en fait les clés psychanalytiques de la solitude de Léna.

Bertrand Bonello commence modestement par creuser le désamour d'un jeune couple dans *Quelque chose d'organique* (1998). *Le Pornographe* (2001) cisèle ensuite le portrait d'un cinéaste vieillissant (Jean-Pierre Léaud), père abandonné, époux démissionnaire et réalisateur de «films de cul» qui doit renoncer à ses partis pris de mise en scène et se trouve dépossédé de son «œuvre». En contrepoint son fils prodigue revient, mais se cherche entre le front du refus et le choix de fonder une famille sur fond de campagne printanière! C'est dans ces conditions, ces mouvements inaboutis, que s'impose un film aux rythmes musicaux, tour à tour tendu, sordide, ironique et bouleversant. Curieusement, ce réalisateur d'à peine plus de 30 ans filme du côté de la paternité (le père est le personnage principal) plutôt que de la filiation (le fils est montré surtout dans ses impasses). Bonello emprunte beaucoup à Bresson (les décalages entre la voix qui lit le journal intime, les mots écrits montrés ou les images accompagnées en off), tandis que l'extrait de *La Comédie de Dieu* (César Monteiro), dans lequel une très jeune fille en maillot nage sur la table enveloppée d'une somptueuse orchestration que semble diriger le vieil homme, atteint à l'essence d'une sexualité à la recherche de laquelle s'épuise le personnage de Bonello dirigeant ses stars du X (Ovidie et Titof) comme Bresson ses modèles dans les décors d'*India Song*.

Abandonnant tout naturalisme, Bonello adapte pour son troisième long-métrage le mythe de *Tiresia* (2003), l'homme devenu femme, aveuglé par une déesse mais doté par les dieux d'un don de divination. L'actualisation pervertit la légende en faisant de Tiresia un transsexuel brésilien du bois de Boulogne et en juxtaposant deux moments successifs de cette existence étonnante: d'une grande beauté, Tiresia est séquestré dans la première partie du film par un inquiétant poète au physique de *serial killer;* privé d'hormones, le transsexuel redevient alors un homme à la barbe noire et à la voix grave; furieux son geôlier lui crève les yeux. Dans la seconde partie, Tiresia réapparaît, devenu un prophète à la dimension christique. Mais est-ce vraiment le même Tiresia ? Ce nouveau personnage – le doux père François – est incarné par Laurent Lucas qui jouait son bourreau dans le premier volet et Pasolini remplace Almodovar pour la référence stylistique quand les impulsions métaphysiques virent à la fable philosophique. *Tiresia* donne figure à la transgression : séquestré pour être regardé au judas de la cave par l'œil de Terranova, il se verra lui-même privé de la vue dans une scène horrible où le sang gicle et fusent les cris de douleur. Il fallait cette violence pour passer à l'extase spirituelle de l'être dont le visage est changé mais demeure profondément étonnant. Cette dualité fait de *Tiresia* un monstre ; les deux parties se reflètent l'une dans l'autre, brouillant les chronologies et les identités dans un univers désormais réduit à des ombres et des silhouettes que Tiresia parcourt en chantant « Teresinha de Jésus » (une chanson évoquant précisément le mythe). On est toujours aux limites du songe et du réel dans les tonalités de feu. En 2006 Bonello, cherchant de nouveaux chemins de création, tourne un court-métrage avec Asia Argento, *Cindy, The Dol is Mine* et lui qui avait été d'abord musicien, sort la même année un album *Stratégies obliques*, puis mêle spectacle vivant et musique dans *My New Picture*, performance où Sabrina Seyvecou en scène est filmée réagissant à l'écoute des musiques. Son long-métrage suivant, *De la guerre* (2008) est décevant : une secte *soft*, puis la reprise du finale d'*Apocalypse Now* balisent la recherche existentielle du pauvre héros bloqué une nuit dans un cercueil exposé chez les pompes funèbres, le tout introduit et conclu par Bob Dylan.

L'Apollonide, souvenirs de la maison close (2011) est par contre un somptueux lamento viscontien, chronique crépusculaire de la chair triste et tarifiée au tournant 1900, sans vraie dramaturgie ni héroïne. Douze filles animent le tableau (parmi lesquelles se remarquent Céline Sallette et Hafsia Herzi) ; seule la « femme qui rit » au visage défiguré comme le personnage de Victor Hugo sert de repère, y compris par son rêve en place d'inconscient du film entier. D'audacieux anachronismes musicaux – comme la danse des pleurs sur *Nights in White Satin* des Moody Blues – favorisent un temps suspendu et à chronologie brisée d'inserts fulgurants (la bouche lacérée et hurlante, le visage purulent de la morte par syphilis… ou le pétale de rose se détachant tout seul) sur fond de commerce du sexe où beauté et douceur lancinante couvrent la vérité : une prison à perpétuité pour de somnambuliques opiomanes vouées à la représentation du théâtre des fantasmes d'une volupté sans amour ni même sensualité. C'est la femme offerte aux désirs des hommes en bords de plans, saisie dans son quotidien de coulisses puis dans le mouvement inéluctable vers la fermeture de la Maison. Le corps (et non le sexe) fonde l'éthique du regard.

Travaillant le réalisme et le sociétal l'un par rapport à l'autre pour en éviter l'amalgame, Laurent Cantet met toujours en scène, depuis *Ressources humaines* (2000), des gens qui ne sont pas tout à fait « à l'endroit où il faudrait, pas totalement en phase avec les gens qui vous entourent, d'êtres confrontés à une complexité qui vous dépasse et face à laquelle il faut toujours improviser, trouver une réponse » (L. Cantet). C'est vrai du cadre supérieur ayant perdu son emploi et qui le cache (*L'Emploi du temps*, 2001), comme des riches cinquantenaires nord-américaines face aux jeunes haïtiens prostitués de luxe (*Vers le Sud*, 2006), mais surtout des personnages mis en spectacle *Entre les murs* (Palme d'or à Cannes 2008) dans la classe de quatrième de ZEP (zone d'éducation prioritaire) : François Bégaudeau (auteur très médiatisé du livre à succès) est le remarquable interprète vedette de son propre rôle. En face, de vrais élèves jouant la spontanéité et l'aspect documentaire d'un (faux) pris sur le vif (reconstitué lors de longs ateliers de préparation). La réussite incontestable de Cantet est dans l'harmonisation des deux tendances lors de renversements constants des pôles réunis par de rares moments d'équilibre dans une superbe victoire de la fiction cinématographique. Le film est juste, du dessin d'ensemble au moindre détail. Certes il fait ses choix : focaliser sur la discipline (davantage que le savoir), sur les difficultés du métier dans une classe telle que celle-ci, et filmer prioritairement les moments d'échange. Film dans l'école (c'est le sens du titre) et non SUR la pédagogie (celle de Bégaudeau est discutable et d'ailleurs il dérape ou échoue à plusieurs reprises), *Entre les murs* crée des personnages (Souleymane est un rôle de composition) et son portrait généreux d'une génération pose la question fondamentale : à quoi sert l'école ? C'est dans une petite ville américaine des années 1950 que Cantet situe *Foxfire, confessions d'un gang de filles* (2013) interprété aussi par des non professionnelles incarnant de jeunes révoltées contre le machisme ambiant et constituant un phalanstère féministe révolutionnaire.

Abdellatif Kechiche commence dans le dolorisme du cinéma beur, mais en s'attachant déjà à la situation strictement contemporaine de Jallel depuis ses émerveillements, jusqu'à sa dégringolade de trahisons en foyer SDF, service psychiatrique et finalement expulsion (*La Faute à Voltaire*, 2001). À partir des répétitions d'une scène des *Jeux de l'amour et du hasard* de Marivaux par une poignée de préadolescents des banlieues pluriethniques, *L'Esquive* (2004) dresse l'énergie de Lydia la blonde, bien dans sa peau, assurée de son charme et virtuose des mots de la cité, face à Krimo, le jeune beur introverti qui voudrait bien sortir avec elle et essayera fort malhabilement de jouer de son rôle dans la pièce pour arriver à ses fins. Mais régi par les grands frères et la police, le contexte n'est guère favorable une fois sorti de l'école, seul lieu d'interpénétration des deux communautés d'adolescents ! Conte de Sète, *La Graine et le mulet*, triomphe Art et Essai de 2007, évoque quelque Pagnol maghrébin entre Pedro Almodovar et Robert Guédiguian, sans oublier Frank Capra pour la force de l'utopie qui fait avancer les personnages. Toujours à partir d'excellents non-professionnels, autour de la révélation d'Hafsia Herzi (après Sarah Forestier dans *L'Esquive*), Kechiche brosse le tableau de tout un groupe voulant matérialiser le rêve du vieux Slimane d'ouvrir un restaurant de couscous dans un bateau du port. Mais une suite de malchances s'abattra sur la soirée d'ouverture qui fournira la plus intense séquence avec d'un côté la mort à cause du vol du vélomoteur par des gosses inconscients et, de l'autre, l'explosion sensuelle d'une danse du ventre exécutée pour sauver l'entreprise par la jeune fille en transes. L'élan du récit est à son comble et confine au sublime. Le corps déjà au centre de *L'Esquive* (la somptueuse robe Louis XV) et de *La Graine et le mulet* (la danse) est martyrisé dans *Vénus noire* (2010) par le voyeurisme et l'argent : avec ses fesses hypertrophiées et ses organes génitaux protubérants, Saartje Baartman, la Vénus hottentote, est un monstre de foire exhibée au début du XIXe siècle par son patron d'Afrique du Sud à Londres, puis vendue à un montreur d'ours qui la produit dans des spectacles pornographiques des salons bourgeois du Premier Empire à Paris. À ces regards de classes s'ajouteront ceux de la justice britannique et de la science française alors qu'elle tombe dans la prostitution, la maladie, la spirale du scandale et du dégoût.

Dans *Wesh wesh* (2002), Rabah Ameur-Zaïmeche interprète lui-même Kamel qui, victime de la « double peine » (cinq ans de prison et l'expulsion en Algérie à la sortie), revient deux ans plus tard dans la cité des Bosquets. Mais, sans papiers, il ne trouvera que refus, impasses et mort au terme d'un enchaînement fatal dont l'authenticité – shit, junkies, dealers et flics ignobles – crie l'injustice d'une situation désespérée. *Bled Number One* (2006) pourrait se passer chronologiquement avant *Wesh wesh* : Kamel, renvoyé en Algérie, y est rejeté par une société ancestrale qui, malgré sa lutte contre les nouveaux intégristes, n'en reste pas moins aussi arriérée que celle prônée par les mollahs : pour lui ce sera la fuite ou le cercueil. Dans *Dernier Maquis* (2008), en France, Mao échoue à acheter la paix sociale et la bonne marche de sa petite entreprise, exploitant de façon paternaliste la main-d'œuvre pour laquelle il installe une mosquée. Utilisant l'accumulation de centaines de palettes rouges et le ballet des Fenwick, le cinéaste travaille autant le symbolisme que l'ambiguïté et articule lutte des classes et problèmes de foi qui aboutissent à l'impasse finale : les blancs-beurs mécaniciens licenciés ont tabassé le patron mais les manœuvres noirs refusent la grève !

Le cinéma beur de dénonciation civique n'est d'ailleurs pas le fait de ces deux seuls réalisateurs comme en témoigne l'œuvre de Karim Dridi riche de près d'une dizaine de longs-métrages. *Khamsa* (2008) marque notamment le retour du cinéaste à Marseille et à l'enfance (comme dans son premier long-métrage *Bye-Bye* en 1995), cette fois dans un camp de gitans dont les roulottes jouxtent le bidonville des Arabes en contrebas d'une bretelle d'autoroute à l'Estaque. Malgré son énergie qui donne sa force au film, Marco, 11 ans et demi, intègre un groupe d'*olvidados* d'un quart-monde d'aujourd'hui qui évoque Calcutta ou les favelas brésiliennes. Tourné avec des protagonistes recrutés sur place, *Khamsa* est un documentaire fiction impressionnant. *Inch'Allah dimanche* (Yamina Benguigui, 2001) est par ailleurs un beau mélodrame peignant le sort des femmes algériennes transplantées en France à l'occasion de la loi du « regroupement familial » de 1973 et enfermées par leurs époux dans un isolement tragique que la cinéaste fera éclater en recourant au fantastique de l'improbable épopée d'un bus de ville.

Venue des *Cahiers du cinéma*, Mia Hansen-Love réalise son premier long-métrage à 25 ans – *Tout est pardonné* (2007) –, puis *Le père de mes enfants* (2009), deux merveilles de mise en scène à la grande liberté narrative et au sens de l'image étonnant, abordant avec une délicatesse infinie l'impact de la mort d'un père sur ses enfants. Bouleversant la famille, et, dans les deux cas, brutal, le décès innerve les récits, le second dans l'instant mais le premier sur douze ans. *Le père de mes enfants* s'appuie sur le destin du producteur Humbert Balsan et parvient à transcender les clichés sur les milieux cinématographiques, tout en retrouvant la fragilité structurale un peu bancale de *Tout est pardonné* qui fait beaucoup pour le charme des films. Romantique à souhait, *Un amour de jeunesse* (2011) s'inscrit dans une superbe campagne ardéchoise, mais aussi à Paris sous la neige. Il n'aura duré que quelques mois puis imprimera une grande partie de l'existence : oui ils se reverront, referont l'amour, mais la vie est passée et elle comprendra, non sans douleur, que ça ne reviendra plus. D'autres anciens critiques des *Cahiers* passent également à la mise en scène, souvent modestement à la faveur de polars : Cédric Anger (*Le Tueur*, puis *L'Avocat*, 2007/2010). Dans *Espion(s)* (2008), Nicolas Saada campe un beau couple manœuvré par une histoire qui les dépasse ; Thierry Jousse signe deux œuvres atypiques : *Les Invisibles* (2008), film sur la musique, l'autisme artistique, un troublant fantastique nocturne ; *Je suis un no man's land* (2011) avec le chanteur Philippe Katerine dans une fable cocasse et incongrue.

Les sœurs écorchées vives, Isild Le Besco et Maïwenn, rentrent quant à elles au cœur d'un naturalisme de l'instant. Ayant fait ses classes comme comédienne chez Emmanuelle Bercot, Benoît Jacquot ou Cédric Kahn, Isild Le Besco filme dans l'urgence trois réussites caractéristiques (c'est-à-dire inconcevables dans les conditions normales de la production française) du nouveau cinéma DV. *Demi-tarif* (2003) montre la survie sauvage d'une fratrie de trois enfants abandonnés à eux-mêmes dans un grand appartement. *Charly* (2006) tire la quintessence de la rapidité d'exécution (tourné en quelques jours : son petit frère joue, l'aîné fait la photo, le mobile-home est celui des grands-parents), la réalisatrice disant aimer « le trait, sa vitesse, sa netteté ; le figé, le poli, le vêtu m'ennuient vite ». Lancé dans la nature à la recherche de la mer vue sur une carte postale, Nicolas (14 ans) rencontre Charly (Julie-Marie Parmentier) à peine plus âgée que lui mais déjà prostituée, vivant dans une caravane près des poubelles à la campagne. Ponctués des « Je sais pas » de Nicolas et « Tu comprends » de Charly, les rapports des adolescents cristallisent dans deux superbes scènes qui se répondent : elle fait réciter « L'éveil du printemps », le livre qu'a oublié au café le professeur de Nicolas qui veut apprendre par cœur le rôle de Melchior. À cette occasion Charly découvre la lecture, mais sans abandonner pour autant sa manie de donner des leçons. C'est à la fois amusant et d'une grande justesse émotionnelle. Plus tard Isild Le Besco fait bouger le cadre de l'inévitable scène de l'initiation sexuelle. Elle a déjà les gestes précis de la professionnelle et lui subit, sous elle, à moitié endormi. Filmé en plan général sans que se dégagent ni érotisme ni sensualité, il s'agit simplement pour le garçon d'un passage obligé. Chacun a donc fourni à l'autre ce qu'il pouvait. Aucun ne s'est rendu compte de la puissante nécessité de ce qu'ils ont donné et reçu. Isild Le Besco, elle, a filmé tout cru l'échange. Sans conceptualiser, elle a discerné et exprimé la transmission de quelque chose touchant à la substance même de la nature humaine avec un sens extraordinaire du cinéma que l'on retrouve dans *Bas-fonds* (2010 : trois jeunes délinquants basculent dans le crime).

Dans *Pardonnez-moi* (2006), largement autobiographique, Maïwenn interprète elle-même une jeune femme enceinte en train de tourner un film en DV sur sa famille décomposée pour crever l'abcès du secret, à savoir que son père l'a battue pendant dix ans. Son impudeur sentimentale et son côté « chieuse » sont exacerbés, sa roublardise indéniable, mais elle réussit plusieurs scènes délicates à l'arraché par une vitalité débordante, une révolte presque joyeuse. *Le Bal des actrices* (2009) déguise en documentaire ce qui n'est en somme qu'une série de faux autoportraits de la cinéaste elle-même, irritante, complaisante, mais réussissant de belles scènes qui faussent avec malice le jeu de la critique : on sait en effet que *Le Bal des actrices* est une pure fiction, mais l'auteur fait tout pour que le public pense que Christine Boisson se venge vraiment aujourd'hui de sa carrière ratée en humiliant ses élèves comédiens, que Mélanie Doutey est devenue capricieuse et poseuse ou que Muriel Robin et Jacques Weber sont des acteurs moyens qui ne peuvent supporter l'orgueil de l'autre. L'exercice proposé aux interprètes est pervers mais vivifiant. *Polisse* (2011), chronique (fictionnelle mais à partir de faits réels) du quotidien de la brigade de protection des mineurs, est un film à la Pialat dont le montage travaille la dynamique de scènes elles-mêmes construites sur l'énergie des personnages.

Dans le genre comique, on assiste à l'émergence de styles très différents. Scénariste, metteur en scène et interprète, Emmanuel Mouret crée son personnage de Keaton – Pierrot lunaire dans des intrigues amoureuses soft d'esprit « rohmérien » depuis *Laissons Lucie faire* (2001) où il demande à la délicieuse Marie Gillain de vendre des maillots de bain sur les plages. *Changement d'adresse* (2006) se moque plaisamment de la colocation avec une jolie bécasse, chacun échouant à trouver ailleurs ce qui est sous leurs yeux. *Un baiser s'il vous plaît* (2008) serait plutôt « un baiser, attention danger » entre vaudeville et esprit Eugène Green dans un récit en miroir, celui d'un (faux) couple se racontant des histoires de couples qui lui ressemblent. *Fais-moi plaisir* (2009) multiplie les argumentaires alambiqués avec sa compagne sur fidélité et jalousie, culminant dans une inénarrable réception chez la fille du président de la République. *L'Art d'aimer* (2011) se décline en six sketches en référence à Ovide et Rohmer concernant la difficile articulation entre sexe et sentiments. Ce divertissement fin, léger, élégant montre qu'en fait le corps triomphe toujours des subtilités de l'esprit ! Michel Hazanavicius débute avec deux pastiches hilarants, *OS 117, Le Caire nid d'espions* (2006) et *OS 117, Rio ne répond plus...* (2009), deux missions du même Hubert Bonisseur de La Bath (Jean Dujardin habile dans l'autodérision), look à la Cary Grant et Sean Connery avec, comme dit le comédien, « davantage de connerie que de Sean » pour un retour aux bouquins de Jean Bruce et aux nanars français des années 1950, sous l'égide d'Alfred Hitchcock ou du côté des catcheurs sud-américains et autres Yakuzas. Laissant la parodie pour un « à la manière de », *The Artist* (2011) filme en muet son couple Jean Dujardin/Bérénice Bejo (plus un cabot épatant) à Hollywood lors du passage au parlant. Il chute, elle monte en haut de l'affiche, mais l'amour et la comédie musicale les réunissent : un défi ébouriffant, une réussite du glamour, du spectacle et de l'émotion. Un succès planétaire est à l'avenant, menant même film et interprète à la consécration des Oscars ! Compères de *Groland* sur Canal+, Gustave Kervern et Benoît Delépine concoctent pour *Louise-Michel* (2008) un scénario d'esprit « Hara-Kiri » (les ouvrières d'une usine délocalisée payent avec leurs indemnités de licenciement un tueur professionnel pour assassiner leur patron voyou) et les confient à un cocasse tandem de Pieds-Nickelés : Yolande Moreau, ex-taulard déguisé en femme et Bouli Lanners, ex-grosse fille déguisée en homme. Les cinéastes en remettent une couche dans *Mammuth* (2010) en accompagnant, sur sa vieille moto des années 1970, Gérard Depardieu, longue chevelure au vent, partant à la recherche de ses certificats de travail pour ses indemnités de retraite. Il trouvera surtout, noyés dans la merditude du plat pays, les losers, débiles, freaks, dégénérés, branleurs et le plus trash du comique grinçant, mais avec panache ! Au terme d'un road movie immobile, *Le Grand Soir* (2012) est préparé au fond du parking délabré d'une zone commerciale par un vendeur de literie licencié qui rejoint son frère, SDF punk iroquois à chien et destroy à la bière (B. Poelvoorde).

Cette boue naturaliste du terroir franco-belge se retrouve d'ailleurs sur le mode tragique dans les meilleurs films de Lucas Belvaux comme *La Raison du plus faible* (2006) situé à Liège – sous influence des frères Dardenne –, mais aussi dans l'esprit du *Voleur de bicyclette* (à cause de la mobylette en panne qu'il faut remplacer) et l'univers de Ken Loach (pour la dignité et la convivialité de la classe ouvrière). Cette lamentable histoire de braquage qui tourne mal et de couple aliéné par les erreurs de l'air du temps est d'une terrible justesse. Très éclectique, Belvaux est par ailleurs le réalisateur inspiré d'un défi cinématographique : *Trilogie* (2003) raconte dans trois films différents la même histoire – ample, complexe, chorale – en focalisant successivement sur un des trois personnages principaux et en changeant chaque fois de genre : 1. *Un couple épatant* est une comédie, 2. *Cavale* un polar, et 3. *Après la vie* un (mélo) drame. Belvaux réussit aussi dans *Rapt* (2009) la transposition d'un fait divers de 1978 – l'enlèvement du baron Empain – en pleine crise économique. *38 témoins* (2012) est un sujet fort (lâcheté et non-assistance à personne en danger) traité à partir du vécu d'un jeune couple qui n'y survivra pas et de la solitude de la vie en ville (Le Havre).

Mathieu Amalric, l'acteur emblématique du jeune cinéma français depuis vingt ans, a réalisé plusieurs longs-métrages de valeurs inégales : *Le Stade de Wimbledon* (2002) est un envoûtant errement entre l'absurde et le malaise dans la ville de Trieste et surtout *Tournée* (1910), un vrai sujet de cinéma suivant le retour d'un producteur raté de télévision avec un spectacle de « new burlesque » interprété par l'authentique troupe des grosses stripteaseuses américaines qui constituent aux États-Unis un phénomène de société. La mise en abyme est habile et Amalric s'y donne son meilleur rôle entre documentaire et fiction.

À cheval sur la frontière des cinémas d'auteur et commercial de qualité, on trouve le groupe de cinéastes de la promotion IDHEC 1983-1986 (c'est-à-dire entrant à l'école de cinéma juste lorsqu'en sortaient Arnaud Desplechin et ses amis N. Lvovsky, P. Ferran…) qui formèrent la petite structure de production Sérénade destinée à se produire les uns les autres et composée, outre de Laurent Cantet et son scénariste Robin Campillo, de Vincent Dietschy (*Julie est amoureuse*, 1998), Thomas Bardinet (*Le Cri de Tarzan*, 1995), Dominik Moll et Gilles Marchand, ces deux derniers développant des atmosphères inquiétantes aux limites du fantastique : *Harry, un ami qui vous veut du bien* (D. Moll, 2000 : un vieux copain qui dérange dangereusement l'équilibre d'un jeune couple dans une maison isolée), *Lemming* (D. Moll, 2005 : c'est au tour de l'envahissement de la tuyauterie par de petits mammifères de semer le trouble), *Qui a tué Bambi ?* (G. Marchand, 2005 : mystère et peur dans les couloirs vides d'un vaste hôpital de nuit) ; *L'Autre Monde* (G. Marchand, 2010 : interaction entre la vie réelle de Gaspard et Marion dans la chaleur des vacances et la plage noire de *Black Hole*, jeu vidéo où le jeune homme découvre Audrey, vénéneuse suicidaire) ; *Le Moine* (D. Moll, 2011 : nouvelle adaptation du roman de M.G. Lewis, abandonnée par L. Bunuel et filmée une première fois par A. Kyrou).

Aux trois constantes du cinéma français qui perdurent de la Nouvelle Vague au-delà de l'an 2000 – à savoir un cinéma psychologique d'auteur et, côté grand public, comédies et policiers – il convient d'ajouter présentement une remarquable embellie documentaire d'une trentaine de ces films en salles chaque année. Films animaliers, films d'art et « travelogues » ont vu leur nombre augmenter, et surtout d'autres genres se sont individualisés : films de politique étrangère, militants de l'intérieur, « direct » d'auteurs et essais aux marges : Depardon, Varda, Lanzmann, puis Claire Simon, Nicolas Philibert, Jean-Michel Carré ou Pierre Carles ne sont plus seuls. Ainsi Marianna Otero réalise en 2003 *Histoire d'un secret*, œuvre très personnelle dans laquelle elle raconte l'histoire de sa mère, morte des suites d'un avortement clandestin, puis en 2010, *Entre nos mains* filmé tout en douceur avec les employées d'une entreprise de lingerie féminine près d'Orléans en dépôt de bilan, décidant de s'organiser en société coopérative de production. Le documentaire constitue aujourd'hui, avec le dessin animé, un domaine à part qui développe une histoire spécifique. En 2011, *Tous au Larzac* de Christian Rouaud (après *Les Lip, l'imagination au pouvoir*) fait revivre en flash back les dix ans d'un autre des grands épisodes de l'histoire sociale du pays.

Après deux ou trois longs-métrages réalisés ne s'amorce pas forcément une œuvre clairement identifiable. Signalons donc – plutôt pour servir d'exemple que pour parier sur l'avenir – quelques débuts qui nous ont particulièrement intéressé, dans le domaine social ou intimiste. Éléonore Faucher dans *Brodeuses* (2004) montre une situation de transmission et d'apprentissage : la mère d'un fils mort et une fille qui ne veut pas garder le bébé qu'elle attend retrouveront au contact l'une de l'autre le courage de vivre. Dans *Gamines* (2009) la cinéaste réussit ensuite une belle adaptation du roman autobiographique de Sylvie Testud : trois filles et l'image du père, fuyard démissionnaire, une chronique délicate, émouvante et drôle. Julie Bertuccelli signe, avec *Depuis qu'Otar est parti* (2003) un très beau triptyque féminin : trois générations, mais aussi les trois âges de la femme dans une Tbilissi livrée au chaos de la pauvreté et une mort en exil de l'homme – fils, époux et père – que toutes trois cachent, idéalisent, pleurent… Avec *L'Arbre* (2010), elle réunit aux antipodes une femme et ses quatre enfants face à la mort du père. Mais les racines menacent la maison, or Simone (7 ans) investit dans l'arbre gigantesque l'âme du défunt. Karine Albou décrit dans *La Petite Jérusalem* (2005), le quartier juif de Sarcelles, le communautarisme étouffant subi par la jeune Laura prise entre sa fidélité à la Torah, sa découverte de Kant à l'université et l'éveil de ses sens avec un Algérien moins décidé qu'elle à conquérir sa liberté. Avec pudeur et délicatesse *Le Chant des mariées* (2008) peint alors l'évolution de Myriam la Juive et Nour l'Arabe, deux jeunes filles pauvres dans la Tunisie de 1942, moment où les Allemands viennent occuper le protectorat. Depuis *Un frère* (1997) qui révélait Emma de Caunes, Sylvie Verheyde poursuit une œuvre inégale dont se détache *Stella* (2008), chronique de l'année de 6ᵉ d'une fillette vivant au bistrot plutôt grunge de ses parents, mais fréquentant une enfant de riche, dans la terrible détresse du Nord. Fabienne Godet offre à Olivier Gourmet dans *Sauf le respect que je vous dois* (2005) le rôle d'un cadre moyen qui veut venger son copain licencié sans motif ; il ira provoquer le patron et le tue accidentellement. Mais le copain avait bel et bien volé… Puis la réalisatrice filme dans *Ne me libérez pas, je m'en charge* (2009) le vrai Michel Vaujour (qui avait inspiré en 1992 Maroun Bagdadi pour son film *La Fille de l'air*, axé sur son évasion la plus célèbre en hélicoptère). Fabienne Godet, elle, ne retient que de très gros plans de visage pour représenter l'idée fixe de libération.

Côté cinéma citoyen, Emmanuel Finkiel élabore pour *Voyages* (1999) un minimaliste ensemble en trois volets autour de personnages féminins âgés : en Pologne lors d'un pèlerinage aux camps nazis, à Paris avec le retour possible d'un père perdu depuis cinquante ans et à Tel-Aviv où veut s'installer une Russe de 85 ans. Dix ans plus tard *Nulle part, terre promise* (2008) est un lamento brassant les notions de flux migratoires et d'espace européen dans un puissant mouvement de teintes et une symphonie désaccordée de bruits obsédants, coulée de lave incandescente d'espoirs, de désirs et de misère d'une tristesse infinie qui recouvre tout ; *Nulle part, terre promise* est aussi un splendide maelström unanimiste d'humanité qui impose l'élan vital d'une aspiration et d'une promesse. Jean-Marc Moutout place le public dans le camp des collaborateurs zélés du patronat avec *Violence des échanges en milieu tempéré* (2004) : nouveau consultant dans un fameux cabinet de conseil en organisation pour entreprises, le jeune Philippe (Jérémie Renier) a un visage d'ange mais son emploi de « coupeur de tête » chargé de désigner ceux qui seront licenciés lors des plans de restructuration lui ôtera vite tout scrupule, ruinera sa vie sentimentale et en fera un rouage efficace de la machine à broyer les individus au nom du profit. Dans *La Fabrique des sentiments* (2008), c'est l'univers du cœur, génération *speed dating* qui formate les couples selon les schémas dominants visant la rapidité, l'efficacité des rapports amoureux pour une vie « libérée » type société de consommation d'une économie de marché. Moutout s'empare alors d'un sujet d'actualité et revient à l'entreprise : *De bon matin* (2011) commence par un cadre supérieur de banque (Jean-Pierre Darroussin) qui abat ses deux supérieurs puis se suicide. Le film est implacable, inexorable, fonctionnel dans son analyse en flash back du parcours de l'homme peu à peu mis à l'écart, rétrogradé, humilié et qui craque. Mais le scénario est trop lisse et ne laisse aucune place pour le regard de la mise en scène.

Sociopsychologiquement juste, il est dramatiquement faible car sans faille ni ambiguïté. Au contraire *L'Exercice de l'État* (Pierre Schoeller, 2011) frappe par sa densité. En filmant le quotidien du ministre des Transports et de son chef de cabinet (Olivier Gourmet et Michel Blanc), le pouvoir est saisi de l'intérieur dans son essence même, à savoir la parole dégagée de l'action et de l'idéologie politique. C'est une machine célibataire, pas de débats mais des coups de téléphone, des sorties de route et deux magistraux accidents : une biopsie de la politique d'une tristesse morale et philosophique éprouvante mais salutaire.

Des premiers longs métrages à suivre

Stéphane Soo Mongo dans *Rengaine* de Rachid Djaïdani, 2012.

Souhaitons que l'on ne puisse pas encore dire que les premiers films de Jean-Charles Fitoussi et Arnaud des Pallières ont été sans lendemain car *Les jours où je n'existe pas* (2002) et *Adieu* (2004) étaient excellents : en adaptant *Temps mort* de Marcel Aymé dont le héros ne vit qu'un jour sur deux, Jean-Charles Fitoussi transforme l'extravagance incongrue du romancier en une fascinante exploration du mystère de l'existence, du côté des œuvres de Bunuel ou d'Oliveira. L'ellipse devient figure métaphysique et l'intensité de la vie le dispute à l'angoisse de la disparition. Quant à *Adieu*, c'est un éblouissant patchwork du filmage de notes et de citations de textes consignées par l'auteur dans ses carnets depuis dix ans et agencées en fonction des nécessités de la narration visuelle s'attachant à trois frères qui voient chacun leur sort évoluer sous le fatum de la mort du vieux père dont on suit l'enterrement. La complexité du maillage évoque J.-L. Godard et Claire Denis, le sens du récit A. Desplechin et la lumière comme les cadrages sont les plus beaux du cinéma actuel.

Malheureusement, si *Parc* (2009), second long-métrage de des Pallières, retrouve cet extraordinaire sens de l'image, rien ne subsiste de la spiritualité qui donnait son sens au premier film. Quant à Jean-Charles Fitoussi, il est depuis dix ans absent des salles, où l'on peut voir par contre le second long-métrage d'un Marc Fitoussi, *Copacabana* (2010) avec Isabelle Huppert d'une drôlerie irrésistible vendant des appartements en time propriété à Ostende en basse saison, fofolle rêveuse face à sa fille à la moralité grise d'une vie toute tracée. Jean-Charles aurait-il été victime du syndrome imaginé par Marcel Aymé ?

Il est donc impossible de dresser un état des lieux 2010-2013 susceptible de conclure – au sens de clore – une histoire du cinéma français, de lui donner un sens définitif. D'ailleurs trop de premiers longs-métrages ne sont pas vraiment aboutis. Ainsi en 2010 *Simon Werner a disparu…* de Fabrice Gobert fait le grand écart entre *Elephant* et les *teen movies* de la télévision américaine en éclatant la narration : pour vivifier le suspense, on revoit quatre fois le même film selon les points de vue des quatre principaux adolescents sans beaucoup éclairer les choses et le final fait retomber platement le soufflet. Heureusement la peinture de ces jeunes de classe terminale est assez réussie et rend la vision plaisante. Un scénario lourdaud avec secrets de famille dans le placard et travail de deuil d'une jeune femme dans la campagne pluvieuse plombe par contre finesse psychologique et délicatesse de la saisie des sentiments naissants entre *Pauline et François* de Renaud Fély. Un double faux vol de deux employées de banque permet judicieusement au couple de trouver *in extremis* le salut dans la fuite d'un piège dramaturgique que ne saurait vivifier une mise en scène frileusement classique. Malheureusement beaucoup de seconds films aussi sont décevants car trop attendus. Comment par exemple Antony Cordier, peintre délicat d'un adolescent fragile ébloui par la fréquentation d'une jeunesse dorée qui piétine allégrement valeurs et sentiments (*Douches froides*, 2005) peut-il se vautrer avec indulgence et sérieux dans les chassés-croisés de bobos aussi bêtes que ceux d'*Happy Few* (2010) ?

Bons premiers films en tout cas qu'*Un poison violent* (Katell Quillévéré, 2010), joli portrait d'Anna, 14 ans, à la veille de sa confirmation, mais qu'il ne faudrait pas réduire à la seule question de la foi ; *Les Grandes Personnes* (Anna Novion, 2008) qui conjugue les étapes des dernières vacances d'une adolescente de 17 ans avec son père, Jean-Pierre Darroussin en bibliothécaire style Monsieur Hulot cherchant un trésor viking en Suède comme un vrai gosse : elle devra donc faire son apprentissage toute seule. Ou encore *Je te mangerais*

(Sophie Laloy, 2008) contant l'entrée mouvementée dans l'âge adulte d'une jeune pianiste au conservatoire vampirisée par sa cousine, lesbienne étudiante en médecine, chez qui elle loge. Visiblement la musique ne saurait adoucir les mœurs, le film croisant la montée en puissance de l'adolescente d'abord naïve avec la déchéance pathétique de son aînée.

Au voleur! (Sarah Leonor, 2009) reprend le schéma des amants traqués fuyant dans une nature vide préservée (les marécages rhénans parcourus en barque), mais Guillaume Depardieu dans son dernier film inscrit le tragique de l'aventure dès sa première apparition. Le « film de teenagers » est totalement renouvelé avec *Les Beaux Gosses* (2008) de Riad Sattouf, auteur de bandes dessinées justement consacrées à l'adolescence, qui campe Hervé et Camel, deux élèves de fin de collège aux prises, bien sûr, avec la recherche de filles et le roulage de pelles. Mais avec l'acné, des tee-shirts et pulls pas possibles, une coiffure hideuse, les pieds sales, Hervé n'a pas le look. D'ailleurs il est pleutre et pas souvent sympathique ! *Qu'un seul tienne et les autres suivront* (Léa Fehner, 2009) fait précipiter trois récits parallèles dans une séquence de parloir de prison au cours de laquelle trois incarcérés résolvent psychiquement ou physiquement leur problème obsessionnel. D'entrée, le ton pathétique est donné par la scène d'ouverture où une femme en pleine crise de désespoir perturbe le rituel des visites. La finesse psychologique est remarquable. *La Famille Wolberg* (Axelle Ropert, 2009) dresse le procès-verbal de la déstabilisation complète d'un homme qui ne parle que d'amour mais règne en despote à la maison et en maire paternaliste de sa petite commune béarnaise d'un terrible ennui. Le comédien – François Damiens – joue contre le caractère odieux du personnage pour le rendre touchant dans ses erreurs monumentales inspirées semble-t-il par les meilleures intentions du monde. C'est cette faille qu'exploite habilement la mise en scène.

Les réussites au box-office de deux films inattendus au budget extrêmement bas s'expliquent – ce qui est loin d'être le cas général – par leur qualité. Dans *Tout ce qui brille* (Géraldine Nakache et Hervé Mimran, 2010), deux copines de Puteaux, que tout le monde prend pour des sœurs alors qu'elles sont l'une à moitié arabe et l'autre juive, sont éblouies par la rencontre d'un couple de lesbiennes à l'argent facile. L'une succombe, l'autre résiste à l'attrait de ces femmes qui, en fait, les utilisent et les méprisent. Une troisième copine, sportive speedée et adepte de petits boulots d'aide à la personne, assure le ton comique mais le tableau est sympathique et d'une authenticité réjouissante dans un contexte bien creusé. *La guerre est déclarée* (Valérie Donzelli, 2011) – qui est d'ailleurs un second long-métrage après *La Reine des pommes* (2009), dont la cinéaste tenait déjà le premier rôle loufoque – est audacieux car Valérie Donzelli porte à l'écran et interprète avec son compagnon sa propre histoire de couple parent d'un bébé atteint d'une tumeur au cerveau et qui guérira ! Du combat de cinq ans, *La guerre est déclarée* retient la phase ascendante de la force de la passion contre le cancer, lorsque la formidable puissance d'un volontarisme amoureux de deux êtres fusionnels parvient à l'emporter sur le mal. Véritablement prise de vitesse par des personnages survoltés, la maladie perd la bataille. Roméo et Juliette sont restés solides ; pourtant leur couple, lui, est détruit alors qu'Adam vivra. Sans doute ont-ils été trop malheureux ensemble dans ces moments tragiques, mais cela demeurera la plus intense aventure de l'existence d'eux trois. Emporté par tant de violence et de foi, le film tient par ce dynamisme, et cela même si le style Lelouch s'insinue à plusieurs reprises à la faveur de quelques faiblesses scénaristiques et facilités visuelles.

Excentriques, expérimentaux et marginaux

Si l'originalité n'est pas suffisante à qualifier l'art, il en constitue néanmoins un caractère constitutif. Or, au-delà d'une diversité vivifiante, le cinéma français présente un certain nombre d'individualités plus ou moins inclassables ; certains cinéastes le sont depuis longtemps, par exemple Bertrand Blier et Alain Cavalier à partir des années 1970, mais ils se retrouvent aujourd'hui plus nombreux qu'hier. On avait l'impression que le meilleur Bertrand Blier était loin (*Les Valseuses*, 1974 ; *Tenue de soirée*, 1986 ; *Trop belle pour toi*, 1989) quand *Les Acteurs* (2000) viennent proposer une réjouissante biopsie sauvage du monde des comédiens de cinéma, quintessence de la mise en abyme menée jusqu'à l'absurde. Tous les acteurs interprétant leur propre rôle – même quand Josiane Balasko joue André Dussollier ! – entre portraits-vérité et fiction, les « numéros d'acteurs » les plus énormes sont les plus pathétiques. Si les films suivants sont moins enthousiasmants – quoique *Les Côtelettes* (2003) offrent un cocktail sexe et décrépitude de très mauvais aloi –, *Le Bruit des glaçons* (2010) grince à souhait, un homme et sa bonne (Jean Dujardin/Anne Alvaro) étant aux prises avec leurs propres cancers (incarnés par Albert Dupontel et Myriam Boyer). Contre toute attente l'absurde de l'amour fera triompher la vie. Alain Cavalier n'en était pas, quant à lui, à une rupture près – arrêt de sa carrière en Mai 68 et reprise avec des films atypiques en 1975 ; passage à la petite caméra et bientôt au DV numérique début 1990 – quand, dans la seconde partie des années 2000, il donne successivement son art poétique, *Le Filmeur*, 2005, apogée – croyait-t-on – du film intimisme tourné et parlé seul en direct, et la preuve avec ses œuvres suivantes que loin d'être un système contraignant, son style – technique comme esthétique – incite à la plus folle liberté.

Arrêtant en effet de chroniquer son quotidien, Cavalier explore en DV les forces mentales et sentimentales, convoquant le passé, l'Histoire, «reconstituée» par le travail de mémoire, celui de l'écho plus que des traces (*Irène*, 2009), puis il concocte un jubilatoire jeu de rôles entre lui-même président de la République et Vincent Lindon Premier ministre : combat d'idées, manipulation d'individus, dérision d'un trafic de Légion d'honneur... on s'y croirait (*Pater*, 2011).

Tandis que F. Jacques Ossang fonde en 1985 (*L'Affaire des divisions Morituri*) un cinéma punk poursuivi dans ses trois réalisations suivantes qui fracassent l'imaginaire par leur fureur de filmage (le dernier, *La Succession Starkov*, 2007, est le plus ouvertement fantastique), le couple de danseurs-comédiens-clowns-acrobates Dominique Abel et Fiona Gordon filmés par Bruno Romy développent dans *L'Iceberg* (2005), *Rumba* (2008) et *La Fée* (2011) un comique intemporel d'aspect délicieusement désuet (dans la lignée Méliès – Keaton – Tati – Étaix), burlesque poétique évoluant dans des décors à la Carné-Prévert qui auraient été visités par Beckett avec une naïveté de précision très corporelle.

Un homme, un vrai (2003) initie l'ironie décalée des frères Arnaud et Jean-Marie Larrieu : un homme fragile et une femme survoltée supersexuée dans des paysages haut-pyrénéens écoutent les roucoulades de la parade nuptiale des coqs de bruyère. Dans *Peindre ou faire l'amour* (2005) un aveugle initie de fringants préretraités aux joies de l'échangisme. *Le Voyage aux Pyrénées* (2008) peaufine un style en creux fait de renoncements et tout à coup d'excès, exerçant un humour accidenté d'inspiration animale et érotique à base de phénomènes farfelus (l'homme se retrouve dans le corps de sa femme et réciproquement), comme de la rencontre d'un faux ours bulgare puis de trois moines nudistes. Les frères Larrieu, saisis par l'esprit de sérieux, s'attaquent alors aux *Derniers jours du monde* (2009) vécus par Robinson (Mathieu Amalric) dans une frénésie sexuelle qui amènera l'illustration de la chanson de Léo Ferré «ton style c'est ton cul» (qui s'achève quand même par «c'est ton cœur»). Auparavant il y aura eu des séquences impressionnantes de désastre nucléaire et de guerre totale, pluies de cendres, panique et angoisse dans la foule de Pampelune.

On doit signaler les débuts de parcours, actuellement réservés aux seuls *happy few* de Serge Bozon, Damien Odoul, Philippe Ramos ou Aurélia Georges. Scénariste et comédienne, Marina de Van a réalisé deux films transgressant les tabous liés au corps et à la conscience de soi. Elle interprète elle-même une folle pratiquant d'affreuses automutilations psychotiques, prélevant des échantillons de chair pour en manger certains et en conserver d'autres (*Dans ma peau*, 2002). Puis la cinéaste accepte de voir une grande part de son second ambitieux scénario sulfureux laminé par le morphing et le casting de stars quand Sophie Marceau se transforme physiquement en Monica Bellucci à coups d'effets spéciaux (*Ne te retourne pas*, 2009). Depuis *Carne* (1991), Gaspar Noé impose une signature forte par un système de mise en scène très voyant. C'est une esthétique de la laideur et une thématique de l'ignoble avec ses protagonistes débiles violents, les tonalités grunge d'un univers gore et trash. Dans *Irréversible* (2002), la folie cherche à provoquer une transe hypnotique à partir de personnages fondamentalement barbares qui se vautrent dans le vomi, la brutalité, le stupre et toutes les formes les plus abjectes de racisme. Commencé sur un trip hallucinogène de camé aux acides les plus raides, *Enter the Void* (2009) se poursuit durant deux heures et demie en planant à la verticale au-dessus d'un Tokyo réduit à la fange de ses bas-fonds les plus calamiteux.

Dancing a vraiment surpris en 2003. Signé de Patrick Mario Bernard, Xavier Brillat et Pierre Trividic, travaillant indifféremment pour le cinéma et la télévision, créateur unique en trois personnes, ce film protéiforme combine les éléments les plus hétérogènes et d'un éclectisme ébouriffant. *Home movie*, journal intime gay plutôt hard, performance de plasticien, vidéo-art mais encore récit au burlesque étrange, *Dancing* ne ressemble à rien de ce qui se pratique présentement au cinéma, résultant d'un génial bidouillage d'artistes informaticiens fous. Ce sont les bâtards non reconnus des J.-L. Godard et Ch. Marker dernières manières, visionnaires à l'humour anxiogène et à l'inventivité délirante. S'ils n'ont plus jamais retrouvé cette liberté de rêve, l'incongruité roborative de leur univers se retrouve intact dans *Une famille parfaite* (2006) qui s'ouvre sur deux ours (mais ce sont en réalité deux pères déguisés), un blanc et un brun, jouant à faire peur à une fillette dans une nuit sombre striée de vives taches colorées. La suite est à l'avenant : univers parallèles à partir d'un postulat de science-fiction à l'envers, variations sur l'idée de négritude et autour de la maladie d'Alzheimer, toute une richesse scénaristique conjuguée à l'émotion des personnages, le sens de l'existence et la nature du bonheur. *L'Autre* (2009) semble résulter d'un pari de même nature que celui lancé par Arnaud Desplechin se colletant en 1996 dans *Comment je me suis disputé… (ma vie sexuelle)* aux conventions les plus tenaces du cinéma franco-français mais traitées perversement à sa manière. *L'Autre* se joue pour sa part à sa façon du tout aussi classique portrait psychologique de la femme indépendante d'aujourd'hui, mais au lieu de composer – au sens propre comme au figuré – le gros plan attendu sur Anne-Marie (Dominique Blanc, prix d'interprétation à Venise), *L'Autre* noie inversement le personnage, d'une part dans ses dérives psychiques quasi fantastiques confrontées à la banalité quotidienne, de l'autre dans son individualisme exacerbé dissous dans le fouillis d'un réel de fourmilière qui l'oppresse. La virtuosité de la réalisation conduit au vertige de la transgression et la vigueur du personnage fait le reste.

Jean-Paul Civeyrac met en scène des harmonies musicales autour d'êtres d'exception qui refusent la philosophie de la vie pour fréquenter la mort de façon d'autant plus inquiétante que toute empreinte de douceur. La fratrie exacerbée des *Solitaires* (1999), le couple rêvé entre passion romantique et mythe vampirique de *Fantômes* (2001), le dandy et la junkie, inspirés de Jean de Tinan du *Doux amour des hommes* (2001), la jeune femme ayant perdu son père et se rapprochant de sa maîtresse dans *Toutes ces belles promesses* (2003) ou les deux adolescentes « gothiques » des *Filles en noir* (2010) évoluent dans un univers psychique dont la réalité physique ne constitue qu'une façade, celle d'un fantastique des lumières et des ombres.

Toutes les nuits a beaucoup surpris en 2001. Son auteur Eugène Green, Américain d'origine mais depuis trente ans en France, metteur en scène de théâtre du XVIIe siècle et d'opéra baroque, transpose en 1967-1979 la *Première éducation sentimentale* de Flaubert en appuyant sur son amour précieux de la langue qui fait conserver à la diction des comédiens des liaisons systématiques entre des mots tombés en désuétude depuis des siècles ! Ce style fleuri sied fort bien aux caractères nobles et généreux des protagonistes qui revivent une intrigue un peu à la *Jules et Jim* de Truffaut. Green traite avec un humour froid de la chevalerie et de la religion dans *Le Monde vivant* (2003) à l'univers aberrant mais dont la cohérence spirituelle et cinématographique fait poids. Si *Le Pont des Arts* (2004) gomme un peu le langage ampoulé, Sarah la chanteuse et Pascal l'étudiant communiquent au-delà de la mort avec l'absolu du beau dans le présent filmique des champs/contre-champs aux deux bouts du célèbre pont parisien. Green s'attache ensuite à une jeune actrice interprétant à Lisbonne les lettres de *La Religieuse portugaise* (2009) et qui se lie avec une vraie religieuse passant toutes ses nuits en extase dans une chapelle isolée. Puis elle rencontrera celui qu'elle prend pour la réincarnation du roi Sebastiao. La *saudade* baigne la fable et le spectateur ne voit que le visage et le regard de la sublime Leonor Baldaque transportant avec elle tout le monde de Manoel de Oliveira.

Poursuivant la biopsie de sa génération qui a vécu Mai 68 dans les années lycée, Romain Goupil conjure sur le mode ludique dans *À Mort la mort* (1999) l'intolérable logique mortuaire qui s'abat à l'orée de la cinquantaine sur le dernier carré de ceux qui voulaient changer le monde trente ans auparavant. C'est autocomplaisant mais plein de verve. *Une pure coïncidence* (2002) enregistre un authentique trafic d'exploitation de clandestins en minicaméra DV, faisant de ce tournage le sujet d'un faux vrai film qui mêle documentaire et fiction dans un *home movie* à l'esprit Pieds-Nickelés. *Les Mains en l'air* (2010) traite d'exclusion des sans-papiers, mais vécue chez des gamins élèves d'école primaire et leurs parents. Auteur rare, tour à tour grave et facétieux, Goupil ne tourne que lorsqu'il a trouvé un scénario original susceptible de mettre la lumière sur un sujet de société d'actualité. Quand il a trouvé le bon axe d'attaque, il saisit alors dans l'urgence une histoire en fait mûrement réfléchie.

Alain Guiraudie débarque sur les écrans en 2001 avec un film saugrenu venu du Grand Causse du Larzac comme quelque conte philosophique de l'absurde entre Voltaire et Ubu. *Du soleil pour les gueux* suit Nathalie Sanchez dans le vent et sur la terre aride devisant avec Gaouda Lon, vieux berger d'ounayes à la recherche de son troupeau enfui. De temps en temps, leur chemin qui ne mène nulle part croise la route de Carol Izba, jeune bandit d'escapade, et Pool Oxanasas Daï, grand guerrier qui lui court après. Sur le même ton, *Ce vieux rêve qui bouge* (2001) filme dans une usine délabrée du Tarn le démontage de la dernière machine et ses conséquences sur les quelques ouvriers qui demeurent encore. Absurde campagnard et coq à l'âne surréaliste se poursuivent dans *Pas de repos pour les braves* (2003) avec le jeune héros qui a tué tout un village par peur du Faftao-Laoupo, l'avant-dernier sommeil. La saga féodale guerrière anime encore *Voici venir le temps* (2005), mais plus dure, confuse et politique. Un couple improbable formé par un gros vieux homosexuel et une nymphette se cachant au cœur du terroir albigeois ridiculise tous les clichés du film gay dans *Le Roi de l'évasion* (2009). *L'Inconnu du lac* (2013) n'a plus ce ton cocasse, mais parvient à être inconfortable dans un contexte de naturel absolu. Sorte d'utopie gay, cette plage aux hommes nus, membres en éveil au soleil, va voir un prédateur séduire et bientôt tuer. La dramaturgie est magistrale, glaçante.

Moins déstabilisant, l'univers cinématographique de Jacques Audiard a néanmoins été, au début de sa filmographie, très éloigné du cinéma du milieu, classique ou nouveau, par une déconstruction très radicale d'un récit sans logique temporelle ni spatiale : *Regarde les hommes tomber* (1994) raconte en parallèle l'histoire de deux truands minables et le parcours de celui qui se lance à leur poursuite plusieurs mois après ; les multiples flash-back qui composent *Un héros très discret* (1996) enchaîne les dépositions de faux témoins et des confessions postérieures du protagoniste lui-même vieilli et devenu philosophe. Ces incongruités narratives n'existent plus ensuite, mais le ton et le style demeurent : *Sur mes lèvres* (2001) est un polar sentimental à l'esthétique tordue montant sur un rythme saccadé une impressionnante quantité de très gros plans en mouvement. On peut voir *De battre, mon cœur s'est arrêté* (2005) comme un remake de *Pickpocket* de Bresson avec la rédemption du voyou par la musique, mais tourné sur le mode « hard » face au mal sous toutes ses formes. *Un prophète* (2009) élimine tout le contexte attendu du « film de prison » pour dégager exclusivement un itinéraire : au royaume des salauds, comment devenir le plus ignoble d'entre tous ? Audiard s'interdit d'exercer le moindre droit de regard éthique : le film n'est qu'un bloc d'instinct, de ruse, de manipulation, tromperies, corruption, jeu de pouvoir… Cette fois le mal absolu est vainqueur. *De rouille et d'os* (2012) raconte la fable édifiante de la brute et du cul-de-jatte (le boxeur et la dresseuse d'orques) au niveau des instincts, de la chair, du sexe et du sang dans un ancrage tiers-mondiste paradoxalement situé au soleil de la Côte d'Azur.

Bérénice Béjo dans *The Artist* de Michel Hazanavicius, 2011.

CHAPITRE XI
OUVERTURE

Le Chat du rabbin de Joann Sfar et Antoine Delesvaux, 2011.

Les « trois chats » du cinéma français

Que reste-t-il de plus d'un siècle de cinéma français ? Des images et des films, à savoir, dans cet ouvrage, des noms de cinéastes et des titres dans un ordre (chronologique) agencé. L'art muet a été celui des images et du montage, d'abord par le processus de légitimation d'un art hétérogène (le cinéma primitif) puis les affirmations impressionnistes d'un langage (les années 1920). Le cinéma parlant s'attachera aux mots et aux histoires, par une nouvelle donne des genres, des cinéastes et des théoriciens (le cinéma des années 1930 et de l'Occupation) avant d'assurer l'équilibre des conventions (*La qualité française*). Quant aux Trente glorieuses du cinéma moderne, elles déclinent heurts, bonheurs et malheurs du cinéma d'auteur avec, successivement, les ruptures de la Nouvelle Vague, les idéologies post-68 et un néoclassicisme précaire dans les années 1980.

Depuis 1992 et la déferlante des années 1990, le jeune cinéma n'en finit plus de rechercher son identité. Autrement dit, le cinéma français a au tout début regardé vers les autres arts (chapitre I) avant de creuser sa propre spécificité (chapitre II), chaque fois en mouvement dispersé, sans méthode mais avec toute la richesse d'un individualisme jaloux. Le parlant, qui aurait pu inciter à repartir à zéro, est plutôt pris comme l'occasion de faire le point (chapitre III), réflexions qui mèneront à une guerre de position (chapitres IV et V). Celle-ci se termine par une révolution esthétique (chapitre VI) qui installe l'auteur sur les ruines d'une industrie perdant son public (chapitre VII). Heureusement, si le cinéma s'estompe (chapitre VIII), les cinéastes se multiplient et leurs films pénètrent l'intimité des foyers par les canaux des nouveaux médias (chapitres IX, X et XI).

Et c'est pourquoi l'histoire se poursuit au présent des années 2010. Ainsi, compagnon de route à la gauche de la Nouvelle Vague (A. Varda, Ch. Marker, A. Resnais), le chat a profité ces derniers temps de la bonne santé de l'animation (Michel Ocelot, Sylvain Chomet, Jean-François Laguionie, Jacques-Rémy Girerd…) pour tenir le premier rôle de trois longs-métrages. Le plus original est *La Véritable Histoire du chat botté* (réal. et sc. J. Deschamps/M. Makeieff ; graphisme Pascal Hérold, 2008) : les Deschiens y font pas mal de dégâts au pays de Charles Perrault, mais l'invention plastique d'un grunge baroque hilarant respecte pourtant l'esprit du conte et P. Hérold s'inspire du physique de Yolande Moreau pour la reine alcoolique à laquelle l'actrice prête sa voix, ici particulièrement pâteuse. Elle dispute la vedette au célèbre chat mousquetaire, qui impose néanmoins la vivacité virevoltante d'une histoire fantastique propre à divertir les enfants et à instruire les adultes. Heureux chat botté que le cinéma hollywoodien a également adopté comme *guest star* en second de la série *Shrek* puis héros à part entière du *Chat Potté* (Chris Miller, 2012). *Une vie de chat* est un joli film réalisé par Alain Gagnol et Jean-Loup Félicioli (prod. Folimage/Jacques-Rémy Girerd, 2010) avec son noir félin qui passe ses journées auprès de sa gentille petite maîtresse et les nuits à gambader aux côtés d'un monte-en-l'air. Déjà sympathique, le pitch est en outre servi par un vrai scénario : la fillette a perdu son père, tué par un terrible gangster et sa mère est flic. Tout ce monde sera donc emporté dans de rocambolesques courses-poursuites sur les toits de Paris, au terme desquelles le matou et la petite sauront faire justice, le voleur séduira la femme flic, élèvera la fille et conservera le chat. Le graphisme est personnel, mais s'inscrit dans la tradition nationale. Fine, intelligente, pleine de rythme et douce sans être douceâtre, cette *Vie de chat* n'attira malheureusement pas un public plus nombreux que son collègue botté.

Le Chat du rabbin (réal. Joann Sfar et Antoine Delesvaux, 2011) est davantage «branché». Auteur célèbre de BD, Sfar avait réalisé en 2008 un premier film en live, *Gainsbourg, vie héroïque* qui ne sut convaincre ni les cinéphiles ni les fans et groupies du chanteur, parce qu'il ne visait ni les uns ni les autres, à la recherche d'un utopique grand écart entre les deux. L'adaptation attendue de sa célèbre série – *Le Chat du rabbin*, cinq albums à ce jour – est cette fois un bel ouvrage qui préserve l'essentiel de la BD, son esprit réjouissant, sa philosophie de bon aloi et son œcuménisme sans prétention ni niaiserie. Certes la sagesse narrative lisse un peu trop l'aventure, mais les gags ne manquent pas et les idées font mouche : la rencontre d'un Tintin supercrétin au Congo, la voix d'Hafsia Herzi donnant du piquant au personnage conventionnel de la fille du rabbin, un final kitsch avec les roucoulades d'Enrico Macias participent au ton ironico-mélancolique de belles images cultivant un postclassicisme plastique orné des privautés savoureuses de ce facétieux minou phraseur, discutailleur impénitent, au graphisme synthétisant des races orientales telles que sphinx, siamois, abyssins ou russes bleus qui ne sont pas les plus «mignons» selon nos normes affectives occidentales! Cette silhouette filiforme précédée de deux yeux immenses surmontant un crâne osseux (style E.T.), en rupture avec les modèles américains (des *Aristochats* de Disney au gros rouquin Garfield) ou issus des mangas japonais, passe avec bonheur de la BD à l'animation.

Le clivage entre «esprit» *Cahiers du cinéma* et *Positif* permet de dessiner deux axes du jeune cinéma français qu'on ne saurait opposer mais qui n'en produisent pas moins des films de nature assez différente. Côté *Cahiers*, deux premiers longs-métrages se détachent : *Belle-épine* de Rébecca Zlotowski s'attache à Prudence, semble-t-il en deuil de sa mère (mais celle-ci réapparaîtra à la fin), avec un père en voyage et une sœur qui ne s'occupe pas d'elle. L'adolescente erre entre une famille observant scrupuleusement les rites juifs et un groupe de motards adeptes de rodéos nocturnes à Rungis. Un récit chaotique rassemble des moments de ce parcours tracé au ras des corps et des premiers émois sexuels. Le liant est donné par l'esthétique, un beau sens de l'image et l'énergie adolescente. Film cru, certainement influencé par Pialat, *Belle-épine* saisit sur le vif le schéma d'une fiction prenant forme dans l'opération même du filmage. L'exercice de style guette, mais la cinéaste tient le fil du rasoir.

La Vie au ranch, de Sophie Letourneur, paraît filmé en mini DV, mais c'est du 35 mm tourné pour 400 000 euros (après deux moyens-métrages, *Manue Bolonaise*, 2005 et *Roc et Canyon*, 2007) par une réalisatrice de 32 ans sortie des Arts Déco (peinture/art vidéo) et qui se dit non-cinéphile. Elle a cherché une bande de filles, les a suivies et écoutées. Elle a alors écrit ses dialogues d'après leurs mots et leurs conversations. Elle fait constamment chevaucher les paroles, mais ce n'est pas de l'improvisation car le texte est dit au mot près, longtemps répété par ses non-professionnelles, puis enregistré rapidement (en moyenne deux prises). Cela donne de l'élan, de la verdeur, une pêche d'enfer et une réjouissante impression d'authenticité saisie à la volée. Film de filles (leurs compagnons sont caricaturaux), *La Vie au ranch* dépeint des jeunes très libres des beaux quartiers, toujours groupés, en boîtes, sans parents ni adultes et imbibées de vins, alcools ou champagnes. Souvent dépenaillées chez elles où toutes campent entre téléphones portables, concerts de rock et fringues, ce sont des filles irritantes, mais *La Vie au ranch* est un film urticant, donc quelque part stimulant.

Narrativement posés, plus réfléchis et moins à fleur de peau, en position d'auteurs davantage qu'en posture d'artistes, Michel Leclerc et Gérald Hustache-Mathieu travaillent plutôt dans l'esprit *Positif*. Chacun, après des premiers longs-métrages passés presque inaperçus en 2006, séduisent avec *Le Nom des gens* et *Poupoupidou* en 2010-2011. *Le Nom des gens* est une comédie brocardant avec bienveillance tous les clichés de la gauche : les mariages blancs, les musulmans, l'immigration, le principe de précaution, les bobos, Lionel Jospin en personne dans une miniséquence gag, les viols d'enfants, la Shoah, l'hérédité… sur le thème de l'identité nationale. M. Leclerc portraiture avec humour le couple formé par Monsieur-tout-le-monde Arthur Martin, ornithologue spécialiste des maladies épidémiques des volatiles, et Bahia Benmahmoud à côté de laquelle les idées de Jean-Luc Mélenchon apparaissent comme raffarinades ringardes : pour elle tous les types de droite sont des fachos et elle les « nique » (au vrai sens du terme) pour les faire changer d'idées politiques ! Tout en retenue, inhibé, sans doute puceau à 40 ans entre papa et maman, il ne peut pas résister au tsunami de l'explosive Sara Forestier, un peu perdue de vue depuis *L'Esquive*, qui revient ici en super forme et d'un érotisme dévastateur. Elle assure la moitié de la réussite du film, ébouriffant exercice de surf sur les crêtes de l'air du temps, furieusement daté mais qui s'en moque, bref une réussite réjouissante.

Sur fond d'un scénario chabrolien, *Poupoupidou* cultive pour sa part un ton d'ironie tendre en développant un récit de roman-photo. Hustache-Mathieu centre son plaisant cocktail sur l'enquête d'un auteur de polars qui se prend pour James Ellroy (Jean-Paul Rouve) rencontrant la miss Météo d'une agglomération de Franche-Comté enfouie sous la neige et qui, elle, se prend pour Marilyn Monroe, revivant en mineur toutes les étapes de son triste destin : le calendrier nu (des pompiers), le mariage avec un sportif (de discipline nordique), l'amour avec un chroniqueur littéraire du village (au lieu de Miller) et le politicien local véreux (en place de JFK), et ce jusqu'à la mort mystérieuse. Pathétiquement drôle par les notations cocasses qui alimentent le récit, acide dans sa description de la province profonde, mais chaleureux avec les avatars de la pauvre fille, *Poupoupidou* est agencé de belle manière.

Le syndrome du second film frappe lorsque la réussite du premier a créé une forte attente que la fragilité, voire le ratage, du nouveau ne pourra pas combler. Ce sera en partie le cas de S. Letourneur et de M. Leclerc, mais surtout de Lola Doillon (fille et longtemps collaboratrice de Jacques, sœur de l'actrice Lou) qui avait signé en 2007 l'excellent *Et toi, t'es sur qui?* mettant en scène deux filles de 14/15 ans voulant perdre leur virginité lors d'un inénarrable stage de quatre jours en entreprise dans une boucherie et une poissonnerie (entre la classe de troisième et l'entrée en seconde). La tchatche au phrasé spécifique et les battements de cœur exacerbés par les hésitations l'emportaient sur le sexe dans ce rite de passage et le roman d'apprentissage trouvait sa vérité dans cette cour de collège occupée par des jeunes (tous non-comédiens) en formation davantage psychique que physique. Traitant du syndrome de Stockholm, *Contre toi* déçoit en racontant les aléas de la séquestration d'une obstétricienne par l'époux d'une de ses patientes morte en couche trois ans auparavant. Lui ne tourne pas très rond, mais le personnage est attachant alors que Kristin Scott Thomas peine à exprimer l'incohérence psychologique de son personnage, d'autant plus que le huis clos statique convient mal à la cinéaste. Pur produit de la société, seule (divorcée sans enfants), professionnelle sèche et hautaine qui sent la faiblesse de son geôlier, elle est loin d'être inintéressante, mais le film ennuie. Lola Doillon et Céline Sciamma ont débuté en même temps (*Et toi, t'es sur qui?*, *Naissance des pieuvres*) et tourné leur film suivant à peu de mois d'intervalle (*Contre toi*, *Tomboy*), mais la seconde a confirmé les promesses de son premier essai. Dans *Naissance des pieuvres*, Marie, 15 ans au physique prépubère, a pour copine la boulotte Anne mais est éblouie par la bimbo Floriane, championne de nage synchronisée, qui auront d'ailleurs toutes deux à voir avec le même François. Hormis la scène qui aurait pu être hard où Marie dépucelle Floriane voulant sauver sa réputation usurpée de fille qui a déjà couché, le ton demeure léger, comme chorégraphié malgré les atmosphères moites de piscine, douches et vestiaires où se déroule le film. En phase avec les premières expériences des trois filles, le regard de Céline Sciamma installe un équilibre fragile entre sensualité et badinage, souffrance et mise à distance. *Tomboy* signifie garçon manqué et définit Laure, 10 ans, qui vient de déménager avec ses parents et sa petite sœur de 5 ans dans un nouveau quartier avant la rentrée en CM2. Lisa, une fille de son âge, la prend par hasard pour un garçon à cause de son physique androgyne encore mal défini et Laure devient Michael dans la bande de préadolescents de la cité. Or Laure/Michael face à Lisa, gamine coquette, et à Jeanne sa sœur cadette, déjà une vraie «petite femme», navigue pour sa part en pleine incertitude identitaire. Le scénario est très finement mené : longtemps le spectateur ne sait pas – fille ou garçon ? – et quand il apprend la vérité, le suspense consiste alors à se demander comment tout cela va finir. Or le retour à l'ordre naturel se fera en toute logique parentale et sociale : c'était un double jeu qui a failli tourner au drame. De fait, l'âge n'est pas encore à l'ambiguïté, à la perversion ou tout simplement à l'expression d'une possible homosexualité future. La force du film est là : à partir d'un quiproquo, «c'est le regard de l'autre qui décide de ce qu'on est» (C. Sciamma) et l'attitude de Laure n'est pas engendrée par une quelconque fuite car ne lui manque ni la tendresse ni la complicité familiale. Le film est juste, tendu.

Après le baroque *Carnages* (2002, écheveau de minidrames qui se bousculent, bifurquent, s'interpénètrent de façons incongrues dans un climat mortifère de corrida mettant en mouvement bêtes et gens, mythes et banalités), Delphine Gleize filme dans *La Permission de minuit* (2011) la belle relation entre un dermatologue (Vincent Lindon) et son jeune patient «fils de Lune». Certes le maniérisme guette, comme déjà dans *Carnages*. Mais cette fois la ligne dramatique existe, les psychologies sont fouillées, les personnages se dessinent par leurs secrets, leurs ruptures et donc leur fragilité. En outre le film provoque un vrai plaisir esthétique : sens de l'image, des ellipses, des cadrages, narration puzzle composée de courtes scènes éloquentes. Ces écorchés vifs vivent difficilement leurs traumatismes (le médecin) ou l'injustice de la maladie (le gamin). Avec délicatesse, la cinéaste effleure les clichés pour n'en extraire que le cœur ou au contraire l'écume (éveil sexuel, peur de la mort, ennui) afin de conserver sa grâce au récit. Mais aucun *happy end* : le gamin se réveille d'une nouvelle opération cutanée de plus ; elle a réussi, mais pour combien de temps, vu les attaques incessantes du cancer ? L'enfant révolté et l'adulte grognon sont inséparables et la «normalité» de la jeune doctoresse doit parvenir à trouver patiemment sa place dans ce monde hospitalier à gros risques. Un peu décevant après

Le Fils de l'épicier (2007), *Possessions* (2012) d'Éric Guirado adapte un fait divers à la force terrifiante : un promoteur de chalets de montagne est assassiné avec toute sa famille par un client mécontent. Mais il le traite frileusement dans un style fantastique soft.

Les singuliers insolites occupent en outre une vraie place dans le jeune cinéma français. Teddy Lussi-Modeste situe *Jimmy Rivière* (2011) au cœur des gens du voyage d'aujourd'hui dont le cinéaste est issu. Sans pittoresque, dans la neutralité du quotidien, il campe un personnage violent, physique et qui cherche sa voie entre une secte pentecôtiste d'exaltés, sa petite amie excitée et la boxe thaï. Jimmy est un chien fou qui aime se saouler, se battre et courir les filles. Son baptême, plongeant en costume blanc dans la rivière, qui ouvre presque le film, conduit pour lui à une fausse route : il n'est pas du tout de la trempe des disciples du Christ. *Jimmy Rivière* est construit tout en zigzag, en non-dits, en mystères et relations difficiles à cerner car dévoilées par fragments. Les portraits sont parfois à peine esquissés, à l'image d'un héros qui va à vau-l'eau.

Une mère, artiste et monstrueuse, fait poser sa propre fillette comme modèle de photos érotiques scandaleuses. Ce fut un fait divers des années 1980. Eva Ionesco, actrice et photographe aujourd'hui, fut cette petite fille qui prend ce traumatisme d'enfance comme sujet de son premier long-métrage. Dans *My Little Princess* (titre de tournage *I'm not a fucking princess*, 2011), le regard de la cinéaste superpose les deux visions de la fille et de sa mère (Isabelle Huppert, superbe de méchanceté, de folie et d'inconscience). La dérive perverse est bien située dans une époque de libéralisation sexuelle (d'avant le sida), réfractée dans un contexte de secrets de famille incestueux qui conduit à ce décor d'appartement « qui ressemble à la fois à un bordel, un sanctuaire et un tombeau » (Ionesco), mêlant les influences *new wave*, post-funk et gothique de sexe et de mort. Étouffant, remuant des miasmes nauséeux autour d'affects intimes déplaisants, cathartique bien sûr, le film n'est pourtant jamais complaisant car la réalisatrice ne franchit pas les limites qu'Hannah, elle, transgresse, provoquant la révolte de Violetta. Le défi repousse d'abord, puis fascine, convainc enfin.

Cyril Mennegun décrit sans misérabilisme *Louise Wimmer* (2012), quadragénaire seule, contrainte à dormir dans sa voiture et à tricher pour survivre de petits boulots sans plonger dans la déchéance. Elle ne saurait inspirer aucune sympathie, mais ce film impressionnant provoque une profonde compassion. En 2011, les sœurs Delphine et Muriel Coulin maîtrisent avec justesse le ton insolite et la narration psychosociologique de leur adaptation à Lorient, l'année de l'invasion des coccinelles, d'un étrange fait réel américain : *17 filles* d'un même lycée décident d'être enceintes toutes en même temps jusqu'à l'accouchement.

Rubber (2010) de Quentin Dupieux est tout à fait déconcertant. Sous le nom de Mr Oizo, Dupieux est un musicien électronique déglingué auteur de quatre films : *Non film, Steak, Wrong* et *Rubber*, ce dernier tourné avec un Canon 5D (c'est-à-dire un mini-appareil photo numérique à mode vidéo). Or l'image est fort belle, reportée sur 35 mm pour diffusion en salles. Ce pneu serial killer est une idée complètement déjantée (c'est le cas de le dire) magistralement réalisée. Faux film américain tourné dans les grands espaces désertiques des plaines entourant Hollywood (dont les lettres, plantées au sommet de la colline, terminent le film) et en anglais, *Rubber* évoque *Duel* de Spielberg, le film *grindhouse* de Quentin (mais oui, même prénom) Tarantino (*Boulevard de la mort*), l'esprit des frères Coen et les images de nombreux autres films américains ! Le mélange du style *gore* (*Massacre à la tronçonneuse* de Tobe Hooper est cité dans le dialogue) et d'un humour iconoclaste contribue à la philosophie et à l'esthétique du *no reason* qui domine l'entreprise. En outre, cette histoire est celle d'un film sans caméra suivi en *live* à la jumelle par une poignée de spectateurs et interprété par des personnages qui ne savent pas qu'ils jouent, ce qui conduit à de vertigineuses élucubrations sur la vraie nature du réel ! Tout devient possible, y compris les jeux les plus inquiétants. Cette « créature » qu'on voit naître, apprendre à rouler puis devenir un terrible tueur, pourrait donner un chef-d'œuvre du fantastique classique si le facétieux Dupieux (dont le film a triomphé sur le Net avant d'effectuer une bonne carrière en salles) n'avait pas choisi d'en faire un vulgaire pneu. Quoique un peu moins étonnant, *Wrong* (2012) reste néanmoins hors normes, la mort d'un chien bouleversant l'absurdité et l'inquiétude de la banalité du quotidien. Le jeune cinéma français n'est décidément pas souvent tel que l'imaginent ses détracteurs.

Et pour conclure de manière non consensuelle, disons que le cinéma français d'aujourd'hui ne saurait se réduire au triangle *Des hommes et des dieux* (Xavier Beauvois), *The Artist* (Michel Hazanavicius), *Intouchables* (Olivier Nakache et Éric Toledano)… et surtout pas à ce dernier que nous laissons à sa victoire historique au box-office sur Gérard Oury (*La Grande Vadrouille*) et Dany Boon (*Bienvenue chez les Ch'tis*). De fait, du nouveau film d'horreur au courant politico-social, l'éventail s'ouvre très largement et les productions marginales sont plus vivaces que certaines œuvres appartenant au centre traditionnellement psychologique, décrié ou loué mais unanimement reconnu comme l'image de marque du cinéma hexagonal. Attristé mais pas surpris de voir triompher au box-office 2009 et 2010 *Le Petit Nicolas* (Laurent Tirard) et *Les Petits Mouchoirs* (Guillaume Canet) chacun avec plus de 5 millions d'entrées, nous avons donc plutôt voulu, dans le même temps, ramener l'attention sur *Rubber* (Quentin Dupieux) et *Welcome* (Philippe Lioret).

Car si *Mammuth* (Kerven et Delépine), *Huit fois debout* (Xavier Molia) et *Welcome* ont les premiers exploré le quart-monde qui se creuse en France depuis le début de la crise en 2008, ce cinéma citoyen a, depuis, produit plus d'une douzaine de films de valeur dans la seule année 2011. Soit, en particulier, au Festival de Cannes : *Pater* (Alain Cavalier), *La Conquête* (Xavier Durringer), *L'Exercice de l'État* (Pierre Schoeller), *Les Neiges du Kilimandjaro* (Robert Guédiguian) et *Polisse* (Maïwenn). Auxquels doivent s'ajouter : *Tous au Larzac* (Christian Rouaud, superbe historique des combats paysans), *De bon matin* (Jean-Marc Moutout, harcèlement en entreprise), *Toutes nos envies* (Philippe Lioret) et *Une vie meilleure* (Cédric Kahn, le surendettement), *L'Ordre et la Morale* (Mathieu Kassovitz, Ouvéa 1988), *Louise Wimmer* (Cyril Mennegun, une femme vit dans sa voiture), *Le Président* (Yves Jeuland, Georges Frêche à Montpellier), *Le Bal des menteurs* (documentaire de Daniel Leconte sur l'affaire Clearstream), *Coup d'éclat* (José Alcala, une femme flic et des sans-papiers en province), *17 filles* (Delphine et Muriel Coulin). Quant à la « débrouillardise » favorisée par les petites caméras, elle permet de plus en plus fréquemment de filmer sans moyens de production. En 2012, Rachid Djaïdani présente ainsi *Rengaine*, dont le tournage en « amateur » s'est étiré sur neuf ans ! Dans un style haletant et une tchatche savoureuse, les amours d'une beur et d'un Noir en Paris-banlieue sont contées avec une ironie cinglante dénonçant les racismes communautaristes qui divisent musulmans, feujs et céfrans, sans misérabilisme mais avec une rage salutaire.

Le « H. Pictures » n'est de son côté pas en reste puisque – outre le fameux pneu meurtrier – un nombre à peu près identique de films d'horreur s'est fait remarquer dans un créneau série B qui prend ses marques depuis 2009. Les précurseurs furent *À l'intérieur* (Julien Maury et Alexandre Bustillo, 2007 : meurtres et mutilations horrifiques), *Martyrs* (Pascal Laugier, 2008 : *gore* éprouvant mystico-horrifique) et *Mutants* (David Morley, 2009 : zombis à la française). Puis en 2010 *Captifs* (Yann Gozlan : des otages torturés, violence, trafic d'organes), *La Horde* (Yannick Dahan et Benjamin Rocher : flics et malfrats cernés par des zombis), *La Meute* (Franck Richard : une jeune séquestrée jetée en pâture à des créatures sorties de terre), *Dans ton sommeil* (Caroline et Éric Du Potet : une femme et un adolescent traqués par un ignoble tueur), *Djinns* (Hugues et Sandra Martin : des soldats assaillis par des Djinns dans le désert algérien). Et cela se poursuit en 2011 avec *La Traque* (Antoine Blossier : film de monstre), *Dernière séance* (Laurent Achard : le cinéphile *serial killer*), *Propriété interdite* (Hélène Angel : une maison isolée qu'une femme croit hantée par un frère suicidé), ces deux derniers étant d'ailleurs d'authentiques films d'auteur.

De nouvelles tendances du cinéma grand public : des comiques venus d'ailleurs, influence de la B.D et de la télévision / Canal+

Outre cette diversité et cette vivacité de bon aloi, soulignons que, jusqu'à présent, tous ceux qui prévoyaient (et prévoient toujours) que le cinéma ne pourrait jamais continuer à produire chaque année 150 films d'initiative française ont tort. Tort mathématiquement puisque 172, 163, 183, 167, 187, 164, 185, 196, 182, 203, 207 sont le nombre de films produits de 2001 à 2011. Tort aussi pour la répartition entre cinéma d'auteur (disons circuit Art et Essai) et productions commerciales grand public. Car si les observateurs les plus optimistes parient fort justement pour la survie du premier parce que subventionné par l'avance sur recettes, ils pensent que va se réduire très rapidement le nombre des films de pur divertissement. Or, là encore, le box-office s'inscrit en faux. Chaque année plusieurs films français comptent plusieurs millions d'entrées. Certes la plus grande part de ces productions « de flot » ne sera pas retenue par l'histoire du cinéma qui privilégie les autres (modèle « éditorial » ou artistique, de création), le tri se révélant de plus en plus sélectif à mesure que l'on remonte le temps. Mais, puisque durant les deux dernières décennies qui constituent cette dernière partie, la présence du cinéma grand public demeure prégnante dans la cinéphilie (le filtre de la durée n'a pas encore vraiment fonctionné), consacrons-lui un peu d'attention.

Quelles sont donc les meilleures entrées françaises, à savoir les films figurant au top 10, étant entendu que les autres – sept ou huit sur dix – sont systématiquement tous américains :

1998
Le Dîner de cons (Francis Veber)
Les Couloirs du temps (Jean-Marie Poiré)
Taxi (Gérard Pirès)

1999
Astérix et Obélix contre César (Claude Zidi)
Jeanne d'Arc (Luc Besson)

2000
Taxi 2 (Gérard Krawczyk)
Le Goût des autres (Agnès Jaoui)
Les Rivières pourpres (Mathieu Kassovitz)

2001
Le Fabuleux Destin d'Amélie Poulain (Jean-Pierre Jeunet)
Le Placard (Francis Veber)
Le Pacte des loups (Christophe Gans)
Tanguy (Étienne Chatiliez)

2002
Astérix et Obélix mission Cléopâtre (Alain Chabat)
Huit femmes (François Ozon)

2003
Taxi 3 (Gérard Krawczyk)
Chouchou (Merzak Allouache)

2004
Les Choristes (Christophe Barratier)
Un long dimanche de fiançailles (Jean-Pierre Jeunet)
Podium (Yann Moix)
Deux Frères (Jean-Jacques Annaud)

2005
Brice de Nice (James Huth)

2006
Les Bronzés 3 (Patrice Leconte)
Arthur et les Minimoys (Luc Besson)
Camping (Fabien Onteniente)
Prête-moi ta main (Éric Lartigau)
Je vous trouve très beau (Isabelle Mergault)
Indigènes (Rachid Bouchareb)

2007
La Môme (Olivier Dahan)
Taxi 4 (Gérard Krawczyk)

2008
Bienvenue chez les Ch'tis (Dany Boon)
Astérix aux Jeux olympiques (F. Forestier et T. Langmann)

2009
Le Petit Nicolas (Laurent Tirard)
Arthur et la vengeance de Maltazard (Luc Besson)
LOL (Lisa Azuelos)

2010
Les Petits Mouchoirs (Guillaume Canet)
Camping 2 (Fabien Onteniente)

2011
Intouchables (Olivier Nakache et Éric Toledano)
Rien à déclarer (Dany Boon)
The Artist (Michel Azanavicius)

2012
Sur la piste du marsupilami (Alain Chabat)
La Vérité si je mens ! 3 (Thomas Gilou)
Astérix et Obélix : au service de sa Majesté (Laurent Tirard)

À la lecture de cette quarantaine de titres plébiscités par le public, et une fois constatée la (triste) loi des séries – quatre *Astérix* et quatre *Taxi* –, deux modèles de films de pur divertissement se dégagent, mais aussi un troisième plus disparate, ouvert aux surprises. D'abord la tendance action, d'autant plus que, non loin dans le classement, on trouverait les films policiers d'Olivier Marchal : côté policiers – *Gangsters*, 2002 ; *Quai des Orfèvres*, 2004 ; *MR 73*, 2008 – et côté bandits – *Les Lyonnais*, 2011 – avec aussi, ailleurs à l'image, les « gueules de polar » de Vincent Cassel ou Jean-Paul Rouve. Ce sont les films de type *Le Transporteur 1* et *2* de Louis Leterrier, ceux aussi de Mathieu Kassovitz, Jan Kounen, Gérard Krawczyk, ceux aussi de Nicolas Boukhrief ou Jean-François Richet. Chacun essaie d'acclimater les blockbusters américains d'Oliver Stone, William Friedkin ou Michael Mann à défaut d'atteindre Steven Spielberg.

Ensuite la tendance humour et comédie. Après les années Gérard Oury (*La Grande Vadrouille*, 1966 ; ses derniers grands succès datent d'avant 1980) et Louis de Funès (mort en 1983), la charnière des années 1970-1980 avait vu la victoire de la génération café-théâtre : coup d'envoi *Les Bronzés* (Patrice Leconte, 1978 avec Michel Blanc), le prototype étant *Le Père Noël est une ordure* (Jean-Marie Poiré, 1982, d'après la pièce du Splendid avec Anémone, Thierry Lhermitte, Marie-Anne Chazel, Gérard Jugnot, Christian Clavier et Josiane Balasko). Coluche sera un peu à part, bientôt en position dominante (au cinéma de 1969 à 1986) et les Charlots n'auront qu'un temps (fin années 1970-début années 1980), mais les membres du groupe, vite éclaté, se trouvent encore au cœur du comique grand public trente ans après.

À leurs côtés, les réussites sont aléatoires. Elie et Dieudonné ne tourneront ensemble qu'un seul film (*Le Clone*, 1997). Les Inconnus (Didier Bourdon, Bernard Campan, Pascal Légitimus) ne rencontrent plus le succès des *Trois frères* (1995) avec *Le Pari* (1997) et *Les Rois mages* (2001), Didier Bourdon se maintenant mieux tout seul (*Sept ans de mariage*, 2003), avant de s'essouffler (*Bambou*, 2009). *Camping* n'en est pour sa part qu'au numéro 2 (2006-2010), toujours avec Franck Dubosc en slip de bain, maître étalon de la vulgarité auquel peut descendre le comique franchouillard. Il est vrai qu'à l'opposé de ce rire facile existe aussi le sourire poétique des films saugrenus du triumvirat Dominique Abel, Fiona Gordon et Bruno Romy. Les années 2000 ont vu également l'émergence de deux films aussitôt « cultes », *Bienvenue chez les Ch'tis* (Dany Boon, 2008) et *Intouchables* (Olivier Nakache et Éric Toledano, 2011), deux gentilles pochades que personne n'attendait à plus de 20 millions d'entrées, car si l'on peut se hasarder à expliquer après coup cette embellie, la prévoir aurait été impossible. Par ailleurs, comme nous l'avons vu, la comédie légère à la française est une autre affaire.

La troisième tendance des champions du box-office n'existe pas en tant que modèle : ni violents, ni rigolos, ni appartenant à des genres porteurs, *Les Choristes*, *Je vous trouve très beau* ou *Les Petits Mouchoirs* ont beaucoup plu, sans doute parce qu'ils ne ressemblaient pas au formatage ambiant mais répondaient au goût moyen rarement sollicité du grand public. C'est la part de risque et de flair de la production. Certains cinéastes qui viennent de disparaître ont cultivé – Alain Corneau, Claude Miller –, d'autres tentent de pratiquer encore (Danièle Thompson : *La Bûche*, 1999 ; *Fauteuils d'orchestre*, 2005 ; *Le code a changé*, 2009) ce qui pourrait être l'avenue du consensus si elle n'était pas si rarement empruntée, comme au gré du hasard, aussi bien par un film politique (*Amen* de Costa-Gavras, 2000 ; *Une exécution ordinaire* de Marc Dugain, 2010) que par la comédie romantique d'un premier long-métrage (*L'Arnacœur*, Pascal Chaumeil, 2010). Il y a ainsi de nombreux films qui marchent bien, offrant la respiration de la sincérité et de la détermination de leurs auteurs. Ils semblent représenter le tout-venant du divertissement, mais justement pas, puisqu'ils sortent du lot !

Dans ce cinéma de grande consommation sont apparus depuis 1992 quelques nouveaux courants originaux, notamment sous l'influence de la bande dessinée, du biopic américain ou de la télévision, en particulier aux débuts de Canal+. Ainsi l'importance de la BD au cinéma s'est-elle accrue dans les années 2000 parallèlement au développement exponentiel de la bande dessinée dans l'édition française, et cela en trois phases : BD devenant films d'animation, B.D. tournées en prises de vues réelles, auteurs de BD passant au cinéma pour filmer directement avec acteurs des histoires nouvelles. Plusieurs albums d'Astérix et de Lucky Luke deviennent donc des dessins animés en France comme d'autres aux États-Unis et au Japon. Aujourd'hui, c'est parfois l'auteur de la BD qui assure lui-même la réalisation, c'est-à-dire l'animation de ses propres dessins : en 2007 Marjane Satrapi (avec Vincent Paronnaud) filme sa BD *Persepolis* ; en 2011, Zep dirige *Titeuf le film* et Joann Sfar *Le Chat du rabbin*. Mais la vogue du « live » s'intensifie, les pionniers datant néanmoins des années 1960 (*Tintin et le mystère de la toison d'or*, 1961, Jean-Jacques Vierne ; *Tintin et les oranges bleues*, 1964, Philippe Condroyer ; *Barbarella*, 1967, Roger Vadim avec Jane Fonda dans le rôle titre). En 2006, *Renaissance* de Christian Volckman constitue un cas particulier, réalisé selon le procédé « motion capture » fusionnant prises de vues réelles de vrais acteurs et animation en 3D. L'esthétique emprunte à *Sin City* (BD de Frank Miller) ainsi qu'à l'univers filmique de *Métropolis* et *Blade Runner* ainsi que, plus généralement, au film noir de l'âge d'or hollywoodien.

À quatre reprises, les albums Astérix de René Goscinny et Albert Uderzo sont adaptés en « live », interprétés par les plus grandes vedettes dont systématiquement Gérard Depardieu dans le rôle d'Obélix : *Astérix et Obélix contre César* (1999, Claude Zidi), *Mission Cléopâtre* (2002, Alain Chabat), *Astérix aux Jeux olympiques* (2008, Frédéric Forestier et Thomas Langmann), *Au service de sa majesté* (Laurent Tirard, 2012). *Lucky Luke*, personnage de Morris et Goscinny, est incarné en 2009 par Jean Dujardin dans le film de James Huth. Chaque année depuis 2000, les adaptations se multiplient : *L'Outremangeur* (2003, Thierry Binisti avec Eric Cantona, BD de Tonino Benacquista et Jacques Ferrandez),

Michel Vaillant (2003, Louis-Pascal Couvelaire, série de plusieurs BD de Jean et Philippe Graton), *Blueberry* (2003, Jan Kounen, avec Vincent Cassel, série de BD de Jean-Michel Charlier et Jean Giraud), *L'Enquête corse* (2004, Alain Berbérian, BD de Pétillon), *Les Chevaliers du ciel* (2005, Gérard Pirès, série de BD de J.-M. Charlier et A. Uderzo), *Iznogoud* (2005, Patrick Braoudé, série de BD de Goscinny et Tabary), *L'Avion* (2005, Cédric Kahn, série BD *Charly* de Magda et Lapierre), *Ce soir je dors chez moi* (2007, Olivier Baroux, série BD *Monsieur Jean* de Dupuy et Berbérian), *L'Incroyable Hulk* (2008, Louis Leterrier, d'après le monstre de la BD de Stan Lee et Jack Kirby devenue précédemment une série TV), *Largo Winch* (2009, blockbuster à la française de Jérome Salle, d'après le personnage de la BD de Jean Van Hamme et Philippe Francq), *King Guillaume* (2009, de et avec Pierre-François Martin-Laval, BD *Panique à Londres* de Pétillon et Rochette), *Les Aventures extraordinaires d'Adèle Blanc-sec* (2010, Luc Besson, avec Louise Bourgoin dans le rôle de l'héroïne de Jacques Tardi), *L'Élève Ducobu* (2011, Philippe de Chauveron, avec Elie Semoun en maître d'école de la BD de Godi et Zidrou), Alain Chabat imaginant pour sa part dans *Sur la piste du Marsupilami* (2012) des variations libres autour de l'animal bondissant compagnon de Spirou dans la BD de Franquin.

Les lois du marché (le public cinéma adopte la BD et connaît désormais ses créateurs) se répercutant automatiquement sur les idées et les désirs des producteurs, des auteurs de BD parviennent donc à devenir cinéastes. Le premier fut Gérard Lauzier, créateur célèbre (scénario et graphisme) de BD dans les années 1970 qui, en 1981, commence une carrière en prises de vues réelles avec *T'empêches tout le monde de dormir*. Cinq autres longs-métrages suivront dans les années 1980-1990. Au graphisme plus riche visuellement, Enki Bilal se régale (*Bunker Palace hôtel*, 1989 ; *Tykho Moon*, 1996 ; *Immortel, ad vitam*, 2004) en mixant acteurs, maquillages, atmosphère fantastique, décors issus des Beaux-Arts et images de synthèse, au service d'une invention très personnelle (traits, formes, couleurs, animation) d'une grande beauté comme d'une saisissante laideur. Plus récemment, Marjane Satrapi (toujours avec Vincent Paronnaud) filme en « live » sa BD *Poulet aux prunes* (2011) et Pascal Rabaté la sienne (*Les Petits Ruisseaux*, 2010). Riad Sattouf inaugure de nouvelles aventures amoureuses et incarne les ados de ses très réalistes *Beaux Gosses* (2009) observés avec un humour vachard, puis poursuit sa chronique avec *Jackie au royaume des filles* (2013), tandis que Joann Sfar choisit carrément pour son passage au cinéma le biopic (*Gainsbourg, vie héroïque*, 2010). Désormais recherchés par la profession, les bédéistes gagnent non seulement le grand public mais aussi les cinéphiles.

Sfar a affronté, pour faire ses preuves, un genre actuellement fort prisé : le biopic people, c'est-à-dire le portrait biographique de vedettes de natures diverses. Les frontières sont un peu floues, quand il s'agit de personnages historiques, voire politiques (François Mitterrand interprété par Michel Bouquet : *Le Promeneur du Champ-de-Mars*, 2005, Robert Guédiguian) ou du grand banditisme (Jean-Pierre Cassel dans le rôle de *Mesrine*, Jean-François Richet, 2008 ; Edgar Ramirez dans celui de *Carlo*s, Olivier Assayas, 2010). Mais avec *Coluche* (2008), le cahier des charges est clair, même si le réalisateur Antoine de Caunes ne traite pas toute la vie de l'humoriste. Parfois deux projets se télescopent : en 2009, *Coco avant Chanel* d'Anne Fontaine et *Coco Chanel et Igor Stravinsky* de Jan Kounen, chaque cinéaste ayant choisi une période différente de l'existence de la grande dame de la couture. Diane Kurys traite au contraire la biographie complète de *Sagan* (2008, avec Sylvie Testud), Florent-Emilio Siri jouant pour sa part le mimétisme étonnant de l'interprète Jérémie Renier avec Claude François (*Cloclo*, 2012). En fait, une décennie auparavant, Yann Moix avait déjà abordé le biopic du chanteur mais de façon totalement décalée puisqu'il était interprété par Benoît Poelvorde (*Podium*, 2003) ! C'est parfois dans ce genre de scénarios biaisés que le cinéaste peut surprendre agréablement : un fan de Johnny Hallyday (Fabrice Luchini) se réveille un jour dans un monde qui n'a jamais entendu parler du célèbre Johnny (*Jean-Philippe*, Laurent Tuel, 2006) ; ou le récit fictif des amours adolescentes qu'aurait pu vivre Nino Ferrer (*Nino, une adolescence imaginaire de Nino Ferrer*, Thomas Bardinet, 2001). Avec *Zidane* (2006), c'est plutôt une question de style, travaillé par deux plasticiens contemporains Philippe Parreno et Douglas Gordon qui signent la mise en scène. Mais le sommet du genre est *La Môme* (O. Dahan, 2007), portrait patchwork d'Édith Piaf, peignant le mythe à l'émotion et mettant en scène le romantisme noir du scénario avec un lyrisme intense s'appuyant sur la performance fort justement oscarisée de Marion Cotillard. Les plus de 5 millions de spectateurs en France de *La Môme* récompensent un classicisme talentueux et le cinéaste s'attaque en 2012 au glamour de la princesse Grace Kelly. Car même le simple filmage d'une pièce amusante de boulevard peut donner un spectacle distrayant comme c'est le cas lorsqu'un futur père dit vouloir appeler son enfant Adolphe pour susciter les réactions de ses amis (*Le Prénom*, mis en scène en 2011-2012 par ses auteurs Matthieu

Delaporte et Alexandre de La Patellière successivement au théâtre et au cinéma.

Du côté du petit écran, la première chaîne française à péage inaugurée en 1984 se voit dotée de deux dominantes, le cinéma et le sport. Non seulement en effet Canal+ diffusera beaucoup de films un an à peine après leur sortie en salles (au lieu de trois ans sur les autres chaînes à cette époque), mais elle stimulera la production du cinéma national en investissant près de 40 millions de francs par tranche de 100 000 abonnés, ce qui fera très vite plus de 200 millions par an. Dans ces conditions, on peut commencer à dire que la télévision finance le cinéma français, remplaçant progressivement l'avance distributeur qui constituait jusqu'alors la part principale du budget d'un film.

Si l'on quitte l'exercice comptable de l'économie pour considérer l'impact artistique sur la création, il est clair que le goût des décideurs de la chaîne fournira dorénavant sa tonalité à une grande part du cinéma national. En outre, nombre de créatifs travaillant aux émissions télé (en direct, séries, magazines…) qui sont, dans la seconde moitié des années 1980, extrêmement inventives à Canal+ dans le domaine de l'humour, vont être attirés par le grand écran où ils vont renouveler dans la décennie suivante l'esprit du comique cinématographique, genre le plus populaire du cinéma commercial. Les exemples de cette translation des auteurs, réalisateurs, comédiens ayant débuté par plusieurs années à Canal+ sont innombrables. Retenons Benoît Delépine (reporter gaffeur du journal *Groland* et ancien animateur des Guignols de l'Info) et Gustave Kerven (son complice télévisuel dans l'esprit «Gros dégueulasse» de Reiser) qui mettent en scène et interprètent d'abord la matière de leurs sketches dans deux films (*Aaltra* et *Avida*, 2004-2006) avant d'écrire et de réaliser *Louise Michel* (2008), *Mammuth* (2010) et *Le Grand Soir* (2012), trois œuvres puissamment originales. Trublion à plusieurs postes de Canal+, Édouard Baer devient au cinéma comédien et réalisateur (*La Bostella*, 2000 ; *Akoibon*, 2004) ainsi que performer et auteur de théâtre. Peut-être meilleur acteur (*La Maladie de Sachs*, 1999, Michel Deville ; *Le Bruit des glaçons*, 2010, Bertrand Blier) qu'auteur-metteur en scène, Albert Dupontel signe néanmoins des films insolites (*Bernie*, 1996 ; *Enfermés dehors*, 2007 ; *Le Vilain*, 2009). Grand amateur de BD, Alain Chabat réalise un «Astérix» en live (*Mission Cléopâtre*) et aussi *RRrrr!* (2004) et *Sur la piste du marsupilami* (2012). D'abord vedettes du sitcom *H*, Éric et Ramzy tournent plusieurs films dont *La Tour Montparnasse infernale* de Charles Nemes, faux film catastrophe à effets spéciaux, un des plus gros budgets de 2001.

Ceux qui se contentent d'enfiler 90 minutes de leurs sketches pour faire un film ne sont pas les meilleurs sur grand écran, qu'ils viennent de *Nulle part ailleurs* (Michel Muller : *La vie de Michel Muller est plus belle que la vôtre*, 2005) ou de *Caméra Café* (Bruno Solo et Yvan Le Bolloc'h : *Espace détente*, 2004). Mais les fantaisistes qui redimensionnent leur inspiration aux possibilités du grand écran annoncent de prometteuses carrières : José Garcia, d'abord chauffeur de salle de *Nulle part ailleurs* avant d'y participer en tant que vedette, est aujourd'hui un des rares comédiens sur lesquels un producteur peut bâtir le financement d'un film et Omar Sy, après ses minisketches *Omar et Fred*, devient la cheville ouvrière du phénoménal succès d'*Intouchables* (2011). Le destin des compères Kad et Olivier est significatif. Tant que le duo conserve sa structure Canal+ (*Ce soir je dors chez moi*, 2007 et *Safari*, 2009, signés Olivier Baroux), la greffe prend mal et ce sont les libertés d'interprète prises par Kad dans de nombreux autres films qui permettent à Kad Merad de devenir un comédien qui attire le public et, par conséquent, de signer à son tour son premier long métrage en 2012. Puis le duo se reforme pour une suite de *Mais qui a tué Pamela Rose* (neuf ans plus tôt) sans grand succès (*Mais qui a retué Pamela Rose*). Quant à Karl Zéro, qui fut le premier à passer de *Nulle part ailleurs* à la mise en scène d'un film (*Le tronc*, 1992), la transposition de son « vrai faux journal » en essais d'imitation des documentaires politiques de l'Américain Michael Moore lui vaut le César du documentaire 2007 pour *Dans la peau de Jacques Chirac* (citons aussi, la même année, *Sego et Sarko sont dans un bateau* et, en 2008, *Being W.*, portrait de G. W. Bush). Quelle que soit la valeur intrinsèque des films et des créateurs que nous venons d'évoquer, la fonction de vivier de Canal+ pour tout un pan du cinéma grand public méritait d'être présentée.

Cela pour souligner la prégnance plus générale de l'ensemble de la télévision, mais aussi l'aptitude de tout l'univers du spectacle à fournir de nouveaux visages et des personnalités fortes au cinéma français. Il est normal en effet que les producteurs veuillent monter des films autour des noms plébiscités par les téléspectateurs : c'est un effet analogue à l'effet « vu à la télé » des produits que la ménagère retrouve en têtes de gondoles des supermarchés ! Davantage que les comédiens de téléfilms, ce sont les vedettes de one-man shows scéniques ou de chanteurs déjà remarqués par les émissions de variétés télévisées qui auront la préférence des hommes de cinéma, le petit écran jouant alors le double rôle de tamis et de passeur. Ainsi, Loulou et Chouchou – Jean Dujardin et Alexandra Lamy –, à savoir *Un gars, une fille*, 500 épisodes de 5 à

7 minutes sur France 2 (1999-2003) contant les amusants aléas de leur quotidien de jeune couple, deviendront deux vedettes du cinéma : lui d'abord dans *Brice de Nice* (James Huth, 2002), transposition de son ancien personnage du café-théâtre, puis dans *The Artist* (Michel Hazanavicius) jusqu'aux Oscars hollywoodiens 2012 ; pour sa part, elle accède la même année aux premiers rôles du cinéma d'auteur (*J'enrage de ton absence* de Sandrine Bonnaire). Certes ce n'est pas à tous les coups l'on gagne : têtes d'affiche des émissions de Patrick Sébastien, Shirley et Dino s'écrasent avec *Cabaret Paradis* (2006) et Dany Boon, dont les sketches sur le K-way ou la poste sont passés des dizaines de fois sur toutes les chaînes, se noie d'abord dans les travaux de *La Maison du bonheur* (2006) avant d'attirer plus de 20 millions de spectateurs avec *Bienvenue chez les Ch'tis* (2008) et plus de 8 millions encore avec *Rien à déclarer* (2011) ! Lui aussi populaire humoriste, Jamel Debbouze devient un excellent acteur (par exemple chez Rachid Bouchareb : *Indigènes*, 2006 ; *Hors-la-loi*, 2010) et il y a des « familles de télévision » qui passent aisément au cinéma : Antoine de Caunes, d'abord comme acteur puis réalisateur (*Coluche*, 2008, racontant la course à l'Élysée du comique en hiver 1980), ensuite sa fille Emma menant double carrière sur les deux écrans.

Un usage désormais bien établi régit ce type de carrières : tout comédien dit « bankable » (à savoir dont le seul nom attire le public) se voit immanquablement invité à devenir réalisateur (selon le parcours rapide one-man show scénique, sketches TV, comédien, metteur en scène). Comme Dany Boon, Gad Elmaleh signe donc *Coco* (2009, patchwork de ses sketches) et peut alors changer de registre en tant qu'acteur dans *Le Capital* (Costa-Gavras, 2012), hélas sans parvenir à faire oublier son succès de travesti dans *Chouchou* (Merzak Allouache, 2003). Valérie Lemercier passe de la scène à la série TV *Palace* de Jean-Michel Ribes puis réalise au cinéma *Quadrille* (1998, une des meilleures pièces de Sacha Guitry qui la filme lui-même dès 1937), suivi de *Le Derrière* (1999) et *Palais Royal* (2005, le destin de Lady Di revu avec une cruauté jubilatoire). Quant au premier long-métrage de Patrick Timsit, *Quasimodo d'el Paris*, il se classe quatrième au box-office national 1999. Timsit enchaîne ensuite *Quelqu'un de bien* (2002, deux frères très différents) et *L'Américain* (2004, un pamphlet). Il met en outre parallèlement en scène des *Musicals* au théâtre.

Selon le même principe, le passage de certains chanteurs au cinéma est traditionnel : Luis Mariano, Bourvil, Yves Montand, Jacques Dutronc, Eddy Mitchell, Patrick Bruel, Lio... À son tour Benjamin

Biolay commence modestement depuis quelques années à apparaître dans des films d'auteur, tandis que Marc Lavoine mène depuis plus de temps les deux carrières (dans des œuvres populaires type *Le Cœur des hommes 1, 2* et *3*). On peut voir également Joey Starr (2011, *Polisse* de Maïwenn, elle-même venue du one-woman show), Philippe Katerine chez les frères Larrieu et dans le premier rôle de *Je suis un no man's land* (2011, Thierry Jousse), après avoir réalisé lui-même un essai vidéo : *Peau de cochon* (2005). En 2012 la chanteuse rock Soko interprète l'hystérique vedette du Dr Charcot *Augustine* d'Alice Winocour, et Izia Higelin, elle aussi chanteuse – et fille de chanteur – tient le premier rôle de *Mauvaise Fille*, premier long-métrage du comédien Patrick Mille («Chico» dans une émission d'Édouard Baer)…

CONCLUSION ET DEMAIN ?

Vincent Macaigne dans *La Fille du 14 juillet* d'Antonin Peretjakto, 2013.

La vigueur actuelle du cinéma national – grand public comme de création – présentée dans notre ouverture ne saurait nous dispenser de tenter de poser quelques questions pour le futur : qu'est-ce qui attend le cinéma français et que peut-on attendre de lui dans les prochaines années ? Car si une histoire du cinéma est toujours rassurante dans la mesure où elle retient essentiellement le meilleur, donnant ainsi une image fort positive, elle est confrontée au final à des états des lieux (dossiers, études, débats) moroses, certains franchement catastrophistes ou très critiques sur la qualité des films.

Notre quatrième partie s'inscrit résolument en faux contre ces jugements de valeur prononcés par des analystes qui voudraient que le cinéma d'auteur rapporte autant d'argent que les films de pur divertissement, ce qui est absurde. Ils condamnent en effet artistiquement les premiers au nom de la réussite économique des seconds, soutenant par là l'amertume injustifiable de certains cinéastes travaillant dans les genres ouvertement les plus commerciaux, mais qui enragent de ne pas bénéficier également de la reconnaissance critique. Si ces créneaux opposés ont pu coïncider il y a longtemps et ailleurs – l'âge d'or hollywoodien –, aujourd'hui les temps, le cinéma et le public ont changé. De plus, les deux ensembles ne se sont jamais rencontrés vers le moins, mais au contraire vers le plus d'excellents réalisateurs suivis par un grand public qui n'avait pas encore la télévision. Donc, acte.

Mais il n'en est pas moins vrai que le bon cinéma de création est présentement très fragilisé, car ce jeune cinéma d'auteur français ne doit l'essentiel de son indépendance créatrice qu'à l'adoption d'un modèle élaboré il y a cinquante ans, conjointement par les cinéastes de la Nouvelle Vague et le CNC. Le système est basé sur l'avance sur recettes (côté financement) et le petit budget (pratiquement, au tournage) qui se traduit par une forme esthétique que l'on peut nommer « cinéma de chambre ». Il ne s'agit pas d'un cinéma du pauvre car il a ses titres de noblesse : ainsi Ingmar Bergman (par opposition à Stanley Kubrick). En France c'est Éric Rohmer (face à Alain Resnais pour rester dans un domaine de très grande valeur artistique). Et ça marche : Jean-Pierre Mocky aime à dire qu'avec leurs budgets dérisoires et leurs entrées parmi les meilleures du circuit Art et Essai, les films d'Éric Rohmer ont généré des bénéfices que lui envient bien des réalisateurs populaires.

L'idée de base repose sur la possibilité pour les films d'ambition artistique (qui ne peuvent pas compter sur un très grand nombre de spectateurs) d'obtenir, à la lecture d'un scénario, une avance qui servira d'amorce à la mise en place du patchwork de la coproduction (intervention des télévisions, des prêts bancaires spécialisés – SOFICA –, des aides régionales, de l'avance distributeur, du fonds de soutien automatique…). Mais ce type de montage financier ne peut convenir qu'à des films de petit budget, donc à une esthétique très sobre, correspondant à ce qu'il est possible de réaliser avec une équipe technique réduite, des décors naturels, la concentration en peu de lieux, des répétitions mais peu de prises, tournage en trois ou quatre semaines, hier en Super 16 mm aujourd'hui en DV HD, des acteurs peu connus ou non professionnels, des salaires en participation, le minimum d'éclairages additionnels, peu de mouvements d'appareils compliqués nécessitant du matériel annexe… À l'intérieur de ces contraintes, la liberté est complète mais on comprend que ces conditions puissent conduire à une spécialisation dans le genre intimiste psychologique ; du point de vue dramatique, unité de lieux, unité de temps, peu de personnages et situations simples. De plus, l'idéal pour maîtriser ce fragile équilibre entre esthétique et économie serait que le réalisateur coproduise dans une proportion notable ses films : François Truffaut (Les Films du Carrosse) et Éric Rohmer (à travers Les Films du Losange) l'ont systématiquement fait. Dans la génération suivante, Robert Guédiguian fonde par exemple dès ses débuts Agat Films, coopérative de production trouvant sa cohérence créatrice et de conception structurelle dans l'idéologie communiste de ses membres et du réalisateur qui pratique ainsi un cinéma engagé néanmoins très bien intégré au modèle institutionnel du cinéma d'auteur (pourtant majoritairement financé par un capitalisme privé dans une économie libérale de marché). L'indépendance d'Agat Films est garantie par sa trésorerie : la société gagne de l'argent et obtient donc le droit de tenir sa place dans les instances décisionnelles du cinéma national. Aussi la carrière de Guédiguian est-elle en phase avec les conceptions du cinéma qu'il défend. Mais tous les auteurs-réalisateurs ne se sentent pas d'assumer, en plus, les charges de la production aux prises avec une juridiction de plus en plus compliquée. Pourtant une bonne connaissance des arcanes administratifs du CNC permet de trouver bien des filières protégeant et régissant la liberté de créer. S'y investir est donc profitable : l'indépendance se conquiert au cœur de cette coexistence pacifique art/commerce typique des industries culturelles françaises.

Mais présentement, l'inquiétude taraude le secteur : ce système à la française pourra-t-il tenir longtemps avec son incroyable taux de « déchets » (les premiers films trop nombreux car beaucoup ne sont pas réussis) dans une époque où le CNC attise les convoitises de Bercy ? Certes le budget de l'avance provient pour une grande part de la remontée du prix des entrées en salles (et non des impôts). Mais cette idée coopérative, où les bénéfices des films « porteurs » aident à financer premiers longs-métrages et œuvres difficiles, est de moins en moins acceptée par les banques qui financent les films dominant au box-office. L'état d'esprit n'est plus le même : ceux qui engrangent les plus grosses recettes cherchent désormais exclusivement à en gagner encore davantage la fois suivante. Toute retenue, même d'un pourcentage minime, leur est devenue intolérable. Ils pénètrent donc les instances de décision du CNC dans le but avoué de modifier la donne.

Le renouvellement des générations pose d'autres questions. Qui devient cinéaste ? Il serait intéressant de le savoir assez précisément, non pour canaliser mais peut-être au contraire ouvrir plus largement l'accès et le faire autrement. Les voies du « métier » (assistant, scénario, technique) pour les productions grand public, comme des écoles de cinéma ou de la critique pour le cinéma de création ne sont plus les seules : nous avons vu le courant venant de la télévision ou de la BD, il y a aussi d'autres « marges » (écrivains, plasticiens). Le prestige de la FEMIS n'est en tout cas pas usurpé : plus de la moitié des premiers longs-métrages de qualité produits la dernière décennie est signée d'anciens (et beaucoup d'anciennes) de l'École, mais il leur a fallu généralement une bonne dizaine d'années pour y parvenir. C'est que le curriculum vitae le plus apte à permettre de décrocher l'avance sur recettes comporte la FEMIS, mais à laquelle doivent s'ajouter la réalisation de deux ou trois courts-métrages primés, l'assistanat ou/et la collaboration à l'écriture avec des auteurs consacrés… à l'appui d'un bon scénario : c'est un parcours long et ultra sélectif.

Si les *Cahiers du cinéma* ne sont plus le vivier qu'ils constituèrent au temps de la Nouvelle Vague, ils révèlent encore quelques réalisateurs intéressants. Sans remonter à André Téchiné qui a 70 ans ni même à Olivier Assayas qui en a 57, nous avons déjà signalé quatre cinéastes qui écrivaient encore en 2000 aux *Cahiers*, en particulier Mia Hansen Love. Mais d'autres plus nombreux viennent dans le même temps d'une revue beaucoup plus jeune, *La Lettre du cinéma*. Leurs films sont assez singuliers : les contes philosophiques ubuesques venus du Larzac d'Alain Guiraudie (*Du soleil pour les gueux*, 2001 et les films suivants), les chevaliers du XXIe siècle d'Eugène Green (de *Toutes les nuits*, 2001 au *Pont des arts*, 2004), les journaux intimes en forme de carnets de voyage de Vincent Dieutre (depuis *Rome désolée*, 1996), les aventures et réflexions de la clownesque Anne Buridan dans les essais nombrilistes mais rigolards de Judith Cahen (1995-1998), spiritualité et récits initiatiques de Jean-Paul Civeyrac (les corps de la passion dans *Le Doux Amour des hommes*, 2001 ou *Toutes ces belles promesses*, 2003), le dandysme et les danses de Serge Bozon (*Mods*, 2002), un personnage de père tyrannique et bon vivant à la fois (*La Famille Wolberg*, A. Ropert, 2009), l'adaptation réussie du *Temps mort* de Marcel Aymé dont le héros ne vit qu'un jour sur deux (*Les jours où je n'existe pas*, J.-Ch. Fitoussi, 2002)… Tous développent une sorte d'excentricité vivifiante. Et ils le font dans les conditions économiques et structurelles actuelles du jeune cinéma d'auteur.

Des améliorations et découvertes techniques favorisent également la survie de la création. Certainement pas l'offensive du relief 3D, mais bien celle de la DV et de la révolution numérique. Au cours des ans, de nombreuses inventions ont ainsi favorisé le cinéma d'auteur en améliorant qualité et maniabilité des appareils et de la pellicule, ce qui fait gagner du temps de tournage et donc économiser beaucoup d'argent. Or, nous l'avons vu, le jeune cinéma d'auteur ne peut exister que s'il produit des films à petits budgets. L'image symbolique d'un tournage Nouvelle Vague a d'ailleurs été longtemps celle de Jean-Pierre Léaud courant vers la mer accompagné par l'opérateur et son assistant dans une 2CV Citroën débarrassée de sa longue capote. C'est un des plus beaux travellings de l'histoire du cinéma enregistré sur une plage : un gamin (peu payé), sans le moindre éclairage, une vieille Arriflex muette et pas de rails ni de chariots : voilà un travail d'artiste – *Les 400 coups*, François Truffaut, 1959 – et non un filmage de « professionnels de la profession » (selon l'expression de Jean-Luc Godard dont le finale d'*À bout de souffle* reprendra la même « technique », si l'on peut dire !). Il s'agissait de faire, avec des bouts de ficelles, aussi bien qu'à Hollywood.

Mais certaines mutations n'ont pas seulement amélioré les moyens, elles les ont carrément changés en permettant de réaliser vraiment autre chose et pas uniquement la façon de les faire différemment. Ainsi l'invention de la couleur comme du parlant cause un bouleversement esthétique consécutif à la découverte technique, ou plus près de nous, la mise au point de la prise de vues synchrone, son et image. La révolution du numérique est de même nature et sans doute encore plus riche d'avenir. On sait qu'il y a deux sortes de cinéma numérique : la HD et la DV. La HD, haute définition, est de l'ordre de ces nouveautés (comme avant elle le Super 16 mm ou la vidéo) qui améliorent l'existant. Elle est à court terme appelée à remplacer la pellicule. En fait la qualité est au moins égale au 35 mm et l'économie fort importante. Initié par des cinéastes comme Alain Corneau, Claude Miller, André Téchiné ou Benoît Jacquot, le tournage en HD assure aussi la majorité des premiers longs-métrages du cinéma d'auteur. Mais une grande part du « pur divertissement » commence également à l'adopter. Saluons le cinéma d'auteur pour avoir été le plus aventureux techniquement, on ne le souligne pas assez.

La mini DV révolutionne par contre fondamentalement à la fois documentaire et fiction. En France Claude Miller – encore lui – tourne le premier un long-métrage de fiction en mini DV sur une proposition d'Arte. *La Chambre des magiciennes* (2000) est une adaptation littéraire conçue comme si elle devait être filmée en 35 mm. Mais sur le tournage, Miller est enthousiasmé par l'hyperréalisme de l'image et surtout le jeu des interprètes (deux caméras, ni clap de début ni de fin : la DV tourne tout le temps et les deux actrices ne savent jamais d'où elles sont filmées). En fait, le metteur en scène a l'impression de diriger davantage les comédiens qui eux, au contraire, se sentent plus libres ! Mais c'est Alain Cavalier qui offre avec *Le Filmeur* (2005) la quintessence de l'embellie de toutes les sortes de journal filmé, *home movie* ou carnet intime, favorisés par la mise sur le marché de la petite DV, matérialisation du concept de « caméra stylo » imaginé par Alexandre Astruc dès 1948. Cette extraordinaire réussite résulte d'une évolution esthétique personnelle de Cavalier doublée d'un itinéraire intérieur amorcé dès le milieu des années 1980 qui donne au film son caractère d'évidence naturelle. La technique semble donc avoir inventé la caméra qui était nécessaire pour réaliser les vœux du cinéma d'auteur le plus personnel, un peu comme cela avait été le cas du couplage de la caméra Coutant 16 mm et du magnétophone Nagra à l'époque du « cinéma vérité ».

Bref l'avenir du cinéma n'est pas bouché, mais celui-ci doit s'adapter, être inventif, expérimenter sans cesse de nouveaux chemins car, en période de crise – nationale, européenne et mondiale – le cinéma, en tant qu'art et industrie, doit défendre – lui aussi – sa survie : l'exception culturelle est une bonne idée mais qui doit être sans cesse réactivée. Nous sommes bien conscient, pour notre part, qu'histoire et critique de cinéma ont également à se poser des questions. La référence au passé et l'exercice du goût esthétique – fondements de la cinéphilie – ne demeureront l'aiguillon nécessaire à notre plaisir de spectateur que si l'amour du cinéma inspire la recherche et si l'analyse éclaire la connaissance comme le jugement. Il y a plus de trente ans, François Truffaut avait déjà dit en substance que les cinéastes devraient se résoudre à l'idée d'être jugés un jour par quelqu'un qui n'aura pas vu *L'Aurore* de Murnau. Formule certes très troublante pour sa génération, mais moins, évidemment, pour les suivantes. Plusieurs centaines de « films à voir » sont venus encore s'ajouter depuis pour accroître la pertinence de sa remarque, d'ailleurs plus nostalgique qu'amère. Les historiens, critiques et cinéphiles n'ont, on doit bien le dire, jamais tout vu, mais la proportion de ce qu'ils ont vu ne cesse de diminuer. Il va falloir faire des choix de plus en plus drastiques pour pouvoir demeurer crédible dans certains secteurs mais sans abandonner pour autant une curiosité aiguisée vis-à-vis de tout le reste du cinéma. Car la nécessité d'une culture générale est évidente. Ni le spécialiste ni l'amateur ne sauraient le rester en autistes. En fait, l'histoire du cinéma s'invite en coffrets dans l'actualité des sorties cinématographiques et, désormais pour chaque cinéphile, la plus belle découverte de la semaine n'est plus forcément le dernier film vu en salles, mais peut se trouver sur les rayons DVD de la FNAC. Aussi toutes les revues de cinéma comportent-elles maintenant une rubrique DVD pour attirer l'attention, non seulement sur le rattrapage possible des nouveaux films intéressants sortis il y a à peine quelques mois et qui ne sont ni restés assez longtemps à l'affiche à Paris ni tout simplement sortis en province (cela concerne déjà des dizaines de titres par an), mais aussi pour rendre compte – voire analyser en profondeur – les films anciens, restaurés ou pas, proposés en DVD. Or ce domaine-ci est actuellement en augmentation exponentielle. Il sort présentement chaque semaine plus de films anciens en DVD que de films récents en salles ! L'actualité cinématographique est désormais plus fournie en œuvres patrimoniales qu'en créations contemporaines. Dès lors nous pouvons légitimement souhaiter que notre histoire du cinéma français, en phase avec toutes ces évolutions, concurrence sur les rayons « cinéma » la dernière monographie sur Tim Burton.

Léa Seydoux et Adèle Exarchopoulos, dans *La Vie d'Adèle* d'Abdellatif Kechiche, 2013.

CHRONOLOGIE DES PREMIERS LONGS MÉTRAGES DES PRINCIPAUX RÉALISATEURS ACTUELS DU JEUNE CINÉMA FRANÇAIS

Ce n'est pas toujours son premier long-métrage qui révèle un nouveau cinéaste (mais parfois son deuxième, ou troisième…). Cette liste permettra au cinéphile de s'y retrouver à propos des débuts de chacun (quel est le premier film de Z. Breitman, M. Gondry, P. Schoeller ou M. Leclerc?).

1980   J.-J. Beineix, *Diva*

1981   R. Guédiguian, *Dernier Été*

1982   R. Goupil, *Mourir à trente ans*
        L. Besson, *Le Dernier Combat*

1983   B. Stora, *Le Jeune Marié*
        J.-Cl. Brisseau, *Un jeu brutal*
        L. Carax, *Boy Meets Girl*

1985   Ch. Silvera, *Louise l'insoumise*
        V. Thévenet, *La Nuit porte-jarretelles*
        C. Huppert, *Signé Charlotte*
        P. Beuchot, *Le Temps détruit*
        L. Perrin, *Passage secret*
        R. Bouchareb, *Bâton rouge*

1986   R. Wargnier, *La Femme de ma vie*
C. Corsini, *Coup de pied à la lune*
G. Krawczyk, *Je hais les acteurs*
Th. Gilou, *Black mic-mac*
O. Assayas, *Désordre*
G. Frot-Coutaz, *Beau temps, mais orageux en fin de journée*
J.-P. Limosin, *Gardien de la nuit*

1987   L. Begeja, *Avril brisé*
A. Mazars, *Au-delà du souvenir*
S. Schiffman, *Le Moine et la sorcière*
M. Clément, *La Maison de Jeanne*
Y. Zauberman, *Classified People*

1988   B. Nuytten, *Camille Claudel*
Ph. Venault, *Blancs cassés*
Cl. Denis, *Chocolat*
R. Planchon, *Dandin*
E. Chatiliez, *La vie est un long fleuve tranquille*
Cl. Mouriéras, *Montalvo et l'enfant*
P. Mazuy, *Peaux de vaches*
F. Dupeyron, *Drôle d'endroit pour une rencontre*

1989   E. Bilal, *Bunker Palace Hôtel*
E. Rochant, *Un monde sans pitié*
Ph. Faucon, *L'Amour*
Ph. Le Guay, *Les Deux Fragonard*
J. Boivin, *Baxter*
J. Lvoff, *La Salle de bain*
P. Bouchitey, *Lune froide*
R. Tadic, *Erreur de jeunesse*
B. Giraudeau, *La Face de l'ogre*

1990 Ch. Vincent, *La Discrète*
B. Roüan, *Outre-mer*
T. Marshall, *Pentimento*
A. Desplechin, *La Vie des morts*
J.-P. Jeunet, *Delicatessen*
N. Garcia, *Un week-end sur deux*
M.-F. Pisier, *Le Bal du gouverneur*
J.-Ph. Toussaint, *Monsieur*
Ph. Esposito, *Mima*
J.-Cl. Rousseau, *Les Antiquités de Rome*

1991 E. Barbier, *Le Brasier*
Tilly, *Loin du Brésil*
L. Belvaux, *Parfois trop d'amour*
P. Noia, *Au nom du père et du fils*
L. Bénégui, *Un type bien*
C. Klapisch, *Rien du tout*
G. Noé, *Carne*
C. Kahn, *Bar des rails*

1992 D. Moll, *Intimité*
M. Poirier, *La Petite Amie d'Antonio*
X. Beauvois, *Nord*
A. Fontaine, *Les Histoires d'amour finissent mal en général*
Ph. Alard, *Villégiature*
C. Simon, *Récréations*
C. Collard, *Les Nuits fauves*
M. Béna, *Le Ciel de Paris*
Ph. Harel, *Un été sans histoire*
E. Baily, *Faut-il aimer Mathilde?*
M. Sanchez, *Les Arcandiers*
B. Podalydès, *Versailles rive gauche*
H. Herré, *Août*
A. Merlet, *Le Fils du requin*
Bartabas, *Mazeppa*
P. Bailly, *Comment font les gens?*

1993 P. Salvadori, *Cible émouvante*
H. Le Roux, *Grand Bonheur*
L. Ferreira-Barbosa, *Les gens normaux n'ont rien d'exceptionnel*
M. Kassovitz, *Métisse*
M. Chibane, *Hexagone*
Ph. Lioret, *Tombés du ciel*
T. Anh Hung, *L'Odeur de la papaye verte*
A. Desrosières, *À la belle étoile*
X. Durringer, *La Nage indienne*
M. Vernoux, *Personne ne m'aime*
M. Dugowson, *Mina Tannenbaum*
J.-P. Ronssin, *L'Irrésolu*

1994 N. Boukhrief, *Va mourire*
P. Ferran, *Petits Arrangements avec les morts*
J. Audiard, *Regarde les hommes tomber*
K. Dridi, *Pigalle*
S. Fillières, *Grande Petite*
Ch. Van Damme, *Le Joueur de violon*
Y. Angelo, *Le Colonel Chabert*
R. Panh, *Les Gens de la rizière*
R. Guillot, *La Joie de vivre*
J.-P. Améris, *Le Bateau de mariage*
O. Dahan, *Frères*
M. Spinosa, *Emmène-moi*

1995 J. Maillot, *Corps inflammables*
V. Dieutre, *Rome désolée*
D. Desarthe, *Cours toujours*
N. Lvovsky, *Oublie-moi*
G. Morel, *À toute vitesse*
L. Masson, *En avoir ou pas*
J.F. Richet, *État des lieux*
L. Tuel, *Le Rocher d'Acapulco*
C. Carrière, *Rosine*
E. Cuau, *Circuit Carole*
J. Cahen, *La Croisade d'Anne Buridan*
Th. Bardinet, *Le Cri de Tarzan*

1996	L. Bouhnik, *Select Hôtel* A. Dupontel, *Bernie* S. Veysset, *Y aura-t-il de la neige à Noël?* D. Dercourt, *Le Déménagement* J.-P. Civeyrac, *Ni d'Ève ni d'Adam*
1997	S. Verheyde, *Un frère* B. Rapp, *Tiré à part* M. Amalric, *Mange ta soupe* A. Raoust, *La Vie sauve* D. Cabrera, *L'Autre côté de la mer* J. Kounen, *Dobermann* B. Dumont, *La Vie de Jésus* S. Lifshitz, *Les Corps ouverts* Y. Benguigui, *Mémoires d'immigrés* F. Ozon, *Regarde la mer* P. Bonitzer, *Encore*
1998	E. Zonca, *La Vie rêvée des anges* B. Bonello, *Quelque chose d'organique* O. Ducastel, *Jeanne et le garçon formidable* B. Guerdjou, *Vivre au Paradis* A. et J.M. Larrieu, *Fin d'été* L. Achard, *Plus qu'hier, moins que demain*
1999	E. Mouret, *Promène-toi donc tout nu* Ch. Philibert, *Les Quatre saisons d'Espigoule* S. Anspach, *Haut les cœurs!* S. Brizé, *Le Bleu des villes* Ph. Grandrieux, *Sombre* E. Baer, *La Bostella* E. Finkiel, *Voyages* E. Deleuze, *Peau neuve* A. Villacèque, *Petite Chérie*

2000   A. Jaoui, *Le Goût des autres*
           F. Schoendoerffer, *Scènes de crime*
           A. Guiraudie, *Du soleil pour les gueux*
           O. Miret, *De l'histoire ancienne*
           L. Cantet, *Ressources humaines*
           V. Wagon, *Le Secret*
           E. Bercot, *Clément*
           A. Doublet, *Les Terriens*
           H. Angel, *Peau d'homme, cœur de bête*
           R. Stéphanik, *Stand-by*
           J. de Missolz, *La Mécanique des femmes*
           J.-P. Sinapi, *Nationale 7*

2001   Y. Attal, *Ma femme est une actrice*
           E. Green, *Toutes les nuits*
           Ch. Carion, *Une hirondelle a fait le printemps*
           D. Odoul, *Le Souffle*
           J.-L. Gaget, *J'ai tué Clémence Acéra*
           O. Jahan, *Faites comme si (je) n'étais pas là*
           M. Gondry, *Human Nature*
           B. Chiche, *Barnie et ses petites contrariétés*
           R. Ameur-Zaïmeche, *Wesh wesh*
           Ch. Chenouga, *17 rue Bleue*
           Y. Caumon, *Amour d'enfance*
           A. Kéchiche, *La Faute à Voltaire*
           E. Bourdieu, *Candidature*

2002   D. Gleize, *Carnages*
           Cl. Duty, *Filles perdues, cheveux gras*
           Z. Breitman, *Se souvenir des belles choses*
           J. Bonnel, *Le Chignon d'Olga*
           J. Lopes-Curval, *Bord de mer*
           J.-Ch. Fitoussi, *Les jours où je n'existe pas*
           Ch. Honoré, *17 fois Cécile Cassard*
           M. de Van, *Dans ma peau*
           P. Trividic, P. M. Bernard et X. Brillat, *Dancing*
           S. Marceau, *Parlez-moi d'amour*
           C. Canet, *Mon idole*

Chronologie des premiers longs métrages

2003
G. Marchand, *Qui a tué Bambi?*
S. Bozon, *Mods*
J. Bertuccelli, *Depuis qu'Otar est parti*
X. Giannoli, *Les Corps impatients*
E. Carrère, *Retour à Kotelnitch*
V. Bruni-Tedeschi, *Il est plus facile pour un chameau...*
S. Alnoy, *Elle est des nôtres*
M. Otero, *Histoire d'un secret*
B. Delépine et G. Kerven, *Aaltra*

2004
L. Tirard, *Mensonges et Trahisons*
A. des Pallières, *Adieu*
Ch. Baratier, *Les Choristes*
S. Bitton, *Mur*
E. Faucher, *Brodeuses*
F. Favrat, *Le Rôle de sa vie*
I. Le Besco, *Demi-tarif*
J.-M. Moutout, *Violence des échanges en milieu tempéré*
D. Nion, *Dix-sept ans*

2005
L. Duthilleul, *À ce soir*
A. Cordier, *Douches froides*
K. Albou, *La Petite Jérusalem*
L. Hadzihalilovic, *Innocence*
Th. Jousse, *Les Invisibles*
Ph. Katerine, *Peau de cochon*
O. Zabat, *1/3 des yeux*
R. Bezançon, *Ma vie en l'air*

2006   R. Jacoulot, *Barrage*
P.-F. Martin-Laval, *Essaye-moi*
M. Leclerc, *J'invente rien*
G. Hustache-Mathieu, *Avril*
E. Toledano et O. Nakache, *Nos jours heureux*
L. Herbiet, *Mon colonel*
M. Hazanavicius, *OSS 117, Le Caire nid d'espions*
J. Gavras, *La Faute à Fidel*
G. Le Bomin, *Les Fragments d'Antonin*
R. Zem, *Mauvaise Foi*
V. Minetto, *Oublier Cheyenne*
J.-P. Darroussin, *Le Pressentiment*
Ch. Volckman, *Renaissance*
F. Godet, *Sauf le respect que je vous dois*

2007   M. Satrapi, *Persepolis*
Maïwenn, *Pardonnez-moi*
L. Marsac, *Le 4ᵉ morceau de la femme coupée en 3*
L. Doillon, *Et toi t'es sur qui ?*
N. Arestrup, *Le Candidat*
J. Delpy, *2 Days in Paris*
E. Guirado, *Le Fils de l'épicier*
C. Sciamma, *Naissance des pieuvres*
A. Estrougo, *Regarde-moi*
M. Hansen-Love, *Tout est pardonné*
M. Fitoussi, *La Vie d'artiste*
S. Jaudeau, *La Part animale*
Q. Dupieux, *Steak*

2008   P. Schoeller, *Versailles*
A. Novion, *Les Grandes Personnes*
S. Bonnaire, *Elle s'appelle Sabine*
C. Anger, *Le Tueur*
Ph. Claudel, *Il y a longtemps que je t'aime*
J. Sfar, *Gainsbourg, vie héroïque*
Ph. Ramos, *Capitaine Achab*

Chronologie des premiers longs métrages

2009
R. Sattouf, *Les Beaux Gosses*
L. Fehner, *Qu'un seul tienne et les autres suivront*
S. Leonor, *Au voleur*
L. Perreau, *Le Bel Âge*
N. Amaouche, *Adieu Gary*
A. Ropert, *La Famille Wolberg*
E. Salinger, *La Grande Vie*
J. Achache, *Un soir au club*
N. Saada, *Espion(s)*

2010
S. Letourneur, *La Vie au ranch*
R. Zlotowski, *Belle Épine*
F. Gobert, *Simon Werner a disparu*
M. Dugain, *Une exécution ordinaire*
K. Quillévéré, *Un poison violent*
V. Donzelli, *La Reine des pommes*
P. Chaumeil, *L'Arnacœur*

2011
T. Lussi-Modeste, *Jimmy Rivière*
E. Ionesco, *My Little Princess*
M. Demy, *Americano*
D. et M. Coulin, *17 Filles*
J.-J. Jauffret, *Après le Sud*
J. Lespert, *Des Vents contraires*
D. Carrénard, *Donoma*
J.-C. Hue, *La BM du seigneur*

2012
C. Mennegun, *Louise Wimmer*
G. Brac, *Un monde sans femmes*
E. Gras, *Bovines*
V. Massadian, *Nana*
A. Winocour, *Augustine*
R. Djaïdani, *Rengaine*

100 FILMS FRANÇAIS

POUR UNE CINÉMATHÈQUE IDÉALE

Louis Lumière, *L'Entrée d'un train en gare de La Ciotat* (1894)
Georges Méliès, *Le Voyage dans la Lune* (1902)
Alice Guy, *La Vie du Christ* (1902)
Ferdinand Zecca, *La Passion* (1903)
Victorin Jasset, *Nick Carter* (1907)
André Calmettes et Charles Le Bargy, *L'Assassinat du duc de Guise* (1908)
Albert Capellani, *L'Arlésienne* (1909)
Jean Durand, *Zigoto* (1911)
Max Linder, *Max Toréador* (1912)
Léonce Perret, *L'Enfant de Paris* (1913)
Louis Feuillade, *Les Vampires* (1915-1916)
Henri Pouctal, *Travail* (1919)
René Le Somptier, *La Sultane de l'amour* (1919)
André Antoine, *L'Hirondelle et la Mésange* (1920-1982)
Germaine Dulac, *La Fête espagnole* (1920)
Louis Delluc, *Fièvre* (1921)
Léon Poirier, *Jocelyn* (1922)
Jacques Feyder, *Crainquebille* (1923)
Jacques de Baroncelli, *Pêcheur d'Islande* (1924)
Raymond Bernard, *Le Miracle des loups* (1924)
Abel Gance, *Napoléon* (1926)
Alexandre Volkoff, *Casanova* (1927)
Jean Epstein, *La Chute de la maison Usher* (1928)
Marcel L'Herbier, *L'Argent* (1929)
Jean Grémillon, *Gardiens de phare* (1929)
René Clair, *À nous la liberté* (1931)

Jean Vigo, *Zéro de conduite* (1933)
Jean Painlevé, *L'Hippocampe* (1934)
Jean Renoir, *Le Crime de M. Lange* (1936)
Julien Duvivier, *La Belle Équipe* (1936)
Sacha Guitry, *Le Roman d'un tricheur* (1936)
Marcel Pagnol, *La Femme du boulanger* (1938)
Marcel Carné, *Le Quai des brumes* (1938)
André Malraux, *Sierra de Teruel* (1939)
Jean Renoir, *La Règle du jeu* (1939)
René Clément, *La Bataille du rail* (1945)
Georges Rouquier, *Farrebique* (1946)
Claude Autant-Lara, *Le Diable au corps* (1947)
Roger Leenhardt, *Les Dernières Vacances* (1948)
Louis Daquin, *Le Point du jour* (1948)
Marcello Pagliero, *Un homme marche dans la ville* (1950)
Jean Cocteau, *Orphée* (1950)
Jacques Becker, *Casque d'or* (1951)
Henri Decoin, *La Vérité sur Bébé Donge* (1951)
Robert Bresson, *Journal d'un curé de campagne* (1951)
Max Ophuls, *Le Plaisir* (1952)
Christian-Jaque, *Fanfan la Tulipe* (1952)
Henri-Georges Clouzot, *Le Salaire de la peur* (1953)
Jacques Tati, *Les Vacances de M. Hulot* (1953)
Jean-Pierre Melville, *Bob le flambeur* (1956)
Roger Vadim, *Et Dieu créa la femme* (1956)
Jean Rouch, *Moi, un Noir* (1957)
Louis Malle, *Les Amants* (1958)
Alain Resnais, *Hiroshima mon amour* (1959)
Robert Bresson, *Pickpocket* (1959)
Jean-Luc Godard, *À bout de souffle* (1960)
Claude Chabrol, *Les Bonnes Femmes* (1960)
François Truffaut, *Jules et Jim* (1961)
Jacques Demy, *Les Parapluies de Cherbourg* (1963)
Claude Lelouch, *Un homme et une femme* (1966)
Jacques Rivette, *L'Amour fou* (1969)
Éric Rohmer, *Ma nuit chez Maud* (1969)
Constantin Costa-Gavras, *Z* (1969)
Claude Chabrol, *Le Boucher* (1970)
Bertrand Blier, *Les Valseuses* (1973)
Jean Eustache, *La Maman et la Putain* (1973)

Marguerite Duras, *India Song* (1974)
Bertrand Tavernier, *L'Horloger de Saint-Paul* (1974)
Claude Sautet, *Vincent, François, Paul et les autres* (1974)
Chris Marker, *Le Fond de l'air est rouge* (1977)
René Allio, *Moi Pierre Rivière, ayant égorgé ma mère, ma sœur et mon frère* (1977)
Jean-Luc Godard, *Sauve qui peut (la vie)* (1979)
Philippe Garrel, *L'Enfant secret* (1982)
Maurice Pialat, *À nos amours* (1983)
Agnès Varda, *Sans toit ni loi* (1985)
Alain Cavalier, *Thérèse* (1986)
Jean-Jacques Beineix, *37°2 le matin* (1986)
André Téchiné, *Le Lieu du crime* (1986)
Raymond Depardon, *Urgences* (1987)
Jean-Claude Brisseau, *De bruit et de fureur* (1987)
Étienne Chatiliez, *La vie est un long fleuve tranquille* (1988)
Éric Rochant, *Un monde sans pitié* (1989)
Jacques Doillon, *Le Petit Criminel* (1990)
Christian Vincent, *La Discrète* (1990)
Léos Carax, *Les Amants du Pont-Neuf* (1992)
Arnaud Desplechin, *La Sentinelle* (1992)
Manuel Poirier, *…à la campagne* (1995)
Mathieu Kassovitz, *La Haine* (1995)
Cédric Kahn, *L'Ennui* (1998)
J.-M. Straub et D. Huillet, *Sicilia* (1999)
François Ozon, *Sous le sable* (2001)
Bertrand Bonello, *Tiresia* (2003)
Olivier Assayas, *Clean* (2004)
Bruno Dumont, *Flandres* (2006)
Abdellatif Kechiche, *La Graine et le mulet* (2007)
Christophe Honoré, *Les Chansons d'amour* (2007)
Laurent Cantet, *Entre les murs* (2008)
Jacques Audiard, *Un prophète* (2009)
Philippe Lioret, *Welcome* (2009)
Xavier Beauvois, *Des hommes et des dieux* (2010)

INDEX

A

Abel, Dominique 398, 417
Achard, Laurent 341, 380, 414
Adam, Jean-François 265
Akika, Ali 293
Albicocco, Jean-Gabriel 227
Albou, Karine 392
Alcala, José 413
Alkama, Mohammed 293
Allégret, Marc 72, 87, 118-121, 127, 135, 139, 144, 153, 201
Allégret, Yves 127, 163, 164, 174, 177, 185, 188
Allio, René 239, 258, 259, 298, 445
Allouache, Merzak 423
Amalric, Mathieu 323, 333, 372, 391, 398
Ameur-Zaïmeche, Rabah 386, 387
Andréani, Henri 39
Angel, Hélène 344, 414
Anger, Cédric 388
Annaud, Jean-Jacques 274, 276, 415
Anspach, Solveig 343
Antoine, André 37, 63, 71, 72, 102, 443
Arnaud, Etienne 39
Arrabal 261, 262
Assayas, Olivier 300, 302, 305, 360, 369, 371, 420, 428, 445
Astruc, Alexandre 199, 200, 203, 228, 430
Aubier, Pascal 254
Audiard, Jacques 335, 402, 445
Autant-Lara, Claude 118, 149, 166, 167, 178, 185
Autissier, Anne-Marie 293

B

Baer, Édouard 422
Bahloul, Abdelkrim 293
Baratier, Jacques 184, 199, 228
Bardinet, Thomas 391, 420
Baroux, Olivier 419, 422
Beauvois, Xavier 324, 377, 412, 445
Becker, Jacques 135, 168, 170, 178, 190, 192, 208, 444
Begeja, Liria 297
Beineix, Jacques 303, 304
Bellon, Yannick 199, 261
Belmont, Charles 245
Belvaux, Lucas 344, 390
Benayoun, Robert 264
Benazeraf, Roger 270
Benguigui, Yamina 387
Benoît-Levy, Edmond 36
Benoît-Levy, Jean 139
Berberian, Alain 419
Bernard-Deschamp, Dominique 71
Bernard, Patrick Mario 399
Bernard, Raymond 63, 73, 118, 126, 127, 149, 443
Bernheim, Michel 148
Berri, Claude 239, 274-276, 305
Berthomieu, André 175
Berto, Juliet 295
Bertuccelli, Jean-Louis 266
Bertuccelli, Julie 392
Besson, Luc 274, 304, 415, 416, 419
Bibal, Robert 150
Bilal, Enki 419
Billon, Pierre 166
Binisti, Thierry 419
Blain, Gérard 252, 265
Blanc, Michel 273, 275, 394, 417
Blier, Bertrand 254, 275, 287, 335, 397, 422, 444
Blossier, Antoine 414
Boisrond, Michel 201, 226
Boisset, Yves 247, 248
Bonello, Bertrand 360, 383, 385, 445
Bonitzer, Pascal 259, 344, 369

Bonnaire, Sandrine 288, 290, 294, 318, 349, 379, 423
Bonnell, Jérôme 360, 380
Boon, Dany 412, 416, 417, 423
Bories, Claudine 295, 354
Bosetti, Roméo 30, 32, 89
Bouchareb, Rachid 293, 366, 416, 423
Boucot, Louis 32
Boudrioz, Robert 92
Bouhnik, Laurent 343
Boukhrief, Nicolas 417
Bouly, Léon Guillaume 18
Bour, Armand 37
Bourdon, Didier 417
Boyer, Jean 118, 122, 135, 149, 175
Bozon, Serge 399, 428
Bral, Jacques 275
Breillat, Catherine 295, 352, 364
Bresson, Robert 168, 169, 177, 180, 192, 193, 202, 203, 205, 238, 252, 284, 444
Brisseau, Jean-Claude 299, 300, 302, 360, 364, 445
Brizet, Stéphane 380
Bruni-Tedeschi, Valéria 333
Bunuel, Juan 264
Burguet, Charles 64
Burguet, Paul-Henri 37

C

Cabrera, Dominique 340
Cahen, Judith 428
Calef, Henri 175
Calmettes, André 37, 39, 443
Cammage, Maurice 138
Camus, Marcel 184, 226
Canet, Guillaume 413, 416
Cantet, Laurent 339, 340, 385, 391, 445
Capellani, Albert 39, 62, 71, 75, 443
Carax, Leos 302, 380
Carbonnaux, Norbert 174
Carles, Pierre 392
Carné, Marcel 75, 88, 129, 131, 139, 140, 145, 147, 150, 159, 173, 177, 223, 304, 318, 444
Caro, Marc 318
Carpita, Paul, 201, 298
Carré, Jean-Michel, 245, 392
Carrière, Christine 343

Casimir (Lucien Bataille) 30
Cassenti, Frank 256
Cavagnac, Guy 298
Cavalcanti, Alberto 72, 83, 86, 87
Cavalier, Alain 227, 277, 343, 360, 397, 413, 430, 445
Cayatte, André 147, 177, 185, 247
Chabat, Alain 415, 416, 419, 422
Chabrol, Claude 184, 207, 210, 220, 235, 268, 276, 310, 349, 355, 444
Charef, Mehdi 293
Chatiliez, Etienne 277
Chaumeil, Pascal 418
Chenal, Pierre 127, 145, 147, 176
Chéreau, Patrice 261, 262, 288, 298, 351
Chomet, Sylvain 406
Chomette, Henri 86, 111, 116
Choux, Jean 116, 119, 128, 163
Christian-Jaque 128, 135, 139, 148, 153, 185, 225, 228, 444
Ciampi, Yves 174
Civeyrac, Jean-Paul 330, 360, 400, 428
Clair, René 85-88, 94, 105, 106, 113-116, 118, 123, 129-131, 132, 139, 145, 153, 184, 443
Clément, Magali 297
Clément, René 158, 166, 172-174, 176, 180, 186, 187, 198, 252, 444
Clouzot, Henri Georges 167, 178, 186
Cocteau, Jean 86, 168, 180, 444
Cohl, Émile 34, 35
Collard, Cyril 321
Colombier, Pierre 114, 118, 122, 125, 128
Colpi, Henri 227, 252
Comolli, Jean-Louis 256
Condroyer, Philippe 249, 418
Cordier, Anthony 395
Corneau, Alain 267, 275, 360, 418, 429
Corsini, Catherine 297, 343
Costa-Gavras, Constantin 246, 247, 357, 444
Coulin, Delphine et Muriel 412
Czinner, Paul 119

D

Dahan, Olivier 416, 421
Dahan, Yannick 413
D'Anna, Claude 265

Index 449

Daquin, Louis 166, 172, 173, 201, 444
Darroussin, Jean-Pierre 393
Davis, Robin 276
Davy, Jean-François 271
De Baroncelli, Jacques 62, 72
De Broca, Philippe 228
De Caunes, Antoine 420
De Chalonge, Christian 239
Decoin, Henri 116, 122, 144, 166, 167, 189, 225, 444
Deed, André (Boireau) 28, 32, 36
Delannoy, Jean 164, 165, 177, 180, 225
De La Patellière, Denys 225
Delaporte, Matthieu 421
Délépine, Benoît 390, 421
Delluc, Louis 74, 76, 81-84, 93-95, 97, 184, 203, 443
De Mareuil, Stéphanie 297
De Morlhon, Camille 39, 40
Demy, Jacques 219, 237, 268, 285, 298, 344, 444
Denis, Claire 297, 319, 320, 379, 395
Denis, Jean-Pierre 298
Depardon, Raymond 297, 366, 445
De Poligny, Serge 116
Deschamps, J. 406
Desfontaines, Henri 28, 70
Des Pallières, Arnaud 394
Desplechin, Arnaud 322, 324, 360, 369, 372, 373, 391, 400, 445
De Van, Marina 399
Devers, Claire 296
Deville, Michel 228, 258, 267, 285, 422
Dhery, Robert 176
Diamant-Berger, Henri 63, 71, 74, 118
Dietschy, Vincent 391
Dieutre, Vincent 343, 428
Djaïdani, Rachid 413
Doillon, Jacques 250, 270, 288, 350, 361, 445
Doillon, Lola 409
Donatien, E.B. 72
Doniol-Valcroze, Jacques 216, 260
Donzelli, Valérie 397
Douchet, Jean 240
Dréville, Jean 87, 119, 173, 175, 176
Dreyer, Carl 108, 181
Dridi, Karim 387
Dubreuil, Charlotte 261
Dubroux, Danièle 295
Ducastel, Olivier 344

Duchamp, Marcel 85
Ducis, Jean-Pierre 119
Dugain, Marc 418
Dugowson, Maurice 270
Dulac, Germaine 62, 65, 68, 69, 81-84, 87, 94-97, 113, 443
Dumont, Bruno 328, 330, 360, 369, 373, 374, 445
Dupeyron, François 311, 314, 365
Dupieux, Quentin 412, 413
Dupontel, Albert 397, 422
Du Potet, Caroline et Éric 414
Durand, Jean 29, 30, 44, 68, 445
Duras, Marguerite 187, 215, 227, 252, 253, 261, 445
Durringer, Xavier 413
Duval, Daniel 254
Duvivier, Julien 75, 114-116, 119, 126, 127, 129, 131, 132, 137, 138, 141, 147, 148, 150, 153, 225, 444

E

Elmaleh, Gad 423
Enrico, Robert 199, 239
Epstein, Jean 69, 72, 74, 81-84, 87, 88, 92, 94, 97-99, 106, 145, 443
Epstein, Marie 116
Etaix, Pierre 171, 239
Eustache, Jean 251, 291, 444

F

Faraldo, Claude 256
Faucher, Eleonor 392
Faucon, Philippe 310, 316-318, 360, 378
Fehner, Léa 396
Fély, Renaud 395
Féret, René 342, 364, 365
Ferran, Pascale 342, 358-361
Ferreira-Barbosa, Laurence 331, 332
Fescourt, Henri 64-66, 69, 70
Feuillade, Louis 32, 36, 39, 44, 46-48, 61-63, 65, 67, 68, 71, 75, 157, 356, 443
Feyder, Jacques 72, 74, 92, 94, 99-101, 106, 113, 114, 116, 129, 135, 140, 145, 148, 443
Finkiel, Emmanuel 342, 393
Fitoussi, Jean-Charles 394, 428

Fitoussi, Marc 395
Fléchet, Jean-Charles 394, 428
Fleury, Joy 297
Florey, Robert 112, 120
Fontaine, Anne 343, 369
Forestier, Frédéric 419
Franju, Georges 134, 181, 198, 212
Frot-Coutaz, Gérard 275

G

Gagnol, Alain 406
Gance, Abel 69, 75-80, 83, 88, 106, 113, 127, 129, 443
Gandera, Félix 119, 122, 148
Garcia, Nicole 364
Garrel, Philippe 262, 302, 350, 357, 360, 445
Gasnier, Louis 33, 40, 62, 121
Gast, Michel 226
Gatlif, Tony 294, 365
Gaveau, René 127
Gegauff, Paul 187, 210
Gémier, Firmin 38, 72
Georges, Aurélia 399
Ghanem, Ali 292
Girerd, Jacques-Rémy 406
Girod, Francis 247
Gleize, Delphine 410
Gobert, Fabrice 395
Godard, Jean-Luc 199, 205, 208, 217, 238, 243, 356, 360, 429, 444, 445
Godet, Fabienne 354, 393
Gordon, Douglas 420
Gordon, Fiona 388, 417
Gorin, Jean-Pierre 243
Goupil, Romain 351, 401
Gozlan, Yann 413
Grandrieux, Philippe 330, 331
Grangier, Gilles 175, 225
Granier-Deferre, Pierre 266
Green, Eugène 389, 400, 428
Grémillon, Jean 85, 87, 105-107, 135, 142, 144, 146-148, 154, 165, 169, 173, 189, 443
Gréville, Edmond T. 151, 153, 163
Guédiguian, Robert 288, 310, 336, 376, 386, 413, 420, 427
Guérin, Gérard 249
Guerlais, Pierre 127
Guiguet, Jean-Claude 254

Guilmain, Claudine 261
Guirado, Eric 411
Guiraudie, Alain 360, 401, 428
Guitry, Sacha 120, 121, 123, 137, 143, 149, 153, 180, 424, 444
Guy, Alice 28, 36, 41, 44, 443

H

Hamman, Joë 30, 43, 44
Hanoun, Marcel 228, 263
Hansen-Love, Mia 353, 387
Harel, Philippe 340
Hatot, Georges 21, 41
Haudiquet, Philippe 244
Hazanavicius, Michel 390, 412, 423
Hervil, René 61, 119
Heuzé, André 40
Heynemann, Laurent 247
Hondo, Med 293
Honoré, Christophe 381, 383, 445
Hossein, Robert 226
Hubert, Jean-Loup 277
Hugon, André 111, 150
Huillet, Danièle 263
Hunebelle, André 176
Huppert, Caroline 297
Hustache-Mathieu, Gérald 408
Hustaix, Lucien 271
Huth, James 415, 419, 423

I

Ionesco, Eva 411
Issartel, Marielle 245
Issermann, Aline 295

J

Jacquot, Benoît 255, 350, 362, 388, 429
Jaeger-Schmidt, André 127
Jaeggi, Danielle 261
Jaekin, Just 270
Jaoui, Agnès 344, 348, 415
Jasset, Victorin 30, 40-42, 67, 443
Jessua, Alain 239
Jeuland, Yves 413
Jeunet, Jean 310, 318, 415
Joannon, Léo 149
Joffé, Alain 174
Jousse, Thierry 388, 424

K

Kahn, Cedric 325-328, 377
Kaplan, Nelly 261
Karmitz, Marin 255, 256, 276, 305
Kassovitz, Mathieu 338, 360, 413, 415, 417, 445
Kast, Pierre 184, 199, 217, 235, 260, 264, 265
Kéchiche, Abdellatif 386
Kemm, Jean 69
Kerven, Gustave 390, 421
Kirsanoff, Dimitri 86
Klapisch, Cedric 359
Klein, William 245
Korda, Alexandre 114, 120, 121
Kounen, Jan 417, 419, 420
Krawczyk, Gérard 305, 310, 320, 415-417
Ktari, Naceur 293
Kurys, Diane 295, 420

L

Labro, Maurice 225
Labrune, Jeanne 296
Lacombe, Georges 72, 87, 88, 127, 167
Lacroix, Georges 31
Lagrange, Yves 263
Laguionie, Jean 406
Laloy, Sophie 396
Langmann, Thomas 418
Lanzmann, Claude 297
Lapoujade, Robert 263
Larrieu, Arnaud et Jean-Marie 398
Laugier, Pascal 413
Laurent, Hugues 48, 49, 54-57
Lautner, Georges 266, 310
Lauzier, Gérard 419
Lavedan, Henri 37
Le Bargy, Charles 37
Lebel, Jean-Patrick 298
Le Besco, Isild 388
Le Chanois, Jean-Paul 135, 173
Leclerc, Michel 408
Leconte, Daniel 413
Leconte, Patrice 273, 275, 360, 416-417
Leenhardt, Roger 182, 199, 444
Le Garrec, Félix et Nicole 244, 298
Léger, Fernand 83, 84, 86, 87
Le Guay, Philippe 316, 340, 365
Lehman, Maurice 118, 149

Lelouch, Claude 228, 242, 270, 444
Le Masson, Yann 245
Lemercier, Valérie 423
Léonor, Sarah 396
Le Prince, Augustin 18
Le Prince, René 40, 69
Le Roux, Hervé 343
Le Somptier, René 64, 65
Leterrier, François 227
Leterrier, Louis 417, 419
Letourneur, Sophie 407
L'Herbier, Marcel 101-105, 128
Linder, Max 29, 30, 32-34, 36, 118, 443
Litvak, Anatole 116
Lods, Jean 88
Loiret, Philippe 379
Lortac, Robert 36
Lotar, Eli 198
Luissi-Modeste, Teddy 411
Luitz-Morat 69
Lumière, Louis 17-22, 112, 443
Luntz, Edouard 265
Lvovsky, Noémie 333, 369

M

Machin, Alfred 32, 42, 43, 88, 89, 157
Maillot, Jacques 343
Maïwenn 388, 389, 413, 424
Makeieff M. 406
Malle, Louis 184, 199, 202, 203, 209, 228, 232, 242, 256, 270, 279-281, 444
Malraux, André 152, 239, 241, 444
Marchal, Olivier 417
Marchand, Gilles 391
Marker, Chris 198, 230, 242, 244, 445
Marshall, Tonie 275, 344, 360
Martin, Hugues et Sandra 414
Masson, Laëtitia 332, 333
Mathot, Léon 150
Maury, Julien 413
Mazuy, Patricia 296
Méliès, Georges 22, 28, 70, 184, 443
Melville, Jean-Pierre 182, 199, 203, 229, 444
Mennegun, Cyril 411, 413
Merad, Kad 422
Mercanton, Louis 28, 61, 127
Merlet, Agnès 340
Mesguich, Félix 21

Michel, André 172
Miller, Claude 255, 292, 349, 363, 418, 428, 429
Mimran, Hervé 396
Mirande, Yves 122-124
Miret, Orson 342
Missiaen, Jean-Claude 275
Mnouchkine, Ariane 261, 262
Mocky, Jean-Pierre 212, 213, 225, 226, 247, 257, 283, 382, 426
Moguy, Léonide 139, 149, 150
Moix, Yann 415, 420
Molia, Xavier 413
Moll, Dominique 391
Monca, Georges 33, 40
Moreau, Yolande 366, 390, 406
Moritz, Little (Maurice Schwartz) 30, 32, 43
Morley, David 413
Mosjoukine, Ivan 92, 98
Moullet, Luc 267, 358, 360
Mouret, Emmanuel 389
Mourieras, Claude 343
Moutout, Jean-Marc 393, 413
Muel, Bruno 245
Muller, Michel 422
Musso, Jeff 135, 159, 173

N

Nakache, Géraldine 396
Nakache, Olivier 412, 416, 417
Nalpas, Louis 62-66, 68, 69, 75, 82, 96
Navarre, René 46, 68, 69
Nemeo, Charles 422
Noé, Gaspard 336
Noël-Noël 173, 176, 186
Nolot, Jacques 343
Nonguet, Lucien 33, 40, 55
Novion, Anna 395
Nuytten, Bruno 274

O

Ocelot, Michel 406
Odoul, Damien 399
O'Galop, Marius 36
Onesime (Ernest Bourbon) 29-32
Ophuls, Marcel 248
Ophuls, Max 189, 191, 194-197, 444
Ossang, F. Jacques 398

Otero, Marianna 392
Oury, Gérard 275, 412, 417
Ozep, Fédor 150
Ozon, François 334, 375, 415, 445

P

Pagliero, Marcello 173, 444
Pagnol, Marcel 112, 114, 117, 118, 120-122, 138, 142, 143, 154, 180, 276, 336, 444
Painlevé, Jean 85, 87, 172, 444
Palcy, Euzham 295
Parreno, Philippe 420
Pascal, Christine 261
Paul, Bernard 249
Paulin, Jean-Paul 119, 148
Paviot, Paul 199
Pécas, Max 270
Perret, Léonce 31, 32, 61, 64, 71, 75, 88, 90, 91, 119, 120, 443
Perrin, Laurent 300, 302
Philibert, Nicolas 392
Pialat, Maurice 249, 250, 290, 318, 445
Picabia, Francis 85
Pinel, Vincent 244, 298
Pinoteau, Claude 266
Pirès, Gérard 414, 419
Pisier, Marie-France 297, 338
Podalydes, Bruno 339, 368
Poiré, Jean-Marie 275, 310, 414, 417
Poirier, Léon 62-63, 73, 108, 148, 443
Poirier, Manuel 337, 360, 364, 445
Poljinski, Serge 245
Pollet, Béatrice 297
Pollet, Jean-Daniel 240
Pottier, Richard 177
Pouctal, Henri 39, 61, 64, 66-68, 443
Prévert, Pierre 87, 126, 130, 176
Prince (Rigadin) 32
Promio, Eugène 21
Provost, Martin 366
Pujol, René 114, 122

Q

Quillévéré, Katell 395

R

Rabaté, Pascal 420
Ramos, Philippe 399

Ravel, Gaston 73, 99, 111
Ray, Man 85-87
Renoir, Jean 72, 74, 104, 106, 113, 118, 120, 126, 127, 129, 131, 135-137, 142, 150, 168, 188, 241, 444
Resnais, Alain 198, 205, 212, 235, 260, 269, 276, 348, 356, 360, 426, 444
Richard, Franck 413
Richard, Pierre 267, 275
Richet, Jean-François 339, 417, 420
Rim, Carlo 175
Rivers, Fernand 123, 127
Rivette, Jacques 207, 220, 231, 265, 269, 285, 345, 348, 355, 444
Robbe-Grillet, Alain 215, 227
Robert, Yves 267
Robiolles, Jacques 263
Rochant, Éric 312, 313
Rohmer, Éric 220, 221, 236, 237, 282, 283, 348, 354, 355
Rollin, Jean 270
Romy, Bruno 398, 417
Ropert, Axelle 396, 428
Roüan, Brigitte 296
Rouaud, Christian 392, 413
Rouch, Jean 198, 205, 211, 230, 444
Roudès, Gaston 127
Rouffio, Jacques 256
Rouleau, Raymond 119, 191
Rouquier, Georges 88, 181, 198, 444
Rousseau, Jean-Claude 343
Roussell, Henry 100, 112, 119
Rozier, Jacques 199, 222
Ruiz, Raoul 297
Ruspoli, Mario 199, 231

S

Saada, Nicolas 388
Salle, Jérôme 419
Salvadori, Pierre 368
Satrapi, Mariane 420
Sattouf, Riad 396, 420
Sautet, Claude 258, 267, 287, 288, 315, 344, 445
Sauvage, André 87
Schoeller, Pierre 394, 413
Schroeder, Barbet 240, 245
Sciamma, Céline 409, 410
Séban, Paul 243, 252
Seria, Joël 254

Serreau, Coline 261, 273, 277, 295
Séverac, Jacques 148
Sfar, Joann 407, 418, 420
Silvera, Charlotte 296
Simon, Claire 366, 392
Simon, Jean-Daniel 245, 249
Siodmak, Robert 118
Siri, Florent-Emilio 420
Sokhona, Sydney 293
Solo, Bruno 422
Spinoza, Michel 343
Stelli, Jean 166
Stevenin, Jean-François 292
Sti, René 127
Straub, Jean-Marie 263
Swain, Bob 266

T

Tacchela, Jean-Charles 267
Tati, Jacques 176, 192, 193, 229, 267, 444
Tavernier, Bertrand 253, 288, 349, 365, 445
Téchiné, André 255, 350, 363, 428, 429, 445
Thomas, Pascal 270, 360, 368
Thompson, Danièle 351, 418
Timsit, Patrick 424
Tirard, Laurent 413, 416, 419
Tolédano, Éric 416
Touita, Okacha 293
Tourjanski, Victor 70, 72
Tourneur, Maurice 71, 72, 118, 119, 125, 126
Treilhou, Marie-Claude 295
Trintignant, Nadine 261
Trividic, Pierre 399
Truffaut, François 177, 188, 199, 209, 214, 223, 258, 260, 267, 274, 292, 310, 359, 427, 429, 430, 444
Tuel, Laurent 422

V

Vadim, Roger 177, 199, 201, 203, 225, 418, 444
Vandal, Marcel 28, 111
Van Effenterre, Bertrand 292
Varda, Agnès 199-201, 208, 260, 261, 268, 294, 295, 357, 360, 445

Vautier, René 244, 288
Veber, Francis 275, 414, 415
Vecchiali, Paul 122, 267, 279, 286
Velle, Gaston 39, 40
Vergez, Gérard 249
Verheyde, Sylvie 343, 393
Vermillard, Marie 340
Verneuil, Henri 225
Vernoux, Marion 344, 360
Veysset, Sandrine 340
Videau, Frédéric 343
Viel, Marguerite 128
Vierne, Jean-Jacques 418
Vigo, Jean 88, 133, 134, 141, 230, 444
Villacèque, Anne 335
Villardebo, Carlos 199
Vincent, Christian 311, 313-316, 360, 380, 445
Vincent, Thomas 340
Violet, Édouard-Émile 72

Volckman, Christian 418
Volkof, Alexandre 92

W

Winocour, Alice 424
Wulschleger, Henri 120

Z

Zarifian, Christian 244, 298
Zecca, Ferdinand 26, 27, 36, 40, 55, 443
Zemmouri, Mahmoud 293
Zep 385, 418
Zéro, Karl 422
Zidi, Claude 273, 275, 310, 415, 419
Zlotowski, Rébecca 407
Zonca, Éric 330
Zwobada, André 135

TABLE DES MATIÈRES

Cinéma français, mode d'emploi 7

Première partie : L'art muet 15

Chapitre 1. Le cinéma primitif (1895-1914) 17
   L'invention du cinématographe : Louis Lumière 17
   Georges Méliès : le film et le cinéma 22
   Le coq et la marguerite 26
   Le burlesque, « Onésime » et Max Linder 29
   Les débuts de l'animation : Émile Cohl 34
   1908 : Le Film d'Art 36
   Les derniers feux du cinéma primitif :
   Jasset, Machin, et le western 39
   Louis Feuillade, un auteur dans un cinéma de genre 44
   Hugues Laurent : Décors et prises de vues du cinéma
   des premiers temps 48

Chapitre II. L'art muet des années 1920 61
   La sortie de guerre 61
   L'âge du ciné-roman et les adaptations littéraires 67
   Abel Gance, un tigre de pellicule dans la jungle des studios 75
   Impressionnisme et contre-offensive des avant-gardes 80
   Les maîtres du cinéma muet 88

Deuxième partie : Le cinéma parlant 1929-1959 109

Chapitre III. Le cinéma des années 1930 111
   La vaine querelle du parlant et la vraie crise
   du cinéma français 111
   Le théâtre filmé et la comédie mondaine 118
   Les grands auteurs français des années 1930 128

1936 : Vers un cinéma social ?........................... 134
Réalisme poétique et populisme tragique 139
1939 : Veillée d'armes................................ 147

Chapitre IV. Le cinéma sous l'Occupation.................. 155
Vichy, la Victorine et la Continental, 1939-1945........... 155
Les victoires de la Victorine 157
Une nouvelle génération d'auteurs de films 165

Chapitre V. 1945-1958 : La qualité française,
un certain classicisme 171
Le cinéma de la Libération............................ 173
Le changement dans la continuité de la fin des années 1940... 175
Le cinéma des années 1950 : une industrie de professionnels .. 183
Le cinéma des années 1950 : et pourtant ils tournent 189
Le cinéma des années 1950 : de jeunes auteurs de films
en posture d'artistes 198

Troisième partie : Les Trente glorieuses du cinéma moderne.. 205

Chapitre VI. 1959-1967 : La Nouvelle Vague,
une génération de rupture............................. 207
Les réalisateurs « Nouvelle Vague », les films fondateurs
et la génération 1960 207
Le Cinéma Vérité................................... 230
Des auteurs de films................................. 231
1965 : L'avant et l'après Nouvelle Vague 238

Chapitre VII. Les années post-68 : cinéma et idéologie 241
Le cinéma militant.................................. 241
Le film politique.................................... 246
Être un jeune cinéaste dans les années 1970 248
Le centre et la périphérie 258
Psychologisme, système et subvention 264

Chapitre VIII. Le néoclassicisme des années 1980............ 273
Faire bouger les structures ?........................... 273
Permanence des anciens et de la génération intermédiaire..... 278
Émergence d'un cinéma beur et d'un cinéma au féminin 292

Les centres régionaux de cinéma......................... 298
La double relève : les jeunes peintres de l'angoisse existentielle . 299
La double relève : les néobaroques 301

Quatrième partie : 1992… et le nouveau cinéma d'auteur ... 307

Chapitre IX. La déferlante des années 1990................. 309
    Une évidence statistique.............................. 309
    La première vague de 1990 issue du court-métrage.......... 311
    Les quatre as de 1992................................ 321
    Des itinéraires initiatiques : psychologie et spiritualité 328
    Réalisme, humanisme et cinéma social................... 336
    La Nouvelle Vague a quarante ans 346

Chapitre X. Les quatre générations du nouveau millénaire 353
    Le crépuscule de la Nouvelle Vague 354
    Devenir d'un cinéma «du milieu»...................... 358
    Les grandes individualités du cinéma 2000................ 369
    L'énergie du jeune cinéma des années 2000 381
    Des premiers longs-métrages à suivre 394
    Excentriques, expérimentaux et marginaux................ 397

Chapitre XI. Ouverture................................ 405
    Les «trois chats» du cinéma français..................... 405
    De nouvelles tendances du cinéma grand public : des comiques
    venus d'ailleurs, influence de la B.D et de la télévision / Canal+ 414
    Et demain?....................................... 425

Chronologie des premiers longs métrages des principaux réalisateurs actuels du jeune cinéma français 433

100 films français pour une cinémathèque idéale............. 443

Index 447